LAWYERS' KNOWLEDGE

労働法実務
労働者側の実践知

KIMIWADA NOBUHITO

君和田伸仁

YUHIKAKU

はしがき

　本書は，労働者側で労働事件を手掛ける際のノウハウ，コツ（「実践知」）を解き明かす実務の書である。教科書的に労働法の全体を解説するのではなく，実務上問題となる点を取り上げ，実際の事案処理の手助けとなることを目的としている。

　本書は，2つのPARTから成り立つ。PART1（解決手段の選択と実践的な対処）では，相談・受任から筆を起こした。次いで，多様な労使紛争解決システムのうち，裁判外の紛争解決システムについて概説し，その後，本訴（通常訴訟），労働審判，仮処分などの裁判手続について論じた。裁判手続に関しては，申立て（提訴）から終局（紛争解決）に至るまでのプロセスや，各プロセスにおける留意点を論じている（なお，先取特権に基づく差押え，仮差押えについては，PART2のCHAPTER 10で論じている）。そして，どのような紛争解決手段を選択すべきかについても記述した。

　PART2（紛争類型ごとの対応策）では，実務上，しばしば問題となる紛争類型についての解説をしている。各CHAPTERの冒頭では，「初動」などの見出しのもと，各問題を処理するに際しての視点，留意点について論じている。また，PART2においては，労働者側から見ての「あるべき労働法」という視点ではなく，実務の指針となる判例の現状に基づき，その到達点をどのように活かし，その限界をどのように踏まえて対処すべきかという，実践的な視点からの論述を心掛けた。

　PART1の本訴（通常訴訟）に関する記述の中では，準備書面（主張書面）と証人尋問について，多くの頁を割いた。準備書面と証人尋問は，訴訟活動の両輪であり，労働事件に固有なものではない。しかし，労働事件では，解雇権濫用法理など規範的な構成要件が問題とされ，労働現場における数多くの「生の事実」が主張されるとともに，それら事実関係の多くに争いがあることが少なくない。そのようなケースでは，説得力ある準備書面の作成や，効果的な尋問ができるか否かで，勝敗が決せられることになる。そこで，筆者のこれまでの

経験の中で実践した具体例（各項での論述目的に即して，適宜デフォルメしてある）を交えつつ，筆者なりの考えを整理してみることにしたものである。もとより筆者の経験は，限られたものでしかないが，事案処理に際しての何らかのヒントとなることを期待している。

　あらゆる事件には，「筋」がある。事件処理に際しては，そのような筋を見誤ることなく，事案に応じた適切な処理をすることが求められるが，規範的構成要件が問題となることが多い労働事件では，勝訴見込みが微妙であるケースが少なくない。勝訴見込みが5分5分である事件を勝ちきるのが「腕のよい弁護活動」というのが筆者の考えだが，そのような弁護活動の一助となることを願いつつ，本書を執筆した。本書が労働事件の実務に携わる方々にとって，何らかのお役にたてば，幸いである。

　最後に，本書執筆の機会を与えて下さるとともに，丁寧な校正をして下さった有斐閣の皆さんに，この場を借りて，御礼を申し上げたい。

2019 年 11 月

君和田　伸仁

CONTENTS

LAWYERS' KNOWLEDGE

PART 1　解決手段の選択と実践的な対処

CHAPTER 01　初動（相談・受任）

Ⅰ. 相談における留意点 ……………………………………………………… 2
  1. 法的観点を踏まえた事案の把握 ……………………………………… 2
  2. 事実関係を裏付ける証拠の吟味 ……………………………………… 3
  3. 把握した事実関係に基づくアドバイス ……………………………… 4
    ⑴ 労働法の理解 ……………………………………………………… 5
    ⑵ 事案への当てはめ ………………………………………………… 6
    ⑶ 事件の見通しは流動的であることが多い ……………………… 6
Ⅱ. 受任に際しての留意点 …………………………………………………… 6
  1. 依頼者の権利，利益が実現できる可能性がない場合 ……………… 6
  2. 相談者の「人間像」，相談者との「相性」に基づく受任の判断 …… 7
  3. 弁護士費用の観点からの受任の判断 ………………………………… 8
Ⅲ. 受任後の対応 ……………………………………………………………… 9
  1. 方針の決定（解決手段の選択）……………………………………… 9
  2. 事案についての精査 …………………………………………………… 9

CHAPTER 02　解決手段の選択

Ⅰ. 紛争解決システム（手段）の概観 …………………………………… 10
  1. 裁判外紛争処理システム ……………………………………………… 10
    ⑴ 厚生労働省関係 …………………………………………………… 10
    ⑵ その他 ……………………………………………………………… 11
  2. 裁判制度 ………………………………………………………………… 11
  3. 自主交渉 ………………………………………………………………… 12
Ⅱ. 労基署等による監督行政等 …………………………………………… 12
  1. 監督行政の有効性（賃金，残業代など）…………………………… 12
  2. 監督行政の限界 ………………………………………………………… 13
  3. 労災保険の給付申請 …………………………………………………… 14

Ⅲ. 監督行政以外の裁判外システムの限界と活用 ……………………… 14
　　1. 裁判外紛争処理システムの限界 ………………………………………… 14
　　2. 裁判外紛争処理システムの活用 ………………………………………… 15
　　　(1) 勝訴見込みが立たない場合 ……………………………………………… 15
　　　(2) 経済的利益が僅少である場合 ………………………………………… 16
　　　(3) 裁判所の調停の活用（弁護士が代理人になる場合）…………………… 16
Ⅳ. 代理人交渉，個人加盟組合による団体交渉 ………………………… 17
　　1. 代理人交渉 …………………………………………………………………… 17
　　　(1) 代理人交渉によるべき場合 …………………………………………… 17
　　　(2) 代理人交渉の限界 ……………………………………………………… 18
　　　(3) 代理人交渉の選択 ……………………………………………………… 18
　　2. 個人加盟組合による団体交渉 ………………………………………… 19
　　　(1) 個人加盟組合による個別労使紛争の解決 …………………………… 19
　　　(2) 集団的な紛争の解決 …………………………………………………… 19

CHAPTER 03 　本訴（通常訴訟）の提起と追行

Ⅰ. 本訴の基本 ……………………………………………………………………… 20
　　1. 本訴の対象とその選択 …………………………………………………… 20
　　2. 本訴の基本的な流れ ……………………………………………………… 20
　　　(1) 第一審での手続の流れ ………………………………………………… 20
　　　(2) 上訴 ………………………………………………………………………… 21
　　　(3) 和解による解決 ………………………………………………………… 22
　　　(4) 判決による解決 ………………………………………………………… 22
Ⅱ. 訴状 ……………………………………………………………………………… 23
　　1. 請求の趣旨 ………………………………………………………………… 23
　　　(1) 端的な法律効果の記載 ………………………………………………… 23
　　　(2) 金員請求と遅延損害金（起算点，利率）…………………………… 24
　　　(3) 弁護士費用 ……………………………………………………………… 24
　　　(4) 仮執行宣言の申立て …………………………………………………… 25
　　　(5) 解雇後の賃金（バックペイ）請求と賞与，残業代等 ……………… 25
　　　　ⅰ　バックペイとその終期…25／ⅱ　賃金額が変動する場合…25／ⅲ　残業代…26
　　　　ⅳ　賞与…26／ⅴ　昇給…29
　　2. 請求の原因 ………………………………………………………………… 29

(1) 要件事実の記載 …………………………………………	29
ⅰ 原則…29／ⅱ 不利益処分の無効を主張する場合…30	
(2) 間接事実やその他の事情 ………………………………	31
(3) 予想される抗弁等 ………………………………………	32

Ⅲ. 準備書面（主張書面） ……………………………………… 32

1. 事案の本質を踏まえた「攻め」の主張 ………………… 32
- (1) 事案の本質を踏まえた主張 …………………………… 32
- (2) 証拠の重要性と虚心に事実経過を見る目 ………… 34
- (3) 具体例 …………………………………………………… 34
  - ⅰ 依頼者の要求に即した請求と主張の組立て…34／ⅱ 真の動機の解明…36
  - ⅲ 事案の本質を見たうえでの「事件の顔」の発見…37
  - ⅳ 経験則や事実関係の掘り下げによる強調点…39

2. 間接事実や事情をどこまで主張するのか …………… 40
- (1) どこまでのことを主張するのか …………………… 40
- (2) どの程度，詳しく書くか ……………………………… 41

3. 弱点に対するフォロー ………………………………… 42

4. 証拠の吟味と証拠の提出要求等 ……………………… 44
- (1) 証拠吟味の重要性 ……………………………………… 44
  - ⅰ 原告の手持ち証拠の検討…44／ⅱ 被告提出証拠の検討…45
- (2) 証拠説明の記載 ………………………………………… 46
- (3) 証拠の提出要求 ………………………………………… 46

5. 困難な事案での工夫の例（証拠の提出と準備書面での主張）………… 47

6. 主張書面における表現方法（修辞）等 ……………… 49
- (1) 証拠評価（「明らか」という表現）………………… 49
- (2) 大げさな表現 …………………………………………… 49

7. 判例の引用について …………………………………… 50

8. よりよい準備書面を作るために ……………………… 53
- (1) 論理的な構成 …………………………………………… 53
- (2) 読み直しての検討・再考 …………………………… 54
- (3) 長い準備書面と読ませるための工夫 ……………… 54
  - ⅰ 要約の記載…54／ⅱ 同じ主張を繰り返す場合…55／ⅲ 頁数の引用…55
- (4) 「自分の頭で考え抜く」こと ……………………… 55

Ⅳ. 証人尋問 ……………………………………………………… 56

1. 証人尋問についての一般的な心得 …………………… 56
- (1) 証人として誰を申請するのか ……………………… 56

(2) 事前準備の重要性 ……………………………………………………… 57

　　(3) 尋問は事実を明らかにする場である ………………………………… 58

　　(4) 交互尋問方式 ………………………………………………………… 58

　2. 陳述書 …………………………………………………………………… 58

　　(1) 陳述書を提出する意義 ……………………………………………… 58

　　(2) 陳述書に何を書くか ………………………………………………… 59

　　(3) 陳述書をどう作るか ………………………………………………… 60

　　　ⅰ 準備書面で詳細に事実を論じている場合…60／ⅱ 新たに事実関係を記載する場合…61

　　　ⅲ 証言者による確認…61

　3. 主尋問準備と反対尋問対策 ……………………………………………… 61

　　(1) 主尋問の重要性と獲得目標 ………………………………………… 61

　　(2) 事前準備 ……………………………………………………………… 62

　　　ⅰ 主尋問の準備…62／ⅱ 反対尋問対策…64

　　(3) 尋問の実際 …………………………………………………………… 65

　　　ⅰ 尋問者，証言者の発語，発言…65

　　　ⅱ テンポよく一問一答を繰り返すこと（誘導尋問）…66

　　　ⅲ 証拠の提示…67／ⅳ 相手方証人の証言内容を踏まえた対応…67／ⅴ 再主尋問…68

　4. 反対尋問 …………………………………………………………………… 69

　　(1) 反対尋問の難しさとその心得 ……………………………………… 69

　　(2) 反対尋問における獲得目標とその明確化 ………………………… 69

　　　ⅰ 反対尋問における獲得目標…69／ⅱ 獲得目標の明確化…71

　　(3) 尋問準備の要点 ……………………………………………………… 72

　　　ⅰ 陳述書の精査と当事者からの聞き取り…72／ⅱ 証拠の精査…73

　　　ⅲ 尋問メモと想定問答…75／ⅳ どのような順序で，どの程度聞くか…76

　　　ⅴ 証拠の提示…77

　　(4) 反対尋問の実際 ……………………………………………………… 78

　　　ⅰ 愚直な質問はしない…78

　　　ⅱ 臨機応変の対応（主尋問で初めて語られる事実について）…78

　　　ⅲ どこまで攻めて，どこで退くか…79／ⅳ 弾劾証拠を用いた反対尋問…81

　　　ⅴ 沈黙を調書に残すための工夫…85／ⅵ 不誠実な証言態度に対する対応…85

　　　ⅶ 論争的な尋問…87

　5. 相手方尋問に対する異議について ……………………………………… 88

　　(1) 禁止される質問 ……………………………………………………… 88

　　(2) 異議についての実務上の留意点 …………………………………… 89

　　　ⅰ 誘導尋問…89／ⅱ 誤導尋問…90／ⅲ 関連性のない質問（争点に関係のない質問）…91

　　　ⅳ すでにした質問と重複する質問…92

　　　ⅴ 威圧的な尋問（証人を侮辱し，または困惑させる質問）…92

vi　意見の陳述を求める質問等…92／vii　主尋問の範囲を超える反対尋問…93

Ⅴ. 最終準備書面 ･･･ 93
1. 最終準備書面を提出する意味 ････････････････････････････ 93
2. 証言の引用，評価について ･･････････････････････････････ 94
　(1) 相手方申請の証人の証言こそが重要 ････････････････････ 94
　(2) 相手方証人の証言の分析と説得力のある記述を ･･････････ 94
　(3) 弱点に対するフォローも必要 ･･････････････････････････ 96

Ⅵ. 和解 ･･･ 96
1. あらゆる条項が可能 ････････････････････････････････････ 96
2. 和解で解決するか否かの判断 ･･･････････････････････････ 96

CHAPTER 04　労働審判制

Ⅰ. 労働審判制の概要 ･･･････････････････････････････････････ 98
1. 労働審判制とは ･･ 98
2. 3 回以内の期日による迅速な審理 ･･････････････････････ 98
3. 権利義務関係を踏まえた柔軟な解決 ･･･････････････････ 99
4. 紛争解決の実効性 ･･････････････････････････････････････ 99

Ⅱ. 労働審判の対象事件と 24 条終了 ･･･････････････････････ 100
1. 対象となるのは「個別労働関係民事紛争」････････････････ 100
2. 複雑な事案と労働審判法 24 条に基づく終了 ･･･････････ 100

Ⅲ. 申立て段階での留意点 ･･･････････････････････････････････ 102
1. 労働審判の選択 ･･ 102
2. 申立書の作成等 ･･ 102
　(1) 申立書の記載内容等 ･･･････････････････････････････････ 102
　　i　申立ての趣旨…102／ii　申立ての理由…103
　　iii　予想される争点および当該争点に関連する重要な事実…104
　　iv　当事者間においてされた交渉（あっせんその他の手続においてされたものを含む），その他
　　　申立てに至る経緯の概要…105
　　v　予想される争点ごとの証拠（規則 9 条 1 項 2 号）…105
　(2) 申立書の提出部数 ･････････････････････････････････････ 105
3. 証拠の提出 ･･ 106
　(1) 証拠提出についての工夫 ･･･････････････････････････････ 106

vii

（2）何を証拠として提出するか ……………………………………… 107

（3）陳述書について ……………………………………………………… 107

4. 申立てに際しての留意点 …………………………………………… 108

（1）管轄裁判所 …………………………………………………………… 108

ⅰ 地方裁判所への申立て…108／ⅱ 土地管轄についての特別な定め…108

（2）申立手数料 …………………………………………………………… 108

ⅰ 原則…108／ⅱ 解雇無効（地位確認，賃金請求）の場合…108

（3）複数労働者による申立て ………………………………………… 109

（4）利害関係人の手続参加申立て …………………………………… 110

（5）現状変更禁止（審判前の措置）の申立て …………………… 110

Ⅳ. 第1回期日前の準備 …………………………………………………… 111

1. 第1回期日の決定と出頭の確保 ………………………………… 111

2. 答弁書の提出と第1回期日までの準備 ………………………… 112

（1）答弁書の提出期限と打合せ日程の確保 ……………………… 112

（2）答弁書と証拠の検討 ……………………………………………… 112

（3）補充書面の提出 …………………………………………………… 113

（4）証拠の提出 …………………………………………………………… 113

3. 調停案の検討 ………………………………………………………… 114

Ⅴ. 第1回期日 …………………………………………………………………… 114

1. 争点および証拠の整理 …………………………………………… 115

2. 証拠（人証）調べ …………………………………………………… 115

3. 調停の試み …………………………………………………………… 116

4. 第2回期日の指定と検討課題の提示 …………………………… 117

Ⅵ. 第2回，第3回期日への対応 …………………………………… 118

1. 調停についての検討 ……………………………………………… 118

2. 主張・立証の補充 …………………………………………………… 118

3. どの水準で調停を成立させるか——労働審判をもらうかどうかの判断 ………… 119

（1）解雇有効（敗訴）の審判となる場合 ………………………… 119

（2）解雇無効（勝訴）の審判となる場合 ………………………… 120

Ⅶ. 労働審判の告知とその後の対応 ……………………………… 120

1. 結審と労働審判の告知 …………………………………………… 120

2. 手続分離の申立て …………………………………………………… 121

3. 労働審判の内容（柔軟な紛争解決） …………………………… 121

（1）柔軟な紛争解決 …………………………………………………… 121

(2) 解雇事案の場合 ………………………………………………………………… 122
　ⅰ　解雇無効の判断がされ，申立人が金銭解決を受け入れてもよいとしている場合…122
　ⅱ　解雇無効の判断がされ，申立人が地位確認の審判を求めている場合…122
　ⅲ　解雇有効の判断がされたが，金銭支払を命じる審判…123
4. 審判告知後の対応 ……………………………………………………………… 123
(1) 異議の申立て ……………………………………………………………… 123
(2) 通常訴訟への移行 ………………………………………………………… 124
(3) 異議を出すか否かの検討 ………………………………………………… 125

CHAPTER 05　仮処分（仮差押え，先取特権に基づく差押え）

Ⅰ. 仮処分 ……………………………………………………………………………… 126
1. 労働事件における仮処分 …………………………………………………… 126
2. 仮処分の申立てと審理 ……………………………………………………… 126
(1) 仮処分の申立て …………………………………………………………… 126
(2) 申立ての時期 ……………………………………………………………… 127
(3) 仮処分の審理 ……………………………………………………………… 128
(4) 仮処分における和解と申立ての取下げ ………………………………… 128
3. 仮処分決定 …………………………………………………………………… 129
(1) 賃金仮払い ………………………………………………………………… 129
(2) 解雇事案における地位保全 ……………………………………………… 130
4. 起訴命令と不服申立て ……………………………………………………… 130
(1) 起訴命令 …………………………………………………………………… 130
(2) 不服申立て ………………………………………………………………… 130

Ⅱ. 仮差押え，先取特権に基づく差押え ……………………………………………… 131

CHAPTER 06　裁判手続内での手段の選択

Ⅰ. 本訴と労働審判との選択 ………………………………………………………… 132
(1) 迅速性の観点 ……………………………………………………………… 132
(2) 解決水準の観点 …………………………………………………………… 132
(3) 労使間の対立が鋭い事案 ………………………………………………… 133
(4) 複雑な事案等 ……………………………………………………………… 133

Ⅱ．仮処分と本訴，労働審判との選択 ··· 133
  1．仮処分は本訴，労働審判と並行的に申立てが可能 ··············· 133
  2．本訴と仮処分 ·· 134
  3．労働審判と仮処分 ·· 134
Ⅲ．仮差押え，先取特権に基づく差押えと他の手続 ······················· 135

PART 2　　　　　紛争類型ごとの対応策

CHAPTER 01　　解雇

Ⅰ．初動 ··· 138
  1．解雇事案であることの確認と解雇理由の特定 ······················· 138
    ⑴　解雇事案であることの確認 ·· 138
    ⑵　解雇理由の特定（解雇理由証明書等） ····························· 139
     ⅰ　解雇理由証明書…139／ⅱ　解雇理由証明書の訴訟上の効果…140
     ⅲ　解雇理由を特定させる際の留意点…140
  2．就業規則の解雇条項について ·· 141
    ⑴　就業規則の解雇条項への該当性 ·· 141
    ⑵　就業規則（労働協約）の手続条項違反 ····························· 141
  3．解雇の有効性についての判断——個別法令に基づく解雇規制 ······ 143
    ⑴　解雇権濫用法理 ·· 143
    ⑵　個別法令による解雇規制 ··· 143
  4．解雇予告について ·· 145
    ⑴　概説 ··· 145
    ⑵　解雇予告手当の請求 ·· 146
    ⑶　解雇予告義務に違反した解雇の効力 ································· 147
Ⅱ．解雇された労働者の対処 ·· 147
  1．解雇無効の主張と就労意思の表明 ·· 147
  2．退職を前提とした行動をとらない ··· 148
    ⑴　退職金，解雇予告手当の請求 ··· 148
    ⑵　離職票の受領，健康保険証の返却等 ································· 149

(3)　矛盾した行動をとった場合の使用者側の主張 ……………………… **149**

　3.　係争中の他社就労と中間利得の控除 ……………………………………… **150**

　　(1)　係争中の他社就労の可否 …………………………………………… **150**

　　(2)　中間利得の控除 ……………………………………………………… **151**

　4.　当面の生活への手当（失業給付の仮給付） …………………………… **153**

　　(1)　係争中の生活への手当 ……………………………………………… **153**

　　(2)　失業給付の概要 ……………………………………………………… **154**

　　ⅰ　保険関係の成立…154／ⅱ　受給資格…154／ⅲ　給付日数等…154／ⅳ　受給手続…155
　　ⅴ　解雇無効を争う場合の仮給付…155

　5.　社会保険（健康保険，厚生年金）をどうするか ……………………… **156**

　　(1)　労働契約終了と資格喪失 …………………………………………… **156**

　　(2)　解雇無効の場合の処理 ……………………………………………… **157**

Ⅲ．解雇理由ごとの留意点 …………………………………………………………… **157**

　1.　解雇権濫用法理（労契法16条）と解雇の最後手段の原則 ………… **157**

　　(1)　解雇権濫用法理 ……………………………………………………… **157**

　　(2)　解雇の最後手段の原則 ……………………………………………… **158**

　　(3)　社会的相当性 ………………………………………………………… **159**

　2.　勤務成績不良，能力不足を理由とする解雇 ………………………… **159**

　　(1)　勤務成績不良，能力不足を理由とする解雇 …………………… **159**

　　(2)　解雇権濫用法理と使用者の配慮義務 …………………………… **160**

　　(3)　即戦力として高い処遇で採用された場合 ……………………… **161**

　3.　私傷病による能力欠如を理由とする解雇 …………………………… **163**

　　(1)　私傷病による能力欠如を理由とする解雇 ……………………… **163**

　　ⅰ　私傷病休職と解雇（自然退職扱い）…163／ⅱ　業務上の傷病の場合…164

　　(2)　解雇権濫用法理と復職可能性 …………………………………… **165**

　　ⅰ　復職可能性…165／ⅱ　医師の診断…165／ⅲ　段階的な復職可能性…167

　　(3)　休職前とは別の業務に従事できる場合 ………………………… **167**

　　(4)　リハビリ勤務（試し勤務）と復職可能性判断 ………………… **170**

　　(5)　復職可能であること（休職事由消滅）の立証責任 …………… **171**

　4.　労災と解雇制限 ………………………………………………………… **171**

　　(1)　解雇制限についての定め ………………………………………… **171**

　　(2)　打切補償による解雇制限の解除 ………………………………… **172**

　　(3)　私傷病扱いの解雇（自然退職扱い）と解雇制限 ……………… **172**

　　(4)　解雇（自動退職扱い）と賃金・損害賠償請求 ………………… **173**

　5.　労働者の落ち度（ミス，非違行為）を理由とする普通解雇 ……… **174**

xi

(1) 労働者の落ち度（非違行為）を理由とする解雇	174
(2) 解雇権濫用法理に基づく判断	174
(3) 懲戒解雇との類似性	175

6. 懲戒解雇・諭旨解雇 ……………………………………………………… 176

(1) 懲戒解雇・諭旨解雇とは	176
(2) 懲戒解雇，諭旨解雇の有効要件	176

ⅰ　懲戒事由等を明定する合理的な規定の存在…177

ⅱ　規定に該当する懲戒事由があること…177／ⅲ　罪刑法定主義類似の原則…179

ⅳ　相当性の原則，平等取扱原則…180／ⅴ　適正手続を経ていること…180

ⅵ　懲戒権行使の時間的制約…181

(3) 懲戒解雇の普通解雇への転換等	181

ⅰ　普通解雇の予備的主張…181／ⅱ　懲戒解雇の普通解雇への転換…182

(4) 懲戒解雇と退職金	182

7. 整理解雇 ………………………………………………………………… 184

(1) 整理解雇と「4要件（要素）」法理	184
(2) 人員削減の必要性（第1要件）	185

ⅰ　人員削減の必要性…185／ⅱ　人員削減の必要性の度合い…186

ⅲ　人員削減の必要性を基礎付ける証拠…187

(3) 解雇回避努力（第2要件）	187

ⅰ　希望退職募集…187／ⅱ　配転・出向…188

(4) 人選の合理性（第3要件）	189

ⅰ　勤務成績など…189／ⅱ　年齢，勤続年数…190／ⅲ　雇用形態による優先順位…191

(5) 説明・協議義務／手続の相当性（第4要件）	191
(6) 工場・支店・部門閉鎖と整理解雇	192

ⅰ　整理解雇法理による判断…192／ⅱ　人選の合理性について…194

Ⅳ. 解雇権濫用法理の応用 ……………………………………………………… 194

1. 試用期間と解雇（本採用拒否） ……………………………………… 194

(1) 試用期間付の労働契約	194

ⅰ　試用期間の法的性質…194／ⅱ　試用期間の長さ，更新・延長…194

(2) 本採用の拒否，試用期間中の解雇	195
(3) 労働契約の期間の定めが試用期間であると認定される場合	196

2. 内定取消し …………………………………………………………… 196

(1) 採用内定の法的性質	196
(2) 内定取消し（解約権行使）に対する制限	197
(3) 企業側の事情に基づく内定取消し	198
(4) 内定取消しが無効の場合の法律関係	198

3．有期労働契約の契約期間途中の解雇 ……………………………………… 199
  ⑴　契約期間途中の解雇と解雇権濫用法理 …………………………… 199
  ⑵　期間途中の解雇の効力を争う場合の留意点 …………………………… 200

Ⅴ．解雇と損害賠償 ……………………………………………………………… 202
1．解雇事案で請求できる損害賠償の内容 …………………………………… 202
  ⑴　請求できる損害賠償の内容 ………………………………………… 202
    ⅰ　慰謝料…202／ⅱ　消極損害（逸失利益）…202／ⅲ　退職金差額相当額…202
    ⅳ　弁護士費用…203
  ⑵　損害賠償の根拠法令 ………………………………………………… 203
2．金銭解決を望む場合の選択（地位確認か損害賠償のみか） ……………… 203
3．慰謝料請求 …………………………………………………………………… 204
4．逸失利益 ……………………………………………………………………… 207
  ⑴　セクハラ事案での逸失利益の認容 ………………………………… 207
  ⑵　セクハラ以外の退職強要のケース ………………………………… 208
  ⑶　解雇事案で逸失利益を認めた例 …………………………………… 208

Ⅵ．解雇案件の解決の実際 ……………………………………………………… 210
1．実際の解決をめぐる2つの視点 …………………………………………… 210
  ⑴　判決型と和解型 ……………………………………………………… 210
  ⑵　復職型と金銭解決（退職）型 ……………………………………… 210
    ⅰ　復職型の解決…210／ⅱ　金銭解決（退職）型の解決…210
2．金銭（退職）型の解決（解決金の水準） ………………………………… 211
  ⑴　解決金の水準を決める要因 ………………………………………… 211
    ⅰ　勝訴見込み…211／ⅱ　その他の要因…212
  ⑵　実際の解決水準 ……………………………………………………… 212
  ⑶　バックペイの支払と社会保険の回復等 …………………………… 213
3．復職型の解決 ………………………………………………………………… 214
  ⑴　地位確認判決と復職の強制 ………………………………………… 214
  ⑵　バックペイの支払と社会保険の回復等 …………………………… 215

CHAPTER 02　有期労働契約の雇止め

Ⅰ．雇止めの制限法理 …………………………………………………………… 216
1．判例法理 ……………………………………………………………………… 216

xiii

2. 労契法 19 条 ……………………………………………………………… 216

　　3. 要件② (19 条 1 号, 2 号への該当性) ……………………………… 217

　　　(1) 考慮すべき要素 ……………………………………………………… 217

　　　(2) 重要視される要素 …………………………………………………… 218

　　4. 要件③ (解雇権濫用法理) …………………………………………… 220

　　5. 効果 ……………………………………………………………………… 220

Ⅱ. 無期転換権と雇止め ……………………………………………………… 221

　　1. 無期転換権とは ………………………………………………………… 221

　　　(1) 無期転換ルールの導入 ……………………………………………… 221

　　　(2) 要件 (労契法 18 条 1 項) ………………………………………… 221

　　　(3) 効果 …………………………………………………………………… 222

　　2. 無期転換権と労契法 19 条の関係 …………………………………… 223

　　　(1) 無期転換権の要件を満たす場合 …………………………………… 223

　　　(2) 「5 年」直前の雇止め ……………………………………………… 223

Ⅲ. 不更新条項について ……………………………………………………… 224

　　1. 契約更新時の不更新合意 ……………………………………………… 224

　　　(1) 不更新合意条項への対応 …………………………………………… 224

　　　(2) 不更新合意条項のある契約書にサインしている場合 …………… 224

　　2. 使用者による一方的な不更新通告の場合 …………………………… 226

　　3. 最初の契約締結時から契約期間等が決められている場合 ………… 226

Ⅳ. 定められた契約期間の実態が試用期間である場合 …………………… 227

CHAPTER 03 　退職勧奨, 合意退職, 辞職の自由

Ⅰ. 初動——法的観点からの見極め ………………………………………… 228

Ⅱ. 退職勧奨, 退職強要 ……………………………………………………… 228

　　1. 退職勧奨の類型 ………………………………………………………… 228

　　2. 退職勧奨への対応 ……………………………………………………… 229

　　　(1) 退職勧奨に応じる義務はない ……………………………………… 229

　　　(2) 解雇が予測される場合 ……………………………………………… 229

　　　(3) PIP について ………………………………………………………… 230

　　3. 退職強要 ………………………………………………………………… 231

Ⅲ. 合意退職 ·· 233

1. 辞職と合意退職 ··· 233
(1) 辞職と合意退職の違い ·· 233
(2) 辞職と合意退職の見極め ·· 233

2. 退職の意思表示の撤回 ··· 234
(1) 合意解約の申込みに当たる場合 ·································· 234
　i 承諾権限のある者による承認…234／ii 決裁手続との関係…234
(2) 合意解約の承諾に当たる場合 ····································· 235
(3) 撤回に際しての留意点 ·· 235

3. 退職の意思表示の取消し・無効 ·································· 236
(1) 瑕疵による意思表示の無効とその効果 ························· 236
(2) 意思表示の瑕疵が認められる典型例 ··························· 237
(3) 具体的な主張例（錯誤の場合） ································· 238
(4) 自由な意思論に基づく主張 ······································· 239
(5) 留意点（生のやり取りの証拠化） ····························· 240

Ⅳ. 退職妨害と辞職の自由 ·· 240

1. 問題の所在 ··· 240

2. 民法の定めと損害賠償 ··· 241
(1) 期間の定めのない労働契約の場合 ····························· 241
　i 2週間の予告期間…241／ii 損害賠償…242
(2) 期間の定めのある労働契約の場合 ····························· 243

CHAPTER 04 ｜ 残業代請求

Ⅰ. 初動 ·· 245

1. 労働時間の把握とその他の検討 ·································· 245
(1) 労働時間の把握 ·· 245
(2) 就業規則等 ··· 245
(3) 予測される使用者の「抗弁」の検討 ·························· 246

2. 請求手段の選択と留意点 ·· 246
(1) 労基署の活用 ·· 246
(2) 代理人として受任した場合 ······································· 247
(3) 残業代請求を「見逃さない」こと ······························ 247

XV

Ⅱ．残業代請求の基本 ･･ 248

1．残業代として何が請求できるか ･･････････････････････････ 248

(1) 労基法の定め ･･ 248

ⅰ 概説…248／ⅱ 各論…248／ⅲ 労基法は強行法規…250

(2) 法内残業 ･･ 251

(3) 就業規則等の定め ････････････････････････････････････ 251

2．残業代の計算方法（時間単価と計算ソフトの活用等） ･･････ 251

(1) 残業代計算のやり方 ･･････････････････････････････････ 251

(2) 時間単価 ･･ 252

ⅰ 時間単価の計算方法…252／ⅱ 所定賃金から除外される賃金…252
ⅲ 就業規則等の定め…253

(3) 残業代の計算 ･･ 254

(4) 残業代計算ソフトの活用 ･･････････････････････････････ 254

3．付加金 ･･ 255

(1) 付加金とは ･･ 255

(2) 付加金は常に命じられるわけではない ･･････････････････ 255

(3) 使用者による「付加金逃れ」の手法 ････････････････････ 256

(4) 請求期間（除斥）と労働審判における留意点 ････････････ 256

4．消滅時効と時効の中断（完成猶予） ････････････････････････ 257

(1) 時効期間 ･･ 257

(2) 時効中断（時効の完成猶予）のための措置 ･･････････････ 257

Ⅲ．残業代請求における主張立証 ････････････････････････････････ 258

1．何が労働時間に当たるか ････････････････････････････････ 258

(1) 指揮命令下におかれた時間 ････････････････････････････ 258

(2) 黙示の指示 ･･ 258

(3) 労働の前後の準備，後片付け等の時間 ･･････････････････ 260

(4) 手待ち時間，不活動仮眠時間等 ････････････････････････ 261

ⅰ 手待ち時間…261／ⅱ 仮眠時間…261

2．労働時間の立証資料 ････････････････････････････････････ 262

(1) タイムカード・ID カード ･･････････････････････････････ 263

(2) 業務日報，出勤簿等 ･･････････････････････････････････ 264

(3) その他（パソコンの履歴等） ･･････････････････････････ 265

(4) メモ等 ･･ 266

(5) 店舗の営業時間等から労働時間が推計される場合 ････････ 267

3. 十分な立証ができない場合の推計的手法による残業代の認容 ……………… 268

  (1) 労働時間の把握義務 ………………………………………………………… 268

  (2) 推計的な認定手法 …………………………………………………………… 269

IV. 使用者からの「抗弁」について ………………………………………………… 271

1. 承認手続を経ていない残業,「労働していない」との主張 ………………… 271

  (1) 承認手続を経ていない残業 ………………………………………………… 271

  (2) 現実に労働していないという主張 ………………………………………… 271

2. 管理監督者,高度プロフェッショナル制 …………………………………… 272

  (1) 管理監督者 …………………………………………………………………… 272

   ⅰ 「管理職」と労基法の定め…272／ⅱ 判例の示す判断手法…272

   ⅲ 管理監督者性を認める判例は多くない…273／ⅳ 留意点…275

  (2) 高度プロフェッショナル制度 ……………………………………………… 275

3. 固定(定額)残業代制 ………………………………………………………… 276

  (1) 固定残業代制の問題点 ……………………………………………………… 276

   ⅰ 固定残業代とは…276／ⅱ 固定残業代制の有効性…277

   ⅲ 固定残業代制の問題点…277／ⅳ 現段階での問題点の整理…278

   ⅴ 労基法 37 条の趣旨…278

  (2) 判別可能性の要件 …………………………………………………………… 279

   ⅰ 判別可能性の要件…279／ⅱ 判別不能とされる場合…279

   ⅲ どこまでの判別が求められるか…281／ⅳ 手当型で問題となる場合…284

   ⅴ 深夜勤務が常態となっている場合の深夜割増賃金…285

  (3) 対価性の要件 ………………………………………………………………… 285

  (4) 差額支払の合意,実施 ……………………………………………………… 288

  (5) 固定残業代がカバーする労働時間が長すぎる場合 ……………………… 289

   ⅰ 裁判例の流れ…289／ⅱ 労基法改正…291／ⅲ 36 協定が締結されていない場合…291

  (6) 合意の認定 …………………………………………………………………… 292

   ⅰ 労働契約,就業規則等の定め…292／ⅱ 合意の時期,方法…293

  (7) 固定残業代制導入による不利益変更 ……………………………………… 294

4. 事業場外労働のみなし労働時間制 …………………………………………… 296

  (1) 事業場外労働のみなし労働時間制とは …………………………………… 296

  (2) 労働時間を算定し難いとき ………………………………………………… 296

5. 裁量労働制のみなし労働時間制,変形労働時間制 ………………………… 298

  (1) 裁量労働制 …………………………………………………………………… 298

   ⅰ 裁量労働制とは…298／ⅱ 手続面での導入要件…298／ⅲ 対象業務…299

   ⅳ 実体面での導入要件…299

xvii

(2) 変形労働時間制 ……………………………………………………………… 300

    i 変形労働時間制とは…300／ii 導入要件…300

CHAPTER 05 | 労働条件の切下げ

Ⅰ. 初動——何を根拠に切り下げたかの見極め ……………………… 303

  1. 法的根拠により対応は異なる ……………………………………………… 303

  2. 切下げの法的根拠 …………………………………………………………… 303

Ⅱ. 規範の効力の序列（個別契約，就業規則，労働協約等の優先関係）… 304

  1. 労働条件を決定する規範 …………………………………………………… 304

  2. 労働契約による労働条件の決定 ………………………………………… 304

    (1) 労働契約 ………………………………………………………………… 304

    (2) 労働条件明示義務 ……………………………………………………… 304

  3. 就業規則と労働契約（個別合意）との関係 …………………………… 305

  4. 労働協約と労働契約，就業規則との関係 ……………………………… 306

    (1) 労働協約と規範的効力 ………………………………………………… 306

    (2) 労働協約と就業規則の優劣関係 ……………………………………… 306

  5. 労基法等の強行法規と他の規範との関係 ……………………………… 306

  6. まとめ（規範の優劣関係） ……………………………………………… 307

Ⅲ. 個別同意に基づく不利益変更 ………………………………………… 307

  1. 個別同意と法令，就業規則等との関係 ………………………………… 307

  2. 意思表示の瑕疵 …………………………………………………………… 307

  3. 自由な意思に基づく同意 ………………………………………………… 308

  4. 黙示の同意について ……………………………………………………… 308

Ⅳ. 就業規則の不利益変更 ………………………………………………… 310

  1. 就業規則による労働条件の決定と作成手続等………………………… 310

    (1) 労働条件の決定 ………………………………………………………… 310

    (2) 就業規則の作成・変更手続，作成・届出義務 …………………… 310

    i 作成，届出義務…310／ii 作成権者…310／iii 意見聴取義務，届出義務…310
    iv 手続違反の就業規則の効力…310／v 周知されていない就業規則の効力…311

  2. 不利益変更法理（労契法 10 条）……………………………………… 311

    (1) 不利益変更法理 ………………………………………………………… 311

    (2) 不利益変更への対応（留意点） ……………………………………… 312

　　　　ⅰ　経営状況の分析の必要性…312／ⅱ　一部の労働者に大幅な不利益をもたらすケース…312

　　　　ⅲ　直ちに不利益をもたらさない賃金体系の変更…313

　　　　ⅳ　既発生の権利の剝奪，不利益変更…314

Ⅴ．労働協約締結による不利益変更 ……………………………………………… 315

1．労働協約による不利益変更 ………………………………………………… 315

2．労働協約による不利益変更の限界 ………………………………………… 316

　(1)　組合規約に定める手続等の不履践 ……………………………………… 316

　(2)　既発生の権利の剝奪，不利益変更 ……………………………………… 317

　(3)　強行法規，公序良俗違反の協約 ………………………………………… 317

3．労働協約の一般的拘束力（労働協約の拡張適用）……………………… 317

　(1)　労働組合法 17 条の意味 …………………………………………………… 317

　(2)　労働条件を切り下げる労働協約も拡張適用されるか ………………… 317

　(3)　拡張適用を積極的に活用すべき場合 …………………………………… 318

Ⅵ．降格，配転を理由とする不利益変更 ……………………………………… 318

1．初動――降格の内容と根拠の確認 ………………………………………… 318

　(1)　降格の種類 ………………………………………………………………… 318

　(2)　降格・降給の根拠（懲戒処分と人事権行使，個別同意）…………… 319

　(3)　具体的な内容を把握することの必要性 ………………………………… 319

2．懲戒処分としての降格・降給 ……………………………………………… 320

3．役職・職位の引下げによる降格・降給 …………………………………… 320

　(1)　就業規則等の根拠規定の必要性 ………………………………………… 320

　(2)　人事権の濫用による制限 ………………………………………………… 321

4．資格・等級の引下げによる降格・降給 …………………………………… 322

　(1)　就業規則等による根拠規定の必要性 …………………………………… 322

　(2)　根拠規定の具体性 ………………………………………………………… 322

　(3)　人事権濫用（降格要件該当性）………………………………………… 323

5．職務内容の変更（配置転換）に伴う賃金減額……………………………… 324

　(1)　職務内容と資格等級の関連性が希薄である場合（「従来型」の裁判例）………… 324

　(2)　職務内容と資格・等級との関連性が明確であるケースにおける判断手法 ………… 325

Ⅶ．個別査定による賃金減額 …………………………………………………… 326

1．査定に基づく賃金額の決定 ………………………………………………… 326

2．個別査定に基づく賃金減額の有効要件 …………………………………… 327

　(1)　労働契約上の根拠 ………………………………………………………… 327

　(2)　制度内容の合理性 ………………………………………………………… 327

i　合理性，客観性のある評価基準と賃金の変動幅…328
　　ii　合理性，客観性のある評価のための査定方法等の定め…328
　　(3)　実際の査定の合理性 ……………………………………………… 329
　　(4)　裁判例 …………………………………………………………… 329

CHAPTER 06　人事異動（配転，出向，転籍）

Ⅰ. 配転，出向命令に対する対処の基本 ………………………………… 331
　1. 配転における初動（配転の内示，発令段階） …………………… 331
　　(1)　内示の段階 ……………………………………………………… 331
　　(2)　異議を唱えつつ配転に応じる場合 …………………………… 331
　　(3)　配転を拒否する場合 …………………………………………… 332
　2. 出向の場合 ……………………………………………………… 332
　3. 転籍の場合 ……………………………………………………… 333
　4. 無効確認がされた場合の法律関係 …………………………… 333

Ⅱ. 配転（配置転換） ……………………………………………………… 334
　1. 配転命令とその有効性についての概要 ……………………… 334
　2. 労働契約上の根拠 ……………………………………………… 334
　　(1)　労働契約上の根拠が必要 …………………………………… 334
　　(2)　何が根拠となるのか ………………………………………… 335
　　(3)　配転命令権の限定（職種，勤務地限定契約） …………… 336
　3. 法令違反でないこと …………………………………………… 338
　4. 権利濫用に該当しないこと …………………………………… 338
　　(1)　権利濫用の判断基準（東亜ペイント最高裁判決） ……… 338
　　(2)　業務上の必要性 ……………………………………………… 339
　　(3)　不当な動機目的 ……………………………………………… 340
　　(4)　労働者の被る不利益 ………………………………………… 341
　　　i　東亜ペイント判決の判断…341／ii　育児介護休業法の定め…342
　　(5)　適正手続（説明，誠実な対応）等 ………………………… 344
　5. 慰謝料請求 ……………………………………………………… 344

Ⅲ. 出向 ……………………………………………………………………… 345
　1. 出向命令とその有効性についての概要 ……………………… 345
　2. 出向についての留意点 ………………………………………… 346

(1) 出向命令権の労働契約上の根拠	346
(2) 権利濫用について	346
3. 慰謝料請求権	347
IV. 転籍	348
1. 転籍と同意の必要性	348
2. 転籍についての留意点	349
(1) 同意の有効性等	349
(2) 転籍拒否と解雇	349
(3) 会社分割と転籍	350

CHAPTER 07　ハラスメント

I. 初動——事実の確定と違法性評価	351
1. 事実行為と不利益処分	351
2. 事実関係を立証する証拠の検討	351
(1) 事実を裏付ける証拠の重要性	351
(2) 何が証拠となり得るか	352
(3) 証拠が乏しい場合	353
3. 違法性評価	353
II. ハラスメントに対する立法上の規制と使用者の法的責任	354
1. 立法に基づく事業主の措置義務	354
(1) ハラスメントについての措置義務	354
i　措置義務と指針…354／ii　指針が定める内容…355	
(2) 実効性確保のための仕組み	355
(3) 留意点	356
2. 使用者に対する責任追及の法的根拠	357
(1) 不法行為上の使用者責任	357
(2) 債務不履行責任（就業〔職場〕環境配慮義務）	357
i　就業環境整備義務…357／ii　職場いじめ・パワハラ防止義務…358	
iii　具体的な措置内容…358	
III. 救済手段の選択	359
1. 被害内容と被害者の要求	359
(1) 典型的な対処法	359

  (2)　ハラスメントにより就労不能となった場合 ……………………………… 360

  (3)　謝罪等の要求 …………………………………………………………………… 360

 2.　各手段の検討 …………………………………………………………………………… 361

  (1)　通常訴訟，労働審判 …………………………………………………………… 361

  (2)　仮処分 …………………………………………………………………………… 362

  (3)　労働局長の助言・指導，機会均等会議による調停等 …………………… 363

  (4)　労働組合による交渉 …………………………………………………………… 364

IV.　パワハラ（パワーハラスメント） …………………………………………………… 364

 1.　パワハラと保護法益 ………………………………………………………………… 364

  (1)　パワハラとは ……………………………………………………………………… 364

  (2)　保護されるべき権利，利益 …………………………………………………… 365

  i　人格権（人格的・職業的な利益）…365／ii　生命・身体の安全（労契法 5 条）…365
  iii　名誉・プライバシー権…365／iv　職場における自由な人間関係を形成する権利…365
  v　知識，経験，能力と適性に相応しい処遇を受ける権利…366

 2.　違法性判断における留意点 ………………………………………………………… 366

V.　セクハラ（セクシャルハラスメント） ……………………………………………… 371

 1.　セクハラと違法性判断 ……………………………………………………………… 371

  (1)　セクハラとは ……………………………………………………………………… 371

  (2)　違法性の判断基準 ……………………………………………………………… 371

 2.　セクハラ訴訟における留意点 ……………………………………………………… 373

  (1)　立証上の留意点 ………………………………………………………………… 373

  (2)　プライバシー保護等のための措置 …………………………………………… 375

VI.　マタハラ（マタニティ・ハラスメント） ………………………………………… 375

 1.　マタハラに対する法令上の禁止規定 …………………………………………… 375

  (1)　マタハラ（パタハラ）とは …………………………………………………… 375

  (2)　解雇等の不利益取扱いの禁止 ………………………………………………… 376

  (3)　解雇についての特別な定め（立証責任の転換） …………………………… 377

 2.　マタハラに関する裁判例 …………………………………………………………… 378

  (1)　広島中央保健生協（C 生協病院）事件 ……………………………………… 378

  (2)　その他の裁判例 ………………………………………………………………… 380

VII.　ハラスメントによる休業と労災保険等 …………………………………………… 382

 1.　企業による賃金保障制度 …………………………………………………………… 382

 2.　傷病手当金 …………………………………………………………………………… 383

3. 労災保険 ……………………………………………………………… 384

  (1) 労災保険による補償 ……………………………………………… 384

  (2) 精神障害，自殺の場合の認定基準 ……………………………… 384

   i 認定基準…384／ii 自殺の場合…385／iii パワハラの場合…385

   iv セクハラの場合…386／v 長時間労働の場合…386

  (3) 行政訴訟における不支給処分の取消例 ………………………… 387

  (4) 損害賠償請求と労災保険給付との関係 ………………………… 388

CHAPTER 08 高齢者の雇用をめぐる問題

Ⅰ. 高年法をめぐる問題 …………………………………………………… 389

  1. 継続雇用拒否をめぐる紛争 …………………………………………… 389

   (1) 高年法の定め ……………………………………………………… 389

   (2) 継続雇用制度をめぐる紛争 ……………………………………… 389

    i 継続雇用制度…389／ii 雇用確保措置が講じられていない場合…390

    iii 継続雇用後の雇止め…390

  2. 継続雇用後の労働条件をめぐる紛争 ………………………………… 391

   (1) 継続雇用後（定年後）の労働条件 ……………………………… 391

   (2) 裁判例の傾向 ……………………………………………………… 391

   (3) 実際の対処法 ……………………………………………………… 392

Ⅱ. 65 歳以降の雇用継続 ………………………………………………… 393

CHAPTER 09 非正規労働者の労働条件(均等・均衡)をめぐる問題

Ⅰ. 均等・均衡問題についての視点 …………………………………… 397

  1. 問題状況 ……………………………………………………………… 397

  2. 対処についての留意点 ……………………………………………… 397

   i 集団的な対処…397／ii 正社員（無期，フルタイム労働者）の労働条件の把握…398

   iii 比較対象となる無期，フルタイム労働者（正社員）の絞り込み…398

Ⅱ. 現行労契法 20 条に関する裁判例 ………………………………… 399

  1. 2 つの最高裁判決 …………………………………………………… 399

   i 労契法 20 条の解釈…399／ii 当てはめ（不合理と判断されたもの）…401

   iii 当てはめ（不合理と判断されなかったもの）…401

ⅳ　不合理性判断についての留意点…402

　　2.　下級審判決 ………………………………………………… 402

Ⅲ.　新パート有期労働法について …………………………………… 403

　　1.　処遇改善のためのルール（不合理の禁止，差別的取扱いの禁止等）………… 403

　　　(1)　概説 ……………………………………………………… 403

　　　ⅰ　3 つの分類…403／ⅱ　通達の改正…404

　　　(2)　差別的取扱いの禁止（9 条）………………………… 404

　　　(3)　不合理な待遇の禁止（8 条）………………………… 405

　　　(4)　ガイドライン ………………………………………… 406

　　　(5)　待遇改善に向けたその他の条文（10 条〜12 条）…… 406

　　　ⅰ　賃金決定についての努力義務（10 条）…406

　　　ⅱ　教育訓練の義務・努力義務（11 条）…407

　　　ⅲ　福利厚生施設の利用に関する義務（12 条）…407

　　　ⅳ　通常の労働者への転換措置の義務（13 条）…407

　　2.　説明義務等（6 条，7 条，14 条）…………………………… 407

　　　(1)　雇用の際の労働条件明示義務（6 条）………………… 407

　　　(2)　就業規則作成・変更に関する手続（7 条）…………… 407

　　　(3)　事業主が講ずる措置の内容等に関する説明義務 …… 408

　　　ⅰ　雇入れ時の雇用管理改善措置の説明義務（14 条 1 項）…408

　　　ⅱ　説明要求時の処遇の決定についての説明義務（14 条 2 項）…408

　　3.　実効確保のための仕組み ………………………………… 408

CHAPTER 10　経営危機（倒産）と労働債権の回収

Ⅰ.　初動——資産調査ととるべき手段の選択 ……………………… 410

　　1.　経営危機と労働債権 ……………………………………… 410

　　2.　資産調査と労働債権確保のための手段 ………………… 410

　　　(1)　資産の調査 …………………………………………… 410

　　　(2)　債権確保のための手段 ……………………………… 411

Ⅱ.　任意の回収（資産譲渡）………………………………………… 411

　　　(1)　任意の資産譲渡 ……………………………………… 411

　　　(2)　対抗要件 ……………………………………………… 412

　　　(3)　抵当権の設定 ………………………………………… 412

Ⅲ. 法的手段（仮差押えと先取特権に基づく差押え）……………………… 412

　1. 仮差押え ……………………………………………………………………… 412
　　⑴ 仮差押えとは ……………………………………………………………… 412
　　⑵ 仮差押えの申立て ………………………………………………………… 413
　　⑶ 仮差押えの審理と発令 …………………………………………………… 413
　　⑷ 不動産に対する仮差押え ………………………………………………… 414

　2. 先取特権に基づく差押え…………………………………………………… 414
　　⑴ 労働債権に関する先取特権 ……………………………………………… 414
　　⑵ 先取特権に基づく差押えの申立てと証明文書 ………………………… 414

　3. 先取特権のメリットと留意点 …………………………………………… 415
　　⑴ 先取特権のメリット ……………………………………………………… 415
　　⑵ 仮差押えとの併用 ………………………………………………………… 415
　　⑶ 債務名義がある場合 ……………………………………………………… 416

Ⅳ. 法的な倒産手続が行われた場合 ………………………………………… 416

　1. 破産，会社更生 …………………………………………………………… 416
　2. 民事再生 …………………………………………………………………… 417

Ⅴ. 未払い賃金の立替払制度，中退共等…………………………………… 417

　1. 立替払制度 ………………………………………………………………… 417
　2. 中退共等 …………………………………………………………………… 418

Ⅵ. 取締役の責任追及 ………………………………………………………… 418

CHAPTER 11　　**労災保険と損害賠償**

Ⅰ. 初動——労災保険についての留意点 ………………………………… 420

　1. 適用対象とされる事業所，労働者 ……………………………………… 420
　2. 請求手続等 ………………………………………………………………… 421
　　⑴ 請求権者と請求手続 ……………………………………………………… 421
　　⑵ 被災事故の調査等と代理人としての活動 ……………………………… 421
　　⑶ 時効 ………………………………………………………………………… 422

Ⅱ. 保険給付の内容と認定基準…………………………………………… 423

　1. 保険給付の内容 …………………………………………………………… 423
　　⑴ 主な給付内容 ……………………………………………………………… 423

ⅰ 療養補償給付…423／ⅱ 休業補償給付…423／ⅲ 障害補償給付…423

ⅳ 遺族補償給付，葬祭料…423／ⅴ その他…424

(2) 特別支給金 ……………………………………………………… 424

(3) 給付基礎日額と不払い残業代 ………………………………… 424

2. 労災，通勤災害の判断基準 …………………………………… 425

(1) 業務災害 ………………………………………………………… 425

(2) 通勤災害 ………………………………………………………… 425

3. 過労死，精神疾患の認定基準 ………………………………… 426

(1) 労災保険法の適用 ……………………………………………… 426

(2) 過労死（脳・心臓疾患）の認定基準 ………………………… 426

(3) 精神障害，自殺の認定基準 …………………………………… 427

4. 不服申立手続と資料の開示 …………………………………… 427

(1) 行政不服審査 …………………………………………………… 427

ⅰ 審査請求（労働保険審査官）…427／ⅱ 再審査請求（労働保険審査会）…427

(2) 行政訴訟 ………………………………………………………… 428

Ⅲ. 労災保険給付と損害賠償請求との関係 …………………………… 428

1. 損害賠償請求 …………………………………………………… 428

(1) 債務不履行と不法行為 ………………………………………… 428

(2) 安全配慮義務の主張 …………………………………………… 429

(3) 請求できる損害の内容 ………………………………………… 430

2. 労災申請と損害賠償訴訟のどちらを先行させるか ………… 431

(1) 迅速な救済 ……………………………………………………… 431

(2) 労災認定等の活用 ……………………………………………… 431

(3) 被災労働者に過失がある場合等 ……………………………… 432

3. 労災保険給付と損害賠償請求の関係等 ……………………… 432

(1) 損害の補填と支給停止 ………………………………………… 432

ⅰ 損害の補填…432／ⅱ 支給停止…432

(2) 損害の補填のやり方 …………………………………………… 433

ⅰ 特別支給金は控除されない…433

ⅱ 控除されるのは，口頭弁論終結時までに支給が確定しているものだけ…433

ⅲ 遺族年金等を控除できるのは，遺族年金等を受給した者からのみ…434

ⅳ 労災保険給付は損害の元本に充当される…434

ⅴ 過失相殺後の損害からの控除と費目間流用の禁止…434／ⅵ 前払一時金の抗弁…435

CHAPTER 12　不当労働行為についての特別な救済

Ⅰ. 労働委員会による不当労働行為の救済制度 ……………………………… 436

  1. 不当労働行為とは ……………………………………………………… 436

  2. 労働委員会における審理手続 ………………………………………… 436

  3. 命令に対する不服申立て ……………………………………………… 437

    ⑴　都道府県労働委員会の命令に対する不服申立て ………………… 437

    ⑵　中労委命令に対する不服申立て …………………………………… 438

    ⑶　行政訴訟と補助参加 ………………………………………………… 438

  4. 救済命令の履行確保措置 ……………………………………………… 438

    ⑴　中労委による初審命令の履行勧告 ………………………………… 438

    ⑵　裁判所による緊急命令 ……………………………………………… 439

    ⑶　命令が確定した場合の裁判所への通知，過料 …………………… 439

Ⅱ. 労働委員会命令の特殊性（司法救済との違い）………………………… 440

  1. 原状回復 ………………………………………………………………… 440

    ⅰ　解雇等における復職命令等…440／ⅱ　団体交渉についての命令…440

  2. 陳謝文（ポストノーティス）………………………………………… 441

  3. 損害賠償 ………………………………………………………………… 441

判例索引 ……………………………………………………………………… 443

LAWYERS' KNOWLEDGE

PART 1

解決手段の選択と実践的な対処

CHAPTER

01　　　　　初動（相談・受任）

はじめに

　相談，受任のやり方について，労働事件であることによる特殊性はない。

　ただ，本書は，比較的経験の少ない法律実務家を読者層として想定しているので，はじめに，相談・受任についての一般論について触れることにする。なお，労働事件の類型としては，個々の労働者と使用者との紛争である個別的労使紛争と，労働組合を一方当事者とする集団的労使紛争があるが，以下では，主として前者を念頭に置いて論じる。

　相談に際して重要なのは，判例法理を含む労働法に精通することと，実務運用についての一定の知識をもつことであるが，それらを駆使して，当該事案が受任に適したものであるかを見極めることになる。

Ⅰ．相談における留意点

　一般に，法律問題についての相談，受任は，以下のような流れを辿ることになる。

1.　法的観点を踏まえた事案の把握

　相談者から事情聴取を行い，事案の内容（基本的な事実関係）を把握するのが相談の第一歩である。事情聴取に際しては，客観的な事実関係がどのようなものであるかを確認しつつ，相談者が欲する法律効果を生じさせるための要件事実を聞き取ることが重要である。要件事実を意識することなく，漫然と相談者の話を聞いていると，的外れなアドバイスをすることにもなりかねない。

具体例──労働条件の不利益変更

　「先月から 30 万円の給与を 25 万円に引き下げられたが，納得できない」という相談の場合，まず確認すべきは，使用者がどのような法的根拠に基づき，賃金減額

2　　　　PART 1　解決手段の選択と実践的な対処

を行ったかである。具体的には，労働者の同意に基づくものか，就業規則（賃金規程）の不利益変更によるものか，降格や配転に伴うものか，使用者に留保された何らかの権限に基づくものか，といったことを確認する必要がある。そのいずれであるかによって，聞き取るべき事情は異なってくる。また，ときには，何らの法的根拠もなく，一方的に賃金減額をするケースもあるが，その場合には，賃金減額は明らかに無効である旨のアドバイスをすべきことになる（以上につき，Pt. 2, Chap. 5, Ⅰ〔303頁〕参照）。

　このような観点を踏まえず，「経営が苦しいと言いつつ，社長は高額の役員報酬をもらい続けている」などといった相談者の話を受けて，経営状況についての事情を漫然と聞き取っていると，法的なアドバイスに結びつかないやり取りに時間を費すことになってしまう。

2. 事実関係を裏付ける証拠の吟味

　また，相談者が述べる事実関係が認められるかを検証するために，客観的な裏付けとなる証拠資料を確認することも重要である。相談者の中には，自らに不利となる事実を，敢えて弁護士に伝えない者もいる。また，そうでない場合にも，相談者が言っていることが客観的な事実（客観性のある証拠資料）と齟齬していることは，しばしばみられるところである。訴訟（法的判断）における事実は，証拠によって認定されるべきものである。事実認定に用いられる証拠の中には，当事者（原告本人である労働者）の供述（本人尋問の結果）も含まれるが，客観性のある証拠と食い違った供述をしても，それが信用されることはまずない。このような観点からは，事実関係を裏付ける証拠の吟味は，極めて重要である。なお，事案解決の見通しをたてるうえで必要な情報（事実関係の詳細や証拠書類）が不足している場合には，あらためて相談日を設定し，不足している情報を明らかにしてもらうことになる。

　どの程度の証拠が必要かは，紛争類型によって異なる。解雇権濫用が問題となる事案では，使用者が主張する解雇理由に合理性が認められるかが争点となるので，使用者が提示する主張や証拠を弾劾することで，ある程度「闘える」場合もある。しかし，残業代請求や，ハラスメントを理由とする損害賠償請求等では，残業代が発生することや，不法行為（安全配慮〔就業環境整備〕義務違反による債務不履行）が成立すること等を労働者側で主張・立証しなければならない。このようなケースで，要件事実を裏付ける証拠が収集できないと，係争（提訴）すること自体を断念せざるを得ないこともある。

　なお，残業代請求では，残業時間を証明する資料が全く手元にない場合で

も，タイムカードが打刻されている場合や，パソコンを使う業務に従事している場合には，証拠保全を行って，これらの資料を確保することも検討されるべきであろう。

本人作成のメモの信用性

　例えば，残業代請求事案で，労働者が労働時間のメモをつけていたとしよう。一般に，労働者自身が作成したメモの信用性は，低いと言わざるを得ない。ただし，労働時間を明らかにする他の資料（例えば，業務日報や，送信メール等）が，一部でも手元に残されており，それにより明らかにされる労働時間が，労働者作成のメモの時間と合致ないし整合しているとすれば，メモの信用力は，高まることになる。

　また，メモしかない場合でも，その内容が詳細である場合（単に，始終業時刻を記載しているだけでなく，何時から何時まで，どのような業務に従事したかが記載されているような場合）や，メモが日々記載されていたことを推認させる内容となっている場合（日記のように，仕事のみならず，日々の出来事が記載されているような場合）には，メモだけを証拠としても，労働時間（残業時間）の立証が可能との判断を下せる場合もある。

立証手段としての証人

　証人についても慎重に検討する必要がある。証人の証言は，録音やメール等に比べると客観性に劣るとはいえ，その証言内容に信憑性があれば，証拠としての価値は相当に高いといえる。

　そこで，相談者が「パワハラを目撃していた同僚が証言してくれると思う」と言ってくることがある。しかし，その同僚が在職している場合，その同僚に証言してもらうことは，ほぼ不可能であると考えるべきであろう。ハラスメント事案に限らず，在職する会社を被告とする訴訟において，対立する当事者（原告労働者）の利益のために行動（証言）すれば，会社から「目を付けられ」，以降不利益な扱いを受けることが，相当の蓋然性をもって予測されるからである（その例外は，「闘う姿勢」をもつ労働組合が社内にあり，その組合が当該労働者を支援しているようなケースであるが，残念ながら，そのようなケースは，ほとんどみられないのが実情である）。一方，すでに退職している元同僚の場合には，そのような懸念はないものの，わが国では，裁判沙汰に関与することは敬遠されるのが通常なので，実際に証人になってもらうことは困難である場合がほとんどである。もし，他に有力な立証方法がなく，証人に頼らざるを得ないような場合には，受任以前の段階で，証人候補となる者に，弁護士自身が面談し，どのような証言が得られるか，間違いなく証人になってもらえるか等を確認する必要があるだろう。

3. 把握した事実関係に基づくアドバイス

　基本的な事実関係を把握した後，法律専門家としてのアドバイスをするこ

とになる。

アドバイス内容としては，相談者が欲する法的効果が得られるかについての見通し（勝訴見込み），それを実現するためにとり得る手段，解決に要する時間，費用（手続費用，弁護士費用）などが考えられる（弁護士費用との兼ね合いで，弁護士に委任するのではなく，相談者自身で対応できる手段を教示する場合もある）。なお，解決手段の選択については，Chap. 2（10頁）およびChap. 6（132頁）を参照のこと。

アドバイスをするにつき，最も重要なことは，「事件の筋」（どの程度の勝訴見込みが立つか）を見誤らないことである。「事件の筋」の見極めは，①どのような法規範（法令，判例，就業規則，労働協約，労働契約等）に基づき判断されるべき事案であるかを的確に判断するとともに，②適用される法規範を当該事案の事実関係に当てはめるとどうなるかを検討することによって行われる。

(1) 労働法の理解

上記①の判断をするには，法令や判例に精通している必要がある（労働法では，例えば配転命令の有効要件のように，基本的な原理が成文法化されておらず，判例に委ねられているものがあるので，判例に精通することは重要である）。

もっとも，労働法は，それほど複雑な法体系ではなく（権利濫用法理によって処理されるものも多い），実際の紛争（とりわけ裁判に持ち込まれるような紛争）となるのも，解雇や残業代請求等，一定の領域のものが多い。また，主要な判例は，基本書やマニュアル本で触れられているので，基本書等の該当箇所を読むことで，一通りの理解は得られるだろう。

ただし，労働法の基本原理には，通常の契約理論にはみられない独自の集団的な規律が含まれていたり（その典型は，就業規則の基準を上回る労働契約の定めは有効だが，就業規則の基準を下回る労働契約の定めは無効となり，就業規則の基準が労働契約の内容となるというもの。この点については，Pt. 2, Chap. 5，II3〔305頁〕を参照のこと），多くの強行法規（その典型が労基法）が存在するから，これらの基本原理等は押さえておく必要がある。

なお，基本書などの本文ではなく，脚注の中でしか出てこなかったり，基本書には記載されていない最新の下級審判決を知っているか否かで，事案処理に差が出ることがあるが，これは平素からの研鑽によらざるを得ないことになる（本書のPt. 2では，紛争類型毎に，実務上の「実践知」，「コツ」を説いて

いる）。

⑵ 事案への当てはめ

一方，②（法規範の当該事案への当てはめ）については，一定の経験を積まなければ習得できない面があることは否めない（同じ類型の紛争〔例えば，解雇〕を3〜4件程度やれば，おおよその勘どころはつかめるようになるだろう）。

未経験の分野で勘どころをつかむには，類似する事案の判例を読んで，どのような事実関係のもとで，どのような主張や判断がされているかを見てみることが有益である（控訴審判決は一審判決を引用してあることが多いので，引用判決でない一審判決を読んでみるのがよい）。あとは，労働法の基本原理を踏まえつつ，社会常識に支えられたリーガルマインド（この程度のことで解雇するのは，やりすぎだとか，これで解雇されるのはやむを得ないといった常識的な判断）によることになる。

⑶ 事件の見通しは流動的であることが多い

労働事件の場合，解雇権濫用法理のように，規範的な構成要件に基づき判断がされることが多く，勝訴見込みの判断は流動的にならざるを得ないので，その旨をよく説明しておく必要がある。想定されるリスクがある場合には，それについても十分に説明しておくことが不可欠である。

Ⅱ．受任に際しての留意点

以上のようなプロセスを経て，相談内容から受任に適する事案と判断され，かつまた，相談者が委任を希望する場合，受任することになる。

1. 依頼者の権利，利益が実現できる可能性がない場合

相談者が委任を希望しても，相談者が欲する法律効果が得られる見通しが全く立たないケースでは，特段の事情がある場合（労働組合が団結を維持するために，法的手段を講じるような場合）を除き，受任は控えるのが無難である。

相談者の中には，「負けてもいいし，負けた場合に，着手金相当額の損失が生じることも十分理解している。負けても絶対に文句は言わないので，引き受けてほしい」と言って，受任を強く要請してくる者がいる。しかし，そもそも弁護士に事件処理を委任するのは，それを通じて自己の利益の実現を

図るためであるし，弁護士費用（着手金）を支払うのも，利益の実現のための対価としてである。すなわち，「負けてもいい」という言葉の奥には，「勝ってほしい」という本心が潜んでいることになる。勝訴見込みがない事案を受任して敗訴した場合，「案の定，敗訴しました」では済まず，依頼者との間で紛争になる可能性がある。したがって，勝訴見込みが全く立たない事案の受任は控えるのが無難である。また，受任に適さないとして受任を断られた相談者が，弁護士を渡り歩き，法律相談を繰り返すことがある。そのような相談者からの相談については，相談者が欲する法律効果が得られるかについて，より慎重に吟味する必要がある。なお，受任できないケースでは，本人でも手続を進められる裁判外の紛争処理システムの利用を勧めることが考えられる。

その一方，勝訴見込みの判断が微妙である事案を受任することは問題ない（確実な勝訴見込みが立てられるケースは，むしろ少ないといえる）。ただし，その際には，前述のとおり，リスクについて十分説明しておくことが必要である。

2．相談者の「人間像」，相談者との「相性」に基づく受任の判断

解雇権濫用が問題となる事案で，使用者主張の解雇理由の合理性を弾劾できるだけの手持ち資料が乏しく，判断材料となり得るのが相談者の話しかない場合には，当該相談者の「人間像」から受任するかどうかを判断せざるを得ないことがある。

具体的には，その人柄・性格や能力をみて，相談者の話が信用できるか（訴訟等になった場合に，その主張が維持できるか）を考えることになる（大規模な整理解雇の場合を除き，人柄がよく，能力も高い労働者を企業が解雇することはまずなく，そのような労働者が解雇されるのは，上司にいわれなき嫌悪感を抱かれていたとか，派閥争いに巻き込まれたなど，何らかの特殊な事情がある場合に限られるといえる。そのような労働者の解雇事件は，「勝ち筋」であることが多い）。

このような人柄・性格，能力といったことは，実際に（訴訟）事件を受任した後，事件処理の共同作業をする過程で，自ずと分かってくる。しかし，受任するか否かを決定するまでの，それほど長くない時間で，これらを見極めることは容易ではない。その意味で，相談者の人物像から受任の適否を判断するのは，「実践知」であるとはいえるものの，経験を積まなければ体得

できない「極意」だともいえる。

　ただ，ごく短い時間でも，相談者の人柄や性格は，ある程度分かるものである。いかに相談者の話が理路整然としていても，その人柄や性格から，受任を断るという選択肢もある。事件処理は，依頼者と弁護士の共同作業であり，信頼関係がなければなし得ないものである。その意味で，依頼者と弁護士との「相性」は，極めて重要である。相性がよくないことが分かった時点で辞任できるのであれば，それほど悩む必要はないともいえるが，一般に，辞任は依頼者に少なからぬ不利益を及ぼすため，辞任するのは容易ではない。したがって，受任するか否かの段階で，判断しなければならないこともある。

| 実践知！ | 相談者の欲する利益の実現可能性がなく，辞任に至ることが予測されるようなケースについては，「相性」を理由に受任しない選択をすることも必要である。 |

3. 弁護士費用の観点からの受任の判断

　また，権利・利益の実現の見通しが立っても，弁護士費用との関係で，「費用倒れ」になる可能性が高い場合には，受任をするかについて一考を要する。

　現在，弁護士費用は自由化されているが，日弁連のかつての報酬規程では，経済的利益が300万円までの事案の場合の着手金は，経済的利益の8％，報酬金は16％（ただし，最低の着手金は10万円）とされていた。30万円の残業代請求を，着手金10万円で受任し，30万円を回収した場合に，4万8000円（30万円の16％）の報酬を受け取るとすると，弁護士費用（着手金と報酬金の合計）は14万8000円となる（これに消費税が加算される）。

　依頼者にしてみれば，弁護士に依頼することによって，請求額を回収できたとはいえ，決して大きな額ではない30万円の約半分が弁護士費用に充てられてしまうことになる。これでは，依頼者にとっての負担は，大きくなりすぎであろう。一方，弁護士の側から見ても，内容証明による請求書1本を発送するだけで，30万円を回収できたとすれば，「割のよい仕事」といえようが，訴訟を提起し，証人尋問までしたとすると，「負担の重い仕事」となってしまう。このように，弁護士費用の問題は，依頼者の問題であるとと

もに，弁護士の問題でもある。

　そこで，このような案件では，弁護士が受任せずに，相談者自身で対応できる手段を教示することも考えられる。解雇予告手当や残業代の不払いは，労基法違反であるので，労働基準監督署の監督行政によって解決されることが期待できる。また，本人でも手続をすることができる裁判外の紛争処理システムの利用を勧めることも考えられる。これらによっても解決できない場合には，簡易裁判所への提訴を相談者自らにしてもらうということも検討することになる。

Ⅲ．受任後の対応

1．方針の決定（解決手段の選択）

　受任した場合には，依頼者の要望を踏まえつつ，どのような解決手段を選択するかを決定することになる。この点については，Chap. 2 を参照のこと。

2．事案についての精査

　解決手段を決定した後，そのための具体的な準備に入ることになる。訴訟や労働審判を選択する場合には，訴状や申立書を起案することになる。

　その作業に入る段階では，より詳細に事実関係を聞き取るとともに，依頼者の手持ち証拠を精査することになる。複雑な事案や，弱点を抱える案件では，事案の本質を見いだし，どのような法的構成のもと，どのような主張をするかを検討しなければならない。この点については，Chap. 3, Ⅲ〔32 頁〕を参照のこと。

CHAPTER

02　解決手段の選択

I．紛争解決システム（手段）の概観

　個別的な労使紛争については，様々な紛争解決システムが存在する（なお，集団的労使紛争の解決システムとしては，労働委員会制度があるが，これについては，Pt. 2, Chap. 12〔436 頁〕で論じることにし，ここでは扱わない）。また，自主交渉（代理人交渉）によって，紛争が解決されることもある。その概要は，以下のとおりである。

1．裁判外紛争処理システム

　現在実施されている個別的な労使紛争の解決システムを，実施機関ごとに概観すれば，以下のようになる。これらの解決システムのうち，労働基準監督署等による監督行政（(1)①）は，紛争解決のための一定の強制力をもっているが，それ以外のものは，いずれも当事者の任意の履行（(1)②）や，任意の合意形成（(1)①②以外のもの）に基づき紛争解決しようとするもので，紛争解決のための強制力を有していない。この点が，裁判制度との決定的な違いである。

(1)　厚生労働省関係
　①労働基準監督署，公共職業安定所等による法違反に対する監督行政
　②民事紛争に関する労働局長による助言，指導
　個別労働関係紛争（労働組合でなく，個々の労働者を一方当事者とする紛争で，監督行政の対象とならないもの）について，申出人（通常は労働者）の申出に基づき，被申出人に対して，当該紛争の問題点を指摘し，解決の方向性を示すものである。
　なお，雇用機会均等法，パート有期労働法違反については，労働局長による助言，指導，勧告となる（Pt. 2, Chap. 7, III 2 (3)〔363 頁〕，Chap. 9, III 3〔408 頁〕を参照のこと）。
　③民事紛争に関する紛争調整委員会によるあっせん

10　　　　PART 1　解決手段の選択と実践的な対処

個別労働関係紛争につき，あっせん期日が指定され，当事者双方が出頭のうえ，あっせんが試みられるものである。なお，相手方があっせんに応じない意向を示した場合には，期日は指定されず，手続は打切りとなる。また，あっせんは，原則として1回の期日で終えるものとされている。

雇用機会均等法，パート有期労働法違反については，紛争調整委員会の委員で構成される機会均等調停会議，均衡待遇調停会議による調停となる（Pt. 2, Chap. 7, Ⅲ 2(3)〔363頁〕，Chap. 9 Ⅲ 3〔408頁〕）を参照のこと）。

(2) その他
①都道府県労働委員会による個別労使紛争のあっせん

労働委員会が実施する個別労使紛争（労働組合でなく，個々の労働者を一方当事者とするもの）のあっせん（労働組合を一方当事者とする不当労働行為救済制度については，Pt. 2, Chap. 12〔436頁〕を参照のこと）。このあっせんは，不当労働行為の救済申立事件と同様，3者構成（公益委員，労働者委員，使用者委員）で行われることが多いようである。なお，東京都，兵庫県，福岡県の労働委員会では実施されていない。

②労政主管事務所（地方自治体）によるあっせん

東京都の「労働相談情報センター」など，地方自治体の労政主管事務所が行う労使紛争解決のあっせん。

③社労士会が実施している「労働紛争解決センター」

「裁判外紛争解決手続の利用の促進に関する法律」に基づき民間の事業者等（認証ADR）による和解の仲介を実施するもので，社労士会が実施している。

④裁判所による調停

労使紛争に特化したシステムではない（ただし，東京簡裁では，労働問題に精通した調停委員に事件を配点する扱いがされている）が，弁護士が受任した事件でも活用されることがある（後述のⅢ 2(3)〔16頁〕を参照のこと）。

2. 裁判制度

その一方，紛争を強制的に解決する裁判制度としては，以下のようなものがある。
①通常訴訟（本案訴訟，本訴）
②労働審判制

③仮処分

④仮差押え・先取特権による差押え

　①，②は，紛争の終局的な解決をめざすものであるが，③は，緊急の必要性がある場合に，暫定的な救済を与えるものである。④は，企業が倒産の危機にあり，未払い賃金等の労働債権の回収が危ぶまれる場合に，企業の資産を保全し（仮差押え），もしくは，債権回収を実現するもの（先取特権に基づく差押え）である。

　これら裁判制度は，裁判体（裁判官，労働審判委員会）が権利義務関係についての判定（判決，労働審判，決定等）を下すことで，強制的に紛争を解決し，もしくは暫定的な救済等を与えるものである。

3. 自主交渉

　以上のような紛争解決システムを用いることなく，当事者間の直接交渉（代理人交渉）や，個人加盟労働組合による団体交渉によって，紛争が解決されることもある。

Ⅱ. 労基署等による監督行政等

1. 監督行政の有効性（賃金，残業代など）

　労働基準監督署などが実施する監督行政は，労基法等の法違反行為に対して行われる。労基法は，行政取締法体系をとっており，その違反に対しては罰則が定められている（例えば，時間外労働等に対する割増賃金の賃金不払い〔37 条〕違反に対しては，119 条 1 号で，6 ヶ月以下の懲役または 30 万円以下の罰金が法定されている）。また，労基法違反を取り締まる労働基準監督官には，臨検，書類提出要求，尋問などの権限が与えられる（労基法 101 条）とともに，労基法違反の罪については刑事訴訟法が規定する司法警察官の職務を行うものとされている（同 102 条）。

　実際に，使用者に刑罰が科される（刑事手続が進められる）のは稀で，大半のケースでは，使用者に対する指導，是正勧告などのかたちで法違反状態を解消させている。しかし，刑罰権が背景にあることから，賃金・残業代・解雇予告手当の不払い等の案件については，監督行政は，有効に機能することが多い（ただし，2 で論じるとおり，限界もある）。また，労基署には前述のような調査権限があるので，労働者が残業の実績を立証する資料を手元に持

っていない場合にも，労働基準監督官がその資料にアクセスしたうえで，残業代の支払が実現されることもある。

したがって，賃金・残業代・解雇予告手当の未払い等の案件については，労基署の監督行政を利用することが考えられる。とりわけ，請求額が少額で，弁護士費用との兼ね合いで受任に適していない案件では，まずは，労基署の活用を考えるべきであろう。

なお，労基署に行くときには，労基法違反の申告（労基法 104 条 1 項）に来た旨を伝え，労働基準監督官に対応してもらうようアドバイスすべきである。労基署の中には，総合労働相談コーナーが設けられているところがあるが，その相談員に相談するだけでは，監督官に辿り着かず，有効な解決に結びつかないことがあるからである。なお，労基法違反の申告があった場合，労基署は一定の対応をして，その結果を申告者（労働者）に通知してくれることになっている。

2. 監督行政の限界

しかし，監督行政については，以下のような限界がある。

まず，あらゆる労使紛争が監督行政の対象となるわけではないことである。監督対象となるのは，労基法等が使用者に課した義務違反がある場合だけである。例えば，解雇の場合，解雇予告手当の支払のほか，解雇理由証明書の交付（労基法 22 条 1 項，2 項），業務上の傷病による療養期間等やその後 30 日以内の解雇（同法 19 条 1 項）については，監督行政の対象となる。しかし，解雇の有効性判断の指針である解雇権濫用法理（労契法 16 条）については，労基法に定めがないので，監督行政の対象にはならない。同様に，労基法に定めのない労働条件の切下げや，配転の有効性等についても，監督行政の対象とはならない。このように，監督行政が使える場面は限定されている。

次に，監督行政の対象となる法違反行為についても，指導や是正勧告がされなかったり，不十分にしか行われないことがある。例えば，残業代の不払いについて，使用者が管理監督者（労基法 41 条 2 号）の抗弁を主張すると，管理監督者に該当するか否かの認定が困難であるなどとして，指導や是正勧告が行われないことがある。

さらに，指導や是正勧告を出しても，使用者が従わない場合，労基署による対応がそこで終わってしまうこともある。経営状況が悪化しているときに，未払い賃金を「払いたいけれども払えない」などとする場合が多いが，労基

署の判断が誤っているとして，使用者がこれに従わないこともある（労基法19条1項に基づき是正勧告が出されたが，企業側がこれに従わず，訴訟になった例として，学校法人武相学園〔高校〕事件・東京高判平成29・5・17労判1181号54頁）。前述のとおり，労基法違反に対しては罰金や懲役などの刑罰が予定されているが，実際に事件が送検されることは稀だし，仮に刑事事件として立件されても，使用者に刑罰が科されるだけで，労基署が労働者に代わって未払いになっている賃金等を取り立ててくれるわけではない。

以上のように監督行政によって紛争解決が実現できない場合には，他の紛争解決処理システムの利用を考えることになる。

なお，上記のように企業の経営状況が悪化している場合には，まずは，仮差押えや先取特権に基づく差押えを検討すべきである（Pt. 2, Chap. 10〔410頁〕を参照のこと）。

3. 労災保険の給付申請

労基署は，労災保険給付についても管掌している。労働者が業務上の傷病を負った場合，労災保険給付を受けることで，労働者の経済的負担は軽減されるので，労災保険の支給決定を得ることは重要である。

労災保険の支給（不支給）決定は，あくまで労災保険上の給付をするか否かについての判断でしかなく，労使紛争の終局的な決着を図るものではない。しかし，業務上の認定（支給決定）がされることで，その後の使用者との交渉がスムーズに進むことがある。また，使用者との訴訟等において，労基署が収集した資料を活用することもできる。

このように，労災事案（いわゆる過労死や，パワハラなどによる精神疾患のケースも含む）では，労基署への労災申請は，労使間の紛争解決にとっても重要な意味をもつことになる（詳しくは，Pt. 2, Chap. 11〔420頁〕を参照のこと）。

Ⅲ. 監督行政以外の裁判外システムの限界と活用

1. 裁判外紛争処理システムの限界

前述のとおり，監督行政以外の裁判外紛争処理システムは，当事者間の任意の合意形成もしくは任意の履行に基づき紛争を解決するもので，強制的に紛争を解決する機能はもたない。このため，これらのシステムでは，当事者

の合意形成等ができない場合には，手続は打切りとならざるを得ない。

このことを反映して，労働者側から見て，紛争解決の水準は高くならないのが通常である。筆者も，東京労働局の紛争調整委員として6年間，あっせんを行った経験があるが，例えば解雇権濫用と判断されるような解雇事案でも，使用者は，給与の1ヶ月分（強い説得を試みた場合でも，2ヶ月分程度）の支払にしか応じようとしないケースが大半であった。後述（Pt. 2, Chap. 1, VI 2(2)〔212頁〕）のとおり，労働審判では，解雇権濫用の心証が形成された場合には，少なくとも6ヶ月程度の解決金が得られるし，本訴ではそれよりも高い水準となるのが通常であり，裁判制度との比較において，解決水準の差は歴然としている。

このように，裁判外紛争処理システムでは，労働者にとって高い水準の解決が得られないので，弁護士が事件を受任した場合には，裁判所の調停を利用する場合（下記の2(3)）を除き，代理人交渉や裁判手続の利用を考えるべきであろう。

| 実践知！ | 裁判外紛争処理システムには強制力がないため，労働者から見て，高い水準の解決に至らないことが多い。 |

2. 裁判外紛争処理システムの活用

以上のように裁判外紛争処理システムには，大きな限界があることは否めない。しかし，以下のような場合には，裁判外紛争処理システムの活用（の推奨）を考えることになる。

(1) 勝訴見込みが立たない場合

前述のとおり，相談者の権利，利益を実現できる見込みが全く立たないケースでは，原則として，弁護士が受任することは控えるべきである。ただ，相談者が紛争処理のための手続をとることを望むことがある。このような場合には，相談者自身で，裁判外紛争処理システムの手続を利用するよう勧めることが考えられる。

CHAPTER 2 解決手段の選択

⑵ 経済的利益が僅少である場合

　弁護士費用の観点から受任に適さない案件があることも前述のとおりである。また，相談者の中には，解決水準にはこだわらず，とにかく費用（弁護士費用）をかけずに紛争を解決したいという者もいる。このような場合にも，相談者自身で，裁判外紛争処理システムを利用するよう勧めることになる。

　なお，行政（厚生労働省，労働委員会，労政主管事務所）が実施している紛争処理システムの場合，利用費用は無料である（一方，社労士会の労働紛争解決センターや，裁判所の調停では，一定の利用手数料がかかる）。また，裁判（通常訴訟，労働審判）の場合に比べて，手続をするための負担もはるかに軽い（あっせん，調停では，紛争の要点を記載した簡易な内容の申立書を提出すれば足りるし，その書き方についても，助言してもらえる）。したがって，相談者（労働者）自身で手続をすることは十分に可能である。

⑶ 裁判所の調停の活用（弁護士が代理人になる場合）

　勝訴見込みがないわけではないが，事実認定や法的判断において困難な問題がある案件もある（例えば，労災認定がされているが，安全配慮義務違反の有無についての判断が微妙であったり，損害額に争いがある場合の損害賠償請求など）。

　このようなケースでは，一定の水準の解決をめざし，弁護士が代理人となって，裁判所の調停を活用することがある（当事者本人が調停を申し立てる選択肢もあるが，例えば，労災事案における損害賠償請求の場合，安全配慮義務の内容の確定や，賠償額の計算には，専門的な知識が必要とされるので，弁護士が受任して調停を申し立てた方が，よりよい解決に至るであろう）。早期の解決をめざす場合は，労働審判の利用も考えられるが，労働審判では，原則として，期日は 3 回までしか開かれない。一方，裁判所の調停では，期日の回数の制限がなく，調停成立の見込みがある限り期日が重ねられるので，ある程度，腰を据えての合意形成をめざす場合には，裁判所の調停を利用することが考えられる。

　なお，弁護士が代理人として調停の申立てをする場合，紛争の争点については，訴訟や労働審判におけるのと同様の準備（事実主張や証拠の提出）をすべきである。筆者は，2015 年から東京簡裁の調停委員をしているが，弁護士が代理人として申立てをしているにも拘わらず，争点についての主張が的を射ていなかったり，請求金額の計算に誤りがある等の例が散見される。

調停だからといって，手を抜いていては，調停委員の共感は得られない。調停は，権利義務関係の明確化を目的とするものではないが，調停委員会は，一定の心証のもとに，相手方の説得を試みるのであるから，十分な準備は不可欠である（不十分な準備しかしていないことが，解決水準に影響を及ぼすこともあろう）。

Ⅳ. 代理人交渉，個人加盟組合による団体交渉

1. 代理人交渉

　事件処理の委任を受けた場合，裁判手続等に訴える前に，代理人交渉を行うこともある。例えば，解雇事案であれば，解雇が無効であることを簡潔に記載した内容証明郵便を発送して，話合いによる解決を提案するものである。相手方が小規模企業の場合には，交渉相手として社長などが出てくることもあるが，多くの場合，相手方にも弁護士の代理人がつき，以降，代理人間の交渉となる。

(1) 代理人交渉によるべき場合

　代理人交渉には，紛争を早期に解決できるメリットがある。相手方（代理人）との直接のやり取りで，面談の日時を決めたり，電話やFAX等のやり取りで交渉を進めることもできるので，労働審判に比べても，早期に紛争を解決できる可能性がある。相談者が短期での解決を望む場合には，まずは，代理人交渉を検討すべきことになろう。

　また，案件によっては，依頼者の手持ち資料が少なく，裁判手続に訴えたときの結果が見通せない（勝訴見込みが立ちにくい）ケースもある。そのようなケースでは，まずは，直接交渉を試み，その中で，相手方の言い分やそれを裏付ける証拠の有無等についての「探り」を入れて，勝訴見込みについての判断をすることもある（もし，これにより，勝訴見込みが薄いと判断された場合には，しかるべき譲歩をして早期に紛争を解決することになるだろうし，逆の場合には，大幅な譲歩をすることなく，法的手段〔本訴，労働審判等〕に訴えることを検討することになろう）。

　なお，相談者の中には，裁判手続（労働審判や本訴）をとることに躊躇を示す人もいる（解雇のケースで，再就職に不利益が及ぶことを恐れたり，セクハラのケースで，プライバシーが外部に知れることを避けたいと考える場合など）。

そのような場合には，代理人交渉によらざるを得なくなる。

> **実践知！** 事案の見通し（勝訴見込み）が立ちにくいケースでは，まずは代理人交渉をして，見通しについての「探り」を入れてみるやり方がある。

(2) 代理人交渉の限界

　代理人交渉は，第三者による判定を介在させない，当事者間の直接の交渉であるので，双方の主張の溝が埋まらないことがある。弁護士は，当事者そのものではなく，法的な知見を有する専門家であるので，依頼者の言い分に無理がある場合には，依頼者を説得してもらえるという利点がある（相手方の弁護士から言われるのと，自らが依頼した弁護士から言われるのとでは，説得力に違いがある）。しかし，そうはいっても，代理人の活動は，本人（依頼者）の意思に拘束されるので，相手方本人（企業側）がその代理人の説得に応じない場合には，どうにもできない。

　また，そもそもにおいて，代理人の目からも，自身の依頼者の言っていることにこそ合理性があると考えられる場合もある（このようなケースの方がむしろ多いであろう）。そうなると，代理人を介していても，双方の言い分の溝は埋まらないことになり，無理にでも代理人交渉で紛争を解決しようとすると，相当な譲歩をせざるを得なくなる。ここに代理人交渉の限界がある（判定機能を有さない裁判外紛争解決システムの場合と同様である）。

　その意味で，代理人交渉で一定の水準の解決が見込めるのは，裁判手続になった場合に，労働者側の勝訴見込みが相当に高いことを相手方代理人も認めざるを得ないようなケース（例えば，ハラスメントの事実には争いがなく，それに対する賠償額のみが問題となるケースや，労働時間についての十分な証拠があり，不払いについての使用者の抗弁がおよそ成り立ち得ない残業代請求等）や，労働者に非がない整理解雇ケースなどになろう。

(3) 代理人交渉の選択

　以上のような諸事情を考慮して，代理人交渉をするか，裁判手続（もしくは裁判所の調停）に訴えるかを選択することになる。なお，解雇事案におい

て，依頼者（労働者）が復職を希望する場合には，代理人交渉において解決することは困難である。このようなケースでは，代理人交渉を経ることなく，本訴を提起することになろう（なお，解雇事案における本訴と労働審判の選択については，後述の Chap. 6，I〔132 頁〕を参照のこと）。

2. 個人加盟組合による団体交渉

(1) 個人加盟組合による個別労使紛争の解決

最近では，労働者が会社外の個人で加入できる労働組合（いわゆるユニオン系組合）に加入し，当該組合が会社との団体交渉をすることで，紛争を解決する例が多くみられる。組合は，使用者との団体交渉や労働委員会の活用（団交拒否に対する不当労働行為の救済申立て等）によって紛争の解決を図る。このような紛争解決は，組合自身が解決を図るものであり，弁護士が代理人になって，団体交渉に出席したり，労働委員会への申立てをしたりすることはほとんどない（ただし，使用者側の代理人弁護士が団交に出席する例は，しばしばみられる）。したがって，個人加盟組合による紛争解決は，受任しない場合の紛争解決手段のアドバイス（選択肢）のひとつということになる。なお，個人加盟組合に加入すると，組合費を支払う必要が出てくる。また，紛争解決時に寄付（カンパ）を求められることもある。これらについては画一的な基準があるわけではなく，組合によって様々であるので，直接組合に確認するようアドバイスすべきである。

(2) 集団的な紛争の解決

個人加盟組合によって解決される紛争は，解雇など労働契約の終了に関するものが多いと思われるが，中には，当該労働者が抱える問題が，他の労働者にも共通している場合もある。在職しつつ，労働条件の向上をめざしたいとする場合には，会社内に新たに労働組合を作り（もしくは個人加盟組合の分会を結成し），「数の力」を背景に，団体交渉によって問題解決を図るのが望ましい。

なお，賃上げなどの「利益紛争」は，権利義務関係の確定による解決になじまず，裁判所に救済を求めても，訴えは退けられることになる。したがって，賃上げなどの相談については，労働組合に加入し，あるいは，これを結成して，使用者と交渉する以外ないことをアドバイスすることになる。

CHAPTER

03　本訴（通常訴訟）の提起と追行

Ⅰ.　本訴の基本

1.　本訴の対象とその選択

　本訴（通常訴訟）は，権利義務関係の判定を通じて，紛争の終局的な解決を図る裁判制度で，あらゆる労使紛争が対象となる。行政機関が下した行政処分（労災保険の不支給決定，労働委員会命令，公務員の身分関係についての人事院の裁決等）に対する不服申立ても，行政訴訟として本訴によることになる。

　「個別労働関係民事紛争」のみが対象となる労働審判制と異なり，労働組合を一方当事者とする集団的紛争についても利用が可能である。ただし，集団的労使紛争の解決機関である労働委員会制度と異なり，裁判所の判定である判決においては，権利義務関係を通じた救済しか命じられないものと解されている（Pt. 2, Chap. 12, Ⅱ〔440頁〕を参照のこと）。

　なお，権利義務関係の判定に馴染まない，賃上げをめぐる紛争などの「利益紛争」については，訴えの利益がないと考えられるため，利用できない（もっとも，最低賃金法は，直律的強行法規である〔4条2項〕ことから，同法所定の最低賃金を下回る賃金と最低賃金との差額請求については，利用可能である）。

　本訴とそれ以外の裁判手続（とりわけ労働審判）のいずれを選択すべきかについては，Chap. 6（132頁）を参照されたい。

2.　本訴の基本的な流れ

　本訴について，労働事件であることの特殊性はなく，労使間の紛争であれば民事訴訟法に基づき，行政処分（労災保険の不支給決定等）に対する不服申立てである行政訴訟であれば，行政事件手続法に基づき審理が進められる。念のために，その概要を述べておくと，以下のとおりである。

⑴　第一審での手続の流れ

　本訴は，原告が訴状を裁判所に提出することにより始まる。これに対して，

20　　　　　　　　　PART 1　解決手段の選択と実践的な対処

被告が請求の趣旨に対する答弁や，請求の原因に対する認否・反論を記載した答弁書を提出し，その後，原告，被告それぞれが準備書面を提出することで，主張の応酬がなされる。また，人証以外の証拠（書証）も，準備書面を提出するごとに，随時提出することになる。これらのやり取りを通じて，争点が明確になり，双方の主張が出揃った後に，証人（本人）尋問が行われる。

証人（本人）尋問が終了すると結審できる状態になるが，労働事件では，証人尋問の結果を踏まえつつ，事件全体についての主張を整理する書面（最終準備書面）を提出することが多い。

なお，第1回目期日は，公開の法廷で行われる口頭弁論期日として行われるが，2回目以降は，弁論準備期日として，書記官室等で手続が行われることが多い（なお，弁論準備期日の傍聴につき，民訴法 169 条 2 項は，「当事者が申し出た者については，手続を行うのに支障を生ずるおそれがあると認める場合を除き，その傍聴を許さなければならない」としている。労働組合関係者の傍聴を認めようとしない裁判官もあるが，そのような扱いは，違法であることを指摘すべきである）。ただし，当事者が多数であったり，多数の傍聴人が傍聴に来るようなケースでは，弁論準備ではなく，口頭弁論として手続が進められるのが通常である（裁判所は，当事者の意向を確認して，弁論準備にするか否かを決める）。

(2) 上訴

わが国の民事訴訟では，三審制がとられているので，地方裁判所の判決に対しては，高等裁判所に控訴を，高等裁判所の判決に対しては，最高裁判所に上告もしくは上告受理申立てをすることができる（第一審が簡易裁判所である場合には，控訴審は地裁，上告審は高裁となる）。これら不服申立てがなされず，もしくは不服申立ての手段が尽きた場合に，判決は確定する。

なお，民事訴訟法は続審制を採っているので，上訴審では下級審で行われた審理の結果を踏まえて審理する。このため，例えば，地方裁判所で尋問が実施された証人や本人について，高等裁判所がさらに重ねて尋問はしないのが通常である（かつては，地裁で尋問された原告〔労働者〕本人が，再度，高裁で尋問されることも珍しくなかったが，最近では，このような例はほとんどみられない。ただし，案件によってはさらに重ねて尋問を求めるべき場合があり，そのような場合には，人証申請をためらう必要はない）。その結果，高裁での審理が第1回目の期日で結審される例が多くみられる。

なお，最高裁は法律審であり，そこでの上告理由（民訴法312条）や，上告受理申立理由（同法318条）は，限定されている。このため，大半のケースでは，裁判期日（口頭弁論期日）が開かれることなく，定型的な文言の上告棄却や上告不受理の決定が送達されて手続が終結することになる。

(3)　和解による解決

　本訴では，行政訴訟の場合を除き，裁判上の和解の勧試がされるのが通常である。和解が成立すれば，紛争は終局的に解決する。ただし，当事者が和解で定められた義務を履行しない場合には，さらに強制執行をすることが必要となる。

　和解をする時期については，特に制限はない。簡明な事案（例えば，原告主張の請求原因事実に争いがないか，争いがあっても，被告の主張が通用する余地がないと考えられるような場合）には，第一審の第1回期日から和解の勧試がされることもある。争いがある場合でも，主張がほぼ出揃った段階（証人〔本人〕尋問に入る直前）や，証人（本人）尋問が行われた後の段階（結審の前後）で，和解の勧試が行われるのが通常である。また，和解による解決は，裁判所にとっても好ましいことである（労力を要する判決書の作成をしないで済むことになる）ので，当事者が希望すれば，和解の試みがなされるのが通常である（例えば，請求原因に争いがある場合でも，早期の段階での和解を希望すれば，和解の試みがなされる）。

　また，高裁でも，和解の勧試が行われるのが通常である。前述のとおり，高裁の審理は第1回目に終結することが少なくないが，このような場合，判決期日を指定し（もしくは，追って指定とし）たうえで，和解が行われる。

　なお，和解は，当事者間の合意によって紛争の解決を図るものであるから，自らの意に沿わない和解に応じる必要（義務）はない。裁判所は，和解を強制することはできず，和解が成立しない場合には，判決を出すことになる（和解については後述Ⅵ〔96頁〕を参照のこと）。

(4)　判決による解決

　判決が確定した場合には，手続は終結し，あとは履行の問題が残るだけとなる。敗訴当事者が判決で命じられた義務を履行しない場合には，強制執行をすることになる。賃金や残業代未払いのような金銭請求の事案では，判決やその後の任意の履行や強制執行手続により，紛争は解決することになる。

なお，金員の請求については，一審判決で仮執行宣言が付されるのが通常だが，敗訴当事者（被告）が判決に対して控訴を提起し，執行停止の申立てをすると，一定額の担保をたてることを条件に，強制執行停止の決定（民訴法 403 条 1 項 3 号）が出されるのが通常である。また，仮執行宣言に基づく執行が功を奏した場合でも，一審判決が控訴審で覆されると，被告（控訴人）の申立てにより，仮執行宣言に基づき給付したものの返還や，仮執行やこれを免れるために被告が受けた損害の賠償を命じられることがある（民訴法 260 条 2 項。この条文に基づき原告に損害賠償を命じた最近の例として，ケー・アイ・エスほか事件・東京高判平成 28・11・30 労判 1189 号 148 頁がある）。

その一方，労働事件で多くの割合を占める解雇事件で，解雇無効の判断がされた場合（判決主文で「地位確認」が認容された場合）には，復職について，労使間での交渉が必要となる。また，在職中の労働者の地位をめぐる紛争の場合（例えば，配転命令の無効確認の判決が出された）にも，それだけでは，紛争は解決せず，判決確定後に，労働者をどのような職務に就かせるかについて，同様の問題が起こる（Pt. 2, Chap. 1, Ⅵ 3〔214 頁〕を参照）。

Ⅱ．訴状

1．請求の趣旨

訴状には，当事者の表示などの外に，請求の趣旨と請求の原因を記載する（民訴法 133 条 2 項，民訴規則 53 条 1 項）。

⑴　端的な法律効果の記載

請求の趣旨は，原告が請求する法的効果を端的に記載するものである。過去の法律関係の確認請求には確認の利益が認められないことなどは，一般の民事訴訟と何ら異ならない。

例えば，解雇が無効であることを前提に復職を求めるのであれば，「解雇が無効であることの確認」を求めるのではなく，端的に，労働契約上の地位確認（「原告が被告に対して，労働契約上の権利を有する地位にあることを確認する」）および解雇後の賃金を請求すべきことになる。ただし，雇用身分を剝奪するに至らない懲戒処分については，過去に処分歴があったことを理由に，将来的に不利益を受ける可能性があることから，確認の利益が認められる。したがって，例えば，減給の懲戒処分を受けた場合には，減給された賃金相

当額とともに，「減給処分の無効確認」を請求することになる。

(2) 金員請求と遅延損害金（起算点，利率）

　金員請求における遅延損害金の起算日は，①賃金・退職金請求の場合，支払日の翌日，②残業代不払いに対する付加金の場合，判決確定日の翌日，③ハラスメントなどによる損害賠償請求の場合，不法行為構成によるときは，不法行為日，債務不履行（安全配慮義務違反等）構成によるときは，請求をした日の翌日，となる。

　遅延損害金の利率は，①賃金請求の場合，被告が会社など商人である場合は年6％で，それ以外は年5％であるが，民法（債権法）改正（2020年4月1日施行）により商事法定利率は廃止される。また，改正法施行直後の法定利率は年3％となる。②退職労働者の賃金（残業代も含む）請求については，賃金の支払の確保等に関する法律（賃確法）6条1項により，退職後の期間については，年14.6％を請求することができる（ただし，この利率は，退職金には適用されない。また，同法6条2項で，この利率が適用されない場合が定められている），③不法行為に基づく損害賠償請求の場合には，5％だが，債権法改正直後は3％となる。

(3) 弁護士費用

　賃金請求については，弁護士費用は認められないのが通常であるが，不法行為や安全配慮義務違反（債務不履行）を請求原因とする場合，弁護士費用も認容されるので，忘れずに請求すべきである。認容額としては，弁護士費用を除く認容額の1割とする例が圧倒的であるが，事案の複雑さ，困難さなどを考慮して，それよりも高い額が認められることもある。なお，依頼者から得られる弁護士報酬は，依頼者との契約によって決まるのであって，判決が認容した弁護士費用に限定されるわけではない。

CASE

* コナミデジタルエンタテイメント事件・東京高判平成23・12・27労判1042号15頁（弁護士費用を除く認容額65万余〔うち35万円余は賃金請求として認容〕に対し，30万円の弁護士費用を認容）

* 広島中央保健生協（差戻審）事件・広島高判平成27・11・17労判1127号5頁（弁護士費用を除く認容額145万円余〔うち30万円は賃金請求として認容〕に対し，30万円の弁護士費用を認容）

⑷　仮執行宣言の申立て

　金銭の給付を認める判決では，仮執行宣言が付されるのが通常である。民訴法 259 条 1 項では，職権で仮執行宣言を付すことができるとしているが，当事者の申立てがない場合，仮執行宣言は付されないのが通常である。したがって，仮執行宣言の申立てを失念しないように注意する必要がある。

⑸　解雇後の賃金（バックペイ）請求と賞与，残業代等

ⅰ　バックペイとその終期

　解雇された労働者は，解雇後就労していないが，解雇が無効と判断された場合には，解雇後の賃金（バックペイ）を請求できる。債務者（労働者）の債務（労務）の不提供は，債権者（使用者）の責めに帰すべき事由（違法な解雇）によるので，労働者は，反対給付（賃金）を受ける権利を失わないこと（民法 536 条 2 項）がその根拠とされる。

　最近の判決は，「被告は，原告に対して，本判決確定に至るまで……」として，賃金支払の終期を判決確定時までに限定している。これは，将来の給付請求に関する民訴法 135 条に忠実な立場に立つものである。要するに，解雇無効の判決が確定すれば，使用者は自ら任意に賃金支払をするであろうから，判決確定後の賃金について，判決で支払を命じる必要はないとするのである（ただし，未払い賃金が未だに支払われていないことを理由に，判決確定後の賃金請求も認めた例もある。ジョブアクセスほか事件・東京高判平成 22・12・15 労判 1019 号 5 頁）。したがって，実体的には，判決確定後も賃金の支払義務は継続することになる。

　しかし，判決が確定した後にも，使用者が任意の履行をしないことがあり得る。この場合，労働者は，あらためて賃金請求の訴訟を提起しなければならなくなる（その例として，富士科学器械事件・東京地判平成 18・1・27 労判 911 号 88 頁）。新たな賃金請求訴訟においては，解雇の有効性は争点とならない（前訴における解雇の有効性判断に既判力が生じるため）ので，使用者は，新たな解雇理由を「作り上げて」くることもある（そのような例として，ブルームバーグ・エル・ピー（強制執行不許等）事件・東京地判平成 27・5・28 労判 1121 号 38 頁がある）。

ⅱ　賃金額が変動する場合

　賃金請求の基礎となる金額は，労働契約で定められた賃金額であるが，時給制，日給月給制の場合や，歩合給が付加された賃金制の場合は，月（もし

くは各賃金支払日）によって金額が変動することになる。将来（解雇後）の就労日を特定することで，月（各賃金支払日）毎の賃金額が算出できる場合には，月（各賃金支払日）毎に異なる額の請求をしても問題はないが，あまりに煩雑になる（また，歩合給の場合は，将来どれだけの額が得られるかを特定するのは不可能である）。そこで，過去の一定期間（3ヶ月，6ヶ月など。季節的な要因で賃金額が大幅に変動する場合には，過去1年間など）の平均額に基づき請求すればよい（時給制の労働者につき，ネスレコンフェクショナリー関西支店事件・大阪地判平成17・3・30労判892号5頁，箕面自動車教習所事件・大阪地判平成16・12・17労判890号73頁など。なお，有期雇用の教員の雇止め事案で，週17コマを担当していた蓋然性が最も高いとして，これを前提に計算される額を認容した例として，公益財団法人東京横浜独逸学園事件・横浜地判平成29・11・28労判1184号21頁がある）。

iii 残業代

残業代については，労働契約を締結していることで当然に発生するものではなく，現実に残業に従事した場合に支払われるものであることから，バックペイの算定に際して，残業代を含めない例が多い。しかし，時間外労働をする蓋然性が高いケースでは，残業代を含めてバックペイを認める例もみられる。残業代も含めた賃金額を請求する場合，過去数ヶ月間の平均額に基づき請求することになろう。

CASE バックペイとして残業代も認めたもの
* 大成学園（大成高校）事件・東京地八王子支判平成17・9・21労判912号36頁，東京高判平成18・1・26労判912号32頁
* 勝英自動車学校（大船自動車興業）事件・東京高判平成17・5・31労判898号16頁
* 協和海運ほか事件・東京高判平成30・4・25労判1193号5頁

iv 賞与

①労働契約や就業規則等で支給額が明確になっている場合は，支払が認められる。

CASE バックペイとして賞与を認めたもの
* 明治ドレスナー・アセットマネジメント事件・東京地判平成18・9・29労判930号56頁（年俸額の一部が賞与とされている例）

＊学校法人福寿会事件・福島地郡山支判平成 23・4・4 労判 1036 号 86 頁（同上）
＊ナショナル・ウエストミンスター銀行（第 1 次仮処分）事件・東京地決平成 10・1・7 労判 736 号 78 頁（就業規則で支給基準が定められている例）
＊弁護士法人レアール法律事務所事件・東京地判平成 27・1・13 労判 1119 号 84 頁（「(基本給＋職能手当)×乗数＋個別加算金（個人の勤務姿勢・貢献度により決定)」という給与規程の定めがある中，個別加算金をゼロとし，常数を「1」として認容）
＊仁和寺事件・京都地判平成 28・4・12 労判 1139 号 5 頁（旧就業規則で期末手当の支給基準が定められている事案。解雇ではなく，労災による休業期間中の賞与についての判断）
＊国立研究開発法人国立 A 医療研究センター（病院）事件・東京地判平成 29・2・23 労判 1180 号 99 頁（前年度の 100 分の 80 から 100 分の 120 の範囲内で決定する旨の給与規程のもと，100 分の 100 で認めた）
＊公益財団法人東京横浜独逸学園事件・横浜地判平成 29・11・28 労判 1184 号 21 頁（雇用契約で，月額基本給平均に昇給を足した額を支払う旨の定めがある中，雇止め前年と同額を認めた）

　②企業の業績や労働者に対する査定に基づき支給される場合，「賞与は，使用者による支給決定があって初めて発生するものである」といった理由で否定する例が多い。

CASE　バックペイとして賞与を否定したもの

＊菅原学園事件・さいたま地川越支判平成 17・6・30 労判 901 号 50 頁（給与規程に「原則として夏季，冬季の賞与は各給料の 2 ヶ月，3 ヶ月分」と定められていても，査定を経ていないという理由で否定）
＊カテリーナビルディング（日本ハウズィング）事件・東京地判平成 15・7・7 労判 862 号 78 頁（入社時から解雇されるまで，毎年 2 回，各 30 万円の賞与が支払われていても，賞与支払は使用者の裁量によって決定されていたという余地があるとして，否定）
＊クラブメッド事件・東京地判平成 24・3・27 労判 1055 号 85 頁（仮に全従業員に対し 2.5 ヶ月分の賞与が支給される事実が存在したとしても，個別の雇用契約書や賃金規程などにより，2.5 ヶ月の賞与という点が雇用契約の内容となっていたと窺わせる証拠は存在しないとして否定）
＊クレディ・スイス証券事件・最判平成 27・3・5 判時 2265 号 120 頁（解雇通告前の時期に支給されなかった賞与〔労働契約で，会社および従業員個人の業績等の諸要素を勘案して会社の裁量により支給の有無およびその金額が決定されるとされている〕の請求および賞与相当額の損害賠償請求につき，その具体的な請求権は，当該年度分の支給の実施および具体的な支給額または算定方法についての使用者の決定または労使間の合意もしくは労使慣行があって初めて発生するものとして，請

▎　求を棄却した）

　しかし，以下のとおり，これを認めるものもある。
　a）解雇後の賞与支給において，従業員に一律に適用された支給基準が明確になっていれば，認容されることが多い。したがって，支給実績（支給基準）が明らかになっている場合には，必ずその主張をすべきであり，それが不明である場合には，被告に対し求釈明を行って明らかにさせるべきである。

CASE
＊山宗事件・静岡地沼津支判平成 13・12・26 労判 836 号 132 頁
＊学校法人純真学園事件・福岡地判平成 21・6・18 労判 996 号 68 頁
＊Y 学園事件・大阪地判平成 22・5・14 労判 1015 号 70 頁
＊京阪バス事件・京都地判平成 22・12・15 労判 1020 号 35 頁
＊学校法人関西学園事件・岡山地判平成 23・1・21 労判 1025 号 47 頁
＊クノールブレムゼ商用車システムジャパン事件・さいたま地熊谷支判平成 24・3・26 労判 1050 号 21 頁
＊学校法人越原学園（名古屋女子大学）事件・名古屋高判平成 26・7・4 労判 1101 号 65 頁
＊全国建設厚生年金基金事件・東京地判平成 25・1・25 労判 1070 号 72 頁（基本支給部分については一律の基準によるとしつつも，査定が入る成績加給部分については請求を棄却）。

　b）支給基準が一律でなく（明らかでなく），査定が入る場合に，認めている例もみられる。

CASE
＊サン石油（視力障害者解雇）事件・札幌高判平成 18・5・11 労判 938 号 68 頁
＊宝林福祉会（調理員解雇）事件・鹿児島地判平成 17・1・25 労判 891 号 62 頁
＊九州日誠電氣（本訴）事件・熊本地判平成 16・4・15 労判 878 号 74 頁
＊福島県福祉事業協会事件・福島地判平成 22・6・29 労判 1013 号 54 頁
＊日本アイ・ビー・エム（解雇・第 1 次）事件・東京地判平成 28・3・28 労判 1142 号 40 頁
＊日本アイ・ビー・エム（解雇・第 2 次）事件・東京地判平成 28・3・28 労経速 2287 号 3 頁
＊日本アイ・ビー・エム（解雇・第 5 次）事件・東京地判平成 29・9・14 労判 1183 号 54 頁
　（いずれも，当該労働者の過去の実績や解雇直近の金額に基づき認めた）

＊富士科学器械事件・東京地判平成18・1・27労判911号88頁（従業員全体の平均値で認めた）
＊東光パッケージ（退職勧奨）事件・大阪地判平成18・7・27労判924号59頁（最低の査定，額の限度で認めた）
＊キャノンソフト情報システム事件・大阪地判平成20・1・25労判960号49頁（最低ランクの考課掛率を乗じた額を認めた）
＊新和産業事件・大阪高判平成25・4・25労判1076号19頁（賞与としての請求を棄却しつつも，損害賠償として，査定係数の最下限に基づく賞与相当額を認めた）
＊国立研究開発法人国立循環器病研究センター事件・大阪地判平成30・3・7労判1177号5頁（原告の過去3年間の賞与の平均額の請求権が存在すると認めるのが相当とした）

v　昇給

昇給については，定期昇給のように，時間の経過によって自動的に昇給となるものについては，認められることがある（例えば，トーコロ〔賃金請求〕事件・東京地判平成16・3・1労判885号75頁）。しかし，そうでない場合には，使用者の裁量を理由に認められないことになろう。

2.　請求の原因

(1)　要件事実の記載

請求の原因は，請求の趣旨に記載した請求を基礎付ける具体的事実および法律上の根拠を記載するものである（民訴規則53条）。そこには，いわゆる要件事実を漏れなく記載する必要がある（なお，訴状においても論理的な構成を心掛けるべきであるが，この点については，準備書面に関する後述のⅢ8〔53頁〕を参照のこと）。

i　原則

例えば，ハラスメントを理由として，使用者に損害賠償を請求する場合，ハラスメント行為の内容を具体的に（5W1Hを明らかにしつつ）記載したうえで，当該行為の違法性（損害賠償請求権を発生させるだけの違法性を有すること），使用者が責任を負うべき法的根拠およびその内容（民法715条の使用者責任なら「事業の執行について」に該当すること，安全配慮義務違反〔就業環境整備義務違反〕なら具体的な義務の内容等），損害額とその根拠（慰謝料のみか，治療費等の積極損害や休業損害や逸失利益なども請求するのか，および各損害額算定の根拠），遅延損害金の利率，起算日とその根拠などを漏れなく記載しなければならない。

CHAPTER 3　本訴（通常訴訟）の提起と追行　　29

残業代請求の場合も同様で，残業代の対象となる労働時間，残業代を発生させる法律上の原因（労基法によるのか，就業規則〔賃金規程〕等によるのか），割増率，計算の基礎となる賃金額，計算によって得られる残業代の額，遅延損害金の利率，起算日，付加金の請求額等を記載する必要がある。

ⅱ　不利益処分の無効を主張する場合

　一考を要するのは，解雇，降格や，就業規則の不利益変更による賃金減額等の無効を前提とする地位確認や賃金請求などの場合である。これら解雇等の有効性は，規範的な構成要件（「客観的合理性」，「社会的相当性」，「権利濫用」等）の判断を通じて行われる。

　この点，例えば，解雇についての要件事実論によれば，①解雇権濫用法理に基づき解雇無効を主張する場合の請求原因は，労働契約の締結，および使用者による労働契約終了の主張となり，②使用者側の抗弁が，解雇の意思表示をしたこと，および解雇の意思表示から30日が経過したこと（もしくは，解雇予告手当を支払ったこと）となる。③これに対する労働者側の再抗弁が，解雇権濫用の評価根拠事実（解雇理由に，客観的合理性と社会的相当性が認められず，解雇権濫用と評価できる事情），④これに対する使用者側の再々抗弁が，解雇権濫用の評価障害事実（解雇権濫用を否定する事情）とされている。

　解雇事件の中心的な争点は，当該解雇が解雇権濫用と評価できるかどうか（上記③④）であるが，上述のとおり，要件事実論では，労働者側が解雇権濫用と評価できる事情を明らかにすべきものとされている。しかし，解雇権濫用法理は，使用者が主張する解雇理由に客観的合理性があり，解雇することに社会的相当性が認められるかを評価するものであるから，まずは，使用者側が解雇理由を明らかにするのが出発点となる。そして，その解雇理由に一応の客観的合理性があり，解雇に社会的相当性があることを主張・立証した後に，労働者側で，反論・反証を試みるのが相当である。実際の訴訟においても，このようなかたちで進行する。

　そこで，提訴前に詳細な解雇理由（それを基礎付ける具体的事実）が明らかにされている場合は，訴状で，それに対する詳細な反論を書いてもよいが，解雇理由に対する概括的もしくは簡潔な反論のみを記載し，「被告が解雇理由を明らかにした後，詳細な反論をする」などと記載するのでも構わない。事前に詳細な解雇理由が明らかにされている場合でも，訴訟では，具体的な理由が追加されたり，解雇理由証明書に記載された事由と類似する別の理由が主張されることもあるし，その逆に，その一部のみが主張されることもあ

る（訴訟での審理対象となるのは，あくまで訴訟上主張された解雇理由であり，解雇理由証明書に記載されていても，訴訟上で主張しなかった事由は，審理の対象にはならない）ので，訴状では上記のような簡潔な記載をするだけでもかまわない。

その一方，解雇理由証明書は交付されているものの，具体的な事由が記載されず，抽象的な事由や就業規則の条文しか記載されていない場合（実務上は，このようなケースも数多くみられる）には，「被告によって具体的な解雇理由が明らかにされた後に，これに対する反論をしつつ，本件解雇が解雇権濫用であることを論じることにする」といった記載をしておけば足りる。

なお，解雇権濫用の判断要素である社会的相当性を否定する事由には様々なものがある（例えば，平素の勤務ぶりがまじめであったことや，解雇に先立ち弁明手続を経ていないこと等）。これらは，単なる事情というよりは，解雇権濫用を基礎付ける要件事実というべきであるが，これらについても，上述したのと同様のことが当てはまる。

以上のことは，降格や，就業規則の不利益変更の場合も同様であり，それらを行った理由，必要性等をまずは使用者に主張させ，それに対して準備書面で反論するのでかまわないことになる（ただし，後述の Chap. 4, Ⅲ 2〔102頁〕で論じるとおり，労働審判の場合には，申立書において，不利益処分が無効であることを詳細に記載すべきことになる）。

(2) 間接事実やその他の事情

訴状の段階で，間接事実や，その他の事情をどこまで書くかについても，一考を要するところである（なお，この点は，準備書面の段階でも問題となる）。

例えば，残業代請求の場合には，要件事実として主張すべきことは明瞭であり，それらの要件事実の存在が認定されれば，請求は認容されることになる。そこでは，原告である労働者の労働者像，人間像などが問題とされることは，まずないといってよい（懲戒解雇された労働者が残業代請求をした場合でも，原告が懲戒解雇された労働者であることを理由に，請求が棄却されることはない）。したがって，残業代訴訟の場合には，「余計なこと」は書く必要がないといえる。ただ，そうはいっても，使用者がどのような業種の会社で，どの程度の規模があるのか，労働者がどのような部署に所属し，どのような業務に従事していたか，といった程度のことは記載しておくべきであろう（なお，付加金についての主張について，Pt. 2, Chap. 4, Ⅱ 3〔255頁〕を参照のこ

と）。

　また，解雇無効に基づく地位確認請求の場合にも，当該解雇に至るまでの
経緯等について一定の情報を提供することによって，事案の内容について，
裁判官に正確に理解してもらえることになる。

　したがって，企業に関する情報や，当該労働者に関する一定の情報（新卒
採用であるか，中途採用であるか。中途採用の場合の採用以前の職歴・従事して
きた職務内容，採用に至る経緯。当該企業〔解雇された企業〕内で従事してきた
業務内容等）のほか，解雇通告されるまでの経緯などにつき，労働者の側で
明らかにできる事情については，訴状の中に記載しておくことも考えられる
（筆者の場合は，そのようにしている。この点については，労働審判の申立書に関
する Chap. 4, Ⅲ 2〔102 頁〕を参照のこと）。

(3)　予想される抗弁等

　予測される抗弁（例えば，残業代請求についての管理監督者〔労基法 41 条 2
号〕の抗弁）について，訴状の中で先行的に反論してしまってもよいが，的
確な反論のためには，被告主張を待ったうえで，準備書面で論じればよいで
あろう（なお，解雇権濫用等に関する主張については，前述(1)ⅱのとおりである）。

Ⅲ． 準備書面（主張書面）

　訴状，準備書面等の主張書面の作成に際しては，「何」を「どのように」
記述するかを検討しなければならない。「何」をというのは，どのような法
的根拠に基づき，どのような事実関係を拾い上げるかという実体面での検討
であり，「どのように」というのは，それを分かりやすく表現するという書
面作成上の工夫のことである。以下の 1〜5 においては，主として前者につ
いて，6〜8 では，主として後者について論じる。

　なお，以下に述べることは，準備書面のみならず，訴状，労働審判申立書
等，あらゆる主張書面に共通することである。

1.　事案の本質を踏まえた「攻め」の主張

(1)　事案の本質を踏まえた主張

　簡明な事案（例えば，労働時間について手堅い立証手段があり，まともな抗弁
事由もない残業代請求）では，淡々と要件事実を記載すればよいから，主張

書面の作成にそれほど悩むことはない。

　しかし，事実関係が複雑であったり，解雇権濫用法理のように規範的構成要件が問題となる事案では，基本的な事実関係を的確に記載するとともに，裁判官の心証を有利な方向に傾けるような書面を作成する必要が出てくる。そのためには，原告労働者にとって最も強い（有利な）ポイントを強調しつつ，事件の「顔」を明らかにしたストーリーを描き出すことが重要となる。もちろん，ストーリーを描くといっても，弁護士が好き勝手な話を作りあげるのではなく，証拠に基づき，当該事件の本質を明らかにして，原告の請求が認容されるべきことを裁判官に訴えるのである。

　例えば，解雇事案であれば，一連の経過の中で，どの事実が解雇権濫用を基礎付ける事情となり得るのか，どの事情が最も強く裁判官の心証に影響を与えるのかといったことを考えて，書面を作成する必要がある。もちろん，解雇権濫用を基礎付ける事情が複数あれば，それらの全てを主張することをためらう必要はない。しかし，メリハリをつけることなく，それらの事情を平板に羅列しているだけでは，迫力のある主張とならず，裁判官の心証に強いインパクトを及ぼすことはできないだろう。

　本訴の場合，答弁書やその次に提出される被告準備書面で，被告（使用者）の主張が明らかにされ，主要な証拠が提出された後に，原告（労働者）が反論の準備書面を提出することになるが，この段階では，上記の観点を踏まえた準備書面を作成することが重要となる。時として，被告主張に対する認否反論に終始する準備書面を見かけるが，漫然と認否反論を繰り返しているだけでは，事件の本質が明らかにならず，裁判官へのアピール力も弱いものになってしまう。もちろん，訴状で解雇権濫用を基礎付ける事情を詳細に明らかにしている場合などでは，認否反論で足りることもあろうが，できれば，被告の主張を踏まえて，「攻め」の準備書面を作成，提出するのが望ましい。一方，労働審判では，申立書の段階から，「攻め」に出る必要がある。

> **実践知！**　複雑な事案や困難な事案では，最も強い（有利な）ポイントを強調しつつ，事件の「顔」を明らかにしたストーリーを描き出すことが重要となる。

(2) 証拠の重要性と虚心に事実経過を見る目

上記のような書面を作成するに際して重要なのは，証拠を精査することである。原告の手持ち証拠はもちろんのこと，被告から提出された証拠にもつぶさに目を通すことが重要である。当事者（労働者）の言い分に引きずられて，証拠と整合しないストーリーを展開しても，「独りよがり」の主張となってしまう。証拠を踏まえて（客観的な証拠が乏しい事情についても，証拠で確実に認定できる事情と絡めるなどして）展開されるストーリー（主張）こそ，最も説得力があることを肝に銘じるべきである（なお，証拠については，後述の4〔44頁〕も参照のこと）。

また，事案の本質を探るのには，当該事案の事実経過を振り返ることが有益であることが多い。その際，バイアスのかからない素直な目で事実経過を見直すことが必要である。時として，自己に有利な部分にのみ目がいき，その部分だけを拾い上げた主張をしてしまうことがあるが，そのような目で見ていると，事案の本質を「ねじ曲げて」しまうこともある。事実の中には，原告労働者にとって不利なものもあるのが通常であり，不利な点は，不利な点であると素直に認識したうえで，事案の本質に即した対処をすることが重要である（この点については，後述の3〔42頁〕を参照のこと）。

勝訴に向けた糸口が容易に見つからない事案では，「逃げて」しまいたくなることもある。しかし，事案が困難であればあるほど，証拠や事実経過を精査して，勝訴に導くストーリーを描き出せるよう，「考え抜く」ことが求められる。

(3) 具体例

以下，筆者の経験に基づき，いくつかの例を掲げる。

i 依頼者の要求に即した請求と主張の組立て

どのような請求をするかは，依頼者の要求を基本としつつ，それが法的に認容される見込みがあるのかを検討して決めることになる。また，どの点を強調するかは，証拠関係を踏まえて決めることになる。

> **具体例**
>
> 提訴に至る以前から，相談を受けていた事案で，IT技術者（「技術職」）が開発業務から顧客対応部門（「一般職」）に配転され，職務等級を「技術職B—4」から「一般職C—2」に降級された結果，大幅な賃下げになったケースがあった。この労働者（X）は，できれば，開発業務に復帰したいが，それが無理であっても，賃金額

だけは元に戻したいとの要望をもっていた（また，短期間での解決が期待できる労働審判の申立てをしてみたいとのことであった）。

この会社（Y）の賃金規程では，「毎年4月に，会社の業績，本人成績等を勘案し，査定を行い，賃金額を決定する」とのみ記載されていた。ただ，Yは，賃金制度を頻繁に変更しており，その都度，「人事制度説明資料」を配布していた（ただし，その内容についての詳細な説明はされず，「○○の点を変更したので，新たな説明資料を配付します」とされるだけであった）。人事制度説明資料には，技術職と一般職の賃金テーブルが定められていたが，Xが配転・降級される直前に，Yは，技術職について，技術職手当（8万円）を導入していた（基本給の一部を技術職手当に振り替えた）。Xが降級の根拠について尋ねたところ，Yの人事部長は，配転に伴い，技術職手当8万円は支給されなくなるので，8万円減額後のXの賃金額に見合う賃金テーブルの「一般職C—2」に降級したとのことであった。

その一方，人事制度説明資料には，降格についての定めがあり，「B」→「C」といった大等級をまたぐ降級は，Bの最下位等級である「B—5」についてしかできない旨が記載されていた。ただし，その例外として，本部長の意見具申，担当取締役の承認がある場合には，上記制限を超えた「特別降級」ができる旨が定められていた。

上記配転・降級がされた後も，Yは，賃金制度を何度か変更し，それに伴いXの賃金はさらに引き下げられていた。

この事案で，まず，考えられるのは，配転の有効性を争うことである（配転が無効となれば，開発業務への復帰の道が開けるとともに，賃金額も自動的に元に戻る関係になる）。ただ，配転の有効性を争う場合，業務上の必要性やXの帰責性（開発業務に不適であるか）といった点が問題となり，これを労働審判で解決するのは困難であると思われた（また，Xも，開発業務に戻るよりも，賃金額を元に戻すことを最優先していた）。そこで，この点については，正面からは主張しないことにした。

その一方，賃金減額の有効性のみを争う場合には，①減額の根拠がない（賃金規程の定めは抽象的で，賃下げの根拠とはなり得ず，人事制度説明資料は就業規則としての性質を有していないと構成する），②就業規則が定める降級要件に反する（人事制度説明資料は就業規則としての性格を有すると構成する）の両者が考えられた。両者を比べた場合，②の構成は，Yが自ら定めた規定に反しているのだから，主張としてはかなり強力である。しかし，②の構成をとった場合には，「特別降級」が主張される恐れがあった。そこで，労働審判の申立前に，「特別降級」であったのかをX自身に問い合わせてもらったところ，人事部長が電子メールで「特別降級」ではない旨の回答をしてきた。

CHAPTER 3　本訴（通常訴訟）の提起と追行　　35

こうして，②の構成をメインの主張とすれば，労働審判でも十分に解決可能との判断が立つことになった（Yが，人事制度説明資料は就業規則としての性質を有さないと主張すると，②の構成は成り立たないことになるが，そのような主張をしてくる可能性は低いと判断した。実際の労働審判でも，Yは，人事制度説明資料は，就業規則としての性質を有すると答弁した）。なお，配転・降級後のさらなる賃下げについては，それが人事制度説明資料の記載内容に即していても，前提となる等級に誤りがある以上，以降の賃下げも全て無効であるという論法をとり，それ以上の深入りをしなかった。

このような構成の申立書を提出した労働審判では，審判委員会も降級は無効であるとの心証を抱き，賃金額を元に戻す（過去の差額についても相当額の支払を受ける）調停が成立した。

ii　真の動機の解明

解雇等の処分の真の動機が，労働者に告知されたり，訴訟上主張されている理由とは別のところにあることもある。

具体例

リストラ（事業縮小に伴う人員削減）目的の退職勧奨を拒んだところ，PIP（Performance Improvement Program：業務改善計画。Pt. 2, Chap. 3, II 2 (3)〔230頁〕を参照）を開始され，PIPにおける成績が不良であったとして解雇された事案がある。このようなケースでは，解雇は，成績不良に名を借りたリストラの一環（本質的には，整理解雇）であることが多い。

そこで，このケースでは，PIPの開始前に執拗な退職勧奨が行われたこと（日時を特定し，誰からどのような退職勧奨を受けたかを具体的に主張した）や，当該事業所におけるリストラの実態（在職している労働者からの協力も得て，退職勧奨により退職した30名以上の氏名や退職時期を明らかにしたリストを証拠として提出した）を丁寧に主張立証した。もっとも，上記退職者リストは，客観性のあるものでなく，被告は，この点について明確な認否を避けていた。そこで，この点について明確な認否をするよう求めたが，被告は，「成績不良を理由とする本件解雇の有効性判断にとっては無関係な事情なので，認否しない」と回答してきた。

しかし，さすがの被告も，本件解雇に先立ち，退職勧奨が行われ，それにより大量の労働者が退職したことは認めざるを得なかった（その他の争点との兼ね合いで，それ以上，この点について追及しなくても，勝訴見込みは立つと判断した）。

使用者が主張する解雇理由が勤務成績不良である以上，裁判所が使用者の真の動機を正面から認定し，そのことのみを理由として，解雇無効と判断することは，それほど多くない。しかし，上記のような点を強調することで，

裁判官に，PIP における成績評価にも，不合理な点があるのではとの疑いを抱かせることができる（判決の中で，リストラ目的を達成するための解雇であったことが推認できるといった判断がされることもある）。

　上記のような例のほかにも，労働者の権利行使に対する嫌悪に基づき解雇がされることもある。このような場合にも，可能な限り，真の動機についての主張立証をすべきといえよう（この点につき，Pt. 2, Chap. 1, I 3 (2)〔143頁〕を参照のこと）。

iii　事案の本質を見たうえでの「事件の顔」の発見

　上記 ii のような例は，当事者（原告労働者）自身も認識しているのが通常であり，その「筋」を見極めるのは，それほど困難ではない。しかし，ときには，どこに事案の本質があるのか，当事者の話を聞いているだけでは分からないこともある。

具体例

　複数店舗の販売員の販売指導をするマネージャーとして採用された労働者（X）が，能力不足，勤務成績不良を理由に解雇された事案があった。入社直後の夏のキャンペーンでは期待以上の売上げアップがあったが，年末キャンペーンでは，期待したような売上げがあがらず，翌年春に，社長は，X をマネージャーから解任し，ある店舗の店長に降格する（これにより賃金も減額する）ことを提案した。その理由は，約束した店舗訪問の時間を守らなかったり，他の販売員の接客中に強引に割り込むなどして，店舗の販売員からの信頼を失っており，これ以上，販売員指導は任せられないというものであった。この提案について，社長との間で何度かやり取りがされたが，X は，降格を「パワハラ」であるとして拒否した。そうしたところ，社長は激怒し，15 分間程度，X の勤務に対する姿勢を散々になじり，その数日後，X は解雇された。解雇理由証明書には，20 人以上の店舗販売員の直筆と思われる社長宛の報告書が添付されており，そこには，X が時間を守らないこと等々が，具体的な事実として記載されていた（一部でも X を肯定的に評価する記述がみられる報告書は 2 通しかなかった）。そして，それら報告書の記載によれば，X の解雇理由（販売指導員としての適性，能力不足）が基礎付けられるとされていた。

　X によれば，店舗販売員の多くとの関係は悪くなかったとのことであり，これら報告書の記載が真の解雇理由とは思えないとのことであった。

　訴訟等においては，原告労働者の「悪口」を書き連ねた従業員の陳述書が数多く提出されてくることがある。その記載内容が事実に反することを明らかにできる客観的な証拠がそれなりにあれば，それに基づき丁寧な反論をすることで，従業員の陳述書の虚偽や不合理さが浮き彫りとなり，陳述書の信

用性のみならず，被告の主張全体が信用できないことを印象付けることができる（被告が提出した陳述書の記載によって事件が原告にとっての「勝ち筋」となるという逆説的な現象）。しかし，この事案では，販売員ら作成の報告書の記述が虚偽であることを証明できる客観的な証拠は，ほとんどなかった。

　そこで，「反対尋問を経ない書きっぱなしの報告書の信用性は担保されていない」，「Xを肯定的に評価する記述がほとんどないことから，解雇を正当化すべく，社長が『命じて書かせたもの』にすぎない」と主張することになるが，報告書の記載内容が解雇理由を基礎付ける具体的な事実として指摘されている以上，これらには逐一反論せざるを得ないことになる。しかし，それは，相当な「消耗戦」である。そこで，単なる反論に終始するのでなく，何らかの積極主張ができないかを考えた。

　ヒントとなったのは，降格についての社長とのやり取りの録音であった。複数回のやり取りの大半は，ごく冷静なものであった。しかし，Xが「パワハラだ」とした後の社長の口調は，激烈なものであった（その意味でパワハラといえた）。しかし，これがパワハラといえても，それが解雇とどう結びつくのかは，よく分からなかった。そこで，Xに対して，「社長は普段から，このような態度なのか」を尋ねてみると，「年末キャンペーンが終わった頃から，『キャンペーン時の売上表をよく見てみろ』と怒鳴りつけたり，些細なことでもイライラして暴言を吐いていた」とのことであった。その一方で，「社長は，降格のやり取りの中で，売上げが伸びていないことの責任については，一言も触れなかった。却って，最終責任を負うのは社長であると述べていた」とのことであった。このような話からは，販売指導をするマネージャーとしてXを採用したが，売上げが伸びないことに社長がイライラしていたことが浮かび上がってきた。そこで，労働審判の申立書では，Xからの聞き取りに基づく年末以降の社長のパワハラ言動を詳細に記載した（これについては録音はなかったが，降格通告をした時の面談のやり取りは録音していたので，その録音（音源および反訳）を証拠として提出したうえで，この録音からは，年末以降のパワハラ発言は優に推認できると主張した）うえで，以下のように論じた。

　　以上のように，社長は，売上げが伸びないことにイライラしており，それがXのせいであると感情的に決めつけ，Xをマネージャーから降格させようとした。しかし，各店舗での指導等を通じて売上げを向上させるには，それなりの時間を要するものであることは，社長自身も理解していた（社長自身が「売上げについて責任を負

うのは社長である」と発言している）。したがって，正面切って，売上が伸びていないことを降格の理由とすることはできなかった。そこで，降格の理由として思いついたのが，店舗従業員からの信頼を失っているという別のストーリーであった。そして，最後の面談で，Xがパワハラという言葉を使ったところ，これに激怒した社長は，Xを解雇したのだが，その真の理由は，「売上が伸びないことに対する，いわれなき感情（苛立ち）」でしかない。しかし，前述のとおり，店舗の売上げが伸びないことを解雇理由とすることはできない。そこで，店舗従業員からの信頼を失っているというストーリーを解雇理由としたものである。

　以上から明らかなとおり，販売員らの信頼を失っているというのは，降格や解雇の真の理由ではなく，したがってまた，店舗販売員らの報告書も社長が「書かせた」ものに他ならないのである。

iv　経験則や事実関係の掘り下げによる強調点

　例えば，勤続の長い中高年齢層が能力不足を理由に解雇された場合，特段の事情がなければ，解雇が無効とされる可能性が強い。なぜなら，長年勤め上げてきた労働者の業務遂行能力は，重篤な病を患うなど特段の事情がない限り，突如として劣化することはないからである（もし，真に能力に欠けているのであれば，「とっくの昔」に解雇されているはずである）。したがって，上記のようなことは最大限，強調すべきことになる。

　また，筆者の手掛けた事件に，以下のようなものがあった。

具体例

　原告労働者（X）は，IT技術者がチーム内の協調性不足を理由に，総務部門に配転され，雑用（郵便物の社内各部署への配布，会議室の清掃，マッサージルームのシーツの洗濯，備品の在庫確認）に従事させられた。Xは，配転命令に異議を留めつつ，これに従い，上記のような業務に従事したが，それまでともに仕事をしてきたIT技術者が所属する部署への郵便物の配布だけは拒否していた（惨めな姿を過去の同僚等に見せたくなかったため）。被告会社（Y）は，当初，上記郵便物の配布の一部拒否を許容していたが，その後，複数回にわたり，これを行うよう警告書を交付した。しかし，Xがこれを拒否し続けたため，Xは，業務命令違反を理由に解雇された。

　この事案で，Xは，配転後に雑用をさせたのは，自身を退職に追い込むための嫌がらせである（仮に総務の業務をさせるにしても，雑用以外の業務もあるのだからそれに従事させるべきであった）と主張し，嫌がらせの究極である郵便物の配布を拒否したとしても，それが合理的な解雇理由にならないと主張した。その一方，Yは，Xが従事していた業務は，Xが行う以前，総務部の

CHAPTER 3　本訴（通常訴訟）の提起と追行　　39

別の従業員がしていたもので，雑用でも何でもない。Yは，Xに当面，総務部門での戦力となってもらい，その後，IT技術者に戻すかどうかを検討することにしていたのであり，Xを退職に追い込む気など全くなく，Xが総務業務のイロハである郵便物の配布を滞りなく行えるようになった後に，他の総務業務をしてもらう予定であったと主張した（複数回にわたり，Xに交付された警告書にも，同様のことが書かれていた）。

配転後にXが現実に従事した業務内容については争いがなかったし，それらがIT技術者であったXに相応しい業務でないことは，誰の目にも明らかである。そこで，Y側の上記主張に合理性が認められるかが最大の争点となった。

筆者は，「当面，総務部門での戦力となってもらう」という被告主張がウソであることを暴くために，Xが行っていた業務の具体的な内容，それに要する時間について，Xから詳細な聞き取りをした。そうしたところ，Xが実際に業務をしているのは，1日7時間の所定労働時間のうち，わずか2時間程度にすぎず，それ以外の時間は，自席の机で所在なく時を過ごしていることが分かった。もし，YにXを戦力として活用する意思があったのであれば，1日5時間もの間，Xを「放置」することは考えられない。また，何も仕事を与えられず，多くの時間をただ座っているだけで過ごすことは，極めて大きな苦痛である。そこで，筆者は，これらのことを準備書面に記載し，YにはXを労働力として活用するつもりは全くなかった（配転後のXの処遇は，Xを退職に追い込むための嫌がらせに他ならない）ことを力説した。

2. 間接事実や事情をどこまで主張するのか

(1) どこまでのことを主張するのか

一般的な民事訴訟においては，主要事実と間接事実（主要事実の存在を推認させる事実）やそれ以外の事情との区別は明瞭であることが多い。したがって，主要事実や重要な間接事実は，主張書面に記載し，それ以外の事情は陳述書に譲るというやり方をとることが多いかも知れない（もっとも，裁判官の中には，事案の本質を理解するために，紛争に至った背景事情等も早期に明らかにしてほしいとする者もいる）。

しかし，解雇権濫用法理のような規範的な構成要件が問題となるケース（労働事件では，このようなケースが多い）では，一見単なる事情と思われることが，実は主要事実であることが少なくない。例えば，何の弁明手続も経ず

に，いきなり非違行為を理由として解雇したという事実は，解雇に際して弁明手続を経ることが必要であるという立場に立てば，社会的相当性の欠如を示すものとして，解雇権濫用の主要事実になる。このように，解雇権濫用を基礎付ける事情となり得る事実は，積極的に主張すべきことになる。

また，争点とは直接関係のないことでも，裁判官の心証に影響を及ぼす可能性がある事情は，準備書面に記載する意味がある。何を主張すべきかは，その事実が解雇の有効性判断にどの程度の影響を及ぼすのか，その事実を基礎付ける証拠等があるかを検討したうえで決めることになる。例えば，過去に多くの労働者が乱暴に解雇されていたという事実があれば，裁判官に，当該解雇もそのような企業体質の表れではないかとの心証を抱かせることができる。ただし，このような主張は，相当な証拠や根拠に基づいていない場合には，却って逆効果になることもある。単なる伝聞や憶測に基づき，上記のような主張をすると，単に家庭の都合で自己都合退職しただけだとか，横領をして懲戒解雇されたのだなどと，被告から「説得的な反論」をされて，話はそれで終わってしまう。訴訟の帰趨に直接結びつかない事情であるとしても，「言いっ放し」で終わってしまうような主張は，意味がないばかりか，原告主張の信用性を損なう可能性があることに注意する必要がある。

なお，解雇事件では，究極の場合，当該労働者の「人間像」をみて判断がされることもあり得るだろう（そのような例として，「反対尋問の失敗例」〔87頁〕を参照のこと）。したがって，当該労働者の仕事に対する熱意や思い（場合によっては，生い立ち，家族構成や生活環境といったことも含め）を裁判官に知ってもらうことに意味があることもある。ただしこれらのことは，準備書面には記載するのでなく，陳述書に記載すれば足りるだろう。

⑵　どの程度，詳しく書くか

主張書面にどこまで詳しく事実関係を記載するのかについては，それぞれの作風があるだろう。主張書面では，簡潔に要点のみを記載し，事実の詳細は，証言に先立ち提出する陳述書に記載するという手もあろう。

筆者の場合，重要なポイントについては，5W1H を明らかにしつつ，できるだけ丁寧に事実関係を記載するよう心掛けている。こうすることにより，準備書面の応酬の段階から，裁判官の心証を労働者側に有利に傾けさせることが期待できるからである。

記載例

記載の趣旨

　ある企業に出向していた原告労働者が4月1日に出向先企業に転籍になるに先立ち，転籍後の労働条件が説明されたかが問題となった事案で，被告（転籍先企業）は，3月16日の午前中に被告本社で説明をしたとし，その面談のアポイントの記載がある社長の手帳を証拠として提出してきた。しかし，Suicaの記録（甲9）によれば，原告は，同日の午前中，被告本社には赴いていなかった。このケースでは，準備書面に，単に「Suicaの記録（甲9）によれば，この日の午前中，原告は被告の社屋には赴いていないことは明らかである」とするのではなく，以下のような丁寧な記載をした。

具体的な記載例

　3月16日の午前に，原告は被告の本社社屋には赴いていない。すなわち，同日，原告は，午前9時30分に，A株式会社（東京都港区○○所在。最寄り駅は，地下鉄X線T駅）のB氏とのアポイントを入れていた。そこで，原告は，当時の自宅の最寄り駅であったS駅から直行で，X線T駅まで赴き，午前9時30分にB氏を訪問している（甲5・B氏の名刺）。B氏との面談を終えた後，原告は，被告本社に立ち寄ることなく，午後1時のアポイントのとおり，C株式会社（東京都港区△△所在。最寄り駅はY線のU駅）のD氏を訪問している（甲6・D氏の名刺）。以上のことは，原告の手帳（甲7）の記載のみならず，東日本旅客鉄道株式会社作成の「Suica残額ご利用明細」（甲9）の3枚目から明らかである。

　すなわち，原告は，「3月16日の午前に被告本社で社長が労働条件の説明をした」旨が記載された被告準備書面を目にした後，甲8のSuicaをJR東日本の窓口に持ち込み，甲9の証明を得た（なお，甲9が甲8のSuicaについてのものであることは，甲9の3枚目の頭書に「JE30……」という，甲8の裏面の記号と同じ記号が記載されていることから分かる）。この甲9によれば，原告が3月16日の9時20分にX線T駅で出場し，11時45分に同駅に入場し，11時55分にX線のV駅で出場したこと，12時00分にY線のV駅から入場し（X線からY線に乗換え），12時33分にU駅を出場し，14時25分に同駅に入場していることが明らかである。

　以上によれば，3月16日の午前中に，原告に説明をしたとする被告の主張が虚偽であることは明らかである。

3. 弱点に対するフォロー

　通常，どのような事件でも，弱点はあるものである。とりわけ，解雇事案では，労働者としての権利行使（労働組合活動や労基署への労基法違反の申告）に対する嫌悪に基づく場合や，派閥争いに巻き込まれたなどの特殊な事情がない限り，企業が何の問題もない労働者を解雇することはない（ただし，労働者に落ち度のない整理解雇の場合は別である）。すなわち，労働者側にも何ら

かの「弱点（落ち度）」があるのが通常である。そして，当然のことながら，使用者側は，このような労働者の弱点を強調してくる。

このような使用者側の主張が，事実に反するものであれば，正面から反論すればよいだけだが，使用者の主張の事実関係が真実である場合もある。このような場合，自らに不利な事情であるとして，「無視」していると，「逃げている」との印象を与えかねない。したがって，このような弱点が「厳しい」ものと考えられる場合には，必ず何らかの言及（防御）をすべきである。

言及（防御）のしかたとしては，例えば，①ミスをしたのは事実であるが，そのミスは，解雇の有効性を基礎付けるほど重大なものではない，②そのミスはたしかに重大なものだが，ミスをしたのにはそれなりの事情があるのであって，強い非難を浴びせることはできない（下記の具体例を参照），③当該労働者は，相当長期に及ぶ勤続のなかで，そのようなミスをしたのは，ただの一度きりである，④ミスは重大だが，かつて同様のミスをした他の労働者に対しては，解雇に至らない軽い処分がされた，⑤本件解雇は，ミスにかこつけた別の動機に基づくものである，などといったものが考えられるが，事案に応じて，最も説得力がある防御をすべきである。

労働者側の帰責性についての解明を試み，それが成功した例を以下に掲げる。

具体例

筆者が扱った案件の中に，法律事務所の事務員が能力不足を理由に解雇された事案がある。この事務労働者は，解雇前に，事務処理上のミスについて数多くの始末書を提出させられていた。その始末書に記載されたミスの内容は，たしかに当該労働者のミスといえるものであった。しかし，その法律事務所が扱っていた案件の大半は，いわゆる債務整理事案であり，弁護士は，受任時点で依頼者と面談はするものの，その後の処理には関与せず，大半の案件では，事務員のみで処理が完結していた。そして，各事務員は，膨大な数の案件を扱っていた。

この事案で，筆者は，当該法律事務所における債務整理の処理の流れや，各事務員が扱う案件数などについて詳細に論じたうえで，「弁護士が責任を負うべき事件処理について，事務労働者に『丸投げ』しておきながら，何か問題が起こると，事務労働者に責任を負わせるのは，『本末転倒』である」ことや，膨大な案件を処理しなければならないなか，一定のミスが生じるのは，不可避であることを力説した。

ミスを自認する始末書が数多く作成されており，それに対する有効な（強

力な）反論も容易ではなかったので，始末書に記載されたミスのみに議論を終始させると，却って裁判官に能力不足の心証を植え付けてしまわないかとの懸念があった。そこで，「個々の木を見るのではなく，森を見るべき」という発想に立った議論を展開したものである（判決では，「被告の事務処理体制が不適切であったというべきであり，適切な事務処理体制を定めずに原告に和解の処理を任せていた被告が原告を責めることはできない」などといった判断が下された）。

4. 証拠の吟味と証拠の提出要求等

(1) 証拠吟味の重要性

前述のとおり，事件処理にとって，証拠の吟味は極めて重要である。

i 原告の手持ち証拠の検討

当然のことながら，当事者の主張は，証拠によって裏付けられなければならない。

弁護士が事案を把握するための最大の情報源は，当事者（原告労働者）からの聞き取りである。当事者は，「生の事実」を体験しているから，被告の主張の真偽は分かるし，被告提出の証拠に対する評価もできるはずである。しかし，人間の記憶には限界があるし，そもそもの当初から当事者が誤解をしているということもある。そこで，原告が所持する証拠や，被告から提出された証拠に照らして事実関係を確認する必要がある。

証拠を吟味することなく，労働者の言っていることをそのまま準備書面に記載し，それが客観性を有する証拠に反していると，取り返しのつかない失点となることもある。細かい事実関係についての記憶違いがあれば，「この点は，原告の記憶違いであったので，訂正する」と述べれば済むが，原告主張の誤りが，当該事件の核心に触れるようなものであった場合，「準備書面において，明らかに客観的事実に反する主張をしていた」，「間違えるはずのない事案の核心部分について，主張を変遷させた」などと判断され，それによって訴訟の帰趨（勝敗）が決まることも珍しくない。

また，原告の所持する資料を証拠として提出する場合にも，それが原告の主張を的確に裏付けるものとなっているか，却って不利になるものでないかなどを確認する必要がある。当事者は，自身にとって有利なところにばかり目が行き，同一の証拠に記載された不利な点を見落とす（あるいは不利であると認識しない）といったことは，しばしばみられるところである。したが

って，証拠には，必ず弁護士が目を通して，証拠価値を的確に評価したうえで，提出するか否かを決めなければならない。

ii **被告提出証拠の検討**

　被告提出の証拠についての検討も不可欠である。被告が提出する以上，その証拠は，被告に有利なことが記載されているはずだが，被告が立証趣旨としている以外のところに，原告に有利な内容が記載されていることもある。また，被告に有利なはずの証拠が，実は原告に有利なものであることもある。したがって，被告提出の証拠についても，隅々まで眼を通して検討しなければならない。

> **具体例**
>
> 　解雇理由のひとつとして，遅刻が多いことが挙げられた事案があった。原告労働者は，遅刻があったことは否定しなかったものの，それは電車の遅延などによるものであり，合理的な理由もなく，遅刻したことはほとんどないはずだと言っており，その旨を準備書面に記載していた（ただし，原告の手元には，ある月のタイムカードしかなく，客観的な検証はできずにいた）。
> 　訴訟において，被告からは，原告の遅刻を立証する証拠として，タイムカードと，原告が「遅れる」旨を店長に伝えていた携帯メールが提出されてきた。しかし，これらを詳細に検討すると，メールに「電車遅延で遅くなる」旨が記載されているもの，タイムカード上，始業時刻前に出社していることが明らかなもの（この企業では，始業時刻の15分前に来ることが「奨励」されていたため，原告は始業の15分前までに出社できない場合には，メールを入れていた），タイムカードの打刻がないが，メールの送信時刻と記載内容（会社から徒歩5分の最寄り駅からメールしている）から始業時刻に出社していることが優に推認できるものが多数含まれており，原告の言うとおり，原告に帰責性がある遅刻はほとんどないことが判明した。
> 　おそらく被告代理人は，被告の関係者から提供されたものを十分に検討することなく，そのまま証拠として提出してしまったものと思われる。解雇理由は他にもあり，「油断」があったのかも知れないが，被告提出の証拠によって，原告の主張の正しさが立証されてしまった例である。

実践知！ 証拠は，原告労働者の手持ちのもののみならず，被告から提出されたものも，詳細に検討する必要がある。

CHAPTER 3　本訴（通常訴訟）の提起と追行　　45

(2) 証拠説明の記載

証拠については，証拠説明書を提出することになっている。証拠そのものから立証趣旨が明らかであるような場合（例えば，給与明細書によって給与額を立証するような場合）には，証拠説明も簡潔なもので構わない。

しかし，証拠そのものからは立証趣旨が分からなかったり，簡潔な証拠説明によって立証趣旨自体は理解できるものの，当該証拠のどこを見れば，立証命題が書かれているかが分からないことがある（一体の証拠が大部なものである場合には，そのようになるのがむしろ通常であろう）。大部な書面の一部分に証拠としての意味がある場合には，その部分にラインマーカーを付ける等の工夫をする必要がある。

また，他の証拠と併せ読んだり，当該証拠の作成経緯を説明することで，初めて当該証拠の意味するところが理解できるということもあろう。このような場合，文章の末尾に「（甲○号証）」などと記載するだけでは不十分であり，読み手（裁判官）が理解できるように，丁寧な解説をする必要がある（具体例として，前述2(2)〔41頁〕の記載例を参照）。そのような解説は，証拠説明書の中でしてもよいし，証拠説明書の記載は簡潔にして，準備書面で詳述するのでも構わない。後者の場合，証拠説明書のなかに，準備書面の該当箇所（頁数，項数）を記載すればベストであろう。

(3) 証拠の提出要求

労働関係訴訟（とりわけ解雇事案）においては，「証拠の偏在」構造が顕著である。企業の側は，労働者の働きぶりに関する証拠（人事考課票等）や，貸与していたパソコンに格納された情報（電子メールの送受信日時やその内容）を保有している一方，解雇された労働者は，それらにアクセスすることができない。証人についても，労働者側が証人となり得る者の協力を得るのは困難である（この点について，Chap. 1，I 2〔3頁〕を参照のこと）一方，使用者が他の労働者に協力させることは比較的容易である（事案によっては，10名を超える他の労働者の陳述書が提出されるといった例もみられる）。

そこで，使用者の手元にある文書等で，労働者にとって有利なものと考えられるものについては，証拠の提出要求（場合によっては文書提出命令の申立て）をすることが考えられる（残業代請求において，タイムカード等の提出を求めるのが，その典型である）。

しかし，そのような要求をして文書を提出させることが「やぶ蛇」になる

こともある（例えば，良好な人事考課が記載されていると考えて提出要求をしたものの，提出された人事考課表では，必ずしも良好とはいえない評価がされているなど）。したがって，他の証拠によって労働者側の主張（例えば，解雇無効）が裏付けられるような場合には，敢えて文書の提出を求める必要はないといえよう。逆に，手持ち証拠が乏しい場合には，このような提出要求をせざるを得ないことがあるが，このような場合でも，提出されるであろう証拠が，どの程度労働者にとって有利なものであるかについて慎重に検討しなければならない（弁護士は，事前にその内容に目を通すことができないので，労働者の言っていることがどの程度，信用できるかについて吟味することになろう）。

ただし，企業内の他の労働者との比較が求められる事案（男女差別や，非正規労働者の不合理な労働条件の是正を求めるケース）で，労働者側がそれについての十分な情報を有していないような場合には，積極的に，証拠の提出を要求したり，求釈明によって事実関係を明らかにさせるべきである。

5. 困難な事案での工夫の例（証拠の提出と準備書面での主張）

原告の主張を裏付ける証拠資料が豊富にある場合には，訴訟の序盤（提訴段階や，答弁書や最初の準備書面で被告側の一応の主張が出た段階）から，積極的にこれを提出し，それに基づく主張を展開すればよい。例えば，能力不足を理由とする解雇事案において，過去の人事考課が優良であったことや，良好な営業成績をあげていたこと等を明らかにできる資料があれば，これを積極的に提出すればよい。

原告主張の正当性を裏付け，あるいは被告主張の不合理性を浮き彫りにする証拠が豊富に提出されれば，人証調べに入る前の段階で，裁判所の「労働者側勝訴」の心証が形成されることになる（案件によっては，人証調べをするまでもないとの心証が形成されることもあろう）。

しかし，案件によっては，労働者側の主張を裏付ける証拠が乏しい場合もある。このような場合，数少ない証拠をいかに効果的に使うかを考える必要がある。

具体例　証拠の提出についての工夫

強い証拠の発見まで

いわゆるコミュニケーショントラブルを理由に解雇された例で，解雇された原告労働者は，かつての上司が不真面目な勤務態度をとるようになっていたことに憤りを覚え，痛烈に批判するようになった。そして，業務上必要なコミュニケーション

も取れなくなったことを理由に，解雇された。被告は，その第1準備書面とともに，人事考課面談に先立って原告が作成・提出した数通の面談票（複数回の面談に先立つ複数回分のもの）を証拠として提出してきた。原告は，この面談票に，かつての上司のことを痛烈かつ執拗に批判する記述をしており，その分量も相当なものであった。被告は，「このような記述が常軌を逸するものであることは一目瞭然である。この面談票に基づいて行われた取締役との人事考課面談でも，原告は，かつての上司を執拗かつ口汚く罵り続け，まともな面談にならなかった」とし，普段の業務においても，まともなコミュニケーションができない状況に至っていたと主張した。この面談票の記載は，たしかに激烈であり，裁判官にも強いインパクトを与えるであろうと考えられた。

　しかし，この証拠が提出された後に確認したところ，原告は，取締役との人事考課面談を録音していたことが分かった。この録音を聞くと，かつての上司の勤務態度を批判するやり取りがなされていたものの，その口調は，冷静であり，批判の内容も至極真っ当なものであった。それ以外の会話も，ごくごく普通の上司とのやり取りで，原告の話しぶりには，常軌を逸するようなものは全くみられなかった。したがって，この録音は，コミュニケーショントラブルの存在を否定する有力な証拠となり得た。

証拠提出に際しての工夫

　しかし，筆者は，この録音をすぐには提出することはせず，被告第1準備書面に対する反論の原告準備書面（1）において，「面談票に激しい記述があるのは事実だが，面談においては，口汚く罵り続けた事実は全くなく，ごくごく普通の上司（取締役）との面談であった」と記載したのち，「この時の面談では，概ね以下のようなやり取りがされた」として，録音に収められたやり取りのいくつかの概要を記載した（被告に録音があることを悟られないように，逐語訳ではなく，敢えて概要とした）。そのうえで，「面談に関する被告主張は，『真っ赤なウソ』である。準備書面に，平然とウソを書き立てるような被告主張が，全体的に信用できないことは明らかである」と記載した。

　被告は，これに対する反論である第2準備書面で，原告準備書面（1）に記載された面談でのやり取りの概要を否認するのみならず，「原告が，かつての上司を執拗かつ口汚く罵り続け，まともな面談にならなかったのは紛れもない事実であり，原告主張こそ『真っ赤なウソ』である」と反論してきた。面談において，原告が執拗かつ口汚く罵り続けたという被告第1準備書面での主張は，事実に反する虚偽のものであったが，被告はその第2準備書面で，「ウソの上塗り」をしたことになる。たとえ1つであったとしても，その主張がウソであること（単なる記憶違いのレベルではなく，敢えて虚偽のことを述べること）が発覚すれば，それ以外の主張の信用性にも大きな影響を及ぼす。

　被告第2準備書面が提出されたのち，録音およびその反訳を証拠として提出するとともに，原告準備書面（2）において，被告が平然とウソをついていることを主張したことは，いうまでもない。これにより，裁判所の心証は，原告勝訴の方向に大きく傾いたものと思われる。

コミュニケーショントラブル事案では，客観性のある証拠は残されておらず，どのような事実が認定されるかは，証人（本人）尋問の結果に依拠せざるを得ないことが多い。客観性のある証拠がないから，原告勝訴は容易かといえば，決してそうはならず，被告側の証人の証言に依拠して，コミュニケーショントラブルが認定されることも少なくない。上記の具体例では，原告が作成した痛烈な内容の面談票があり，訴訟の帰趨は厳しくなると予測されたが，録音を証人尋問における弾劾証拠のようなかたちで活用することで，主張（準備書面）の段階で，勝訴への展望が切り拓かれたものである。

6. 主張書面における表現方法（修辞）等

(1) 証拠評価（「明らか」という表現）

準備書面を見ていると，時として，「……は明らかである」という表現を多用しているものがみられる。もちろん，証拠の評価や法令の解釈上，誰の目からも明らかなものについて「明らかである」と表現することには何の問題もない。しかし，必ずしも明らかでないものについてまで，「明らかである」と記載すると，書面の読み手である裁判官に対して，「明らかではないのでは」，「説得力のなさを『明らか』と記載することでごまかしているのでは」との印象を与え，却って，主張の説得力を弱めることにもなりかねない。証拠の評価等は冷静に行い，書面の読み手も納得できる記載をすべきである。

例えば，主張する事実を直接立証できる証拠は存在しないものの，間接事実の積み重ねや間接事実を裏付ける証拠が十分であるような場合には，「優に推認できる」といった表現を用いることが考えられる。それ以外にも，証拠による証明度に応じて，「推認できる」，「推認することも可能であろう」，「否定できない」などといった表現を用いることが考えられる（どの程度の証明度がある場合に，どのような表現を用いるべきかについての明確なルールがあるわけではないので，それぞれの場面で，ぴったりとくる表現を用いればよい）。「否定できない」という表現を用いる場合は，主張を裏付ける証拠等が相当に薄弱な場合であるが，証拠等が薄弱である以上，そのような表現となることはやむを得ないところである。

(2) 大げさな表現

労働事件の依頼者（労働者）の中には，激しい言辞を記載したがる（記載してほしいと要請してくる）者がいる。しかし，激しい言辞を用いたとしても，

その言辞どおりの評価が下されることにはならないのは当然のことである。

例えば，成績不良を理由に退職勧奨した企業の姿勢に対して，「人権侵害」とだけ言ってみても，何の説得力もない（人権侵害と言うのであれば人権侵害と評価できるような具体的な事実を主張しなければならない）。激しい言葉を用いると，言葉だけが浮いてしまい，却って当該労働者の人間像に不信感を与えることにもなりかねないので，注意が必要である。

その逆に，事実に即した適確な修辞であれば，やや表現がきつくても，説得力をもつこともあるだろう（例えば，管理監督者の抗弁で残業代の支払義務を争っていた会社が突如として，原告は労働者ではなく請負契約者であるなどと主張し始めた場合に，被告の態度を「盗人猛々しいとでも評価すべきもの」とするなど）。

7. 判例の引用について

法的な問題点について，大きな指針となるのは，判例である。判例の集積が乏しい分野（最近では，有期雇用労働者の労働条件の不合理性に関する労契法20条〔今後新パート有期雇用法8条となることにつき，Pt. 2, Chap. 9, III 1(3)（405頁）を参照のこと〕など）では，学説を参照し，これに依拠した判断がなされるが，判例がある分野で参照されるのは，圧倒的に判例である。

もちろん，判例がある分野でも，学説での論争を踏まえて，チャレンジングな（新たな）判断を求めるケースもあろう。しかし，そのようなケースでも，既存の判例への言及は不可欠である（判例が存在しているにも拘わらず，それについて言及することなく，学説を引用するだけでは，裁判所の考えを動かすことはできない）。

判例としての価値が高いのが最高裁判例であることはいうまでもない。そこで，当該事案で問題となっている法的な問題について判断を下した最高裁判例がある場合には，準備書面でも，その判例について言及することになる。また，最高裁判例がない場合でも，下級審の判例があれば，これに言及すればよい。判例が当該事案の争点と同一の問題について判断している場合には，その判旨をごく簡潔に記載して，判決年月日や出典（掲載誌）などを記載すれば足りる。

また，判例の判断が「ズバリそのもの」ではないものの，そこで示された法理が当該事案でも妥当すると考えられるケースもある。このような場合，単に「（○○事件・最高裁判決参照）」などと記載するのではなく，どうして判

例の判示内容が当該事案にも妥当するといえるのかについて，丁寧に解説することが重要である。

このような例として，不利益処分に対する労働者の同意についての「自由な意思」論がある。この法理は，あらゆる労働条件の不利益変更に適用できるというのが筆者の考えであり，最近では，退職の意思表示の有効性が問題となったケース（自主退職しなければ懲戒解雇すると言われて退職届を提出したもの）で，この法理の適用を主張した（意思表示の有効性については，錯誤も問題となるので，錯誤無効の主張とともに，「自由な意思」論を展開したものである）。なお，個別同意に基づく労働条件の不利益変更については，Pt. 2, Chap. 5 Ⅲ（307頁）を参照のこと。

具体的な記載例

一般論の展開

⑴　労働条件の不利益変更等について，労働者の同意が存在したといえるためには，「労働者の自由な意思に基づいてされたものと認めるに足りる合理的理由が客観的に存在する」ことが必要である。この法理は，つとに，退職金の放棄や相殺合意についての最高裁判例（シンガー・ソーイングメシーン事件・最判昭和48・1・19判時695号107頁，日新製鋼事件・最判平成2・11・26労判584号6頁）で示されていたが，近時，女性労働者の妊娠中の軽易業務への転換を契機とした降格処分の有効性が争われ，降格に対する同意が争点のひとつとされた広島中央保健生協（C生協病院）事件・最判平成26・10・23労判1100号5頁でも同様の説示がされた。そして，就業規則による退職金の不利益変更に対する労働者の書面での同意が問題となった山梨県民信用組合事件・最判平成28・2・19労判1136号6頁においても，この法理に基づき同意が無効（最高裁の言い回しでは同意が「存在」しない）と判断されている。

⑵　山梨県民信用組合事件は，以下のとおり，この法理の実質的な根拠を説示していることで注目される（以下の記述における下線，および①，②，ア），イ），ウ）の符合は，便宜上，原告代理人が付したものである）。

「使用者が提示した労働条件の変更が賃金や退職金に関するものである場合には，当該変更を受け入れる旨の労働者の行為があるとしても，労働者が使用者に使用されてその指揮命令に服すべき立場に置かれており，自らの意思決定の基礎となる情報を収集する能力にも限界があることに照らせば，当該行為をもって直ちに労働者の同意があったものとみるのは相当でなく，当該変更に対する労働者の同意の有無についての判断は慎重にされるべきである。そうすると，就業規則に定められた賃金や退職金に関する労働条件の変更に対する労働者の同意の有無については，①当該変更を受け入れる旨の労働者の行為の有無だけでなく，②ア）当該変更により労働者にもたらされる不利益の内容及び程度，イ）労働者により当該行為がされるに至った経緯及びその態様，ウ）当該行為に先立つ労働者への情報提供又は説明の内

容等に照らして，当該行為が労働者の自由な意思に基づいてされたものと認めるに足りる合理的な理由が客観的に存在するか否かという観点からも，判断されるべきものと解するのが相当である」。

この最高裁判決は，就業規則による賃金・退職金の不利益変更への同意についての判断であり，本件と事案を同じくするものではない。しかし，同判決が指摘する個々の労働者と使用者間の情報量格差（「労働者が使用者に使用されてその指揮命令に服すべき立場に置かれており，自らの意思決定の基礎となる情報を収集する能力にも限界があること」）は，労働契約締結から労働契約終了に至るまで，労働現場のあらゆる局面でみられるところである。

(3) 本件で争われているのは，申立人の雇用そのものである（申立人は，自主退職しなければ懲戒解雇になると告知された結果，退職の意思表示をしており，その結果，雇用身分を失っている）。

雇用身分を失うことは，賃金・退職金の不利益変更よりも重大な労働条件（雇用身分）の変更と考えられる（雇用身分が維持されることは，あらゆる労働条件の存続のための前提であり，賃金・退職金等の重要な労働条件も，雇用が失われてしまえば，問題とする余地がなくなってしまう。その意味で，雇用身分に関する事項は最も重要な労働条件といえる）。

以上によれば，上記山梨県民信用組合事件判決が説示するところは，退職の意思表示の有効性が争点とされる本件においても，当然に妥当するというべきである。

当該事案での当てはめ

以上のような一般論として展開したうえで，上記判例の引用の中で，下線とともに符合（①，②ア〜ウ）を付した判断要素について，当該事案における事実関係に基づき，丁寧に当てはめを行うことで論述を完成させることになる。例えば，②ウについて，筆者は，以下のような論述をした。

ウ）当該行為に先立つ労働者への情報提供または説明の内容等

前述のとおり，被告は，原告が自主退職の意思表示をしなかった場合に，原告がどのような立場に立たされるのかについて，誤った情報（およそ懲戒解雇に相当するような事由はなかったにも拘わらず，懲戒解雇になるとの情報）を与えて，原告に退職願を提出させたものである。

また，被告は，考えさせてほしい旨を伝えた原告に対して，即日もしくは翌日までに返事をするように伝え，翌日までに退職願を提出しなければ，懲戒解雇になるとして，退職願を提出させたものである。すなわち，十分な情報提供や説明をするという使用者本来の在り方（労契法4条1項の理解促進の責務）に真っ向から反するやり方で，申立人に退職願を提出させたものである。

このような丁寧な論述をすれば，裁判所も，「原告が引用する判例は，本件とは事案を異にする」などとして，原告主張を無視することは困難となろう。

なお，被告（使用者）側から，同種事案として下級審判例が引用されるこ

ともある。判例の引用に対する反論の常套句は，「本件とは事案を異にする」というものである。明らかに事案を異にする判例であれば，ごく簡単に当該事案との相違点を記載したうえで，「本件とは事案を異にする」とだけ書けば足りることもあろう。

しかし，中には，一定の類似性を有する場合もある。そのような場合には，引用された判例の事案の内容をある程度丁寧に引用したうえで，当該事案の内容との相違点を浮き彫りにさせることも必要であろう。

8. よりよい準備書面を作るために
──論理的な構成（見出し）と「考え抜く」ことの重要性

(1) 論理的な構成

労働事件では，準備書面の分量が多くなりがちである（訴状において，詳細な主張をする場合も同様である）。その要因としては，解雇権濫用法理のように規範的構成要件が問題となるケースが多く（そこでは，解雇権濫用であるかについて様々な事情が考慮される），事実関係についても多くの点で争いがあることによる（解雇事案で，事実関係の争いが少ない事案は，むしろ稀といってよいだろう）。

このように，論ずべき点が多岐にわたり，その分量も相当なものになる場合に，準備書面を説得力のあるものとするためには，その構成を論理的なものとすることが重要である。ダラダラと平板な記述が続くと，読み手は「疲れ」てしまい，何を言いたいのかが頭に入ってこないことになる。

論理的な構成とするためには，準備書面作成の構想の段階で，「立体的な」見出し（目次）をつけたレジメを作ることが有用である（大項目には「第1」，中項目には「1」，小項目には「(1)」などとつけるのが一般的であろう）。この作業を通じて，準備書面全体の構成が論理的であるかどうかが確認できることになる。

しかし，全ての案件で，最初からきっちりとした構成ができるとは限らない（筆者の場合，全体の構成が決めきれない場合，とりあえず，「書けるところから書く」というやり方をすることもある）。また，実際に準備書面を書いているうちに，構想段階で重視していなかった問題の重要性に気づいたり，当初の構成（の一部）が事案の本質に合致していないことに気づかされることもある。このような場合には，構成を見直すことになる（いわば，「木を見て，森を正す」作業である）。

(2) 読み直しての検討・再考

　また，準備書面を論理的なものとするためには，ひと通り書き上げた後に，全体を読み通してチェックすることが不可欠である。この作業をすると，ある見出しの中の記述全体やその一部分が，見出しと合致していないことに気付かされることがある。このような場合，見出しを書き改めたり，見出しに合致していない部分を独立させて別の見出しをつけたり，他の見出しの項に移すといった作業をする必要が出てくる。このような作業をしつつ，全体の構成を再度考え直すことで，準備書面の論理性が確保されることになる。

　いったん書き上げた書面を一度も見直さずに提出する者はいないだろうが，見直しをする際，誤字脱字のチェックをするだけではなく，上記のような検討を加え，論理が通っているか，主張したいことが漏れなく記載され，かつまた，的確に表現できているかを検証しなければならない（時として，「言わんとすることは何となくわかるが，舌足らず」な起案に遭遇することがあるが，言葉を惜しむようなことはしてはならない）。

　なお，長い時間をかけて書き上げた部分が，証拠評価を誤っていたり，全体のストーリーにそぐわないといったことに気付かされることもある。このような場合，「せっかく書いたのに」という思いに駆られることもあるが，不適切な記述を残した準備書面を提出するわけにいかないので，「捨てる」勇気をもたなければならない。

　そして，よりよい書面を作成するためには，このような作業を何度か繰り返すことである。ベストなのは，書き上げた直後に見直すとともに，その後，少しの間の「熟成期間」を置いて再度見直すことである。この作業により，より冷静に準備書面のでき栄えが検証できることになる。

| 実践知！ | 説得力のある準備書面を作成するには，起案した後に，冷静な目で読み直すことが重要である。 |

(3) 長い準備書面と読ませるための工夫

　i　要約の記載

　多くの裁判官が「長すぎる書面は，勘弁してほしい」ということを口にするようである。たしかに，多くの事件を抱え，多忙な裁判官にとって，長す

ぎる書面を読まなければならないのは，大きな負担であろう（間違いなく多くの時間を取られるし，書面の内容によっては，長すぎることで十分な理解が妨げられることもあろう）。

そこで，書面が長くなる場合には，主張が裁判官の頭にすっきり入るような工夫をすべきことになる。その際，最も重要なのは，前述のとおり，論理的な構成をすることであるが，これに加え，準備書面の冒頭に，「本準備書面の構成」などという項目を設け，当該準備書面の概要・構成（どの部分に，どのような趣旨の主張が書かれているか）を記載するということも考えられる（なお，準備書面が相当に長くなる場合には，別冊の要約版を作成することも考えられる）。また，準備書面に目次をつけることも必要になろう。

ii 同じ主張を繰り返す場合

準備書面の長短を問わず，同じ主張を繰り返すことがある。その場合には，必ず，「前述の……で論じたとおり」と記載すべきである。これを記載しないで，同じ主張を繰り返すと，読み手は，すでに主張されていることを援用しているのか，新たな主張をしているのかが分からず，混乱に陥ることになるからである（すでにされている主張と同様の主張をしているのかを確認しなければならず，余計な手間がかかり，書面を読むことに疲弊することになる）。

iii 頁数の引用

被告主張に対する認否反論をするに際して，認否反論の対象となる被告主張が，被告準備書面のどこに（何頁）に書かれているかを記載しておくべきであるし，以前の原告主張を繰り返すときも同様である。

こうしておけば，後に，既提出の準備書面を読み直すときに便利である。

(4) 「自分の頭で考え抜く」こと

これまで，主張書面作成のためのいくつかの「コツ」を述べてきたが，筆者が最も重要だと考えるのは，「自分の頭で考えぬくこと」である。

前述のとおり，事実関係が複雑であったり，多くの弱点を抱える案件では，事実経過を見直し，証拠に即したかたちで，最も強い（有利な）ポイントを強調した事件の「顔」を明らかにしたストーリーを描き出すことが求められる。事実が全く同じ案案は存在しない以上，このような作業は，マニュアル化できないものであり，「自分の頭で考え抜く」ことによってしかなし得ない。事案の異同を考えることなく，同種事案の判例が掲げる要件，要素に，当該事案の事実を当てはめればよいといった「マニュアル的な発想」で書面

を作成しても，事案の真相に合致せず，説得力もない書面になってしまうであろう。

　法令上の争点についても同様であり，ある法令や判例が当該事案において適用ないし参照されるべきであるか，どのように適用，参照されるべきなのかについても，「自分の頭で考える」しかないことになる。前述の7（50頁）で，山梨県民信用組合判決の法理（「自由な意思に基づく同意論」）が，退職の意思表示にも適用されるべきとした記載例を掲げた。ここでのポイントは，「雇用身分は，あらゆる労働条件の基盤（＝雇用身分の喪失は，賃金・退職金の不利益変更よりも重大な労働条件〔雇用身分〕の変更）」という決して複雑でない論理を掛け合わせたことであるが，当該事案への当てはめも含めて，どのように書けば説得力が増すかを筆者なりに考えて作成したものである。このようにして考え抜く経験を重ねることで，法令や判例については，同種事案で「使い回す」こともできるようになる。

　なお，共同受任した事件では，弁護団会議等を通じて，様々な事件の見方が提示され，そこでの議論を通じて，準備書面の内容についての方針が決められることになろう。複数の弁護士が様々な見地から検討を加えることは，事案の本質を見抜き，的確な方針を立てるうえで，極めて有益である。しかし，準備書面の作成は，各弁護士で分担するのが通常であろう。準備書面作成は，弁護団の方針に則して作成することになろうが，その場合でも，上述のことが当てはまる。

実践知！	困難な事案で，事案の筋を見極め，説得力のある準備書面を作成するには，証拠を冷静に評価し，自分の頭で考え抜くことが，極めて重要である。

Ⅳ. 証人尋問

1. 証人尋問についての一般的な心得

(1) 証人として誰を申請するのか

　通常の事件では，原告労働者を本人として尋問の申請をすることになる。

　争点を共通にする多数当事者事件（整理解雇や残業代請求等）では，争点に

応じて証言するのに最も適した原告（1名のこともあれば数名のこともある）を申請することになろう。また，全員に共通する争点（例えば，整理解雇事案における人員削減の必要性，解雇回避努力の有無・程度，人選基準の合理性，説明協議義務の履践）と，個々の原告ごとの争点（例えば，整理解雇事案における人選基準への当てはめ）がある場合，前者については最も適した原告を，後者については原告全員を証人申請することもあろう。

　証人として適した者が協力的な姿勢をもっている場合には，当該人物を証人として申請することになる（もっとも，その証言によって立証されるのが重要な争点についての事実でなければ，申請が却下されることもある）。しかし，原告労働者を労働組合が支援してくれているような場合を除き，このような協力者を得ることは極めて困難である（Chap. 1，Ⅰ2〔3頁〕を参照）。

　事前に打診をして協力を拒否されたり，事前の打診もできない者を証人申請することも考えられなくはない（主要な争点について，当該証人の尋問を経ることが事案の解明にとって極めて重要と考えられる場合には，裁判所が証人として採用することはあり得よう）。しかし，証人として採用されても，出頭してこないことが考えられる（勾引による出頭確保の制度がある〔民訴法194条〕ものの，裁判所が勾引状を発することはまずない）。

　また，当該人物が，被告会社に在籍していたり，被告会社の関連会社で勤務しているような場合，その者に証言させることには，相当なリスクが伴う。なぜなら，会社側がその者にコンタクトをとり，会社側に有利な証言をするように働き掛けることは容易であり，実際の証言においても会社側に有利な証言をされると「やぶ蛇」になってしまう可能性が高いからである。したがって，当該証言を得なければ，敗訴必至といった事態になっていない以上，リスクのある証人を申請することは控えた方がよいであろう。

(2)　事前準備の重要性

　証人（本人）尋問対策としては，原告労働者申請の証人（本人）に対するもの（主尋問対策がメインとなるが，想定される反対尋問についての対策もすることになる）と，相手方申請の証人（本人）に対する反対尋問の対策がある。そのいずれにおいても，重要なのは，事実関係を整理するとともに，証拠を精査したうえでの十分な準備を行うことである。

(3) 尋問は事実を明らかにする場である

鑑定証人の場合は別にして，証人（本人）尋問は，事実を明らかにするために行われるものであり，証人（本人）の意見を問う場ではない（認定事実に基づき判断を下すのは裁判官の役割であって，証人の意見を聞くために証人尋問が行われるわけではない。また，証言を前提とした見解を述べたいのであれば，最終準備書面などでこれを明らかにすればよい話である）。

ところが，使用者側からの労働者に対する反対尋問を聞いていると，「この点について，あなたは次のように主張しています。一方，被告側は，次のように主張しています」などと言って，主張書面や陳述書の該当箇所を読み上げたうえで，「それでも，あなたはご自分の主張が正しいと思いますか」などと尋問する例が少なからずみられる（当然のことながら，これに対する原告の答えは，「はい」で終わる）。あからさまに意見を求める尋問であり，およそ無意味なものである。このような尋問をしているようでは，裁判官に「もっと，他に聞くことはないのか。聞くことがないので，そのように無意味な尋問をしているのか」と思われるのが関の山であろう。このような尋問は，厳に慎むべきである。

(4) 交互尋問方式

証人（本人）尋問は，主尋問（尋問の申出をした当事者の尋問），反対尋問（相手方の尋問），再主尋問（尋問の申出をした当事者の再度の尋問）の順で行われる（民訴規則113条1項，127条）。民訴規則118条，126条は，対質の定めを置いているが，対質のかたちで尋問が行われることは稀である（労働審判での対質について，Chap. 4, V2（115頁）を参照のこと）。

2. 陳述書

(1) 陳述書を提出する意義

証人尋問に先立ち，申請証人（本人）の陳述書を提出するのが最近の通例である（ただし，証人の候補者から，陳述書の作成の協力を得られない場合もあるので，その場合には，陳述書の提出は求められない）。陳述書を提出することには，2つの機能がある。

ひとつは，尋問時間が限られている関係から，証言できない部分を陳述書に記載し，証言にかえる機能である（証人〔本人〕尋問の冒頭で，「この陳述書はあなたが作成したものですね」，「何か訂正すべき点はありませんか」という質

問をするのは，法廷で証言できない部分について，陳述書の信用性を担保するためである）。かつての労働事件では，証人尋問に十分な時間が取られていた（1人の原告や証人に対して，2時間程度の主尋問が行われることは，決して珍しいことではなかった）。しかし，最近では，集中証拠調べ方式（民訴法182条。1日〔1回〕ないし2日〔2回〕程度の期日で，全ての証人，本人の人証調べを終えるもの）が普及しているため，当該事案における労使のキーパーソン（原告労働者本人や，直属の上司もしくは人事・労務担当者などの会社側証人）であっても，主尋問に与えられる時間は1時間程度に制限されている。1時間というのは，長いように思われるが，実際に尋問をしてみると，「あっという間」であり，多くの事項について詳細な尋問ができないことが多い。

　陳述書のもうひとつの機能は，反対尋問のために，事前に十分な準備の機会を与えるというものである。事前に陳述書が提出されれば，主尋問での証言内容がある程度予測できるようになり，反対尋問を効率的に行うことができるようになる。

⑵　陳述書に何を書くか

　陳述書に当該事件の主要な争点についての事実関係や，それについての証言者の認識を記載すべきは，当然のことである。

　また，争点とは直接関係がない（したがって，それが判決の基礎とされることはない）事情についても，それによって裁判官の共鳴を得られるものであれば，積極的に記載すべきである。例えば，解雇に至るまで長期勤続していた労働者の場合，解雇に至るまでの勤務の状況（熱意や愛着をもって，ときには，家庭を犠牲にしてまでも業務に取り組んできたこと等）や，他の従業員や上司との関係が良好であったことや，解雇を通告されたときの心情，衝撃などといったことにつき，具体的なエピソードを交えつつ記載すれば，裁判官の共鳴が得られることがある。なお，このような事情を準備書面に記載しても構わないが，準備書面ではそこまでのことは記載せずに，陳述書に書き込むのが通常であろう。

> | 実践 | 陳述書に，訴訟の直接の争点とはならない原告の人物像，勤
> | 知！ | 務に対する思いなどを記載することで，裁判官の共鳴を得られる
> | | 場合もある。

(3) 陳述書をどう作るか

i 準備書面で詳細に事実を論じている場合

準備書面は，原告や関係者（証人の候補者）からの聞き取り（もしくは原告らが作成したメモ等）に基づき作成される。したがって，間接事実やその他の事情も含め，それなりに詳細な事実関係が準備書面に記載されていれば，陳述書は，準備書面の記述の「切り貼り」によって完成できることになる（もちろん，「である調」を「ですます調」に変えたり，「原告」というのを「私」に変えるといった作業も必要である）。

この作業においては，事件の全体像が理解しやすいような構成にすることが重要である。構成としては，①時系列に沿って事実関係を整理したのち，争点についてあらためて論じる（＝通常の判決のスタイル），②事実経過の中で争点についても論じる，③争点ごとに項目だてをして，その中で事実経過についても言及する，といったものが考えられる。このような作業に基づき作成された陳述書は，最終準備書面の原型にもなる（最終準備書面には，このような陳述書の記述に，証人〔本人〕尋問の結果を書き入れることで完成される）。なお，準備書面に記載された法的な論点については，記載を省略してもよいが，「私は法律の専門家ではないので，法律的な問題点について言及できませんが，代理人の○○弁護士によれば，……ということです」などと陳述書に書き込んでしまう手もある（そうすることで，読み手である裁判官は，事実関係に基づき，原告がどのような法的主張をしているかも頭に入れることができる）。

このように，準備書面の記述を「切り貼り」したのでは，本人が作成したことの「臨場感」が出なくなるので，陳述書（の原案）は，代理人ではなく，証言者自身に作成してもらうべきだと指摘されることがある。しかし，原告労働者から詳細な聞き取りに基づき準備書面を作成しているならば，陳述書の内容が準備書面の記述と同じものとなるのは，むしろ当然のことである（陳述書の記述が準備書面の内容と齟齬しているとすれば，そのことの方がよほど

問題である）。

ii 新たに事実関係を記載する場合

一方，準備書面で間接事実やその他の事情について詳細に触れていない場合には，陳述書の中でそれらに触れることになる。また，準備書面で証言内容について言及してこなかった証人については，全く新たに陳述書を作ることになる。

iii 証言者による確認

作成された陳述書の案を，再度，証言者に確認してもらい，訂正すべき点や，さらに書き加えるべき点があれば，訂正，書き加えをして，陳述書を完成させることになる。また，陳述書の原案を代理人が作成するのではなく，証言者自身に作成してもらう場合には，証拠やそれまでの主張内容との整合性等について，代理人がチェックすることになる。

なお，確認の過程で，準備書面の記載に誤りがあることが見つかることがある。このような場合，陳述書の中で，準備書面の記述の誤りを訂正しておくべきである（些細な事実についての誤りであれば，単に訂正するだけで足りるが，重要な点について誤りがある場合には，なぜ誤りが生じたのか，その理由にも触れたうえで訂正すべきである）。

3. 主尋問準備と反対尋問対策

(1) 主尋問の重要性と獲得目標

主尋問の獲得目標は，争いのある個々の事実関係についての原告（労働者）の主張が真実であり，事案全体についても原告の言い分に道理があるとの心証を裁判官に抱かせることにある。そのためには，適宜，証拠を示しながら，背景事情や当該事実に至る経緯等も明らかにしたうえで，証言者（証人，本人）の証言がいかに自然で，信用できるものであることを明らかにすることが必要となる。

尋問時間は限られているので，どの点に光を当て，どのような順序で尋問するのかという尋問の構成についても，尋問を聞く者（裁判官）の頭に入りやすいように工夫する必要がある。尋問の中心になるのは，主要な争点についての事実関係であるが，事実関係に争いがない場合でも，原告の主張の中の「強い」点については，尋問の中で取り上げて裁判官にアピールすべきだし，「弱点」についてのフォローも必要となる。このような尋問をすることで，事案全体についての裁判官の心証を有利な方向に傾けられることになる。

主尋問では，事前の準備が十分にできるし，当事者性の強い証言者（原告・被告本人や，会社側が申請する人事関係者や上司等）は，自らに有利な証言（それまでの主張に沿った証言）をするのが通常である。そこで，最近では，主尋問の時間を極端に短くし，尋問の大半を反対尋問にあてようする裁判官もみられる。しかし，反対尋問は，主尋問で形成された心証を崩すためのものであるから，主尋問によって有利な心証が形成させられないようでは，話にならない。また，反対尋問によって，主尋問での証言内容を完全に覆せることは稀である。したがって，主尋問で，原告の描くストーリーに説得力をもたせる証言を得ることは極めて重要である。

> **実践知！**　主尋問では，陳述書に記載されたことが真実であることを，いかに自然に語ることができるかがポイントとなる。

(2)　事前準備

i　主尋問の準備

　尋問時間との関係で，主尋問では，陳述書に書かれたことのうち，ポイントとなるものについて，質問することになる。

　①尋問メモと証言内容の暗記

　尋問の準備としては，質問事項を記載したメモを作り，尋問の予行演習をするのが一般的であろう。なお，このメモに，質問に対する回答まで書き込むことについては，一考を要する。というのは，証言者の中には，そのメモに記載されたとおりのことを証言しなければならないと考え，メモの記載内容を丸暗記しようとする者がいるからである。しかし，暗記に基づき証言していると，「答えが思い出せなくなって」，パニックに陥ってしまうことがある。また，「暗記していることを喋っている」ようだと，却って不自然な証言であるとの印象を与えかねない。証言に際して重要なのは，事件についての一連の事実経緯が，どのようなものであったかを頭の中で整理しておくことである。詳細であるか否かにかかわりなく，基本的な事実関係は，証言者自身が知っているはずであるから，陳述書をよく読み直しつつ，再度，事実関係を整理しておくことが重要である（なお，時系列に沿って基本的な事実関係を記載した時系列表を作成するのも有用である）。

したがって，仮に尋問メモに回答を記載しても，それを暗記してはならないことの注意喚起をすべきである。

 実践知！ 想定尋問に対する答えを丸暗記するようなことは，厳に慎むべきである。

②陳述書の記載内容と同じ証言をすること

尋問の予行演習をすると，陳述書に書かれたことを話してもしかたないと考えて，陳述書に書かれていないことを話そうとする者がいる。しかし，これは致命的な誤りである。

陳述書には，事件の判断にとって重要と考えられる事実関係が記載されているものの，それが真実であることの保証はない。それが真実であることを裁判官に理解してもらうのが主尋問である。すなわち，陳述書に書かれているのと同じことを，いかに自然に話せるかが尋問の最大のポイントとなる。また，その時の「気分に応じて」，喋りたいことを喋っていると，反対尋問の格好の材料を与えることにもなりかねない（最悪なのは，陳述書の内容と齟齬するような話をしてしまうことである）。この意味からも，陳述書に記載されたのと同じことを話すことが重要である。

③証言しづらい質問

尋問の予行演習をすると，いくつかすらすらと答えられないようなものが出てくるのが通常であろう。その要因としては，(ア)記憶が不鮮明になっている場合（実際の事件から証人尋問に至るまでには相当の時間が経過しているので，記憶が不鮮明になるのはやむを得ないことである）と，(イ)その質問が証言者（原告本人）にとっての弱点であり，どのように答えればよいかが分からない場合がある。

(ア)の場合には，陳述書を読み直すなどして，再度事実経過を頭の中で整理してもらうことになる。ただし，事実関係が複雑な事件では，事象が起きた年月日まで頭に入れる必要はない（細かな年月日は，尋問時に，陳述書を参照するなどして尋問者が記憶喚起すれば済むものである）。細かな年月日を記憶しようとすると，前述した「暗記」の弊害が起きてしまう。重要なのは，どのような出来事があったかを時系列に沿ったかたちで，頭の中で整理しておく

ことである。(イ)の問題については，以下のii②で論じる。

ii 反対尋問対策

①主尋問と同じ答えをすること

　反対尋問の主な目的は，主尋問での証言や陳述書の記載内容の信用性を崩すことにある。反対尋問に対する回答の鉄則は，主尋問で答えたのと同じことを繰り返すことである。それにより，主尋問での証言内容の信用性が増すことにもなる。「先ほど主尋問で○○と証言していましたが，……という事情からすれば，先ほどの証言は事実に反しているのではないですか」などという質問をされた場合，単に，「いえ，事実です」とだけ答えればよいのであって，「……という事情」について自ら積極的に証言する必要はない。

　もっとも，反対尋問では，同じ事実についても，様々な角度からの質問がされることになるし，予期せぬ質問にも答えざるを得ない。したがって，どのような質問がされるかを予測することが反対尋問対策の重要なポイントとなる。

実践知！　　反対尋問では，主尋問と同じ答えをするのが鉄則である。

②証言しづらい（弱点についての）質問

　ところで，どのような事件でも，弱点はあるものであり，反対尋問では，そのような弱点に関する質問がされることになる。

　弱点となる問題について，客観的な証拠が存在する場合（例えば，上司を誹謗中傷したメールが複数あるような場合）には，それと齟齬するような証言（「このようなメールを書いた記憶は全くない」など）は避けるべきであろう。時として，原告本人の記憶が証拠と齟齬していることもあるが，証拠の作成経緯，証拠の客観性の度合い等をも検討したうえで，本人の記憶が誤っていると考えられるときは，そのことを本人に認識してもらう必要がある。最悪なのは，ウソをつくことである。些細な点についての記憶違いではなく，ウソをついていることがバレると，証言全体の信用性を損ねることにもなる。したがって，「ばれないだろうから大丈夫」などと安易に考えることは禁物である（客観的な証拠と齟齬する証言が信じてもらえることもない）。

一方，一見すると弱点と思われる証拠についても，その作成経緯等を説明することで，弱点が緩和されることもある（例えば，上司の指示の誤りを指摘したのに，逆に罵倒され，精神的にもかなり追い詰められていたため，誹謗中傷と捉えられかねないメールを書いてしまった，などというもの）。それなりの弁明ができる場合には，事実関係は認めたうえで，弁明をすべきである。弁明もしようのない点については，素直に反省の弁を述べる（「メールを書いた時点では，頭に血が上っていたので過激なことを書いてしまったが，今冷静に考えると，申し訳ないことをしたと思っている」）というやり方もある。筋の通らない弁明をすると，不誠実な証言をする者であるとの印象を与え，「傷口を広げる」ことになりかねないからである。

　なお，弱点である問題については，主尋問の中で質問してしまうやり方と，主尋問では敢えて触れず，反対尋問に委ねるやり方がある。前述のとおり，反対尋問での回答の鉄則は，主尋問と同じ証言を繰り返すことであるから，予め主尋問で質問してしまえば，反対尋問時の証言者の心理的負担は軽減されることになる。ただし，質問されるとツライと考えられることについて，相手方代理人が気付かずに，反対尋問で質問されないこともある。このような場合，敢えて，主尋問で問題の所在を明らかにしない方が得策であるが，反対尋問で質問されるかどうかは尋問当日になってみなければ分からない。そこで，反対尋問で質問されたときに，どう答えるかを事前に検討しつつ，主尋問では質問しないことも考えられる。

(3)　尋問の実際

　実際の尋問では，以下のような点に留意する必要がある。これらは，尋問準備段階から意識すべきことでもある。

i　尋問者，証言者の発語，発言

　尋問においては，はきはきと聞き取りやすい声で，質問することが重要である。当たり前のことだが，ぼそぼそと聞き取りにくい声で質問していては，これを聞く者（裁判官）も，尋問内容に集中できなくなるであろう。はきはきとした声で，尋問を主導することは，重要な「演出」でもある。

　証言者も，可能な限り，はきはきと，自信をもった態度で答えることが重要である。反対尋問では，予期していない質問がされることがある。その場合でも，「あの〜，その〜」などと口ごもっていると，自信がなく聞こえ，証言内容についても信用してもらえなくなる。記憶が明瞭でなければ，口ご

もったりするのではなく，「申し訳ないですが，今すぐには思い出せません」とか，「記憶にはありません」と答えるべきである（細かな事実関係の全てについて明瞭に記憶していないのは，むしろ当然であり，上記のような答えをすることが直ちにマイナス評価されるわけではない）。

また，YES，NO で答えられることは，YES，NO で答えるべきであるし，具体的な内容を証言するよう質問された場合も，端的にポイントを話し，ダラダラと余計なことは話さないようにすべきである。余計なことを話すと，それが反対尋問に対するヒントを与えることにもなりかねない。

なお，時として，質問が聞き取れなかったり，何を質問されているかが分からないことがあるが，その場合，「もう一度お願いします」などと聞き返すべきであり，質問内容が理解できていない状態で答えてはならない。とりわけ反対尋問では，質問内容が理解できていない状態で証言をすると，尋問者の誘導に乗せられ，自らに不利な証言をさせられてしまう場合がある。

ii テンポよく一問一答を繰り返すこと（誘導尋問）

また，証言者から端的な回答を引き出すためには，テンポよく，一問一答となるような質問をすべきである。前述のとおり，使用者側の尋問を聞いていると，延々と前提となる事実や事情を述べたうえで質問する例がみられるが，前提があまりに長すぎると，証言者は何を聞かれているのかが分からなくなることがある（その結果，「（何を質問しているのか）もう一度，お願いします」という回答になる）。これでは尋問をしている意味がなくなる。

主尋問では，誘導尋問は，禁止されるのが原則である（民訴規則 115 条 2 項 2 号）。この原則に忠実に従い，誘導的な尋問を一切せず，全てを証言者の口で語らせようとする尋問に遭遇することがある。しかし，誘導を一切することなく全てを証言してもらうと，自ずと時間がかかる。また，それほど重要でない点について証言者が長く話してしまい，リズムが乱れることもある。そこで，争いのない点については，適宜，誘導的な質問をしたうえで，ポイントとなる点を具体的に証言してもらうべきである（民訴規則 115 条 2 項但書も，争いのない事実についての誘導尋問は，正当な理由があるものとして許容している）。例えば，「3 月 10 日に，A 部長と話をしましたね」，「どこで話をしましたか」，「時間は何時からでしたか」，「どのような話をしましたか」，「その時，○○の点について，部長は何と言っていましたか」と逐一聞くのではなく，「3 月 10 日の 18 時頃から，会社の応接室で A 部長と，……の話をしましたね」としたうえで，「その時，○○の点について，部長は何

と言っていましたか」といったように，ポイントのみに焦点を当てた質問をするといった具合である。

> **実践知！** 主尋問では，テンポよく一問一答となるような質問をすべきである。

iii　証拠の提示

尋問においては，証拠書類を示したうえで証言を求めることができる（民訴規則116条1項）。尋問内容に関連する全ての証拠を逐一示したうえで尋問するのが理想的だが，全ての証拠を示していたのでは時間が足りなくなってしまう。

もっとも，重要な争点については，証拠を示したうえで，立証趣旨となる部分を尋問者が読み上げたり，証言者に音読もしくは黙読してもらうなどして，裁判官に当該証拠の重要性等をアピールしたうえで，尋問すべきであろう。

その一方，それほど重要でない論点についてのもので，当該証拠の立証趣旨について当事者間で争いのないものについては，「時間の関係で，お示しはしませんが，甲5号証に記載されているやり取りがされたことは間違いありませんね」といった確認にとどめる（そのうえで，「どうして，このやり取りがされたのでしょうか」などの尋問を進める）やり方もある。

なお，単に「この時のA部長のやり取りの詳細は，あなたの陳述書6頁に書かれたとおりで間違いないですね」といった尋問をすることもある。尋問としての意味はないが，証人尋問の結果を踏まえた最終準備書面を作成するに際しての備忘録的な意味をもたせることができる。

iv　相手方証人の証言内容を踏まえた対応

解雇事案では，原告の本人尋問は，尋問の最後に行われるのが通常であり，それに先立ち，使用者側の証人（本人）尋問が行われることになる。使用者側証人がどのような証言をするかは，それまでの準備書面で論じられている内容や，証言に先立ち提出される陳述書によって予測できる。したがって，尋問の最後に行われる原告本人尋問では，使用者側証人が証言するであろう内容について，事前に準備することが可能である（例えば，原告本人に対して，

「使用者側証人の陳述書には，あなたが解雇の1年前に見積書の金額を誤って記載したことがあった旨が記載されていますが，そのような事実がありましたか」といった質問をするなど）。

しかし，陳述書に書かれていないことを証言することが禁じられるわけではない（もっとも，訴訟の帰趨を決するような争点につき，準備書面でも陳述書でも記載されていなかった重要な事実が，証人尋問の場で突如として証言されたような場合には，そのような証言には重大な疑問符がつけられるであろう）。実際にも，証人尋問において，陳述書に書かれていないことが証言されることもある（例えば，「見積書だけでなく，納品書，領収証の金額も誤って記載した」など）。また，陳述書とは異なるような証言がされることがある（例えば，「誤って作成していたのは，見積書ではなく，その前段階のプレゼン資料であった」など）。

そのような証言が，原告にとって不利な内容である場合，反対尋問で問いただすことになるが，原告の本人尋問でフォローすることも必要となる。原告本人尋問前に休憩が入る場合には，休憩中に原告に事実確認をしたうえで尋問すればよいが，休憩が入らず，事実確認をするだけの時間的余裕がない場合もある。この場合，相手方証人の証言内容が訴訟の帰趨に関わる重要な争点であれば，原告に対して質問せざるを得ないが，それほど重要な争点でない場合には，反対尋問での質問に対して，証言者が説得力のある証言をした場合には，敢えて原告に質問しないという選択肢もある。

v 再主尋問

主尋問の後に行われる反対尋問が終わったのちに，再主尋問の機会が与えられる。

反対尋問において，原告にとって不利な内容を不十分なかたちで証言させられたような場合（例えば，「ある時，ミスをしたかどうかについて，YESかNOかで答えて下さい」と質問され，「YES」とだけ答えさせられたような場合）には，再主尋問でなぜ，そのようなミスをしたのか，それは大きなミスなのか等について，フォローする質問をすることになる。反対尋問で明らかな記憶違いの証言をしたような場合にも，陳述書を援用するなどして，記憶を喚起し，記憶違いを正す証言をしてもらうことになる。

ただし，それまで原告代理人が全く把握していなかった事実関係が反対尋問で質問され，不利な証言をしてしまったような場合，再主尋問でその点について，どこまで掘り下げて質問するかについては，上記ivで論じたのと同

様の問題が起きる。

4．反対尋問

(1) 反対尋問の難しさとその心得

　反対尋問についても，事前の準備をすべきなのは，当然のことである。

　しかし，主尋問については，尋問の予行演習ができる一方，反対尋問においてはそれができないという点に大きな違いがある。反対尋問では，証人（本人）の証言を受けて，その場で対処しなければならない場面があり，どれだけ効果的な切り返しの尋問ができるか（「即興」でどれだけ機転をきかせられるか）が問われることになる。もちろん，事前に十分な準備を重ねることで対処できる場合もあるが，事前準備や努力によっては対処しきれない「才能」の側面があるというのが筆者の考えである。もっとも，反対尋問では，こちらが得たい答えはそう簡単に得られないのがむしろ通常であるから，この点について過度に神経質になる必要はない。

　ただし，反対尋問でも，有利な証言を得られるポイントがいくつかはあるはずである。そこで，当該証人からいくつかのポイント（陳述書の記述や主尋問での証言が証拠に反している場合がこれに当たることが多い）が得られれば，十分であると考えればよいであろう。

> 反対尋問では，期待した答えが得られないことの方が多く，ポイントとなる点について，いくつか有利な証言を得られれば，まずは成功と考えるべきである。

(2) 反対尋問における獲得目標とその明確化

i　反対尋問における獲得目標

①主尋問での証言の信用性の減殺

　反対尋問の目的は，主尋問での証言内容（もしくは陳述書の記載内容）の信用性を崩すことにある。重要な争点に関して，主尋問での証言が事実に反することを明らかにできればベストだが，裁判官に，証言の信用性について一定程度の疑いを抱かせることができれば，反対尋問としては，まずは成功といえる。

CHAPTER 3　本訴（通常訴訟）の提起と追行

なお，重要な争点でない場合でも，以下の②のとおり，証言や陳述書の記載内容の信用性を減殺することには，意味がある。

②証言全体の信用性の減殺

争点との関係では，さしたる意味のない細かい事情などについても，主尋問での証言や陳述書の記載内容が明らかに事実に反するものである場合，これを明らかにすることで，証言全体や陳述書が信用できないという主張の根拠とすることができる。

具体例

コンピュータ開発の技術者が，能力不足を理由に配置転換されたうえで PIP を実施され，PIP の目標不達成を理由に解雇された事案で，配転後の上司が証言をした。この上司の陳述書には，原告労働者に対する「配慮」として，他の労働者には与えられていない PC の大型モニターを，真っ先に原告に買い与えたと書かれており（準備書面段階でも同様の主張がされていた），主尋問でも同様の証言をした。この点は，当該事件の争点（解雇するほどに能力が不足していたか）との関係では，ほとんど意味のないものであったが，原告は，上記陳述書の記載が虚偽であることを明らかにする証拠（原告の配転前に，大型モニターをもっている部下が誰であり，部署の全員に大型モニターを持たせるには，あと何個の大型モニターを購入しなければならないかを記載した上司作成のメール）を持っていた。そこで，上司の反対尋問においては，上記証拠を示しつつ，原告が配属する以前から，他の労働者に大型モニターを買い与えており，「真っ先に原告に買い与えた」というのが事実に反しているのではないかを質問した。上司は，他の部下に大型モニターを買い与えていた事実そのものは認めたが，「真っ先に原告に買い与えた」というのは虚偽でないと言い張った。しかし，虚偽でないことの理由を述べた証言はおよそ理解不能であった（上司の頭の中では，虚偽でない「理屈」があったのかも知れないが，少なくとも法廷で証言された内容は，第三者には理解不能であった）。

この証言をもとに，最終準備書面では，「このように，A 証人は，争う余地のない事実について，主尋問で事実に反する証言をし，反対尋問で，証拠（甲9）を示されつつ主尋問での証言の不合理性について質問されても，これを素直に認めないばかりか，およそ理解不能な弁明に終始している。このように，宣誓のもと公開の法廷で行われた証人尋問において，平然と事実に反する証言をしていることからすれば，A 証人のその余の証言も，にわかに信じ難いというべきである」と記載した。

③原告主張を裏付ける証言の獲得

また，証言内容の信用性を減殺するのではなく，原告主張を認める証言を得るというのも反対尋問での獲得目標となり得る。主張（準備書面のやり取り）段階では，間接事実や，その他の事情については，単に「否認する」「争う」という答弁しかされず，論争にならないことも多い（それが訴訟の帰

趨に影響を及ぼすような事情でなけば，裁判所も，それ以上の関心を示さないことが多い）。

訴訟の帰趨に影響を及ぼさないことを，反対尋問で執拗に問いただしても，意味はないようにも思われる。しかし，そのような点の事実関係について，相手方証人に原告主張を認めさせることができれば，原告の主張全体の信用性を高めることができる。

具体例

ある解雇事件の反対尋問（原告労働者の上司であるA部長に対する反対尋問）で，事案の核心部分について質問する前に，被告が準備書面で単に「否認する（争う）」としていた事実関係についての質問をすることにした。そのような事実関係は，解雇以前から原告に対して理不尽な対応がされていたという原告主張のストーリーの裏付けとなるもので，相当数に及んでいたが，客観的な証拠の裏付けがあるものはごくわずかで，大半のものは，原告の記憶があるにすぎなかった（そのような記憶に基づき準備書面を作成し，原告陳述書にも同様のことを記載した）。そこで，原告の記憶の確かさの度合いや，当時の職場の状況等を考慮して，およそ否定できないと考えられた事実関係を10個程度ピックアップして，A部長に対する反対尋問で質問することにした。

そうしたところ，A部長は，大半の質問について，原告主張を肯定する証言をした。この点についての尋問では，事実関係を簡潔に告げたうえで，「ということで間違いありませんね」と端的に質問し，それに対して，「はい，そうです」という答えが得られたら，それ以上，余計な質問をせずに，次の質問に移ることにした。また，中には，「そのようなことはなかったと思います」という答えが返ってきたものもあったが，それについても深入りせず，次の質問に移ることにした。準備書面段階で，単に「否認する」とか「争う」としか記載していないことから，会社側代理人も，これらの事実関係については詳細に把握していない可能性が高いと考えられたため，余計な質問をすることで，再主尋問のヒントを与えることを回避すべきと判断したものである。

そして，最終準備書面では，原告主張を肯定した証言を列挙したうえで，「これらの点に関する原告準備書面（3）での主張について，被告第4準備書面では，いずれも『否認』ないし『争う』という答弁をしていた。しかし，上述のとおり，被告申請証人であるA部長も，これらの点を認める証言をしている。これによれば，準備書面における原告主張や，それと同じ内容が記載してある原告陳述書の記載が信用できることは明らかである」と記載した。

ii 獲得目標の明確化

主尋問は，事実関係を明らかにすることで，事案の真相を浮き彫りにすることを目的とするので，争いのない事実も含め，一連の事実経過を証言して

もらうことに意味がある。一方，反対尋問は，何が真実であるか（不明瞭な事実関係）を明らかにするのではなく，相手方証人の証言の信用性を減殺したり，原告主張を裏付ける証言を獲得する（それにより，訴訟の結論を有利に導く）ことを目的とする。したがって，全ての質問（ある問題についての一連の質問）は，明確な獲得目標に向けたものでなければならず，獲得目標と結びつかないところで，漫然と事実経過を問うような質問をすることは，避けるべきである。

反対尋問では，証人の経歴や，直接争点とは関係のないことを「不意に」尋ねて，動揺を誘うといったやり方をとることもある。このような質問をする場合でも，証人がどのように答えるかを予測しつつ，効果的な尋問となるように工夫することが必要である。

> **実践知！** 反対尋問では，漫然と事実経過を問うのではなく，獲得目標を明確に定め，それを得るための質問をしなければならない。

(3) 尋問準備の要点

i 陳述書の精査と当事者からの聞き取り

反対尋問の準備のために精査すべきなのが，当該証人（本人）の陳述書であることはいうまでもない。陳述書の記載が準備書面の記載と合致すべきことは，前述の2(3)（60頁）で論じたとおりであるが，陳述書の中には，準備書面に記載されていない新たな事実関係等が書かれているもの（準備書面では間接事実やその他の事情が詳細に書かれていない場合）や，事実関係について簡潔にしか書かれていない（準備書面の主張の中の一部のみが書かれている）ものもある。

前者の場合，新たに明らかにされた事実について，原告労働者等から，陳述書の記載に誤りがないかを確認してもらうことが不可欠である。その際，一見些細と思われる点についても，事実に反する記述があれば，反対尋問の材料となるし，そのような反対尋問が意味をもつこともある（前述(2) i の②③〔70頁〕を参照）ので，くまなく検討する必要がある。後者の場合には，被告準備書面を検討しつつ，何を尋問すべきかを考えることになる。陳述書と準備書面を読み比べると，その記載内容に，食い違いがみられる場合もあ

る（そのような食い違いは，反対尋問の恰好の材料となることが少なくない）の
で，この観点からの検討も必要になる。さらに，陳述書の記載内容自体に矛
盾があったり，不自然と思われる記載がされていることも珍しくないので，
これらの点についても，反対尋問の対象とすることが考えられる（下記の具
体例を参照のこと）。

　なお，以上のような検討において，証拠との整合性を検証することも不可
欠である（証拠と齟齬している陳述書の記載も，反対尋問の恰好の材料となる）。

> **具体例**
>
> 　法律事務所の事務員（原告）が勤務成績不良で解雇された事案で，原告が弁護士
> から指示された期限を守らないことが多々あったことが強調されていた。原告は，
> 解雇の少し前に，それまで担当していたＡ弁護士の秘書を外され，Ｂ弁護士の秘書
> となった。この事件で，証人となったＢ弁護士の陳述書には，「恥ずかしながら，
> 当時，私自身が期限をめぐる問題で，依頼者との間でトラブルを抱えていたため，
> 新たに私の秘書となった原告には，期限を守るように強く言い聞かせていた」旨が
> 記載されていた（一方，尋問に先立つ打ち合わせにおいて，原告は，期限を守るよう
> 強く言われた記憶はないと語っていた）。
>
> 　ところで，「期限をめぐる問題で，依頼者との間でトラブル」となるのは，時効
> や上訴期間の徒過であることが多く，そのような徒過は，事務員のミスというより
> は，弁護士のミスによって生じる場合が多い。主尋問では，陳述書の上記記述に関
> 連する質問はされなかったが，反対尋問では，この点についての質問をすることに
> した（「期限をめぐる問題」とは具体的に何のことを聞いたのちに，「それは，事務員
> の責任で生じた問題か」を問うた）。そうしたところ，Ｂ弁護士は，素直に「自分自
> 身のミス」であることを認めた。この証言により，「原告には，期限を守るように
> 強く言い聞かせていた」という陳述書の信用性が減殺されたことになる（事務員の
> ミスではなく弁護士自身のミスである以上，「依頼者とのトラブル」は，事務員である
> 原告に対して，期限厳守を促す契機とはなり得ないからである）。

ⅱ　証拠の精査

　反対尋問が成功するかどうかの最大の鍵は，相手方証人の証言内容の不自
然さを明らかにできる客観性のある証拠があるかどうかによる。したがって，
客観性のある証拠を事前に精査することが，反対尋問の準備として不可欠で
ある。

　この検討は，労働者側が提出した証拠のみならず，相手方提出の証拠につ
いても行う必要がある。当然のことながら，相手方が提出する証拠は，相手
方に有利な内容のものである。しかし，そのような証拠の全体に目を通すと，
相手方が立証趣旨としている部分以外のところに，反対尋問の材料となり得

る記述がされていることがある。また，当該争点とは全く別の趣旨で提出された証拠の中にも，反対尋問の材料となり得るものが潜んでいることもある。このようにしてみると，証人尋問実施までに提出された全ての証拠を精査することが必要となる。

相手方証人の陳述書の記載が客観性のある証拠と齟齬している場合には，反対尋問で，その証拠を示しつつ，丁寧に尋問をしていけば，証言の不自然さが浮き彫りとなる（主尋問での証言や陳述書の記載が「ウソ」であることを認めさせる証言まで獲得すべきかについては，後述の(4)iii②〔79頁〕を参照のこと）。この場合，反対尋問は，主尋問での証言内容（陳述書の記載内容）が客観性のある証拠と食い違っていることを浮き彫りにする場となる。

具体例

企業年金の一部廃止（終身年金の大部分を一時金で精算してしまい，その部分についての年金支給を廃止してしまうというもの）の有効性が争われた事例で，年金の一部廃止の必要性が争点になった。会社側は，その準備書面において，従前の年金支給を継続することで，直ちに経営状況が危機に陥ることはないにしても，業界を取り巻く環境から，現行の企業年金の支給を続ければ，やがては企業経営に重大な支障が及ぶと主張していた。そして，会社側証人の陳述書には，上記の準備書面と同様の記載がされていた。

しかし，同社は，上場企業であり，その財務諸表がインターネットのホームページ上で公開されていた。のみならず，証人尋問の実施直前に，被告会社は，そのホームページに，今後も安定的に収益の増加が見込まれる旨の中長期の経営予測を掲載しており，そこでの予測収益は，従前の年金支給を継続する場合の原資を賄うのに余りあるものであった（いわば，「超優良企業」であった）。当然のことながら，原告側は，このホームページの掲載記事を証拠として提出した。これを提出した段階で，年金の一部廃止の必要性（被告の経営状況）に関する争点については，ほぼ決着がついたといえる。

被告申請証人は，主尋問において，上記準備書面および陳述書の記載内容どおりの証言をしたが，この点に関しての被告証人は，「飛んで火に入る夏の虫」のようなものであった。なぜなら，全世界に発信しているホームページに掲載している情報が「誤っている」などとは口が裂けても言えないからである（万が一にも，当該年金訴訟に勝訴するために，ホームページに掲載した情報が誤っているなどと証言すれば，それこそ，被告会社の存立を脅かす事態にもなりかねないことになる）。反対尋問では，ホームページに掲載された中長期予測に誤りがないことを確認したのち，「どうして，企業年金の支給を継続すると，経営に重大な支障が生じるのか」と質問した。被告申請証人は，「業界を取り巻く環境からは，今後，何が起こるか分からない」などと証言したが，これに対して，「それではホームページに掲載された中長期予測は，いい加減なものなのか」を再度問うと，証人は「ホームページに掲

載された内容には間違いはありません」と答えた。「だとすれば，年金支給を継続したとしても，被告会社の経営状況に影響を及ぼすことはないのでは」と問うと被告証人は，沈黙するのみであった。それ以上の反対尋問を重ねるまでもなく，この争点についての裁判所の心証は，確固たるものになったといえよう。

iii　尋問メモと想定問答

反対尋問の場合にも，尋問メモを作るのが通常であろう。ただし，主尋問の場合と異なり，尋問の演習をすることはできず，実際の証言では，思いもよらぬ答えがされることもある。

そこで，ある質問に対して，どのような答えをするかを予測し，「A と答えたら，次に X という質問をする」，「B と答えたら，Y という質問をする」といったかたちでの対応を考えておくのがよいと思われる。

具体例

あるアジア系の銀行で，ミスが多いという理由で解雇された事案があった。そのミスのひとつとして，当該労働者（X）は，海外送金を受け付ける際に取得しなければならない個人情報に関する同意書の取得漏れを，2 ヶ月間に 10 件も起こしたことが挙げられていた。なお，これは金融庁による同意書取得の指導が開始されて間もない頃のことであり，上記ミスは，その後に行われた行内検査において発見されたものであった。

被告側証人として証言した副支店長に対して，まず最初に，同意書をもらわずに，海外送金をしてはならないというのが社内ルールであるか，そしてまた，送金手続をする際には，必要書類が揃っているかを必ず上司がチェックする仕組みになっているかを質問することにした（これらの点は社内規程に定められていたので，これを肯定するはずだと予測し，実際の尋問でも肯定する証言がされた）。そして，問題とされた同意書の取得漏れについて，上司もチェック漏れをしたのかををを問いただした（質問 A）。

①質問 A に対する答えが NO であれば，「上司がチェックしている（チェック漏れをしていない）にも拘わらず，どうして，事後的に行われた行内検査で 10 件もの取得漏れが見つかっているのか」を問いただすことにした。

→■この質問に対しては，「上司のチェックは，X から渡されたものの内容をチェックするだけで，渡されない同意書をチェックしようがない」と答えることが予測された。

→□この回答に対しては，「先の証言で，必要書類が揃っているかを必ず上司がチェックする仕組みになっていると証言しましたよね」，「この当時，同意書取得は被告内で徹底されていなかったのではないか？」と質問することにした。

②質問 A に対する答えが YES であれば，上司もチェック漏れをしているのであ

って，一人原告労働者を責めることはできないというストーリーが描けることになるので，尋問としては一応の成功となる。

しかし，それで終わらせることなく，敢えて，「1件，2件であればともかく，10件も見落とすというのは考え難いのではないか？」と質問することにした（質問B）。

→■質問Bに対してYES（考え難いことである）と答えれば，「この当時，同意書取得は被告内で徹底されていなかったから，上司も見落としたのではないか？」と質問することにした（これに対してYESと答えれば，上司を含め社内ルールが徹底されていなかったことになるから，取得漏れについてXを非難することはできなくなる）。

→□質問Bに対してNO（あり得ることである）と答えれば，「上司も10件ものチェック漏れをしている以上，一人原告労働者を責めることはできないですよね」と質問することにした。

iv　どのような順序で，どの程度聞くか

前述のとおり，反対尋問では，客観的証拠に裏付けられ，かつまた，当該事件の重要な争点に関する事実について質問することが最も重要である。したがって，他の「余計な」尋問をすることで，上記のような「強いポイント」についての反対尋問の時間がなくなるようなことは避けねばならない。時間的な余裕が乏しい場合には，反対尋問の冒頭から「強いポイント」に焦点を当てることになろう（「強いポイント」以外の点については，時間が余ったら尋問するなど，時間の配分を検討する）。

しかし，反対尋問で成果が期待できる「強いポイント」がふんだんにある事件というは，そう多くはない。そこで，どのような順序で，何を聞くかについて，工夫を凝らす必要がある。原告にとっての「強いポイント」は，被告にとっての「弱点」であるため，被告側も，それについての反対尋問対策を検討している場合がほとんどである。したがって，反対尋問の冒頭で質問すると，被告証人は，「さっそく来た！」と対策どおりの証言をして，反対尋問を切り抜けてしまうことがある。また，時系列に沿った反対尋問をすれば，裁判官には分かり易いであろうが，証言者である証人（本人）にも，反対尋問の筋が見えてきて，事前準備どおりの証言がしやすくなってしまう。

そこで，反対尋問の冒頭で，証人の経歴についての質問をしたり，訴訟の帰趨との関係では重要性を有さないものの，客観的証拠に基づき証人の証言や陳述書の記載が事実に反していることを明らかにできる点について，質問をぶつけることも考えられる（そのような例として，前述(2) i の②および③

〔70 頁〕を参照のこと）。このような「予期せぬ」質問をすることは，事前準備どおりの証言をして，真実を語ることを回避する精神的な余裕を奪うことにも繋がる。

　ただし，相手方申請の証人は，主尋問において，陳述書に書かれていないことを証言するなど，事前準備での予測を超える話をすることもある。その場合には，事前の準備どおりの順序，内容の質問をするのではなく，臨機応変の対応を求められることもある（後述の(4)ⅱ〔78 頁〕を参照のこと）。

　また，反対尋問の場合，証人が質問に端的に答えず，聞いてもいない背景事情を延々と話し出すことがあり，主尋問よりも多くの時間を要するのが通常である（なお，このような場合の対応法については，後述の(4)ⅵ〔85 頁〕を参照のこと）。したがって，尋問準備においては，時間配分についても十分に検討しておく必要がある（望んだ証言が得られなかった場合に，すぐに撤退すべき質問と，徹底的に追及する質問との区別を意識する必要がある）。

ⅴ　証拠の提示

　反対尋問でも，証拠を提示して質問することになるが，証言者が，事件全体を把握しておらず，事前に証拠に目を通していない証人の場合，当該争点の重要度に拘わらず，尋問に先立ち，証拠の当該部分を示す必要がある。事前に当該証拠に目を通していなければ，いきなり，その証拠についての証言を求めても証言できないのが通常だからである。したがって，最低限，証言を求めるに先立ち，「当該証拠に目を通していますか」，「このような趣旨のメールが証拠として提出されているが，そのメールについては，覚えていますね」といった質問をすることが不可欠である。

　なお，筆者の場合，相手方申請証人のうち，事件のキーパーソンに当たると思われる証人に対しては，反対尋問の冒頭で，「本件訴訟で，原告，被告双方から提出されている準備書面や証拠には一通り目を通しているか」，「被告準備書面を作成するための打合せに参加しているか」といったことを質問することにしている。これは，後の尋問で指し示す証拠について，「この証拠は，見たこともないし，知らない」といった回答を封じるとともに，質問の前提となる証拠の内容について逐一質問する時間を省略するための工夫である。

⑷ 反対尋問の実際

i 愚直な質問はしない

反対尋問において，正面から「あなたの証言は記憶違いではないか」「ウソの証言ではないか」などと質問しても，「いいえ」という回答が返ってくるのが関の山である。また，客観性のない証拠（例えば，原告労働者の陳述書）を援用して，「原告がこのように言っていることからすれば，あなたの証言は，事実に反しているのではないか」などと質問しても，「原告の記憶違いだと思います」，「原告が何と言っているかは知りません」などといった答えが返ってきて，それで終わってしまう。このような尋問は，やってはならない反対尋問の典型例である。

証言の信用性を揺るがすには，客観性のある証拠を活用したり，5W1Hを明らかにさせつつ，具体的な状況を証言させるなど，様々な角度から尋問をすることが肝要である。

ii 臨機応変の対応（主尋問で初めて語られる事実について）

反対尋問では，陳述書や準備書面に書かれていないことが証言されることがある。反対尋問では，証言の信用性を減殺するために様々な角度から質問がなされるので，このようなことが起きるのは当然である。

しかし，主尋問においても，陳述書等に書かれていないことが証言されたり，ときには，陳述書等の記載と異なる証言がされることもある。そのような証言は，原告労働者にとって不利なものもあれば，有利なものであることもある（証人が当該案件におけるキーパーソン〔例えば，直属の上司や人事担当者等〕である場合には，そのようなことは滅多に起こらないが，ある事実をスポット的に証言する証人の場合，時として，このようなことが起きる）。

したがって，主尋問でのやり取りは，しっかりと聞き，メモをとるなどしておく必要がある。そして，主尋問で予期せぬ証言がされたときは，それについて，反対尋問でどのような対応をするかを，その場で判断しなければならない。一般論としていえば，陳述書の記載内容と異なる証言の場合，それは供述の変遷となるから，その点を追及することは，ポイントを稼ぐチャンスになり得る。しかし，質問を重ねると，証言内容に不自然な点はなく，それが原告労働者に不利な内容であることが分かることもある。このような場合には，深入りせずに，その点についての尋問を切り上げるべきである（下記のⅲを参照のこと）。

また，訴訟に深く関わっていない証人の場合，単なる記憶違いということ

もあり，それがやむを得ない場合もある。そのような場合には，陳述書と証言の食い違いについて執拗に責め立てても意味はないから，その点についての質問は，そこで打ち切ることになろう。

iii　どこまで攻めて，どこで退くか

反対尋問では，どこまで攻めて，どこで退くかを瞬時に判断しなければならない場面に遭遇する。

①不利な証言のとき

例えば，Aという意味であると解釈される資料があり，これを原告主張を基礎付ける証拠として提出していたとしよう。しかし，証人尋問前に仔細に検討してみると，これがBという意味であると解釈される余地があったことが判明し，かつまた，相手方証人の陳述書では，この証拠についての言及はなく，主尋問においても同様であったとしよう。反対尋問でこの証拠について質問したときに，これがAという意味であるという証言が得られれば，反対尋問は成功したことになる（この点についての尋問をそこで終えることもあれば，その証言を前提にさらに尋問を続けることもあろう）。

問題は，反対尋問のときに，相手方証人がBという意味であると証言したときである。この証拠がAを意味するものであることを支える他の証拠や，事情があれば，そのような尋問を続ければよいが，そのような証拠，事情が特にないこともある。そのような場合，「なぜ，Bという意味になるのですか？」という質問をするかは，悩ましいところである。相手方証人がこの質問に答えられなければ，Bという解釈が採用されることはなく，原告にとって有利になろう。しかし，相手方証人がこの質問に説得力のある答えをすれば，その解釈は，AではなくBである方向に傾き，原告にとって不利に作用することになる。

このようなことになるくらいであれば，「Bという意味です」という証言がされた時点で，それ以上，突っ込んだ質問をせずに，別の質問に移った方がよいことになる。

②有利な証言に対するダメ押し

反対尋問の中で，相手方証人が原告に有利な証言をしたときに，さらに「ダメ押し」の質問をするかについても，同様の問題が起こる。

例えば，「あなたの先ほどの証言は，この証拠の記載内容と異なっているのですが，この証拠に書かれていることの方が事実でよいですね」という質問に対して，相手方証人が「はい」と答えたとする。反対尋問としてはこれ

CHAPTER 3　本訴（通常訴訟）の提起と追行　　**79**

で一応の成功となる（70点くらいが得られた）のだが，相手方証人が主尋問において，単なる記憶違いではなく，敢えて虚偽の事実を述べた（＝偽証した）ことが明らかにできれば，反対尋問の成功度はさらに高まる（ウソをついたことが暴かれれば，当該問題についての証言のみならず，証言全体の信用性が損なわれることになる）。そこで，「先ほど，あなたはウソの証言をしたのですね」などと突っ込みたくなるところである（また，この質問に対して，「ウソをついたわけではありません」と答えられると，「どうしてウソではないといえるのですか」などと質問したくなる）。このような質問に対して，相手方証人が答えられず，沈黙した（「ウソをつきました」とは証言せず，沈黙するのが通例である）とすれば，反対尋問は，大成功となる。

しかし，相手方証人がウソではない理由について，証拠の作成経緯などを踏まえて合理的な説明をすると，証拠に記載された事実は認められるものの，その証拠によって立証しようとした命題が突き崩されてしまうこともある。最初の質問でやめておけば，70点が確保できたのが，100点を狙ってさらに質問を重ねたため，30点に逆戻りしてしまうといったことである。

③瞬時の対応の困難さ

このように，反対尋問において，どこまで突っ込んだ質問をするのか（どの時点で退散するのか）は，極めて悩ましい問題である。

証人尋問は「生き物」であるから，その場で延々考えている余裕はなく，瞬時に判断しなければならない。その判断に際しては，「直観」に頼らざるを得ないことも少なくない。尋問者の「直観」が当たるかどうかは，「天性」によるところがあるだろう（筆者の場合も，尋問終了後に，「どうしてもっと突っ込まなかったのだろう」とか，「どうしてあそこまで突っ込んでしまったのだろうか」と後悔することがしばしばである）。証人の人物像（反対尋問に対して素直に答えず，反発的な対応をとる人物であるか，瞬時に機転をきかせられるだけの利発さがある人物であるか等）を見極めたうえで，どうするかを決めるということになろうか。

> **実践知！** 反対尋問で，望んだ答えを得られる見込みが立たない場合，とことん問いただすのではなく，速やかに撤退することが必要である。

iv　弾劾証拠を用いた反対尋問

　反対尋問では，弾劾証拠を示した尋問をすることができる。弾劾証拠とは，広義では，証言内容の信用性を減殺させる証拠のことを意味するが，狭義では，そのような証拠のうち，反対尋問の場でいきなり提示される（それまで提出されていなかった）証拠のことを意味する（以下で論じるのは，狭義のものである）。民訴規則102条は，「証人若しくは当事者本人の尋問又は鑑定人の口頭による意見の陳述において使用する予定の文書は，証人等の陳述の信用性を争うための証拠として使用するものを除き，当該尋問又は意見の陳述を開始する時の相当期間前までに，提出しなければならない」とし，「証人等の陳述の信用性を争うための証拠」である弾劾証拠については，尋問時に示すことを許容している。

　弾劾証拠を，反対尋問の場でいきなり提示することが許されるのは，「事前の対策」をさせないためである。訴訟の当事者である原告（被告）本人が，自己に有利な証言をするのは当然のことだし，証人についても，通常は，当該証人を申請した側に有利な証言をする（例えば，会社申請の人事部長等は，会社側に有利な証言をする）のが通常である。したがって，自らに不利な証拠を示されれば，それにどう答えるのかについての事前の対策を練ることになる（ときには，巧みなウソが「作り出される」こともあろう）。しかし，尋問の場でいきなり弾劾証拠を示されれば，対策を練る時間的余裕はないから，真実を語らざるを得なくなる。法廷の場で，弾劾証拠を示されて，それまでの証言の虚偽が暴かれた時の効果は絶大であり（まさに「劇的」である），これが重要な争点に関わる場合には，裁判官の心証も一挙に傾くことになろう。

　ただし，弾劾証拠として（も）用いることができる証拠が重要な争点に関するものであればあるほど，それを証人尋問（反対尋問）まで提出せずにおくかは，悩ましいところである（原告主張を裏付ける証拠が他にも豊富にある場合には，敢えて弾劾証拠とする必要はなかろうが，当該証拠が唯一の有力なものである場合には，証人尋問まで提出を保留し，証人尋問での「劇的な効果」を狙うことがある）。一方，証人尋問前に提出された相手方証人（本人）の陳述書に，それまで準備書面で主張されていなかった事実が記載され，かつまた，その記述を弾劾できる証拠があれば，これを弾劾証拠として用いることは，大いに検討されてよい。

　もっとも，弾劾証拠は，裁判所はもちろん，相手方の代理人弁護士も尋問時に初めて目にするものである可能性があるから，反対尋問において，次か

ら次へと弾劾証拠を提出すると，相手方から異議（証拠採否について反対の意見）が出されることがある。また，弾劾証拠として提出する証拠の記載内容が複雑である場合には，尋問のときに，前提となる部分についての質問をせざるを得なくなり，これが証人（本人）に「考える時間」を与えることにもなり，弾劾証拠によることの効用が損なわれることもある（なお，このような観点からは，会話の内容ではなく，大声で怒鳴りつけた事実そのものを立証したり，ごく短い会話である場合を除き，会話の録音を弾劾証拠として用いるのは困難であろう。反対尋問の途中で録音を再生することが許可されるかという問題は別にしても，会話はその全体を聞かなければ正しく評価できないので，会話のごく一部のみをその場で再生して尋問をしても，有効な反対尋問となり得ないからである）。さらに，争点の判断にとってほとんど意味をもたない些細な点について，次から次へと弾劾証拠を出して質問しても，裁判官に，「その程度のことについて，わざわざ弾劾証拠を提出した尋問を繰り返すのは，事案の核心について有効な反対尋問ができないからではないか」との感想を抱かせるのが関の山である。以上のようなことも考慮のうえで，弾劾証拠を用いた尋問をするか否かを決めるべきである。

　なお，弾劾証拠として最も確実に効果を発揮するのは，当該証人（本人）自身が作成した文書等である（また，作成に関与したり，事前に目を通していることが確実であるものも，有効である）。他人が作成した文書等でも客観性があるものは，弾劾証拠としての意味をもつことはあるが，弾劾証拠として示したときに，「私は，その文書は知りません」などと答えられてしまうと，話はそこで終わってしまい，弾劾証拠を示して尋問する意味はなくなってしまう。

| 実践知！ | 弾劾証拠を用いた反対尋問が効果的であるのは，証人（本人）自身が作成した証拠や，証人が認識している客観性のある証拠を弾劾証拠とする場合である。 |

　また，弾劾証拠による反対尋問を効果的に行うには，弾劾証拠を提出する前に，前提事実（反対尋問によって虚偽であることを明らかにしようとする事実）を「固めさせる」（虚偽証言を繰り返させる）ことが肝要である。これに

より，弾劾証拠を示された証人（本人）は，虚偽証言であることについての言い逃れができなくなる。

具体例

　営業部の部長として，中途採用された労働者（原告）が能力不足を理由に解雇された事案で，被告側は「原告は入社1年たっても，営業の基本である見積書の作成すら満足にできなかった」と主張していた。そして，その裏付けとして，「原告が作成した見積書は，本来500万円とすべき外注費を700万円として計算した誤りがある（本来あるべき見積書よりも200万円も高い額の見積書を提示しても，これで発注をしてくれる企業などあるはずがない）」と記載された管理部長の陳述書と，管理部が作成した見積額の内訳書（外注費の詳細な計算が添付されており，それによると外注費は，500万円と計算されていた）が証拠（乙18号証）として提出された。

　ところが，原告の手元には，管理部長との当時のメールのやり取りが残されていた。このメールのやり取りにおいて，原告は，「当初，管理部からの助言も踏まえ，外注費を500万円と試算しましたが，再度，私の方で検討したところ，別添のとおり外注費は700万円と試算されました。この700万円の試算が正しいかご確認下さい」とメールで伝えたところ，その2日後に，管理部長が「営業部長のおっしゃるとおり，700万円の試算が正しいので，この額に基づき，A社への営業を進めて下さい」とメールで返信していた。証人となった管理部長は，主尋問において「700万円の見積もりは誤り」という陳述書と同様の証言をした。以下は，反対尋問でのやり取りである。

原告代理人：先ほどの証言で，見積額は500万円が正しいと言いましたが，あなたの記憶違いではないですか？

証　　人：いいえ。

原告代理人：そうはいっても，原告は，間違いなく，あなたから700万円で正しいと言われたことを記憶しているんですよね。どちらかがウソをついていることになりますが，あなたはウソをついているのではないですか？

証　　人：いいえ，ウソはついておりません。

原告代理人：どうしてウソでないといえるのですか？

証　　人：先ほど主尋問で証言した，乙18の500万円の見積書から明らかだと思います。

原告代理人：ところで，管理部長であるあなたは，営業部長である原告とは，日常的にメールのやり取りをしていましたね。

証　　人：はい，日常的かは分かりませんが，メールのやり取りをしたことがあるのは事実です。

原告代理人：（乙18号証を示す）被告から提出されている管理部作成の見積額の内訳書ですが，この右上を見ると，作成日が2018年2月10日と書かれていますが，この頃，書かれたものに間違いありませんか。

証　人　　：はい。

原告代理人：この 2 月 10 日頃にも，原告とメールのやり取りをしてましたよね。

証　人　　：いや，今，ちょっと思い出せませんが…。

原告代理人：(弾劾証拠として，甲 22 号証を示す) メールのやり取りですが，甲 22 号証の上の方のメールの差出人として，あなたの名前が記載されていますが，その脇に書かれているアドレスは，あなたが会社で使っている PC のメールアドレスに間違いないですね？

証　人　　：はい。

原告代理人：メールの宛先として，原告の名前が記載されていますが，その脇のアドレスは，原告が会社で使っていた PC のメールアドレスに間違いないですね？

証　人　　：はい。

原告代理人：ということは，このメールは，あなたが原告に送信したものですね？

証　人　　：だろうと思います…。

原告代理人：メールの日付は，2 月 12 日とありますが，この頃も，原告とメールした記憶はあるんじゃないですか。

証　人　　：ちょっとわかりませんが…。

原告代理人：甲 22 号証の下の方のメールを見てもらうと，送信日が 2 月 10 日で，差出人として原告の名前が，宛先としてあなたの名前が書かれているので，原告があなたに送信したメールですよね？

証　人　　：だろうと思います…。

原告代理人：で，下の方のメールの本文を見ると，「再度，私の方で検討したところ，別添のとおり外注費は 700 万円と試算されました。この 700 万円の試算が正しいかご確認下さい」と書かれていて，上の方のメールの本文を見ると，「営業部長のおっしゃるとおり，700 万円の試算が正しいので，この額に基づき，A 社への営業を進めて下さい」と書かれていますよね。原告とあなたとの間で，このようなメールのやり取りがあったんじゃないですか。

証　人　　：……（沈黙）……。

原告代理人：さっきから黙ってしまっていますが，私の質問に答えて下さい。

証　人　　：……（沈黙）……。

原告代理人：(強い口調で) あなた，主尋問でウソついたんでしょ，違いますか！

　この反対尋問例の冒頭での質問（「記憶違いではありませんか」，「ウソをついているでしょ」）は，反対尋問における愚問の典型であり，これを裏付ける客観的証拠がない場合には，すべきでない質問といえる。しかし，この反対尋問では，強い弾劾証拠（証人自身が作成したメール）がある。そこで，「記憶違いではない」，「ウソはついていない」ことを敢えて証言させて，弾劾証拠

を示したときに，「記憶違いでした」などと言わせないための伏線を張ったものである。

　そして，弾劾証拠を使ってウソを暴く前に，弾劾証拠であるメールが証人自身の手で作成され，原告との間でやり取りをしたものであることを確認し，「このメールは見たことがない」などといった言い逃れができなくなるよう外堀を固めた。このメールが証人自身の手で作成され，原告との間でやり取りをされたものであることが確認できた時点で，ほぼ「勝負あり」ということになる。

　その後のメールの内容についての質問は，証人の証言のウソをあばくための「ショータイム」のようなものである。メールの内容についての質問に沈黙した時点で，裁判官の心証は固まるが，それにさらに追い打ちをかけて，「あなた，主尋問でウソついたんでしょ，違いますか！」などと強い口調で迫るのは，一種の演出である（これに対して，証人は「ウソをついた」とは言わずに，さらなる沈黙を続ける以外ないのであるが，それは「ウソをついた」と自白したのと同じ効果をもつことになる）。

ⅴ　沈黙を調書に残すための工夫

　上述の例のように，反対尋問において，証人（本人）にとって不利な内容の質問をされた場合，沈黙したり，口ごもったりする場合がある。このような場面では，証人が不利になるようなことを隠そうとしていることが多く，そのことは，尋問を聞いている裁判官も容易に察知できる。

　しかし，尋問調書のかたちになった場合，そのことが表現されていないことが多い（速記官が法廷で速記している事案の調書では，「……（沈黙）……」などと記載してくれていたことがあるが，速記官による速記が少なくなった最近では，そのような調書にはあまりお目に掛からないように思われる）。そこで，証人が沈黙した場合には，「先ほどから沈黙していますが，先ほどの質問にはお答え頂けないのですか」とか，「先ほどの質問をしてから 20 秒以上経っていますが，お答え頂けないのですか」などと発問することで，その状況を調書に残すように工夫することも必要である。

ⅵ　不誠実な証言態度に対する対応

①無意味な証言に延々つきあわない

　反対尋問では，証人が質問に端的に答えず，聞いてもいない背景事情を延々と話し出すことがある。このような場合，その証言を遮り，端的に答えるよう再度質問するといったことが必要である。このような証言に付き合っ

CHAPTER 3　本訴（通常訴訟）の提起と追行　　85

ていたのでは，時間がいくらあっても足りなくなるからである。

　これに対しては，「最後まで証言させて下さい」と相手方代理人から異議が唱えられることがある。もちろん，証人が証言しようとしているのに，その一部を聞いた段階で，それ以降の証言を遮るのは，フェアではないといえよう。しかし，尋問者がまずは，YES，NO の答えを求めている（尋問としては，YES，NO だけを聞けば十分なこともある）にも拘わらず，YES，NO で答えるのを敢えて回避したり，聞きもしていない背景事情等について延々と話すのは，証人の態度として適切なものではない（それについて話す必要があるのであれば，再主尋問で，相手方代理人が質問すればよいことである）。したがって，「最後まで証言させて下さい」などと言われても，これにひるむことなく，「余計なことを話されると，時間が足りなくなりますので，端的に私の質問に答えて下さい」などとして，再度質問するなどすべきである。

| 実践知！ | 反対尋問では，無意味な（質問に答えようとしない）証言には，延々と付き合わないことが肝心である。 |

②詰問調の尋問

　威嚇的な尋問は禁止される（後述の5⑵ⅴ〔92頁〕参照）が，証人が明らかに事実に反した証言をしたり，質問に正面から答えず，はぐらかすような証言をした場合，筆者は，強い口調（大きな声）で詰問調に質問することがある。もちろん，相手方証人の証言（記憶，認識）が原告労働者のそれと一致しないことは多々ある。したがって，そのような場合に，いちいち詰問調の尋問をしていれば，相手方から異議が出されたり，裁判官から注意されることになろう。しかし，明らかに客観的な証拠に反する虚偽の証言をしたり，不誠実な対応を繰り返されたときに，怒りを感じるのは，人間の「自然の情」である。このような場面で，強い口調で問い詰めるのは，むしろ自然なことといえる（なお，証言内容が明らかに虚偽と思われるような場面では，「演出」として，詰問調で尋問をすることもある。前記ⅳ〔81頁〕で述べた弾劾尋問の具体例を参照のこと）。また，これにより，証人の証言態度が不誠実であることがアピールできることになる。ちなみに，筆者の経験では，上記のような場面で詰問調で質問をしたときに，異議を述べられたことはない。それは，

証人の不誠実な態度が相手方代理人や裁判官の目から見ても，明らかだからであろう。

vii　論争的な尋問

証人尋問が事実を明らかにするためのものであり，証人の意見を聴く場でないことは，前述の1(3)（58頁）で論じたとおりである。したがって，意見を求めるような尋問は控えるべきである（尋問として無意味である）。

もっとも，「それについてどう思いましたか（どう思っていますか）」という質問が禁止されるわけではない。このような質問の多くは，当該事象についての当時の（あるいは現在の）認識を問うものであり，当該争点等についての意見を求めているわけではないからである。

例えば，不適切なメールを送信したことが問題となっている場面で，「原告が甲3のメールを送信したことについて，どう思いましたか」という質問に対して，「特に大きな問題ではないと思いました」という回答が得られれば，反対尋問としては成功ということになる。一方，「就業規則に違反する重大な規律違反であると思いました」といった証言がされた場合，これに対して，「甲3のメールは，大したことが書かれているわけではないでしょ。そんなのは軽微なことではないですか」などという質問は，証言者の意見を求めるものであるので，すべきではない（さらに質問を続けるのであれば，「どういう点で，重大な規律違反といえるのですか」など，より具体的な質問を繰り返して，「重大な規律違反」という証言内容が不自然であることを浮き彫りにするよう努めるべきである）。

反対尋問の失敗例

これまで述べてきたとおり，反対尋問においても，十分な事前準備をすることで，いくつかのポイントは獲得できるものであり，反対尋問が100％失敗に終わるということは，それほど多くはない。しかし，筆者の経験では，反対尋問が100％失敗に終わったことがある。

このケースでは，リストラによる退職勧奨に応じることを拒否した部長（原告）が長期間にわたる自宅待機を命じられたのち，賃金を大幅にカットされ，その後解雇された事案であった。被告会社は，解雇理由として，社内経費の不正取得を掲げていた。すなわち，被告会社では部内懇親会を実施した場合，それに要した費用（飲食費）の一定額を会社が補填してくれることになっていた。原告は，この仕組みに基づき，部内懇親会（年に数回，原告の行きつけの小料理屋Aで開催）で要した額のうちの一定額を被告に請求し，受領していた。ところが，原告に対する退職勧奨が行われ，自宅待機とされた頃，被告会社は，原告の部下Bに「私は，小料理屋A

という店に行ったことはありません」という上申書を作成させていた（原告は，後に，Bからその旨を知らされた）。そのBも，後に被告会社を退職しており，上記上申書が虚偽の内容であること（部内懇親会で頻繁に小料理屋Aを使っていたこと）を法廷で証言してもらうことで，本件は確実に勝訴できるであろうと考えていた。ところが，訴訟提起後に原告がBに接触する前に，被告会社の代理人がBに接触し，「私は，小料理屋Aという店に行ったことはありません」と記載されたB名義の陳述書が乙号証として提出されるとともに，被告会社はBを証人申請した。

Bは証人尋問の主尋問でも，「小料理屋Aという店に行ったことはない」旨の証言をした。これに対して筆者が反対尋問をした。反対尋問では，小料理屋Aの所在場所，店内の様子や，部内懇親会がどこで行われたのか等，様々な角度からの尋問を試み，ときにはB証人の顔をのぞき込むような姿勢で，「ウソをついているのでは」といった質問もした。しかし，B証人は，「小料理屋Aという店に行ったことはない」という証言を貫き通し，反対尋問としては，完全な失敗に終わった。もし，B証人が，「存在しない事実を存在した」と証言したのであれば，それについて様々な角度からの質問を浴びせることで，その信用性を崩すことができたかも知れないが，B証人の証言は，「事実は存在しない」というものであり，何を質問しても，「知らない」，「行ったことはない」という回答を繰り返し，これを打ち破ることができなかった。

B証人の証言によって，勝訴見込みに暗雲が垂れ込めたが，証人尋問後の和解において，裁判官は，原告に対して敗訴見通しを匂わせるかたちでの和解打診をしなかった（この時点で，原告は復職を強く希望していた）ため，判決を取ることにした。判決は解雇無効の判断のもと，原告の請求を認容したが，理由中の判断の中で，「B証人の証言は信用できない」としていた。B証人の証言は一貫しており，かつまた，証言態度に不自然な点も窺えなかった（筆者は，不自然な態度を引き出すこともできなかった）が，裁判官は，原告の証言こそを信用したがゆえに，B証言は信用できないものとしたのであろう。では，なぜ，原告の証言を信用したのか。事件全体の経過も踏まえれば，被告主張は「経費の不正取得にかこつけて，リストラを実現しようとした」と見ることができる事案であり，事案の解決として原告を勝訴させるべきとの心証を抱いたのかも知れないが，法廷での証言態度等から，原告の「人間性」を見て，決してウソをつく人物ではないという心証を抱いたのではないかと思われる。まさに，「人物像」によって，訴訟の勝敗が分かれた事案である。

5. 相手方尋問に対する異議について

⑴ 禁止される質問

証人尋問においては，いくつか禁止される尋問がある。民訴規則115条2項は，「当事者は，次に掲げる質問をしてはならない。ただし，第2号から第6号までに掲げる質問については，正当な理由がある場合は，この限りでない」として，以下の6つの質問を掲げている。

①証人を侮辱し，または困惑させる質問

②誘導質問

③すでにした質問と重複する質問

④争点に関係のない質問（関連性のない尋問）

⑤意見の陳述を求める質問

⑥証人が直接経験しなかった事実についての陳述を求める質問

　これらの尋問については，「裁判長は，質問が前項の規定に違反するものであると認めるときは，申立てにより又は職権で，これを制限することができる」（民訴規則115条3項）とされている。「申立てにより」というのが，当事者（の代理人）が唱える異議である。

(2)　異議についての実務上の留意点

　以下，異議につき，実務上問題となる点に触れる。

i　誘導尋問

　証言は，証人（本人）の記憶に基づき行われるものだが，証人が証言すべき内容を尋問者が伝えてしまう（＝誘導尋問）のでは，証人の記憶に基づく証言ではなくなってしまうので，主尋問（再主尋問）における誘導尋問は禁止される。ただし，主尋問においても，争いのない事実や，記憶が明らかでない事項について記憶を喚起する必要がある時など一定の場合には，誘導尋問をすることが許容される（刑訴規則199条の3第3項参照）。

　その一方，反対尋問の目的は，主尋問での証言内容の信用性を減殺することにあるので，誘導尋問のかたちで，証人の記憶をチェックすることは許容される（刑訴規則199条の4第3項参照）。

　誘導尋問については，質問を聞いている途中で，誘導尋問であることが分かる場合もあれば，質問を最後まで聞いてみなければ，誘導尋問であるかが判断できない場合もある。しかし，質問の途中で，誘導している（証言すべき内容を質問のなかに取り込んでいる）ことが疑われたときは，間髪いれずに異議を唱えるべきであろう。誘導である質問を最後までさせてしまうと，証人（本人）は，答えを聞かされているのと同じことになるので，その時点で唱えた異議が認められ，誘導のない別のかたちでの質問がされても，証人はすらすらと答えられることになってしまうからである。

　また，誘導尋問に対する異議が認められた後にも，誘導尋問が繰り返されたような場合，異議を「連発」することを躊躇してはならない。証人尋問に

おいても，フェアプレーの原則（民訴法2条の民事訴訟における信義則）が妥当するのは当然であり，意味のない異議を連発することは，尋問妨害であり，すべきではない（例えば，争いのない前提事実を確認するための誘導尋問について，逐一異議を唱えるような場合がこれに当たろう）。しかし，異議によって相手方の誘導尋問（＝アンフェアなプレー）を封じることは，当事者の権利そのものである。それにより相手方の主尋問がボロボロになったとしても，それは，フェアプレーの結果としての「勝利」なのであるから，異議を躊躇する必要は全くない。

ii　誤導尋問

誤導尋問とは，前提が誤った質問をすることである（例えば，ある事実について，陳述書では，Aであると書かれているのに，「あなたの陳述書を見ますと，この事実についてBだと書かれていますが…」などとして質問するものである）。この場合，前提部分についての質問は誘導尋問となるが，誤った前提に立つもの（誤導尋問）は，民訴規則115条2項本文の「正当な理由がある場合」に該当せず禁止される。主尋問においても，争いのない事実等については，誘導尋問をすることが許容されるが，そこにおいても，誤導尋問をしてはならないことは当然である。また，反対尋問においても，誤導尋問は禁止される。

相手方代理人の質問が誤導であるように思われるものの，誤導であることに確信をもてない場合もあるが，そのような場合にも，異議を唱えることを躊躇する必要はない（なお，かつては，速記官が法廷で速記をしており，異議が出される前の証言内容を確認する必要がある場合には，その場で速記官が確認するといった作業が行われることが多かったが，現在では，速記官による速記は減少しているので，そのような確認をするのは困難である）。

誤導の異議が出された場合，それが明らかな誤導である場合を除き，裁判官や相手方代理人も，誤導であるか否かが瞬時に判断できないことも少なくない。しかし，誤導であることの疑いは，あらためて，前提となる事実関係についての質問をすれば解消される。例えば，「契約書のこの記載について，陳述書では，Bという趣旨であると書かれていますが…」という質問に対して異議が出された場合，あらためて，陳述書の該当部分を示して，「ここに，Bという趣旨だと書かれていますね？」と質問すれば，誤導の問題は解決される（これに対して，証人が「いいえ，Bという趣旨ではなく，Aという趣旨です」と答えれば，誤導の異議は適切なものであったことになる。また，証人が

「はい，Bという趣旨だと書きました」と答えれば，当初の質問は誤導でなかったことになるが，誤った異議を述べたことによって不利益が生じることはない）。そこで，筆者の場合，誤導の異議を出すときには，「前提（上記例でいえば，契約書の記載の趣旨）から質問し直して下さい」と言うことが多い。

誤った前提のもとで質問に答えていくと，話がおかしな方向にもって行かれかねないので，誤導の疑いがある場合に，異議を唱えることをためらうべきではない。

| 実践知！ | 誘導尋問や誤導尋問に対して，異議を出すことを躊躇してはならない。 |

iii 関連性のない質問（争点に関係のない質問）

争点に関係のない質問であるかどうかは，ひとつひとつの質問だけではなく，一連の質問を聞いてみなければ判断できないことが多い。とりわけ，反対尋問は，様々な角度からの質問を浴びせることで，証人（本人）の証言の信用性を減殺しようとするもので，争点とは直接関係のない証人の経歴等についての質問をするなかで，証言の信用性を減殺する要素を引き出すこともある。

また，原告労働者に対する反対尋問において，同人の経歴等を延々と質問し，結局，争点との関連で，どのような意味があるのか分からないまま，当該部分の尋問が終わってしまうこともある。このような尋問は，尋問として意味がなく，時間の無駄でしかないが，原告側からみれば，貴重な反対尋問の時間を浪費してくれているのだし，それにより原告にとって不利益が生じることもない。このようにしてみると，原告が知られたくないと考える純粋な私生活上のこと等に対する質問がされたような場合を除き，敢えて異議を述べる必要はないことになる。

解雇事件においては，解雇後の原告労働者の就労状況や，そこで得た賃金額についての質問がされることがある（いわゆる中間利得の問題である。Pt. 2, Chap. 1, Ⅱ 3〔150頁〕を参照のこと）。これが，準備書面段階で主張されていない（したがって争点ではない）のに，突如として原告本人尋問の中で質問されることがある。これについては，「主張すらされておらず，本件の争点で

はない」として，異議を唱えるべきであろう。

iv　すでにした質問と重複する質問

同じことを何度も質問するのは，時間の無駄であるので，禁止されるものである。しかし，反対尋問において，主尋問で質問されたのと同じ事項について質問することは何ら妨げられない。反対尋問は，主尋問での証言の信用性をテストする意味があるので，主尋問におけるのと全く同じ質問をしても構わない。同じ質問に対して，主尋問で証言したのと違うことを言えば，それだけで主尋問での証言内容の信用性に疑義が生じることになる（もっとも，単に主尋問と同じ質問をしたのでは，主尋問と同じ答えが返ってくるのが通常であるので，異なった角度からの質問をすべきではある）。

なお，同じ質問が繰り返されても，時間の浪費にすぎないから，敢えて異議を唱える必要もないと思われるが，裁判所は，「先ほどと同じ質問ですよね」などと尋問を制限してくることが多い。

v　威圧的な尋問（証人を侮辱し，または困惑させる質問）

証人尋問は，事実を明らかにするために実施するためのものであり，その場で証人（本人）を言い負かすために行われるものではない。また，威圧的な態度で尋問をすれば，証人（本人）が心理的に萎縮して，記憶どおりの証言ができなくなる。したがって，威圧的な尋問や，いたずらに証人（本人）の人格を攻撃するような尋問はすべきではない。

しかし，証人（本人）が，不誠実な証言態度をとったり，明らかな虚偽の証言をする場合もある。このような場合に，一定の詰問調の尋問が許されることについては，前述の 4 (4)vi ②（86 頁）を参照のこと。

vi　意見の陳述を求める質問等

証人尋問は，事実を明らかにするために実施するためのものであり，意見を求める尋問が許されないことは，前述の 1 (3)（58 頁）で論じたとおりである。

また，例えば，原告がつけていた手帳の記載内容について，被告申請証人に対して，「この記載は，どのような意味だと考えられるか」などといった質問がされることがある。当該記載について，当該証人が直接体験した事実があるのであれば，それについての尋問は許されるが，そうでない以上，「意見を求める質問」ないし，「証人が直接経験しなかった事実についての陳述を求める質問」として許されない。手帳の記載内容に不合理な点があるといった問題があるならば，最終準備書面などで明らかにすれば足りるのであ

って，直接経験していない証人（本人）に尋問しても無意味である。

このような尋問は，時間の浪費にしかすぎないとも考えられるが，本来事実を語るべき証人が，証拠評価に関する自説を述べているのと何ら異ならないから，その度が過ぎるときには，異議を述べるべきであろう。

vii　主尋問の範囲を超える反対尋問

反対尋問は，「主尋問に現れた事項及びこれに関連する事項並びに証言の信用性に関する事項」について行われる。原告本人や被告側のキーパーソン（直属の上司や人事部長等）の場合，証人申請書や尋問事項書に「その他，本件に関連する一切の事項」などと記載されることが多く，このような場合には，反対尋問でも，当該事案に関連する一切の事項が尋問の対象となる。しかし，ある一定の事実についてピンポイントの証言をする証人の場合，そのような記載はされない。したがって，相手方申請の証人に対して，相手方が立証趣旨とした事項以外のことについても尋問をする必要があるときは，当方からも，証人申請をして，主尋問として尋問をすべきことになる。

V.　最終準備書面

1.　最終準備書面を提出する意味

人証調べが終わり，その後特段の主張立証がなければ，審理は結審する（訴訟の最終盤である人証調べの終了後に新たな主張をしようとしても，時機に後れた攻撃防御方法として却下される〔民訴法157条1項〕のが通常である）。結審をすると，判決の言渡し期日が告知されて，判決を待つことになる。

ただし，事実関係が複雑であるような事件では，結審前に最終準備書面の提出をすることがある（当事者から提出を求めることが多いであろうが，裁判所から提出を促されることもある）。最終準備書面は，それまでの主張・立証（とりわけ人証調べ）を踏まえ，当事者の主張を整理する準備書面である。

当事者の主張は，人証調べに入る前の段階で出尽くしているはずなので，人証調べについての評価のみを述べるというやり方もあるが，それまでの準備書面での主張も踏まえ，事件全体についての主張を整理するのが通常であろう。なお，前述した（IV 2 (3) i〔60頁〕）とおり，人証調べに入る前に作成する原告労働者の陳述書の内容を，それまでの準備書面での主張を整理したものにしておけば，最終準備書面は，この陳述書の記載内容に，人証調べでの証言の評価を書き込むことで完成させることができる。

2. 証言の引用，評価について

(1) 相手方申請の証人の証言こそが重要

　労働事件で使用者（被告）側の最終準備書面を見てみると，人証調べの結果として，被告申請の証人（被告本人）の証言ばかりを引用しているものが数多くみられる。それまでの主張を整理したうえで，それに沿う被告側証人の証言を引用するのである。

　しかし，自身の申請証人（被告本人）の証言を引用するだけでは，最終準備書面を出す意味は，ほとんどない。なぜなら，自身の申請証人が自身に有利な証言をするのは，あまりに当たり前だからである。自身の申請証人の証言を引用するだけでは，それまでの主張を繰り返しているのにすぎないことになる（筆者の場合，原告本人の陳述書に，それまで提出した準備書面の記載を整理して書き込んでしまい，最終準備書面では，特に強調する必要がある部分を除き，陳述書や原告証言は引用せず，最終準備書面の冒頭に，「本最終準備書面における原告主張の事実関係は，全体として，原告本人尋問の結果および原告陳述書によって裏付けられているので，特に必要のある場合を除き，個々の事実関係について，原告尋問の結果や，原告陳述書の該当箇所は引用はしない」と書くだけに留めることが多い）。もちろん，重要な争点について，客観的な証拠が乏しいなか，原告証言の信用性を強調しなければならない場合もある。しかし，その場合には，単に，証言調書の頁数などを引用するだけではなく，原告や被告側証人の証言や陳述書の記載内容を丁寧に引用したうえで，原告証言にこそ迫真性があり，信用できることを論じるべきである。

　いうまでもなく，事実に争いがあるときに，最も強力な証拠となるのは，これを認めた相手方証人（本人）の証言である（一方当事者〔原告〕のみならず，相手方当事者〔被告本人や被告証人〕も，それを認めているのであれば，裁判所は，これと異なる事実を認定しようがなくなる）。

　したがって，証言の評価に際しては，相手方証人（本人）の証言から，自身に有利な証言を抽出し，これを最終準備書面に記載することが必要になる。

　また，証言の評価に際しては，それが客観性のある証拠と整合（齟齬）しているかといった観点からの検討も不可欠である。

(2) 相手方証人の証言の分析と説得力のある記述を

　上記のような観点からすると，証言の評価の中心的課題は，相手方申請証

人（本人）の反対尋問の検討ということになる。なお，主尋問では相手方の
ストーリーに沿った証言がされるので，主尋問から有利な材料が抽出できる
ことはあまりないが，時として，原告にとっての有利な証言をしていること
もあるので，これを見落とさないことも重要である。

　そして，その検討に際しては，ひとりよがりの評価をするのではなく，第
三者（裁判官）に「なるほど」と思わせる説得力のある分析をすることが重
要である。もし，争いある事実について，被告証人が，原告主張の事実を素
直に認めているのであれば，その評価は明瞭であるから，さしたる苦労はな
い。しかし，証人尋問では，争う余地のないほどに有利な証言は，それほど
多く得られないのが通常である。したがって，様々な観点からの検討が必要
となる。

　その際，重要な要素となるのが客観性のある証拠との整合性である。例え
ば，原告証言と被告証人の証言に食い違いがみられる場合，客観性のある証
拠と整合している証言は信用できることになる。また，準備書面で被告が単
に「否認」「争う」というだけの答弁をしていた事実について，被告証人か
ら原告主張を認める証言を引き出していた場合には，原告主張が信用できる
といった評価をすることも可能である（前述のIV 4(2) i ②③〔70頁〕を参照の
こと）。また，被告証人の証言内容が主尋問と反対尋問で食い違っているよ
うな場合にも，信用性を疑わせる事情になる。

　このような分析に基づき，どの程度のことが立証できているかをも考慮し
て，最終準備書面では（も），この点については，「明らかである」，「優に推
認できる」，「推認できる」，「推認することも可能であろう」などといった評
価を加えることになる。

　なお，争点とは直接関係のない事実についても，被告（会社）申請の証人
の証言が明らかに事実に反しているような場合には，最終準備書面の冒頭で
その点を指摘し，「このように，証拠上あまりに明らかな事実関係について
も，平然と虚偽の（事実と異なる）証言をしていることからして，○証人の
証言は，全体として信用できない」などと記載するやり方もある。

CHAPTER 3　本訴（通常訴訟）の提起と追行　　95

> | 実践知！ | 最終準備書面においては，相手方証言の内容を分析し，その証言が信用できないことや，原告に有利な証言を見いだし，これを強調することが重要である。

(3) 弱点に対するフォローも必要

　準備書面について論じたのと同様，弱点に対するフォローも不可欠である。些細なものについては，逐一論ずる必要はないであろうが，その弱点が大きなものであればあるほど，それについての言及は不可欠なものとなる。原告の強いポイントが裁判官に理解されたとすれば，裁判官は，原告の弱点がどのようにカバーされるのかについて強い関心を抱くことになろう。したがって，弱点についてのフォローは不可欠である。

　どのようにフォローするのかについては，前述Ⅲ3（42頁）を参照のこと。

Ⅵ．和解

1．あらゆる条項が可能

　本訴では，行政訴訟の場合を除き，裁判上の和解の勧試がされるのが通常であること，和解をする時期について，特に制限はないことなどは，前記Ⅰ2(3)（22頁）で述べたとおりである。

　和解では，当事者の合意が成立しさえすれば，当該訴訟の請求以外のことも含め，あらゆることを条項に盛り込むことができる（ただし，その内容が法令や公序良俗に反するものであってはならないことは当然である）。

　判決では認められることのない謝罪条項を入れたり，守秘義務条項を入れるといったことがこれに当たる。また，雇用関係が継続することを前提とする和解の場合には，将来的な約束事（例えば，労働条件の変更をするに際しては，その必要性の裏付けとなる根拠資料を開示したうえで，事前に協議をするといったこと）を盛り込むことも可能である。

2．和解で解決するか否かの判断

　当事者にとって満足のいく内容の合意が形成できれば，和解によって紛争を解決することには何の問題もない。問題は，満足のいかない内容でも，和

解で解決すべき場合があることである。

　例えば，解雇事件で，金銭解決自体は受け入れることができるが，解決金の額に不満が残るような場合がこれに当たる。もちろん，和解を強制されることはないので，不満があれば，和解しなければよいともいえるが，和解が成立しなければ，判決が下されることになる。勝訴判決（例えば，解雇無効を前提とした地位確認と解雇後の賃金支払の認容判決）が得られるのであれば，敢えて不満の残る和解をする必要はないが，敗訴判決（解雇有効を前提とする全面棄却判決）が出された場合，当該労働者が得られるものは，「0（ゼロ）」である。ゼロで終わるくらいなら，何がしかの解決金を得て解決した方が得策ではないか，ということになる。

　上記のような状況が一審段階であれば，判決を得たうえで，控訴することも考えられるが，控訴審でも同様の状況に至る可能性がある（なお，上告審では判断が覆ることは稀であるから，大抵の事件では，控訴審が事実上の最終審になることを意識する必要がある）。

　このように，必ずしも十分な満足が得られないレベルでの和解をするか否かを決めるに際して，最も重要な判断要素は，判決がどうなるかの予測である。結審した段階で，裁判官は，どのような判決を下すかについての心証を固めるのが通常であり，結審後の和解手続の中で，心証を開示することが多い。そこで，開示された心証が原告労働者にとって不利な場合には，控訴審で判断が覆る可能性があるかについての検討も加えたうえで，和解をするかを決めることになる。

　なお，判決を書くことには相応の労力を要するから，和解により事件が解決することは，裁判官にとっても好ましいことである。また，和解は両当事者が合意することで初めて成立するものである。したがって，裁判官は，勝訴させようとしている当事者に対して，勝訴見込みであることを明確に伝えることはせず，当該当事者に不利な点を伝えるなどすることが多い（勝訴するであろうことを伝えられた当事者は，判決をもらえばよいと考えて，和解に対するインセンティブが働かなくなるため）。その一方，敗訴させようとしている当事者に対しては，敗訴見込みであることを比較的明瞭に伝えることが多い（敗訴することを伝えれば，和解に対するインセンティブは，相当に高まるため）。このようなことも考慮に入れたうえで，判決予測をすることになろう。なお，解雇事案における和解について，Pt. 2, Chap. 1, VI（210頁）を参照のこと。

CHAPTER

04 労働審判制

I．労働審判制の概要

1．労働審判制とは

　労働審判は，「個別労働関係民事紛争」（個々の労働者と事業主との間に生じた民事に関する紛争）について，原則3回以内の期日で（労働審判法15条2項），事件の審理（争点整理，証拠調べ等）を行うとともに，調停（話合いによる紛争解決）を試み，調停が成立しない場合には，労働審判委員会が「労働審判」（通常訴訟における判決に相当するもの）を出すことで終局的な紛争解決をめざす裁判制度である。

　実務上の運用としては，調停による解決に力点が置かれている。調停不成立の場合には労働審判が下されるが，これに対して，いずれかの当事者が異議を申し立てると，事件は本訴に移行することになる。

　なお，労働審判は，労働審判官（職業裁判官）と労使各1名の労働審判員（労働組合，経営者団体の推薦により選任される）の3名で構成される労働審判委員会によって審理され，判断（労働審判）が下される。

2．3回以内の期日による迅速な審理

　労働審判制では，原則として，3回以内の期日で審理を終結しなければならない（法15条2項）。通常訴訟では，被告が第1回期日に出頭せず，答弁書も提出しない場合（この場合には，原告の主張を認めたものとして判決が下される）を除けば，3回以内の期日（3ヶ月程度）で審理が終結することは稀であるから，3回以内の期日で審理を終結させる迅速性は，労働審判制の大きな特徴である。なお，期日は常に3回もたれるわけではなく，第1回期日や，第2回期日で調停が成立して手続が終結する例は，日常的にみられるところである。

　3回以内の期日で審理を終結するためには，手続の初期の段階から効率的に審理を進めなければならない。そのためには，予め答弁書が提出されていることが必要である（第1回期日の呼出しに当たり，答弁書の提出期日が定めら

98　　　PART 1　解決手段の選択と実践的な対処

れる。規則 14 条）し，当事者には第 1 回期日前に予め主張，証拠の申出，証拠調べに必要な準備をすべきことが求められる（規則 15 条）。また，相手方の主張に対する反論は，労働審判手続の期日において口頭で行うのが原則とされる（ただし，口頭での主張を補充する補充書面——通常訴訟における準備書面に相当——を提出することが可能である。規則 17 条 1 項）。

そして，第 1 回期日から，「第 1 回期日において行うことが可能な証拠調べを実施する」（規則 21 条 1 項）ものとされる。実務上の運用では，第 1 回期日に，人証（申立人〔労働者〕本人や，相手方〔会社〕の関係者証人）調べが行われ，以降は，調停に入っていくことが多い。

3. 権利義務関係を踏まえた柔軟な解決

労働審判の中で行われる調停において，当事者の意向を踏まえた柔軟な解決ができることは，本訴における和解と同様である。

また，調停が成立しない場合に出される審判においても，通常訴訟ではできない柔軟な解決を示すことができると考えられている（後述のⅦ3〔121頁〕を参照のこと）。

4. 紛争解決の実効性

労働審判手続の中で調停が成立すれば，紛争は，終局的に解決されることになる（ただし，調停条項に記載された義務が履行されなかった場合には，強制執行の問題が残る）。

また，労働審判が出された場合も，審判が出されてから 2 週間以内に異議が出なければ，審判は裁判上の和解と同じ効力を有する（法 21 条 4 項）。要するに，異議が出されなければ，通常訴訟における確定判決と同様の効力をもつことになり，これによる強制執行が可能となる。

その一方，労働審判に異議が出されると，審判の効力は失効し（法 21 条 3項），労働審判申立時点で地方裁判所に訴えの提起があったものとみなされ，事件は通常訴訟として地裁に係属することになる（法 22 条 1 項，2 項。なお，複雑な事案での手続終了の場合も同じ。法 24 条 2 項）。

Ⅱ. 労働審判の対象事件と 24 条終了

1. 対象となるのは「個別労働関係民事紛争」

労働審判の対象となるのは,「個別労働関係民事紛争」(個々の労働者と事業主との間に生じた民事に関する紛争)である。これに該当しない紛争については労働審判が利用できず,本訴によらざるを得ないことになる。具体的には,以下のようなものがこれに該当する。

①集団的労使紛争

労働組合を一方当事者とする紛争は,「個々の労働者」との紛争でないので,労働審判の対象にはならない。ただし,組合委員長の組合活動を嫌悪して解雇されたようなケース(=不当労働行為)でも,労働組合が申立人となって不当労働行為の救済を求めるのでなく,組合委員長個人が申立人となって,地位確認等を求める場合には,「個々の労働者」と事業主との紛争として労働審判の申立対象になる。

②公務員の任用関係に関する紛争

公法上の任用関係に基づくもので,「民事に関する紛争」でないので,労働審判の対象とならない。ただし,セクハラや退職強要を受けた公務員が国などを相手方として申し立てる損害賠償請求などは,公法上の法律関係に基づくものでないので,労働審判の申立対象になり得ると考えられる。

③労基署長等の労災認定に対する不服申立て等の行政訴訟

行政処分を争うもので,「民事に関する紛争」でないので,労働審判の対象にならない。

④ハラスメントの加害者に対する損害賠償請求等の労働者間の紛争

これについては,後述のⅢ4(4)(110頁)を参照のこと。

2. 複雑な事案と労働審判法 24 条に基づく終了

労働審判法24条1項は,「労働審判委員会は,事案の性質に照らし,労働審判手続を行うことが紛争の迅速かつ適正な解決のために適当でないと認めるときは,労働審判事件を終了させることができる」と定めている。これは,労働審判が原則3回以内の期日で審理を終結するため,事実関係が複雑であったり,法的な判断を下すに際して考慮すべき事情が多岐にわたるような事案は,労働審判での審理に馴染まないとして,手続を終了するもので

ある（「24条終了」と呼ばれている）。この場合，労働審判に対して異議が出された時と同様，通常訴訟に移行することになる（同法24条2項）。したがって，24条終了が見込まれる案件については，はじめから本訴を提起すべきであろう。

24条終了とされる見込みの高い紛争類型には，以下のようなものがある。

①整理解雇事件

整理解雇事案においては，整理解雇の4要件（人員削減の必要性，解雇回避努力の履践，人選の合理性，説明協議義務）の観点から，解雇の有効性が判断される（Pt. 2, Chap. 1, Ⅲ7〔184頁〕参照）。使用者が一応の解雇回避努力を行い，説明協議も経ている場合には，企業の経営状況についての分析等が必要となり，使用者に経営資料を提出させることになる。また，分析結果に基づく主張の応酬に相当の労力を要することも珍しくない。したがって，このような事案は，労働審判で判断するには適していないことになる。

しかし，整理解雇の中には，明らかに人員削減の必要性のないもの（解雇の前後に大量の新規採用をしているような場合など），人選の合理性を欠くもの（育児休業を取得している者を解雇対象とする場合など），説明義務を果たしていないもの（「赤字になったから解雇する」としか述べず，それ以上の説明を一切しないような場合など）も決して少なくない。このようなケースでは，労働審判手続を利用することが可能である。実際にも，整理解雇事案が労働審判で審理された例は数多くみられる。

②労働条件の不利益変更事件

賃金切下げ等の労働条件の不利益変更のうち，労働者の同意も得ず，就業規則や賃金規程の改定手続も行わずに，一片の通告で切下げを行うものは，労働審判でも審理可能である。また，賃金決定方法が就業規則や賃金規程で整備されていない企業で，形式上労働者の同意を得て賃金を切り下げたようなケース（同意が労働者の自由な意思決定に基づくものであるかが争点となる）も，労働審判での審理に馴染む。

問題は，就業規則や賃金規程の改定手続を通じて賃金の切下げが行われたようなケースである。このような就業規則等の変更が有効となるためには，「高度の必要性に基づく合理性」が必要とされ，合理性の判断に際しては，様々な要素が考慮されることになり，会社の経営状況の分析なども不可欠となる（Pt. 2, Chap. 5, Ⅳ2〔311頁〕参照）。したがって，このような事案には，労働審判での審理に馴染まないものがある。

③過労死などの損害賠償事件

過労死による損害賠償においては，当該労働者の長時間労働の実態や，働き過ぎにより当該疾病（死亡）が発生したことの医学的な知見についての主張，立証の応酬がなされるのが通常であり，これを短期間で行うことは困難である。したがって，死亡の業務起因性や，使用者の責任（安全配慮義務違反）の有無自体が争いとなるケースで，労働審判を利用するのは困難であろう。

ただし，会社が労災の責任そのものは認め，損害賠償の金額だけが争いとなっているケースでは，労働審判でも十分に審理が可能である。また，災害性の労災事故の場合は，業務と災害との因果関係が明瞭な場合が多いので，労働審判で審理することも十分に可能である（このようなケースでは，使用者の安全配慮義務違反が成立するか否か，損害額がいくらかが争点となる）。

Ⅲ. 申立て段階での留意点

1. 労働審判の選択

労働者の相談を受けて裁判制度を活用する場合，本訴によるのか，労働審判によるのかを決める必要がある。また，仮処分が利用できる場合には，仮処分との選択も問題となり得る。これについては，後述の Chap. 6 （132頁）で論ずることにする。

なお，労働審判を利用するには，事前に代理人交渉等をすることが必要であるといったことがいわれることがあるが，労働審判法上，そのような要件は課されていないし，何の交渉もすることなく，いきなり労働審判の申立てをしたからといって，そのことが問題とされることはない（筆者の経験として，何らかの指摘をされたことは一度もない）。

2. 申立書の作成等

(1) 申立書の記載内容等

ⅰ 申立ての趣旨

申立書に「申立の趣旨」（本訴における「請求の趣旨」に対応)，「申立の理由」（本訴の「請求の原因」に対応）を記載することは，本訴における訴状と同様である。

ii 申立ての理由

本訴におけるのと異なり，労働審判では準備書面のやり取りをすることは，予定されていない。したがって，申立ての理由においては，申立書を読んだだけで，事案の内容および申立人の主張が十分に把握できるよう，間接事実やその他の事情についても触れておく必要がある。

例えば，解雇事案の場合，申立時点で判明している解雇理由を記載したうえで，その理由に基づく解雇が解雇権濫用であることを明らかにする事情を，積極的に主張立証すべきことになる（ただし，使用者が一向に解雇理由を明らかにしないようなケースでは，その旨を指摘したうえで，「解雇理由を明らかにしないのは，何らまともな解雇理由が存在しないからである」とすることもある）。前述のとおり，本訴の訴状では，被告の主張を待ったうえで，それに反論するかたちで解雇権濫用を基礎付ける事情を主張するというやり方がある（Chap. 3, Ⅱ 2 (1) ii〔30頁〕を参照）が，労働審判では，申立書に解雇権濫用を基礎付ける事情についても，積極的かつ詳細に記載する必要がある。

> **実践知！** 労働審判では，申立書の段階から，予測される抗弁に対する反論も含め，申立人の請求を基礎付ける事情を余すことなく明らかにした「攻め」の主張をすべきである。

具体例

全体の構成としては，例えば，以下のようになる（なお，以下の「第1　はじめに」については，後述の iii を参照のこと）。

第1　はじめに
　1　本件の概要
　2　予想される争点および当該争点に関連する重要な事実
　3　当事者間においてされた交渉の経緯
第2　当事者
　1　相手方
　　・相手方（事業主）の事業内容，規模（従業員数）や組織の概要等
　2　申立人
　　・相手方への入社前の経歴
　　・労働契約の成立の経緯
　　・労働契約の内容（入社時および労働審判申立時の賃金，賞与や，当該事案で

問題となる労働条件等）
　　・相手方内での経歴（担当業務や異動の実績など）
第3　解雇通告と解雇に至るまでの事情
　1　解雇に至る経過
　　　解雇の有効性に関連する事情を記載する（例えば，業務上のミスを理由とする解雇であれば，いつ頃，どのようなミスをして，会社側から注意を受けたか〔受けなかったか〕といった事情を記載する）
　2　解雇通告の事実と相手方が主張する解雇の具体的理由
　3　解雇通告後の相手方の対応，交渉の経緯など
第4　解雇無効（予想される争点および当該争点に関連する重要な事実）
　　　相手方が伝えてきた解雇理由に即して，解雇が無効（解雇権濫用）であること（解雇理由に対する反論）を具体的に記載する（例えば，営業成績の不良を理由とする解雇の場合であれば，解雇直前の営業成績は決して不良ではなかったとか，営業成績が芳しくなかったとしても申立人よりも著しく営業成績が劣っている同僚がいたとか，営業成績が芳しくなかったことにはやむを得ない理由があるなど）
第5　地位確認と賃金（賞与）請求権
　1　地位確認
　2　賃金請求権
　　　解雇予告手当が支払われている場合に，予告手当を解雇以降の賃金に充当するのであれば，その旨も記載しておく（なお，請求する月例賃金額を過去の残業代も含めて算出するのか，賞与をどのように請求するのか等については，Chap. 3, II 1(5)〔25頁〕を参照のこと）。

iii　予想される争点および当該争点に関連する重要な事実

　争点となるであろう問題点と，それについての申立人の主張を記載するものである（労働審判規則9条1項1号）。労働審判委員会が事案の内容や争点を早期に把握できるようにして，短期間での紛争解決に結びつけるためのものである。

　しかし，例えば，解雇事案であれば，そこでの争点が解雇の有効性（解雇権濫用と評価されるかどうか）であることは自明である。また，解雇の有効性については，申立ての理由の中で詳細に記載されるので，「予想される争点及び当該争点に関連する重要な事実」を記載しなければ，事案の把握が困難になるケースは，ほとんどないと思われる。そこで，「予想される争点は，解雇の有効性であり，その詳細は，第4で述べるとおりである」などといった程度の記載をすれば十分であろう。

　なお，この「予想される争点及び当該争点に関連する重要な事実」を申立

書（申立ての理由）の末尾に記載する例もみられるが，筆者の場合，申立ての理由の冒頭に「はじめに」といった項目を立て，その中で，「本件の概要」を記載したうえで，予想される争点について触れることにしている。事案が複雑であるケースでは，「予想される争点は，解雇の有効性であり，その詳細は，第4で述べるとおりであるが，申立人の主張の骨子は，以下のとおりである」などとして，簡潔に主張の骨子を書く場合もある。申立ての理由の冒頭に，このような記載をすることで，それ以下の記述が頭に入りやすくするための工夫である。

iv　当事者間においてされた交渉（あっせんその他の手続においてされたものを含む），その他申立てに至る経緯の概要

労働審判申立てに先立ち，当事者間でどのような交渉がもたれたかを記載する部分である（規則9条1項3号）。この点についての記載は，労働審判の中で行われる調停についての情報となる。なお，「あっせんその他の手続においてされたものを含む」というのは，例えば，都道府県労働局のあっせん等が利用された場合，そこでのやり取り（どのような経緯であっせんが打切りになったか）を記載する趣旨である。また，代理人交渉が行われた場合には，その経緯を記載することになる。

案件によっては，特段の交渉をすることなく，いきなり労働審判の申立てをすることもある。その場合には，その旨を記載すればよい（例えば，「合意退職の有効性が争点になる本件においては，争点についての第三者〔労働審判委員会等〕の判定を経ることなく当事者間で交渉を重ねても，解決に至ることは期待し難いので，特段の交渉をすることなく，労働審判の申立てを選択したものである」などとする）。

なお，解雇事件で復職せず，金銭による解決を希望するような場合，その旨を記載しておいてもよい。

v　予想される争点ごとの証拠（規則9条1項2号）

これは本訴の場合と同様，主張を裏付ける証拠を提出し，それらの証拠について，申立書の中で言及することを意味し，労働審判であることの特殊性はない（本訴の場合と同様，証拠説明書も提出する）。

(2)　申立書の提出部数

申立書は，裁判所に提出する正本のほかに，相手方の数に3を加えた数の写しを提出しなければならない（規則9条4項）。単に雇用されている

（た）使用者を相手方とする場合（相手方の数が１の場合）には，４通の写しを提出することになる。これは，相手方と３名の労働審判委員会の構成員に事前に申立書を渡すためである。

3. 証拠の提出

(1) 証拠提出についての工夫

証拠については，申立書と異なり，裁判所に提出する正本のほかに，相手方の数と同数の写しを提出すれば足りる（規則９条４項）。雇用されていた会社を相手方とする場合（相手方の数が１の場合）には，１通の写しを提出することになる。これは，証拠の写しは，労働審判員に事前に渡さない趣旨である。

しかし，事実認定が証拠によるべきことは，裁判制度の大原則である。したがって，審理に参加する労働審判員も，審理に先立ち，証拠に目を通していなければ，適正な審理は望むべくもない（書証の内容を把握することは，権利義務関係の判断のみならず，調停案の検討においても重要である。また，審判員が審判官と対等な立場で審理に関与し，評議・評決するためにも，審判員が手元に書証の写しをもっていることは重要である）。熱心な審判員は，審判期日に先立ち，裁判所に足を運び証拠に目を通しているようだが，実際には，証拠に十分目を通さないで，審判期日に臨んでいる審判員も少なくないと思われる（審判員が，審判手続の中で，証拠に目を通すことなく，申立書，答弁書の記載のみに基づいて尋問をしていると思われる光景は，日常的にみられる）。このような事態が好ましくないことは明らかであり，最近では，審判員用の証拠の写しを提出すると，これを受理して審判員に交付するという運用をしている地方裁判所もみられるようになってきている。しかし，これを受理しない裁判所も数多い。

そこで，証拠の中で，事前に審判員に目を通してもらうことが不可欠なものは，申立書の本文に「貼り付け」たり，申立書の末尾に「別紙」などのかたちで綴じ込んでしまうやり方もある（甲号証として提出したものを「別紙１」などとして綴り込むやり方と，甲号証としては提出せず，単に「別紙１」などとして綴じ込んでしまうやり方とがあるが，そのいずれでもよい）。このようにすれば，当該証拠書類も申立書の一部を構成することになり，申立書とともに，当該証拠の写しを審判員に交付するのと同じことになる。

⑵ 何を証拠として提出するか

　本訴の場合，主張書面（準備書面）のやり取りが繰り返されるので，準備書面で言及した証拠を，準備書面とともに提出するのが通常である。その一方，労働審判では，主張書面のやり取りを繰り返すことは予定されていないので，必要と考えられる証拠は，申立段階で全て提出するのが望ましい。

　特に争いとならないと考えられる事実に関する証拠も，申立ての理由を基礎付けるのに必要なものは，申立段階で提出すべきであろう（例えば，解雇事案における給与明細など。これは，解雇後の賃金請求を基礎付けるとともに，調停に際しても必要となる基礎的な証拠である）。

　ただし，労働審判では，職業裁判官ではない労働審判員が事件を審理する。また，1回目の期日から，双方の主張や証拠を踏まえた人証調べが行われる。したがって，申立内容との関連性が希薄であったり，容易に理解できない内容の証拠を数多く提出すると，却って審判委員会の理解の妨げになることも考えられる。そこで，ある程度重要な証拠に絞って提出する工夫も必要となる（なお，審判委員会，とりわけ労働審判員が見てすぐに分かるように，該当箇所にラインマーカーをつけて提出するなどの工夫をすべきことは，本訴の場合と同様である）。

⑶ 陳述書について

　労働審判においても陳述書を活用することが考えられる。

　ただし，申立書は申立人（労働者）が認識している事実関係等を記載するものであるから，申立書の記載が充実している場合には，申立人本人の陳述書を提出することには，意味がないといえよう（陳述書の記載内容は，申立書の記載内容と同じものになってしまうので，筆者の場合，申立人本人の陳述書を提出することはしていない）。

　その一方，第三者（申立人以外の者）の陳述書については，提出する意味がある。しかし，陳述書は反対尋問に晒されないため，その証明力には限界がある。陳述書を作成した者に期日で証言してもらうことが期待できる場合には，そのような方向で事前準備をすることが重要である（証言をしてもらえる場合，陳述書はその者を人証調べの対象とすることを審判委員会に訴えるための重要な材料となる）。

4. 申立てに際しての留意点

(1) 管轄裁判所

i 地方裁判所への申立て

労働審判を管轄するのは，地方裁判所である。一般の民事訴訟では，訴額140万円以下の訴訟の管轄は，簡易裁判所であるので，140万円以下の賃金，残業代等の支払を求める場合には，簡易裁判所に提訴することになる。

しかし，労働審判を管轄するのは，訴額に拘わらず全て地方裁判所であるので，注意が必要である。なお，2019年10月時点で，労働審判を実施している地裁の支部は，東京地裁立川支部，福岡地裁小倉支部，広島地裁福山支部，長野地裁松本支部，静岡地裁浜松支部である。

ii 土地管轄についての特別な定め

労働審判法2条1項は，土地管轄について，普通裁判籍，合意管轄のほか，「当該労働者が現に就業し若しくは最後に就業した当該事業主の事業所の所在地を管轄する地方裁判所」を定めている。これは，労働者が現に就業し，もしくは最後に就業した事業所の所在地の地方裁判所に管轄を認めるもので，解雇されたり，退職した後に申立てをする場合に，労働者の便宜を図る規定である。

(2) 申立手数料

i 原則

申立手数料は，民事調停の場合と同一の額とされている（労働審判法附則3条，民事訴訟費用等に関する法律別表第1の14）。この額は，申立ての価額1000万円までであれば，通常訴訟の2分の1の額である（1000万円を超えると，2分の1を若干下回る額になる）。なお，労働審判に対して異議が出されるなどして，通常訴訟に移行した場合には，労働審判申立時に収めた印紙額を控除した残額を納付すればよい。

ii 解雇無効（地位確認，賃金請求）の場合

解雇の効力を争う場合は，通常，地位確認と解雇後の賃金支払を求めることになる。地位確認の訴訟物の価額は160万円（a）とされる。通常訴訟では，解雇から提訴までの賃金（バックペイ）に，将来1年分の賃金額を合算した額（b）を算出し，aとbのいずれか高い方が訴額とされる（パート労働者などの場合を除き，bの方が大きくなるのが通常であろう）。しかし，通常訴

訟において，上記の計算により算出された額を訴訟物の価額とするのは，審理に１年程度かかることを根拠とする。これに対して，労働審判では３回以内の期日で審理を終え，３ヶ月程度で結論が出されるものとされているから，申立ての価額の算定に際しても，将来分の賃金の加算は３ヶ月程度に留めるべきであり（最高裁事務総局「労働審判手続に関する執務資料〔改訂版〕」39頁），実際にもそのような運用がされている。将来分を３ヶ月分に限定すると，過去分（バックペイ）と加算しても，160万円に満たないケースが出てこよう。この場合，申立ての価額は160万円となる。

(3) 複数労働者による申立て

労働審判には，「裁判所は，非訟事件の手続を併合し，又は分離することができる」と定める非訟事件手続法35条１項が準用される（労働審判法29条１項）。手続の分離とは，数個の申立てが１件の労働審判事件で審理されているとき，これを別々の手続に分けることであり，併合とは，別々に申し立てられている数個の申立てを１つの手続で行うことをいう。

併合申立ての態様としては，客観的併合（１人の申立人が複数の申立てをすること。例えば，解雇事案で地位確認，賃金請求とともに，残業代の請求をするなど）と，主観的併合（複数の申立人が１本の申立書で申立てをすること）がある。実務上，客観的併合が問題とされることはない。問題となるのは，主観的併合の場合である。

複数の申立人の申立てを同時に審理すると，事実関係や手続が複雑になり，３回以内の期日で手続を終了させられなくなるおそれがある。そこで，裁判所は，複数の申立人が１本の申立書で申立てをした場合，申立人ごとに別々の申立書を提出するよう求めることがある。しかし，例えば，整理解雇事件では，複数の労働者が解雇されることが少なくなく，かつまた，基本的な争点は共通である（労働者ごとに異なる争点は，人選基準に当該労働者が当てはまるか否かだけである）。したがって，同一の事件として同一の手続を利用して一挙に解決する方が訴訟経済に合致するし，審判や調停での判断や解決内容の統一が図られることになる（同様のことは，就業規則の変更による労働条件の切下げのような事案にも当てはまる）。争点を共通にする案件では，複数人の申立てを１本の申立書で申し立てることを検討すべきであろう。また，仮に別々の申立書で申立てをする場合でも，併合の上申書を提出して，同一の手続で審理するよう要請すべきであろう。

⑷ 利害関係人の手続参加申立て

　労働審判制は,「個々の労働者と事業主との間」に生じた紛争の解決を目的とするから,セクハラやパワハラの被害を被った労働者が,加害者個人に対して損害賠償を請求するような事件は,労働審判の対象とはならない。しかし,労働契約上の就業環境整備義務違反や民法の使用者責任を根拠として,使用者（会社）に対しても損害賠償請求ができる場合には,使用者を相手方として労働審判の申立てを行ったうえで,加害労働者を審判手続に参加させ,紛争を一挙に解決することが考えられる。

　労働審判法 29 条 2 項が準用する民事調停法 11 条 2 項は,「調停委員会[労働審判委員会]は,相当であると認めるときは,調停[労働審判]の結果について利害関係を有する者を調停[労働審判]手続に参加させることができる」と規定している。そこで,上記のようなケースでは,申立書の提出と同時に,利害関係人（加害労働者）をも審判手続に参加させる旨の上申書を提出すべきである。加害労働者が会社に在籍している場合,これによって,加害労働者を労働審判手続に参加させることが期待できる。

　なお,加害労働者の方から審判手続への参加申立てをすることも可能である（民事調停法 11 条 1 項）。

⑸ 現状変更禁止（審判前の措置）の申立て

　配転命令の有効性が争われるケースなどでは,配転命令の無効確認（配転命令に従う義務のないことの確認）を求める労働審判の申立てをしても,使用者（会社）が指定した日時までに配転に応じないと,業務命令違反として懲戒解雇されるのが通常である（懲戒解雇された場合には,懲戒解雇の前提となる配転命令が無効であることを理由に,労働契約上の地位確認の申立てをすることになる。Pt. 2, Chap. 6, Ⅰ 1 ⑵〔331 頁〕を参照のこと）。

　ところで,労働審判法 29 条 2 項が準用する民事調停法 12 条 1 項は,「調停委員会[労働審判委員会]は,調停[労働審判]のために特に必要であると認めるときは,当事者の申立てにより,調停[労働審判]前の措置として,相手方その他の事件の関係人に対して,現状の変更又は物の処分の禁止その他調停[労働審判]の内容たる事項の実現を不能にし又は著しく困難ならしめる行為の排除を命ずることができる」と規定している。

　そこで,上記のようなケースでは,申立書の提出と同時に,「労働審判手続が係属している間は,配転命令の効力を停止するよう相手方に命ずること

を求める」，「労働審判手続が係属している間は，配転命令違反を理由として，申立人を解雇してはならないことを相手方に命ずることを求める」といった内容の現状変更禁止（調停前の措置）の申立書を提出することが考えられる。

なお，仮に労働審判委員会がこのような命令を出しても，その命令には執行力がない（民事調停法12条2項）。しかし，その一方で，労働審判法32条は，当事者が正当な理由がなく，調停（労働審判）前の措置に従わないときは，十万円以下の過料に処するものとしている（この過料は，民事調停法にはないもので，労働審判法が特に定めているものである）。したがって，労働審判委員会がこのような命令を出すことの重みは大きく，使用者がこれを尊重することは十分に考えられるので，チャレンジしてみる価値があるといえよう（現状変更禁止命令が出された例につき，上田絵里「労働審判前の措置命令」日本労働弁護団「季刊・労働者の権利」328号84頁を参照のこと）。

Ⅳ. 第1回期日前の準備

1. 第1回期日の決定と出頭の確保

労働審判の第1回期日は，申立てがなされた日から40日以内に指定される（規則13条）。通常訴訟の場合（提訴から30日以内の期日指定。民訴規則60条2項）に比べ，第1回期日までの期間が長いのは，相手方が提出する答弁書，証拠を検討したうえで，申立人が第1回期日に臨むための準備期間を考慮したものである。

実際の期日指定は，裁判所が申立人側（代理人がついていれば代理人）の都合を照会したうえで行われる。通常訴訟と異なり，労働審判では，第1回目から証人（本人）調べが行われるから，申立人本人の出頭は不可欠である。したがって，代理人の都合のみならず，申立人の都合をも考慮のうえ，裁判所の期日照会に回答する必要がある。また，証人をたてることができるときは，証人の都合も考慮する必要がある。

上述のとおり，第1回期日の指定にあたっては，申立人側の事情は考慮されるが，相手方の事情は考慮されない。したがって，相手方（もしくはその代理人）の都合により，指定された第1回期日に相手方（代理人）が出頭できないということも考えられる。実際の運用としては，呼出状が相手方に送付されてから間もない段階で，期日変更の申立てがあった場合には，期日変更がなされることがある（東京地裁の場合）。

2. 答弁書の提出と第1回期日までの準備

(1) 答弁書の提出期限と打合せ日程の確保

相手方は，答弁書を提出しなければならないが，その提出期限は，答弁書に記載された事項について，申立人が第1回期日までに準備するために必要な期間をおいた日に決められる（労働審判規則14条2項）。

実務上の運用としては，第1回期日の10日ないし1週間前程度をメドとして提出期限が定められている。

提出期限は，単なる努力目標ではなく，厳守されるべきものである（規則16条1項は，「相手方は，第14条1項の期限までに，……答弁書を提出しなければならない」と定めている）が，実際には，第1回期日の2〜3日前に提出されることも少なくない。第1回期日前の申立人との打合せは，余裕をもって行うに越したことはないが，答弁書が手元に届いていなければ，打合せをすることもできないので，打合せ予定日をいくつか確保しておく（例えば，第1回期日の5日前と2日前など）といった工夫が必要であろう。

(2) 答弁書と証拠の検討

答弁書には，申立書に記載された申立人の主張に対する認否反論が記載される（規則16条1項参照）が，通常訴訟の場合と異なり，単なる認否だけでなく，相手方の積極的な主張も記載されることになる。また，相手方の主張を裏付ける証拠も提出されてくる。

そこで，答弁書を検討することが第1回期日前の準備の第1歩となる。前述のとおり，第1回目期日までの時間は限られているから，答弁書の隅から隅まで詳細な反論を準備することは困難である。そこで，主要な争点についての検討を加えることになろう。

事実についての争いがあったり，申立書に記載されていない新たな事実が主張されている場合，人証調べでその点に焦点が当てられることになるから，事実関係をあらためて確認する必要がある。申立人の言い分を裏付ける新たな証拠があれば，それを提出することになるが，新たな証拠がない場合でも，人証調べを想定して，申立人の頭の中を整理してもらう必要がある。なお，労働審判における人証調べは，通常訴訟における交互尋問方式ではなく，最初から審判官（裁判官）が当事者双方の関係者に対して質問をしていくかたちで行われるのが通常なので，通常訴訟の場合のように，尋問メモを作成し

たうえでの「予行演習」までは必要ないであろう。ただし，事実関係が複雑であったり，申立人が答えにくいような点については，通常訴訟の場合と同様の対策をしておくべきであろう（Chap. 3, IV 3(2) i ③〔63頁〕を参照のこと）。

また，法的な問題点についても，答弁書の記載を踏まえたうえで，検討を加えておく必要がある。

(3) 補充書面の提出

相手方の答弁に対する反論およびこれに対する再反論は，口頭でするものとされているが，口頭での主張を補充する補充書面（通常訴訟における準備書面）を提出することができる（規則17条1項）。そこで，第1回期日前に，答弁書に対する反論を記載した補充書面を提出することも考えられる。ただし，第1回期日までの時間が限られているので，詳細な補充書面を作成するのは困難である。また，労働審判委員会（とりわけ，労働審判員）の方でも，期日直前に詳細な補充書面を提出されても，十分な検討を加えられないであろう。

そこで，筆者の場合，重要な争点に絞って問題点を指摘したり，答弁書の記載から明らかになった争点（基本的な事実関係についての主張の違い）の一覧表や，申立書に記載されていない新たな事実についての一覧表をエクセルシートで作成し，そこに簡単なコメントを加えるといった工夫をしている（申立書に記載されていない新たな事実についての申立人の見解を明らかにしておくと，人証調べのときに，審判官からは，当該事実関係についての的確な質問がされ，充実した審理が期待できることになる）。

なお，補充書面は常に提出しなければならないものではない。答弁書における相手方主張についてすでに申立書で言及されており，新たな事実関係の主張もないような場合には，敢えて補充書面を提出する必要はない。また，補充書面を作成するだけの時間的余裕がない場合もあろう。労働審判では，形式にとらわれず，比較的自由に発言の機会が与えられる（前述した規則17条1項参照）ので，口頭でのやり取りにおいて，問題点を指摘することで補充書面を提出するのと同様の効果を得ることが可能である。

(4) 証拠の提出

証拠については，相手方主張に対する反論として意味のあるものであれば，躊躇なく提出すべきである。労働審判では，第1回目から人証調べが行わ

れ，そこで審判委員会の心証が形成されるのが通常なので，第1回期日の前に提出できない場合でも，第1回期日の冒頭の時点で提出できるよう準備をすべきである（第2回期日で提出することも可能だが，いったん形成された心証を覆すのは困難になることもあろう）。

もっとも，争点とは関係のない証拠を数多く提出しても，審判委員会には検討の時間がないし，事案の解決のための心証形成にも役立たないので，提出する証拠は，事案の解決に資するものに絞り込むべきである。ただし，争点とは直接関係のないものであっても，答弁書の記載が明らかに事実に反していることが明らかにできる証拠であれば，それにより，相手方主張全体の信用性を減殺できることがあるので，そのような証拠は提出する意味がある。

3. 調停案の検討

労働審判では，第1回期日において，人証調べをした後に，調停に入っていくことが多い。事案によっては，第1回期日で調停が成立することもある。そこで，第1回期日に先立ち，どのような調停を希望するかについても検討しておく必要がある。

例えば，①解雇事案の場合，復職を希望するのか，退職前提の金銭解決でよいのか，②仮に後者であるとすれば，解決金の水準としてどの程度の額を支払ってもらえば，解決してよいと考えるのか，③調停条項として，①，②以外に希望するものがあるのか，などについて検討しておく必要がある。

また，最初に提示する調停案（申立人の希望どおりの調停が成立することは稀であるから，通常は，高めの要求をするのが通常であろう）だけでなく，解決してもよいと考えるギリギリの線についても検討しておくとよい。調停は，相手方が調停条件を受け入れなければ成立しないし，どのような調停が成立するかは，労働審判委員会が形成した心証にも左右されるので，実際にどのような調停を成立させるかは，第1回期日でのやり取りを踏まえなければ決められないが，申立人が早期の解決（第1回期日での解決）を強く希望するような場合には，期日前に，解決ラインについて，踏み込んだ検討が必要となる。

V. 第1回期日

第1回期日では，以下のような手続が行われる。

1. 争点および証拠の整理

まず，申立書と答弁書，補充書面（提出されている場合）の記載を前提に，当事者の陳述を聴いたうえで，争点および証拠の整理が行われる（規則21条1項）。

実際の労働審判では，まず，当日の出頭者の確認が行われる（労働者側は，申立人と代理人だけである場合が多いが，会社側は，相手方本人〔代表者〕だけでなく，人事担当者や申立人の上司など複数名が出席するのが通常であるので，誰が来ているかを確認することになる）。

その後，当事者双方の提出書類（申立書，答弁書，補充書面）および提出証拠を確認し，審判官が，「本件の争点は，解雇の有効性と，それに先立つ賃金の切下げの有効性ですね」などと述べるだけで，争点整理が終わり，その後，すぐに人証調べに入ることが多い。労働審判では，申立書と答弁書によって当事者の主張の詳細が明らかにされており，争点についての審判委員会や当事者の認識に食い違いはみられないのが通常であるので，争点整理は，上記のように簡単に終えられる。

ただし，当事者の意見を述べる機会は，保障されるので，何らかの意見がある場合には，躊躇することなく述べるべきである。例えば，申立書では触れられていない新たな事実が答弁書で述べられている場合に，「それらの点については，全面的に争うので，重点的に証人調べをしてほしい」と述べたり，解雇事案で，「解雇事由とされている事実関係の存否もさることながら，何の注意・警告もしないで，いきなり解雇したという，その1点だけで解雇権濫用と評価されるべきであると考えている」と述べるといったことが考えられる。このような意見は，審判委員会に対して，重点的に審理すべき点を意識させたり，事案の本質についてアピールするという意味がある。

2. 証拠（人証）調べ

第1回期日で行われる証拠調べ（規則21条1項）は，事前もしくは当日提出された書証（原本）の取調べのみならず，人証調べも含まれる。実務運用としては，申立人本人はもちろんのこと，在廷している会社関係者（事案に精通している代表者本人や人事担当者等）の人証調べが行われるのが通常である。

人証調べでは，通常訴訟のような交互尋問方式ではなく，まずは審判官が質問し，その後，必要に応じて，審判員，当事者（の代理人）による質問が

されるのが通常である。

　また，審判官の質問は，対質（民訴規則118条，126条参照）のかたちで行われることが多い。対質とは，複数の証言者に対して，同じ質問をして，逐一その答えを得るものである（例えば，ある事実関係について，まずは申立人に質問し，申立人が回答した後に，相手方関係者に対して，同じ質問をしたり，「今，申立人は，○○と答えましたが，この点いかがですか」などと質問するもの。場合によっては，相手方関係者の回答を得たのちに，さらに申立人に質問することもある）。対質は，通常の民事訴訟で行われることは滅多にないが，ひとつの問題について，同時に回答を得ることができるとともに，その場でさらなる反論をさせるなどするため，的確な心証形成ができるメリットがある。

　人証調べにおいても，相手方の証人（本人）に対して，質問したいことがあれば遠慮なくすべきである。ある争点についての審判官や審判員の質問が一区切りつくと，代理人（当事者）にも質問の機会が与えられるのが通常なので，審判官や審判員が質問しなかった事項については，その時点で質問することになろう。また，場合によっては，審判官らの質問の途中で，「その点について関連して質問したいのですが」などと許可を得て，質問することもある。さらに，申立人に対する質問において，申立人が回答すべき重要なポイントについて話さなかった場合には，「その点については，○○ということがあったのではないですか，その点について，話して下さい」などと，記憶を喚起して証言を促すことが必要になることもある。

　なお，人証調べが終わった段階で，例えば，「本件の最も重要な争点である○○の点について，答弁書では否認されていたが，先ほどの人証調べで，上司はこれを認める証言をしているので，申立人の請求が認容されることは明らかである」などといったかたちで，申立人の請求が認容されるべきことを簡潔に述べること（＝最終弁論）も考えられる。

3. 調停の試み

　証拠調べ（人証調べ）を終えると，審判委員会が合議を行い（その間，当事者は，待機することになる），その後，調停の手続に入っていくことになる。ただし，人証調べに多くの時間がかかり，調停に入って行く時間的余裕がない場合には，調停に入ることなく，第2回期日の日程が調整されることもある。

　調停は，両当事者が同席するのではなく，一方当事者だけが呼ばれ，審判

委員会と話をするかたちで進められるのが一般的である。まずは，申立人側が呼ばれ，どのような解決を希望するのかを聞かれることが多いであろう。

なお，最初に呼ばれたときに，事案の判断について，審判委員会の大まかな心証が伝えられることもある（例えば，解雇事案で，解雇事由とされた個々の事実関係については，概ね相手方主張どおりと認められるが，事前の注意や警告もすることなく，いきなり解雇をしていることから，解雇権濫用となる可能性も小さくないなど）。また，最初は，特に心証を開示せず，申立人の要求を聞いたのち，相手方の考えをとりあえず聞いてみる，というかたちで進められることもある。さらに，当事者双方の言い分を聞いた後に，審判委員会から調停案が提示されることもある。

なお，申立人の希望する調停内容について，相手方の言い分と大きな開きがない場合（例えば，残業代請求で，相手方が管理監督者の抗弁を出しているものの，およそその言い分が通用する余地がないような場合や，解雇事案で，解雇無効であると容易に判断され，相手方も一定額の解決金を支払う用意があるような場合など）では，第1回期日で調停が成立することもある。

> **実践知！** 労働審判では第1回期日で調停が成立することもあるので，調停で受け入れ可能な調停内容について，事前に検討しておくことが必要である。

4. 第2回期日の指定と検討課題の提示

第1回期日で調停が成立しない場合には，第2回目の期日が指定されることになる。第2回期日では，特段の証拠調べ等を予定せず，調停に向けた課題が提示されることが多い。審判委員会から調停案が提示されていれば，第2回期日までに，その検討を行うことになるし，調停案が示されない場合には，「双方ともに解決に向けて，さらに譲歩する提案を考えてほしい」といったかたちで検討を要請されるのが通常であろう。

なお，第2回期日において証拠を提出することも可能であるから，当事者が新たな証拠の提出を希望するときには，第2回期日までに提出するよう促されることになる。

Ⅵ. 第2回，第3回期日への対応

1. 調停についての検討

　第1回期日での審理状況を踏まえて，第2回期日への準備をすることになるが，そこでの中心的な課題は，調停案についての検討になる。第2回期日では，調停の成立に向けたやり取りが行われるので，申立人として，どのレベルであれば調停を成立させてもよいかについて踏み込んだ検討が必要となる。その際，申立人の希望する調停の成立が困難である場合に，調停を成立させず，労働審判を出してもらうかの検討も必要となろう（この点については，後述の3を参照のこと）。

　第2回期日で調停が成立しない場合，調停成立に向けて第3回期日がもたれることが多いが，第3回期日は最後の期日となるので，第3回期日に向けた準備では，調停を成立させられる最低限のラインを決めることが必要となろう。

2. 主張・立証の補充

　第1回期日で審判委員会の心証が開示され，それが申立人にとって想定の範囲内のものである場合は，主張・立証の補充は特に必要ないであろう。その一方，第1回期日では心証が開示されず，あるいは不利な心証を開示された場合，主張・立証の補充をすることも検討することになる。

　重要な証拠は，申立段階や第1回期日までに提出しておくべきであり，第2回期日で提出できるものは，あまりないのが通常であろう（考えられるものとしては，第1回期日の場やその直前に相手方から提出された証拠を弾劾する証拠や，人証調べの中で，存在が明らかにされ，審判委員会から提出を求められた証拠などがある）。

　一方，主張としては，補充書面を提出することが考えられる。そこでは，第1回期日での人証調べの結果を踏まえて，事実認定上のポイントを記載したり，法的な観点からの論述をすることになる。ただし，通常訴訟の場合と異なり，労働審判での人証調べの内容は記録化されない（尋問調書は作成されない）ので，審判期日におけるメモや記憶を頼りに作成することになる。補充書面を提出する場合，できるだけ簡潔に重要なポイントについて論じる方が審判委員会にアピールする力があるだろう。

なお，規則27条は，やむを得ない事由がある場合を除き，第2回期日が終了するまでに，主張（補充書面）および証拠書類の提出を終えなければならないとしている。「第2回の期日が終了するまで」といっても，第2回期日が開かれている最中に補充書面を作成したり，提出証拠の準備をすることは不可能であるから，証拠や補充書面を提出する場合には，第2回期日の前までに準備しておかなければならない。

3. どの水準で調停を成立させるか──労働審判をもらうかどうかの判断

審判委員会が提示する調停案や，相手方が受け入れることが可能であるとする調停案が申立人にとって満足のいかない場合，申立人においてさらに譲歩して調停を成立させるか，労働審判を出してもらうかを決めなければならない。

その際の考慮要素として重要なのは，審判がどのような内容になるかについての見通しである（本訴において，和解を成立させるか，判決をもらうかの判断をする場合と同様である。Chap. 3, VI 2〔96頁〕を参照のこと）。労働審判の場合，通常訴訟における判決書のように詳細に理由を記載した審判書は作成されず，審判期日当日に行われる審判委員会の評議に基づき，審判期日で労働審判が言い渡されるのが通常であるから，「審判になった場合，どのような内容になるか」を端的に尋ねれば，審判委員会も，これを教えてくれるのが通常であろう。そこで，これを踏まえて，審判を出してもらうかを決めることになる。

ただし，審判の場合，審判に異議が出されると通常訴訟に移行することになる。また，労働者が労働審判を選択するのは，解決水準の高さよりも紛争解決の迅速性を重んじる場合が多い。これらの要素を踏まえると，審判を出してもらうかどうかの判断は，申立人が金銭解決をしてもよいと考えている解雇事案を例にとれば，概ね，以下のように整理できよう。

(1) 解雇有効（敗訴）の審判となる場合

敗訴見込みであるので，申立人の希望する解決金について，さらに譲歩した調停を成立させることを検討することになろう。ただし，労働審判での人証調べの内容は記録化されておらず，それが本訴に引き継がれることもないので，労働審判とは異なる判断となる可能性にかけて，審判をもらうということも考えられる。もっとも，労働者が早期の解決を望む場合には，本訴移

行後の審理に要する時間のことも考え，更なる譲歩をした調停を成立させることもある。

なお，労働審判では，解雇有効の判断を前提としつつも，労働契約関係の終了とともに，解決金の支払を命じる審判が出されることもある（後述のⅦ3を参照のこと）。

(2) 解雇無効（勝訴）の審判となる場合

勝訴見込みであるので，労働審判を出してもらえばよいことになる。しかし，本訴移行後の審理に要する時間のことも考え，労働者が早期の解決を強く望む場合には，更なる譲歩をした調停を成立させることもある。

なお，労働審判では，解雇無効の判断を前提としつつも，労働契約関係の終了とともに，解決金の支払を命じる審判が出されることもある（後述のⅦ3を参照のこと）。審判委員会がそのような意向であり，かつまた，審判で命じられる解決金の額が申立人にとって満足のいくものであれば，審判を出してもらうという手もある（相手方は，調停段階では，審判委員会の調停案に従わなくとも，審判が出されれば，それに従う可能性があるため）。

Ⅶ. 労働審判の告知とその後の対応

1. 結審と労働審判の告知

調停が成立しない場合，労働審判手続の期日において，審理の終結の宣言がなされる（法19条）。そして，労働審判が告知される。

労働審判の告知方法としては，①主文および理由の要旨が記載された審判書を当事者へ送達するもの（法20条4項）と，②全ての当事者が出頭する審判期日において，労働審判の主文および理由の要旨を口頭での告知するもの（法20条6項）がある。実務上は，②の方法による場合がほとんどであると思われる。

①の場合，労働審判は，当事者に送達された時に効力が発生するが，②は，告知がされた時に効力が生じる。②の場合は，裁判所書記官が，その主文および理由の要旨を，調書（審判書に代わる調書）に記載することになり，当事者は，その写しの交付を受けることができる。しかし，異議申立期間は，調書の写しの交付を受けたときではなく，口頭での告知がされた時（日）からカウントされるので，注意が必要である。また，労働審判に異議が出され

ず確定したにも拘わらず，相手方が審判で命じられた内容を履行しない場合，強制執行をする必要が出てくる。審判が口頭で告知された場合，審判書に代わる調書は送達されないので，強制執行する場合には，あらためて調書の正本送達申請をする必要がある。

　なお，審判書，口頭での告知のいずれの場合においても，「理由の要旨」は，「審理の結果認められる当事者間の権利関係および労働審判手続を踏まえると，次のとおり審判をするのが相当である」といった定型文言で済まされるケースが大半であり，理由の要旨として実質的な理由を示している審判は，極めて少ない（実質的な理由の要旨が記載された審判書が作成された例として，労働判例 1013 号 170 頁，1043 号 96 頁）。ただし，審判の告知に先立つ調停の中で，審判委員会の心証が開示されるのが通常である。

2. 手続分離の申立て

　複数の請求が同時に審理されている場合には，それぞれの請求につき，労働審判を別々に出してもらうことが考えられる。例えば，退職金と残業代の請求をしているような場合で，退職金についての争いはない（争いがあっても，請求が認容されることが確実視され，使用者も認容されてもやむを得ないと考えている）一方，残業代については鋭い対立があり，認容されても使用者から異議が出されることが確実視されるような場合には，退職金と残業代につき別々に労働審判を出してもらえば，退職金についての紛争だけは労働審判によって解決される可能性がある。

　このように別々に審判を出してもらうための方法としては，①手続そのものを分離してもらい，別々に審判を出してもらうやり方と，②手続を分離せずに，2 つの労働審判を出してもらうやり方とがある。労働審判に対する異議の範囲を明確にするには，①の方法をとるのが無難であると思われる（なお，最高裁事務総局行政局監修「労働審判手続に関する執務資料〔改訂版〕」〔法曹会，2013 年〕77 頁では，②の方法が紹介されている）。

3. 労働審判の内容 (柔軟な紛争解決)

(1) 柔軟な紛争解決

　労働審判における調停では，当事者間の合意に基づき，紛争の実情に即した柔軟な解決を図ることが可能であるが，調停が成立しない場合に出される審判においても，通常訴訟ではできない柔軟な解決を示すことができると考

えられている。その条文上の根拠を示すと，以下のようになる。

①労働審判とは，「個別労働関係民事紛争について当事者間の権利関係を踏まえつつ事案の実情に即した解決をするために必要な審判」をいう（法1条）。

②「労働審判委員会は，審理の結果認められる当事者間の権利関係及び労働審判手続の経過を踏まえて，労働審判を行う」（法20条1項）。

③「労働審判においては，当事者間の権利関係を確認し，金銭の支払，物の引渡しその他の財産上の給付を命じ，その他個別労働関係民事紛争の解決をするために相当と認める事項を定めることができる」（法20条2項）。

以上のように，労働審判においては，「当事者間の権利関係……を踏まえ」ることを前提としつつも，「事案の実情に即した解決をするために」，「労働審判手続の経過を踏まえて」，「個別労働関係民事紛争の解決をするために相当と認める事項を定めることができる」とされている。

(2) 解雇事案の場合

労働審判における柔軟な解決について，解雇事案を例に見てみると，以下のようになる。

i 解雇無効の判断がされ，申立人が金銭解決を受け入れてもよいとしている場合

申立書（申立ての趣旨）で，解雇無効を前提とした地位確認および賃金請求をしているものの，審判（調停）手続の中で，労働者が「金銭的な解決を図ってもよい」という意向を示したようなケースでは，審判委員会が解雇無効の判断に至った場合にも，「一定の金銭の支払との引き換えに，労働契約関係が終了することを確認する」といった審判を下すことが可能とされ，実際にもそのような審判が出されている（通常訴訟では，申立てのない事項について判決することはできない〔民訴法246条〕ので，このような判決を出すことはできない）。

ii 解雇無効の判断がされ，申立人が地位確認の審判を求めている場合

解雇無効の判断がされた場合に，労働者が望まないのに，金銭解決の審判を出せるかという問題もある。実際の労働審判では，審判を出す前に，審判委員会が申立人に，地位確認型，金銭解決型のいずれの審判を求めるかを聞くこともあるが，申立人が地位確認型の審判を求めても，金銭解決型の審判を出してしまう例もみられる。これは，審判委員会が，復職するよりも雇用

関係を解消する方が，申立人の利益に叶うと考え，「個別労働関係民事紛争を解決するために相当と認める」ものとして，金銭解決型の審判を出すものであるが，当事者の意思を無視する点で問題があるといえよう。

iii　解雇有効の判断がされたが，金銭支払を命じる審判

通常訴訟では，解雇が有効と判断されれば，労働者の請求が棄却されることになる。しかし，労働審判においては，解雇有効の判断を前提としつつ（すなわち，労働者の地位確認，賃金支払請求は棄却するものの），使用者に一定の金銭の支払を命じることがある。

通常訴訟に移行した場合に費やさなければならない労力，時間や，弁護士費用のことなどを考慮すれば，労働審判で一定の解決金を支払うことで，紛争が終局的に解決されることは，使用者の利益に叶うともいえる。また，例えば，遠隔地への配転を拒否した労働者が（懲戒）解雇されたような場合，配転に応じられないとする労働者に汲むべき事由があるようなときには，解雇を有効としつつ，労働者に対して何らかの補償を与えるということにも合理性が認められるといえる。

このような観点から，解雇有効の判断がされても，金銭の支払が命じられることがある。もっとも，解雇有効を前提とするから，その金額は，多くならない（賃金の1〜3ヶ月分程度であろうか）。

4．審判告知後の対応

⑴　異議の申立て

適法な異議の申立てがあったときは，労働審判は，その効力を失う（法21条3項）。

異議申立期間は，審判書の送達もしくは，審判手続における口頭での告知を受けた日から2週間であり，この期間は不変期間とされる（法21条1項）。異議の申立てには理由を付す必要はない（「不服であるので，異議を申し立てる」というだけの記載でよい）。なお，異議の申立てが不適法であると認めるとき（典型的には，2週間経過後の異議申立て）は，裁判所は，決定でこれを却下しなければならない（法21条2項。この却下決定に対しては即時抗告ができる。法28条2項，29条1項，非訟事件手続法66条2項）。なお，異議申立てはファックスによることはできず，必ず異議申立書を裁判所に提出することで行う必要がある。

異議の撤回は認められない。なぜなら，自由に異議の撤回を認めると，労

働審判に不服があると考えつつも，相手方から異議が出された以上，自らは異議申立てをする必要はないとして異議の申立てをしなかった当事者が，異議申立権を失うという不測の損害を被るからである。

ちなみに，最近の統計では，労働審判に対して異議が出される率は，60％前後で推移している。逆に言えば，40％程度は，異議が出されず，審判によって紛争解決が図られていることになる。

| 実践知！ | 口頭での審判の告知があった場合，異議申立期間の２週間は，告知日からカウントされることに注意する。 |

(2) 通常訴訟への移行

労働審判に対し適法な異議の申立てがあったときは，労働審判に係る請求は，労働審判の申立時点で，当該労働審判事件が係属していた地方裁判所に訴えの提起があったものとみなされ（法22条1項），当該事件は当該地方裁判所に係属する（法22条2項。申立ての価額が140万円以下の請求についても，簡易裁判所ではなく，当該事件を審理した地方裁判所で審理されることになる）。

この場合，民事訴訟法137条（訴状審査），138条（訴状の送達），158条（訴状の陳述の擬制）については，労働審判の申立書，申立ての趣旨変更申立書（これが提出されている場合）が訴状とみなされる（労働審判法22条3項）。要するに，申立人はあらためて訴状を作成して，これを提出する必要はないことになる。

ただし，実際の運用では，訴状にかわる準備書面の提出を求める裁判所がある。この場合，「申立人」を「原告」などに変換したうえで，労働審判の申立書と全く同じ内容のものを提出する場合と，労働審判での審理の経過を踏まえて，適宜加筆することも考えられる。また，案件によっては，本訴に移行した段階で請求を拡張，変更するといったことも考えられる（解雇事案で，労働審判では退職を前提に金銭請求をしていたものを，本訴では地位確認と解雇後の賃金請求に切り換えるなど）。そのような場合には，請求の趣旨の変更申立てをすることになる。

本訴に移行した場合，申立書以外の主張書面（答弁書，補充書面），証拠はあらためて提出する必要がある（労働審判の記録は，本訴の記録に「曳舟」と

して引き継がれるが，訴訟上は，新たに提出しなければならない）。なお，予め労働審判での論争，証拠の整理等が行われていることから，本訴に移行した場合に，本訴の手続が迅速になることもある。

以上のような扱いは，複雑な事案であること等を理由として労働審判手続が終了した場合（法24条1項）も，全く同様である。

⑶　異議を出すか否かの検討

審判が告知された後に行うべきことは，審判を受け入れるか，これに対して異議を出すかを決めることである。

全部棄却（全面敗訴）の場合には，通常は異議を出すことになろう。ただし，中には，通常訴訟までは行わず，労働審判限りで係争を終わらせたい（敗訴審判を受け入れる）と考える労働者もいるであろう。その場合には，異議を唱えることなく，紛争を終わらせることになる。また，訴訟に持ち込むか，そうしないで紛争を終結させるかの決断がつかない場合もあろう。その場合，訴訟の第1回期日までは，相手方の同意なく訴えを取り下げることが可能である（民訴法261条2項）から，とりあえず異議を出せばよいであろう。

一部認容の審判が出された場合，この審判を受け入れる意向であれば，異議を出さなければよいし，不服であれば，異議を出すことになる。

CHAPTER 4　労働審判制

125

CHAPTER 05 仮処分（仮差押え，先取特権に基づく差押え）

Ⅰ．仮処分

1．労働事件における仮処分

　仮処分は，暫定的に権利の救済を図る制度であるが，仮処分の申立てが認容されるためには，保全の必要性がなければならない。保全の必要性は，権利救済の緊急性のことである（「債権者に生ずる著しい損害又は急迫の危険を避けるためこれを必要とするとき」。民事保全法23条2項）が，例えば，解雇事案では，解雇以降の賃金支払が途絶えるために，労働者の生計が成り立たなくなるといったことを意味する。

　このため，解雇，配転や大幅な賃金切下げ等の事案以外では，仮処分は活用できない。また，解雇事案でも，労働者が生計を維持できるだけの額の金融資産（預金等）を有する場合には，保全の必要性は否定される。また，残業代請求などでは，保全の必要性が認められないのが通常である（なお，公務員の身分関係については，仮処分に相当する執行停止の申立てができる）。

　仮処分の場合にも，仮処分決定に至る以前の審理の過程で，和解により紛争が解決されることもある。労働審判制が創設される以前は，解雇案件で金銭解決を求める場合にも，和解での解決をめざして，仮処分が利用されることが多かったが，最近では，金銭解決をめざす場合には，労働審判が選択されることが多いようである。

| 実践知！ | 仮処分が活用できるのは，解雇，配転などで，保全の必要性が認められる場合に限られる。 |

2．仮処分の申立てと審理

(1) 仮処分の申立て

　仮処分の申立書には，申立ての趣旨と申立ての理由を記載する。申立ての

趣旨は，本訴における請求の趣旨に対応するものだが，仮処分であることから，「債権者（労働者）が債務者（企業）に対して，労働契約上の権利を有する地位にあることを仮に定める」など，「仮に」という文言を入れることになる。

　また，申立ての理由は，本訴における請求の原因に対応するものだが，被保全権利と保全の必要性を記載する。被保全権利とは，当該係争物に関する権利が存在すること（解雇事案であれば，解雇が無効であり，労働契約上の地位や賃金請求権を有すること）である。仮処分であることの特殊性はなく，本訴における請求の原因と同様の記載をして，それを基礎付ける疎明資料（通常訴訟における証拠）も提出する。

　保全の必要性に関しては，例えば，解雇事案における賃金仮払い仮処分であれば，賃金の全部または一部が支払われなければ，生活が成り立たないことを記載することになる。具体的には，月々の生活を維持するのに，どの程度の額がかかるかを，個々の費目（例えば，住居費，食費，通信費等）ごとに明らかにしたうえで，それを基礎付ける疎明資料（例えば，住居の賃貸借契約書）を提出する（ただし，食費等については，その額を裏付ける資料はないのが通常であるから，特段の支出がない限り，疎明資料を提出しなくても構わない）。最近では，他に資産がないかを確認するために，裁判所から，給与振込口座の預金通帳のコピーの提出を求められる例が少なくないようである（預金の額などはプライバシーに当たるから，通帳のコピーは，裁判所にだけ開示し，相手方〔債務者〕には開示しないという対処をすることもある）。なお，不動産を所有していても，それを即座に換金することは不可能であるし，解雇の有効性を争う労働者が不動産の処分を求められるのは不合理であるから，そのことを理由に保全の必要性が否定されることはない。

(2)　申立ての時期

　仮処分は，本案訴訟提起に先行して申し立てられることが多い（仮処分決定が出たのちに本案訴訟を提起する）と思われるが，いつまでに申立てをしなければならないという制限はなく，本訴の提起と同時に仮処分を申し立てたり，本訴提起後に仮処分の申立てをすること（本訴係属中に生活のための資力が失われたような場合）も可能である。

　また，解雇事案の本案訴訟の一審判決で勝訴した後に，保全の必要性があれば，その時点で仮処分の申立てをすることも考えられる。解雇事案で，賃

金請求権を認容する判決には，仮執行宣言が付されるのが通常であるが，被告の申立てに基づき執行停止の決定が出されると執行による満足は得られなくなる。そこで，賃金仮払いの仮処分の申立てをするのである。この場合，被保全権利の疎明資料としては，本案訴訟の判決書を提出すれば足りることになる（保全処分は，あくまで暫定的な仮の救済を与えるものであり，本案訴訟での判断が優先されるべきだからである）。

(3) 仮処分の審理

例えば，解雇事案における地位保全の仮処分は，仮の地位を定める仮処分（暫定的な法律関係を形成するもの）に当たるので，口頭弁論または債務者が立ち会うことができる審尋の期日で審理がされる（民事保全法23条4項）。最近では，口頭弁論期日が実施されることはなく，審尋が行われるのが通常である。

申立てから2週間程度の後に第1回の審尋期日がもたれる。その後，2〜3週間程度の期間を置いて，審尋期日が繰り返され（労働審判と異なり，審尋期日の回数の制限はない），通常訴訟と同様，答弁書，準備書面での主張のやり取りをして，随時，疎明資料を提出することになる。

仮処分では，証人尋問は行われない。また，決定手続における簡易な証拠調べである審尋（民訴法187条）として，当事者本人や参考人の審尋を行うことができるが，これを行うか否かは裁判官の判断に委ねられ，実際にこれを行う例は稀であり，人証調べにかえて陳述書を提出することになる。なお，簡易な証拠調べである審尋が行われていないのは，当事者がその申立てをしないためとも考えられるので，これをもっと活用するよう裁判所に働きかけることを検討してもよい。

(4) 仮処分における和解と申立ての取下げ

仮処分の審理の中で和解が試みられ，和解によって紛争が終局的に解決することもある（通常訴訟の場合と同様である）。また，仮処分特有の和解として，例えば，解雇案件についての地位保全・賃金仮払い仮処分において，「一審判決が出されるまで，月々〇〇万円を仮に支払う」といった暫定和解がされることがある。

仮処分の申立ては，本訴の場合と異なり，債務者の同意を得ることなく取り下げることができる（民事保全法18条）。実務上は，仮処分の審理の経過

で開示された（もしくは推察された）裁判官の心証から，仮処分の申立てが却下される可能性が高いと判断された場合には，仮処分の申立てを取り下げることが多い。仮処分では人証調べが行われないため，労働者側に有利な心証を形成させきれない場合があるし，却下の決定をもらっても意味がないので，仮処分は取り下げ，本訴での勝訴をめざすものである。

3. 仮処分決定

和解が成立しない場合には，仮処分決定が出される（なお，労働仮処分の場合，担保を立てさせられることはない）。仮処分決定が出されるまでの期間は，事案によって異なるが，東京地裁の場合，地位保全・賃金仮払い仮処分であれば，概ね3ヶ月程度で決定が出されているようである（ただし，地方によっては，仮処分での結論が出るまで6ヶ月以上の期間を要するところもあるようである）。

(1) 賃金仮払い

賃金仮払い仮処分の場合，仮払いの期間に限定がつけられる。かつては，判決確定までとする例もみられたが，最近では，「本案訴訟の一審判決言渡しまで」とされる例が多いようである。また，東京地裁では，「仮処分決定が出された月から向こう1年間，もしくは一審判決言渡しのいずれか早い時期まで」という制限をつけるのが通例である。この場合，仮処分決定が出されて1年経過時点までに，本案訴訟の判決が出される見通しが立たない場合には，1年経過前に，再度の仮処分申立てをしなければならなくなる。

仮払い額は，保全の必要性の疎明に応じて決められる（月例賃金額を上限とし，それから減額されることがある）。また，仮払いの始期は，仮処分決定の月からとされるのが通常で，解雇から仮処分決定が出されるまでの期間（過去分）については認められないことが多い。これは，それまでの間，現実に生活できていたのだから，その分についてまで仮払いを認める必要がないという発想に基づくものである（ただし，仮処分却下に対する即時抗告での判断だが，「被保全権利が認められるのにも拘わらず相手方が争ったために審理を要したことの不利益を抗告人に負担させることになり，相当ではない」として過去分を認容した例として，ゴールドルチル〔抗告〕事件・名古屋高決平成29・1・11労判1156号18頁がある）。しかし，この間，借金をすることで生活を維持していたなどの特段の事情が疎明できれば，過去分が認められることもある。

(2) 解雇事案における地位保全

最近では，解雇事案における地位保全は，保全の必要性が認められないことを理由に却下される例が多い（なお，地位保全を認めない理由として，「使用者の任意の履行を求めるものだから」とする仮処分決定も数多くみられるが，正しい指摘とは思われない。地位保全〔本訴における地位確認〕とは，「（仮に）就労させる」ことを命じるものではなく，労働契約に付随する社会保険の被保険者資格等を回復させるものにすぎず，これは，使用者による任意の履行によるものではないからである）。逆にいえば，保全の必要性が疎明できれば，地位保全も認められることになる（例えば，外国人労働者のビザの関係で，地位保全を認める必要がある場合など。最近の認容例であるジーエル〔仮処分〕事件・津地決平成 28・3・14 労判 1152 号 33 頁は，「就労機会の確保，社会保険の被保険者資格の継続などの必要性に照らせば，保全の必要性を認めることができる」として，3 名のフィリピン人労働者に対する地位保全を認めている）。

なお，健康保険や厚生年金については，本案訴訟で地位確認が認められれば，被保険者資格の喪失時（解雇時）に遡って資格の回復ができるので，それらの資格を仮に回復しておかなければならない特段の事情を疎明しなければ，地位保全は認められないことが多い。

4. 起訴命令と不服申立て

(1) 起訴命令

仮処分決定に対しては，債務者が申し立てると，起訴命令が発令される。起訴命令は，2 週間以上の一定の期間内に本案の訴え（通常訴訟の外，労働審判も含まれる）を提起しなければ，仮処分決定が取り消されるものである。起訴命令が発令された場合，定められた期間内に本案訴訟を提起するとともに，本訴を提起したことを証する書面を保全裁判所に提出しなければならない（民事保全法 37 条）。

(2) 不服申立て

債権者は，仮処分の却下決定に対して，告知を受けた日から 2 週間の不変期間内に，即時抗告をすることができる（民事保全法 19 条）。債務者は，仮処分決定を出した保全裁判所に対して異議の申立てができる（民事保全法 26 条）。異議審における決定は，仮処分（原処分）の認可，取消，変更のいずれかであり，これに対して，当事者（債権者，債務者）は，送達を受けた

日から2週間の不変期間内に，保全抗告をすることができる（民事保全法41条1項）。

なお，労働審判における異議とは異なり，異議の申立てや抗告がされただけでは仮処分決定の効力は失われない。異議審や抗告審において仮処分決定が取り消された場合に，仮処分決定の効力は失効する。

Ⅱ．仮差押え，先取特権に基づく差押え

これらは，企業の経営状況が悪化している場合の労働債権を確保するための手段であり，Pt. 2, Chap. 10, Ⅲ（412頁）で論じることにする。

CHAPTER

06 裁判手続内での手段の選択

Ⅰ. 本訴と労働審判との選択

本訴と労働審判を比較すると，以下のような違いがみられる。

(1) 迅速性の観点

かつてに比べると，労働訴訟の審理期間は，大幅に短縮されているといえる（解雇事案の場合でも，1年程度で判決に至ることも少なくない）。一方，労働審判の場合，3回以内の期日で手続を終了し，申立てから概ね3ヶ月程度で終結する。したがって，迅速性の観点からは，労働審判の方が圧倒的に優れている。

解雇事案では，職場復帰ではなく金銭解決による解決を望む労働者が多い。そのような労働者は，再就職のことなども考え，解決水準の高さよりも，紛争の早期解決を重視することが多い。労働者が早期解決を望む場合には，労働審判を選択することになろう。

(2) 解決水準の観点

解雇事案で，解雇無効の判断が下される見通しが高い場合，金銭解決を図るときの解決水準は，Pt. 2, Chap. 1, Ⅵ 2 (2) (212頁) で論じるとおりであり，本訴を提起した方がより高い水準の経済的な利益を得られる可能性が高い。

残業代の場合，労働審判では付加金の支払を命じない運用がされている。また，労働時間の立証手段が不十分な場合，宣誓をしたうえでの証人（本人）尋問が必要となることがあるし，固定残業代が主張された場合には，徹底した法律論争が必要になることもある。したがって，労働時間の立証が確実であり，使用者の抗弁が成り立たないことが明白であるような場合を除き，労働審判の場合には，一定程度の譲歩が求められることが多い。

このように，本訴と労働審判の選択は，早い解決を優先するか，時間がかかってでも高い解決水準をめざすかによることになろう。

132　　　　　PART 1　解決手段の選択と実践的な対処

⑶ 労使間の対立が鋭い事案

案件の中には，当事者間の対立が鋭く，労働審判が出されてもいずれかの当事者が異議を出すことが確実視されるものもある。労働者が職場復帰による解決を望み，金銭的な解決は一切受け入れられないとする一方，使用者側が職場復帰は絶対に認められないと主張するケースがその典型例である。

このようなケースでは，労働者の請求を全面的に認容する労働審判が出されても，異議の申立てがされて，結局は本訴に移行することになるので，労働審判制を利用することは却って迂遠ということになる（事実上の4審制ともなりかねない）。このような案件では労働審判でなく，本訴や仮処分を選択することを考えるべきであろう。

ただし，解雇事件などでは，労働審判の申立てを行い，解雇無効の判断（地位確認，賃金支払の労働審判）を得たうえで，これを仮処分の疎明資料として用いるといったかたちで，労働審判を活用する例もみられる。

⑷ 複雑な事案等

なお，前述の Chap. 4, Ⅱ（100 頁）で論じたとおり，そもそも労働審判の対象とならない紛争類型もある。また，労働審判で審理するには複雑であるとして，24 条終了で本訴に移行させられる案件もある。

これらについては，労働審判ではなく，本訴を選択することになる。

> **実践知！** 本訴と労働審判のいずれを選択するかは，解決に要する期間，解決内容やその水準についての依頼者の要望を踏まえて決定することになる。

Ⅱ. 仮処分と本訴，労働審判との選択

1. 仮処分は本訴，労働審判と並行的に申立てが可能

仮処分は，保全の必要性（救済の緊急性）がある場合に，暫定的に権利の救済を図る制度であるので，終局的な紛争解決をめざす本訴，労働審判と同時に（並行して）申し立てることができる。ただし，保全の必要性がない場合には，利用できない。

2. 本訴と仮処分

解雇事案で本訴の提起を予定しているときに，労働者の生活が困窮している場合（保全の必要性が認められる場合）には，仮処分の申立てを行う。

なお，仮処分の申立て時期について，特に制限がないことにつき，Chap. 5，Ⅰ 2(2)（127頁）を参照のこと。また，仮処分の中で和解が成立し，紛争が終局的に解決することもある（Chap. 5，Ⅰ 2(4)〔128頁〕を参照のこと）。

3. 労働審判と仮処分

保全の必要性がある場合には，労働審判と並行して仮処分を行うことも可能である。

もっとも，労働審判は，迅速な解決をめざす手続であるので，そこでの解決が見込まれる場合に，敢えて仮処分の申立てをする必要はないとも考えられる。その一方，労働審判での解決の見通しが必ずしも明確でない場合には，労働審判での解決が図られず，本訴に移行する可能性を見越して，仮処分の申立をしておくことが考えられる。ただし，労働審判での解決可能性が極めて低いと見込まれるケース（解雇事案で労働者が復職を希望する場合など）では，労働審判ではなく，本訴を選択すべきことは，前述のとおりである。

また，仮処分の場合にも，仮処分決定に至る以前の審理の過程で，和解により紛争が終局的に解決されることもある。仮処分で終局的な解決を図ることがあり得る場合（典型的には，解雇事案で，復職ではなく，金銭解決によって紛争を解決してもよいと考える場合）には，労働審判ではなく，仮処分を利用することも考えられる。

ただし，仮処分の場合は書面による審理が中心であるため，債務者（使用者）の主張に対する反論を含め，相応の分量の準備書面や陳述書を作成しなければならず，かつまた，人証調べが行われないので，事案の真相に迫れないことも往々にしてあり得る。一方，労働審判の場合，提出する主張書面は，申立書にほぼ尽きるし，人証調べ（反対尋問）が行えるという利点がある。このように，書面作成の負担や，事案の真相に沿った解決の観点からは，労働審判の方がメリットが大きいと評価できよう。

Ⅲ. 仮差押え，先取特権に基づく差押えと他の手続

　この点については，Pt. 2, Chap. 10, Ⅲ（412頁）を参照されたい。

　仮差押え，先取特権に基づく差押えは，企業が倒産の危機にあり，未払い賃金等の労働債権の回収が危ぶまれる場合に，企業の資産を保全し（仮差押え），もしくは，債権回収を実現するもの（先取特権に基づく差押え）である。したがって，これらの事態に遭遇した場合には，速やかに仮差押えや先取特権に基づく差押えの手続をとることが求められ，これらの手続と本訴，労働審判との選択を論ずる余地はない（ただし，仮差押えの場合には，それと同時に，債務名義を得るために，本訴等の裁判手続等をとらなければならない）。

LAWYERS' KNOWLEDGE

PART 2

紛争類型ごとの
対応策

CHAPTER

01　解雇

Ⅰ．初動

1．解雇事案であることの確認と解雇理由の特定

⑴　解雇事案であることの確認

　解雇とは，労働者の意向に拘わらず，労働契約を終了させる使用者の一方的な意思表示である。解雇の意思表示は，書面によらず，口頭で行うことも可能である。

　解雇の相談については，まず，真に解雇の意思表示がされているかを確認する必要がある。労働者自らが退職の意思表示をしている場合，争点となるのは，退職の意思表示の有効性であり，解雇の有効性ではない。また，単に退職勧奨を受けただけなのに，解雇されたと早合点して，漫然と欠勤を続けていると，無断欠勤を理由に解雇されるなど予期せぬ事態に陥ることがあるので，注意が必要である。

　解雇通知書などが交付されている場合には，解雇であることは明らかである。そうでない場合にも，「クビだ。今日で最後だから明日から来なくてよい」などとして，労働契約を終了させる旨が明らかにされていれば解雇であると考えてよい。もっとも，口頭による場合，解雇の意思表示があったといえるかどうかが微妙なケースもある。このようなケースでは，当該発言の内容や，その前後の状況などを勘案して，解雇の意思表示があったかといえるかを判断することになる。

> ### CASE
>
> * 丸一商店事件・大阪地判平成 10・10・30 労判 750 号 29 頁（「来月から残業代を支払えない。残業を付けないか，それがいやなら辞めてくれ」という使用者の発言を実質的に解雇の意思表示に当たるとして，解雇予告手当の請求を認めた）
> * 医療法人光優会事件・奈良地判平成 25・10・17 労判 1084 号 24 頁（「看護部を解散する」という発言は，業務命令に従わない X_1 を排する旨を告げたものであり，解雇の意思表示に当たるとして，解雇予告手当の請求を認めた）
> * 宝城建設ほか事件・東京地判平成 22・2・26 労判 1006 号 91 頁（「明日から来な

くてよい。別の仕事を探しなさい」という発言は，解雇の意思表示に当たるとし，解雇を無効としたうえで，別の企業で就労開始するまでの賃金請求を認めた）
* 全国資格研修センター事件・大阪地判平成7・1・27労判680号86頁（「がんばってもらわないとこのままでは30日後に解雇する」旨の通告につき，業績を上げなければ1ヶ月後に解雇することがあるかも知れないという解雇の可能性を示すものにすぎないとして，解雇予告の意思表示と認定しなかった）
* 印南製作所事件・東京地判平成17・9・30労判907号25頁（「社内大改革，強いてはリストラにまで，手を染めなくてはならない状況になってしまいました」，「そこで，誠に勝手な都合ですが，平成14年12月20日を目安に区切りをつけていただくことと致します」等と記載された文書の交付が解雇の意思表示には該当しないとされた）

(2) 解雇理由の特定（解雇理由証明書等）

次に，解雇理由を確認する。解雇案件の大半は，使用者の主張する解雇理由に，客観的合理性と社会的相当性が認められるかという解雇権濫用（労契法16条）によって判断されるので，解雇理由を確認することは不可欠である。解雇理由は，書面で明らかにさせることが重要である。使用者が書面によって解雇理由を明らかにしない場合には，解雇理由証明書の交付を求めるべきである。

解雇理由を特定するのが，解雇事案への対応の第一歩である。

i 解雇理由証明書

労基法は，労働者の求めがあった場合，退職の事由を記載した証明書を交付することを使用者に義務付けており，解雇の場合には解雇理由をも記載しなければならない（労基法22条1項）。この解雇理由の書面による明示義務は，解雇予告をされた日から退職日までの間に労働者が請求した場合にも適用され，使用者は遅滞なく解雇理由を記載した証明書を交付しなければならない（22条2項）。これらの違反に対しては，30万円以下の罰金刑が法定されている（120条1号）。そこで，使用者が書面で解雇理由を明らかにしない場合は，これらの条文で定められた解雇理由証明書の交付を求めるべきである。解雇理由証明書の不交付は，労基法違反なので，労基署に法違反の申告

CHAPTER 1 解雇

をして，解雇理由証明書を交付させることも考えられる。

通達では，証明書に記載すべき解雇理由として，「就業規則の当該条項の内容及び当該条項に該当するに至った事実関係」を具体的に記載しなければならない，とされている（平成11・1・29基発45号）。しかし，実際には，就業規則の条文を羅列したり，抽象的な理由（例えば能力不足，協調性の欠如など）しか記載されないことも多い。この場合，具体的な事由を明らかにするよう，さらに使用者に求めることも検討すべきである。それでも，使用者が具体的な事由を明らかにしない場合には，明らかにしなかったこと自体を，訴訟等において強調すべきことになる（例えば，「具体的な解雇事由を明らかにしなかったのは，何らまともな解雇理由がなかったからである」などとする。なお，Pt. 1, Chap 3, Ⅱ2(1)ii〔30頁〕を参照のこと）。

ii　解雇理由証明書の訴訟上の効果

懲戒解雇の場合，懲戒解雇の事由として主張できるのは，懲戒解雇処分がなされた時点で使用者が認識していたものに限られる（後述Ⅲ6(2)ii〔177頁〕を参照）が，普通解雇の場合には，客観的に存在した事由を全て考慮することができるとするのが一般的である（例えば，群英学園事件・前橋地判平成12・4・28労判794号64頁。その根拠として，普通解雇は，懲戒処分の場合と異なり，処分事由ごとに別個の解雇処分を構成するものではなく，全体として一個の解約申入れだからだとする）。

したがって，解雇通告当時，使用者が認識していなかった解雇事由を主張することも妨げられず，そのような事由の存否，合理性・相当性も判断の対象になることになる（解雇通知に記載されていなかった事由を訴訟において追加することができると判断した例として，Ｔ社事件・東京高判平成22・1・21労経速2065号32頁がある）。

もっとも，解雇理由証明書（労基法22条）が発行されているケースでは，そこに記載されていない解雇理由は，訴訟において主張できないという考え方があるし，訴訟において主張すること自体は妨げられないとしても，解雇当時使用者が重視していなかったと認定して，そのことのみを理由に解雇することは権利の濫用である旨判断することもあり得る（山口幸雄ほか編『労働事件審理ノート〔第3版〕』（判例タイムズ社，2011年）26頁）。

iii　解雇理由を特定させる際の留意点

弁護士が代理人として解雇理由証明書を要求すると，使用者側も弁護士の代理人に依頼し，真の理由と異なる解雇理由を提示してくることもあるので，

相談者本人に解雇理由証明書を要求させるといった工夫も必要である（労基署への法違反の申告ができることは，前述のとおりである）。

　また，解雇されていないものの，解雇が予測される場合には，使用者側とのやり取りを録音しておくことも重要である。使用者が労働者とのやり取りで語っていたのとは全く異なる解雇理由が解雇理由証明書に記載されることもあるが，使用者とのやり取りを録音しておけば，解雇理由証明書に記載された解雇理由が「作りあげられた」ものであることが明らかにできる。

2. 就業規則の解雇条項について

(1) 就業規則の解雇条項への該当性

　解雇通知書や解雇理由証明書には，解雇に関する就業規則の条文が摘示ないし引用され，労働者の行為が当該条項に該当する旨が記載されるのが通常である。しかし，就業規則の解雇条項は，抽象的なものであるとともに，「その他，前記各号に準じるもの」といった条項が定められているのが通常であり，使用者が主張する解雇事由は，何らかのかたちで就業規則の解雇条項と関連付けられることになる。したがって，就業規則上の懲戒（解雇）事由該当性が厳格に審査される懲戒解雇の場合を除き，就業規則の解雇条項に当てはまるかを綿密に検討することには，大きな意味がないといえよう（ただし，労働者の能力不足を理由とする解雇の場合，就業規則の解雇条項が意味をもつことがある。後述のⅢ2〔159頁〕を参照のこと）。

　労働者が手元に就業規則を持っておらず，解雇理由証明書に就業規則の条文番号のみが記載されている場合や，口頭でしか解雇理由が告知されず，就業規則の条項についての説明がないような場合でも，使用者が主張する実質的な解雇理由が解雇権濫用に該当するかの判断をすればよいことになる。

(2) 就業規則（労働協約）の手続条項違反

　就業規則や労働協約において，解雇や懲戒について人事委員会，賞罰委員会等の議を経たうえで行うことや，対象労働者からの事情聴取を行ったうえで決定すべきことが定められていることがある（また，労働協約で，組合員の身分，地位，労働条件の変更や，事業所閉鎖，営業譲渡など企業の重大な組織変更について，労働組合と協議したり，その同意を得たうえで行う旨の定めが置かれていることがある）。

　このような規定に違反して行われた解雇は，そのことのみを理由として無

効とされるのが一般的である（ただし，労働組合の同意を定めた条項については，労働組合が同意しない場合でも，会社が誠意ある説明，協議をしていれば，同意条項違反で解雇が無効とされることはない。つまり，同意条項は，協議条項と同じような意味として理解される）。なお，その逆に，労働組合の同意があったり，人事委員会等の議を経ていたとしても，そのことによって解雇が有効とされることはなく，解雇の効力は，さらに解雇権濫用法理等に照らして判断されることになる。

　したがって，このような条項違反があることが疑われる場合には，違反の有無についての事実関係を確認する必要がある。

CASE

* ロイヤル・インシュアランス・パブリック・リミテッド・カンパニー事件・東京地決平成8・7・31労判712号85頁（「会社が経営上やむを得ないと判断し，労働組合がそれを了承したとき」という就業規則の定めがあるのに，組合の了承を得たことの疎明がないとして解雇を無効とした）
* 千代田学園（懲戒解雇）事件・東京高判平成16・6・16労判886号93頁（従業員に対する賞罰が賞罰委員会の推薦または申告により行われ，同委員会の審議を受ける労働者本人に口頭または文書による弁明の機会を与えなければならない旨の就業規則の定めに反して，弁明機会を与えなかった以上，その余の点について判断するまでもなく懲戒解雇は無効であると判断した）
* 日本工業新聞社事件・東京地判平成14・5・31労判834号34頁（労働者に対する制裁に際して，賞罰委員会の議を経て決定する旨の就業規則の定めがある中，賞罰委員会の欠格事由者が審議に加わったことを理由に懲戒解雇を無効とした。ただし，同事件の高裁判決〔東京高判平成15・2・25労判849号99頁〕は，審議に加わった者が欠格事由者といえないとして，懲戒解雇を有効としている）
* 三州海陸運輸事件・神戸地決平成8・6・11労判697号33頁，東京金属ほか1社（解雇仮処分）事件・水戸地下妻支決平成15・6・16労判855号70頁，乙山産業事件・大阪地判平成22・6・18労判1011号88頁（いずれも，労働協約の労使協議条項に違反した解雇を無効とした）
* 三井リース事業事件・東京地決平成6・11・10労経速1550号23頁（「会社はその都度設ける委員会の意見を徴して決定する」との就業規則の定めにつき，委員会の構成や審理手続は，これにつき具体的に定めた規定がない以上，使用者の裁量に委ねられており，その委員会において被解雇者に弁明の機会を与えなければならないものではないとした）

3. 解雇の有効性についての判断——個別法令に基づく解雇規制

(1) 解雇権濫用法理

解雇については，解雇権濫用法理（労契法16条）が定められており，あらゆる解雇は，この法理に服することになる。解雇権濫用法理は，解雇の理由の客観的合理性，解雇の社会通念上の相当性というフィルターを通して，解雇の有効性を判断するものだが，解雇理由ごとに留意しなければならない点がある。これについては，後記Ⅲ（157頁）で詳述することにする。

(2) 個別法令による解雇規制

解雇権濫用法理は，全ての解雇に適用される一般法理であるが，個別法令により，一定の理由に基づく解雇が規制されている（これらの解雇規制に違反する解雇は，解雇権濫用としても無効である）。

しかし，実務上，これらの解雇規制が問題とされることは，あまりない。これら個別法令上の規制の多くは，「……を理由として」解雇してはならないと定めているところ，使用者がこれらの法令によって規制されている事由を，解雇理由として主張することがないからである。例えば，労基法違反の申告を理由とする解雇を例にとれば，解雇の真の理由（動機）が労基法違反の申告に対する嫌悪・制裁にあったとしても，使用者は，それが解雇理由であるとは主張せず，別の解雇理由（例えば，能力不足）を主張してくる（もし，「労基法違反の申告をしたので解雇した」と主張すれば，そのことのみで解雇は無効とされるからである）。そして，解雇理由として能力不足が主張された以上，解雇に相当するほどの能力不足の有無（＝解雇権濫用か）が争点とならざるを得なくなる。

もっとも，例えば，真の理由（動機）が労基法違反の申告に対する嫌悪・制裁にあると疑われる場合には，そのことを最大限，主張立証すべきである。判決の中で真の動機に基づく解雇であると認定されるかどうかは別として，解雇に至る経緯などから，真の動機の存在が疑われるとの心証を抱かせることができれば，使用者の主張する解雇理由が「作り出されたもの」であり，容易には信用できないとの心証のもと，審理が進められるからである。なお，保育園の運営方法に問題がある旨の意見を述べたことに対する嫌悪に基づく解雇であることを認定し，「その目的が不当であるから，原告甲野に対する解雇は，社会通念上相当であるとは認められず，その余の点について判断す

るまでもなく無効であるというべき」とした例として，Agape 事件・東京地
判平成 28・7・1 労判 1149 号 35 頁がある（ただし，「解雇の目的が上記のとお
りとはいえないと見る余地があるとしても」として，被告主張の解雇理由につい
ても検討を加えている）。また，定年後の再雇用拒否等の理由が，残業代請求
訴訟を提起したことにあると認定した例として，国際自動車ほか（再雇用更
新拒絶・本訴）事件・東京高判平成 31・2・13 労判 1199 号 25 頁がある。こ
の点については，Pt. 1, Chap. 3, Ⅲ 1 (3) ⅱ（36 頁）も参照のこと。

　また，近時の最高裁判決（広島中央保健生協〔C 生協病院〕事件・最判平成
26・10・23 労判 1100 号 5 頁）では，雇用機会均等法 9 条 3 項の「理由とし
て」という文言について，「契機として」という意味であるとの解釈を示し
ている（詳細は，Chap. 7, Ⅵ 2 (1)〔378 頁〕を参照）。この考えを他の法令によ
る解雇規制に及ぼすということも十分に考えられる。

> **実践知！** 解雇の真の動機が使用者主張の解雇理由と別のところにある
> と疑われる場合には，真の動機についての主張立証にも力を注
> ぐべきである。

　個別法令上の解雇規制のうち，実務上しばしば問題となるのは，業務上の
傷病による休業期間中の解雇（下記の①），不当労働行為解雇（下記の②）で
ある。また，最近では，女性労働者の妊娠，出産，育児休業取得にまつわる
不利益的取扱い（いわゆる「マタハラ」。下記の③）も問題となっている（この
点についての詳細は，Chap. 7, Ⅵ〔375 頁〕を参照）。

個別法令による解雇制限の例

①業務上の傷病による休業期間中の解雇
　　業務上の傷病による休業期間およびその後の 30 日間は，解雇できない（労基
　法 19 条）。実務上も問題となる解雇規制であり，後述のⅢ 4（171 頁）で論じる。
②不当労働行為解雇
　　労働組合の組合員であること，労働組合に加入したり，結成しようとしたこと，
　労働組合の正当な行為をしたこと等を理由とする解雇は，不当労働行為になり
　（労組法 7 条 1 号），また憲法 28 条の団結権等の保障を内容とする公序良俗に違
　反し，無効である。

③妊娠，出産，育児休業等に関する解雇制限

　　産前産後の女性が労基法 65 条によって休業する期間およびその後 30 日間は，解雇できない（労基法 19 条）。女性労働者が婚姻，妊娠，出産，労基法 65 条の産前産後の休業を請求・取得したこと等を理由にした解雇はしてはならない（雇用機会均等法 9 条 2 項，3 項，同法施行規則 2 条の 2）。なお，妊産婦等に対する解雇は原則無効とされ，立証責任の転換がされている（同法 9 条 4 項。この点については，Chap. 7, VI 1 (3)〔377 頁〕を参照）。育児・介護休業の申出をしたこと，育児・介護休業をしたことを理由とする解雇はできない（育児介護休業法 10 条，16 条）。

④法違反の申告等を理由とする解雇

　　労働者が労基法，労安法等の違反の事実を労基署や労働基準監督官等に申告したこと（労基法 104 条 2 項，労安法 97 条 2 項，賃金の支払の確保等に関する法律 14 条 2 項，最低賃金法 34 条 2 項，労働者派遣法 49 条の 3 第 2 項）や，労働者が都道府県労働局長に紛争解決の援助を求めたこと，またはあっせんを申請したこと（個別労働関係紛争の解決の促進に関する法律 4 条 3 項，5 条 2 項），セクハラやマタハラについて相談をしたことや，相談への対応に協力した際に事実を述べたこと（均等法 11 条 2 項，11 条の 3 第 2 項），短時間・有期雇用労働者が通常の労働者との間の待遇の相違の内容および理由等の説明を求めたこと（パート有期労働法 14 条 3 項）等を理由として解雇してはならない。

　　労働者が公益通報保護法に基づいて公益通報をしたことを理由とした解雇も無効となる（公益通報者保護法 3 条）。

⑤労働者代表等になること等を理由とする解雇

　　労使協定の過半数代表等になること，なろうとしたこと，正当な活動をしたこと等を理由として不利益扱い（解雇）してはならない（労基法施行規則 6 条の 2 第 3 項等）。また，企画業務型裁量労働制の対象業務に就くことや高度プロフェッショナル制度の適用に同意しないことに対して解雇をしてはならない（労基法 38 条の 4 第 1 項 6 号，41 条の 2 第 1 項 9 号）。

⑥雇用保険の被保険者となったことまたは被保険者でなくなったことの厚生労働大臣への確認の請求をしたことを理由として解雇してはならない（雇用保険法 73 条）。

⑦差別の解雇

　　国籍，信条，社会的身分を理由として，労働条件について，差別的取扱をしてはならない（労基法 3 条），解雇について，労働者の性別を理由として，差別的取扱いをしてはならない（均等法 6 条 4 号）。

4.　解雇予告について

(1)　概説

　　使用者が労働者を解雇しようとする場合，少なくとも 30 日前にその予告

をしなければならず，30日前に予告をしない使用者は，30日分以上の平均賃金（解雇予告手当）を支払わなければならない（労基法20条1項）。この予告日数は1日について平均賃金を支払った場合は，その日数を短縮できる（同条2項）。例えば，10日後に解雇する旨の解雇予告をした場合，20日分の予告手当を支払えばよいことになる。

ただし，解雇予告または予告手当支払は，労働者の責めに帰すべき事由に基づいて解雇する場合には，これを要しないものとされている（労基法20条1項但書）。しかし，その場合は行政官庁（労働基準監督署長）の認定（「除外認定」という）を受けなければならない（同条3項）。懲戒解雇の場合，解雇予告手当の支払をせずに即日解雇することが多いが，このようなケースで除外認定がなされるかどうかは，懲戒解雇の有効性について争いがあるか否かによるようである（なお，厳密にいうと，労基法20条1項但書の「労働者の責に帰すべき事由」は，懲戒解雇の場合に限定されるわけではなく，懲戒解雇の有効性とは別に判断されるべきものである）。労働者が自らの非を認め，懲戒解雇を受け入れているようなケースでは除外認定がなされるが，労働者が懲戒解雇が不当であると訴えた場合，労基署長は除外認定をすることについて慎重である。これは，懲戒解雇の有効性について労基署長が判断することが困難であるためのようである。

なお，解雇予告義務の規定は，日々雇用者，2ヶ月以内の期間を定めて使用される者，季節的業務に4ヶ月以内の期間を定めて使用される者，試用期間中の者（14日を超えて引き続き使用されている場合を除く）等については適用がない（労基法21条）。

(2) 解雇予告手当の請求

解雇予告手当の不払いは，労基法違反であり，労働基準監督署の監督行政が及ぶから，相談者が解雇の有効性を争うことなく，解雇予告手当の支払のみを望むときには，労働基準監督署に行くようアドバイスすべきである。なお，予告手当を裁判で請求する場合には，付加金（支払うべき解雇予告手当と同一額）の請求も忘れずにすべきである（労基法114条1号）。なお，付加金については，残業代に関するChap. 4，II 3（255頁）を参照のこと。また，解雇の有効性を争う場合にも，解雇予告手当の請求をすべきかについては，後述のII 2 (1)（148頁）を参照のこと。

⑶ 解雇予告義務に違反した解雇の効力

　除外認定事由がないのに解雇の予告をせず，予告手当も支払わないで解雇した場合の解雇の効力について，最高裁は，「即時解雇としては効力が生じないが，使用者が即時解雇に固執する趣旨でないかぎり，通知後30日の期間を経過するか，または通知の後に同条所定の予告手当の支払をしたときは，そのいずれかのときから解雇の効力が生ずる」としている（相対的無効説。細谷服装事件・最判昭和35・3・11民集14巻3号403頁）。この立場によれば，使用者が即時解雇に固執する趣旨でないかぎり，遅くとも解雇通告の30日後には解雇の効力が生じることになる（この場合，労働者は，30日分の賃金請求権を有することになる）。なお，使用者が即時解雇に固執する趣旨でなかったことが明らかでなかったとして解雇を無効した例として，阪神観光事件（大阪地決平成7・9・12労判688号53頁）がある。

Ⅱ．解雇された労働者の対処

1．解雇無効の主張と就労意思の表明

　解雇の効力を争う場合には，解雇が無効であることと就労の意思があることを，早い段階で，使用者に通告しておくことが必要である。

　とりわけ，解雇通告が口頭で行われ，解雇の意思表示があったことの客観的な証拠が存在しないようなケースでは，漫然と時を過ごしていると，のちに使用者から「退職勧奨をしただけで，解雇はしていない。退職勧奨後，労働者が就労していなかったのは，無断欠勤である」などとして，解雇（懲戒解雇）の意思表示をされることがある。このようなケースでは，当初の段階で解雇通告がなされていたのかが争点となり，仮に解雇の意思表示がなかったとされると，後になされた解雇が有効かどうかが問題となり，この解雇が無効とされたとしても，この解雇までの不就労期間の賃金請求権は否定されてしまう。解雇の無効と就労の意思があることを通告しておけば，このような事態を防ぐことができる（この通告に対して，使用者が解雇していないと回答すれば，速やかに出社すればよい）。

　また，解雇後の賃金請求や地位確認のためには，就労の意思と能力があることが必要とされる（これが問題とされるのは，主として，再就職した場合である）。しかし，解雇された会社での就労意思を確定的に放棄した場合でも，解雇が無効であれば，就労意思を確定的に放棄する（再就職する）までの賃

金請求権はあることになる。したがって，近い将来に別会社に就職する可能性が強く，解雇された企業への復職は望まないが，再就職までの賃金請求をしようとする場合でも，就労の意思を明確にしておく必要がある。

CASE

* ペンション経営研究所事件・東京地判平成 9・8・26 労判 734 号 75 頁（賃金支払がない中，労働者の側から労働契約を解除し，在職中の賃金請求をした事案で，就労の意思がないことを理由に，一部の期間の賃金請求が棄却された）
* 石原産業（ごみ収集車乗務員・解雇）事件・大阪地判平成 22・9・24 労判 1018 号 87 頁（解雇後の他所就労での労災事故により不就労となった期間について，バックペイ〔解雇後の賃金〕の支払を認めなかった）
* 医療法人社団充友会事件・東京地判平成 29・12・22 労判 1188 号 56 頁（育児休業中に，労働者に無断で退職手続〔事実上の解雇〕がされた事案で，退職手続後の育児休業等の取得が見込まれる期間については，就労の意思と能力がないとして，賃金請求権を認めなかった）。

2. 退職を前提とした行動をとらない

また，解雇の効力を争う場合，退職を前提とした行動はとるべきではない。退職を前提とした行動をすることは，解雇無効の主張と矛盾することになり，使用者からは，解雇有効の主張とともに，それとは別の労働契約の終了原因が主張される（後述の(3)参照）ことになるからである。

解雇の有効性を争う場合，退職を前提とした行動をとらないことが必要である。

(1) 退職金，解雇予告手当の請求

具体的には，退職金や解雇予告手当を請求したり，同僚，取引先等に対して「退職することになりました。今までお世話になりました」などと挨拶をすること（ただし，解雇された旨を告げることは問題ない）がこれに当たる。

予告手当は，解雇後の労働者の生計を維持するためのもので，労基法によって支払が義務付けられているので，解雇の有効無効とは無関係に支払われるべきものである。したがって，予告手当を請求することが，直ちに解雇無効の主張と矛盾するとはいえないと考えられる（後記(3)の日本システムワープ

事件や，後記3(1)〔150頁〕の医療法人衣明会事件）。しかし，予告手当請求をしていることから，就労意思を喪失したとして，雇用契約の終了を認定した裁判例もある（三枝商事事件・東京地判平成23・11・25労判1045号39頁）ので，失業保険の受給資格がなく，蓄えも全くないなど，当面の生活にも困窮するような場合以外は，予告手当の支払を請求はしないのが無難であろう。

　その一方，労働者が請求しないのに，使用者が労働者の給与振込口座に退職金，解雇予告手当を振り込んできた場合には，これを返還する旨の意思表示をしたうえで（企業は解雇が有効であることを前提とした行動をとるので，このような意思表示をしても，返還を求めてくることはまずない），①法務局に供託するか，②労働者において預かり保管し，以降発生する賃金（解雇が無効であれば，労働者は解雇後も賃金請求権を有していることになる）に順次充当する旨の意思表示をしておくのが無難である（なお，これらの意思表示は，解雇から時間的な間隔をあけずに訴訟等を提起する場合には，訴状等において明らかにするので構わない）。

(2)　離職票の受領，健康保険証の返却等

　離職票の受領，健康保険証の返却は，解雇無効の主張と矛盾するとはいえない。離職票は，当面の生計を支える失業給付をうけるために必要となるものである（後述〔153頁〕のとおり，解雇の場合には，仮給付を受けるのが望ましい）し，健康保険証は，労働者が返却を拒んでも，使用者が資格喪失手続をすれば保険証としての効力を失うからである（後述の5(1)〔156頁〕参照）。また，解雇後は，就労（出社）を拒絶されるので，必要な私物などを持ち帰ることにも問題はない。

(3)　矛盾した行動をとった場合の使用者側の主張

　解雇無効の主張と矛盾する行動をとった場合に，使用者が主張してくる労働契約の終了原因としては，①合意解約が成立した，②解雇を承認した，③就労意思を喪失している（後述の3(1)を参照），といったものが考えられる。

　このうち①は，労働者が解雇の意思表示を「有効なものとして確定的に受け容れる意思表明をした場合，当該解雇の意思表示は，雇用契約の合意解除の申入れの意思表示にも当たり，これに対して，労働者が承諾の意思表示をしたと評価される場合もあり得る」（サン石油〔視力障害者解雇〕事件・札幌高判平成18・5・11労判938号68頁の説示。ただし，当該事案では承諾の意思表示

CHAPTER 1　解雇

149

はなかったと判断している）というものである。

　下記のテレマート事件や，日本システムワープ事件にあるとおり，判例は，解雇通告がなされた場合には，容易に合意退職の成立を認めていない（解雇は使用者の一方的な意思表示により労働契約を終了させるものであり，使用者と労働者の合意に基づく合意退職とは相容れないので，当然といえば当然のことであるが）。ただし，これらの判例は，解雇の意思表示が認定されたケースである。解雇の意思表示がされたのかどうかが曖昧な事案では，合意退職等が認定され，雇用契約は終了しているとの結論が出される可能性がある（下記のＯ法律事務所事件の地裁判決参照）ので，十分注意する必要がある。

CASE

＊テレマート事件・大阪地判平成 19・4・26 労判 944 号 61 頁（整理解雇事案で，解雇に異議を申し立てない旨の誓約書を提出し，解雇予告手当および解雇一時金を受領したことで，解雇無効の結論が左右されることはなく，仮に被告によって合意退職の主張がされても，そのような合意は無効であるとした）

＊日本システムワープ事件・東京地判平成 16・9・10 労判 886 号 89 頁（退職後 3 年間は，同業の企業に就職しない等の就業規則に違反しないこと等を記載した退職時誓約書に署名押印し提出したのは，損害賠償請求も考えていると言われ，やむなく行ったものであること，解雇予告手当を請求，受領したのは，労基署に相談したところ，解雇予告手当を請求できるとの助言を受け，当面の生活のために支払を受けたもので，解雇を受け入れる意識はなかったことなどから，合意退職の主張を退けた）

＊Ｏ法律事務所（事務員解雇）事件・名古屋地判平成 16・6・15 労判 909 号 72 頁，名古屋高判平成 17・2・23 労判 909 号 67 頁（後任の新事務職員の募集等に格別の抗議をせず，退職直前に有給休暇の消化に励んでいたこと，退職金の振込先の銀行口座を記載した書面をファックスしたことなどから，地裁判決は合意解約を認定した。高裁判決は，当該労働者が一貫して働き続けたいと述べていたことから，合意解約の成立を否定した）

3. 係争中の他社就労と中間利得の控除

(1) 係争中の他社就労の可否

　前述のとおり，解雇後の賃金請求や地位確認については，就労の意思と能力が問題とされることがあり，実務上問題となるのは，労働者が再就職した場合である。もっとも，地位確認（職場復帰）を求めて交渉をしたり，提訴しているような場合には，その間，他社で就労していても，就労の意思が問題とされることはないはずである。係争している以上，就労（復職）の意思

150　　　PART 2　紛争類型ごとの対応策

があることは明らかであるし，解雇され賃金の支払を受けられなくなった労働者が生計を維持するために，他の企業で就労し賃金を得るのはやむを得ないからである（この場合，後述の(2)のとおり，他社から得た賃金と解雇した企業から得るべき賃金との調整の問題を生じる）。

　しかし，他社で正社員として働いていると，解雇された企業に復職する意思を確定的に放棄したと認定されることがある（労働者が復職の意思を明確にしている場合に，裁判所が復職の意思を放棄したと認定するのは問題だが，そのような認定をした裁判例もある。下記の弁護士法人レアール法律事務所事件）。その意味で，解雇の効力を争いつつ他社で就労する場合には，アルバイトなど非正規雇用のかたちでするのが無難ということになる。

CASE

* 医療法人衣明会事件・東京地判平成 25・9・11 労判 1085 号 60 頁（本人尋問で，現在は解雇された雇用主のもとで勤務したくない旨を述べても，解雇無効の判断がされた場合においても，就労提供を拒絶する意思を明確に有しているといえないとした。また，仮に解雇予告手当の請求をしていたとしても，解雇を認めているとか，就労意思を放棄しているとはいえないとした）
* ピジョン事件・東京地判平成 27・7・15 労判 1145 号 136 頁（退職願を提出したケースで，退職後の一時期，他社で正社員として勤務したが，その後は非正規で勤務しており，被告への就労意思・能力を失ったものとは認められないとした）
* 大王製紙事件・東京地判平成 28・1・14 労判 1140 号 68 頁（懲戒解雇の無効を主張する訴訟係属中に他の会社の役員に就任していても，直ちに就労する意思を完全に放棄したと認めることはできないとした）
* ユニフレックス事件・東京地判平成 10・6・5 労判 748 号 117 頁，ニュース証券事件・東京高判平成 21・9・15 労判 991 号 153 頁，弁護士法人レアール法律事務所事件・東京地判平成 27・1・13 労判 1119 号 84 頁，東京エムケイ（損害賠償請求）事件・東京地判平成 26・11・12 労判 1115 号 72 頁（いずれも，再就職した〔と認められる〕時以降の賃金請求，地位確認請求を棄却した）
* ライトスタッフ事件・東京地判平成 24・8・23 労判 1061 号 28 頁（再就職により就労意思が喪失したとして，再就職後の賃金請求権を否定しつつも，地位確認を認容した）

(2) 中間利得の控除

　解雇無効を前提とする地位確認，賃金請求（バックペイ）が認容された場合，係争中に就労していた他社から得た賃金相当額が，バックペイから控除されることがある。この問題についての最高裁（あけぼのタクシー〔民事・解雇〕事件・最判昭和 62・4・2 労判 506 号 20 頁，いずみ福祉会事件・最判平成

18・3・28 労判 933 号 12 頁）の考え方は，以下のとおりである。

①まず，その中間収入が副業的であって解雇がなくても当然に取得し得る
など特段の事情がないかぎり，自己の債務（就労債務）を免れたことにより
得た利益としてこれを使用者に償還すべきである（民法 536 条 2 項後段）。

②その一方，労働者は使用者の帰責事由による休業の場合は，平均賃金の
6 割以上の休業手当を保障されているので（労基法 26 条），解雇期間中の賃
金のうち平均賃金の 6 割までの部分については，利益償還の対象にするこ
とは許されない。すなわち，労働者が他社から得た賃金がどれだけ多額であ
ろうとも，平均賃金の 6 割相当額までは必ず支払わなければならない。

具体例

例えば，解雇された企業で月額 30 万円の賃金を得ていた労働者が，他社就労で
月額 20 万円の賃金を得ていた場合でも，解雇した企業は，30 万円の 6 割である
18 万円の支払をしなければならない（30 万円から 20 万円を差し引いた 10 万円だけ
を支払えばよいのではない）。なお，他社から得た賃金が，解雇された企業から得て
いた賃金額の 4 割（上述の例では，30 万円の 4 割である 12 万円）に満たない場合
（例えば 8 万円），差し引かれるのはその金額（8 万円）だけである。

③また，ある期間を対象として支給される賃金から，それとは時期的に異
なる期間内に得た収入を控除することはできない。

具体例

例えば，上述の例（解雇された企業での賃金が 30 万円，他社就労で得た賃金が 20
万円）で，他社から中間収入を得たのが解雇直後の 3 ヶ月であった場合，当該 3 ヶ
月間に支払われるべき賃金が各 18 万円（控除されるのは各 12 万円）とされるだけ
であり，4 ヶ月目以降については，満額の 30 万円が支払われなければならない。
他社から総額で 60 万円（20 万円×3 ヶ月）の賃金を得ているからといって，実際
に中間収入を得たのとは異なる時期の賃金から差し引くことはできない。

④ただし，中間利益の額が平均賃金の 4 割を超える場合には，さらに平
均賃金算定の基礎に算入されない賃金（労基法 12 条 4 項所定の賃金。典型的
には賞与）の全額を対象として利益額を控除することが許される。

具体例

上記③の例で，解雇直後の 3 ヶ月のあいだに，解雇した企業から 50 万円の賞与

が支払われるべきだとした場合，他社から得た賃金総額（60万円）のうち，月例給から控除されなかった24万円（60万円−12万円×3ヶ月）は，50万円の賞与から全額差し引くことができることになる（ただし，それはあくまで「当該賃金の支給対象期間と時期的に対応する期間内に得た中間利益の額」に限って控除できるものとされている。しかし，最高裁の上記判決を見ても，「時期的に対応する期間」の意味は判然としない）。

　⑤そして，利益償還の対象となる部分については，償還請求の方法によらずに賃金から直接控除しても，全額払いの原則（労基法24条）に反しない。

　なお，訴訟上，このような中間収入の控除がなされるのは，あくまで使用者がそのような主張をした場合である。中間収入があっても，使用者が主張しなければ，判決においては考慮されない。また，その立証が不十分として，控除が認められないケースもある（例えば，協同商事〔懲戒解雇〕事件・さいたま地川越支判平成19・6・28労判944号5頁，所沢中央自動車教習所事件・さいたま地川越支判平成15・6・30労判859号21頁）。

4. 当面の生活への手当（失業給付の仮給付）

⑴　係争中の生活への手当

　当然のことながら，解雇されれば，それ以降の賃金は支払われない。また，解雇の効力を争う場合，その解決に至るまでは一定の時間を要するのが通常である。したがって，その間の生計を支えるための手当をすることが必要となる。

　前記2⑴（148頁）で述べたように，企業が解雇予告手当や退職金を一方的に振り込んできたような場合には，解雇後に発生する賃金に順次充当するというもひとつの方法である。また，賃金の支払を得られないことで生活が困窮するような場合（労働者に金融資産がほとんどない場合）には，賃金仮払いの仮処分の申立ても検討することになる（Pt. 1, Chap. 5, Ⅰ〔126頁〕を参照のこと）。賃金仮払いの仮処分決定が得られないような場合には，他社で就労して賃金収入を得ることを検討せざるを得ない場合もある（この点につき，前述の3〔150頁〕を参照のこと）。

　当面の生計を維持するために，もっとも一般的に用いられるのは，雇用保険の失業給付を受けることである。そこで，以下，失業給付の概要について述べる。

⑵ 失業給付の概要

　失業給付の概要については，インターネットで情報を得ることができる。また，不明点は，公共職業安定所（ハローワーク）に問い合わせることで，正しい情報を得ることができる。したがって，解雇事案についての相談を受けた弁護士が失業給付の詳細についての知識をもつことまでは必要ないであろう。しかし，解雇された労働者は，失業給付を受給できるのか，受給するにはどうすればよいのかについて不安を抱いていることが多い。そこで，以下のような，受給についての最低限の情報を教示できるようにしておくことが望ましい。

ⅰ　保険関係の成立

　雇用保険は，5人未満を雇用する農林水産業を除き，労働者を雇用している全ての事業に適用され（雇用保険法5条1項，附則2条），雇用保険の保険関係は事業が開始された日に成立する（5条2項，労働保険の保険料の徴収等に関する法律4条）。したがって，事業主が届出や保険料納付の手続を怠っている場合でも，雇用保険給付を受けられることになる（この場合，公共職業安定所は，使用者から過去の保険料を徴収する）。

ⅱ　受給資格

　失業給付の受給資格は，離職日前2年間に通算して12ヶ月以上（各月11日以上），被保険者であったことだが，特定受給資格者（解雇，退職勧奨，大幅な賃金切下げを受けるなどして非自発的に離職した者。雇用保険法23条2項），特定理由離職者（契約更新を希望したのに，契約が更新されずに離職することになった有期雇用労働者等。13条3項）の場合は，離職前1年間に6ヶ月以上の被保険者期間があればよい（13条2項）。

　なお，週の所定労働時間が20時間未満の者等は，雇用保険法が適用されない（法6条1号）。

ⅲ　給付日数等

　失業給付（基本手当）を受けられる日数は，被保険者であった期間，年齢，特定受給資格者，特定理由離職者（上記ⅱ参照），就職困難者であるかによって異なる（22条，23条）。また，純粋に自発的な意思に基づき退職した場合や，自己の責に帰すべき重大な理由によって解雇された場合には，3ヶ月間給付を受けられない（33条1項）。

　基本手当の給付を受けられる期間は，離職日の翌日から起算して1年である（20条1項。給付日数が360日，330日になる場合には1年に60日，30日

を加えた期間）。基本手当の受給をせずに解雇の効力を争い，解雇日を退職日として退職（金銭）和解した場合，基本手当の全部（例えば，1年2ヶ月後に和解した場合）もしくは一部を受けられなくなることがあるので，注意が必要である。

iv　受給手続

失業給付を受けるには，事業主から離職票を受領し，自己の居住地の公共職業安定所（ハローワーク）に提出することになる。なお，離職証明書や離職票に記載された「離職理由」によって，特定受給資格者等に該当するかが決められるので，この点は，入念にチェックする必要がある（解雇であるのに，自己都合退職とされているような場合には，離職理由に「異議あり」とチェックする必要がある）。

なお，事業主が離職票を交付しない場合，離職者は，事業所の所在する公共職業安定所の長に対し，被保険者であったことの確認を請求することができる（8条，9条，雇用保険法施行規則8条）。公共職業安定所長は，この確認をした場合，離職者の請求により離職票を交付しなければならない（規則17条）。実務上は，公共職業安定所が使用者に対して離職票の交付を促し，それでも離職票が発行されない場合に，確認請求の手続に移る。

v　解雇無効を争う場合の仮給付

解雇無効を争っている場合には，仮給付（条件付給付）として失業給付を受けることができる（この場合には，求職活動を求められない）。具体的な手続としては，ハローワークで受給手続をする（通常の場合と同様，離職票が必要となる）に際して，仮給付として受給したい旨を申告し，解雇を争って係争中であることを示す文書（裁判所の事件係属証明書など）を提出する（この文書の提出は，後日でも構わない）。

解雇紛争を復職によって解決したり，退職日を解決時とし，過去の賃金として金銭の支払を受けるかたちで解決する場合（この場合，雇用保険や社会保険の資格喪失の取消手続をし，賃金から所得税のほか，本人負担分の雇用保険料，社会保険料を控除をするのが通常である），仮給付相当額をハローワークに返還することになる。退職日を解決時として退職する場合，すぐに失業給付を受給するか否かは，労働者本人の選択による（退職後，すぐに再就職が決まる見通しが立たない場合には，あらためて手続をして給付を受けるのが通常であろうが，再就職が決まる見通しが立っているような場合には，失業給付を受給しない選択肢もある）。

一方，仮給付で受給していても，復職によらず，退職日を解雇日とし，賃金以外の名目（慰謝料，損害金，解決金等）で金銭の支払を受けるかたちで解決する場合には，仮給付は返還する必要がない（本給付として扱われる）。

> **実践知！** 解雇の効力を争いつつ，失業給付を受給する場合には，仮給付（条件付給付）として受領するのが無難である。

5. 社会保険（健康保険，厚生年金）をどうするか

(1) 労働契約終了と資格喪失

労働契約関係が終了すると，使用者（事業主）は，社会保険（健康保険，厚生年金保険）の資格喪失の届出を行い，被保険者としての資格は，退職の日の翌日から失われる。厚生年金については，国民年金への切り換え手続をすることが考えられるが，手続をしないことで，すぐに生活上の不利益が生じるわけではないので，慌てて対処する必要はないといえる。

一方，健康保険については，医療機関で保険診療を受けるために不可欠なので，切換えの手続をする必要がある。具体的には，国民健康保険への加入，従前の健康保険の任意継続（被保険者期間が2ヶ月以上あった場合に，使用者負担分を含めた保険料を全額支払えば，2年間に限り保険給付を受けることができる制度）のいずれかを選択することになる。納付すべき保険料を比較し，安くて済む方を選択するのが通常であろう。任意継続をする場合には，資格喪失後20日以内に，保険者（健康保険組合，全国健康保険協会管掌の場合は退職者の住所地を管轄する同協会都道府県支部）に対し，任意継続被保険者資格取得申出書を提出する必要がある。

なお，健康保険の資格喪失の届けに際しては，健康保険証を添付する必要があるが，仮に労働者が保険証の返還を拒んでも，添付不能届けを添付すれば届出は受理される。すなわち，資格喪失手続がなされてしまえば，健康保険証は失効することになり，健康保険証を使って受診すると，事後的に受診した医療機関から直接請求を受けるおそれが出てくる。したがって，失効した健康保険証を使うことは禁物である。

(2)　解雇無効の場合の処理

　解雇無効（地位確認）の判決が確定した場合，資格喪失の処理は遡及して取り消されることになる（和解によって，復職したり，解決時点を退職日とし，解雇から解決日までの社会保険を継続する旨の合意をした場合も同様である）。

　そのための手続はやや複雑であるが，健康保険の場合，労働者は，解雇後に加入した国民健康保険や任意継続で支払った保険料の還付を受け，使用者は，資格喪失時から解決時までの保険料を健康保険組合等に納付する（労働者負担分は労働者が負担する）ことになる。なお，健康保険の保険給付は過去2年間以上遡って行えないこととの均衡で，以上のような扱いがされるのは，過去2年分についてのみである。

　一方，厚生年金については，紛争解決に長期間（2年以上）を要しても，解雇時に遡って保険料納付が可能になっている（これにより，将来の年金受給額が減額されないで済むことになる）。

Ⅲ．解雇理由ごとの留意点

1.　解雇権濫用法理（労契法16条）と解雇の最後手段の原則

(1)　解雇権濫用法理

　労契法16条は，「解雇は，客観的に合理的な理由を欠き，社会通念上相当であると認められない場合は，その権利を濫用したものとして，無効とする」としている。この解雇権濫用法理は，判例法理として，実務上定着していた（日本食塩製造事件・最判昭和50・4・25労判227号32頁で定式化され，その後の高知放送事件・最判昭和52・1・31労判268号17頁で，「相当性の原則」が明らかにされた）が，その後，成文法化された（当初は，労基法18条の2として定められたが，現在は，上記のとおり労契法16条に定められている）。あらゆる解雇は，この法理に服することになる。

　解雇権濫用であるか否か（客観的合理性，社会的相当性の有無）の判断は，社会通念（「常識的な観点」）に沿って行うことになる。例えば，風邪を引いて2〜3日間欠勤したことを理由とする解雇が無効であることや，多額の金銭の横領をしたことを理由とする解雇が有効であることは，誰の目にも明らかであろう。しかし，実際の紛争では，解雇の有効性判断が微妙であるものが少なくない。そこで，以下に論じる，解雇理由ごとに形成された判例法理の観点も踏まえた検討が必要になる。

⑵ 解雇の最後手段の原則

　解雇の有効性の判断に際しては，解雇の「最後手段性の原則」が妥当すると解されている。この原則は，使用者には，可能な限り，解雇を回避し，雇用を維持すべき義務があるとする考え方である。

　使用者側の経営上の理由に基づく整理解雇では，判例上，整理解雇の4要件（要素）と呼ばれる法理が確立されているが，その要件（要素）のひとつとして，「解雇回避努力を尽くしたこと」がある。これは，解雇の最後手段性の表れである。また，労働者側の帰責事由に基づく解雇でも，解雇が有効となるには，債務不履行と評価される事由（労働契約の履行に支障を生じさせる能力・適性の不足・欠如や企業秩序違反等）が存在するだけでは足りず，警告・指導，教育訓練，職種や配置の転換，休職等，解雇を回避するための措置を講じても，なお債務不履行状態が解消されない場合に，初めて解雇が有効となると考えられている（例えば，O公立大学法人〔O大学・准教授〕事件・京都地判平成28・3・29労判1146号65頁は，アスペルガー症候群に由来して，問題行動が理解できていない大学教員に対して，改善の機会が与えられていない以上，改善可能性がなかったと即断できないとして解雇を無効としている。ただし，一定の能力に着目して，高い処遇で中途採用された労働者については，この原則は妥当しないと解されている。後述の2⑶〔161頁〕を参照のこと）。

　また，労働者側の帰責事由に基づく解雇では，債務不履行と評価される事由が将来にわたって反復継続すると予測されることが必要であるとする「将来予測の原則」も妥当すると考えられる（クレディ・スイス証券〔休職命令〕事件・東京地判平成24・1・23労判1047号74頁は，高い処遇のもとに中途採用された社員に対する，能力不足を理由とする休職命令とその後の解雇について，改善可能性に関する将来予測を的確に考慮していないとして，解雇を無効としている。同様の趣旨を判示するものとして，ブルームバーグ・エル・ピー事件・東京高判平成25・4・24労判1074号75頁）。要するに，債務不履行の状態が，労働契約関係を終了させてもやむを得ない程度に達していることが必要とされるのである。

　労働者の帰責事由を理由として解雇がされた場合，労働者にも何らかの落ち度（弱点）があるのが通常である。それが軽微なものであれば，そもそも解雇に値するほどの事由ではないと主張すれば足りるが，落ち度（弱点）が重大なものである場合には，「最後手段の原則」や「将来予測の原則」を最大限主張することになろう。

| 実践知！ | 解雇の最後手段性の原則は，あらゆる解雇に妥当すると考えてよい。 |

(3) 社会的相当性

　社会的相当性は，解雇という手段を選択することが妥当であるか（労働者にとって過酷すぎないか）をチェックするもので，非違行為の場合の反省の有無，その他の情状，他の労働者に対する処分との均衡等の事情を総合的に考慮して判断される。また，弁明の機会の付与など手続的な相当性も，社会的相当性を判断する際の一要素として考慮されることがある。労働者の帰責事由を理由とする解雇では，ほとんどの事案で，解雇を選択することの不合理性（問題とされた事由に対して解雇という重い処分を科すことは，処分として重すぎる）を主張することになろう。

　なお，相当性の原則を明らかにした最初の最高裁判決である高知放送事件は，宿直勤務であったラジオ局アナウンサーが寝過ごし，二度にわたり定時のニュースを放送できない事故を発生させた事案であった。最高裁は，本件事故が悪意ないし故意によるものでないこと，先に起きてアナウンサーを起こすべき担当者が寝過ごして原稿を渡さなかったのに，同担当者はけん責処分にとどまっていること，本人が事故について謝罪の意を表していること等の事情から，解雇を無効としている。

2. 勤務成績不良，能力不足を理由とする解雇

(1) 勤務成績不良，能力不足を理由とする解雇

　労働者の勤務成績不良，能力・適性の不足（欠如）を理由とする解雇は，就業規則の解雇条項に該当するかどうかというかたちで争われることが多い。

　すなわち，多くの企業の就業規則では，解雇事由として「業務能力が著しく劣り，または勤務成績が著しく不良で，改善の余地が認められないとき」などといったものが掲げられており，当該労働者の能力や適性が就業規則にいう「勤務成績が（著しく）不良」等に該当するのかというかたちで争われる。しかし，このような条項がなければ，能力・適性の欠如（不足）を理由とする解雇ができないわけではない（就業規則そのものが存在しないこともあるし，「その他，前記各号に準ずる重大な事由」などといった概括的な条項に基づ

き解雇されることもある）。

⑵　解雇権濫用法理と使用者の配慮義務

このような解雇の有効性も，「客観的合理性」と「社会的相当性」という解雇権濫用法理に基づき判断されるが，要は当該労働者を雇い続けることが企業運営にとって耐え難いものであるかが問われることになる。しかし，一見明白な場合は別にして，このような判断が困難な場合も少なくない。結局，どのような場合には解雇が許容されるかは，ケース・バイ・ケースで判断する以外ない。

ただし，勤務成績不良，能力不足を理由とする解雇が有効とされるのは，不良の程度が著しい場合に限られるとするのが判例の傾向である。したがって，仮に一定の成績不良があっても，それは，解雇しなければならない程の不良でないことを主張すべきことになる。また，就業規則の条文が上記⑴のようなものである場合には，就業規則の条文も引用しつつ，この条文の要件に該当しないことを論ずべきである。さらに，人事考課等が相対評価とされている場合，相対評価が低い者は常に存在するから，単に相対評価が低いというだけでは，解雇事由に該当しないと考えるべきである。

また，能力や適性に問題がある場合でも，いきなり解雇するのでなく，教育訓練や本人の能力に見合った配置（配置転換）をするなど解雇回避の措置を尽くすことが必要である（前述の1⑵〔158頁〕で論じた「解雇の最後手段の原則」）。ただし，使用者がどこまで，このような配慮をすべきかについては，企業規模，当該企業における労働者の配置・異動の実情，難易等によって異なってくるといえよう。定期的に大幅な人事異動を繰り返し，財政的にも余裕がある大企業の場合と，ごく少人数で財政的にも余裕のない小企業とでは，求められる配慮の程度は異なってくるであろう（外資系企業において，改善機会を付与したうえで，改善可能性を検討すべきとした例として，後述⑶に掲げるブルームバーグ・エル・ピー事件がある）。

CASE

＊セガ・エンタープライゼス事件・東京地決平成11・10・15労判770号34頁（当該労働者の業務遂行が平均的な水準に達していないことを認定しつつも，就業規則の「労働能率が劣り，向上の見込みがないと認めたとき」との規定は，平均的な水準に達していないというだけで解雇を許容する趣旨ではなく，著しく労働能力が劣り，しかも向上の見込みがない場合に限って解雇を認める趣旨であるとし，人事

考課の点についても，考課が絶対評価でなく相対評価であることから，当該人事評価〔解雇直前の3回の人事考課がいずれも下位10％未満〕から直ちに当該労働者の労働能力が著しく劣り，向上の見込みがないとまではいえず，さらに体系的な教育，指導を実施することで当該労働者の労働能力の向上を図る余地があるとして，解雇を無効とした）。

＊エース損害保険事件・東京地決平成13・8・10労判820号74頁（長期雇用者に対する勤務成績不良を理由とする解雇は，単なる成績不良では足りず，企業から排除しなければならない程度に至っていること等を要するとし，53歳，50歳の労働者に対する解雇を無効とした）。

実践知！ 能力不足を理由とする解雇が有効とされるのは，その程度が著しい場合である。相対評価の場合，評価が低位の者は常に存在するので，相対評価が低位というだけで解雇が正当化されることはないと考えるべきである。

(3) 即戦力として高い処遇で採用された場合

　能力不足の程度が著しい場合にのみ解雇が許されるとしたり，解雇に先立ち教育訓練や配置転換などの配慮を求めるのは，わが国では，いわゆる終身雇用のもと，企業内で長期的に教育訓練を施して人材育成を図るのが一般的であったことの反映といえよう。

　したがって，いわゆる即戦力として，上級管理職や，一定の特殊な技能を要する職務に就くことを前提として採用された場合や，賃金等の労働条件において優遇されている場合には，労働契約で合意された能力を有していなければ，比較的容易に解雇が認められることになる（教育訓練や配置転換も問題とされない）。

　ただし，このようなかたちでの解雇が認められるためには，労働契約締結時点で，一定の能力を有することが合意されていることが必要である。例えば，求人票の記載から特殊な技能や資格が求められることが明らかである場合や，採用面接で，技能，資格を有することの確認を求められ，労働者が保証する旨の回答をした場合などがこれに当たろう（面接で，労働者が企業の求める水準の能力に自信がない旨を明らかにしたような場合は，これに当たらないというべきである）。このような合意がなく，単に企業が「期待」していたというだけでは，能力不足を理由とする解雇は容易には認められないことにな

る（上記(2)のような基準に基づき判断されることになる）。もっとも，賃金などの処遇が相場からみて破格であり，上級管理職などとして採用される場合は，暗黙のうちに労使間に合意があったとみられるケースが多いであろう。このような観点も踏まえ，比較的好待遇で，一定の成績を上げること等を期待された労働者の解雇を無効としたものとして，後掲のクレディ・スイス証券（休職命令）事件，ジェイ・ウォルター・トンプソン・ジャパン事件，ブルームバーグ・エル・ピー事件（いずれも外資系企業）などがある。

また，業務遂行の結果が不良であったとしても，それが当該労働者の能力等とは，別の要因であることもあり得る（社内体制など他の阻害要因があるような場合）。このような場合には，単に成績が不良であったことを理由として，解雇できないことになる。このような例として，後掲のリマークチョーギン事件，オープンタイドジャパン事件などがある。

| 実践知！ | 即戦力として高い処遇で中途採用された者の場合，解雇の有効性のハードルが低くなるが，そのような場合でも，解雇を無効とした判例は数多く存在する。 |

CASE　解雇を無効としたもの

* リマークチョーギン事件・東京地決昭和60・9・30労判464号38頁（一時期代表取締役であったが，営業成績が上がらなかったことから，代表取締役を辞任し，商号変更した会社の企画室長および販売課長として勤務していた労働者の解雇について，利益が上がらなかったのは，当該労働者のみの責任であるとはいえないとして解雇を無効とした）
* オープンタイドジャパン事件・東京地判平成14・8・9労判836号94頁（解雇されるまでの2ヶ月弱の間に，開発部長として会社が期待した職責を果たすことは困難であり，その後に雇用が継続された場合，職責を果たさなかったであろうとは認められないとして試用期間中の解雇を無効とした）
* ブルームバーグ・エル・ピー事件・東京高判平成25・4・24労判1074号75頁（PIP〔業務改善計画〕を達成できなかったため，職務能力の低下を理由に解雇された事案。判決は，①労働契約上，当該労働者に求められている職務能力の内容を検討したうえで，②当該職務能力の低下が，当該労働契約の継続を期待することができない程に重大なものであるか，③使用者側が当該労働者に改善矯正を促し，努力反省の機会を与えたのに改善がされなかったか，④今後の指導による改善可能性の

見込みの有無等の事情を総合考慮して解雇の効力を判断すべきであるとしたうえで，解雇を無効とした）

＊クレディ・スイス証券（休職命令）事件・東京地判平成 24・1・23 労判 1047 号 74 頁，ジェイ・ウォルター・トンプソン・ジャパン事件・東京地判平成 23・9・21 労判 1038 号 39 頁（いずれも，外資系企業に中途採用され，高賃金を得ていた労働者に対する解雇事案で，成績不良を基礎付ける事実が認められないとし，解雇を無効とした）

CASE　解雇を有効としたもの

＊EC 委員会（駐日代表部）事件・東京地判昭和 57・5・31 労判 388 号 42 頁，東京高判昭和 58・12・14 労判 421 号 9 頁
＊フォード自動車事件・東京高判昭和 59・3・30 労判 437 号 41 頁
＊持田製薬事件・東京地決昭和 62・8・24 労判 503 号 32 頁
＊ヒロセ電機事件・東京地判平成 14・10・22 労判 838 号 15 頁
＊日水コン事件・東京地判平成 15・12・22 労判 871 号 91 頁
（いずれも，上級管理職もしくはシステムエンジニアなどの即戦力としての能力を見込まれ中途採用された労働者の解雇〔もしくは本採用拒否〕につき，解雇の有効性はその地位，待遇に要求される業務遂行がなされたか否かの観点からなされるべきとして，解雇を有効とした）

3.　私傷病による能力欠如を理由とする解雇

⑴　私傷病による能力欠如を理由とする解雇

i　私傷病休職と解雇（自然退職扱い）

　私傷病や，その後遺症によって従前の職に復帰するのが困難な場合，労務提供の不能を理由として解雇されることがある。最近では，うつ病などの精神疾患のケースが増えている。

　多くの企業の就業規則では，労働者の私傷病による欠勤が一定期間以上にわたる場合，これを休職とし，休職期間満了時点でも復職が困難な場合，休職期間の満了をもって解雇したり，自然（自動）退職とする旨の条項をおいており，このような就業規則の条項に該当するか否か，というかたちで争われることが多い（ただし，休職制度を設けることは法律上の義務ではないので，休職制度がない場合には，「精神または身体の著しい障害により，業務に耐えられないとき」などの就業規則の解雇条項に該当するか〔債務の本旨に従った労務の提供ができないか〕というかたちで，解雇の有効性が争われることになる）。

　なお，私傷病休職は，私傷病により労務を提供できなくなった労働者の解雇を猶予し，労働者を保護する制度なので，休職制度が設けられているのに，

休職を命じることなく，いきなり解雇した場合には，解雇は無効とされることになるであろう。もっとも，およそ回復可能性が見込めないような場合には，休職を命じることなく，解雇しても解雇が有効とされることはあり得る（解雇の意思表示がされず，退職届が提出された事案であるが，農林漁業金融公庫事件・東京地判平成 18・2・6 労判 911 号 5 頁は，低酸素脳症による高次脳機能障害になった労働者について，休職命令を発しなかったことが相当でないとはいえないとしている。なお，岡田運送事件・東京地判平成 14・4・24 労判 828 号 22 頁は，使用者には，休職を命じるまでの欠勤期間中に，解雇するか，休職に付するかについての裁量があり，この裁量を逸脱した場合にのみ解雇権濫用として解雇が無効となる〔結論として解雇有効〕としているが，疑問である）。

また，休職期間の満了を理由として退職扱いをする場合，当然の前提として休職命令が出されていなければならない。

CASE

＊北港観光バス（休職期間満了）事件・大阪地判平成 25・1・18 労判 1077 号 84 頁（休職を命じた事実が認定できないとして，休職期間満了を理由とする退職扱いを無効とした）

＊石長事件・京都地判平成 28・2・12 労判 1151 号 77 頁（休職制度について，就業規則の定めと異なる誤った説明を受けて退職の意思表示をしたケースで，退職の意思表示を無効とするとともに，被告主張の退職期間満了による自然退職の主張も退けた）

＊アメックス（休職期間満了）事件・東京地判平成 26・11・26 労判 1112 号 47 頁（当該労働者の休職中に行われた就業規則の不利益変更〔復職の定めにつき，従前なかった「健康時と同様」の文言を付加した〕を無効とした）

ii 業務上の傷病の場合

ただし，業務上の傷病（労災）であるにも拘わらず，これを私傷病と扱い，就業規則等の定めに基づき解雇したり，自然退職扱いしても，解雇等は無効とされる（その旨を判示した例として，大裕事件・大阪地判平成 26・4・11 労旬 1818 号 59 頁）。また，後述の 4（171 頁）のとおり，業務上の傷病による休業期間およびその後の 30 日間は解雇できない（労基法 19 条。ただし，この規定は通勤災害には適用されないので，通勤災害による傷害の場合には，私傷病扱いとなる）。

大半の企業では，非災害性の傷病（精神疾患や脳・心臓疾患）については，労災認定（労災保険給付）がされないと私傷病扱いにするのが通常である。

しかし，労災認定がされていなくても，解雇（自然退職）の無効を争う訴訟において，裁判所が業務上の傷病であると判断する例は数多くみられる。そこで，私傷病休職の期間満了による解雇や自然退職の事案では，休職の原因となる疾病が業務上のものでないかの検討が必要となる（休職期間満了時点での復職がおよそ不可能な事案では，この観点に基づくアプローチによらざるを得なくなる）。

(2) 解雇権濫用法理と復職可能性

i 復職可能性

私傷病休職の期間満了を理由とする解雇等の効力も，解雇権濫用法理に基づいて判断される（前述のとおり，就業規則の定めに基づき，休職期間の満了をもって自然（自動）退職扱いとし，解雇の意思表示をしない場合もあるが，この場合にも，解雇権濫用法理に基づく判断がされることは同様である）。その際問題となるのは，休職期間の満了時点において，①休職前の業務に即座に（もしくは一定の期間を経て）復帰し，あるいは，②休職前とは別の職務に従事できる程度の健康状態に回復していると判断できるかどうかである（なお，②については，後述の(3)〔167 頁〕を参照のこと）。

ii 医師の診断

復職可能かどうかは，医師の診断を踏まえつつ，当該労働者の職務内容なども考慮に入れたうえで，裁判所によって判断される（うつ病などの精神疾患の場合，労働者本人の証言内容，証言態度なども重要な判断要素となろう）。医師の診断については，主治医と産業医等との間で判断が分かれることも珍しくない。そのいずれが信用できるかの判断は，ケースバイケースだが，主治医の診断は，労働者の現実の職務内容を踏まえなかったり，労働者（患者）の意向に従うかたちでなされることもある。したがって，復職可能とする主治医の診断書があるからといって，裁判所が復職可能と判断するとは限らないことに留意する必要がある。その一方，産業医の判断は，復職を認めたくないという企業側の意向に従うことがあるので，その判断の合理性については，主治医の意見を求めるなどして，医学的な見地から吟味する必要がある。

なお，復職可能性の判断のために，企業が労働者に対して，産業医との面談や主治医への照会への同意を求めることがあるが，これを拒否すると，そのことがマイナス要素として考慮されることが多いので，注意が必要である（例えば，三洋電機ほか 1 社事件・大阪地判平成 30・5・24 労判 1189 号 106 頁。

CHAPTER 1 解雇

165

また，大建工業事件・大阪地決平成 15・4・16 労判 849 号 35 頁は，使用者は，医師の診断あるいは医師の意見の聴取を指示することができるし，労働者としてもこれに応じる義務があるとしている）。

> **実践知！**
> ・主治医の就労可能の診断書があっても，裁判所が復職不能と判断することもあるので，当該労働者の職務内容も踏まえて就労可能であるかを検討する必要がある。
> ・復職可能性判断のために産業医との面談等を求められたときに，これを拒否すると，マイナス要素として考慮されることがあるので，注意する必要がある。

CASE　解雇，退職扱いを無効としたもの

* J 学園（うつ病・解雇）事件・東京地判平成 22・3・24 労判 1008 号 35 頁（主治医からの意見を聞いていないことは，主治医が本人の同意なしとして回答しなかったという事情があったとしても，「現代のメンタルヘルス対策の在り方として，不備なものといわざるを得ない」と説示した）。

* K 社事件・東京地判平成 17・2・18 労判 892 号 80 頁（躁うつ病による休職から復職したが，復職後，躁とみられる症状が再発したとして解雇されたケースで，解雇に先立ち会社が専門医に助言を求めた形跡がないこと，本件訴訟の原告本人尋問での供述態度からは，躁うつ病の症状を見受けることはできないことなどから，治療によって回復する可能性がなかったといえないとした）

* アメックス（休職期間満了）事件・東京地判平成 26・11・26 労判 1112 号 47 頁（主治医の「就労可能である」との診断は，信用できるとし，診断書等の内容を十分に検討せず，医学的知見を用いることなく，主治医の診断を排斥したのは不合理だとした）

* 神奈川 SR 経営労務センター事件・横浜地判平成 30・5・10 労判 1187 号 39 頁（復職不可とする産業医の見解は，短時間の面談に基づくものであること等から合理的な根拠に基づくものとはいえないとし，復職可能とする主治医の診断に基づき，復職可能であるとした）

* キャノンソフト情報システム事件・大阪地判平成 20・1・25 労判 960 号 49 頁（被告提出の医師の意見書は，原告を実際に診察することなく，専ら被告からの報告に依拠して作成されたものであるから，にわかに採用できないとした）

* I 社事件・静岡地沼津支判平成 27・3・13 労判 1119 号 24 頁（解雇予告後に受けた身体機能検査の結果から，復職可能な程度まで回復していたと推定されるとした）

166　　PART 2　紛争類型ごとの対応策

CASE 解雇，退職扱いを有効としたもの

* コンチネンタル・オートモーティブ（仮処分）事件・横浜地決平成27・1・14 労判 1120 号 94 頁（主治医の診断書は，原告労働者の意向を受けたもので，採用できないとした）
* 東京電力パワーグリッド事件・東京地判平成 29・11・30 労判 1189 号 67 頁（主治医の診察は，患者本人の自己申告に基づく診断とならざるを得ない限界があるとし，リワークプログラムを指導した医師の意見や，産業医や会社の専門医の意見どおり，復職可能な健康状態にまで回復していないとした）
* NHK（名古屋放送局）事件・名古屋高判平成 30・6・26 労判 1189 号 51 頁（復職可能とする主治医も，ストレス負荷の内容によってはトラブルが生じる可能性があるとしていることや，産業医やその他の医師の診断によれば，復職可能な段階にまで回復しているとはいえないとした）

iii 段階的な復職可能性

休業期間満了時に，従前従事していた業務に即座に復帰できない場合でも，復職時点で軽易業務に就き，一定の猶予期間をおいて，段階的に通常業務に復帰できる程度に健康状態が回復していれば，復職が認められるべきだとするのが最近の裁判例の傾向である（下記の綜企画設計事件は，その判断は，当該労働者の能力，経験，地位，その精神的不調の回復の程度等に照らして行われるべきとする）。

CASE 段階的な復職可能性を認め，解雇，退職扱いを無効としたもの

* 北産機工事件・札幌地判平成 11・9・21 労判 769 号 20 頁（休職満了時に未だ通院が必要であったが，仮に 100％の稼働ができなくとも，職務に従事しながら 2，3 ヶ月程度の期間を見ることによって完全に復職することが可能と推認できるとした）
* 全日本空輸（退職強要）事件・大阪高判平成 13・3・14 労判 809 号 61 頁（スチュワーデスにつき，復帰準備時間を提供するなどの企業の配慮義務を認め，短期間のうちに客室乗務員に復帰できるとした）
* 綜企画設計事件・東京地判平成 28・9・28 労判 1189 号 84 頁（建築設計技師のケース）

(3) 休職前とは別の業務に従事できる場合

休業期間満了時に，休職前に従事していた業務に復帰できない（段階的にも復帰できる見通しが立たない）場合でも，従前の業務とは異なる従事（配置）可能な業務が存在することがある。多くの判例は，後掲の片山組事件判決（事案は，賃金請求権の有無に関するもの）が示した法理を，傷病等による解雇（自然退職扱い）にも及ぼして，職種限定がない労働者の場合，従前の

業務に復帰できずとも，他に就労可能な業務があり，かつ，そこでの就労の申出があった場合には，解雇（退職扱い）は無効になる旨の説示をしている。

CASE

＊片山組事件・最判平成 10・4・9 労判 736 号 15 頁（建設工事の現場監督に従事していた労働者が私病を理由に，事務作業への配転を求めたところ，会社がこれを拒否し，自宅療養命令を発し賃金カットをしたため，就労を拒絶された期間の賃金支払を求めた事案。最高裁は，「労働者が職種や業務内容を特定せずに労働契約を締結した場合においては，現に就業を命じられた特定の業務について労務の提供が十全にはできないとしても，その能力，経験，地位，当該企業の規模，業種，当該企業における労働者の配置・異動の実情及び難易等に照らして，当該労働者が配置される現実的可能性があると認められる他の業務について労務の提供をすることができ，かつ，その提供を申し出ているならば，なお債務の本旨に従った履行の提供があると解するのが相当である」とした）

そこで，復職を希望している労働者から相談があった場合には，片山組判決が示した諸要素に注目して，他に配置可能な業務が現実にあるかどうかを調べて，対応を検討すべきことになる（この点につき，後述(5)〔171 頁〕に掲げる第一興商〔本訴〕事件・東京地判平成 24・12・25 労判 1068 号 5 頁も参照のこと）。ただし，下記の日本電気事件，NHK（名古屋放送局）事件等にみられるとおり，他に配置可能な業務の有無についての判断に際しては，当該労働者の社内的な地位，従前の業務内容等の観点から一定の限定が付されることがあるので，注意する必要がある。

> **！**
>
> 実践知！
>
> **休職前の業務に従事できない場合でも，別の配置可能な業務で復職可能であれば，解雇や自働退職扱いが無効とされることがあるが，その判断に際しては，当該労働者の社内的な地位や従前の業務内容等の観点から限定が付けられることがある。**

なお，障害者雇用促進法の改正（2016 年 4 月 1 日施行）により，事業主には，障害者に対する合理的配慮の提供義務が課されることになった（36 条の3）。そこで，今後は，私傷病による休職からの復帰に関して，障害者雇用促進法の改正の趣旨を踏まえた主張をすることも考えられる。ただし，労働契

約の内容を逸脱する過度な負担を伴う配慮の提供義務を事業主に課すものではない（同条但書）ことに留意する必要がある。

CASE 解雇，退職扱いを無効としたもの

* 東海旅客鉄道事件・大阪地判平成11・10・4労判771号25頁（休職前の業務について労務の提供が十全にはできないとしても，現実に配置可能な業務の有無を検討すべきであるとして，復職不可の判断が誤っているとした）
* ワークスアプリケーションズ事件・東京地判平成26・8・20労判1111号84頁（「復職の際には，配置転換等環境面の配慮が不可欠と考える。また，復職後短くとも1ヶ月は残業等過重労働を控えるのが好ましい」とする主治医の診断書に基づく配慮は可能であるとした）
* キャノンソフト情報システム事件・大阪地判平成20・1・25労判960号49頁（復職当初は開発部門で就労することが困難であれば，開発部門より残業時間が少なく作業計画を立てやすいサポート部門に原告を配置することも可能であったはずである等とした）

CASE 解雇，退職扱いを有効とした（他の職務に配置される現実可能性がないとした）もの

* 独立行政法人N事件・東京地判平成16・3・26労判876号56頁
* 日本郵便（新東京局・雇止め）事件・東京地判平成29・9・11労判1180号56頁（雇用契約上の業務の範囲内での配転により労務提供ができたとはいえないとした。雇止めの事例）
* 日本電気事件・東京地判平成27・7・29労判1124号5頁（原告が申し出たソフトウェア開発業務に，総合職が求められるレベルで従事することは不可能で，他に総合職3級の者が配置される現実的可能性がある業務についての労務の提供を申し出た事実は認められないとした）
* 東京電力パワーグリッド事件・東京地判平成29・11・30労判1189号67頁（原告が申し出た他の職務について，精神疾患の再燃の可能性が高いなどの理由で，配置される現実可能性がなかったとした）
* 帝人ファーマ事件・大阪地判平成26・7・18労判1189号166頁労判1189号67頁（原告が申し出た他の職務に配置した場合，双極性障害が悪化する可能性が高く，配置される現実可能性がなかったとした）
* 三洋電機ほか1社事件・大阪地判平成30・5・24労判1189号106頁（原告から被告の関連会社への復職の希望がなされたとはいえず，被告の関連会社が人員削減に取り組んでいた状況からは，関連会社へ出向させることは不可能な状況にあったとした）
* NHK（名古屋放送局）事件・名古屋高判平成30・6・26労判1189号51頁（他の業務に対する労務提供の申出がなく，報道制作の専任記者になっており，相応に高度で責任ある立場で業務を行う地位にあったこと等から，他に現実配置可能な業

CHAPTER 1 解雇

169

務があるとは考え難いとした）

CASE　職種限定を認め解雇を有効としたもの

＊北海道龍谷学園事件・札幌高判平成 11・7・9 労判 764 号 17 頁（保健体育の教諭
　のケース。一審〔小樽双葉女子学園事件・札幌地小樽支判平成 10・3・24 労判 738
　号 26 頁〕は解雇無効としていた）
＊横浜市学校保健会（歯科衛生士解雇）事件・東京高判平成 17・1・19 労判 890 号
　58 頁（小中学校の児童に対する歯科巡回指導を行う歯科衛生士のケース）

⑷　リハビリ勤務（試し勤務）と復職可能性判断

　休職からの復職に先立ち，リハビリ勤務（試し勤務）が行われることがあ
る。これは，直ちに従前の職務に復帰することが困難である労働者に対して，
通勤に馴れさせたり，軽作業や短時間の労働に従事させることで，復職をス
ムーズに実現するという目的（その意味では，労働者に対する配慮の措置とい
える）とともに，そこでの稼働状況等から，復職が可能であるかを見極める
ために行われる。

　精神疾患による休職後のリハビリ出勤については，厚生労働省の「心の健
康問題により休業した労働者の職場復帰支援の手引き」が参考になるが，具
体的な制度設計や運用は，企業の裁量に委ねられる（ビーピー・カストロー
ルほか事件・大阪地判平成 30・3・29 労判 1189 号 118 頁は，使用者には復職のた
めの環境整備等の適切な対応をとることが求められるとしつつ，特定の内容の復
職プログラムに沿って行わなければならないものではないとしている）。ただし，
就業規則等でリハビリ勤務を行うことを定めている場合，それを行わずに，
復職不能の判断のもとに解雇等をすると，解雇等は無効とされる可能性が高
まる（リハビリ規程の要件を充足している場合には，リハビリ勤務を行わせなけ
ればならない旨を判示しつつ，当該事案では，要件を充足していないとした例と
して，帝人ファーマ事件・大阪地判平成 26・7・18 労判 1189 号 166 頁がある）。

　リハビリ勤務は，あくまでも復職の前段階のもので，それを通じて復職が
可能であるかの判断がなされるものであり，労働契約の債務の本旨に従った
労務の提供には当たらず，リハビリ勤務をしていたというだけの事実から，
復職可能との判断がされることはない（例えば，西濃シェンカー事件・東京地
判平成 22・3・18 労判 1011 号 73 頁，綜企画設計事件・東京地判平成 28・9・28
労判 1189 号 84 頁）。また，リハビリ勤務は，賃金請求権を発生させる労働と
は評価されないのが通常である（ただし，NHK〔名古屋放送局〕事件・名古屋
高判平成 30・6・26 労判 1189 号 51 頁は，リハビリ勤務中に労基法 11 条の規定す

170　　　PART 2　紛争類型ごとの対応策

る労働に従事していたとして，最低賃金相当額の支払義務を認めている）。

⑸　復職可能であること（休職事由消滅）の立証責任

　私傷病による就労不能を理由とする解雇，退職扱いの場合，立証責任の所在も問題となる。かつての裁判例では，使用者に立証責任を負わせるとしたもの（エール・フランス事件・東京地判昭和 59・1・27 労判 423 号 23 頁，姫路赤十字病院事件・神戸地姫路支判昭和 57・2・15 労判 392 号 58 頁）もみられたが，最近の裁判例では，労働者側に立証責任を負わせるものが多い。すなわち，労働者が復職可能であることを立証できなければ，解雇や退職扱いを有効とする（＝使用者は復職不能であることまでを立証する必要はなく，復職可能とする労働者の立証が不十分であるとの心証を裁判所に抱かせれば足りる）というものである。その理由としては，治療回復にかかる情報は，個人情報であり，原則として労働者の支配下にあることが挙げられる。

> **CASE**　労働者に立証責任があるとしたもの
>
> ＊伊藤忠商事事件・東京地判平成 25・1・31 労判 1083 号 83 頁（解雇有効）
> ＊国（在日米軍従業員・解雇）事件・東京地判平成 23・2・9 労判 1052 号 89 頁（解雇有効）
> ＊アメックス（休職期間満了）事件・東京地判平成 26・11・26 労判 1112 号 47 頁（退職扱い無効）
> ＊第一興商（本訴）事件・東京地判平成 24・12・25 労判 1068 号 5 頁（休職事由の消滅の主張立証責任は，労働者側にあるが，「当該労働者において配置される可能性がある業務について労務の提供をすることができることの立証がなされれば，休職事由が消滅したことについて事実上の推定が働くというべきであり，これに対し使用者が当該労働者を配置できる現実的可能性がある業務が存在しないことについて反証を挙げない限り，休職事由の消滅が推認されると解するのが相当」として，退職扱いを無効とした）
> ＊綜企画設計事件・東京地判平成 28・9・28 労判 1189 号 84 頁（退職扱い無効）

4. 労災と解雇制限

⑴　解雇制限についての定め

　労働者が業務上負傷し，または疾病にかかり療養のために休業している期間とその後 30 日間は，解雇できない（労基法 19 条 1 項本文。この解雇制限は通勤災害には適用がない）。なお，この解雇制限は，全部休業のみならず，一部休業の場合にも適用されるとした判例がある（平和産業事件・神戸地決昭和

47・8・21 判時 694 号 113 頁，大阪築港運輸事件・大阪地決平成 2・8・31 労判 570 号 52 頁）。

ただし，①労基法 81 条に基づいて打切補償が支払われた場合（(2)参照），②天災事変その他やむを得ない事由のために事業の継続が不可能となった場合は，この限りでない（同項但書）が，②の場合は労働基準監督署長の認定（除外認定）を受けなければならない（同条 2 項）。

(2) 打切補償による解雇制限の解除

療養補償を受ける労働者が療養開始後 3 年を経過しても，負傷または疾病が治らない場合，使用者は，平均賃金の 1200 日分の打切補償を行うことによって，その後の労基法上の補償義務を免れ（労基法 81 条），解雇制限も受けなくなる（労基法 19 条 1 項但書）。

この解雇制限の解除は，使用者が労基法 75 条に基づき，自らの負担で災害補償を行っている場合に限られず，労災保険法に基づく療養補償給付が行われている場合にも適用される（学校法人専修大学事件・最判平成 27・6・8 労判 1118 号 18 頁）。また，被災労働者が療養開始後 3 年を経過した日において傷病補償年金を受けている場合，またはその日以後同年金を受けることになった場合は，3 年を経過した日または同年金を受ける日において，打切補償が支払われたものとみなされる（労災保険法 19 条）。もっとも，解雇制限が解除されたとしても，当然に解雇が有効になるものではなく，解雇権濫用法理に基づき解雇の有効性を争う余地はある（上記学校法人専修大学事件の最高裁判決も，解雇権濫用の成否について審理させるために，事件を高裁に差し戻している）。

(3) 私傷病扱いの解雇（自然退職扱い）と解雇制限

私傷病として扱われ，私傷病休職の期間満了時に，解雇もしくは自然（自動）退職扱いがされても，傷病が業務上災害であれば，解雇や自動退職扱いは，労基法 19 条 1 項違反として無効とされる（自然退職扱いの場合は，同項の類推適用となる）。なお，傷病が業務上のものであるかは，労災保険での業務上認定（労災認定）とは別に，裁判所が独自に判断する（労災認定があれば，業務上の認定はされやすくなるといえようが，労災認定がなくても，業務上の傷病と認定されることがある）。

> **実践知！**
> ・私傷病休職扱いされていても，傷病が業務上のもの（労災）に該当する場合には，療養中になされた解雇や休職期間満了による自動退職は，労基法 19 条 1 項（の類推適用）により無効とされる。
> ・傷病が業務上のものであるか否かは，裁判所が判断する（労災保険法上の業務上認定の有無によるのではない）。

CASE 労基法 19 条 1 項やその類推適用で，解雇や退職扱いを無効とした例

＊東芝（うつ病・解雇）事件・東京高判平成 23・2・23 労判 1022 号 5 頁（長時間労働によりうつ病を発症し，休職期間満了時に解雇された事案。なお，一審判決・東京地判平成 20・4・22 労判 965 号 5 頁も，うつ病が業務上のものであるとして解雇を無効としているが，この時点では労災認定はされていなかった）

＊アイフル（旧ライフ）事件・大阪高判平成 24・12・13 労判 1072 号 55 頁（上記東芝事件と同様の事案で，同様の判断をした。退職扱いの約 2 年後に労災認定がされ，その後，提訴した事案）

＊エム・シー・アンド・ピー事件・京都地判平成 26・2・27 労判 1092 号 6 頁（休職の原因となったうつ病が違法な退職勧奨によるものであるとして業務起因性を認め，休職期間満了による退職扱いを無効とした。労災認定はされていない事案）

＊社会福祉法人県民厚生会ほか事件・静岡地判平成 26・7・9 労判 1105 号 57 頁（休職の原因となった適応障害が業務上の精神的負担によるものであるとし，休職期間満了を理由とする退職扱いを無効とした。退職扱いがされた直後に労災認定がされた事案）

＊エターナルキャストほか事件・東京地判平成 29・3・13 労判 1189 号 129 頁（退職強要等でうつ病を悪化させた事案。労災認定はされていない事案）

＊学校法人武相学園（高校）事件・東京高判平成 29・5・17 労判 1181 号 54 頁（長時間労働等によりうつ病となった事案。解雇後に労災認定がされた事案）

(4) **解雇（自動退職扱い）と賃金・損害賠償請求**

　解雇や自動退職扱いが無効であれば，地位確認と解雇（自動退職扱い）後の賃金請求が認められる。

　また，傷病の発症につき，使用者に安全配慮義務が認められる場合には，賃金請求に代えて，もしくは賃金請求と選択的に，賃金相当額の損害賠償請求をすることも可能である。この場合，賃金請求と損害賠償とでは認容額が異なることがあり，労働者にとって有利な方を認容した裁判例がある（上記の東芝〔うつ病・解雇〕事件，アイフル〔旧ライフ〕事件）。なお，労働者が労

CHAPTER 1　解雇

173

災保険や健康保険の傷病手当金を受領している場合，損害賠償請求では，これらの受給額が控除されるが，賃金請求では控除されることはない（労災保険給付等は，賃金そのものを補塡するものでないので，賃金請求が認められる場合には，不当利得として労災保険等に対して返還されるべきものとされる）。また，賃金請求では，残業代や賞与は，計算基礎に含められないことが多い（Pt. 1, Chap. 3, Ⅱ 1 (5)ⅲ, ⅳ〔26頁〕を参照）のに対して，損害賠償請求では，過去の実績に基づく，残業代や賞与が計算基礎に含まれる（ただし，過去の残業時間があまりに長い場合には，月の残業時間を45時間程度とされることがある）。その一方，傷病になったことについて，労働者に過失や素因があった場合，損害賠償請求では，過失相殺（素因減額）の法理により金額が減額されるのに対し，賃金請求では減額されることはない（労基法24条1項の賃金全額払いの要請に基づく）。

5. 労働者の落ち度（ミス，非違行為）を理由とする普通解雇

(1) 労働者の落ち度（非違行為）を理由とする解雇

労働者の落ち度（非違行為）を理由とする解雇は，職務懈怠，勤怠不良（無断欠勤，遅刻等），業務命令違反，職場規律違反，私生活上の犯罪・非行等に対して行われる。これらの行為は，通常，懲戒処分の対象となるものであり，懲戒解雇がなされることもある。

ただし，当該行為が懲戒解雇事由に該当する場合でも，企業の側で，懲戒解雇を選択せずに普通解雇とすることも少なくない（この場合，退職金や解雇予告手当は支払われる）。これは，解雇後の労働者の生活に対する配慮に基づくこともあれば，解雇予告手当の除外認定手続を経る煩雑さや，係争になった場合の困難さ（懲戒解雇の場合，普通解雇に比べて，解雇が有効とされるための要件が加重される）を回避する目的に基づくこともある。

(2) 解雇権濫用法理に基づく判断

このような解雇の有効性も，解雇権濫用法理（労契法16条）によって判断される。解雇無効の主張には，以下のようなものが考えられる。

①非違行為の存在自体を争う（例えば，パソコンの私的利用を理由に解雇された場合に，パソコンでのインターネット閲覧や，メールのやり取りは，いずれも業務に関連したものであり，パソコンを私的に利用をしたことはないと主張する）。

②会社が主張する行為そのものは認めるが，それは処分に相当するほどの非違行為に該当しないと主張する（例えば，パソコンの私的利用の事実は認めるが，その頻度はごくわずかであり，かつまた，社内的に許容されており，そもそも処分の対象とはなり得ないと主張する）。

③非違行為を行ったことを認めるが，それは就業規則が定める解雇事由に該当しないと主張する（例えば，頻繁にパソコンの私的利用をしていたことは認めるが，就業規則上の解雇事由には，パソコンの私的利用は定められていないと主張する）。

④形式的には就業規則の解雇事由に該当するが，何の注意・警告もすることなく，いきなり解雇するのは処分として重すぎる（相当性を欠く）と主張する。

上記のうち，①の争いは事実認定の問題であるが，②，④は，解雇をするほどに重大な非違行為であるか，すなわち，解雇に「客観的合理性」と「社会的相当性」があるかという評価の問題となる。その判断は，ケース・バイ・ケースで行われ，その判断が微妙であることも少なくない。

なお，③の就業規則の解雇事由への該当性は，罪刑法定主義と類似の原則が妥当する懲戒処分（懲戒解雇）の場合には，就業規則の条項への当てはめも厳格に行われるので，ひとつの争点となるが，普通解雇では大きな問題とならないことが多い（前述のⅠ2(1)〔141頁〕を参照のこと）。

(3) 懲戒解雇との類似性

労働者の非違行為を理由とする普通解雇は，実質的には制裁としての機能を営むとともに，労働者に労働契約の終了というきわめて重大な不利益をもたらす点で，懲戒解雇と類似する。

普通解雇の場合，懲戒解雇に際して求められる諸要件（6(2)〔176頁〕）がそのまま妥当するわけではないが，二重処罰の禁止や，適正手続としての告知と聴聞の原則（弁明機会の付与）は，普通解雇にも妥当すると考えるべきであろう（もっとも，就業規則等で具体的な手続が定められていない場合には，そのことのみをもって解雇を無効とした裁判例は見当たらない。ただ，解雇権濫用の判断の一要素として，考慮されることはある。このような観点を示す最近の裁判例として，国立研究開発法人国立Ａ医療研究センター〔病院〕事件・東京地判平成29・2・23労判1180号99頁）。

なお，懲戒解雇の場合，懲戒解雇の事由として主張できるのは，懲戒解雇

処分がなされる時点で使用者が認識していたものに限られるが，普通解雇の場合には，客観的に存在した事由の全てを考慮できるとするのが一般的であることにつき，前述のⅠ1(2)ⅱ（140頁）を参照のこと。

6. 懲戒解雇・諭旨解雇

(1) 懲戒解雇・諭旨解雇とは

懲戒解雇とは，企業秩序違反行為に対する制裁罰である懲戒処分として行われる解雇である。秩序違反行為としては，職務懈怠，勤怠不良（無断欠勤，遅刻等），業務命令違反，職場規律違反，私生活上の犯罪・非行等があり，労働者の落ち度（非違行為）を理由とする普通解雇の場合と同様である。

通常は，解雇予告手当の支払もされることなく即時になされ，退職金の全部または一部が不支給とされることが多い。また，懲戒解雇の前歴があることは，その後の再就職において大きなハンデキャップとなる。このように，懲戒解雇は，普通解雇の場合に比べ，労働者に大きな不利益を及ぼすものである。

また，懲戒解雇と類似した処分として，懲戒解雇を若干軽減した諭旨解雇や諭旨退職（退職願，辞表等の提出を勧告し，所定期間内に勧告に応じない場合は懲戒解雇にするなどの扱いがされる）がある。諭旨解雇（退職）は，依願退職のような形式をとるが，懲戒処分の一種であり，法的効果については懲戒解雇と同様に争い得ると解されている（諭旨退職処分を受け，「就業規則に違反し諭旨退職処分のため……退職致したい」という退職願を提出しているケースで，前提となる諭旨退職処分が無効である以上，退職願の提出をもって退職を有効と解することはできないとした例として，りそな銀行事件・東京地判平成18・1・31労判912号5頁がある）。

なお，懲戒解雇や諭旨解雇と区別する意味で，これら以外の解雇は全て「普通解雇」と呼ばれる。また，解雇予告手当の支払をしないで即日解雇する場合に，労基署長の除外認定を受けなければならないことにつき，Ⅰ4(1)（145頁）を参照のこと。

(2) 懲戒解雇，諭旨解雇の有効要件

懲戒解雇・諭旨解雇の有効性は，普通解雇の場合と同様，解雇権濫用法理（労契法16条）によって判断される。しかし，懲戒解雇・諭旨解雇は，解雇としての側面とともに，懲戒処分としての性格を有するので，労契法15条

の規制（懲戒権濫用法理）が及ぶ。ただし，同条の内容は，「客観的な合理性」，「社会通念上の相当性」を通じて懲戒処分の有効性を判断するもので，解雇権濫用法理と同様である。

> **実践知！** 懲戒解雇の有効性は，普通解雇のそれに比べて厳格に判断されるので，懲戒解雇の有効要件を満たしているかについて検討する必要がある。

以下，懲戒処分（懲戒解雇，諭旨解雇）の有効要件について述べる。

i 懲戒事由等を明定する合理的な規定の存在

①懲戒事由および懲戒の種類が就業規則等に明定されていること

懲戒事由・懲戒の種類が就業規則（もしくは個別の労働契約）に規定され（労基法89条1項9号），労働契約の内容になっていることが必要である。また，これらの規定は限定列挙と解されている。

②就業規則（懲戒規定）が労働者に周知されていること

就業規則の懲戒規定が効力を有するためには，労働者に周知されていなければならない（労契法7条）。なお，労契法施行前の事件であるフジ興産事件（最判平成15・10・10労判861号5頁）では，労働者代表の同意を得て労基署へ届け出た事実のみを確定し，周知手続について認定していない高裁判決が破棄されている。

③規定の内容が合理的であること

企業秩序違反に対する制裁は，労働契約の目的上，必要かつ合理的な限度でのみ行うことが許される。したがって，懲戒規定は，企業の円滑な運営上必要かつ合理的なものでなければならない。

ii 規定に該当する懲戒事由があること

当然のことながら，就業規則に規定された懲戒事由に該当する事実が存在していることが必要である。

この事実は，懲戒解雇処分がなされる時点で使用者が認識していたものに限られ，特段の事情がない限り，懲戒処分後に発覚，認識した事由をもって懲戒処分の有効性を基礎付けることはできない（山口観光事件・最判平成8・9・26労判708号31頁。休暇請求等を理由とした懲戒解雇がなされ，事後的に経歴〔年齢〕詐称が発覚した事例）。この点，一連の経費の不正請求を理由とす

る懲戒解雇について，懲戒解雇通告時に個別具体的に認識していない非違行為（不正請求）についても，訴訟において追加主張することが許されるとしたものがある（メディカルサポート事件・東京地判平成 12・2・28 労経速 1733号 9 頁）。

　また，懲戒当時に使用者が認識していた非違行為は，告知された非違行為と実質的な同一性を有すれば，告知されなくても当該懲戒の有効性を根拠付けることができるとする裁判例がある（下記の富士見交通事件等）。その一方，懲戒当時に理由として表示しなかった非違行為の存在をもって懲戒処分の有効性を根拠付けることはできないと判断するものもあり，近時の裁判例は，懲戒処分時の理由の告知を厳格に求める傾向にあるといえよう。

実践知！

懲戒処分通告時に，使用者が認識していなかった事由をもって，懲戒処分の有効性を基礎付けることはできないが，最近の下級審判決のなかには，懲戒処分通告時に労働者に告知しなかった事由をもって，懲戒処分の有効性を基礎付けることはできないとするものもある。

CASE

＊富士見交通事件・東京高判平成 13・9・12 労判 816 号 11 頁（同一性肯定）
＊国立大学法人群馬大学事件・前橋地判平成 29・10・4 労判 1175 号 71 頁（同一性肯定）
＊セネック事件・東京地決平成 23・2・21 労判 1030 号 72 頁（同一性否定）
＊ニューロング事件・東京地判平成 24・10・11 労判 1067 号 63 頁（同一性否定）
（いずれも，実質的な同一性の観点から判断したもの）
＊熊坂ノ庄スッポン堂商事事件・東京地判平成 20・2・29 労判 960 号 35 頁（懲戒解雇の当時使用者が示さなかった事実を主張することは許されないが，文言の解釈や，前後の経緯に照らして表示されていると解釈できる場合には許されるとした）
＊ザ・トーカイ（本訴・懲戒解雇）事件・東京地判平成 26・7・4 労判 1109 号 66頁（使用者が当該懲戒処分当時認識していながら懲戒事由に挙げていなかった非違行為については，後に懲戒事由として追加することは許されないとした）
＊なみはや交通（仮処分）事件・大阪地決平成 26・8・20 労判 1105 号 75 頁（使用者が懲戒当時に理由として表示しなかった非違行為は，その存在をもって当該懲戒の有効性を根拠付けることはできないとした）
＊ヒューマントラスト（懲戒解雇）事件・東京地判平成 24・3・13 労判 1050 号 48

頁（懲戒当時に表示しなかった非違行為をもって懲戒処分の有効性を基礎付けることはできないが，懲戒解雇の相当性の判断に際して考慮される情状とはなり得るとした）

＊Ａ住宅福祉協会事件・東京高判平成 26・7・10 労判 1101 号 51 頁（懲戒解雇通知には 5 つの事由の記載があり，原審では，それらのうちの 2 つについてのみ主張していたところ，控訴審で主張された残り 3 つの事由について，時機に後れた攻撃防御方法として却下した）

iii 罪刑法定主義類似の原則

①不遡及の原則

当該行為が行われたのちに制定された就業規則の懲戒事由に基づき，懲戒処分をすることは許されない。

②一事不再理（二重処罰の禁止）の原則

過去にすでに懲戒処分の対象とされた事由に関して，重ねて懲戒処分することは許されない。なお，二重処罰の禁止は，懲戒処分でない不利益処分にも妥当するとして，先行する不利益処分を撤回し，当該処分によって被った不利益を塡補した後でなければ，あらためて懲戒権を行使することはできないとしたものもある（WILLER EXPRESS 西日本事件・大阪地判平成 26・10・10 労判 1111 号 17 頁）。

ただし，懲戒の処分内容（種類）を決定するに際して，過去の懲戒処分歴を情状として斟酌することが禁じられるわけではない（例えば，わずかな回数の遅刻や無断欠勤など，それ自体は懲戒解雇に値しない行為につき，戒告などの処分がされたのち，なお同様の行為が繰り返されたため，懲戒解雇にするような場合）。懲戒事由に挙げていなかった事実も，懲戒解雇の相当性の判断に際して考慮される情状となると説示するものもある（前述 ii のヒューマントラスト〔懲戒解雇〕事件）。

CASE

＊北群馬信用金庫事件・前橋地判昭和 57・12・16 労判 407 号 61 頁（不遡及の原則）

＊平和自動車交通事件・東京地決平成 10・2・6 労判 735 号 47 頁（一事不再理の原則）

＊学校法人栴檀学園（東北福祉大学）事件・仙台地判平成 9・7・15 労判 724 号 34 頁（すでに教授会出席停止および講義担当停止という不利益処分の対象となっている事由を，重ねて懲戒解雇の理由とすることは一事不再理の法理から許されないと

し，それ以外の懲戒解雇理由のみを検討し，懲戒解雇を無効とした）

＊渡島信用金庫（懲戒解雇）事件・札幌高判平成 13・11・21 労判 823 号 31 頁（第2 懲戒解雇は第 1 懲戒解雇と社会的な同一性ないし関連性があり，二重処分に当たり無効とした）

iv 相当性の原則，平等取扱原則

①相当性の原則

懲戒処分の重さは，規律違反の種類・程度その他の事情に照らして相当なものでなければならない（解雇権濫用，懲戒権濫用法理の一内容）。懲戒解雇・諭旨解雇の場合は，当該服務規律違反が，制裁として労働契約関係から排除することを正当化できる程度のものでなければならない。懲戒事由を基礎付ける事実（非違行為）の存在を全面的に争う事案を除く大半のケースでは，この要件の不充足が主張され（「何らかの処分が下されるのはやむを得ないとしても，懲戒解雇とするのは処分として重すぎる」と主張する），この観点から懲戒解雇（諭旨解雇）を無効とするものは，数多くみられる。

②平等取扱原則

同じ規定に同じ程度に違反した場合は，これに対する懲戒処分も同種・同程度であることを要する。また，従来黙認してきた行為に対し処分を行うためには，事前の十分な警告を要する（菅野和夫『労働法〔第 11 版補正版〕』〔弘文堂，2017 年〕675 頁）。このような要請は，相当性の原則のなかのひとつと考えることができるであろう。

v 適正手続を経ていること

就業規則や労働協約上，労働組合との協議や懲戒委員会の討議を経るべきこと等が定められている場合，この手続に違反すると，そのことだけで懲戒解雇は無効とされる（Ⅰ 2⑵〔141 頁〕を参照）。

また，このような規定がない場合でも，処分事由を明らかにしたうえで，本人に弁明の機会を与えること（告知と聴聞）が最小限必要だと考えるべきであろう。例えば，日本通信（懲戒解雇）事件・東京地判平成 24・11・30 労判 1069 号 36 頁は，実質的な弁明が行われるよう，その機会を付与すべきで，その手続に看過し難い瑕疵が認められる場合には，それだけでも懲戒解雇の無効原因を構成し得るものと説示している。また，懲戒委員会にかけて懲戒を行う旨の就業規則の定めにも拘わらず，懲戒事由を個別具体的に把握せず，当該行為に応じた懲戒処分の内容を審議しなかったこと等を理由として懲戒解雇を無効としたものとして，セイビ事件（東京地決平成 23・1・21

労判 1023 号 22 頁）がある。

ただし，就業規則等に定めがない場合に，弁明機会を付与しなかったことのみを理由として懲戒解雇を無効とした裁判例は見当たらないようである。なお，弁明の機会が与えられていない事由を懲戒解雇の理由とすることは相当でないと説示した例として，ヒューマントラスト（懲戒解雇）事件・東京地判平成 24・3・13 労判 1050 号 48 頁がある。

vi 懲戒権行使の時間的制約

懲戒（解雇）処分が，懲戒事由発生から長期間経過した後になされた場合，企業秩序が回復していることを理由に，懲戒処分の必要性がないとして懲戒権の濫用と評価されることがある。裁判例としては，ネスレ日本（懲戒解雇）事件・最判平成 18・10・6 労判 925 号 11 頁（7 年以上前の暴行事件を理由とする懲戒解雇），学校法人 B（教員解雇）事件・東京地判平成 22・9・10 労判 1018 号 64 頁（5 年前の人身攻撃を内容とするファックスを送付したことを理由とする懲戒解雇）などがある。

⑶ 懲戒解雇の普通解雇への転換等

i 普通解雇の予備的主張

懲戒解雇は，労働者の非違行為に基づく企業秩序違反に対して行われることから，懲戒解雇事由が普通解雇事由にも該当することが多い。このため，使用者は同一の企業秩序違反行為について，①懲戒解雇の意思表示をするとともに，予備的に普通解雇の意思表示をしたり，②労働者に対して懲戒解雇を通告しつつ，訴訟になった段階で，懲戒解雇が無効と判断された場合に備えて，予備的に普通解雇の主張をすることもある。

このような場合，懲戒解雇の有効性が判断され，これが無効とされた場合には，さらに普通解雇としての有効性が判断されることになる（上記②のケースで，懲戒解雇は無効だが，普通解雇は有効と判断された場合，懲戒解雇の時点から普通解雇の意思表示がされるまでの間の賃金請求は認められることになる）。懲戒解雇を無効とし，普通解雇を有効とした例として，モルガン・スタンレー・ジャパン・リミテッド（本訴）事件・東京地判平成 17・4・15 労判 895 号 42 頁，三菱重工業（相模原製作所）事件・東京地判平成 2・7・27 労判 568 号 61 頁，A 不動産事件・広島高判平成 29・7・14 労判 1170 号 5 頁などがある。

ii 懲戒解雇の普通解雇への転換

また，懲戒解雇の意思表示しかしなかったのに，訴訟段階にいたって，「懲戒解雇の意思表示には，普通解雇の意思表示も含まれていたので，仮に懲戒解雇が無効であっても普通解雇として有効である」という主張がされる場合がある。

このような転換を認めると，労働者の地位を著しく不安定にし，安易な懲戒解雇を誘発すること，制裁としての懲戒解雇と普通解雇とでは制度の趣旨が異なり，根拠・要件・効果が異なることなどから，転換を否定する裁判例が多い（理研精機事件・東京高判昭和 54・8・29 労判 326 号 26 頁，所沢中央自動車教習所事件・さいたま地川越支判平成 15・6・30 労判 859 号 21 頁，日本通信（懲戒解雇）事件・東京地判平成 24・11・30 労判 1069 号 36 頁，乙山商会事件・大阪地判平成 25・6・21 労判 1081 号 19 頁，ザ・トーカイ事件・東京地判平成 26・7・4 労判 1109 号 66 頁，A 不動産事件・広島高判平成 29・7・14 労判 1170 号 5 頁など）。しかし，これを認めたものも少なくない（日本経済新聞社事件・東京地判昭和 45・6・23 労判 105 号 39 頁，岡田運送事件・東京地判平成 14・4・24 労判 828 号 22 頁，ジップベイツ事件・名古屋地豊橋支判平成 16・1・23 労判 886 号 46 頁など）。

(4) 懲戒解雇と退職金

大半の企業では就業規則や退職金規程で，懲戒解雇の場合，退職金の全部を不支給とし，諭旨解雇の場合には，退職金の一部を不支給とする旨の規定を置いている。

このような扱いにつき，判例は，退職金には賃金の後払い的性格があり，退職金減額・不支給規定を有効に適用できるのは，労働者のそれまでの勤続の功を抹消（全額不支給の場合），ないしは減殺（一部不支給の場合）してしまうほどに著しく信義に反する行為があった場合に限られるとするものが多い。そして，懲戒解雇が有効とされた場合には，退職金の全部不支給もやむを得ないとするものが多いが，中には，退職金の一部の支払を命じる判例もある（懲戒解雇を有効としつつ退職金請求の一部を認容するのは，私生活上の非違行為によって懲戒解雇されたケースが多いように思われる）。

懲戒解雇のケースで退職金を請求するやり方としては，①懲戒解雇無効を前提とする地位確認・賃金支払請求を主位的請求とし，主位的請求が棄却された場合に備えて，予備的に退職金を請求する，②地位確認の棄却判決が確

定した後に，別訴で退職金請求をする，③退職金の請求のみを行う（地位確認は請求しない），という3通りが考えられる。

| 実践知！ | 懲戒解雇が有効と判断されても，退職金請求が一部認容されることがある。 |

CASE

* 小田急電鉄（退職金請求）事件・東京高判平成15・12・11労判867号5頁（私生活上の痴漢の事案で3割を認容。一審判決・東京地判平成14・11・15労判844号38頁は，全額不支給を是認していた）
* ヤマト運輸事件・東京地判平成19・8・27労経速1985号3頁（帰宅途中の酒気帯び運転の事案で，3分の1を認容）
* NTT東日本（退職金請求）事件・東京高判平成24・9・28労判1063号20頁（退職金が支給された後に在職中の懲戒解雇事由が発見された場合には，退職金を返納させる旨の就業規則があるなか，自主退職した労働者に対して退職金が支払われずにいた事案。私生活上の強制わいせつ致傷の事案で，3割を認容。一審判決・東京地判平成24・3・30労判1063号27頁は，4割5分を認容していた）
* 日本郵便株式会社事件・東京高判平成25・7・18判時2196号129頁（私生活上の酒気帯び運転の事案で，約3割を認容）
* 東京貨物社（解雇・退職金）事件・東京地判平成15・5・6労判857号64頁（在職中の競業行為の事案で，4割5分を減額して認容）
* デニーズジャパン退職金請求事件・神戸地判平成14・12・18（裁判所ウェブサイト）（紛失した現金の不正な方法での穴埋め等で，半額を認容）
* 医療法人貴医会事件・大阪地判平成28・12・9労判1162号84頁（診療情報システム上の診療情報の改ざん行為の事案で，2分の1を認容）
* KDDI事件・東京地判平成30・5・30労判1192号40頁（住宅手当，単身赴任手当の不正受給等の事案で，4割を認容）

　注意すべきは，退職金の不支給・減額ができるのは，原則として，就業規則や退職金規程等に明記してある場合に限られることである（懲戒解雇であれば，当然に退職金を不支給にできるわけではない）。また，退職金規程等の不支給・減額条項は，懲戒解雇日までに有効に成立していることが必要である。そして，不支給や減額条項の定めに従って懲戒解雇されたり，退職したのでない場合には，不支給・減額できないのが原則である。例えば，懲戒解雇相

当事由が退職の原因とならなかった自発的退職者について，不支給・減額規定を拡張して適用することはできない（その旨を説示するものとして，アイ・ケイ・ビー事件・東京地判平成 6・6・21 労判 660 号 55 頁，東京ゼネラル事件・東京地判平成 8・4・26 労判 697 号 57 頁，上野製薬事件・大阪地判平成 15・3・12 労判 851 号 74 頁など）。

ただし，在職中の懲戒解雇事由が退職後に判明したケースなどで，労働者の行為の「著しい背信性」等を理由に，退職金請求を権利濫用として棄却したり，いったん支給した退職金の返還請求を認める裁判例もみられるので，注意が必要である（そのような例として，大器事件・大阪地判平成 11・1・29 労判 760 号 61 頁，アイビ・プロテック事件・東京地判平成 12・12・18 労判 803 号 74 頁，ピアス事件・大阪地判平成 21・3・30 労判 987 号 60 頁，前掲の医療法人貴医会事件など）。

7. 整理解雇

(1) 整理解雇と「4 要件（要素）」法理

企業の経営上の必要性に基づき行われる解雇を整理解雇という。経営状況の悪化に基づき，人件費削減のために行われるケースが典型例であるが，経営状況は悪化していないものの，企業戦略に基づく部門廃止に伴い，その部門の労働者を解雇するといったものもみられる。

このような整理解雇の有効性も，解雇権濫用法理によって判断されるが，その判断においては，「整理解雇の 4 要件（要素）」と呼ばれる法理が判例によって確立されている。すなわち，解雇の有効性は，以下の 4 つの要件（要素）に基づいて判断される。

①人員削減の必要性があること
②解雇回避努力を尽くしたこと
③人選が合理的であること
④説明・協議を尽くすなど，解雇手続が相当であること

このように，使用者に高いハードルが課されているのは，整理解雇は，労働者に責任のない使用者側の事情に基づくものであり，労働者を保護する必要性が高いからである。したがって，上記 4 要件（要素）の立証責任も，全て使用者側にあることになる（ただし，①～③の立証責任は使用者側にあるが，④については労働者に立証責任を課す考え方もある。例えば，東洋酸素事件・東京高判昭和 54・10・29 労判 330 号 71 頁，東京自転車健康保険組合事件・東京地

判平成 18・11・29 労判 935 号 35 頁，日本通信事件・東京地判平成 24・2・29 労判 1048 号 45 頁など）。なお，人員削減の必要性（①）と解雇回避努力（②）は互いに関連するが，これらと人選の合理性（③），説明・協議義務（④）は，互いに独立した要件（要素）といえる。

> **要件論と要素論**
>
> 　上記のような 4 つの指標については，これを「要件」とみるか，「要素」とみるかについての対立がある。これを要件とする説は，4 つの「要件」のいずれかひとつでも欠けていれば直ちに解雇は無効になるとする。一方，これを要素とする説は，整理解雇の有効性も他の解雇と同様，解雇権が濫用されたかどうかによって判断されるのであり，4 つの「要素」はそのための検討材料にすぎず，全体として解雇権濫用があったかどうかが総合的に判断されるべきだとする。論理的には，「要件論」をとったほうが解雇無効の結論が導かれやすいことになるが，この見解に立つ場合でも，個々の「要件」を緩やかに解すれば，解雇有効の結論が導かれやすくなるし，「要素論」による場合でも，個々の「要素」を厳格に解して総合判断すれば，解雇無効の結論が導かれやすくなる。したがって，4 つの指標（要件，要素）に基づき解雇の有効性が検討されている限り，要件論，要素論のいずれをとるかによって，ストレートに，解雇の有効，無効の結論が左右されるとはいえない。裁判例の多くも，どのような差異が生じるかを明らかにすることなく，「要件」，「要素」といった言い回しを用いている。また，「要件論」をとったうえで解雇無効と結論付けている判例も，欠如している要件のみを取り上げて解雇無効とするのではなく，4 つの要件全てを検討したうえで，解雇無効の結論を導き出すものが大半である。

⑵　人員削減の必要性（第 1 要件）

ⅰ　人員削減の必要性

　整理解雇が有効とされるためには，人員削減の必要性がなければならない。

　経営状況が悪化し，経費削減の必要性が認められても，それが人員削減によって達成されなければならない程度に達していない場合や，人員削減以外の経費削減によって達成できる程度のものである場合には，人員削減の必要性は否定される。

　このように，人員削減の必要性は，人件費以外の経費削減措置との相関関係で判断されるので，第 2 要件（解雇回避努力の有無）と表裏の関係にあるといえる（例えば，役員報酬の削減によって経費削減目標を達成できたにも拘わらず解雇したような場合，役員報酬削減という解雇回避努力を尽くしていないと評価することもできるし，役員報酬を削減していれば，人員削減をする必要がなかったと評価することもできる）。

また，当初の段階では人員削減の必要性が認められても，希望退職，その他の経費削減（解雇回避）措置を講じることによって，経費削減（人員削減）目標が達成されているにも拘わらず解雇したり，必要以上の人員を解雇した場合にも，人員削減の必要性が否定される。

CASE

* 関西金属工業事件・大阪高判平成 19・5・17 労判 943 号 5 頁（6 名の人員削減が必要とされたなか，10 名が解雇された事例で，10 名全員について解雇の必要性が主張立証されていないとして，10 名全員に対する解雇を無効とした）
* 千代田化工建設（本案）事件・東京高判平成 5・3・31 労判 629 号 19 頁（大半の従業員が特定部門の子会社化に伴う移籍に応じ，すでに経営規模の縮小を達成している以上，移籍を拒否した 1 名の労働者を解雇する必要性がないとして，解雇を無効とした）
* マルマン事件・大阪地判平成 12・5・8 労判 787 号 18 頁（人員削減の必要性が相当程度減少していたなか，配転等の解雇回避措置をとり得る状況のもとで，原告ただ 1 人を，整理解雇しなければならなかったかは疑問であるとして解雇を無効とした）
* エヌ・ティ・ティマーケティングアクト事件・岐阜地判平成 29・12・25 労判 1185 号 38 頁（雇止めの対象者の人数等に見合うほどの人員削減の必要性があったか否かについては疑義があるとし，解雇回避努力も不十分として，雇止めを無効とした）

ii　人員削減の必要性の度合い

人員削減の必要性として，どの程度のものが求められるかについては，以下のように，ケース毎に判断が異なっており，定説をみない状況にある。

①人員削減をしなければ企業が倒産必至または近い将来の倒産が予見される状況にあることが必要とするもの（大村野上事件・長崎地大村支判昭和 50・12・24 労判 242 号 14 頁，宗田ゴム事件・大阪地決平成 10・6・4 労判 747 号 87 頁，ジーエル〔仮処分〕事件・津地決平成 28・3・14 労判 1152 号 33 頁——いずれも必要性を否定し，解雇無効）

②客観的に高度な経営危機から人員削減が要請されることが必要とするもの（住友重機玉島製造所事件・岡山地決昭和 54・7・31 労判 326 号 44 頁，社会福祉法人大阪暁明館事件・大阪地決平成 7・10・20 労判 685 号 49 頁——いずれも必要性を肯定したが，人選の合理性等の観点から，一部の者に対する解雇無効）

③企業の合理的運営上の必要性があれば足りるとする立場（東洋酸素事件・東京高判昭和 54・10・29 労判 330 号 71 頁〔必要性肯定，解雇有効〕。千代田

化工建設〔本案〕事件・東京高判平成 5・3・31 労判 629 号 19 頁，ジーエル〔保全異議〕事件・津地決平成 28・7・25 労判 1152 号 26 頁——いずれも必要性を否定し，解雇無効）

④業務の廃止による組織変更のため，ポストがなくなった者がいればよいとする立場（ナショナル・ウエストミンスター銀行〔第 3 次仮処分〕事件・東京地決平成 12・1・21 労判 782 号 23 頁，ミニット・ジャパン事件・岡山地倉敷支決平成 13・5・22 労経速 1781 号 3 頁——いずれも必要性肯定，解雇有効）

iii 人員削減の必要性を基礎付ける証拠

人員削減の必要性を判断するに際しては，企業の損益，資産，キャッシュ・フロー（資金繰り）の状況のほか，人件費や役員報酬の動向，新規採用やパート，アルバイトなどの非正規雇用者の人員動向，業務量，株式配当などが基礎事実になる。損益，資産状況等については，財務諸表（損益計算書，貸借対照表）の提出が不可欠であり，これらの資料を提出せずして，人員削減の必要性を基礎付けることは困難である。ただし，企業によってはこれらの資料が流出すると，企業の信用にかかわる（倒産に至る可能性を増大させる）として，「生の資料」を提出せず，一定の加工を施したものを提出してくることがある。このような場合は，加工した資料の信憑性が問われることになろう。

(3) 解雇回避努力（第 2 要件）

整理解雇が有効とされるためには，解雇回避努力を尽くすことが必要である。具体的な解雇回避策としては，役員報酬カットを含む経費削減策，新規採用の停止，労働時間短縮や賃金カット，配転，出向，一時帰休，希望退職募集などが考えられる。以下，代表的な解雇回避措置である希望退職と配転について見る。

i 希望退職募集

希望退職は，労働者の意思を尊重しつつ人員削減を図るもので，合理性の高い方法である。なかには，希望退職は不可欠とまではいえないとする裁判例もある（例えば，Principle One 事件・東京地判平成 24・12・13 労判 1071 号 86 頁）が，希望退職募集をせずにいきなり指名解雇した場合には，解雇回避努力義務を尽くしていないと判断されることが多い（あさひ保育園事件・最判昭和 58・10・2 労判 427 号 63 頁，福岡高判昭和 54・10・24 労判 427 号 64 頁）。なお，希望退職に応じなければ，対象者全員を解雇するとして行われ

た募集は，労働者の自主的な決定を尊重して人員削減を図るという希望退職募集の趣旨にそぐわないとした例がある（株式会社よしとよ事件・京都地判平成8・2・27労判713号86頁）。また，希望退職の募集に際しては，任意の退職を促進するような条件をつけていないと，解雇回避努力として評価されないことが多い。

企業側からみた場合，希望退職を募集すると，企業にとって必要な人材が流出（退職）してしまうことが懸念されるが，そのような事態については，個別的な慰留や，募集対象者を限定するなどして対処すべきであり，そのような懸念を理由に希望退職募集をしないとしても，解雇回避努力が不十分と判断されることになろう。

| 実践知！ | 任意の退職を促進する内容の希望退職を募らない整理解雇は無効と判断されることが多い。 |

CASE

* ホクエツ福井事件・名古屋高金沢支判平成18・5・31労判920号33頁（会社都合の退職金に基本給1ヶ月分の上乗せ支給をする旨の退職条件による希望退職募集は，退職を希望させるだけの魅力的なものであるといえず，解雇回避措置として十分なものといえないとした）
* 飛鳥管理（仮処分）事件・東京地立川支判平成21・8・26労判993号57頁（上記と同旨）
* アイレックス事件・横浜地判平成18・9・26労判930号68頁，東京高判平成19・2・21労判937号178頁（特殊な技能・知識・経験を必要とする職種で成り立つ業務では，代替性がない人材が希望退職により会社外に流出してしまうことによる損失が大きく，希望退職を行わないことにも合理性があるが，これに当たらない工場で稼働する製造部門所属の従業員に対して，希望退職募集をしていないことには合理性がないとした）

ii 配転・出向

配転・出向によって解雇が回避できるにも拘わらず，これを行わずに解雇した場合，解雇回避の努力を尽くしていないと評価される。

また，労働契約に職種限定や勤務地限定がある場合に，当該職種が廃止されたり，限定された勤務地の工場等が閉鎖されたケースでも，解雇回避（雇

用維持）という観点からは，当該労働者に配転や出向の打診をすべきであり，これをせずにいきなり解雇すると解雇回避努力を尽くしていないと評価されることがある。

> **CASE**
>
> ＊マルマン事件・大阪地判平成 12・5・8 労判 787 号 18 頁（自己申告書において現勤務地以外の勤務は不可としていても，過去に他の勤務地で勤務していたことや，現実に配転を提案して拒絶されたわけではないことなどから，関連会社への出向も含め，配転を検討する余地があったとし，解雇無効とした）
>
> ＊アイスター事件・熊本地決平成 17・5・25 労判 894 号 88 頁（転勤の打診を断った労働者については解雇有効としつつも，転勤希望の有無などを確認していない労働者については，解雇無効とした）

⑷　人選の合理性（第 3 要件）

　仮に解雇が不可避であったとしても，どの労働者を解雇するかについては，客観的に合理的な選定基準を設定し，その基準に基づき公正に選定しなければならない。人選の合理性を欠く解雇は，「要素論」によっても，それのみをもって無効とされるのが一般である。いかに解雇が不可避だったとしても，本来解雇すべきでない労働者を解雇することは著しく正義に反するからである（例えば，組合の弱体化を意図した解雇につき，千代田学園〔整理解雇〕事件・東京地判平成 16・3・9 労判 876 号 67 頁）。

　具体的な選定基準としては，勤務成績，年齢・勤続，解雇によって被る打撃の度合い，雇用形態などが考えられるが，実際に採用された人選基準が合理的であるか否かは，事案の具体的事情に応じて個別に判断するしかなく，その判断が困難である場合も少なくない。

　また，当然のことながら，人選基準は解雇の意思表示がなされる段階で確定されていなければならず，訴訟の段階になって後付けで主張することは許されない（労働大学〔第 2 次〕事件・東京地決平成 13・5・17 労判 814 号 132 頁）。なお，人選の合理性については，後述の⑹ⅱ（194 頁）で掲げる裁判例（人選合理性を否定したもの）も参照されたい。

ⅰ　勤務成績など

　企業の側からすれば，勤務成績や能力評価に基づき被解雇者を選定することには合理性が認められようが，勤務成績等に対する評価システムが確立され，その結果が労働者に開示されているような場合でなければ，きわめて恣

意的な人選がされるおそれがある。整理解雇の直前になって，管理職制に従業員評価をさせるといったものも見受けられるが，このような人選方法は，合理性が否定されることが多い。

CASE

* 安川電機八幡工場（パート解雇・本訴）事件・福岡地小倉支判平成 16・5・11 労判 879 号 71 頁（勤務態度，協調性，作業能率等の人選基準は一義的明確といい難く，日頃から人事考課を行っているか，解雇者の選定までに十分な調査を行うなどの前提が整わないかぎり，合理性ある基準とはいえないとした）
* 朝日石綿工業事件・甲府地決昭和 62・5・29 労判 502 号 88 頁（直近 3 回の勤務考課表の合計点という基準につき，考課点については合計点を知り得るのみで，その具体的内容を明らかにする疎明がないとして，具体的な人選の合理性を否定した）
* ジャパンエナジー事件・東京地決平成 15・7・10 労判 862 号 66 頁（「現在及び将来ともにグループ内での活用が困難とされた者」〔本人の保有技術，技能，知識等を総合判断した結果，適当な職務を見出せない者〕という基準につき，将来の活用可能性は会社の裁量が入り込む余地が高く，その判断が客観的，合理的に担保されている疎明がないとして，人選合理性を否定した）

ii 年齢，勤続年数

年齢や勤続年数は，恣意の入り込む余地のない客観的な基準であるが，年齢（勤続）の高い（長い）者，低い（短い）者のいずれから人選すべきかについて評価が分かれる。企業の側から見れば，賃金の高い高年齢者（長期勤続者）から解雇することに合理性が認められようが，労働者の側から見れば，再就職の可能性など高年齢者の方が解雇による打撃は大きい。

CASE

* 高齢者を解雇する年齢基準を合理的としたもの（三井石炭鉱業事件・福岡地判平成 4・11・25 労判 621 号 33 頁，日本航空〔航空乗務員整理解雇等〕事件・東京高判平成 26・6・5 労経速 2223 号 3 頁，泉州学園事件・大阪地堺支判平成 21・12・18 労判 1006 号 73 頁）
* ヴァリグ日本支社事件・東京地判平成 13・12・19 労判 817 号 5 頁（「幹部職員で 53 歳以上の者」という基準につき，53 歳という年齢は，定年までの残存期間の賃金に対する労働者の期待も軽視できず，再就職が事実上困難な年齢であるから，早期退職の代償となるべき経済的利益や再就職支援なしには，基準として合理的といえないとした）

iii　雇用形態による優先順位

　雇用形態に着目する場合，非正規雇用労働者（パートタイマーなど）に先立ち，正規雇用労働者を選定することには合理性が認められないとする裁判例が多い。これは，非正規労働者は企業との結びつきも弱く，解雇による生計への打撃が小さかったためであるが，現在では，非正規労働者に対する均等・均衡待遇が立法化されており，今後も上記のような判断が維持されるべきかは，議論の余地があろう（なお，「通常の労働者と同視すべき短時間・有期雇用労働者」については，差別的な扱いが禁止される（パート有期労働法9条）ので，単に短時間もしくは有期であることを理由に，正規雇用労働者に先立ち，これらの者を整理解雇の対象とすることは許されないことになる。Chap. 9, III 1 (2)〔404頁〕を参照のこと）。

　なお，正社員を非正規雇用労働者よりも強く保護すべきだからといって，非正規雇用労働者の解雇が容易に認められることを意味するものではない（下記の三洋電機事件を参照）。

CASE

＊日立メディコ柏工場事件・最判昭和61・12・4労判486号6頁（人員削減の必要性がある以上，本工について希望退職の募集等の手続をとることなく，臨時工を雇止めにしても，これをもって不合理とすることはできないとした）

＊高松重機事件・高松地判平成10・6・2労判751号63頁（整理解雇の場面では，特段の事情がないかぎり，まずは準社員の人員削減を図るのが合理的であり，準社員・正社員の区別なく出勤不良の程度で設定された整理基準の合理性を否定して，正社員の整理解雇を無効とした）

＊三洋電機事件・大阪地判平成3・10・22労判595号28頁（整理解雇に際して，定勤社員を第一順位とすることに合理的理由があるといえるが，まず削減すべき余剰人員を確定し，定勤社員の中で希望退職を募集するなどの手段を尽くすべきとして，解雇を無効とした）

(5)　説明・協議義務／手続の相当性（第4要件）

　解雇に先立ち，使用者は労働組合や労働者に対して，整理解雇の必要性とその内容（時期・規模・方法），人選基準等について，十分な説明を行い，誠意をもって協議しなければならない。

　労働協約で，整理解雇について労働組合との協議を義務付ける条項がある場合，十分な協議を経ない整理解雇は，協約違反として無効となる（I 2 (2)〔141頁〕を参照）が，このような協約がない場合でも，説明・協議を経ない

で行われた解雇は無効とされる。

　また，経営状況等の説明に際して，単に，「〇億円の赤字だから解雇せざるを得ない」などと概括的な数字を掲げるだけでは，説明義務を尽くしたと評価されない。さらに，少なくとも労働組合等からの求めがあった場合には，一定の客観的な資料を提示して説明する必要があるといえよう。

　なお，このような説明・協議は，労働組合に所属している労働者との関係では，労働組合と行えば足りるが，労働組合に所属していない労働者（労働組合が存在していない場合には，全体の労働者がこれに該当する）との関係では，個々の労働者と行う必要がある。このような説明・協議は，集団的な説明会などのかたちで行うことも許されようが，解雇対象となる労働者に対して十分な説明，協議の機会が保障されなければならない。

CASE

＊北斗音響事件・盛岡地判昭和 54・10・25 労判 333 号 55 頁（工場閉鎖・同工場勤務の従業員全員解雇のケースで，不況を乗り切るためにやむを得ない措置であるといった抽象的説明に終始したことから，説明義務を尽くしていないとされた）

＊日証事件・大阪地決平成 7・7・27 労経速 1588 号 13 頁（和議〔現行民事再生〕申請当日および翌日に，従業員らに何らの説明なく解雇した事例で，和議申請後すみやかに説明義務を尽くし，そのうえで解雇の意思表示をすることは可能であり，解雇後に組合に対して必要な説明をしているとしても解雇は無効とした）

＊株式会社よしとよ事件・京都地判平成 8・2・27 労判 713 号 86 頁（組合に対して貸借対照表等の資料を閲覧させるだけで，コピーを取ることを認めなかったことから，誠実に説明，協議を行ったとはいえないとした）

＊北原ウェルテック事件・福岡地久留米支決平成 10・12・24 労判 758 号 11 頁（解雇の対象となる可能性が高い非管理職の従業員〔ないしその代表〕と直接協議する機会を設けていないとして，協議説明義務を尽くしていないとした）

(6)　工場・支店・部門閉鎖と整理解雇

i　整理解雇法理による判断

　企業そのものは存続し続ける中，工場，支店，もしくは特定の事業部門が閉鎖，廃止され，当該部門に勤務していた労働者が解雇されることがある。このような場合の解雇の有効性も，整理解雇（4 要件）法理に基づいて判断される。このような解雇では，解雇回避努力について，他の部門への配転が可能かどうかが争いとなることが多い。また，説明協議が不十分であるとして解雇が無効とされる例も少なくない。

CASE　解雇を有効としたもの

＊東洋酸素事件・東京高判昭和 54・10・29 労判 330 号 71 頁（アセチレン部門の閉鎖で他の部門でも剰員が生じていたこと，他部門で希望退職を募集することも企業経営に障害が及ぶおそれがあったとした）

＊シンガポール・デベロップメント銀行（本訴）事件・大阪地判平成 12・6・23 労判 786 号 16 頁（大阪支店閉鎖に伴う整理解雇につき，東京支店で希望退職募集を行うべき義務があったとまではいえないとした）

＊学校法人専修大学（専大北海道短大）事件・札幌地判平成 25・12・2 労判 1100 号 70 頁（学生募集を停止した短大の教員らに対する解雇で，早期退職優遇制度，配置転換制度の整備をしなかったことには理由があるとした）

＊ナショナル・ウエストミンスター銀行（第 3 次仮処分）事件・東京地決平成 12・1・21 労判 782 号 23 頁（3 人のみが配置されている部署の閉鎖に伴う解雇につき，余剰人員を他の分野で活用することが「企業経営上合理的であると考えられる」かぎりで雇用を維持すれば足り，解雇後の当面の生活維持および再就職の便宜のための配慮をしていれば，解雇は有効であるとした）

CASE　解雇を無効としたもの

＊鐘淵化学工業事件・仙台地決平成 14・8・26 労判 837 号 51 頁（営業所の閉鎖事案で，解雇回避努力に関して，職種転換による出向や配転について真摯な努力をしていないとした）

＊京都エステート事件・京都地判平成 15・6・30 労判 857 号 26 頁（機械部門閉鎖事案で，解雇回避努力について，営業譲渡を受けた新設会社での検討が不十分であり，解雇手続〔説明協議〕も不相当とした）

＊社会福祉法人仁風会事件・福岡地判平成 19・2・28 労判 938 号 27 頁（特別養護老人ホームの調理部門廃止に伴う解雇で，配転の可能性の検討，打診をしておらず，説明・協議も不十分であるとした）

＊山田紡績事件・名古屋地判平成 17・2・23 労判 892 号 42 頁，名古屋高判平成 18・1・17 労判 909 号 5 頁（民事再生手続開始決定後の紡績部門の閉鎖に伴う同部門の全従業員の解雇につき，全従業員を解雇する必要までは認められないなどとした）

＊高嶺清掃事件・東京地判平成 21・9・30 労判 994 号 85 頁（公社部門廃止に伴う整理解雇〔雇止め〕につき，解雇回避努力，人選合理性の観点から無効とした）

＊クレディ・スイス事件・東京地判平成 23・3・18 労判 1031 号 48 頁（部門閉鎖に伴う整理解雇につき，自宅待機命令から 1 年以上経過した後に解雇しており，必要性の程度が高くなく，高額の賞与支払や新規採用の事実から，解雇回避努力が不十分とした）

＊東亜外業事件・神戸地決平成 23・11・14 労判 1042 号 29 頁（工場の休止に伴う解雇につき，配転可能性〔解雇回避〕の検討が不十分で，人選基準，手続の合理性も認められないとした）

ⅱ 人選の合理性について

なお，当該部門に所属していた労働者全員が解雇された場合，人選の合理性は問題とならない場合も多い。しかし，勤務地や職種が限定されず採用されている場合には，たまたま当該部署に所属していたがゆえに解雇対象とされることもあり，このようなケースでは人選の合理性も問題となる。

> **CASE** 人選合理性を否定したもの
>
> ＊ナショナル・ウエストミンスター銀行（第1次仮処分）事件・東京地決平成10・1・7労判736号78頁（3名が配属されていた閉鎖部門に所属していた従業員を解雇対象者とするのは，多分に偶然性に左右され，公平さを欠くとした）
> ＊日本フィスバ事件・東京地判平成22・3・15労判1009号78頁（店舗撤退に伴う販売員の解雇の事案）
> ＊シーテック事件・横浜地判平成24・3・29労判1056号81頁（部門閉鎖事案ではないが，ある時点で「待機社員」となった技術社員全員を解雇対象とした事案）

Ⅳ. 解雇権濫用法理の応用

1. 試用期間と解雇（本採用拒否）

(1) 試用期間付の労働契約

ⅰ 試用期間の法的性質

期間の定めのない雇用契約で労働者を雇い入れるに際して，試用期間を設定することがある。試用期間は，就業規則に定められていることもあれば，個別の労働契約において設定されることもある。

試用期間が定められた場合でも，期間の定めのない労働契約が成立しており，試用期間中は使用者に労働者の不適格性を理由とする解約権が留保されたものと理解されている。試用期間中に，労働者の能力，適性等を判断し，とくに問題がなければ，試用期間満了時点で本採用するのが一般である（本採用を拒否されないまま試用期間が経過すれば，特段の意思表示がなくとも通常の労働契約関係に移行する）。

なお，試用開始から14日を超えていない労働者が解雇された場合，労基法20条の解雇予告の規定は適用されない（労基法21条但書4号）。

ⅱ 試用期間の長さ，更新・延長

試用期間の長さは，試採用者の能力や勤務態度の評価を行うのに必要な合理的範囲のものでなければならない（ブラザー工業事件・名古屋地判昭和59・

3・23 労判 439 号 64 頁は，見習社員としての試用期間〔最短でも 6 ヶ月，最長では 1 年 3 ヶ月〕があるにも拘わらず，見習社員から試用社員に登用した者についてさらに 6 ヶ月ないし 1 年の試用期間を設けることには，合理的な必要性がなく，公序良俗に反して無効であるとしている）。

　また，試用期間を更新・延長することも許されないわけではないが，それは，「試用契約を締結した際に予見しえなかつたような事情により試用期間中に適格性の判断をなしえなかつた」ためや，「本採用を拒否できる事由がある場合にそれを猶予する」ためなどの合理的理由がなければならない（上原製作所事件・長野地諏訪支判昭和 48・5・31 労判 181 号 53 頁，雅叙園観光事件・東京地判昭和 60・11・20 労判 464 号 17 頁，F 社事件・神戸地判平成 30・7・20 労経速 2359 号 16 頁は，2 回目の試用期間の延長は認められないとしている）。延長する期間については，延長前に相当な期間が告知されていることが必要である（上記上原製作所事件）。

(2)　本採用の拒否，試用期間中の解雇

　本採用拒否などの留保解約権の行使は，「解約権留保の趣旨・目的に照らして，客観的に合理的な理由が存し，社会通念上相当として是認されうる場合」にのみ許される。すなわち，「企業者が，採用決定後における調査の結果により，または試用中の勤務状態等により，当初知ることができず，また知ることが期待できないような事実を知るに至つた場合において，そのような事実に照らしその者を引き続き当該企業に雇用しておくのが適当でないと判断することが，上記解約権留保の趣旨，目的に徴して，客観的に相当であると認められる場合」にのみ許される（三菱樹脂本採用拒否事件・最大判昭和 48・12・12 労判 189 号 16 頁）。

　この「客観的に合理的な理由が存し，社会通念上相当として是認されうる場合」というのは，解雇権濫用法理の判断基準と同じである。したがって，試用期間中の解雇や本採用拒否についても，解雇権濫用法理とほぼ同様の規制が及ぶことになる。この判断は，労働者の能力，適性等を判断するという「解約権留保の趣旨，目的に照らして」行われるので，理念的には，本採用労働者の解雇の場合に比べ，やや緩やかに行われることになる。しかし，実際の裁判例を見てみると，通常の期間の定めのない労働契約の場合と，それほど大きく変わらない判断がされているといえよう。ただし，企業が求める能力，技能等について，労働者自らが保証しつつ，実際には企業が求める水

準に達していないような場合には，本採用拒否や試用期間中の解雇が認められやすくなるといえる（Ⅲ 2(3)〔161 頁〕を参照のこと）。

　また，最近では，試用期間満了前（試用期間途中）の解雇の有効性について，厳格な判断を示す裁判例が少なくない。すなわち，試用期間満了前の解雇は，より一層高度の合理性と相当性が求められるとしたり（ニュース証券事件・東京高判平成 21・9・15 労判 991 号 153 頁），試用期間満了時までに，会社の求める水準に達した可能性があったとして（医療法人財団健和会事件・東京地判平成 21・10・15 労判 999 号 54 頁，オープンタイドジャパン事件・東京地判平成 14・8・9 労判 836 号 94 頁。年俸 1300 万円の事業開発部長の例），試用期間満了前の解雇が無効とされている。要するに，試用期間は労働者の能力，適性を見極めるための期間であるのだから，試用期間の全体を通してみなければ，適正な判断はできないとするものである。試用期間途中に解雇された事案では，上記のような判例を引用したうえで，解雇の無効を主張することが重要である。

> **実践知！**
> 試用期間満了前の解雇は，試用期間満了時までに会社の求める水準に達する可能性があったことなどを理由として無効とされることがある。

(3)　労働契約の期間の定めが試用期間であると認定される場合

　労働契約に期間の定めがあっても，それが実質的には試用期間であるとされ，期間満了時の雇止めが制限されることがあるが，これについては，Chap. 2, Ⅳ（227 頁）を参照のこと。

2.　内定取消し

(1)　採用内定の法的性質

　採用内定の通知から，実際の就労開始までは，①企業による募集，②これに対する労働者の応募，③企業からの労働者に対する採用内定の通知（なお，この通知は必ずしも文書による必要はなく，電話など口頭による通知でも構わない），④就労開始予定日の就労開始，といった経過を辿るのが通常である。

　以上の各段階を法的にみると，①は契約申込みの誘引（勧誘）であり，②

は労働契約締結の申込みである。そして，③は申込みに対する承諾ということになるので，この時点で労働契約が成立することになる。ただし，この時点で成立するのは，④の就労開始予定日から就労するという内容で，就労開始予定日までに採用内定取消し事由が生じた場合には，解約することができるという契約である。すなわち，採用内定により成立するのは，「入社予定日を就労の始期とする解約権留保付労働契約」ということになる（大日本印刷事件・最判昭和 54・7・20 労判 323 号 19 頁）。

(2) 内定取消し（解約権行使）に対する制限

以上のように，採用内定段階でも労働契約が成立しているので，企業の側が自由にこれを解約（内定取消し）することはできず，解雇権濫用法理と同様の規制に服することになる。すなわち，採用内定取消しが適法と認められるのは，「採用内定当時知ることができず，また知ることが期待できない」事実がのちに判明し，しかも，それにより採用内定を取り消すことが「客観的に合理的と認められ社会通念上相当として是認することができる」場合に限られる（前記大日本印刷事件最高裁判決）。

採用内定取消事由は，採用内定通知書や誓約書に記載されている場合がある（いわゆる新卒採用の場合には，学校を卒業できなかった場合や，健康診断で異常が発見されたといった事由が記載されていることが多い）。しかし，そのような事由があっただけで当然に解約（内定取消し）が認められるわけではなく，その事由により解約することが客観的に合理的であり，社会通念上相当でなければならない。例えば，健康診断で何らかの異常が発見されたとしても，それが業務遂行とは関係がなく，あるいは業務遂行に支障をきたさないものである場合は，内定取消しは無効となる。

その逆に，採用内定取消事由が特に定められていない場合でも，「採用内定当時知ることができず，また知ることが期待できない」事実が後に判明し，それが採用内定を取り消さなければならないほどに重要なものである場合（合理性，相当性がある場合）には，内定取消しは許容される。例えば，重大な経歴詐称が判明したり，就労開始日までに犯罪行為を行ったような場合である（電電公社近畿電通局事件・最判昭和 55・5・30 労判 342 号 16 頁）。

なお，派遣会社と派遣先会社との間の業務委託契約が不成立になったことを理由とする内定取消しを有効としつつも，業務委託契約が不成立になる可能性を告知しなかったことを信義則上の義務違反として慰謝料の支払を命じ

た例がある（パソナ〔ヨドバシカメラ〕事件・大阪地判平成16・6・9労判878号20頁）。

(3) 企業側の事情に基づく内定取消し

採用内定取消しは，企業側の経営悪化を理由に行われることもある。しかし，このような内定取消しは，企業の採用計画が杜撰である場合がほとんどであろう。なぜなら，採用内定を出しておきながら，就労開始日までのほんのわずかな期間（新卒の場合でも数ヶ月，中途採用の場合には1ヶ月に満たない期間）に，内定取消しをしなくてはならないほどに経営状況が悪化することは，通常考えられないからである。仮に，真に経営状況が悪化したとしても，それを予見できなかった責任は企業側にあるといえよう。このようにしてみると，経営悪化を理由とする採用内定取消しに合理性・社会通念上相当と認めるのは困難な場合が多いだろう。

経営悪化を理由として，ヘッドハンティングでスカウトされた労働者が内定取消しされた事案で，整理解雇の4要件法理に基づき，内定取消しを無効とし，地位保全，賃金仮払いを認めた例として，インフォミックス（採用内定取消し）事件（東京地決平成9・10・31労判726号37頁）がある。

(4) 内定取消しが無効の場合の法律関係

内定取消しが無効と判断された場合は，通常の解雇が無効とされた場合と同様，就労開始予定日以降の地位確認と賃金支払が認められる。なお，経営状況などを理由に，内定取消しには至らないものの，入社時期が繰り下げられる場合（採用延期）があるが，その場合の法律関係も同様である。

また，損害賠償として慰謝料を請求することも考えられるし，地位確認（就職），賃金請求を放棄し，逸失利益を請求することも考えられる。ただし，逸失利益については，短期間のうちに別の就職先が決まったような場合には，再就職が決まるまでの期間に限定する裁判例がみられる。新卒の場合で，再就職が1年後になることが予測されるような事案では，1年分の逸失利益が認められるべきであろう。

CASE

＊大日本印刷事件・最判昭和54・7・20労判323号19頁（地位確認，過去の未払賃金，将来賃金に加え，慰謝料100万円，弁護士費用50万円を認容。入社時（昭和

44 年）の初任給は 3 万 3500 円）
- ＊プロトコーポレーション事件・東京地判平成 15・6・30 労判 851 号 90 頁（不法行為として，165 万円〔約 7.5 ヶ月分の給与相当額〕と弁護士費用 20 万円を認容）
- ＊オプトエレクトロニクス事件・東京地判平成 16・6・23 労判 877 号 13 頁（再就職に至るまでの 2 ヶ月半の賃金全額〔108 万円余〕と慰謝料 100 万円を認容）
- ＊コーセーアールイー（第 2）事件・福岡高判平成 23・3・10 労判 1020 号 82 頁（内々定取消しに不法行為の成立を認め，慰謝料 50 万円および弁護士費用 5 万円を認容）
- ＊World LSK 事件・東京地判平成 24・7・30 労判 1057 号 160 頁（再就職が決まるまでの 1 ヶ月分の給与相当額と，その後 2 ヶ月分の転職先で得られる給与額との差額の合計 70 万円余と慰謝料 50 万円および弁護士費用 12 万円を認容）
- ＊カワサ事件・福井地判平成 26・5・2 労判 1105 号 91 頁（再就職が決まるまでの約 8 ヶ月の賃金から失業保険の受領額を控除した 177 万円余と慰謝料 50 万円を認容）
- ＊学校法人東京純心女子学園（東京純心大学）事件・東京地判平成 29・4・21 労判 1172 号 70 頁（教員就任承諾書を提出しても，就業規則が定める労働契約の成立に該当しないが，労働契約の締結過程における信義則に違反したとし，2 名の原告に各慰謝料 50 万円，弁護士費用 5 万円を認容。期待権侵害の不法行為の賠償対象は，信頼利益に限られ，逸失利益は認められないとした）

3. 有期労働契約の契約期間途中の解雇

⑴ 契約期間途中の解雇と解雇権濫用法理

　有期労働契約においては，契約期間の満了に伴う雇止め（更新拒絶）の効力が争われ，解雇権濫用法理と同様の規制（労契法 19 条）が及ぶことがある（これについては，後述の Chap. 2〔216 頁〕参照）。

　その一方，契約期間途中での使用者による解約（解雇）については，解雇権濫用法理よりも厳しい規制が及ぶ。すなわち，労契法 17 条 1 項は，「使用者は，期間の定めのある労働契約…について，やむを得ない事由がある場合でなければ，その契約期間が満了するまでの間において，労働者を解雇することができない」と定めている。「やむを得ない事由」の有無は，解雇権濫用法理と同様，解雇理由の客観的合理性と解雇の社会的相当性の観点からなされるが，これに関する通達（平成 20・1・23 基発 0123004 号「労働契約法の施行について」）は，「やむを得ない事由」とは，解雇権濫用法理の場合よりも狭い（解雇の有効性はより厳格に審査される）と解されるとしている。これは，有期労働契約は，期間の満了により契約を打ち切られる不安定性があるので，契約期間中は可能な限り雇用を保障すべきであるという発想に立つ

ものといえよう。裁判例も，上記通達と同様の立場で，契約期間途中の解雇を厳しく制限している。

なお，登録型（有期契約）の派遣労働者についても，労契法17条1項の規制は及ぶ。

実践知！ 有期雇用の契約期間途中の解雇に対するハードルは相当に高い（容易に解雇は有効とされない）。

CASE 有期契約の期間途中の解雇を無効としたもの
* アンフィニ（仮処分）事件・東京高決平成21・12・21労判1000号24頁
* 学校法人東奥義塾事件・仙台高秋田支判平成24・1・25労判1046号22頁，青森地弘前支判平成23・5・18労判1046号29頁
* エヌエスイー事件・東京地判平成25・2・22労判1080号83頁
* 大阪運輸振興（嘱託自動車運転手・解雇）事件・大阪地判平成25・6・20労判1085号87頁
* ベストFAM事件・東京地判平成26・1・17労判1092号98頁
* アウトソーシング事件・津地判平成22・11・5労判1016号5頁（登録型の派遣労働者の期間途中の解雇の事案。雇用主である派遣元企業との関係で，整理解雇法理を適用して，解雇を無効としている）
* 国立研究開発法人国立A医療研究センター（病院）事件・東京地判平成29・2・23労判1180号99頁（5年契約の歯科医師〔歯科医長〕の事案）

(2) 期間途中の解雇の効力を争う場合の留意点

解雇が無効と判断された場合，期間の定めのない契約の場合と同様，地位確認と賃金支払が認められる。ただし，有期契約の場合，期間の定めがあるため，単に解雇無効を主張するだけでは，契約期間の経過により，地位確認が棄却されたり，賃金支払の期間が制限される（有期労働契約の終期時点までしか認められない）ことになってしまう。

もちろん，契約が更新を前提とせず，労働者も更新の期待を抱いていないようなケース（例えば，冬季のみ開設されるスキー場でのアルバイトなど）では，契約期間の終期以降の法律関係を云々する必要はない。しかし，契約更新が繰り返されるなど，労働者としても契約更新を期待しているような場合には，契約期間の終期以降の法律関係についても明確にしなければ，労働者の保護

として不十分となる。

そこで，このような場合には，単に契約期間途中の解雇が無効であることのみならず，解雇されず雇用が継続していれば，契約期間の終期以降も，労働契約が継続されていたであろうことを主張立証する必要がある（使用者の側も，仮に解雇が無効であっても，当該労働契約は，契約期間の終期をもって終了するので，それ以降の賃金請求権などは発生しないと主張するのが通常であろう）。

これは，使用者が契約期間の終期をもって契約を終了させ，契約を更新しない（雇止めにする）旨の意思を明らかにしても，そのような雇止めが無効である（労契法19条の適用がある）ことの主張立証ということになる。なお，雇止めの制限法理については，Chap. 2（216頁）を参照されたい。

> 実践知！
>
> 有期雇用の契約期間途中の解雇の有効性を争う場合，雇用継続に対する合理的な期待が認められる事案では，契約期間満了後も契約が更新されたであろうこと（雇止めがされても，労契法19条によって雇止めが無効とされること）を積極的に主張立証し，期間満了後の地位確認や賃金請求をすべきである。

CASE　契約期間経過後の地位確認を認めたもの

* ネスレコンフェクショナリー関西支店事件・大阪地判平成17・3・30労判892号5頁（1年の契約期間途中の解雇と，予備的な雇止めの意思表示のいずれも無効として，地位確認と判決確定までの賃金請求権を認めた）
* 大阪運輸振興（嘱託自動車運転手・解雇）事件・大阪地判平成25・6・20労判1085号87頁（被告が本件解雇以外に労働契約終了原因を主張立証しないとの理由で，有期期間経過後の地位確認を肯定した）
* ジーエル（仮処分）事件・津地決平成28・3・14労判1152号33頁（整理解雇事案で，整理解雇事由以外の雇止めの有効性を基礎付ける主張，疎明がないとして，契約期間を超えて本案一審判決言渡までの賃金支払いを認めた）

CASE　契約期間満了をもって労働契約の終了を認定したもの

* ジャパンタイムズ事件・東京地判平成17・3・29労判897号81頁（契約期間途中の解雇を無効としたが，期間満了後の賃金請求と地位確認請求を棄却した。雇止め制限法理の主張がない事案）

＊トラベルイン事件・東京地判平成 25・12・17 労判 1091 号 93 頁（契約期間中の
解雇は無効だが，更新の合理的期待についての主張立証がないので，本件雇用契約
は，期間満了日に終了したとみるほかないとした）
＊NHK 神戸放送局（地域スタッフ）事件・神戸地判平成 26・6・5 労判 1098 号 5
頁（労契法 19 条の主張がない事案）
＊学校法人大乗淑徳学園事件・さいたま地判平成 26・4・22 労判 1109 号 83 頁
（解雇を無効としたが，雇止めについては有効とした）

V. 解雇と損害賠償

1. 解雇事案で請求できる損害賠償の内容

(1) 請求できる損害賠償の内容

　解雇の有効性を争う場合，地位確認と賃金請求とあわせて，慰謝料などの
損害賠償請求をすることがある。また，すでに再就職するなどしており，解
雇された企業に復職する意思がない場合，地位確認，賃金請求をせずに，損
害賠償の請求のみをすることもある。請求する損害賠償の内容としては，以
下のものが考えられる。

i　慰謝料

　解雇によって被った精神的苦痛を金銭の支払をもって慰謝するものである。
消極損害と異なり，慰謝料請求は，地位確認，賃金支払の請求と両立するも
のである（地位確認，賃金支払に加えて慰謝料請求が認められることがあり得る）。
また，地位確認，賃金支払を請求しない場合，消極損害に加え，慰謝料の請
求をするのが通常であろう。

ii　消極損害（逸失利益）

　解雇がなければ得られたであろう経済的利益（勤務を継続していれば得られ
たであろう賃金相当額）を補填するものである。地位確認，賃金支払を請求
する場合，解雇無効の判断が下されれば，解雇後の賃金支払も命じられる。
賃金支払を受けることによって労働者の経済的損失は補填されるので，消極
損害は生じないことになる。したがって，逸失利益などの消極損害が問題と
なるのは，地位確認，賃金支払を求めず，損害賠償のみを請求する場合であ
る。

iii　退職金差額相当額

　労働者の帰責性がある解雇理由に基づき普通解雇された場合，自己都合退
職の退職金しか支払われないことが大半だと思われる。そこで，地位確認，

202　　PART 2　紛争類型ごとの対応策

賃金支払を求めない場合，会社都合の退職金との差額を請求することも考えられる（なお，懲戒解雇事案で退職金を不支給とされた場合に，地位確認等を求めず退職金の請求をするときは，損害賠償請求ではなく，退職金請求となる）。

iv 弁護士費用

損害賠償請求をする場合には，弁護士費用の請求もすべきであろう。請求原因を不法行為とした場合，認容額の1割程度が認容されるのが通常である（Pt. 1, Chap. 3, II 1 (3)〔24頁〕を参照のこと）。

⑵ 損害賠償の根拠法令

なお，損害賠償請求の根拠としては，不法行為（民法709条）による場合が多いが，債務不履行（民法415条）構成をとることも考えられる。セクハラにより退職を余儀なくされた女性労働者による損害賠償請求では，労働契約上の配慮義務（就業環境整備義務）違反による債務不履行が主張され，裁判所もこれを認めるに至った（後述4⑴〔207頁〕の京都セクハラ事件）。そして，セクハラでない退職強要事案でも，労働者をその意に反して退職させてはならないという使用者の義務を認め，債務不履行に基づく損害賠償義務を認める判決例が現れている（後述4⑵〔208頁〕のエフピコ事件）。これを解雇に当てはめる場合，「労働契約を不当に破棄しない信義則上の義務」違反ということになろう。

2. 金銭解決を望む場合の選択（地位確認か損害賠償のみか）

解雇された労働者の中には，解雇の効力を争って復職するのではなく，一定額の金銭的な補塡を得ることで紛争を解決することを求める者が少なくない。

係争開始時点で，労働者が正式に再就職し，あるいは再就職することが決まっており，復職の意思が全くないような場合には，金銭補償のみを求めることになろう。この場合，再就職までの期間に応じて，逸失利益の算定期間が限定されたり，逸失利益そのものが否定されることも考えられるので，依頼者にその旨を伝えておく必要がある（ただし，再就職先での給与額が退職以前に比べて低くなったような場合には，その差額を逸失利益として請求するということも考えられる）。

その一方，再就職の見通しがついていないような場合には，金銭解決を希望する場合でも，まずは，地位確認・賃金支払の請求をするのが無難である。後述のとおり，損害賠償としてはそれほど高い水準の金銭支払が認められな

いのが実務の現状である（逸失利益については，6ヶ月程度というのがひとつの目安になり，高額の慰謝料が認められる可能性も高くない）。一方，地位確認・賃金支払を請求した場合の和解（本訴）や調停（労働審判）では，解雇時から解決時までの賃金（バックペイ）が考慮されることが少なくない。解雇無効の心証が形成されていれば，バックペイに逸失利益相当額が加算された額の解決金の支払をもって紛争が解決されることになる。これにより損害賠償をした場合に比べて，解決金の額が多くなるので，金銭解決を希望する場合でも，地位確認・賃金支払の請求をするのが無難といえる。

なお，労働審判を選択した場合に比べ，本訴を選択した方が解決金の額は高くなることが期待できることにつき，後述のⅥ2(2)(212頁)を参照のこと。

3. 慰謝料請求

上述のとおり，地位確認，賃金請求とともに損害賠償請求をする場合，逸失利益などの消極損害は認められないから，請求するのは，慰謝料ということになる。また，地位確認，賃金請求を求めず，逸失利益とともに慰謝料を請求することもある。

しかし，地位確認，賃金請求とともに慰謝料を請求する場合，解雇無効の判断がされても，そのことから直ちに慰謝料請求を認める裁判例はほとんどみられず，慰謝料請求が棄却されることが多い。その理論的根拠としては，①解雇が無効であっても，解雇をした使用者の判断には無理からぬものがあり，損害賠償請求権（不法行為）を成立させるような違法性はないとするもの（例えば，整理解雇事案の社会福祉法人仁風会事件・福岡地判平成19・2・28労判938号27頁。論旨解雇事案の静岡第一テレビ〔損害賠償〕事件・静岡地判平成17・1・18労判893号135頁など）と，②解雇が不法行為に当たるとしても，解雇期間中の賃金が支払われることにより労働者の精神的苦痛が慰謝されたり，生活上の不利益は解消され，損害がないとするもの（例えば，カテリーナビルディング（日本ハウズイング）事件・東京地判平成15・7・7労判862号78頁，乙山商会事件・大阪地判平成25・6・21労判1081号19頁など）とがある。逆にいえば，解雇の違法性が著しい場合には，慰謝料請求は認められることになる。これが認められる典型的なケースは，労働組合活動を嫌悪し，労働組合の壊滅を目的として解雇したようなケースである。

しかし，解雇されることは，それ自体が労働者にとってきわめて大きな精神的苦痛を与えるし，解雇後の不就労期間に社会との接点を失うなど，解雇

によって労働者が被る精神的苦痛は甚大である。したがって，慰謝料請求をする場合には，労働者の苦痛の実態をできる限りリアルに描き出すなど，訴訟活動上の工夫が求められる。

CASE 普通解雇で慰謝料請求を認めた例

* 東京自転車健康保険組合事件・東京地判平成 18・11・29 労判 935 号 35 頁（健康相談室廃止などの施策に反対して外部機関に相談したこと等を快く思わず，整理解雇の要件がないにも拘わらず，解雇を強行した事例で，慰謝料 100 万円を認めた）
* ジョナサンほか 1 社事件・大阪地判平成 18・10・26 労判 932 号 39 頁（新店舗の開店計画を秘したまま，旧店舗の閉店を理由に，従業員全員を解雇した事例で，3 名の原告労働者に対して，50 万～30 万円の慰謝料を認めた）
* アイホーム事件・大阪地判平成 18・9・15 労判 924 号 169 頁（不正受給の隠蔽のために書類の改竄，虚偽報告を指示したうえ，その責任を原告労働者 1 人に負わせようとの意図に基づき，理由なく非難・中傷したうえ，解雇したことが不法行為に該当するとして，200 万円の慰謝料を認めた。地位確認を求めていない事例）
* 恵和会宮の森病院（雇止め・本訴）事件・札幌高判平成 17・11・30 労判 904 号 93 頁（執行委員として組合活動をしていたことが背景にあると窺われる準職員介護員に対する雇止めが不法行為に該当するとして，慰謝料 45 万円，弁護士費用 5 万円を認めた）
* 学校法人関西学園事件・岡山地判平成 23・1・21 労判 1025 号 47 頁（有給休暇取得中に，弁護士会の仲裁センターへの和解幹旋申立てをしたこと等を理由に行った休職処分，解雇につき，慰謝料 100 万円を認めた）
* 医療法人光優会事件・奈良地判平成 25・10・17 労判 1084 号 24 頁（違法な「聞き取り診療」や不正受給が行われている中，一方的な通告により不当な解雇を受けたことにつき，原告らに各 50 万円の慰謝料を認めた）
* アールエフ事件・長野地判平成 24・12・21 労判 1071 号 26 頁（社長ミーティングで批判的な発言をしたことに端を発する違法な配転命令後の解雇につき，原告 2 名に対して各 100 万円〔違法な配転命令に基づく退職強要についても各 200 万円〕の慰謝料を認めた）
* ノースアジア大学（本訴）事件・秋田地判平成 24・10・12 労判 1066 号 48 頁（無効な雇止めにより，論文発表など研究成果を公表する機会を奪われたとして慰謝料 20 万円を認めた）
* ジェイ・ウォルター・トンプソン・ジャパン事件・東京地判平成 23・9・21 労判 1038 号 39 頁（前件の解雇訴訟で敗訴したにも拘わらず，復職もさせず，再度解雇したことから，慰謝料 30 万円を認めた）
* クレディ・スイス証券（休職命令）事件・東京地判平成 24・1・23 労判 1047 号 74 頁（警告書交付からわずか 2 ヶ月で，能力不足と判断して合理性のない休職を命じた後，解雇し，その旨を顧客らに通知したことにつき，慰謝料 100 万円を認めた）

＊名港陸運事件・名古屋地判平成 30・1・31 労判 1182 号 38 頁（私傷病休職中の原
　告からの復職の申し出に対して，段階的な復職を認める方向の発言をしつつ，その
　後，原告との面談等をせずに，退職扱いしたことにつき，慰謝料 30 万円を認めた）

CASE　懲戒解雇で慰謝料請求を認めた例

＊大阪いずみ市民生協（内部告発）事件・大阪地堺支判平成 15・6・18 労判 855 号
　22 頁（内部告発を理由とする懲戒解雇およびそれに先立つ自宅待機が，内部告発に
　対する報復の意思に基づくものであると推認されるとし，2 名の原告について各 150
　万円，140 万円〔他に名誉毀損につき各 30 万円〕の慰謝料を認めた）
＊骨髄移植推進財団事件・東京地判平成 21・6・12 労判 991 号 64 頁（常務理事の
　パワハラ，セクハラを告発する文書を理事長に提出したこと等を理由とする降格人
　事，諭旨解雇につき，50 万円の慰謝料を認めた）
＊学校法人純真学園事件・福岡地判平成 21・6・18 労判 996 号 68 頁（原告が委員
　長を務める労働組合や原告に対する悪感情や嫌悪感を端緒として，懲戒解雇を性急
　に進めた可能性が否定できないこと等を理由として，100 万円の慰謝料を認めた）
＊通販新聞社事件・東京地判平成 22・6・29 労判 1012 号 13 頁（懲戒解雇事由該当
　事実が存在せず，被告が発行する新聞等に懲戒解雇の事実を掲載して名誉を毀損し
　たことにつき，200 万円の慰謝料のほか，謝罪広告〔週刊通販新聞 1 面に 1 回，同
　ウェブ版に 1 ヶ月間〕の掲載も認めた）
＊福島県福祉事業協会事件・福島地判平成 22・6・29 労判 1013 号 54 頁（職安に
　争議中であることを告げたこと等を理由とする諭旨解雇につき，全く理由のない諭
　旨解雇であること等から 4 名の原告に各 30 万円の慰謝料を認めた）
＊京阪バス事件・京都地判平成 22・12・15 労判 1020 号 35 頁（出庫時に酒気帯び
　状態にあったことを理由とする諭旨解雇につき，改変を加えた報告資料をもとに賞
　罰委員会を開催し，資料の改変内容について原告に反論等を行う機会を与えること
　なく諭旨解雇を決定したことを理由に，60 万円の慰謝料を認容した）
＊学校法人昭和薬科大学事件・東京地判平成 25・1・29 労判 1071 号 5 頁（必要以
　上に厳しい事情聴取を行い，不相当に重い処分〔懲戒解職処分〕を行ったことを理
　由に原告ら 2 名に各 10 万円の慰謝料を認めた）
＊旭東広告社事件・東京地判平成 21・6・16 労判 991 号 55 頁（賞罰委員会の手続
　を経ずに専務が懲戒解雇通告したことにつき慰謝料 60 万円を認めた。ただし，地位
　確認は棄却された事案）
＊イーハート事件・東京地判平成 25・4・24 労判 1084 号 84 頁（十分な調査を行わ
　ない中，原告が情報漏洩をしたとしてなされた懲戒解雇に対する慰謝料として 100
　万円を認めた）
＊ジブラルタ生命（旧エジソン生命）事件・名古屋高判平成 29・3・9 労判 1159 号
　16 頁（職種〔管理職〕の廃止に伴い，一般社員への配転を拒否したことを理由とす
　る懲戒解雇について，100 万円の慰謝料と弁護士費用 50 万円を認容した）

206　　　　　　　　PART 2　紛争類型ごとの対応策

4. 逸失利益

(1) セクハラ事案での逸失利益の認容

　かつては，解雇や退職事案で，逸失利益を請求する例はほとんどみられなかった。しかし，セクハラによって退職を余儀なくされた事案で，地位確認，賃金支払は求めず，損害賠償の内容として，慰謝料のほか，逸失利益を請求する例があらわれ，裁判所もこれを認めるに至っている（最近の裁判例では，これを認めることは，むしろ通常であるといえよう）。なお，セクハラのケースでは，解雇通告がされず，労働者自らが退職の意思表示をしているケースも少なくない。しかし，労働者が自ら退職を選択したとしても，それが就労を継続することが困難な状況に置かれているためであるとすれば，実質的には解雇されたのと異ならない。そこで裁判所は，解雇の意思表示があったのと同様の効果を及ぼしているものと理解できる（「みなし解雇」として，解雇に対するのと同様な法的効果を及ぼすもの）。

CASE

* 京都セクシュアル・ハラスメント（呉服販売会社）事件・京都地判平成 9・4・17 労判 716 号 49 頁（女子更衣室のビデオによる隠し撮りに端を発して，原告女性が退職を余儀なくされたケースで，慰謝料〔100 万円〕のほか，「原告は，通常，180 日分の失業給付を受けられる」との理由で，180 日分の給与相当額から失業給付相当額を差し引いた額および弁護士費用を認めた）
* 東京セクハラ（M 商事）事件・東京地判平成 11・3・12 労判 760 号 23 頁（セクハラの被害者に対して，依願退職を勧告したのち，同人の勤務継続を事実上不可能とした会社の行為が解雇に当たると認定し，同解雇が無効であるとし，慰謝料〔30 万円〕のほか，6 ヶ月分の賃金と 2 回分の賞与〔月給 3 ヶ月分〕相当額を認めた。これに加え，使用者として適切な措置をとらなかったことによる慰謝料 20 万円も認容している）
* 岡山セクハラ（労働者派遣会社）事件・岡山地判平成 14・5・15 労判 832 号 54 頁（セクハラにより退職を余儀なくされた 2 名の女性労働者に対して，慰謝料，未払い賃金のほか，逸失利益として 1 年分の給与額にライプニッツ係数を乗じた金額を認めた）
* 青森セクハラ（バス運送業）事件・青森地判平成 16・12・24 労判 889 号 19 頁（セクハラにより，定年〔満 60 歳〕の 10 年前に退職に追い込まれた女性労働者に対して，住宅ローンの負担があること，昨今の雇用情勢からすると従前と同様の賃金を得られる再就職先を見つけるのは困難であることなどから，年収の 1 年分の逸失利益〔約 316 万円〕および慰謝料〔200 万円〕，弁護士費用〔70 万円〕を認めた）
* 岡山セクハラ（リサイクルショップ A 社）事件・岡山地判平成 14・11・6 労判

845 号 73 頁（精神疾患に陥った女性労働者に対して，4 年間の逸失利益相当額の 50%〔当該労働者の精神的素因の寄与を理由とする減額〕を認容した）

(2) セクハラ以外の退職強要のケース

このような流れの中，エフピコ事件（水戸地下妻支判平成 11・6・15 労判 763 号 7 頁）は，セクハラでない一般の退職強要型の事案（茨城県の工場で現地採用された労働者 6 名が，福山工場への配転に応じるように迫られ，明示，黙示の圧力をかけられた結果，自己都合退職の退職届を提出して退職するに至ったケース）においても，逸失利益の請求を認めた。この判決は，①逸失利益として 6 ヶ月分の賃金相当額，②会社都合退職の退職金と受領済みの自己都合退職金との差額，③慰謝料（50 万円もしくは 100 万円），④弁護士費用（①～③の合計の 1 割相当額）を認めた。この事件は，東京高裁で労働者側が逆転敗訴したが，その理由は，退職強要の事実そのものを否定したことによる（なお，最高裁で一審認容額の 5 割強で和解が成立している）。

(3) 解雇事案で逸失利益を認めた例

その後，解雇の事実を認定しつつ，逸失利益の請求を認めた裁判例が現れている。かつては，復職を不可能ないし困難とするような客観的事情が認められないのに，復職を望まないとの理由で解雇の無効を主張しないことは，自ら退職したのと同じであるとして，逸失利益の請求を棄却した裁判例もあった（後記わいわいランド〔解雇〕事件の一審判決・大阪地判平成 12・6・30 労判 793 号 49 頁。解雇予告手当の請求のみを認めた）が，最近では，逸失利益を認める例が増えている。

ただし，解雇後まもなく再就職が決まっている場合には，逸失利益が認められるのは再就職までに限定されることがある。また，長期間再就職が決まっていないとしても，6 ヶ月程度に限定される例も多い（これは，6 ヶ月程度あれば，再就職は可能であるという発想に基づくものである）。また，逸失利益を認める一方で，慰謝料を棄却する例も少なくない。

もっとも，長期にわたって再就職が困難となるような特段の事情がある場合（セクハラ等により，重い精神疾患にかかったような場合）には，それに見合った逸失利益が認められることもある（セクハラ案件である前述の岡山セクハラ〔リサイクルショップ A 社〕事件）。そこで，このような特段の事情を主張立証したり，再就職先企業から得られる賃金額が従前のそれに比べて大幅に

下がっている場合には，その差額をも考慮した請求をすることが検討されるべきである。

CASE

*わいわいランド（解雇）事件・大阪高判平成 13・3・6 労判 818 号 73 頁（雇用契約を締結し，もしくはその申込みをしつつ，就労に至る前に会社が契約を解除し，もしくは契約締結に至らなかった 2 名の労働者に対して，6 ヶ月分の給与相当額を基本とし，そこから受領済みの雇用保険の金額，その後就労して得た賃金等を控除した金額を逸失利益として認めた。慰謝料 50 万円，弁護士費用 20 万円）

*O 法律事務所（事務員解雇）事件・名古屋高判平成 17・2・23 労判 909 号 67 頁（合理的に再就職が可能と考えられる時期までのあいだ，本来勤務を継続していれば得られたはずの賃金相当額の損害を受けたとし，37 歳の健康な女子であり再就職が特別に困難な事情は認められないこと，失業保険を受給しているものと推測されること等から，解雇後 3 ヶ月の範囲で逸失利益を認めた。慰謝料 30 万円，弁護士費用 10 万円）

*S 社（派遣添乗員）事件・東京地判平成 17・1・25 労判 890 号 42 頁（添乗員としての適格性を欠くことを理由とする派遣社員に対する解雇を不法行為とし，解雇前年の年収分〔約 125 万円〕の逸失利益と 15 万円の慰謝料を認めた）

*インフォーマテック事件・東京地判平成 19・11・29 労判 957 号 41 頁（退職時給与の 6 ヶ月分〔約 496 万円〕を認めた。解雇についての慰謝料は棄却）

*フリービット事件・東京地判平成 19・2・28 労判 948 号 90 頁（6 ヶ月分の給与相当額から雇用保険受給額，アルバイト収入額を控除した額〔140 万円〕を認めた。慰謝料は棄却）

*三枝商事事件・東京地判平成 23・11・25 労判 1045 号 39 頁（逸失利益は，通常，再就職に必要な期間の賃金相当額に限られるものとして，3 ヶ月分の給与相当額〔60 万円〕を認めた。慰謝料は棄却）

*テイケイ事件・東京地判平成 23・11・18 労判 1044 号 55 頁（解雇前 3 ヶ月間の週平均賃金の 34 週分〔約 179 万円〕を認めた。慰謝料は棄却）

*オオシマニットほか事件・和歌山地田辺支判平成 21・7・17 労判 991 号 29 頁（外国人研修生の事例で解雇が不当労働行為に当たるとして 1 年分〔156 万円〕の逸失利益と 20 万円の慰謝料を認めた）

*日鯨商事事件・東京地判平成 22・9・8 労判 1025 号 64 頁（解雇後 1 ヶ月も経過しないうちに再就職しているとして，給与の 3 ヶ月分から再就職先から受領している金額を控除し，10 万円を認めた。慰謝料は棄却）

*学校法人村上学園（視能訓練士科教員・解雇）事件・東京地判平成 24・7・25 労判 1060 号 87 頁（解雇後，他で就労していることから，給与の 3 ヶ月分から他所就労で得た額を控除した 80 万円弱を認めた。慰謝料は棄却）

*ダイクレ電業事件・東京地判平成 24・11・14 労判 1069 号 85 頁（6 ヶ月分から逮捕勾留されていた 1 ヶ月分を控除した約 144 万円を認めた。慰謝料は棄却）

＊三郡福祉会（虹ヶ丘学園・損害賠償）事件・福岡地飯塚支判平成 25・3・27 労判
1074 号 18 頁（解散事案で，1 年分の給与相当額を認めた。慰謝料は棄却。理事ら
個人を被告とした事案）
＊JT 乳業事件（名古屋高金沢支判平成 17・5・18 労判 905 号 52 頁。会社解散事案で，
12 名の原告労働者ごとに算定した「賃金逸失利益」，慰謝料，弁護士費用を認めた。
代表取締役個人を被告とした事案）

Ⅵ. 解雇案件の解決の実際

1. 実際の解決をめぐる 2 つの視点

(1) 判決型と和解型

解雇紛争の解決には，判決型のものと和解型のものがある。

和解型の解決は，当事者の合意に基づくものであり，裁判上の和解，労働
審判での調停，裁判外紛争処理機関や，当事者間での和解などがある。和解
型の場合，当事者が合意に達しさえすれば，解決内容としてどのようなこと
でも取り決めることができるし，紛争は終局的に解決される。

判決型の解決は，強制力を有する紛争処理機関の判断に基づくものであり，
本訴の判決，労働審判制の労働審判，不当労働行為についての労働委員会の
救済命令などがある。

(2) 復職型と金銭解決（退職）型

また，解雇紛争の解決内容は，復職型のものと金銭型のものとに大別され
る。

ⅰ 復職型の解決

労働者が復職型の解決を望んでいても，裁判所の判決等を経ることなく，
復職を勝ち取ることは困難である（企業は，いったん解雇した労働者を復職さ
せることに強い抵抗を示すのが一般的であるため）。また，例えば，本訴で解雇
無効の判断が出されても，それだけで復職は実現せず，復職後の処遇等につ
いて労使間で協議することが必要となることが多く，その段階では，和解型
の解決がなされることになる。

ⅱ 金銭解決（退職）型の解決

金銭解決（退職）型の解決は，一定の金銭の支払をもって，（職場復帰をせ
ずに）労働契約関係を終了させるかたちで紛争を解決するものである。労働

者が最初から復職（地位確認）を求めずに金銭（慰謝料や逸失利益）のみを請求する場合には，判決型での解決が可能である（もちろん，和解型の解決もあり得る）。一方，復職（地位確認）を求めている事案で，金銭型の解決をする場合は，常に和解型の解決となる（ただし，労働審判制では，解雇無効の場合に，地位確認に代えて金銭支払を命じる労働審判が出せると解されている（Pt. 1, Chap. 4, Ⅶ 3〔121 頁〕を参照のこと）ので，労働審判に異議が出されなければ，判決型の解決となる）。解雇紛争の多くは，金銭型で解決されているのが実情である。

2．金銭（退職）型の解決（解決金の水準）

(1) 解決金の水準を決める要因

i　勝訴見込み

金銭の水準を決めるに際して，最も重要なのは，判決等に至った場合，解雇無効（労働者勝訴）の判断が導かれるかどうかである。

本訴で解雇無効の判断がされると，地位確認のほかバックペイ（解雇時から紛争解決時までの賃金）が認容される。Pt. 1, Chap. 3, Ⅱ 1(5) i（25 頁）で論じたとおり，最近の判決では，「本判決確定の日まで」として賃金支払の終期を付けられる（労働審判の場合では「本労働審判確定の日まで」とされる）が，実体上は，賃金の支払義務は，判決確定後も続く。このように，解雇訴訟で敗訴した場合，使用者は，労働者を復職させずとも，定年までの賃金の支払を強いられることになる。したがって，解雇無効の判断が下される可能性が高い案件では，支払われるべき金銭水準は高くなる。

その一方，解雇有効（使用者勝訴）の判断が下されれば，解雇時点での労働契約の終了が確認され，使用者は労働者に対して賃金その他の金銭給付を行う義務を負わないことになる。したがって，解雇有効の判断が下される可能性が高い案件では，支払われるべき金銭水準は低くなる。

> 実践知！　金銭解決の場合の解決水準（解決金の額）を決める最も重要な要因は，判決等になった場合に，解雇無効と判断されるか有効と判断されるかの判断見通しであるので，その見通しを見誤らないことが重要である。

CHAPTER 1　解雇　　211

ii その他の要因

①勤続年数，年齢等

勝訴の見込みという観点にだけ立てば，労働者の勤続年数は，本質的な要素とはいえない。しかし，勤続年数が長いことは，それまでの企業に対する貢献度合いが高い（退職金の額も，勤続年数に応じて増加するのが通常である）。また，勤続年数が長く年齢も高くなっていれば，再就職も困難になるのが一般である。したがって，勤続年数や年齢が高いことは，解決金の額を高める要素となり得る（ただし，高い年齢で中途採用され，勤続年数が長くない場合には，高年齢であることは解決金を高める要因とはならない）。

②使用者側の支払能力

いかに勝訴見込みが高くても，使用者に支払能力が乏しい場合には，そのことも考慮に入れざるを得ない。小規模企業の場合には，「高額な解決金を支払うくらいなら，解雇を撤回し，復職してもらう」といった対応がとられることが時としてある。このような場合，労働者が復職による解決を選択すれば，紛争は解決するが，一定の金銭給付を得て，新たな道を選ぼうとすると，決して高くない水準で解決せざるを得なくなる。

(2) 実際の解決水準

以上のような諸要素を考慮のうえ，解決金の水準が決められるが，実際の解決水準は事案に応じて千差万別であり，これを定式化することは困難である。

解雇無効との判断が下される可能性が高く，使用者側の支払能力にも問題がない場合には，バックペイ（解雇から解決時点までの賃金）にプラスアルファ（解決金）を加算した額となるのが通常である。問題は，プラスアルファ（解決金）の額がどれくらいになるかだが，本訴の地裁判決で解雇無効の判断が下され，高裁でもその判断が維持される見通しのもと，高裁で和解する場合には，バックペイに加え，3〜5年分程度の賃金相当額で和解に至ることも珍しくない（特殊な事案を除き，最高裁で高裁の判断が覆されるのは稀なので，高裁での和解が成立しなければ，解雇無効〔地位確認と賃金（バックペイ）の支払〕が確定することになる。そこで，使用者が退職型〔解決金型〕の解決を強く望む場合には，自ずと解決金の額も高くなる）。一方，判決が出る前の地裁段階での和解の場合には，水準は上記よりも低くなるのが通常であろう（バックペイに，半年ないし1年分程度の賃金相当額を加算する例が多いように思わ

れるが，地裁段階で，3年分程度の水準で和解が成立することもある）。

> **実践知！** 本訴の高裁で，解雇無効の心証が形成された場合，バックペイに加え，賃金の3年分程度の上積みがされて解決される例も珍しくない。

　一方，労働審判では，早期に（解雇からそれ程長くない時期に），紛争の解決を図るため，バックペイの額はそれ程大きくならないのが通常である。また，簡易な手続で，迅速な解決をめざすことを反映してか，解決金の額もそれほど大きくならないことが多い。解雇無効の心証が形成された場合でも，バックペイも含めた総額で，半年分ないし1年分程度で解決される例が多いように思われる（労働審判を選択する労働者は，早期解決を望むことが多く，本訴に移行して長期間をかけるくらいなら，多少の譲歩をしてでも早期に解決した方がよいと判断することも，上記のような水準で解決する要因になっていると考えられる）。

　以上とは逆に，解雇有効の判断が下される可能性が高い場合には，解決金の額も低くならざるを得ない（敗訴してゼロで終わるくらいなら，いくらかでももらったほうが得だろうといった判断に基づく）。

　ただし，解雇の有効性の心証が微妙である場合も少なくない（解雇事案の場合，判決になれば，解雇有効，無効のいずれかの結論になる〔常に「100：0」となる〕が，勝訴する側にも何らかの問題があるのが通常である）。その場合，心証度合いが解決水準に反映されることがある。解雇無効となる一応の見込みがある場合でも，バックペイのみで解決したり，解雇有効の見込みが濃厚であっても，6ヶ月程度や，3桁（100万円台）などの水準で解決するということもある。

⑶　バックペイの支払と社会保険の回復等

　退職（金銭解決）型の場合，解雇日を退職日として，バックペイ部分も含めて全てを解決金名目で受け取るのが通常であるが，労働者によっては，厚生年金や再就職のことを考慮して，退職日を解決時とし，バックペイ部分を賃金として受領することを望む者もいる。この場合には，後述の3⑵（215

頁）と同様の処理をする必要が出てくる。

3. 復職型の解決

(1) 地位確認判決と復職の強制

　解雇が無効と判断された場合の判決主文は，「X（労働者）がY（使用者）に対して，労働契約上の権利を有する地位にあることを確認する」というものであるが，この判決によって，復職を強制することはできず，復職を強制するには，「Y（使用者）は，X（労働者）を，Yの……（職場）で，……（職種）として就労させなければならない」という就労命令型の判決が必要であると解されている。しかし，このような就労請求権は容易に認められない（最近ではこのような請求をすること自体が珍しい。なお，労働委員会による不当労働行為の救済命令では，就労〔原職復帰〕型の命令が出されるのが通常であることにつき，Chap. 12，II 1〔440 頁〕を参照のこと）。その理由は，「労働契約上，就労（＝労働力の提供）は労働者の義務であり，権利ではない。裁判所は，労働者の権利である賃金請求権は保護するが，就労を拒絶されていることは，労働者の義務が免除されているだけのことであり，使用者の義務ではない就労の受領を命じることはできない」というものである。また，どのような労働力を，どのように位置付け活用するかは企業の裁量に委ねられているから，裁判所が労働者の就労を企業に強制することは不合理だとする論拠が挙げられることもある。地位確認判決から導かれる実際上の効果は，解雇により喪失された社会保険の被保険者資格を回復できることである。

　したがって，地位確認判決が確定しても，労働者の復職を強制執行により実現することはできない。もっとも，解雇無効の判断がなされた場合，通常は，地位確認とともに解雇後の賃金支払が命じられるので，企業は，労働者を復職させなくとも賃金は支払い続けなければならない。労働力をまったく提供しない労働者に対して賃金を支払い続けることは，明らかに経済合理性に反するので，判決が確定したのちには，労働者を復職させるのが通常である（その逆に，定年までの期間が短い労働者に対しては，復職をさせずに賃金だけを支払い続けるといった扱いもみられる）。

　また，復職をする場合，復職後の労働条件（復職時のポジションや賃金額等）を決めるための交渉をする必要が出てくる。これらは，解雇時のものとするのが原則であるが，解雇訴訟の係属中に解雇時のポジションが消滅することもある。また，使用者がかつての職場に復職させることを嫌うこともあ

る（なお，賃金額は，判決を経ていれば，判決どおりのものとすることになろうが，判決では，賞与を除き，解雇時の賃金額が認容されるのが通常である）。

実践知！　解雇無効の判決が確定し，復職する場合には，復職後の労働条件等について協議をする必要が出てくる。

(2) バックペイの支払と社会保険の回復等

　復職型の解決の場合，解雇がなかったものとして，解雇以降も労働契約が継続していることを前提とした処理をすることになる。

　バックペイは文字どおり賃金として支払われるので，そこから所得税，社会保険（厚生年金，健康保険），雇用保険の労働者負担分が控除されることになる。また，社会保険や雇用保険の資格回復もされるので，それに伴う手続が必要となる（社会保険の資格回復に伴う処理については，前述のⅡ5(2)〔157頁〕を参照のこと）。これらの手続は相当に煩雑であるが，まずは，使用者側に，そのための準備（例えば，控除される所得税額や社会保険料の計算）をさせて，それを労働者側がチェックするかたちで行うことになろう。

　なお，最近では，企業型の確定拠出年金を採用している企業が多くみられるが，確定拠出年金の運用は，労働者の指図に基づき行われるところ，過去（解雇から解決時点までの間）に遡って運用することはできないので，過去分についての資格回復はできない。そこで，確定拠出年金の拠出額（企業負担分）は，別途精算する必要が出てくる。また，解雇後に，雇用保険の仮給付を受けていた場合には，その全額をハローワークに返還することになる。

　復職型の場合でも，バックペイのほかに解決金を受け取ることも可能である（これは労使間の合意によって決められる）。なお，判決型の場合で，慰謝料請求が認容されている場合に，使用者がその額を支払うのは当然のことである。

CHAPTER

02 有期労働契約の雇止め

Ⅰ. 雇止めの制限法理

1. 判例法理

期間を定めた労働契約の期間満了に際し，使用者が契約の更新を拒絶することを「雇止め」と呼んでいる。労働契約に期間を定めた場合，期間が満了すれば，契約は終了するのが原則である。しかし，仕事が一時的，季節的ではなく，更新を繰り返してきたような場合には，雇止めに歯止めをかけて労働者を保護する必要がある。

判例は，解雇権濫用等の解雇に関する法理を類推適用し，その結果，雇止めが許されないと判断された場合，従前の労働契約が更新されたのと同様の法律関係が継続するとしてきた。この法理を明らかにした最高裁判例が，東芝柳町工場事件（最判昭和49・7・22労判206号27頁。有期契約が「あたかも期間の定めのない契約と実質的に異ならない状態で存在していた」として，解雇に関する法理を類推適用した）と，日立メディコ柏工場事件（最判昭和61・12・4労判486号6頁。期間の定めのない契約が存在する場合と同視すべき関係であるということはできないとしつつも，「雇用関係はある程度の継続が期待されて」おり，現に5回にわたり契約が更新されていることから，解雇に関する法理が類推適用されるとした）である。

2. 労契法 19 条

2012年の労契法の改正で，上記の判例法理が成文法化された（労契法19条。ただし，2013年3月31日までは18条）。

同条は，上記の東芝柳町工場事件，日立メディコ事件の最高裁判決で確立された雇止め法理の内容・適用範囲を変更することなく規定したものとされている（平成24・8・10基発0810第2号「労働契約法の施行について」。以下，単に「通達」という）。

労契法19条の要件は，次の3要件である。

①有期契約労働者が契約更新の申込みをした場合または期間満了後遅滞な

216　　　　　　　　　　　　　　PART 2　紛争類型ごとの対応策

く有期労働契約の申込みをした場合

②過去に反復して更新されたものであって，雇止めをすることが，期間の定めのない労働契約を締結している労働者を解雇することと社会通念上同視できると認められること（1号）または，

有期労働契約の契約期間満了時に当該有期労働契約が更新されるものと期待することについて合理的な理由があるものと認められること（2号）

③使用者が当該申込みを拒絶することが客観的に合理的な理由を欠き，社会通念上相当であると認められないとき

①の要件は，判例法理にはなかったものだが，行政解釈では，「『更新の申込み』及び『締結の申込み』は，要式行為ではなく，使用者による雇止めの意思表示に対して，労働者による何らかの反対の意思表示が使用者に伝わるものでもよい」とされている（通達「第5，5(2)エ」）。したがって，労働者が雇止めに対する抗議や不満を述べれば，黙示の申込みがあったことになる。また，契約満了後の締結の申込みは「遅滞なく」行うと定められているが，「正当な又は合理的な理由による申込みの遅滞は許容される」（通達「第5，5(2)オ」）。

労働者の申込みが遅れた場合には，労働者の属性や知識不足，労働相談機関に相談することへの困難性等の事情を考慮し，許容されるかどうかを判断することになる。雇止めの相談を受けたときには，この点が争いにならないように，遅滞なく，更新ないし締結の申込みを文書等で行っておくべきである。

3. 要件②（19 条 1 号，2 号への該当性）

(1) 考慮すべき要素

要件②は，東芝柳町工場事件類型（1号），日立メディコ事件類型（2号）を法文化したものである。1号，2号に該当するかは，従前の裁判例と同様，以下のようなメルクマールを総合考慮して判断されることになる（通達「第5，5(2)ウ」参照）。

①業務の客観的内容（業務の内容が恒常的か臨時的か，基幹的か補助的か）

②更新の回数

③雇用の通算期間

④契約期間管理の状況（更新手続が厳格か形式的か。契約書を作成しない，事後的に作成する等，杜撰であるか）

CHAPTER 2　有期労働契約の雇止め　　217

⑤雇用継続の期待をもたせる言動や制度の有無（例えば，採用面接で「希望する限り働き続けられる」などの説明があった場合や，定年が設定されている場合等には，雇用継続の合理的期待ありとの判断に傾く）

⑥労働者の継続雇用に対する期待の相当性（他の有期雇用者が長年，更新を繰り返して雇用されているというような事情がある場合など）

⑦契約上の地位の性格（基幹性，臨時性，労働条件の正社員との同一性）

⑧その他（有期労働契約を締結した経緯等）

判例では，19条2号への該当性を認めるものが多くみられる一方，1号への該当性を認めるものはわずかでしかない。1号への該当性が認められるのは，契約期間管理が杜撰である場合（上記④の要素）が多いようである。ただし，後述の4（220頁）で論じるとおり，1号，2号のいずれであるかによって結論に違いはでないと考えられるので，1号，2号のいずれかに該当することが確認できればよいことになる。

(2) 重要視される要素

実務的な感覚からすると，1号，2号への該当性判断のうえで大きなウエイトを占めるのは，更新の回数（上記②），雇用の通算期間（上記③）である。下記のとおり，更新が全くない場合でも雇用継続に対する期待の合理性（2号への該当性）を認めた判例もあり，更新回数が何回あり，雇用の通算期間がどれだけになっていれば，1号，2号に該当するかについての明確な基準はない（前述(1)の各要素を総合的に判断して決められる）。

しかし，更新回数が少なく，雇用の通算期間が短い場合には，他の要素が相当に強固（例えば，「有期契約にするのは形式的なもので，特に問題がなければ，間違いなく契約更新を更新する」旨の使用者の発言が録音されているような場合）でなければ，2号への該当性も容易には認められないと考えるべきであろう（事件を受任する場合には，その旨を依頼者に伝えておく必要がある）。

ただし，定められた契約期間が実質的には試用期間であると判断される場合には，契約更新の実績がなくとも雇止めの効力が否定されることがある（後述Ⅳ〔227頁〕を参照のこと）。

> **実践知！** 1回の更新もない（最初の更新時に雇止めされた）事案では，当該企業における有期雇用の位置付け等から，合理的な期待が認められたケースもあるが，合理的期待は容易に認められないと考えるべきである。

CASE　最初の更新時の雇止めを無効とした例

* 龍神タクシー事件・大阪高判平成 3・1・16 労判 581 号 36 頁（1 年契約の臨時雇いのタクシー運転手の雇止めについて，臨時雇い運転手制度の導入以降，更新が拒絶された例がなく，本雇い運転手に欠員が生じたときには，臨時雇い運転手から登用され，直接本雇い運転手として採用された例がないなどの事情から，更新拒絶にはそれが相当と認められるような特段の事情が必要であるとして，雇止めを無効とした）
* チボリジャパン事件・岡山地判平成 13・5・16 労判 821 号 54 頁（実質的に 1 回目の更新の例）
* 北海道宅地建物取引業協会事件・札幌地判平成 23・12・14 労判 1046 号 85 頁
* 医療法人清恵会事件・大阪高判平成 25・6・21 労判 1089 号 56 頁，大阪地判平成 24・11・16 労判 1068 号 56 頁（正社員から有期雇用になった後の最初の更新時の更新拒絶）
* 福原学園（九州女子短期大学）事件・福岡高判平成 26・12・12 労判 1122 号 75 頁（契約期間を 1 年とする大学教員につき，学園の規程の文言や採用面接時の説明等から，少なくとも労働契約が 3 年間は継続し，2 回更新されると期待することに合理性ありとし，使用者が訴訟係属中に行った 2 年経過時点での雇止めの主張も退けた。しかし，3 年満了時の雇止めを無効とした点は，最判平成 28・12・1 労判 1156 号 5 頁によって覆された）

　なお，更新回数や雇用の通算期間がどれほど多く（長く）ても，合理的期待が否定されることがある（教育機関の非常勤講師について合理的期待を否定する例が多い）。しかし，後述する労契法 18 条（有期契約の無期転換権）によって，5 年を超えて契約更新された労働者に対する雇止めが裁判等によって争われるケースは，なくなるものと思われる（5 年を超えた後に雇止めをしても，無期転換権を行使すると，解雇として扱われることになる）。

CASE　合理的な期待の存在を否定したもの

* 桜花学園名古屋短大事件・名古屋地判平成 15・2・18 労判 848 号 15 頁（1 年契約で 20 年ないし 25 年間勤続したピアノの非常勤講師のケース）

＊ノヴァ事件・東京地決平成 17・7・29 労経速 1914 号 43 頁（1 年契約を 10 回更
新していた外国人英語講師のケース）

＊シャノアール事件・東京地判平成 27・7・31 労判 1121 号 5 頁（3 ヶ月契約で通
算期間約 8 年半の間，14 回更新を繰り返したアルバイトで，月当たりの勤務日数が
5 日程度で労働時間数も少ないケース）

4．要件③（解雇権濫用法理）

　要件③は，労契法 16 条と同じ文言であり，労契法 19 条の 1 号ないし 2
号に該当すると判断された場合，解雇と同様，雇止め理由の客観的合理性，
雇止めの社会的相当性の観点から，雇止めの有効性が判断されることになる。

　なお，理念的には，労契法 19 条 1 号に該当する場合の方が，2 号の場合
に比べて強い保護が与えられそうであるが，労契法の条文は，そのような差
異を設けておらず，判例も，そのような区別をすることなく，1 号，2 号の
いずれかに該当すると判断した場合，当該事案における客観的合理性と社会
的相当性の有無の判断をしている。

　また，雇止めにおける客観的合理性と社会的相当性の判断は，期間の定め
のない労働契約の解雇の場合に比べて，緩やかにされてもよいように思われ
る。判例を見てみると，経営上の理由に基づく雇止めに関しては，期間の定
めのない契約に基づく労働者の場合とは，おのずから合理的差異があるとす
るのが裁判例の傾向である（Chap. 1，Ⅲ 7(4)ⅲ〔191 頁〕参照）。しかし，正
社員との比較が問題とならない事案では，期間の定めのない労働契約に比べ，
解雇権濫用法理における合理性の程度が低くてもよいことにはならないと思
われる（その旨を説示する例として，ユタカサービス事件・東京地判平成 16・
8・6 労判 881 号 62 頁）。裁判例の中には，労働者の雇用継続に対する期待を
保護する必要がある一方，使用者にも，期間の定めのない契約の場合よりも
契約関係を終了させやすいという期待があり，合理的な差異の範囲内であれ
ば，そのような使用者の期待も考慮しなければならないと説示するものもみ
られる（東洋リース事件・東京地判平成 10・3・16 労判 736 号 73 頁。ただし，
結論としては雇止め無効）が，一般論として，合理性の判断が緩やかでよい
とはいえないであろう。

5．効果

　効果は，「使用者は従前の有期労働契約の内容である労働条件と同一の労

働条件で当該申込みを承諾したものとみなす」ことである。法文上，労働者の申込みは，あくまで「有期労働契約の申込み」であり，これを使用者が「承諾したものとみなす」こととなっているので，更新あるいは締結された後の労働契約は，有期労働契約ということになる（通達「第5, 5(2)ア」）。

なお，雇止め事案の実際の解決についても，解雇について論じたのと同様のことが当てはまる。これについては，Chap. 1, Ⅵ（210頁）を参照のこと。

Ⅱ. 無期転換権と雇止め

1. 無期転換権とは

(1) 無期転換ルールの導入

2012年改正労契法で，「無期転換（申込）権」が定められた（労契法18条）。

これは，同一の使用者との間で，有期労働契約が通算で5年を超えて更新された場合，労働者が使用者に無期契約への転換を申し込むと，有期労働契約が無期契約に転換する仕組みである。この無期転換（申込）権の法的性質は，形成権と解され，使用者は，無期転換を承諾したものとみなされる。

(2) 要件（労契法18条1項）

無期転換ルールの要件は次のとおりである。

①同一の使用者との間で締結された2以上の有期労働契約の契約期間の通算が5年を超えること

この「5年」のカウントは，有期労働契約が2013年4月1日以降に締結・更新された時点である。それまで5年を超えて反復更新してきた有期労働契約も2013年4月1日以降，あらためて再度5年をカウントすることになる。

労契法18条2項は，有期労働契約と有期労働契約との間に，空白期間が6ヶ月以上（ただし，通算対象の契約期間が1年未満の場合には，その2分の1以上。端数は切り上げられるので，例えば，契約期間が3ヶ月であるときは，2ヶ月以上。詳細につき，平成24年厚労省令148号〔「労働契約法第18条第1項の通算契約期間に関する基準を定める省令」〕を参照のこと）あるときは，その空白期間より前の有期労働契約は5年の通算期間には含まれない（クーリング期間）。逆にいえば，上記未満の空白期間があっても，通算で5年を超える更

CHAPTER 2　有期労働契約の雇止め

221

新を繰り返していれば，無期転換権が発生する（通達「第5，4(2)ケ〜シ」）。

②労働者が，現に締結している有期労働契約の契約期間が満了する日までに，無期労働契約の締結を申込みをすること

無期転換権は，有期労働契約ごとに発生するものであり，5年を超えて無期転換申込権を行使しなかった場合であっても，再度，有期労働契約が更新されれば，新たに無期転換申込権が発生する（通達「第5，4(2)エ」）。例えば，2013年9月1日以降，1年契約の更新を繰り返し，2018年9月1日に期間1年で契約更新をすると，その時点で，通算の期間が5年を超える（その終期である2019年8月31日までの期間は6年となる）が，2019年8月31日までに無期転換権を行使せずに，同年9月1日から1年間の契約更新をした場合，その終期である2020年8月31日までの間に，無期転換権を行使することができる。

③ただし，「5年」という期間には，以下のような例外が設けられている。

ア　大学等，研究開発法人の研究者，教員等は10年（「大学の教員等の任期に関する法律」，「科学技術・イノベーション創出の活性化に関する法律」〔旧研究開発力強化法〕）

イ　高度専門的知識等を有する有期雇用労働者が，5年を超える一定の期間内に完了することが予定されている業務に就く場合で，事業主がその雇用管理措置に関する計画を策定し，厚生労働大臣の認可を受けた場合，その予定されている業務に就く期間（上限：10年）（「専門的知識等を有する有期雇用労働者等に関する特別措置法」）

ウ　定年（60歳以上）に達した後に当該事業主に有期契約で継続雇用される高齢者で，事業主がその雇用管理措置に関する計画を策定し，厚生労働大臣の認可を受けた場合，定年後引き続き雇用されている期間（イの特別措置法。施行日も同じ）

(3)　効果

使用者は，期間の定めのない労働契約の申込みを承諾したものとみなされる。無期転換申込権を行使した場合には，当該契約期間満了の翌日から無期労働契約が成立する。したがって，有期期間満了前に使用者が解雇した場合には，労契法17条が適用される。期間満了時点で更新を拒絶する意思表示をした場合には，期間の定めのない労働契約の解雇となり，労契法16条が適用される（通達「第5，4(2)キ」）。

無期転換後の労働条件は,「現に締結している有期労働契約の内容である労働条件（契約期間を除く。）と同一の労働条件」であり,労働条件同一の原則が定められている。いわゆる正社員と同一の労働条件となるものではないので,この点,注意が必要である。

2. 無期転換権と労契法 19 条の関係

⑴ 無期転換権の要件を満たす場合

　契約期間満了前に,契約を更新しない（雇止めにする）旨を通告された場合,その時点で,無期転換権の要件を充足していれば,無期転換権を行使することで,当該契約の期間満了時点で無期契約が成立する。したがって,この場合には,無期転換権を行使すればよいことになる（この場合,前述のとおり,雇止めではなく,解雇として処理されることになる）。

　また,無期転換権の要件を満たしているのに,無期転換権を行使することなく雇止めにされた場合（労働者が無期転換権自体を知らないケースが典型であろうが,何らかの事情で敢えて無期転換権を行使しないこともあり得よう）にも,原則として労契法 19 条 2 号の合理的期待は認められることになろう（雇用の通算期間,更新回数,雇用期間管理の状況等によっては,労契法 19 条 1 号が認定されることもあるだろう）。前述のとおり,これまでの判例では,非常勤講師等について,更新回数が多数回に及び,契約の通算期間が長期に及んでいても,合理的期待を否定するものが少なくなかったが,今後は,無期転換権の要件を満たしている場合には,合理的期待が認められることになると考えられる（もっとも,このような事態を回避しようとする使用者は,最初の雇用契約締結の段階で,雇用の通算〔上限〕期間を定めるなどして〔後述のⅢ3（226 頁）を参照のこと〕,無期転換権の要件が充足される以前の段階で,雇止めができるような労務管理をするであろう）。

⑵ 「5 年」直前の雇止め

　労契法が無期転換権を定めたのは,有期労働者の雇用の安定を図るためである。したがって,無期転換権の発生要件である「5 年」の直前になされた雇止めは,脱法行為である疑いが強まる。雇止めをしなければならない必要性が相当に強固である場合を除き,雇止めは無効とされる可能性が高まるだろう。

　その一方,「5 年」に,まだ余裕がある段階（通算期間が 2〜3 年）での雇

CHAPTER 2　有期労働契約の雇止め　　**223**

止めの場合に，労契法 19 条の 1 号ないし 2 号への該当性が否定されやすく
なるかといえば，そうはいえない。これまでの判例でも「5 年」に満たない
段階で雇止めを無効とした例は数多くある。そのような中，有期契約労働者
の雇用安定化のために創設された無期転換権の要件である「5 年」を労契法
19 条の適用の前提とするのは，背理だからである。前述の I 3（217 頁）で
論じた要素を十分に検討して，対処すべきである。

Ⅲ. 不更新条項について

1. 契約更新時の不更新合意

(1) 不更新合意条項への対応

　契約更新に際して，「更新は今回が最後であり，本契約の期間満了時には
契約更新はしない」などといった文言（不更新条項）が記載された契約書に
サインするよう求められることがある。この契約書にサインしなければ，契
約が更新されずに雇止めにされる。また，この契約書にサインすれば，契約
は更新されるが，次回の更新時には，不更新条項を理由として雇止めがされ
る。この意味で，不更新条項は，労働者に「悪魔の選択」を迫るものである。
　このような場合，契約更新時点で労契法 19 条 1 号，2 号の要件を充足し
ていると判断できれば，不更新条項に二重線をつけて抹消するなどして，不
更新条項に同意しない旨を明らかにしたうえで更新契約書にサインするとい
う対応のしかたが考えられる。使用者がこれを受け入れれば，問題は解決さ
れるが，使用者は，更新に同意していないなどとして，契約更新を拒否する
のが通常であろう。更新を拒否された場合には，この時点で，雇止めの効力
を争うことになる。

(2) 不更新合意条項のある契約書にサインしている場合

　その一方，労働者が不更新条項がある契約書に異議を留めることなくサイ
ンした場合はどうか。学説の中には，不更新条項は，権利の濫用として無効
とすべきとするものもみられる。しかし，判例の中には，労働者が真に自由
な意思に基づき不更新条項に合意した場合には，合理的期待は消滅するとい
うものが少なからずみられる。

CASE

＊近畿コカコーラ・ボトリング事件・大阪地判平成 17・1・13 労判 893 号 150 頁
＊JAL メンテナンスサービス事件・東京高判平成 23・2・15 判時 2119 号 135 頁
＊本田技研工業事件・東京高判平成 24・9・20 労経速 2162 号 3 頁（ただし，意思表示の瑕疵等により，合理的期待の消滅が否定される場合もあり得ることを説示している）
＊富士通関西システムズ事件・大阪地判平成 24・3・30 労判 1093 号 82 頁

　これらの判例は，不更新条項を入れる（次回に更新をしないこと）ことに合理性があることを理由のひとつとしている。しかし，雇止めにすることがやむを得ないというのであれば，次回の更新時に雇止めをすればよいのであって，労働者は，不更新条項を受け入れざるを得ない立場にあるにも拘わらず，不更新条項の存在をもって，雇止めを正当化するのは妥当とは思われない。

　他方，判例の雇止め法理は，労働者保護のためのルールであり，その適用を当事者の意思によって制限することは慎重に考えるべきとして，不本意ながら不更新条項を合意せざるを得ない状況にあった場合に，不更新条項を限定的に解釈したもの（明石書店事件・東京地決平成 22・7・30 労判 1014 号 83 頁）や，労働者にとっては，労働契約を直ちに打ち切られることを恐れて，使用者が提示した条件での労働契約の締結に異議を述べることは困難であると考えられることに照らすと，労働者が不更新条項がある契約書に署名押印し，その際，特段の申出や質問をしなかったという事実だけで，労働契約を終了させる明確な意思を有していたとは認められないとし，不更新条項は雇止めの予告にすぎないとしたもの（東芝ライテック事件・横浜地判平成 25・4・25 労判 1075 号 14 頁）もみられる。

　これらの裁判例は，いずれも，山梨県民信用組合事件（最判平成 28・2・19 労判 1136 号 6 頁）の出される以前のものであるが，同判決は，労働条件の不利益変更に対する労働者の同意の有効性について，厳格な歯止めをかけている。したがって，今後は，同判決の判示内容を踏まえて，同意が自由な意思に基づくものと評価できないことを最大限主張すべきことになろう。

| 実践知！ | 不更新条項を理由に雇止めされた事案では，自由な意思に基づく同意に関する山梨県民信用組合事件の最高裁判例を援用して，不更新条項の無効を主張すべきである。 |

2. 使用者による一方的な不更新通告の場合

不更新合意条項がある契約書にサインなどしていない（労働者が同意したとみられる事情がない）なか，使用者が一方的に次回の更新はしないと通告することもある。

この場合，すでに更新についての合理的期待が認められるに至っているのであれば，使用者の一方的通告によって合理的期待を失わせることはできないと解される。通達も同旨を説いており（通達「第5，5(2)ウ」），裁判例も，そのように判断しているものが多い。

CASE
* 立教女学院事件・東京地判平成20・12・25労判981号63頁
* 京都新聞COM事件・京都地判平成22・5・18労判1004号160頁
* 報徳学園（雇止め）事件・神戸地尼崎支判平成20・10・14労判974号25頁（1年契約の2回〔3年〕目の更新時に，更新は3年が上限であることを告げ，3年目の契約満了時に雇止めした事案で，雇用継続の期待が遮断，消滅したとはいえないとされた。しかし，控訴審である大阪高判平成22・2・12労判1062号71頁は，有期契約締結当初から更新の合理的期待はなかったことを理由に一審判決を覆している）。

3. 最初の契約締結時から契約期間等が決められている場合

最初に有期労働契約を締結する時から，更新の回数や期間について上限が定められていることがある（例えば，1年契約を締結し，更新は2回〔最長雇用期間は3年〕までと明確に定められている場合）。このようなケースで，更新回数や期間の上限が明示され，そのとおり説明されていた場合には，合理的期待は，生じないことになろう（例えば，学校法人名古屋カトリック学園事件・名古屋地判岡崎支判平成30・3・13労判1191号64頁は，更新限度を第1回の契約期間から4年を超えないとする合意書の記載から，第1回契約から約2年後の懲戒解雇を無効としつつ，賃金請求権の終期を第1回契約から4年後までとして

いる）。

　しかし，上限を超えて働く有期契約労働者が存在したり，使用者が上限を超えて働けることがあるなどの説明している場合，合理的期待が生じていると評価できることもあろう（例えば，カンタス航空事件・東京高判平成 13・6・27 労判 810 号 21 頁は，契約期間を 5 年としつつ，これを超える雇用継続への期待を抱かせる言動があったことから，雇用継続への期待を認め，雇止めの効力を否定している）。このように，更新の上限設定が形骸化し，合理的期待が生じる場合もあることに注意すべきである。

Ⅳ．定められた契約期間の実態が試用期間である場合

　実質的には試用期間であるにも拘わらず，期間の定めのない労働契約ではなく，その期間を有期契約として，労働契約を締結することがある。

　このようなケースについて，最高裁判決（下記の神戸弘陵学園事件）は，「労働者を採用する際に契約に期間を定めたとしても，その趣旨・目的が労働者の適性を評価・判断するためのものであるときは，期間の定めは契約の存続期間ではなく試用期間である」と判示し，当該事案における雇止めを無効としている。

　このようなケースは，形式的には有期契約のかたちがとられているものの，実質的には，試用期間付きの期間の定めのない労働契約が成立していると評価されるので，雇止めの有効性も，試用期間満了時の解雇（本採用拒否）と同様の観点から判断されることになる。したがって，「契約の更新実績がない＝労契法 19 条の適用は困難」と考える必要はなく，雇止め（本採用拒否）に客観的に合理的な理由や社会的相当性があるかの観点からの検討をすれば足りることになる。

CASE
＊神戸弘陵学園事件・最判平成 2・6・5 労判 564 号 7 頁（1 年契約の私立学校常勤講師の事案）
＊龍澤学館事件・盛岡地判平成 13・2・2 労判 803 号 26 頁（私立学校常勤講師の事案）
＊愛徳姉妹会（本採用拒否）事件・大阪地判平成 15・4・25 労判 850 号 27 頁（社会福祉法人の職員の事案）

CHAPTER

03　退職勧奨，合意退職，辞職の自由

Ⅰ．初動──法的観点からの見極め

　当事者の意思に基づく労働契約の終了原因としては，解雇（使用者の一方的な意思に基づくもの）の他に，合意退職（使用者と労働者の合意に基づくもの），辞職（労働者の一方的な意思に基づくもの）がある。解雇や合意退職に至る以前の段階で，退職勧奨がされることもあるが，退職勧奨は，合意退職（合意解約）の申入れや，その申込みの誘引にすぎず，それ自体によって，労働契約を終了させるものではない。

　合意退職や退職勧奨についての相談を受けた際には，問題となっている行為が上記のいずれに該当するのかを見極めることが重要である。「解雇された」として相談に来たものの，話をよく聞いてみると，実は，退職勧奨を受けているにすぎないこともある。また，自ら退職しなければ解雇することになると告げられた後に，退職届を提出させられた場合に，「解雇された」と言ってくる労働者も少なくない。しかし，解雇と退職勧奨，合意退職とでは，対処のしかたが全く異なるから，法的観点から，何が問題となっているかを見極めることが，極めて重要である。

Ⅱ．退職勧奨，退職強要

1.　退職勧奨の類型

　退職勧奨は，使用者側の経営上の事情（人員削減）で行われることもあれば，労働者側の事情（重大なミスや能力不足）で行われることもある。また，退職勧奨が文字どおりの「お願いベース」で行われる（解雇を正当化するほどの事由が存在しない場合）こともあれば，退職に応じない場合には解雇することを前提として行われることもある（解雇した場合に紛争となることを回避したり，労働者の将来を慮って解雇を選択しないといった動機に基づき退職勧奨を行う）。

　さらに，退職に際して，労働者にとって有利となるような条件を提示する

228　　　　　PART 2　紛争類型ごとの対応策

こともあれば（一定の金銭的な補償をしたり，失業保険の受給が有利になるように，離職票上の離職理由を「退職勧奨」とするなど），そのような条件がつけられない場合もある（本来解雇であるから，離職理由も「自己都合」とし，退職金も自己都合退職の乗率によるなど）。

2. 退職勧奨への対応

(1) 退職勧奨に応じる義務はない

前述のとおり，退職勧奨は，合意解約の申込みや，申込みの誘引行為であり，労働者は，これに応じる義務はない（鳥取県教員事件・鳥取地判昭和 61・12・4 労判 486 号 53 頁）。したがって，退職勧奨に応じる意思がない場合には，「きっぱりと断るべき」というのがアドバイスの基本である（労働者が断った場合にも，退職勧奨が執拗に繰り返される場合については，後述の 3〔231 頁〕を参照のこと）。

(2) 解雇が予測される場合

しかし，退職勧奨を断った場合に解雇されることが予測されるケースでは，退職勧奨を受け入れるか否かを慎重に検討する必要がある。解雇された場合に，解雇有効と判断される可能性が高い場合には，退職勧奨を拒否して解雇されるよりは，少しでも有利な条件を獲得して退職勧奨を受け入れた方が労働者の利益に合致するからである。また，解雇が無効と判断される可能性が高い場合にも，労働者がそれを争うことに躊躇を示すこともある。このような場合には，できるだけ有利な条件を獲得するための交渉をすべきことになる。

なお，退職勧奨が「お願いベース」である場合や，退職勧奨を拒否して解雇されても，解雇が無効と判断される可能性が高い場合には，「退職勧奨に応じる義務はなく，基本的に退職勧奨に応じるつもりはない」ことを明らかにしたうえで，「一定の退職条件（金銭補償等）を満たすなら，退職を検討してもよい」というスタンスをとることが重要である。解雇される事由がない場合でも，退職勧奨を受けたことで，労働者が当該企業で働き続けることに意欲を失うこともある。しかし，労働者が自ら退職の意向を示すと，使用者は，「足元を見て」，高い水準の条件を提示しなくなる（そのうち，労働者の方から退職するであろうと考える）ので，上記のような対応をするのが鉄則である。

CHAPTER 3　退職勧奨，合意退職，辞職の自由

⑶ PIP について

なお，退職勧奨を拒否した場合に，PIP（Performance Improvement Program 業務改善計画）が実施されることがある（外資系企業で多くみられる）。これは，労働者のパフォーマンスが悪いことを理由に，一定の目標を設定し，一定期間（3〜6ヶ月間程度が多いようである）に，目標達成や業務改善がされたかを見極めるもので，業務改善がみられれば，従前どおりの勤務が維持されるが，改善がみられなかった場合，一定の処分（通常は解雇）がなされるものである。

使用者の側は，業績が改善されることを期待するといったことを口にする（PIP の開始を通知する書面に，そのようなことが記載される）が，退職させるという結論は決まっており，PIP の期間中やその終了時点での退職勧奨に応じない場合には，解雇が予定されていることが少なくない。要するに，PIP は，改善機会を付与したが，改善がみられなかったとして，解雇を正当化するために行われることが多い。

したがって，PIP が開始されたケースでは，それまでの勤務成績が決して不良でなかったこと，PIP で課された目標が過重であることや，PIP 実施期間中の上司や人事部の言動（PIP を実施しても目標達成できないことは明らかであるといった発言や，業務についての理不尽な指摘等）について，できる限り多くの証拠を集めておくことが必要となる。解雇される以前の段階で相談を受けた場合，解雇されるであろうとの前提に立って，上記のような証拠収集に努めるようアドバイスすべきである。

なお，PIP を経たからといって，常に解雇が正当化されるわけではない（比較的高い賃金待遇を受けている労働者について，PIP 実施後の解雇を無効としたものとして，ブルームバーグ・エル・ピー事件・東京地判平成 24・10・5 労判 1067 号 76 頁がある）。したがって，解雇された後に相談を受けた場合には，通常の解雇と同様，解雇の有効性について慎重に検討すべきである。

> **実践知！** PIP が開始された場合，解雇される可能性が高いから，解雇される前に，解雇無効に結びつく有利な証拠を収集，確保しておくようアドバイスすべきである。

3. 退職強要

　前述のとおり，労働者には，退職勧奨に応じる義務はない。使用者が労働者の自由な意思を尊重しつつ，退職勧奨を行う限りでは，退職勧奨が違法であると判断されることはない。しかし，社会通念上の相当性を逸脱し，労働者が退職勧奨に応じる意思がないことを明確にしているのに，執拗に退職勧奨を繰り返したり，多数人で取り囲んだり，威圧的な言動を繰り返すなどした場合には，違法な退職勧奨（＝退職強要）となり，不法行為や債務不履行（就業環境配慮義務違反）となるので，損害賠償請求の労働審判や本訴をすることが考えられる（これにより，退職強要行為をやめさせることが期待できることにつき，Chap. 7, Ⅲ 2 (2) 〔362 頁〕を参照のこと）。それでも，退職強要がやまない場合には，退職強要行為の差止めを求める仮処分の申立てをすることも考えられる（仮処分の認容例として，エール・フランス事件・千葉地決昭和 60・5・9 労判 457 号 92 頁がある）。

　なお，上記のいずれによるとしても，重要なのは，退職強要の実態をどれだけリアルに描き出せるかである。そのために最も有力な証拠は，録音である。したがって，退職強要を受けている段階で相談を受けた場合には，その旨のアドバイスをすべきである。

| 実践知！ | 退職強要事案では，その実態を浮かび上がらせるための有効な証拠（録音等）を確保するようアドバイスし，その証拠に基づき，法的措置等を検討すべきである。 |

CASE　損害賠償を認めた例（単なる金額の記載は，いずれも慰謝料額）

＊下関商業高校事件・最判昭和 55・7・10 労判 345 号 20 頁。広島高判昭和 52・1・24 労判 345 号 22 頁（2 名の原告に対して，4 万円と 5 万円）
＊黒田病院事件・東京地判平成 6・3・7 労判 655 号 59 頁（30 万円，弁護士費用 6 万円）
＊エフピコ事件・水戸地下妻支判平成 11・6・15 労判 763 号 7 頁（6 名の原告に対して，慰謝料 50～100 万円，逸失利益約 176～約 221 万円等）
＊鳥屋町職員事件・金沢地判平成 13・1・15 労判 805 号 82 頁（20 万円）
＊全日本空輸（退職強要）事件・大阪高判平成 13・3・14 労判 809 号 61 頁（80 万

円，弁護士費用 10 万円）
* 今川学園事件・大阪地堺支判平成 14・3・13 労判 828 号 59 頁（250 万円，弁護士費用 30 万円。中絶の勧告，退職の強要および解雇について）
* 東京都（警察学校・警察病院 HIV 検査）事件・東京地判平成 15・5・28 労判 852 号 11 頁（被告東京都に対して，必要性のない HIV 抗体検査を実施し，プライバシー権を侵害し，退職を余儀なくさせたことについて，300 万円，弁護士費用 30 万円。被告自警会〔警察病院〕に対して，プライバシー侵害を理由に 100 万円，弁護士費用 10 万円を認容）
* 東京女子醫科大学事件・東京地判平成 15・7・15 労判 865 号 57 頁（名誉毀損および退職勧奨行為に対して 400 万円，弁護士費用 50 万円）
* 群馬町（辞職強要）事件・前橋地判平成 16・11・26 労判 887 号 84 頁（100 万円）
* JWT ジャパン事件・東京地判平成 20・7・29 労判 971 号 90 頁（60 万円）
* 兵庫県商工会連合会事件・神戸地姫路支判平成 24・10・29 労判 1066 号 28 頁（100 万円。退職勧奨，出向命令，転籍命令，パワハラ発言について）
* 日本航空（雇止め）事件・東京高判平成 24・11・29 労判 1074 号 88 頁（20 万円）
* アールエフ事件・長野地判平成 24・12・21 労判 1071 号 26 頁（200 万円，弁護士費用 20 万円。別途，解雇に対する慰謝料として，100 万円と弁護士費用 10 万円を認容）
* エム・シー・アンド・ピー事件・京都地判平成 26・2・27 労判 1092 号 6 頁（30 万円）
* 学校法人矢谷学園ほか事件・広島高松江支判平成 27・5・27 労判 1130 号 33 頁（100 万円，弁護士費用 10 万円）
* 学校法人須磨学園ほか事件・神戸地判平成 28・5・26 労判 1142 号 22 頁（100 万円，弁護士費用 10 万円）
* A 住宅福祉協会理事らほか事件・東京地判平成 30・3・29 労判 1184 号 5 頁（3 回の行為につき，各 30 万円，10 万円，10 万円）
* エターナルキャストほか事件・東京地判平成 29・3・13 労判 1189 号 129 頁（30 万円，弁護士費用 3 万円）

CASE　退職勧奨の違法性を否定したもの

* 東京都ほか（警視庁海技職員）事件・東京高判平成 22・1・21 労判 1001 号 5 頁（暴行行為についてのみ不法行為の成立を認めた）
* 日本アイ・ビー・エム事件・東京高判平成 24・10・31 労経速 2172 号 3 頁

Ⅲ. 合意退職

1. 辞職と合意退職

(1) 辞職と合意退職の違い

　労働者の意思に基づく労働契約の終了原因としては，労働者による労働契約の一方的解約である辞職と，労働者と使用者の合意により労働契約を終了させる合意退職（合意解約）がある。辞職，合意退職のいずれの場合にも，退職届（辞表，退職願）等の書面が提出されることが多いが，辞職，合意退職とも要式行為とされていないので，口頭によることも可能である。

　①辞職の意思表示の場合，それが使用者に到達した時点で，その効力が生じ（ただし，後述のⅣ2⑴〔241頁〕のとおり，期間の定めのない労働契約の場合，退職となるのは，一定の期間経過後である），使用者の同意がない限り撤回はできないと解されている。その一方，合意退職の意思表示には，②労働者による合意解約の申込みと，③使用者による合意解約の申込みに対する労働者の承諾の2通りがあり，②の場合，使用者が承諾する前であれば，労働者は申込みの意思表示を撤回できると解されている。そこで，労働者の意思表示が上記①〜③のいずれに該当するかを見極めることが必要となる。

(2) 辞職と合意退職の見極め

　ところで，辞職の意思表示が，使用者に到達した時点で効力を生じると解するのは，労働者の退職の自由を保障するためである（辞職について使用者の承諾を要するとしては，労働者の退職の自由が制限されてしまう）。

　その一方，退職の意思表示が労働者の自発的意思に基づかずに行われることも少なくない（退職勧奨を受けて，不本意ながら退職の意思表示をするような場合）。このような場合には，退職の効果を生じさせない方向で労働者を保護する必要が出てくる。

　そこで，裁判例の中には，労働者による退職の意思表示は，「労働者が使用者の同意を得なくても辞めるとの強い意思を有している場合を除き，合意解約の申込みであると解するのが相当である」とするものがある（全自交広島タクシー支部事件・広島地判昭和60・4・25労判487号81頁。同様の趣旨を判示するものとして，株式会社大通事件・大阪地判平成10・7・17労判750号79頁）。この解釈によれば，問題とされる局面（不本意な退職の意思表示の有効

性に歯止めをかけるべき局面か，退職の自由を保護すべき局面か）に応じて，適切な判断を導くことが可能になり，妥当な解釈と考えられる。

したがって，労働者が提出した書面が「辞表」（辞職の意思表示であると解されやすい），「退職（辞職）願」（合意退職の申入れであると解されやすい）であるかといった形式によるのではなく，これらの書面が提出されるに至った経緯等を踏まえた実質的な判断をすべきである。

2. 退職の意思表示の撤回

(1) 合意解約の申込みに当たる場合

前述のとおり，退職の意思表示（退職届等の提出）が合意解約の申込みに当たる場合，使用者が承諾する前であれば，労働者は申込みの意思表示を撤回できると解されている。判例は，「雇傭関係の合意解約の申入れは……使用者が承諾の意思表示をし，雇傭契約終了の効果が発生するまでは，使用者に不測の損害を与える等信義に反すると認められるような特段の事情がない限り，被用者は自由にこれを撤回することができる」としている（大隈鉄工所事件・名古屋高判昭和 56・11・30 判時 1045 号 30 頁など）。

そこで，どのような場合に使用者の承諾があったといえるかが問題となる。

i 承諾権限のある者による承認

まず，承諾の権限を有する者によって承諾されることが必要である。ただし，この判断は，形式的な役職名によってではなく，当該企業における権限の在り方に即して判断されるべきものである。

人事部長による退職願の受領が承諾になり得るとした判例として，大隈鉄工所事件（最判昭和 62・9・18 労判 504 号 6 頁）（上記高裁判決の上告審）があり，工場長の事例として，ネスレ日本（合意退職・本訴）事件（東京高判平成 13・9・12 労判 817 号 46 頁）がある。一方，常務取締役兼観光部長には承諾の権限がなかったとした判例として，岡山電気軌道事件（岡山地判平成 3・11・19 労判 613 号 70 頁）がある。

ii 決裁手続との関係

退職届の受理だけでなく，さらに内部的な決裁手続を要する場合は，その手続が行われ，本人に通知されることが必要である（東邦大学事件・東京地決昭和 44・11・11 労判 91 号 35 頁，泉州学園事件・大阪地決昭和 57・8・25 労経速 1134 号 12 頁）。

また，承諾の意思表示をするのに辞令の交付等を要することが就業規則等

に規定されている場合は，承諾があったといえるにはその交付等を要する（ピー・アンド・ジー明石工場事件・大阪高決平成 16・3・30 労判 872 号 24 頁）。

(2) 合意解約の承諾に当たる場合

　使用者が合意解約の申込みをし，これに対して労働者が退職届等の提出により承諾の意思表示をした場合は，その時点で合意解約が成立し，使用者の同意がない限り，承諾の意思表示の撤回はできないことになる。使用者からその記名捺印のある退職合意書等を交付されていた労働者が，自らこれにサインして，使用者に提出したような場合がこれに当たろう。

　しかし，労働者による退職届等の提出は，合意解約の申込みにすぎない場合もある（退職勧奨を受けていた労働者が，勧奨に応じて退職届等を提出した場合や，労働者が合意書等を使用者に交付した後に，使用者があらためてサインして労働者に交付することを予定している場合等）。とりわけ，前記(1)ⅱのように，内部決済手続を経たり，辞令等の交付をもって退職とする旨が就業規則で定められているような場合には，退職届の提出は，合意解約の申入れでしかないと評価される可能性が高い。

　したがって，労働者による退職の意思表示がなされるに至った経緯のほか，就業規則の定めなども考慮したうえで，退職届の提出等が，合意解約の申込みにすぎないのか，合意解約の承諾といえるのかを検討し，合意解約の承諾と評価できない場合には，退職の意思表示の撤回をすべきである。

(3) 撤回に際しての留意点

　撤回をする場合には，速やかにこれを行う必要がある。撤回したことを証拠に残す確実な手段は，内容証明郵便だが，内容証明も相手方に到達するには一定の時間を要する。そこで，労働者が出勤しているのであれば，退職の意思表示を撤回する旨を記載した書面を提出するとともに，その写しに受領のサインをもらうことが考えられる。また，出勤しているか否かを問わず，電子メールの送信が可能な場合には，それによるとともに，その電子メールが閲読されたことを確認するために，電話を入れるといったことも考えられる。

　なお，退職の意思表示を撤回したにも拘わらず，退職金が振り込まれた場合には，解雇の場合と同様，これを返還・供託するか，労働者においてこれを預かり保管し，以降発生する賃金の一部として受領する旨の意思表示を

（内容証明郵便で）しておくべきである。これを怠ると労働者においても合意解約の成立を認めた（黙示の合意）とされる可能性があるので，注意が必要である。

3. 退職の意思表示の取消し・無効

⑴ 瑕疵による意思表示の無効とその効果

　退職の意思表示（退職届等の提出）が，①辞職の通知，②合意解約の申込み，③合意解約の申込みに対する承諾のいずれであるにせよ，その意思表示に瑕疵（心裡留保，通謀虚偽表示，錯誤，詐欺，強迫）があった場合には，民法の意思表示の瑕疵の規定に従い，取消しや無効を主張できる（従前，錯誤の場合には，取消しの意思表示をせずに無効の主張ができたが，改正民法95条1項では，取り消し得るものとされている）。そして，退職の意思表示が無効であると判断されると，解雇が無効と判断された場合と同様，労働契約上の地位確認と，退職の意思表示に基づく退職扱い後の賃金請求が認められる。なお，事案によっては慰謝料請求が認められることもある。

　ただし，意思表示の瑕疵がある場合でも，追認をしていると，取消しによる無効を主張できなくなるから注意が必要である（もっとも，追認は，「取消しの原因となっていた状況が消滅し，かつ，取消権を有することを知った後」にするのでなければ，その効力は生じない。改正民法124条1項）。実際上問題となるのは，退職を前提として発生する請求権に基づく請求（民法125条2号が定める法定追認事由である「履行の請求」）であり，退職金の請求がその典型である。その一方，使用者が一方的に退職金を労働者の銀行口座に振り込んできたような場合は，そもそもにおいて「請求」行為がないから，追認とはみなされない（意思表示の瑕疵により退職の無効を主張する場合に，退職金の請求をしてはならないことは，解雇の場合と同様である）。

　なお，Chap. 1 Ⅲ 6⑴（176頁）で論じたとおり，懲戒処分として，懲戒解雇を若干軽減した諭旨解雇（諭旨退職）がされることがある。諭旨解雇（諭旨退職）の場合，退職願，辞表等が提出されるが，それが懲戒処分の一種であることには変わりなく，労働者は当然にこれを争うことができる。したがって，諭旨解雇（諭旨退職）の効力を争う場合，退職届等の提出が意思表示の瑕疵によるものであることを主張立証する必要はない（懲戒解雇の場合と同様，解雇権濫用〔労契法16条〕もしくは懲戒権濫用〔同法15条〕の観点から，ストレートに諭旨解雇〔諭旨退職〕が無効であることを主張，立証すればよい）。

(2) 意思表示の瑕疵が認められる典型例

実務上，意思表示の瑕疵が認められる典型例は，（懲戒）解雇事由が存在しないにも拘わらず，自ら退職しなければ，（懲戒）解雇になるなどと告知され，退職の意思表示をするケースである。このような場合，労働者を欺罔ないし畏怖させて退職の意思表示をさせたと考えれば，詐欺ないし強迫に該当するし，労働者が誤信するに至ったと考えれば，錯誤に該当することになる。

> **実践知！** （懲戒）解雇事由が存在しないのに，「自ら退職しなければ,（懲戒）解雇にする」などと言われて，退職の意思表示をした場合，退職の意思表示が無効とされることが多い。

CASE 退職の意思表示の瑕疵を認めたもの

①**錯誤**（民法 95 条）

解雇もしくは懲戒解雇事由が存在しないのに，解雇もしくは懲戒解雇になると誤信して行った退職の意思表示を，錯誤に基づくものとして無効とした例
* 学校法人徳心学園事件・横浜地決平成 7・11・8 労判 701 号 70 頁
* ヤマハリビングテック事件・大阪地決平成 11・5・26 労判 772 号 82 頁
* 昭和電線電纜事件・横浜地川崎支判平成 16・5・28 労判 878 号 40 頁
* 富士ゼロックス事件・東京地判平成 23・3・30 労判 1028 号 5 頁
* 慶應義塾（シックハウス）事件・東京高判平成 24・10・18 労判 1065 号 24 頁
（業務上の疾病により勤務を継続することができなかったのに，私傷病によるものと誤信してなされた退職の意思表示は，要素の錯誤に当たり無効とした）

②**強迫**（民法 96 条）

懲戒解雇事由等が存在しないのに，退職届を出さなければ懲戒解雇等になると告知し，退職届を提出させたことが強迫に当たるとした例
* ニシムラ事件・大阪地決昭和 61・10・17 労判 486 号 83 頁
* 澤井商店事件・大阪地決平成元・3・27 労判 536 号 16 頁
* 損害保険リサーチ事件・旭川地決平成 6・5・10 労判 675 号 72 頁
* 旭光学事件・東京地判昭和 42・12・20 労時 509 号 22 頁（長時間にわたる執拗な強要に基づく辞職願の提出が強迫に当たるとされた）
* 学校法人白頭学院事件・大阪地判平成 9・8・29 労判 725 号 40 頁（不倫行為を理由に暴行を加えて，辞職を迫った行為が強迫に当たるとされた）

CHAPTER 3 退職勧奨，合意退職，辞職の自由 **237**

③**詐欺**（民法 96 条）
　＊ジョナサンほか 1 社事件・大阪地判平成 18・10・26 労判 932 号 39 頁（退職
　　合意を否定しつつ，傍論で，仮に退職合意があったとしても，新店舗の開店計画
　　を秘したまま，閉店を告げた結果なされた退職合意の意思表示は，詐欺による取
　　消しにより無効であるとした）
④**心裡留保**（民法 93 条）
　＊昭和女子大学事件・東京地判平成 4・12・21 労判 623 号 36 頁（学生指導上の
　　意見の相違から査問を受けた教授が，退職するつもりがないのに反省の意を強調
　　するために，要請されて退職願を提出したが，退職する意思がないことは明確に
　　表明され続け，大学もそれを承知していたケースで，心裡留保により無効とした）

(3)　具体的な主張例（錯誤の場合）

　以下，錯誤の場合の主張例を掲げる（2020 年 4 月 1 日施行の改正民法 95 条
に基づく主張である）。

　1(1)　前述のとおり，原告は，自主退職をしなければ，退職金も支払われない懲
戒解雇になると通告され，懲戒解雇だけは回避したいとの考え（動機）から，自主
退職の意思表示（退職願の提出）をさせられたものである。そこで，原告は，自主
退職の意思表示（退職願の提出）を，動機の錯誤を理由に取り消す。
　(2)　ところで，原告が自主退職の意思表示をさせられた（退職届を提出した）3
月 10 日時点で，原告が自主退職の意思表示をしなければ，被告から有効な懲戒解
雇をされる関係にあったのであれば，原告の認識（自主退職しなければ有効に懲戒
解雇される）と客観的な状況（有効に懲戒解雇される）との間に齟齬はなく，原告が錯
誤に陥っていたとはいえないことになる。そこで，本件では，仮に懲戒解雇されて
いたとしても，それが有効なものといえるかが争点となる（この点については，後
述の 2 で論じる）。
　(3)　また，法律行為の基礎とした事情についての認識が真実に反する錯誤（動機
の錯誤）による意思表示の取消しが認められるためには，以下の要件を充足するこ
とが必要とされる。
　①その事情（動機）が法律行為の基礎とされていることが表示されていること
（改正民法 95 条 1 項 2 号，2 項）
　②錯誤が法律行為の目的および取引上の社会通念に照らして重要なものであるこ
と（同 95 条 1 項）
　③表意者に重大な過失がないこと（同 95 条 3 項柱書）。ただし，表意者に重大な
過失があっても，相手方が表意者に錯誤があることを知り，または重大な過失によ
って知らなかったときには，錯誤による取消しは妨げられない（同 95 条 3 項 1 号）。
　これを本件についてみれば，以下のとおりである。
　ア　動機が表示されていること（上記①）
　被告は，原告に対して，自主退職しなければ懲戒解雇になる旨を告げて原告に自
主退職を迫り，原告は，これを受けて退職の意思表示をさせられたものであるから，

被告は，懲戒解雇を回避するために退職の意思表示をするという原告の動機を当然に認識していたといえる。したがって，懲戒解雇を回避するために退職の意思表示をするという原告の動機は，当然に（仮に百歩譲っても，黙示的に），被告に表示されていたことになる。

イ　錯誤が重要なものであること（上記②）

また，退職の意思表示をしなくとも，有効に懲戒解雇されることはないことを知っていれば，原告は，雇用身分の喪失をもたらす自主退職の意思表示をしなかったであろうし，このことは，一般人が原告の立場に立った場合も全く同様であるから，原告の錯誤が，法律行為の目的および取引上の社会通念に照らして重要なものであることは明らかである。

ウ　重大な過失がないこと（上記③）

原告は，法律専門家ではない。また，被告は，自主退職を迫った当日（3月10日）に退職届を提出するよう迫った。そして，原告が家族や法律専門家に相談したうえで，退職するか否かを決めたいと述べたのに対して，被告代表者は，「相談するとかいう問題でない。この場で退職届を出さないのなら，直ちに懲戒解雇する。懲戒解雇されたのちに，弁護士でも何にでも相談すればよい」と述べて，原告の申出に全く耳を貸そうとしなかった。このような状況下，退職の意思表示をしなければ，有効な懲戒解雇がされるであろうと信じたことは，誠にやむを得ないことであり，原告に重大な過失がなかったことはあまりに明らかである。

また，仮に原告に重大な過失があったとしても，被告は，原告が錯誤に陥っていたことを当然に認識していたのであるから，改正民法 95 条 3 項 1 号により，原告が錯誤による取消しを主張することは妨げられないことになる。

(4)　以上のように，原告の退職の意思表示は，民法 95 条により取り消し得るための各要件を満たしている。そこで，残された問題は，前述(2)で論じた，原告の意思表示が「錯誤」に当たるか，すなわち，申立人が退職の意思表示をせずに，懲戒解雇された場合，それが有効と判断されるのか，ということになる。

以上のように論じた後に，懲戒解雇事由が存在しないこと（仮に，懲戒解雇がされたとしても，そのような懲戒解雇は無効であること）について論じることになる。

(4)　自由な意思論に基づく主張

退職の意思表示が上記(1)の瑕疵に当たらない場合でも，それが「自由な意思に基づくものと認めるに足りる合理的な理由が客観的に存在しない」場合には，当該意思表示の効力は生じないと考えられる。

したがって，意思表示に何らかの問題があると考えられる場合には，民法上の意思表示の瑕疵の主張とともに，自由な意思に基づくものといえないことを主張すべきである（その具体的な記載例として，Pt. 1, Chap. 3, Ⅲ 7〔50 頁〕

を参照のこと）。自由な意思の観点から，退職合意が認められないとした例として，TRUST 事件（東京地立川支判平成 29・1・31 労判 1156 号 11 頁）がある。

(5) 留意点（生のやり取りの証拠化）

退職の意思表示の瑕疵を主張するケースでは，使用者がどのような言動をもって労働者に退職の意思表示をさせたかが，決定的な意味をもつことが多い。前述のとおり，解雇事由が存在しないのに，「本来懲戒解雇すべきところ，自主的に退職すれば，懲戒解雇とはせず，退職金も支払う」などとして退職の意思表示をさせた場合，意思表示の瑕疵が認められることが多いが，録音などの確たる証拠がなければ，使用者側は，このような発言をしたことを否定するのが通常である（「自主退職しなければ，解雇にする」などとは述べておらず，「ミスが多すぎで，この仕事に向いていないのでは」と伝えたところ，原告の方から，「私も転職を考えています」と述べて，自ら退職の意思表示をしたなどと主張する）。

このような場合，原告が主張する被告側の発言（「本来懲戒解雇すべきところ，自主的に退職すれば，懲戒解雇とはせず，退職金も支払う」）を裁判所に認めさせるのは容易ではない（いわゆる水掛論争になるので，裁判所は容易に心証を形成できない）。そして，この点がクリアできなければ，意思表示の瑕疵はないと判断されてしまうことになる（以上のことは，退職の意思表示が自由な意思に基づかないと主張する場合にも，当てはまる）。

その逆に，録音などの確たる証拠があれば，使用者側もそのような発言をしたことを認めざるを得なくなり，訴訟の中心的な争点は，解雇をされた場合に，解雇を有効とするような事由があるかという点（通常の解雇案件における解雇の有効性判断と同様の問題）に帰することになる。

そこで，退職の意思表示に瑕疵が認められるかの判断に際しては，録音やメールなど，労働者側の主張を支える証拠の有無およびその内容を吟味しなければならない。また，退職勧奨を受けている段階で相談を受けた場合には，使用者側との会話を録音するようアドバイスすることになる。

Ⅳ. 退職妨害と辞職の自由

1. 問題の所在

労働契約上の地位をめぐる紛争の大半は，解雇や合意退職等によって退職

させられた労働者が，その不当性を訴えて，地位確認や損害賠償をするものであり，労働者の自発的な意思に基づく退職（労働者による一方的な解約である辞職）が，裁判で争われるケースは多くない。

しかし，人手が不足している企業では，労働力を確保するために，退職を認めようとしないことがある。また，退職をさせないために，「辞めるなら損害賠償請求をする」などと脅してくることもある（入社間もなく辞職の申出をしたときに，「採用のために要した費用を賠償しろ」などと言ってくることもある）。実際に，損害賠償請求訴訟まで提起してくる例は稀であるが，「損害賠償による脅し」は，退職しようとする労働者にとって心理的な足かせとなり，「退職したいが退職させてもらえない」という相談は，少なからず存在する。

しかし，労働者には，職業選択の自由が保障されており（憲法22条），また，奴隷的拘束や強制労働も禁止される（憲法18条，労基法5条）。したがって，労働者による一方的な解約である辞職は，原則として自由であり，使用者の承諾を要しない（就業規則等で使用者の承諾を必要とする旨を定めていても，そのような定めは無効と解される）。また，実際に損害賠償請求訴訟が提起されても，損害賠償が認められることは稀である。

後述のとおり，有期労働契約における期間途中の辞職については，損害賠償が認められる可能性がないとはいえないが，そのようなケースでも，労働者には退職の自由があることを前提とした解釈論を展開する必要がある。

2. 民法の定めと損害賠償

労働者による一方的な解約である辞職については，労働法の整備が不十分で，民法の規定に委ねられている。

(1) 期間の定めのない労働契約の場合

i 2週間の予告期間

辞職には，解雇と異なり，合理的な（正当な）理由は必要ないが，民法627条1項により，原則として2週間前の予告を要する。労働者側の意思表示が使用者に到達してから2週間経過後に労働契約が終了することになる。

予告期間を2週間より長く定めた就業規則や労働契約の定めは有効か。この点，民法627条は，労働者の不利益に変更することができない強行法規である（＝2週間以上の予告の定めは無効）とする説と，労働者の退職の自

由を不当に拘束しない限り，2週間以上の予告期間を定めた場合も有効とする説がある。後者の考え方によれば，1ヶ月程度の予告期間を設けることは許されることになろう（ただし，さらに長期の場合には，退職の自由を不当に拘束するものと評価されることが多くなろう）。

CASE

＊高野メリヤス事件・東京地判昭和 51・10・29 労判 264 号 35 頁（退職の遅くとも 1ヶ月前，役付者は 6ヶ月以前に退職願を提出し，会社の許可を得なければならないとする就業規則につき，民法 627 条より予告期間を長く定めた部分および会社の許可にかからしめる部分を無効とした）

＊プロシード元従業員事件・横浜地判平成 29・3・30 労判 1159 号 5 頁（就業規則で少なくとも 90 日前までに退職願を提出すべきことが定められている事案で，民法 627 条 1 項所定の期間の経過後には，解約申入れの効力が生じるとした）

ii 損害賠償

民法 627 条には民法 628 条のような損害賠償の規定はないが，辞職に対して損害賠償が請求されることがある。しかし，そのような請求は容易には認められない（認容例として，下記のケイズインターナショナル事件があるが，判旨には疑問が残る）。

CASE

＊エーディーディー事件・京都地判平成 23・10・31 労判 1041 号 49 頁（労働者による辞職の申出に対して，労働者の業務内容に不備があったとして，使用者が損害賠償請求してきたケースで，損害賠償は否定され，その逆に労働者が提起した残業代請求が認容された）

＊プロシード元従業員事件・横浜地判平成 29・3・30 労判 1159 号 5 頁（虚偽の退職理由で退職し，引継ぎをしなかったとして損害賠償が請求された事案で，損害賠償請求を棄却するとともに，不当訴訟を理由とする反訴の損害賠償請求を認容した）

＊広告代理店 A 社元従業員事件・福岡高判平成 28・10・14 労判 1155 号 37 頁（退職する旨の申入れをした際，後任者採用まで業務に従事し，違反した場合には，損害を賠償する旨の誓約書を差し入れたケースで，誓約書は，正当な理由なく労務提供を拒絶しない趣旨であるとし，うつ病の悪化によって業務に従事できなかったことはやむを得ないとし，損害賠償請求を棄却した）

＊アイガー事件・東京地判平成 24・12・28 労判 1121 号 81 頁（労働者には，退職の自由が保障されている〔民法 627 条 1 項〕ことから，内定辞退が債務不履行または不法行為を構成するには，信義則違反の程度が一定のレベルに達していることが必要として，内定辞退の違法性を否定した）

＊ケイズインターナショナル事件・東京地判平成 4・9・30 労判 616 号 10 頁（新

規事業立上げのために雇用したにも拘わらず，4日間しか勤務しないで退職した事案で，200万円の賠償合意を有効としつつ，70万円の限度で損害賠償を認めた）

⑵　期間の定めのある労働契約の場合

　有期労働契約であっても，「やむを得ない事由」があるときは，各当事者は，直ちに契約の解除をすることができる。ただし，「やむを得ない事由」を故意過失により生じさせた当事者は，他方当事者に対し，解約により生じた損害につき賠償責任を負う可能性がある（民法628条）。もっとも，契約期間の初日から1年経過後においては，有期雇用者はいつでも退職できる（労基法附則137条。ただし，専門的知識を有する労働者および60歳以上の労働者との有期契約には適用されない）。同条に基づき退職の申出を有効とした例として，元アイドルほか（グループB）事件（東京地判平成28・7・7労判1148号69頁）がある。

　「やむを得ない事由」がないのに辞職の意思を明らかにし，以降実際に就労しなかった場合も，労働者の意思に反した労働を強制することはできない（労基法5条）から，損害賠償の問題として処理されることになる。なお，使用者側の契約違反によって労働者が期間途中で退職せざるを得なくなった（「やむを得ない事由」が発生した）事案で，民法628条に基づき，使用者に対して契約の残期間の賃金相当額の損害賠償責任を認めた裁判例がある（マガジンプランニング事件・京都地判平成23・7・4労旬1752号83頁。控訴審の大阪高判平成23・12・6は原審を維持し，会社側の上告に対し最高裁は上告不受理とし，確定している）。

　問題は，何が民法628条の「やむを得ない事由」に当たるかである。そもそも有期雇用契約は，補助的労働のためや，正社員（期間の定めのない契約）として雇用することの負担を免れるために用いられているのが実情である。また，憲法22条の帰結として，辞職が原則自由であることに鑑みれば，「やむを得ない事由」は，就業環境，労働者の健康，生活環境も加味し，より緩やかに解されるべきであろう。

　労働者の退職の申出を認めず，退職するならば損害賠償請求をするなどと脅しをかけてくる企業もある。しかし，実務上の経験からすると，このような企業は，必要な人員を配置しておらず，労働者が休暇をとることすらままならない場合が多い。このようなケースで辞職することは，まさに「やむを得ない事由」によるものであるし，労働者には何の過失もないというべきで

ある。

　また，有期労働者が期間途中で辞職したところで，使用者に損害が生じるとは考え難い（労働者が退職することは常に想定されるのであるから，代替の労働者を採用するために必要となる経費は，企業運営上，当然に使用者が負担すべきものである）。

　損害賠償を認めた例として，エイジェック事件（東京地判平成24・11・29労判1065号93頁）がある（派遣元による派遣労働者に対する損害賠償請求につき，派遣先からの派遣料金から賃金相当額を控除した金額を損害として認めた）が，慰留に応ぜず，具体的な退職理由の説明の求めにも応じることなく，派遣労働者19名が一斉に退職した事案であり，訴訟でも，労働者側が民法628条の「やむを得ない事由があるとき」を立証しなかったもので，特殊なケースといえよう。

辞職に対する損害賠償請求は，容易には認められない。

CHAPTER

04 残業代請求

Ⅰ．初動

1．労働時間の把握とその他の検討

⑴　労働時間の把握

　残業代請求案件において，まず行うべきは，請求できる額が概ねどの程度になるかを計算することである。これを計算することで，受任に適しているかの判断がされる。

　残業代は，「時間単価×割増率×割増対象労働時間数」で計算される。時間単価や割増率を正しく計算するには，就業規則，賃金規程等を参照する必要があるが，賃金額が分かれば，労基法に基づき大雑把な計算はできる（下記の⑵を参照）。したがって，初動の段階で確認，確保すべきは，労働時間数（1日毎の労働時間）を明らかにする証拠ということになる。

　労働時間を立証する資料としては，タイムカードなど証拠価値が高いものから，労働者本人がつけていたメモなど証拠価値が低いものまで，様々なものが考えられる（詳細は，後述のⅢ2〔262頁〕を参照のこと）。労働者の手元には客観性のある証拠はないものの，使用者の手元にそれが残されていることが確実である場合には，証拠保全をしたり，労基署へ労基法違反（時間外手当の不払い）の申告をすることが考えられる。また，端的に，使用者に対して，開示を求めることもあり得る。

⑵　就業規則等

　月給制で時間単価を計算するには，所定労働日（所定休日）を特定する必要がある。また，就業規則等で，労基法が定める割増率を上回る割増率を定めているときには，それによる請求が可能である。その意味で，残業代の計算に際しては，就業規則や賃金規程を参照する必要がある。

　しかし，初動の段階で，就業規則等を参照することは，不可欠とまではいえない（ただし，下記の⑶で述べるとおり，固定残業代の主張が予測される場合は，就業規則等の吟味は不可欠である）。なぜなら，時間単価の計算基礎とな

る所定賃金は，給与明細によって確認が可能であるし，所定労働日（所定休日）についても，労働者自身が概ね把握しているからである（年末年始休や夏季休暇について正確に把握していないこともあるが，通常の所定労働日〔週休2日なのか，隔週で土曜日の勤務があるのか等〕を知らないことはまずあり得ない）。また，仮に所定労働日が分からなくても，労基法の定めに従って，とりあえず月の所定労働時間（月給制の場合）を計算することもできる（労基法が定める法定労働時間〔労働時間の上限〕は，「1週40時間」であるから，これを1ヶ月の平均で計算すると，40時間×（365日÷7日〔1週〕）÷12ヶ月≒173.8時間／月となる）。また，割増率についても，とりあえず，労基法が定める割増率によって計算すればよい。

(3) 予測される使用者の「抗弁」の検討

残業代請求に対しては，使用者側から様々な「抗弁」が出されるので，それについての検討が必要となる。

使用者が主張する主なものは，①管理監督者の抗弁（労基法41条2号。社内で，「管理職」とされている場合には，必ずといってよいほど主張される），②事業場外労働のみなし（労基法38条の2。営業担当者など外勤者について主張される），③残業命令のないところでの残業や，そもそも労働に従事していないという主張，④固定残業代制の主張などである。このうち，①は，社内で相当に高い地位になければ，労基法上の管理監督者であると判断されない。また，②，③の主張も認められるケースは少ないのが実情である。

一方，④固定残業代制については，最近多くの例がみられ，判例上も明確な基準があるとはいい難く，様々な面からの検討が必要になる。したがって，固定残業代制の主張が予測される場合には，求人票，労働契約書，就業規則，賃金規程，給与明細などを精査することが不可欠となる。

2. 請求手段の選択と留意点

(1) 労基署の活用

Pt. 1, Chap. 2, II 1（12頁）で論じたとおり，残業代請求については，労基署による監督行政が有効に機能することもある。したがって，請求額が少額で，弁護士の受任に適さないような場合や，労働時間の記録が使用者のもとに保存されているものの，労働者の手元には資料が全くないような場合（労基官は立入り検査〔臨検，書類提出要求，尋問〕権限に基づき，これを収集で

きる）には，労基署の活用を検討することが考えられる。

(2) 代理人として受任した場合

その一方，労働者が所持する資料等により，残業代の計算ができ，その額もそれなりの額に達する場合には，弁護士が受任することが考えられる。その場合には，代理人交渉，労働審判，通常訴訟のいずれかを選択することになるが，代理人交渉を選択する場合でも，裁判手続（労働審判，通常訴訟）を提起する場合と同様の準備（1日毎の労働時間を明らかにしたうえでの残業代計算）をしておく必要があろう。

なお，労働審判は，調停（話合いによる解決）を重視するといわれるが，労働時間の立証が十分で，使用者側の抗弁がおよそ成り立ち得ないようなケースでは，特段の譲歩をすることなく，満額の支払を受ける調停が成立する場合も多い。解雇事案における金銭解決の場合（解決金額を決める明確な基準がなく，解雇の有効無効の心証度合いによって解決金額が左右される）と異なり，残業代不払いは強行法規たる労基法（37条1項）違反なので，立証が十分な事案で労働者が譲歩すべき根拠は見いだし難いからである（労働審判の調停においても，「強行法規に反する譲歩を強いるのか？」と言えば，審判委員会は，使用者側を強く説得せざるを得なくなるであろう）。また，労働時間を立証するための客観的な証拠が乏しい事案では，早期にザックリとした解決を求めて労働審判を活用することもあろう。ただし，労働審判では，審判になった場合でも，付加金の支払が命じられることはないであろうことに留意する必要がある（後述のⅡ3(4)〔256頁〕を参照）。

(3) 残業代請求を「見逃さない」こと

企業規模を問わず，法の定めに基づく残業代を支払っていない企業が多々みられる。また，労働者の側でも，残業代の不払いの違法性を自覚していないことが少なくない（例えば，労働契約時に，残業代は支払われないと言われた以上，残業代が支払われないのはやむを得ないと考えているなど）。しかし，労基法は強行法規であり，労基法の定めを下回る労働条件は無効で，労基法の定める基準が適用される（労基法13条）。

したがって，労働者の相談内容が解雇など，残業代以外のものである場合にも，残業代の不払いがないかを確認し，残業代の請求をできる条件がある場合（とりわけ，労働時間の立証資料が手元にある場合）には，残業代の請求

を積極的にすべきである。

> **実践知！** 残業代請求以外の相談においても，残業代の未払いがないかを確認し，請求が成り立つ見込みがある場合には，残業代請求をすべきである。

Ⅱ．残業代請求の基本

1．残業代として何が請求できるか

(1) 労基法の定め

i 概説

残業代（割増賃金）は，「時間単価×割増率×割増対象労働時間数」で計算される。労基法は，割増の対象となる労働として，以下のものにつき，以下の割増率を定めている。

①法外残業　　　25％以上（深夜に及ぶ時は，50％以上〔25％＋25％〕）
②月60時間超　　50％以上（深夜に及ぶ時は，75％以上〔50％＋25％〕）
③法定休日労働　35％以上（深夜に及ぶ時は，60％以上〔35％＋25％〕）
④深夜労働　　　25％以上

ii 各論

①「法外残業」：法定労働時間（1週40時間，1日8時間）を超える労働

労基法が定める割増率は，25％以上である（37条1項本文，割増賃金率令〔平成6年政令5号〕）。法定労働時間を超える労働は，常に所定労働時間（労働契約や就業規則で定められた労働時間）を超えた労働となり，所定賃金（所定労働時間の労働に対して支払われる賃金）ではカバーされないので，所定賃金に基づき算出される時間単位の賃金（100％部分）も請求できる（トータルで125％以上が請求できる）。

ただし，「1週40時間」の規制については，労基法別表第1の8号（物品の販売，配給，保管もしくは賃貸または理容），10号（映画の映写，演劇その他興行），13号（病者または虚弱者の治療，看護その他保健衛生），14号（旅館，料理店，飲食店，接客業または娯楽場）の事業のうち，常時10人未満を使用するものについては，「1週44時間」とされる（労基法40条，労基則25条の

2。この点が争点になった例として，鳥伸事件〔大阪高判平成 29・3・3 労判 1155 号 5 頁〕がある）。

法定労働時間を超える労働契約の定め

労働契約等で法定労働時間を超える所定労働時間を定めても，法定労働時間を超える部分は，労基法違反として無効になるので，法定労働時間を超える労働時間は，常に所定労働時間を超えることになる。この場合の賃金につき，ジャパンレンタカー事件・名古屋高判平成 29・5・18 労判 1160 号 5 頁（雇用契約書で就業時間が 20 時〜午前 8 時，日給 1 万 2000 円と定められたケース）は，時間単価は 1500 円（＝1 万 2000 円÷8 時間）になるとした。

一方，日本総業事件・東京地判平成 28・9・16 労判 1168 号 99 頁では，就業規則で定められた 1 ヶ月単位の変形労働時間制（1 日の労働時間が実働 16 時間）を無効としつつ，時間単価は，雇用契約で定められた所定労働時間 18 時間で日給 1 万 8000 円を除した 1000 円であるとした（判決は，その根拠として，法定労働時間は，労働義務の免除の効果にとどまることを掲げているが，実質的には，日給を法定労働時間〔8 時間〕で除すると，時間単価は 2250 円となり，当事者意思と著しく相違してしまうという「バランス感覚」に基づくものと思われる）。

②月 60 時間超の場合

月の法外残業時間が 60 時間を超える場合には，割増率は 50％ 以上とされる（労基法 37 条 1 項但書）。この規定は，中小企業（①資本金額〔出資総額〕が 3 億円〔小売業・サービス業では 5000 万円，卸売業では 1 億円〕以下，または，②常時使用する労働者数が 300 人〔小売業では 50 人，卸売業・サービス業では 100 人〕以下，のいずれかに該当するもの）には適用されない（労基法 138 条）。しかし，この労基法 138 条は 2023 年 3 月末をもって廃止され，同年 4 月 1 日からは，企業規模を問わず，50％ 以上の割増率が適用されることになる。

③「法定休日労働」：法定休日（原則：1 週に 1 日。例外：4 週で 4 日）における労働

その割増率は，35％ 以上である（37 条 1 項本文，割増賃金率令）が，法定休日における労働は，①と同様，労働契約で定められた労働時間を超えた労働であるので，100％ 部分も請求できる（トータルで 135％ 請求できる）。なお，法定休日労働が，法定労働時間を超えても，135％＋25％＝160％ を請求することはできない（平成 11・3・11 基発 168 号）。

労基法は，どの日（何曜日）を法定休日とすべきかについての定めを置いていないので，法定休日は，労働契約や就業規則の定めによることになるが，就業規則等でこれを定めていないことも少なくない。この場合には，社会通

念に従って決められよう（例えば，土曜，日曜の週休2日制の場合には，日曜日が法定休日であるとした例として，HSBCサービシーズ・ジャパン・リミテッド〔賃金等請求〕事件・東京地判平成23・12・27労判1044号5頁）。

④「深夜労働」：午後10時から午前5時までの労働

その割増率は，25%以上であるが，深夜労働が労働契約で定められた労働時間（所定労働時間）を超えた労働となる場合，①と同様，100%部分も請求できる（トータルで125%が請求できる）。例えば，所定労働時間が午後4時から午後10時（実働6時間）で，午後11時まで労働した場合，午後10時から11時までの1時間については，125%が請求できる。

また，深夜労働が法定労働時間を超過する場合には，①の125%の割増も請求できるので，トータルで150%が請求できる（労基則20条1項）。例えば，所定労働時間が午前9時から午後6時（休憩1時間の実働8時間）で，午前0時まで労働した場合には，午後6時から午後10時までの4時間については，125%を，午後10時から午前0時までの2時間については，150%を請求できる。

その一方，深夜労働が労働契約で定めた労働時間に当たる場合（例えば，所定労働時間が午後10時から午前7時〔休憩1時間の実働8時間〕の場合），8時間分の労働に対する賃金は所定賃金によってカバーされるので，午後10時から午前5時までの労働分について25%の割増のみが請求できる（なお，このようなケースでは，基本給等に割増賃金が含まれていると主張されることがあるが，この点については，後述IV3(2)v〔285頁〕を参照のこと）。

なお，法定休日労働が深夜の時間帯に及んだ場合，深夜労働に対する割増である25%が，法定休日労働の割増である135%に加算され，トータルで160%が請求できる（労基則20条2項）。

管理監督者のような適用除外者に対しても，深夜割増の規定は適用される（ことぶき事件・最判平成21・12・18労判1000号5頁）ので，深夜割増の25%は支払われなければならない。

iii 労基法は強行法規

労基法の定める基準に達しない労働条件は無効で，労基法の定める基準による（労基法13条）ので，これらの労働時間については，労基法の定める割増率を乗じた割増賃金が常に請求できることになる。なお，労基法は，①，③の労働を原則として禁止し，労基法36条が定める時間外労働に関する過半数組合もしくは過半数代表との協定（「36協定」）がある場合に限り，これ

を許容しているが，36協定の締結の有無に拘わらず，上記の割増賃金は，常に支払われなければならない（なお，労基法改正により，36協定で延長できる限定時間が設けられたこと等につき，後述のⅣ3(5)ⅱ〔291頁〕を参照）。

(2) 法内残業

労基法の定めはないが，所定労働時間（例えば，1日7時間）から法定労働時間（8時間）までの労働（「法内残業」と呼ばれる）は，労働契約で義務付けられた労働時間（所定労働時間）を超えた労働に当たるので，この時間に対しては，所定賃金に加えて，残業代（1時間分の賃金。就業規則等で特段の割増率が定められていればそれにより，割増率の定めがなければ割増のない時間単価となる。(3)を参照のこと）の請求ができる（ただし，労働契約，就業規則等で別段の定めをしているときには，請求できないことがあり得る。管理監督者に関する後述のⅣ2(1)ⅳ〔275頁〕を参照）。

法定休日以外の所定休日（例えば，土曜，日曜を休日とする場合の土曜日）の労働（「法定外休日労働」と呼ばれる）についても，同様である。法定外休日労働をすると，1週の法定労働時間（40時間）を超過することがあるが，この超過部分については，労基法の定め（前述(1)ⅱ①〔248頁〕）に従って割増賃金が請求できる。例えば，所定労働時間が1日7時間，所定休日が土曜，日曜の企業で，月曜から金曜まで1日7時間労働し，さらに土曜日に7時間（週の合計で42時間）労働した場合，40時間を超える最後の2時間については労基法所定の125％が，残りの土曜日の5時間（7時間−2時間）については，割増のない100％分が請求できる。

(3) 就業規則等の定め

前述のとおり，労基法の定めを下回る基準を定めても，そのような基準は無効とされるが，これを上回る基準は有効である。

したがって，労働契約や就業規則で，労基法の定める割増率を超える割増率を定めたり，法内残業について100％を上回る割増率を定めている場合，それらの割増率による請求が可能である。

2. 残業代の計算方法（時間単価と計算ソフトの活用等）

(1) 残業代計算のやり方

残業代は，「時間単価×割増率×対象労働時間数」で計算されるが，以下，

CHAPTER 4 残業代請求 **251**

残業代の計算に際して，留意すべき点について触れておくことにする。

(2) 時間単価

i 時間単価の計算方法

時間単価の計算方法は，労基則 19 条 1 項に，時給制（1 号），日給制（2号），週給制（3 号），月給制（4 号），歩合給制（6 号）についての定めがある。例えば，月給制の場合は，「月額賃金 ÷ 月所定労働時間数（月によって所定労働時間が異なる場合，1 年間における 1 月平均所定労働時間数）」で計算される。

月給制の場合，月によって所定労働時間が異なるのが通常であるので，所定休日を就業規則等で確認し，365 日（閏年の場合，366 日）から所定休日を差し引くことで年間の所定労働日をはじき出し，「月額賃金」（下記の ii を参照）÷「年間の所定労働日×1 日の所定労働時間数÷12（ヶ月）」で時間単価を算出することになる。

年俸制の場合にも，月々支払われるのが通常なので，労基則 19 条 1 項 4号の月給制に当たることになる。

> **年俸制の場合の時間単価**
>
> 年俸制とは，年単位で賃金額を決定する賃金制度であるが，①年俸額を 12（ヶ月）で割った額を月々支給するタイプのものと，② 12 以上（例えば 16）で割り，月々の支給のほかに，賞与月に別途の支払をする（例えば，年俸額の 16 分の 1 を月々支給し，賞与月（夏冬）に各 16 分の 2 を支給する）タイプのものがある。②の場合も，基礎賃金は 16 分の 1 ではなく，12 で除した額であることに注意を要する（平成 12・3・8 基収 78 号。システムワークス事件・大阪地判平成 14・10・25 労判844 号 79 頁。したがって，賞与月の 16 分の 2 の支払は，下記 ii ⑦の「1 ヶ月を超える期間ごとに支払われる賃金」にも該当しない）。年俸額のほかに，「インセンティブ賞与」等の名目で別途賞与が支払われることもあるが，これは下記 ii ⑦に該当し，基礎賃金に含まれない。
>
> なお，年俸制の場合，「年俸額のなかに時間外手当が含まれる」と合意されることがあるが，通常の労働時間の賃金に当たる部分と割増賃金に当たる部分とを判別（明確に区分）できない場合には，労基法上の残業代（割増賃金）を支払ったことにはならない（後述のⅣ 3(2)〔279 頁〕を参照のこと）。

ii 所定賃金から除外される賃金

労基法 37 条 5 項および同法施行規則 21 条は，①家族手当，②通勤手当，③別居手当，④子女教育手当，⑤住宅手当，⑥臨時に支払われた賃金，⑦ 1

ヶ月を超える期間ごとに支払われる賃金，の7種類の賃金について割増賃金の計算の基礎に算入しないと定めている（例えば，月給制で基本給30万円，職務手当2万円，住宅手当2万円，通勤手当1万円，計35万円の労働者については，時間単価を計算する際の月額賃金は，住宅手当と通勤手当を控除した32万円となる）。

ただし，これらは，名称のいかんを問わず実質的に判断すべきであり（昭和22・9・13発基17号），扶養家族の有無や人数，通勤や住宅に要する額など具体的事情を度外視して一定額を支給されている場合（例えば，「持家居住者は1万円，賃貸住宅居住者は2万円」と定める住宅手当など）には，除外賃金に含まれない（住宅手当について平成11・3・31基発170号）。

また，上記の労基則の定めは限定列挙と解されているから，上記各手当の趣旨と異なる手当・賃金は，割増賃金の計算基礎から除外できない。

> **CASE** 除外賃金に当たらないとした例
> *家族手当（扶養手当）につき，壺坂観光事件・奈良地判昭和56・6・26労判372号41頁，デンタルリサーチ社事件・東京地判平成22・9・7労判1020号66頁，技術翻訳事件・東京地判平成23・5・17労判1033号42頁，スタジオツインク事件・東京地判平成23・10・25労判1041号62頁
> *通勤手当につき，上記壺坂観光事件，東名運輸事件・東京地判平成25・10・1労判1087号56頁，フルカワほか事件・福岡地判平成30・11・30労判1196号5頁
> *住宅手当につき，上記デンタルリサーチ社事件，スタジオツインク事件，東名運輸事件，フルカワほか事件，アクティリンク事件・東京地判平成24・8・28労判1058号5頁，DIPS（旧アクティリンク）事件・東京地判平成26・4・4労判1094号5頁，ナカヤマ事件・福井地判平成28・1・15労判1132号5頁，プロポライフ事件・東京地判平成27・3・13労判1146号85頁

| 実践知！ | 除外賃金は，実質的に判断され，具体的な事情を度外視して一定額の支給がされている場合には，残業代計算の基礎額から除外されない。 |

iii 就業規則等の定め

就業規則等で，上記よりも労働者に有利な基準を定めている場合（例えば，月給制で，残業代計算上の月の所定労働時間数を労基法よりも有利に定めている

場合），その基準による請求が可能である。

(3)　残業代の計算

　以上のようにして計算された時間単価に，割増率（前述の1〔248頁〕参照）および「割増対象労働時間数」を乗じることで残業代が計算される。

　なお，残業代には，①法外残業，②法定休日労働，③深夜労働，④法内残業，⑤法定外休日労働があり，それらに対する残業代は，1日毎の労働時間の長さがどれだけであったか，何時から何時であったか（③の計算の基礎となる），法定休日労働に該当するか（②の計算の基礎となる）等の諸要素を踏まえて計算される。したがって，残業代計算に際しては，1日毎の始終業時刻を明らかにする必要がある。

　ただし，案件によっては，日々の労働時間を明らかにできる手持ち証拠はないものの，月毎の総労働時間数が給与明細に記載されているような場合もある。このような場合，概括的な計算に基づき請求する（例えば，所定労働時間が1日8時間の月給制の場合，給与明細記載の総労働時間数から月平均の法定労働時間数である173.8時間（≒40時間×（365日÷7日（1週）÷12ヶ月））を控除した時間に，単純に125%を乗じた額を請求する）というやり方もある（エスエイロジテム事件・東京地判平成12・11・24労判802号45頁は，1日毎の労働時間の主張立証がなくても，給与明細書に残業時間として記載された時間〔月間所定労働時間を超える時間であるが，所定労働時間が法定労働時間よりも長かった〕は，法定労働時間を超える労働であったと推認できるとして，給与明細記載の時間に基づく請求を認容している）。

(4)　残業代計算ソフトの活用

　近時では，残業代計算ソフトがインターネット上で公開されている。京都第一法律事務所の渡辺輝人弁護士が開発した「給与第一」（同法律事務所のホームページで公開されている），京都弁護士会と京都地裁の裁判官有志が検討を重ね，京都地裁裁判官が著作権者となって公表された「きょうとソフト」（日弁連のホームページの会員専用ページで公開されている）がそれである。「給与第一」については，ホームページ上に使用マニュアルも掲載されている。「きょうとソフト」については，「割増賃金計算ソフト『きょうとソフト』を活用した事件処理の提唱について」（判タ1436号17頁）で，入力方法等が解説されている。また，渡辺輝人『残業代請求の理論と実務』（旬報社，2018

年）においても，両ソフトの使用方法が解説されている。

これらのソフトには，前記1（248頁）で概説した残業代の計算法則が組み込まれており，入力方法に従って，労働時間（始終業時刻）や，月平均所定労働時間数，賃金額等を入力することで，自動的に残業代が計算されるので，非常に便利である。

3. 付加金

⑴ 付加金とは

裁判所は，労働者の請求に基づき，時間外労働（法外残業），法定休日労働および深夜労働に対する割増賃金について，法定の未払い額と同額の付加金の支払を命じることができる（労基法114条，37条）。付加金は，労基法の定める割増部分（例えば，法外残業の場合の25%部分）だけではなく，それに対応する通常の賃金部分（100%部分）を加算した金額（125%）について認められる。ただし，法内残業については，付加金の支払を命じることはできない。

付加金についての遅延損害金の起算点は，判決確定の日の翌日となる。また，その利率は，民事法定利率である（江東ダイハツ自動車事件・最判昭和50・7・17労判234号17頁。改正民法施行前は年5%で，施行後は当面年3%）。

なお，割増賃金と併せて付加金を請求する場合，付加金の請求は民訴法9条2項の損害賠償または違約金の附帯請求に含まれるものとして，その価額は訴訟の目的の価額には算入されず，付加金請求部分の印紙代は不要である（最決平成27・5・19判時2270号128頁）。

⑵ 付加金は常に命じられるわけではない

付加金の支払を命じるかどうかは，裁判所の裁量によるものとされるが，単純な不払い事案では，割増賃金と同額の付加金を認めるのが通常である（イーライフ事件・東京地判平成25・2・28労判1074号47頁は，特段の事情ない限り割増賃金と同額を認めるべきとしている）。

しかし，不払いとしてきたことについて，一定の事情がある場合（例えば，訴訟上，管理監督者の抗弁が認められなかったが，それまで使用者が管理監督者として扱ってきたことが致し方ないと考えられる場合等）には，付加金請求の一部のみを認めたり，全く認めない裁判例もみられる。中には，「本件訴訟に表れた一切の事情を考慮すると」などとして，付加金請求を棄却したり（マ

ーケティングインフォメーションコミュニティ事件・東京高判平成 26・11・26 労判 1110 号 46 頁），判決で高額の時間外手当等の支払が課されていることから，付加金満額の支払を命じることには躊躇を覚えるとして半額のみを認容したものもある（霞アカウンティング事件・東京地判平成 24・3・27 労判 1053 号 64 頁）。

　このように，未払い割増金と同額の付加金の支払が常に命じられるとは限らないので，相談者（依頼者）には，その旨を説明しておく必要がある。また，訴訟においては，使用者において割増賃金を支払わなかったことにやむを得ない事情がなかったことを主張しておくのが無難であろう。

⑶　使用者による「付加金逃れ」の手法

　使用者に労基法 37 条違反があっても，事実審の口頭弁論終結時までに割増賃金の未払い金の支払を完了したときは，付加金の支払を命じることができないとされている（甲野堂薬局事件・最判平成 26・3・6 労判 1119 号 5 頁）。そこで，一審判決で割増賃金と付加金を命じられた使用者は，判決に対して控訴をしつつ，控訴審の口頭弁論終結以前に，一審判決で認容された割増賃金全額を支払い，付加金の支払を免れようとすることがある（この場合，割増賃金の支払時点で，一審判決の使用者敗訴部分は確定したのと同様の効果をもつことになる）。上記最高裁判決は，このような「付加金逃れ」を許容するもので，妥当とは思われないが，現状では，上記のようなことが起こり得ることを，相談者（依頼者）に説明しておく必要がある。

> **実践知！**　付加金の支払が命じられるか否かは，裁判所の裁量によって決められ，一審判決で付加金が認められても，使用者には「付加金逃れ」の道も残されていることを依頼者に説明しておく必要がある。

⑷　請求期間（除斥）と労働審判における留意点

　付加金の請求は，「違反のあつた時から 2 年以内にしなければならない」とされている（労基法 114 条但書）。なお，この 2 年という期間は，除斥期間と解されている。

PART 2　紛争類型ごとの対応策

労働審判の申立てをする場合にも，必ず付加金の請求をしておくべきである。

労働審判と付加金の請求

労働審判で付加金を命じることができるかについては，考え方が分かれる（解釈論としては，労基法114条がいう「裁判所」に，労働審判委員会が含まれるかという問題である）が，実務上，労働審判で付加金が命じられた例はないと思われる。労働審判で付加金が命じられることはないからといって，労働審判申立時にこれを請求せず，労働審判から本訴に移行（審判に対して異議が申し立てられる場合が典型だが，24条終了の場合もある）した時点で請求すると，その時点で「違反のあった時から2年」を経過してしまうことがある（例えば，2018年4月以降の残業代について，2020年3月に労働審判の申立てを行ったとする。そこで付加金の請求をすれば，2018年4月分の不払いに対する付加金請求は，「違反のあった時から2年以内」になされたことになる。しかし，労働審判で付加金の請求をせずにいたところ，2020年7月に労働審判が言い渡され，それに対して異議が出され本訴に移行し，2020年8月時点で付加金の請求をした〔請求を拡張した〕場合，2018年4月〜7月分の付加金は，除斥にかかってしまうことになる）。

4. 消滅時効と時効の中断（完成猶予）

(1) 時効期間

労基法115条は，労基法の規定による賃金の消滅時効期間を2年と定めている（ただし，退職金は5年）。改正民法が時効時間を原則5年としたことを受けて，労基法改正が検討されているが，2019年10月時点では，結論がでていない。今後の改正動向に注意する必要がある。

なお，時効の完成日は，残業代の支払がされる給与支給日である。例えば，2018年3月1日〜31日までの労働に対する残業代の支払日が同年4月25日である場合，時効期間が進行し始めるのは，同月26日からである。

(2) 時効中断（時効の完成猶予）のための措置

消滅時効の進行を食い止めるには催告（改正前民法の153条，改正民法150条1項）をすればよい。催告に際しては，債権を特定する必要があるが，その額まで特定する必要はない。したがって，「労働者Xの〇〇年〇月分以降の残業代を支払うよう請求する」と書けば足りる。なお，消滅時効は，あくまで使用者側の抗弁であるので，入社以来全く残業代が支払われていないケースでは，敢えて始期を区切らず，「〇〇年〇月の入社以降の」と記載して

もよい。

Ⅲ. 残業代請求における主張立証

1. 何が労働時間に当たるか

(1) 指揮命令下におかれた時間

前述のとおり，残業代（労基法上の割増賃金および法内残業代）は，「時間単価×割増率×割増対象労働時間数」で計算される。実際に労働に従事している時間が労働時間に当たることはいうまでもないが，労働の前後に行われる準備行為，後片付けや，実際に作業をしていない手待ち時間など，賃金（残業代）支払の対象となる労働時間に当たるかが問題となるものがある。

この点につき，三菱重工業長崎造船所（一次訴訟・会社側上告）事件の最高裁判決（最判平成 12・3・9 労判 778 号 11 頁）は，労基法上の労働時間は，「労働者が使用者の指揮命令下に置かれている時間をいい，右の労働時間に該当するか否かは，労働者の行為が使用者の指揮命令下に置かれたものと評価することができるか否かにより客観的に定まるもの」としている。また，大星ビル管理事件（最判平成 14・2・28 労判 822 号 5 頁）は，「当該時間に労働者が労働から離れることを保障されていて初めて，労働者が使用者の指揮命令下に置かれていないものと評価することができる」としている。

労働時間性の判断は，このような観点から行われることになる。

(2) 黙示の指示

黙示の指示によるものであっても，指揮命令下にあるといえれば，労働時間に該当する。夫婦住み込みのマンション管理員業務における労働時間性が問題となった大林ファシリティーズ（オークビルサービス）事件（最判平成 19・10・19 労判 946 号 31 頁）では，所定労働時間外の業務についての指示やマニュアルの記載等を根拠に，「住民等からの要望への対応について本件会社による黙示の指示があったものというべきである」として，休憩時間を除く平日の午前 7 時から午後 10 時までの時間については，「管理員室の隣の居室における不活動時間も含めて，本件会社の指揮命令下に置かれていたもの」としている。

労働現場においては，上司らから逐一残業の指示を受けずに，業務との関係で自主的に残業をする（せざるを得ない）ことも少なくない。このような

場合，使用者が残業（所定時間外の労働への従事）の事実を認識しているにも拘わらず，それを禁止せずにいれば，黙示の指示があったと考えてよいであろう（その旨を指摘する最近の判例として，エターナルキャストほか事件・東京地判平成 29・3・13 労判 1189 号 129 頁）。

その一方，使用者が明示的に残業を禁止したり，厳格な手続を経た場合にのみ残業を許容しているような場合には，労働時間性（残業代請求）は否定されることになろう。もっとも，当該残業の必要性（当該業務に要する時間，指示された期限，他の従業員への引継などの代替措置の有無）を吟味し，残業禁止命令が不合理である場合（残業しなければ処理しきれない業務を指示されたような場合）には，残業代請求が認められる余地もある（下記のリゾートトラスト事件，神代学園事件は，このような観点を加味した判断を下している）。

なお，就業規則等で，時間外労働として認めるための申請や承認の手続を定めていても，それが残業をするための実質的な要件ではなく（下記ヒロセ電機事件は実質的なものと解されるケースである），形式的なものである場合には，仮に手続を履行せず，承認を得ていなくても，残業代請求が認められるケースが多い。

CASE　残業代請求を認めた例

＊かんでんエンジニアリング事件・大阪地判平成 16・10・22 労経速 1896 号 3 頁（所定の用紙に記入して所属長の認印を要する旨の就業規則が存在していた事案で，所定の手続を経ない時間外労働が常態化していたケース）

＊昭和観光事件・大阪地判平成 18・10・6 労判 930 号 43 頁（所属長の承認を得て就労した場合のみ時間外手当を認める旨の規定が存在する中，承認を経なかったケース）

＊アールエフ事件・長野地判平成 24・12・21 労判 1071 号 26 頁（事前に所属長に「残業申請書」を提出し，承認を得る旨の定めがあっても，業務をやめ退出するように指導していなければ，指揮命令下に置かれていることは明らかであるとし，事前に承認を得るという運用も存在していなかったとした）

CASE　残業代請求を認めなかった例

＊ヒロセ電機（残業代請求）事件・東京地判平成 25・5・22 労判 1095 号 63 頁（就業規則上，時間外勤務は所属長からの指示によるものとされ，実際の運用としても時間外勤務については本人からの希望を踏まえて，毎日個別具体的に時間外勤務命令書によって命じられており，翌日所属長が実労働時間を確認する仕組みを取っていたとして，残業代請求が棄却された）

＊リゾートトラスト事件・大阪地判平成 17・3・25 労経速 1907 号 28 頁（上司が

早く帰るように何度も注意していたケース。ただし，繁忙期とそれ以外の時期に分類したうえで，他の従業員の退社時刻との比較等により，担当業務の処理に必要な範囲の時間外労働については認めた）
* 神代学園ミューズ音楽学院事件・東京高判平成17・3・30労判905号72頁（残業代請求を棄却したが，代替措置〔他の従業員への引継〕の有無を考慮したうえでの判断をしている）

| 実践知！ | 残業の申請や承認手続を経ていなくても，それが残業をするための実質的な要件とされていない場合には，残業代請求が認められることが多い。 |

(3) 労働の前後の準備，後片付け等の時間

労働を開始する前の作業服・制服・安全保護具の着用や，始業時刻前の朝礼などのために要する時間は，それが，使用者の命令や，業務の性質によって義務付けられていれば，労働時間になる。労働終了後の後片付け等についても同様である。

CASE

* 三菱重工業長崎造船所（一次訴訟・会社側上告）事件・最判平成12・3・9労判778号11頁（①午前の始業時刻前に更衣所等において作業服および保護具等を装着して準備体操場まで移動し，②午前ないし午後の始業時刻前に副資材や消耗品等の受出しをし，また，午前の始業時刻前に散水を行い，③午後の終業時刻後に作業場または実施基準線〔会社が屋外造船現場作業者に対し，他の作業者との均衡を図るべく終業時刻にその線を通過することを認めていた線〕から更衣所等まで移動して作業服および保護具等の脱離等を行ったことを，いずれも労働時間として認めた）
* 京都銀行事件・大阪高判平成13・6・28労判811号5頁（銀行の始業前に行われる金庫の開扉などの準備作業は，銀行の黙示の指示による労働時間と評価できるとした）
* 東京急行電鉄事件・東京地判平成14・2・28労判824号5頁（始業時前に行う点呼を労働時間と認めた）
* ビル代行（宿直勤務）事件・東京高判平成17・7・20労判899号13頁（業務のために事実上，強制されている朝礼，体操への参加の時間を労働時間と認めた）
* 今井建設ほか事件・大阪高判平成28・4・15労判1145号82頁（所定始業時刻は8時30分だが，全員が参加して行われる朝礼の開始時刻である8時から労働時間を認定した）

＊総設事件・東京地判平成 20・2・22 労判 966 号 51 頁（後作業が労働時間に当たるとした）

＊日本総業事件・東京地判平成 28・9・16 労判 1168 号 99 頁（朝礼への参加は義務付けられておらず，労働時間とはいえないとした）

＊あその建設事件・大阪地判平成 6・7・1 労判 657 号 55 頁（作業終了後のミーティングへの出席が強制ではない場合には，労働時間とはいえないとした）

⑷　手待ち時間，不活動仮眠時間等

ⅰ　手待ち時間

　実作業のために待機している時間（手待ち時間）も労働時間である。例えば，販売員が顧客が来るまで店で待機している時間や，トラック運転手の出荷場や配送先での待機時間等がこれに当たる。

CASE　労働時間と認めた例

＊中央タクシー（未払い賃金）事件・大分地判平成 23・11・30 労判 1043 号 54 頁

＊金本運送（割増賃金）事件・大阪地判平成 25・10・17 労判 1088 号 79 頁

＊田口運送事件・横浜地相模原支判平成 26・4・24 労判 1178 号 86 頁

＊北九州市・市交通局（市営バス運転手）事件・福岡地判平成 27・5・20 労判 1124 号 23 頁

＊医療法人社団 E 会（産科医・時間外労働）事件・東京地判平成 29・6・30 労判 1166 号 23 頁

＊山本デザイン事務所事件・東京地判平成 19・6・15 労判 944 号 42 頁（コピーライターの作業の合間に生じる空き時間）

＊阪急トラベルサポート（派遣添乗員・第 2）事件・東京高判平成 24・3・7 労判 1048 号 6 頁（海外旅行の添乗員のツアー参加者から質問，要望等のあることが予想される状況下にある時間）

ⅱ　仮眠時間

　ビル管理業務（ボイラーなどの運転・監視，電気等の諸設備の点検・整備など）に従事している労働者の泊まり勤務での仮眠時間について，労働者の職務が，「仮眠時間中も，必要に応じて，突発作業，継続作業，予定作業に従事することが想定され，警報を聞き漏らすことは許されず，警報があったときには何らかの対応をしなければならないもの」であるケースにつき，最高裁は，「不活動仮眠時間において，労働者が実作業に従事していないというだけでは，使用者の指揮命令下から離脱しているということはできず，当該時間に労働者が労働から離れることを保障されていて初めて，労働者が使用

者の指揮命令下に置かれていないものと評価することができる。したがって，不活動仮眠時間であっても労働からの解放が保障されていない場合には労基法上の労働時間に当たるというべきである」とした（大星ビル管理事件・最判平成14・2・28労判822号5頁）。

ただし，同判決は，当該事案への当てはめにおいて，「実作業への従事がその必要が生じた場合に限られるとしても，その必要が生じることが皆無に等しいなど実質的に上記のような義務付けがされていないと認めることができるような事情も存しない」とも説示している。そこで，実作業が生じることが皆無に等しいようなケースでは，労働時間制が否定されることがあり得るので，注意が必要である（ビル代行〔宿直勤務〕事件・東京高判平成17・7・20労判899号13頁）。

大星ビル管理事件最高裁判決における認容額

上記最高裁判決は，「労基法上の労働時間であるからといって，当然に労働契約所定の賃金請求権が発生するものではなく，当該労働契約において仮眠時間に対していかなる賃金を支払うものと合意されているかによって定まるものである」としたうえで，当該事案では，①不活動仮眠時間に対する賃金の支給規定を置いていない，②連続した仮眠時間を伴う泊り勤務に対しては，別途，泊り勤務手当を支給する旨規定している，③上告人らの賃金が月給制であること，④不活動仮眠時間における労働密度が必ずしも高いものではないことなどから，「不活動仮眠時間に対しては泊り勤務手当以外には賃金を支給しないものとされていたと解釈するのが相当である」とし，「本件仮眠時間中の不活動仮眠時間について，労働契約の定めに基づいて既払の泊り勤務手当以上の賃金請求をすることはできない」とした。そして，労基法37条が定める時間外割増賃金，深夜割増賃金を支払えば足りるとしている。

2. 労働時間の立証資料

以下，労働時間の立証資料として代表的なものを掲げる。なお，訴訟等においては，当該資料の作成経緯や，日常（もしくはある特定の日）の労働実態や労働時間についての原告労働者や会社側証人の証言内容も踏まえて，労働時間が認定される（ただし，タイムカードなど客観性の高い資料がある場合には，そもそも労働時間が争いにならないこともある）。また，参加が強制されている朝礼が行われているような場合には，証言のみによって，始業時刻が認定されることもある。その意味で，原告労働者らの証言も重要な証拠となる。

(1) タイムカード・ID カード

　タイムカードや ID カード等によって労働時間管理がなされている場合は，タイムカード等は，労働時間を立証するための最も有力な証拠といえる。タイムカードによって労働時間を認定した裁判例は，枚挙に暇がなく，タイムカードの客観的記載と労働の実態との間に乖離が生じている旨を主張する使用者には，高度の反証が要求されるというべきと説示するものもある（日本赤十字社〔山梨赤十字病院〕事件・甲府地判平成 24・10・2 労判 1064 号 52 頁。ただし，労災の損害賠償請求事案）。なお，労働時間の管理に用いられている GPS の記録に基づき労働時間を認定した例として，竹屋ほか事件（津地判平成 29・1・30 労判 1160 号 72 頁）がある。

　ただし，始業時刻については，所定始業時刻の少し前にタイムカードの打刻等があっても，労働時間（早出勤務）とは認められず，所定始業時刻に勤務を開始したと認定されるのが通常である（筆者の場合，このような場合には，始業時刻は所定始業時刻であると主張することにしている）。例えば，ヒロセ電機（残業代請求）事件（東京地判平成 25・5・22 労判 1095 号 63 頁）は，始業時刻のチャイムが鳴るまでは自由時間とされていることから，入退館記録表に記載された入館時刻から労働に従事していたと認めることはできないとしている。

　その逆に，所定始業時刻よりも相当前（例えば，1 時間前）にタイムカードの打刻等があれば，タイムカードの打刻等の時刻を始業時刻として主張することが考えられる（一般論として，所定始業時刻の少し前に出勤するのが通常であり，1 時間も前に出勤するのは，何らかの業務上の必要性がある場合が大半だからである）。このようなケースでは，従事した業務内容を明らかにすることが重要である。

| 実践知！ | 所定始業時刻よりも相当前の時刻に出勤している場合には，出勤以降の時間帯が労働時間として認められることがあるので，どのような労働をしたのかを丁寧に主張立証する必要がある。 |

　また，タイムカードが導入されていながら，タイムカード上の時間を労働時間として認めなかった裁判例もみられる。したがって，タイムカード上の

労働時間について争いがある場合には，タイムカード打刻の前後の事情等を丁寧に主張立証したり，他の証拠をあわせて提出するなどして，労働時間の立証を尽くすべきである。

その一方，終業時刻に関して，タイムカードの早打ちがされているような場合には，タイムカード以外の立証手段により，タイムカードの打刻時刻よりも後の時間が認定されることもある。

CASE タイムカードに基づく労働時間を認めなかった例

* 北陽電機事件・大阪地判平成元・4・20 労判 539 号 44 頁（タイムカードが時間管理のためではなく，単に出退勤管理のために設置されていたとして，タイムカードによって実労働時間を認定しなかった）
* オリエンタルモーター（割増賃金）事件・東京高判平成 25・11・21 労判 1086 号 52 頁（営業のために外出していたことなどを理由にタイムカードによっては労働時間を認定できないとした）
* ホンダカーズ A 株式会社事件・大阪地判平成 25・12・10 労判 1089 号 82 頁（午前 8 時 30 分ないし 9 時前の作業開始が明確に禁じられていたことから，タイムカード上の時刻〔概ね 7 時 40 分～8 時〕を始業時刻として認めなかった）

(2) 業務日報，出勤簿等

労働者が作成し，会社に提出する「業務日報」「営業日報」「出勤簿」等も，何時から何時まで働いていたかが記載されていれば，労働時間認定の有力な証拠となり得る。単に提出するだけでなく，上司の承認を得る仕組みになっていたり，日々作成して提出していれば，その証明力は高まる。その一方，一定の期間（1 週間や 1 ヶ月）のものをまとめて提出する場合には，証明力が弱まる（後述の 3 (2)〔269 頁〕で掲げたオフィステン事件を参照のこと）ので，そのような場合には日報等の作成のもととなった労働者作成のメモなどがあれば，それも証拠として提出すべきである。

CASE

* 郡山交通事件・大阪高判昭和 63・9・29 労判 546 号 61 頁（「運転報告書」による推計を認めた），
* ピーエムコンサルタント事件・大阪地判平成 17・10・6 労判 907 号 5 頁（勤務時間整理簿により認めた）
* セントラル・パーク事件・岡山地判平成 19・3・27 労判 941 号 23 頁（シフト表により認めた）
* ディバイスリレーションズ事件・京都地判平成 21・9・17 労判 994 号 89 頁（タ

イムカードおよび就業月報に基づき認めた）

* 東京シーエスピー事件・東京地判平成22・2・2労判1005号60頁（就勤実績表の記載〔ほとんどの日には所定始終業時刻が記載されている〕を基本としつつ，所定始業時刻の30分前から下番〔終業〕報告の30分後までを労働時間とした）
* エス・エー・ディー情報システムズ事件・東京地判平成23・3・9労判1030号27頁（月刊実績報告書の記載に基づき認めた）
* ココロプロジェクト事件・東京地判平成23・3・23労判1029号18頁（人件費表，シフト表に基づき認めた。なお，手帳の記載に基づく休日労働を認定するとともに，メール送信した日につき，2時間分の閉店業務に従事したものと認定している）
* アクティリンク事件・東京地判平成24・8・28労判1058号5頁（営業日報や，顧客との面談日時，所要時間等を記載したグーグルカレンダーの記載から認めた）
* ワールドビジョン事件・東京地判平成24・10・30労判1090号87頁（出勤表により認めた）
* ファニメディック事件・東京地判平成25・7・23労判1080号5頁（署名押印して提出していた出勤簿により，労働時間を認定した）
* NPO法人B会ほか事件・長崎地判平成29・2・21労判1165号65頁（始業時刻を車両日報上の出発時刻の10分ないし20分前と認定した）
* 光安建設事件・大阪地判平成13・7・19労判812号13頁（現場監督であった原告が，10日くらいまとめて作成していた工事日報に記載された時間は，工事が行われた時間とは認められるものの，原告の労働時間と全く同一であるとはできないとして，請求が棄却された）

(3) その他（パソコンの履歴等）

パソコンの履歴（電子メールの送信時刻），IC乗車券の乗車履歴，警備会社による事業場の錠の開閉記録等も活用できる。パソコンの履歴を入手するためには証拠保全を活用することが考えられるし，警備会社の記録は，弁護士会照会（弁護士法23条の2）や文書送付嘱託，調査嘱託によって入手できる。

CASE

ア　パソコンのログ履歴等で労働時間を認定したもの

* PE & HR事件・東京地判平成18・11・10労判931号65頁
* 十象舎事件・東京地判平成23・9・9労判1038号53頁
* 広告代理店A社元従業員事件・福岡高判平成28・10・14労判1155号37頁
* 国・宮崎労基署長（宮交ショップ＆レストラン）事件・宮崎高宮崎支判平成29・8・23労判1172号43頁（労災の不支給決定に対する行政訴訟の事案）

イ　メールの送信時刻等から労働時間を認定したもの

* プロッズ事件・東京地判平成24・12・27労判1069号21頁（タイムカードを

CHAPTER 4　残業代請求　　265

基本としつつ，パソコンの記録を用いて，一部につきタイムカードよりも長い時間を認定した）

* ゲートウェイ 21 事件・東京地判平成 20・9・30 労判 977 号 74 頁
* カール・ハンセン＆サンジャパン事件・東京地判平成 25・10・4 労判 1085 号 50 頁（電子メールの送信時刻，PC ファイルの更新時刻により終業時刻を認定）

ウ　IC 乗車券から労働時間を認定したもの

* HSBC サービシーズ・ジャパン・リミテッド（賃金等請求）事件・東京地判平成 23・12・27 労判 1044 号 5 頁

エ　入退館記録から労働時間を認定したもの

* 浪速フード（旧えびのやグループ）事件・大阪地判平成 24・9・21 労判 1062 号 89 頁（警備システムの解除〔始業〕，セット〔終業〕で認定）
* 鳥伸事件・大阪高判平成 29・3・3 労判 1155 号 5 頁（店舗が入っているデパートの入退館記録の退館記録の 5 分前を終業時刻とした）
* 電通事件・東京地判平成 8・3・28 労判 692 号 13 頁（監理員巡察実施報告書上の退館時刻等で認定。いわゆる過労自殺についての損害賠償事案）
* 康正産業事件・鹿児島地判平成 22・2・16 労判 1004 号 77 頁（警備システムの解除，作動の時刻で認定。いわゆる過労死についての損害賠償事案）

(4)　メモ等

　労働者が作成した労働時間のメモ等も，立証手段として使える。しかし，メモは，労働者が自由に作成できることから，その信用性が問題となる。そこで，メモ作成に際しては，労働時間と業務内容を，できるだけ具体的に記載しておくのが望ましい。また，メモの記載内容と合致する客観的な証拠（タイムカードや業務日報等）が一部でもあれば，メモの信用力は高まることになる。

CASE　メモ等により労働時間を認定した例

* ジャパンネットワークサービス事件・東京地判平成 14・11・11 労判 843 号 27 頁（手帳の記載）
* かんでんエンジニアリング事件・大阪地判平成 16・10・22 労経速 1896 号 3 頁
* 三英冷熱工業事件・東京地判平成 19・8・24 労判 944 号 87 頁（日記の記載）
* オオシマニットほか事件・和歌山地田辺支判平成 21・7・17 労判 991 号 29 頁（タイムカードより長い時間を記載したメモの時間によるとした）
* スロー・ライフ事件・金沢地判平成 26・9・30 労判 1107 号 79 頁（タイムカードの打刻がない休憩時間についての認定）
* 金本運送（割増賃金）事件・大阪地判平成 25・10・17 労判 1088 号 79 頁（タイムカードの打刻がない日の終業時刻につき，手帳の記載に基づき認定した）
* エターナルキャストほか事件・東京地判平成 29・3・13 労判 1189 号 129 頁（原

告からの帰宅の連絡を原告の母が記録したメモを基に作成された「退社時間・残業時間一覧」表）

⑸　店舗の営業時間等から労働時間が推計される場合

　店舗で勤務する労働者の場合，開店から閉店まで勤務しているのであれば，開閉店の時刻と就労日を明らかにすることによって，労働時間が立証できる（開店前の準備や閉店後の後片付けの時間も，作業内容を明らかにする労働者の証言によって，ある程度立証可能であろう）。また，シフト制をとっている場合にも，各シフトの時間帯と，どの日にどのシフトに入っていたかを明らかにできれば，労働時間が立証できることになろう。店舗に限らず，同様のことは，従事する労働の内容から，労働時間が特定できる場合にも，当てはまる。

　なお，下記の日本機電事件では，客観的な証拠が乏しく，主として原告労働者や被告代表者の供述に基づき労働時間を認定していると思われる。

CASE　店舗の営業時間等から労働時間を認定した例

＊京都銀行事件・大阪高判平成 13・6・28 労判 811 号 5 頁（「8 時過ぎ頃までに出勤するのを常としていたと認められるから，手帳に記載のあるなしに拘わらず，8 時15 分〔始業 8 時 35 分〕までには出勤して勤務していたと推認するのが相当」などとした）

＊トムの庭事件・東京地判平成 21・4・16 労判 985 号 42 頁（美容院勤務で，開店時刻を始業時刻とし，終業時刻をレジ閉め時刻に 15 分を足した時刻とした）

＊ケンタープライズ事件・名古屋高判平成 30・4・18 労判 1186 号 20 頁（飲食店の店長の終業時刻を店舗終了の 1 時間後とした。なお，タイムカードは早打ちされていたとして，その時刻によることを否定し，タイムカードの打刻のない日についても，日報，シフト表から出勤したものと認めた）

＊阪急トラベルサポート（派遣添乗員・第 2）事件・東京高判平成 24・3・7 労判1048 号 6 頁（海外旅行の添乗員につき，始業時刻を集合時刻や出発時刻の 1 時間ないし 30 分前とし，終業時刻をホテル到着の 1 時間後とするなどした）

＊学校法人 D 学園事件・東京高判平成 29・10・18 労判 1176 号 18 頁（バレーボールコーチにつき，部活動がある日の始業を午前 7 時 30 分からとし，終業を日記の記載で認定した）

＊日本機電事件・大阪地判平成 24・3・9 労判 1052 号 70 頁（所定始終業時刻が 9時，17 時 15 分の企業で，約 1 年半の請求期間全体につき，原告らの供述に基づき認定した原告の業務内容，売上実績等から，午前 8 時 30 分から午後 8 時まで労働していたと推認した。タイムカードの打刻がなく，業務日報等も廃棄されており，原告のメモにもごくわずかな日数の労働時間しか記載されていない事案）

CHAPTER 4　残業代請求　　**267**

3. 十分な立証ができない場合の推計的手法による残業代の認容

⑴ 労働時間の把握義務

　使用者は，労働時間数，時間外，休日，深夜の各労働時間数を把握したうえで，これに沿った割増賃金等を支払う義務を負う（労基法 37 条）。労働時間の把握義務について，労基法 108 条は，使用者に賃金台帳の作成義務を課し，労基則 54 条 1 項 5 号，6 号は，賃金台帳に，労働時間数，時間外，休日，深夜の各労働時間数を記入すべきことを定めている（ただし，労基法 41 条の適用除外者については，この規定は適用されない。労基則 54 条 5 項）。また，賃金台帳は，3 年間保存しなければならない（労基法 109 条）。労基法 108 条，109 条違反に対しては，30 万円以下の罰金刑が法定されている（同法 120 条 1 号）。具体的な時間把握の方法については，従前，「労働時間の適正な把握のために使用者が講ずべき措置に関する基準」（平成 13・4・6 基発 339 号），「労働時間の適正な把握のために使用者が講ずべき措置に関するガイドライン」（平成 29・1・20 基発 0120 第 3 号）が定められていた。

　ところで，2019 年 4 月 1 日施行の改正労働安全衛生法 66 条の 8 の 3 は，使用者に対して，労基法 41 条の労働時間規制の適用除外者や裁量労働制の適用対象者を含む全ての労働者の労働時間の把握義務を定めるに至っている（ただし，同条違反に対する罰則の定めはない。また，この条文は，高度プロフェッショナル制度の対象者には適用されないが，同制度の対象者については，健康管理時間の把握義務が課される〔労基法 41 条の 2 第 1 項 3 号〕）。そして，労働安全衛生規則 52 条の 7 の 3 は，具体的な時間把握の方法として，「タイムカードによる記録，パーソナルコンピュータ等の電子計算機の使用時間の記録等の客観的な方法その他の適切な方法とする」とし（同条 1 項），「前項に規定する方法により把握した労働時間の状況の記録を作成し，3 年間保存するための必要な措置を講じなければならない」（同条 2 項）としている。そして，通達（平成 30・12・28 基発 1228 第 16 号）では，原則として，①タイムカード，パーソナルコンピュータなどの電子計算機の使用時間（ログインからログアウトまでの時間）の記録，もしくは，②事業者の現認により労働者の労働日ごとの出退勤時刻や入退室時刻の記録等を把握しなければならないものとされている（「第 2，問答 8」）。なお，「その他の適切な方法」としては，労働者による自己申告が考えられるが，これについては，上記通達の「第 2，問答 11〜13」が厳しい制限を課している。

(2) 推計的な認定手法

残業代請求等においては，1日毎の具体的な労働時間を立証するのが原則であるが，上述のとおり，使用者には労働時間の把握義務があるから，1日毎の労働時間を明らかにできないという事態は，本来あり得ないことになる。しかし，実際には，労働時間を全く把握していなかったり，タイムカードを廃棄したり隠匿するなどして，使用者が労働時間を明らかにしない（できない）こともある（なお，「正当な理由なく労働者にタイムカード等の打刻をさせなかったり，特段の事情なくタイムカード等の開示を拒絶したときは，その行為は，違法性を有し，不法行為を構成する」として，慰謝料10万円を認容した例がある。医療法人大生会事件・大阪地判平成22・7・15労判1014号35頁）。

そこで，労働者は，上述した様々な立証資料を用いて労働時間を立証することになるが，それによっても，労働時間を十分に明らかにできないことがある。しかし，使用者が労働時間適正把握義務を怠ることにより，時間外手当の支払義務を免れるというのは，不合理極まりない。そこで，裁判例の中には，当該職場の労働実態が相応に立証できれば，1日毎の労働時間が明らかにできなくても請求を認容したり，証拠により一定期間の労働時間が立証された場合に，立証のない他の期間について推計的な手法を用いて，残業代を認容するものがみられる。

> 実践知！　労働時間について十分な立証ができないケースでは，使用者の労働時間把握義務違反を根拠として，労働者側の立証責任を軽減させ，推計的な手法によって労働時間を認定すべきことを主張するべきである。

CASE　推計的手法で残業代を認容した例

＊高知県観光事件・最判平成6・6・13労判653号12頁（残業代の請求期間〔昭和60年6月～62年2月〕全ての労働時間，実際に支払われた賃金額を確定できる資料が会社にも保存されていないため，昭和61年12月～62年2月の3ヶ月間の勤務実績に基づく推定による請求を認容した一審判決を是認した）

＊日本コンベンションサービス事件・大阪高判平成12・6・30労判792号103頁（タイムカードのない管理職について，「時間外労働がなされたことが確実であるの

にタイムカードがなく，その正確な時間を把握できないという理由のみから，全面的に割増賃金を否定するのは不公平」とし，残業が常態化していた事業所の実態や，原告労働者らの労働実態から，請求の2分の1を労働したものと推計した）

＊ゴムノイナキ事件・大阪高判平成17・12・1労判933号69頁（妻が夫の帰宅時間を記載したノートだけでは退社時間を確定できないとしながらも，タイムカード等による出退勤管理をしていなかったのは専ら会社の責任であり，これを労働者に不利益に扱うべきでないとして概括的に一定の時間外労働時間を認めた）

＊フォーシーズンズプレス事件・東京地判平成20・5・27労判962号86頁（労働者の作成した手帳等について十分信用できないとしながらも，使用者がタイムカードによる労働時間管理義務を尽くさなかったことの責任を労働者に負わせるのは酷であるとして，民訴法248条の精神に基づき原告が請求した時間外手当の額の6割を認めた）

＊エーディーディー事件・京都地判平成23・10・31労判1041号49頁（作業日報で認定し，作業日報のない期間については，作業日報で認定できる時間の80%を認めた）

＊スタジオツインク事件・東京地判平成23・10・25労判1041号62頁（使用者がタイムカードを開示するも，「月間作業報告書」を提出しなかった事案で，労働時間管理のための資料を合理的な理由なくして破棄したなどとして提出しない状況が認められることから，タイムカードの打刻のない日について，タイムカードの存在する月の平均終業時刻を終業時刻として推計した）

＊地公災基金奈良県支部長（県立三室病院）事件・大阪高判平成23・2・18労判1085号9頁，奈良地判平成22・8・26労判1085号11頁（労災の遺族補償の算定基礎日額につき，「その具体的な時間が特定できないからといって，平均給与算定の際に当該時間外労働を全く考慮せず，その不利益を被災職員の遺族に負担させることは，…法の趣旨に反する」として，被災者の在院時間を前提に，例えばその何割かを割合的に認定するなどの方法により，一定の未払い手当を考慮すべきとした）

＊オフィステン事件・大阪地判平成19・11・29労判956号16頁（ワーキングフォーム（出退勤表）の記載が労働者の記憶に基づき，一定程度まとめ書きされていることから，十分な信用が置けないとしつつ，そこに記載された約3分の2の時間外労働を認定した）

＊イーライフ事件・東京地判平成25・2・28労判1074号47頁（コンピューター入力システム採用後の請求期間Bにつき，出社時刻だけが入力され，退社時刻の入力記録は残されていないが，原告が，コンピューター入力システム導入の前後で仕事の内容に変動はなく，タイムカードが存在していた請求期間Aとほぼ同じ時刻に退社していたと供述していること，請求期間Bについては遅刻が激増していることから，請求期間Bの平均時間外労働時間数を請求期間Aのそれの5割と認定した）

Ⅳ. 使用者からの「抗弁」について

1. 承認手続を経ていない残業，「労働していない」との主張

(1) 承認手続を経ていない残業

この点については，前述のⅢ1(2)（258頁）を参照のこと。

(2) 現実に労働していないという主張

残業代請求においては，タイムカード等によって在社していることが明らかであっても，その時間帯に労働していないと主張されることがある。また，所定労働時間の内外を問わず，労働に従事していない時間があり，その時間は残業代計算において控除されるべきと主張されることもある。デスクワークに従事する労働者について，業務と無関係のインターネット上のウェブサイトを長時間閲覧して「遊んでいた」などと主張してくるのが典型例である。

この点，実際に，労働に従事していなくとも，それが手待ち時間と評価されれば，その労働時間性が認められることになる（前述のⅢ1(4)〔261頁〕を参照のこと）。

また，上述のウェブサイト閲覧のような主張については，客観性のある証拠が提出されていない場合はもちろんのこと，それが提出された場合（インターネットの閲覧履歴が証拠として提出されてくることもある）でも，労働時間性は容易には否定されない。これは，所定労働時間内には，使用者の指揮命令が及んでいること（所定時間外でも，事業場内での作業には，指揮命令が及んでいると推認されること）や，ウェブサイトの閲覧が真に業務と無関係であることについての心証を形成するのが困難であること，仮に業務と無関係であることが明らかであっても，それが作業の合間の短時間のものであれば，「息抜き」，「小休止」として，労働時間性を否定するほどではないと判断されるためである。

ただし，それなりに客観性のある証拠が提出されてきた場合には，それが業務と関連するものであること等について，丁寧に主張，立証しておくのが無難である。立証としては，原告労働者の証言によらざるを得ないことが多いだろうが，当該ウェブサイトを閲覧する必要性があったことを明らかにする企画書等，業務との関連性を示す証拠があれば，これも提出すべきである。

CHAPTER 4　残業代請求

271

CASE

＊ドリームエクスチェンジ事件・東京地判平成 28・12・28 労判 1161 号 66 頁（就業時間中に会社の悪評をチャットに書き込み，懲戒解雇された事案で，懲戒解雇を有効としたが，残業代請求について，チャットには，私語として社会通念上許容される範囲のものや業務遂行と並行してなされているものが渾然一体となっている面があり，明らかに業務と関係のない内容のチャットだけを長時間にわたって行っていた時間を特定することが困難であること等を理由に，所定労働時間内に使用者の指揮命令下から離脱しているということはできないとして，チャットへの書き込み時間を労働時間から控除しなかった）

＊スタジオツインク事件・東京地判平成 23・10・25 労判 1041 号 62 頁（会社の業務でなく，私的に受注した業務に費やした時間を労働時間から控除した）

2. 管理監督者，高度プロフェッショナル制

(1) 管理監督者

i 「管理職」と労基法の定め

大半の企業では，一定以上の役職の労働者を「管理職」として処遇し，管理職手当，役職手当等の手当を支払う一方で，残業代を支払わない扱いをしており，企業側のみならず，大半の労働者も，このような扱いを当然のことと考えて受け入れている。

しかし，労基法は，その第 4 章（32 条以下）において，労働時間，休日等についての詳細な定めを置き，労働者の保護を図っている。また，労基法が定める基準に達しない労働条件を定めた労働契約は，その部分については無効とされ，労基法の定める基準によるとされている（労基法 13 条。なお，労基法に反する就業規則等も同様に無効である）。そこで，残業代の支払も含む労働時間規制の適用が除外されるのは，労基法 41 条 2 号が定める管理監督者に該当する場合に限られることになる。したがって，企業内で「管理職」として扱われている者であっても，労基法の管理監督者に該当しない場合には，残業代の請求を躊躇する必要はないことになる（ただし，訴訟においては，必ずといってもよいほど，管理監督者の抗弁が出されることになる）。

ii 判例の示す判断手法

管理監督者の定義等について明らかにした最高裁判例はないが，下級審の判決は，概ね，①経営方針の決定への参加ないしは，労働条件の決定その他労務管理について経営者との一体性をもっているか（経営者との一体性），②自己の勤務時間に対する自由裁量を有するか（労働時間の裁量性），③その地

位に相応しい処遇を受けているか（賃金等の待遇），を主な判断要素として管理監督者への該当性を判断している。

また，HSBC サービシーズ・ジャパン・リミテッド（賃金等請求）事件（東京地判平成 23・12・27 労判 1044 号 5 頁）が指摘するとおり，「管理監督者に当たるか否かの判断は，管理監督者に当たるとされた労働者について，労基法の定める時間外労働等に関する規制の適用がすべて排除されるという重大な例外に係る判断であるから，管理監督者の範囲は厳格に画されるべき」である。

上記の判断要素のうち，①については，当該労働者の組織上の位置付けや，人事考課等の労務管理に従事しているか（人事考課が複数人で行われる場合，1 次考課をしているだけでは，管理監督者性を基礎付けるのに不十分と判断されることが多い）といった点を，②については，勤怠管理の実情（出社時刻が決められているか）や，業務内容やその量（出退勤についての自由度がない業務内容，量であるか）といった点をそれぞれ検討すべきことになる。③については，使用者側から，当該企業内における他の労働者との比較において，賃金額が高額であると主張されることが多いが，管理監督者は労働時間規制を外され，深夜割増を除く残業代の支払も受けられないことからすれば，当該企業内での賃金が高いというだけでは，管理監督者性を基礎付けられないといった観点からの主張をすることが考えられる（例えば，賃金センサス上の賃金額と比較したり，後述する高度プロフェッショナル制度が適用できるのは，1075 万円以上の賃金支払がある場合であることとの対比で事を論じるなど）。

筆者の個人的なイメージとしては，「大企業の課長レベルでは管理監督者に該当せず，部長レベルになるとこれに該当する」といった感じである。

iii 管理監督者性を認める判例は多くない

裁判例を見てみると，労基法上の管理監督者性を認めた例はそれほど多くなく，多くの判例は，管理監督者性を否定している（スタジオツインク事件・東京地判平成 23・10・25 労判 1041 号 62 頁は，役員であるという認識をもちつつ活動していたという側面がある従業員兼務取締役について，管理監督者性を否定している）。

これは，労基法上の管理監督者の解釈を鑑みることなく，企業内で「管理職」とされている者については，常に管理監督者の抗弁が主張されることの表れであるといえよう。

実践知！	会社内の職制としての管理職と，労基法の管理監督者概念との間には大きなギャップがあるため，管理監督者の抗弁が認められる例は，極めて少ないのが実情である。

CASE 管理監督者に当たらないとされた例

＊一般従業員と同じ賃金体系・時間管理下におかれている名ばかりの「取締役工場長」（橘屋事件・大阪地判昭和 40・5・22 労民集 16 巻 3 号 371 頁）

＊出退勤の自由がなく，部下の人事考課等の権限がない金融機関の「支店長代理」（静岡銀行事件・静岡地判昭和 53・3・28 労判 297 号 39 頁，播州信用金庫事件・神戸地姫路支判平成 20・2・8 労判 958 号 12 頁）

＊ホテルの料理長（セントラル・パーク事件・岡山地判平成 19・3・27 労判 941 号 23 頁），ファスト・フード業界最大手の直営店店長（日本マクドナルド事件・東京地判平成 20・1・28 労判 953 号 10 頁），寺が運営する宿泊・飲食施設の料理長（仁和寺事件・京都地判平成 28・4・12 労判 1139 号 5 頁）

＊音楽院の教務部長，事業部長（神代学園ミューズ音楽学院事件・東京高判平成 17・3・30 労判 905 号 72 頁）

＊副部長（ユニコン・エンジニアリング事件・東京地判平成 16・6・25 労経速 1882 号 3 頁。ただし，役職手当を残業等への対価であるとして残業代から控除した）

＊会社支社長（ゲートウェイ 21 事件・東京地判平成 20・9・30 労判 977 号 74 頁）

＊労働時間管理はされていないが，部下への労務管理権限は少なく時間外手当不支給を補うほどの待遇を受けていないソフトウェア開発会社のプロジェクトリーダー（東和システム事件・東京地判平成 21・3・9 労判 981 号 21 頁）

＊広告代理店の部長（ロア・アドバタイジング事件・東京地判平成 24・7・27 労判 1059 号 26 頁）

＊パソコン教室の店長（キュリオステーション事件・東京地判平成 25・7・17 労判 1081 号 5 頁）

＊支店長（一時期 4 名で構成）（VESTA 事件・東京地判平成 24・8・30 労判 1059 号 91 頁）

＊支店長心得，営業部長等を歴任し，幹部会議等に出席していた営業担当者（日本機電事件・大阪地判平成 24・3・9 労判 1052 号 70 頁）

CASE 管理監督者に当たるとされた例

＊労働時間の自由裁量，採用人事の計画・決定権限が与えられ，役職手当を支給されている「人事課長」（徳州会事件・大阪地判昭和 62・3・31 労判 497 号 65 頁）

＊「営業部長」（センチュリー・オート事件・東京地判平成 19・3・22 労判 938 号 85 頁）

＊「営業次長」（姪浜タクシー事件・福岡地判平成 19・4・26 労判 948 号 41 頁）
＊30 名以上の部下を統括し全従業員 349 名中 15 ないし 16 番目の地位にあり，支店経営方針・部下の指導監督権・中途採用社の実質的採否権限を有し，出欠勤の有無・労働時間が報告・管理対象外で，月 25 万円の職責手当を受けていた「支店長」（日本ファースト証券事件・大阪地判平成 20・2・8 労判 959 号 168 頁）
＊従業員の上位 4.1% に位置付けられるとされたスポーツクラブのエリアディレクター（セントラル・スポーツ事件・京都地判平成 24・4・17 労判 1058 号 69 頁）
＊取締役（ただし，10 名のうち半数が取締役，雇用保険加入等から労働者性は肯定）（ピュアルネッサンス事件・東京地判平成 24・5・16 労判 1057 号 96 頁）

iv　留意点

　なお，労基法上の管理監督者に該当する場合でも，深夜労働をさせた場合の割増賃金（労基法 37 条 4 項）の支払は免れない（ことぶき事件・最判平成 21・12・18 労判 1000 号 5 頁）。また，年次有給休暇の規定（労基法 39 条）も適用される。

　労基法上の管理監督者に該当しない場合，労基法の割増賃金等の規定が適用されるので，法外残業や法定休日労働についての割増賃金が支払われなければならないが，労基法の規制が及ばない法内残業（例えば，所定労働時間が 7 時間とされている場合の 7 時間〜8 時間の 1 時間分の残業）について，どのように定めるかは，労働契約や就業規則（賃金規程）によることになる。したがって，例えば，賃金規定において，「管理職には，時間外手当を支払わない」などと定められているような場合，法内残業に対する残業代は請求できない（その旨を判示するものとして，HSBC サービシーズ・ジャパン・リミテッド〔賃金等請求〕事件・東京地判平成 23・12・27 労判 1044 号 5 頁がある）ので，注意が必要である。

⑵　高度プロフェッショナル制度

　働き方改革法（平成 30 年法律 71 号）で新たに創設された時間規制の適用除外制度として，高度プロフェッショナル制がある（労基法 41 条の 2。2019 年 4 月 1 日施行）。

　これは，一定額以上の年収（改正労基則 34 条の 2 第 6 項で 1075 万円とされた）がある労働者で，「高度の専門知識等を必要とし，労働時間と成果との関連性が通常高くない性質の業務で，厚生労働省が定める対象業務」（改正労基則 34 条の 2 第 3 項 1 号で，「金融工学等の知識を用いて行う金融商品の開発の業務」等が定められている）に従事する労働者には，労基法の労働時間規制

が適用されないとするものである。管理監督者と異なり，深夜労働に対する割増賃金の支払も不要となる。

　ただし，この制度を適用するには，労使委員会による5分の4以上の多数で，労基法41条の2第1項1号ないし10号が定める10項目の決議をして，これを労基署に届け出るとともに，対象労働者の書面等による同意があることが必要とされている。

　労使委員会の決議項目には，対象労働者の健康管理時間を把握する措置を決議で定めるところにより使用者が講じること（3号），1年間を通じ，104日以上，かつ4週間を通じ4日以上の休日を与えること（4号），一定時間以上の勤務間インターバルと深夜労働の回数制限をすること等，法が定める4つの措置のいずれかを対象労働者に講じること（5号）等があり，これら3号ないし5号の措置を講じていない場合には，適用除外とならない（41条の2第1項但書）。

　以上のように，高度プロフェッショナル制度を適用するには，様々な要件が課されている（なお，指針〔平成31年厚労省告示88号〕，平成31・3・25基発0325第1号も参照のこと）。これらの要件を満たしていない場合には，適用除外とされず，通常の労働者と同様，労基法の定めに従った残業代の請求が可能である。

　したがって，高度プロフェッショナル制が適用されている労働者からの相談を受けた場合には，これらの要件が充足されているか，チェックすることが必要となる。

3. 固定（定額）残業代制

⑴ 固定残業代制の問題点

ⅰ 固定残業代とは

　前述Ⅱの1（248頁），2（251頁）で論じたような計算方法で計算して残業代を支払うのでなく，一定の決まった額を支払う「固定（定額）残業代制」を採用する企業が広がりつつあり，その適法性が裁判で争われるケースが多くみられるようになっている。固定残業代制には，基本給の中に残業代が含まれているとする「基本給組込み型」と，ある手当（様々な名称のものがある）が残業代であるとする「手当型」がある。

固定残業代が認められる場合と，認められない場合の認容額

　基本給が 25 万円，営業手当（固定残業代であると主張されている）が 5 万円，月の平均所定労働時間が 160 時間で，1 ヶ月の法外残業（深夜労働や休日労働等でない割増賃金が 125% の残業）時間が 30 時間であったとする。

　もし，営業手当が固定残業代であると認められると，この月の残業代は，25 万円÷160 時間（時間単価）×1.25×30 時間＝58,593 円（1 円未満は切り捨て）となり，認容される額は，58,593 円−50,000 円（固定残業代である営業手当）＝8,593 円となる。

　一方，営業手当が固定残業代ではないとされると，この月の残業代は，（25 万円＋5 万円）÷160 時間（時間単価）×1.25×30 時間＝70,312 円となり，この額が認容される（営業手当は残業代の支払ではないとされるので，50,000 円は控除することができない）。

　このように，固定残業代として認められるか否かで，①残業代計算のための基礎単価に違いが生じるとともに，②計算された残業代から，固定残業代の額を控除できるかの点でも違いが生じ，最終的な認容額の差は，相当に大きくなる。

ii　固定残業代制の有効性

　固定残業代制の有効性については，医療法人康心会事件（最判平成 29・7・7 労判 1168 号 49 頁）や，日本ケミカル事件（最判平成 30・7・19 労判 1186 号 5 頁）で，労基法 37 条は，労基法 37 条等（同条ならびに政令および厚生労働省令の関係規定）に定められた方法により算定された額を下回らない額の割増賃金を支払うことを義務付けるにとどまるものと解され，労働者に支払われる基本給や諸手当に予め含めることにより割増賃金を支払うという方法自体が直ちに同条に反するものではなく，使用者は，労働者に対し，雇用契約に基づき，時間外労働等に対する対価として定額の手当を支払うことにより，同条の割増賃金の全部または一部を支払うことができる，とされている。

　なお，労基法の規制が及ばない法内残業については，それに対し，どのような賃金支払をするかは労使自治（労働契約や就業規則の定め等）に委ねられる。

iii　固定残業代制の問題点

　しかし，固定残業代制の場合，それが残業代として払われる趣旨なのかが曖昧であったり（「職務手当」「営業手当」など，様々な名称の手当が固定残業代であると主張されることが多い），労基法 37 条等で定められた計算方法で計算した額に不足があっても，その不足額を支払わなかったり（固定残業代制を採用しているのをよいことに，残業代の計算をしていなかったり，労働時間の把

CHAPTER 4　残業代請求　　**277**

握自体をしていない例もみられる），固定残業代とされている手当額が，あまりにも長すぎる残業時間（100 時間を超えるものもみられる）に対応するものである等の問題があり，「残業代不払いの隠れ蓑」として用いられているケースも少なくない。そこで，固定残業代であることを否定する裁判例が数多くみられたが，最近では，あまりにも長すぎる残業時間に対応する固定残業代を有効とする高裁判決や，手当型の固定残業代を有効とする初の最高裁判決（日本ケミカル事件）が出されており，固定残業代についての判断は，流動的になっている。

iv　現段階での問題点の整理

これまでの裁判例に基づき，固定残業代制についての問題点を整理すると，以下のようになる。すなわち，基本給組み込み型であるか，手当型であるかを問わず，固定残業代制が認められるためには，

①固定残業代制をとることが雇用契約において合意されていなければならない。

②その合意は，通常の労働時間の賃金に当たる部分と割増賃金に当たる部分とを判別することができる内容となっていなければならない（判別可能性もしくは明確区分性の要件）

③また，固定残業代とされるもの（手当）が，時間外労働等に対する対価として支払われるものとされていなければならない（対価性の要件）。

④一方，固定残業代が，実際の労働時間で計算した残業代に不足する場合の差額支払の合意やその実施は，必須のものとは，解されない（ただし，それを考慮要素とすることが禁じられるわけではない）。

⑤固定残業代がカバーする労働時間が長すぎる場合，固定残業代制の合意は，公序良俗違反等の理由で無効とされることがある。

v　労基法 37 条の趣旨

最高裁は，割増賃金の支払を義務付けている労基法 37 条の趣旨につき，「時間外労働等を抑制し，もって労働時間に関する同法の規定を遵守させる」とともに，労働者への補償を行おうとするものであるとしている（医療法人康心会事件，日本ケミカル事件の最高裁判決。また，静岡県教職員事件・最判昭和 47・4・6 労判 153 号 9 頁でも同旨が述べられている）。

固定残業代制の有効性判断に際して，「時間外労働等を抑制し，もって労働時間に関する同法の規定を遵守させる」という点は，常に意識されるべきである。例えば，あまりに長すぎる時間外労働に対する固定残業代を設定す

ることは，明らかに時間外労働等（時間外労働や休日労働）の抑制に反することになるし，固定残業代制を採用しているのをよいことに，残業代の計算をしなかったり，実労働時間に対応する残業代との差額を支払わないことも，長時間労働の温床となる（いくら働かせようが，固定残業代しか支払わないのだから，時間外労働等を抑制するどころか，これを助長することになる）からである。

CASE

＊DIPS（旧アクティリンク）事件・東京地判平成 26・4・4 労判 1094 号 5 頁（就業規則で，「時間外労働割増賃金で月 30 時間相当分として支給する」とされた営業手当に関して，「被告において，月 30 時間を超える時間外労働の有無及びその時間数を把握し管理する意思も，原告が月 30 時間を超える時間外労働をした場合に営業手当に加えて本件賃金規程に定められた時間外勤務割増賃金等を支払う意思もなかったこと」，営業成績に応じて営業手当を減給する旨の定めがあったことから，営業手当を月 30 時間分の時間外労働に対する手当として支給，受給する旨の合意が成立していたとは認め難いとした）

⑵　判別可能性の要件

　ⅰ　判別可能性の要件

　労基法 37 条の定める割増賃金を支払ったとすることができるか否かを判断するためには，「割増賃金として支払われた金額が，通常の労働時間の賃金に相当する部分の金額を基礎として，労基法 37 条等に定められた方法により算定した割増賃金の額を下回らないか否かを検討することになるところ」，その検討の前提として，「通常の労働時間の賃金に当たる部分と割増賃金に当たる部分とを判別することができることが必要」である（前記⑴ⅱ〔277 頁〕の医療法人康心会事件判決。高知県観光事件・最判平成 6・6・13 労判 653 号 12 頁，テックジャパン事件・最判平成 24・3・8 労判 1060 号 5 頁，国際自動車事件・最判平成 29・2・28 労判 1152 号 5 頁も同旨）。

　なお，この要件に言及した小里機材事件の地裁判決（後述の⑷〔288 頁〕を参照）が「明確に区別」という言葉を用いていることから，「判別可能性」は，「明確区分性」といわれることもある。

　ⅱ　判別不能とされる場合

　金額も，時間数も明らかにすることなく，単に「基本給には割増賃金（残業代）が含まれている」といった合意をしただけでは，基本給のうち，どの

部分が「通常の労働時間の賃金」に当たり，どの部分が「割増賃金」に当たるかが判別不能であるから，残業代を払ったことにはならない。この場合，前述の(1) i（276頁）のとおり，基本給全体が通常の労働時間の賃金に当たることになり，それを計算の基礎とした残業代の請求が可能となる（医療法人康心会事件の差戻審〔東京高判平成30・2・22労判1181号11頁〕でも，そのように判断されている）。

> **実践知！** 単に「基本給には割増賃金が含まれている」とするだけでは判別可能性がないので，残業代を支払ったことにはならない。

CASE 判別可能性がないとした例

* 医療法人康心会事件・最判平成29・7・7労判1168号49頁（年俸1700万円の医師による残業代請求事案。原判決〔東京高判平成27・10・7労判1168号55頁〕は，当該医師は，労務の提供について自らの裁量で律することができ，給与額が相当高額であったこと等から，月額給与のうち割増賃金に当たる部分を判別することができないからといって不都合はないと判断したが，これを破棄し，事件を高裁に差し戻した）

* テックジャパン事件・最判平成24・3・8労判1060号5頁（基本給41万円，月間総労働時間が180時間を超えた場合にはその超過時間につき1時間当たり一定額を別途支払い，月間総労働時間が140時間に満たない場合にはその満たない部分につき基本給から一定額を減額する旨の合意がなされていたケースで，月によって時間外労働の時間数が相当大きく変動し得る等の事情により，通常の労働時間の賃金に当たる部分と時間外の割増賃金に当たる部分とを判別することはできないから，使用者は月間総労働時間が180時間以内の時間外労働に対しても割増賃金を支払う義務を負うとした）

* 創栄コンサルタント事件・大阪高判平成14・11・26労判849号157頁（年俸制〔年決め〕の賃金の中に，時間外割増手当が含まれていると主張されたケース）

* ピーエムコンサルタント事件・大阪地判平成17・10・6労判907号5頁（同上）

* HSBCサービシーズ・ジャパン・リミテッド（賃金等請求）事件・東京地判平成23・12・27労判1044号5頁（同上。ただし，法内残業については，割増賃金を年俸に含めるとの合意〔賃金規程の定め〕も有効〔割増部分とそれ以外の部分が区別されている必要はない〕とした）

* 山本デザイン事務所事件・東京地判平成19・6・15労判944号42頁（給与明細には，月額所定賃金以外に時間外，休日，深夜の割増賃金が支給されている旨の記載がなく，このような支給のしかたでは，通常の労働時間の賃金部分と時間外等の

割増賃金部分が判別し得ないとして，割増賃金の定額払いを否定した）
* 大虎運輸事件・大阪地判平成 18・6・15 労判 924 号 72 頁（完全歩合給のトラック運転手について，歩合給には，基本給相当額分と時間外，休日，深夜労働手当が含まれると賃金規定で定められていたケースで，時間外手当，休日手当を含んでいると解することはできないとされた）
* シンワ運輸東京事件・東京地判平成 28・2・19 労判 1136 号 58 頁（当該乗務員の運行によって会社が得た運賃収入に，車種や搬送物等に応じた一定の掛け率を乗じることによって算出される「運行時間外手当」について，対価性に欠けるとともに，通常の労働時間と労働時間外に従事した業務に係る手当の額を判別することもできないとした。ただし，同種事案であるシンワ運輸東京〔運行時間外手当・第 1〕事件・東京高判平成 30・5・9 労判 1191 号 52 頁は，運行時間外手当の額が労基法 37 条の計算方法による額を下回る場合には，その精算がされていたことや，給与明細によって内訳が分かり判別できるとして，運行時間手当は時間外手当として有効と判断している）

iii　どこまでの判別が求められるか

①金額と時間の明示がある場合

「基本給 30 万円の中の 5 万円は，26.25 時間分の残業代である」旨の合意がされた場合には，通常の労働時間の賃金に当たる部分と割増賃金に当たる部分との判別はされていることになる（仮に所定労働時間を月 162 時間とした場合の計算式について，下記の②を参照のこと）。

ただし，割増率が異なる深夜労働や休日労働等が含まれる場合，時間外労働等への対価として支払われた額が労基法 37 条等に定められた方法により算定した割増金を下回らないかを判断するためには，上記のような定めでは不十分であるとの指摘がある（白石哲「固定残業代と割増賃金請求」白石哲編『労働関係訴訟の実務〔第 2 版〕』〔商事法務，2018 年〕115 頁）。もっともな指摘であり，ある程度の頻度で，深夜労働（通常の割増率 25% とは別に 25% の割増が必要となる），法定休日労働（割増率は 35% となる）や，月 60 時間を超える残業がある（割増率は 50% 以上となる）ような場合には，上記のような定めでは，判別可能性がないとされる可能性もあろう（この観点は，下記の②，③の場合も同様である）。

②金額が明示されているが，時間の明示がない場合

「基本給 30 万円の中の 5 万円は，残業代である」旨の合意がされた場合には，30 万円－5 万円＝25 万円が通常の労働時間の賃金であることになる。仮に 1 ヶ月の平均所定労働時間が 164 時間であるとすると，25 万円÷164 時間＝1524 円（1 円未満は切り捨て）が残業代計算のための基礎単価となり

（通常の時間外の割増率である 1.25 を乗じると，1905 円），5 万円÷1905 円≒
26.25 時間分の残業代に相当することが計算できる。

　後述する「手当型」の場合も，この類型に属することが多い（時間数が明
示されていることもあるが，単に「○○手当は，時間外勤務手当，深夜勤務手当
の代わりとして支払う」などとされ，訴訟になった段階で，それが何時間分の残
業代に相当するのかが明らかにされるケースが多い）。上記①で引用した白石論
文では，これについて「明確区分性の要件を欠くとまではいえないとしてよ
いと解される」とされている。

CASE　時間数の特定が不要であるとするもの

* コロワイド MD（旧コロワイド東日本）事件・東京高判平成 28・1・27 労判 1171
号 76 頁（業務手当が時間外手当に該当するかが争われた事案で，「明示すべき労働
条件について，労働基準法 15 条及び同法施行規則 5 条は，固定残業代に対応する想
定時間の明示を求めていない。また，業務手当として支払われている額が明示され
ている以上，法に定める割増率をもとに，労働基準法所定の残業代が支払われてい
るかを計算して検証することは十分に可能であり」，「労働基準法 37 条が，時間外労
働の時間数及びそれに対して支払われた割増賃金の額を明示することまでを要請し
ているという控訴人の主張は採用することができない」とした）
* 泉レストラン事件・東京地判平成 29・9・26 労経速 2333 号 23 頁（定額手当制の
固定残業代〔時間外手当 10 万 0500 円〕につき，上記コロワイド MD 事件の高裁判
決を援用し，同様の判断をした）
* グレースウィット事件・東京地判平成 29・8・25 労経速 2333 号 3 頁（雇用契約
書に基本給 14 万円，固定残業 2 万円と定められていた事案で，「時間数を示さず，
固定残業代の金額を示すことでも特段の事情がない限り固定残業代によらない労働
契約，労働基準法 37 条等に基づく通常の計算方法による残業代の金額と比較するこ
とは可能であり」，時間数の明示は要しないと解するとした）

CASE　時間数の特定が必要であるとするもの

* 無洲事件・東京地判平成 28・5・30 労判 1149 号 72 頁（「固定残業代が法定の割
増賃金を上回るものであるかどうかを確認することができるためには，当該固定残
業代の内訳〔単価，時間等〕が明示されていなければならない」などの理由で，入
社条件確認書に記載された「手当 1：7 万円（残業相当分）」を固定残業代として認
めなかった）

③時間が明示されているが，金額の明示がない場合

　「基本給 30 万円には，20 時間分の残業代が含まれている」旨の合意がさ
れた場合には，以下のような計算式を用いて，基本給のうちどれだけの額が
残業代見合いであるかが計算できる（上記①の白石論文参照）。

（30 万円−X 円）÷164 時間＝Y 円（1 時間当たりの基礎単価）

Y 円×1.25×20 時間＝X 円（固定残業代部分の額）

これを計算すると，Y が 1587 円となり，X は 3 万 9675 円となる。

相当に複雑な計算式となり，労働法規に精通しているとはいえない労働者に，このような計算をして，労基法 37 条等により算定した割増賃金の額を下回らない額の残業代が支払われているかの検証を求めることは，無理難題を強いるものといえよう。上記①の白石論文でも，「現実に，毎月，当該計算式に従って割増賃金が計算されて，超過した割増賃金がそれぞれの支払期に精算して支払われていたような場合（就業規則の不明確さを補充できるような実態があった場合）はともかくとして，上記の計算式も周知されていない状態では」，「明確区分性の要件は具備されているとはいえないとするのが相当である」，「これまで明らかにしていなかった上記の計算式をやおら持ち出して，当社は固定残業代をとっている旨」の主張は，「後付けのものといわざるを得ない」とされているが，妥当な見解といえよう。

ただし，裁判例の中には，金額の明示は不要と説示するものもあり，この点も定説を見ない状況にあるといえよう。

CASE

* ニュース証券事件・東京地判平成 21・1・30 労判 980 号 18 頁，東京高判平成 21・9・15 労判 991 号 153 頁（「月 30 時間までの時間外勤務については，みなし残業時間として，基準内賃金に含めるものとする」とする給与規定の定めについて，基準内賃金のうち割増賃金に当たる金額がいくらであるのか明確に区別されておらず，労基法 37 条を潜脱する違法なものであるとした）

* 阪急トラベルサポート（派遣添乗員・第 2）事件・東京高判平成 24・3・7 労判 1048 号 6 頁（派遣条件明示書には，所定労働時間 8 時間＋所定時間外労働 3 時間と記載されているが，日当では，8 時間の所定労働時間に対する賃金部分と 3 時間の所定時間外労働に対する割増賃金部分が明確に区別されていないとして，日当は 8 時間の所定労働時間に対する賃金であるとした）

* 鳥伸事件・大阪高判平成 29・3・3 労判 1155 号 5 頁（「労働契約時において，給与総額のうちに何時間分の割増賃金代替手当が含まれているかが明確にされていれば，時間外等割増賃金の支給を受けずに労働する時間が明確になっており，所定労働時間に見合う金額と時間外等労働に見合う金額も算定することができることから，この点が明確にされることでも上記の趣旨は満たされると考えられる」とした。ただし，当該事案における判断としては，労働契約締結時における判別がされていないとして，固定残業代を否定している）

> **実践知！** 残業代とされる金額，時間のいずれかのみが明示されている場合に，判別可能性があるかについては，定説を見ない状況にある。

iv　手当型で問題となる場合

　手当型の場合，固定残業代に相当する額自体は明確である（手当額がこれに該当する）が，それが何時間分の残業代に相当するのかが明らかにされていないケースも少なくない。これは，上記 iii ②（281 頁）で論じた判別可能性の問題となる。

　この点，時間の明示がなくとも金額の明示があれば，判別可能であるという立場に立っても，「手当型」の場合には，さらに判別可能性が問題とされることがある。ある手当に，時間外労働に対する対価としての趣旨と，それ以外の趣旨のもの（後述(3)の「対価性の要件」を参照のこと）とが混在している場合である。この場合，時間外労働に対する対価部分と，それ以外の趣旨の賃金部分（通常の労働時間の賃金に当たる部分）とは判別されていないことになり，手当の支払をもって時間外労働に対する割増賃金を支払ったことにはならない。

CASE　判別可能性がないとされた例

* 三好屋商店事件・東京地判昭和 63・5・27 労判 519 号 59 頁（増額された 3 万6000 円の中に，割増賃金の他に，倉庫係から営業係への職種変更に伴う賃金の変更部分も含まれていると考えられるとした）
* 東建ジオテック事件・東京地判平成 14・3・28 労判 827 号 74 頁（係長以上の「管理職」に対する職務手当の中に，一定の時間外勤務に対する割増賃金に見合う部分を含ませる意図を有していることが推認できるが，時間外労働に対して支払われる額およびこれに対応する時間外労働時間数は特定明示されていないので，これを時間外割増賃金の一部と扱うことはできないとした）
* 神戸地明石支判平成 29・8・25 判タ 1447 号 139 頁（賃金規程には，割増手当や調整手当を時間外労働手当〔時間外割増賃金〕とする規定があるが，通常の労働時間または労働日の賃金は，月 13 万円で最低賃金を下回る低い水準で不自然であること等から，割増手当や調整手当の中には，実質的に基本給に相当する部分が含まれていると認められ，通常の労働時間または労働日の賃金部分と時間外割増賃金部分とは明確に区分されていないとした）

＊ケンタープライズ事件・名古屋高判平成 30・4・18 労判 1186 号 20 頁（役職手
当のうち純粋に役職手当として支給される部分が直ちに計算できるわけでなく，割
増賃金の金額が直ちに分からないとして，固定残業代の規定は違法無効であるとし
た）

> **実践知！**
>
> 手当型の場合，残業代見合いの金額（手当額）は明瞭だが，
> 手当の中に，残業代とは別の趣旨の賃金が混入していることが
> あり，その場合，残業代部分とそれ以外の趣旨の賃金部分との
> 判別が不能とされ，手当が固定残業代として認められないこと
> がある。

ⅴ　深夜勤務が常態となっている場合の深夜割増賃金

　深夜手当につき，深夜時間帯に勤務することが常態になっている場合に，
基本給等に割増賃金も含まれるとの合意があったとし，深夜割増賃金の請求
を棄却する裁判例もみられる。この類型は，前述 ii（279 頁）の「金額も，
時間数も明らかでない」ものと考えることもできる。しかし，所定労働時間
から，深夜割増賃金に当たる部分の計算はできる（「基本給÷（所定労働時間×
1.25）」という計算によって，割増のない賃金部分が計算できる）ので，前述の
ⅲ③（282 頁）の「時間が明示されているが，金額の明示のない場合」の一
類型と考えることもできる。

CASE　深夜手当が基本給等に含まれているとした例

＊千代田ビル管財事件・東京地判平成 18・7・26 労判 923 号 25 頁（午後 10 時か
ら翌朝午前 6 時までの就労を契約内容とする清掃日勤〔深夜〕契約の日給 7500 円
〔基本給 4500 円＋3000 円〕に深夜割増賃金が含まれているとした。なお，所定労働
時間に基づき計算すれば，午後 10 時〜午前 5 時，午前 5 時〜6 時の賃金がいくらに
なるのかは計算可能であるとしている）

＊大虎運輸事件・大阪地判平成 18・6・15 労判 924 号 72 頁（完全歩合給のトラッ
ク運転手につき，深夜時間帯の業務の存在を当然の前提として処遇が定められてい
るので，給与〔歩合給〕に深夜労働についての割増賃金を含むという合意が不合理
とはいえないとした）

(3)　対価性の要件

　前述の日本ケミカル事件の最高裁判決は，固定残業代制が認められるため

には，それが時間外労働等に対する対価として支払われるものであることが必要であるとして，対価性の要件を明らかにした。

日本ケミカル事件の最高裁判決以前の下級審判決でも，対価性の観点から固定残業代の有効性は検討されてきた。そこでは，当該手当の実質的な趣旨を検討し，それが職責や職務の遂行それ自体等に対する対価であるか，時間外労働に対する対価なのかを判断し，実質的に時間外労働に対する対価と認められない場合には，固定残業代であることを否定している（例えば，後掲のイーライフ事件・東京地判平成25・2・28労判1074号47頁は，当該手当が実質的に時間外労働の対価としての性格を有しているといえるためには，「少なくとも当該手当が，①時間外労働に従事した従業員だけを対象に支給され，しかも，②時間外労働の対価以外に合理的な支給根拠〔支給の趣旨・目的〕を見出すことができないことが必要であると解される」としている）。

なお，この問題は，手当の名称が「業務手当」，「営業手当」，「運行手当」等，様々な名称のものであることに起因することが多いが，「時間外手当」の名称であっても，対価性が否定されることはある。

CASE 手当の趣旨が時間外労働に対する対価ではないとした例

＊キャスコ事件・大阪地判平成12・4・28労判787号30頁（職能手当は，一般職位にある者にも支給される手当であり，職位手当も，その役職の重要度とランク評価により支給されることとなっているから，これらが時間外割増賃金を含むか否かについては疑問があるうえ，仮にこれを含むとしても，割増賃金部分と他の部分とが明確に区分されているとはいえないとした）

＊日本コンベンションサービス事件・大阪高判平成12・6・30労判792号103頁（出張日当は，労働時間という観点よりもむしろ遠方に赴くことを重視していること，会議手当は，会議の時間等は要件となっていないこと等から，会議運営の困難さ等を考慮してのものと解され，いずれについても時間外労働に対する割増賃金の性格をもたないとした）

＊サンマーク事件・大阪地判平成14・3・29労判828号86頁（月額8万円の営業手当が時間外手当としての性質を有するといった説明はなく，営業手当を除いた場合の賃金水準が高くないことを考慮すれば，これを時間外手当の性質を有するものと認めることはできないとした）

＊オンテック・サカイ創建事件・名古屋地判平成17・8・5労判902号72頁（業務推進手当は，従業員各々が任せられた職務に対する責任を認識し，やる気を起こさせることを目的として支給される職責手当のひとつとして職務と遂行能力に基づいて支給されるもので，残業代の一部支払とは認められないとした）

＊コミネコミュニケーションズ事件・東京地判平成17・9・30労経速1916号11

頁（営業報奨金は，実際の労働時間とは関係なく算定されるものである等の理由により，時間外割増賃金に代わるものとはいえないとした）

＊スタジオツインク事件・東京地判平成 23・10・25 労判 1041 号 62 頁（基本給の他に役員手当等の名目で給与が支給されていたケースで，役員手当は，実質的に基本給として支給していたものの名目を変えたにすぎないとして，固定残業代であるとの会社の主張を退けた）

＊アクティリンク事件・東京地判平成 24・8・28 労判 1058 号 5 頁（月 30 時間相当分の時間外割増賃金として支払うと規定されていた営業手当につき，営業活動に伴う経費の補充等として支給されており，差額精算も行っていないとして，固定残業代と認めなかった）

＊イーライフ事件・東京地判平成 25・2・28 労判 1074 号 47 頁（精勤手当は，その支給額が原告の年齢，勤続年数，被告の業績等により本件全請求期間だけでも数回にわたって変動しており，時間外労働の対価としての性質以外のものが含まれているものとみるのが自然であるとした）

＊グレースウィット事件・東京地判平成 29・8・25 労経速 2333 号 3 頁（出向手当につき，雇用契約書では，出向手当が固定残業代であること，さらには恒常的な時間外労働が予定されていることをうかがわせる記載はなく，出向手当は基本給とともに「基本報酬」を構成するものであること，「出向手当」という名称は，一般に出向先での作業の難度，移動の負担等に由来する手当と理解でき，固定残業代を指すとは理解できないことなどから，固定残業代であることを否定した）

　ところで，日本ケミカル事件の最高裁判決は，対価性を判断する事情として，「労働者の実際の労働時間等の勤務状況などの事情」を挙げ，当該事案への当てはめにおいて，業務手当が何時間の時間外労働分に当たるか（28時間）を述べたうえで，これが，当該労働者の実際の時間外労働等の状況（勤務期間である 15 ヶ月のうち，残業実績が 30 時間以上であった月が 3 回，20時間台が 10 回，20 時間未満が 2 回であった）と大きくかい離するものではないことについて触れている。

　これによれば，固定残業代とされる手当の額が，実際の時間外労働と比べて過小である場合（差額が生じたときに差額の精算がされていなければ，単に労基法の定める方法による残業代の支払を免れるためのものと評価されよう）はもちろんのこと，過大である場合（実際の時間外労働に対する割増賃金を大きく超える手当を払い続けることには，使用者にとって何のメリットもないはずであるから，時間外労働に対する対価ではなく，別の趣旨の手当ではないかと考えられる）にも，対価性が失われる可能性があることになる。

　この固定残業代の額と実際の時間外労働とのかい離というのは，「労働者の実際の労働時間等の勤務状況などの事情」を基礎付けるひとつの事情にす

CHAPTER 4　残業代請求　　**287**

ぎず，絶対的な要件とはいい難いかも知れないが，今後は，この観点からの
検証も必要になるといえよう。

(4) 差額支払の合意，実施

基本給の中に，月15時間の時間外労働に対する割増賃金を含める旨の合
意がされたと使用者が主張した小里機材事件で，一審判決（東京地判昭和
62・1・30労判523号10頁）は，合意の存在を否定するとともに，仮にその
ような合意があったとしても，「その基本給の内割増賃金に当たる部分が明
確に区分されて合意がされ，かつ労基法所定の計算方法による額がその額を
上回るときはその差額を当該賃金の支払期に支払うことが合意されている場
合にのみ，その予定割増賃金分を当該月の割増賃金の一部又は全部とするこ
とができるものと解すべき」と説示した（この判断は，東京高判昭和62・
11・30労判523号14頁で維持され，会社側の上告は，最判昭和63・7・14労判
523号6頁で，実質的な判断をされることなく上告棄却されている）。

▌差額精算の合意と精算の実施

上記のとおり，小里機材事件では，「その差額を当該賃金の支払期に支払うこと
が合意されている場合」に固定残業代が有効となる旨が説示されたが，差額が生じ
た場合に，これを支払うのは，労基法上当然のことであるから，差額の支払合意は，
固定残業代の有効性を基礎付ける要件とはならないとの指摘がされている。たしか
に，そのようにいえるかも知れないが，より重要なのは，差額が生じたときに，実
際にその支払がされてきたかであると思われる（下記のアクティリンク事件，イー
ライフ事件の判示を参照）。頻繁に差額が生じているのに，全く精算をしないというの
は，いくら働かせようが，労基法が定める方法による残業代を支払わないというの
と何ら異ならず，これは，時間外労働等の抑制，労働時間に関する労基法の規定の
遵守，労働者への補償という労基法37条の趣旨に真っ向から反するからである
（前述の(1)ⅴ〔278頁〕を参照のこと）。

その後のテックジャパン事件（最判平成24・3・8労判1060号5頁）におけ
る櫻井龍子裁判官の補足意見の影響もあってか，固定残業代として認められ
るためには，ⅰ）実質的に見て，当該手当が時間外労働の対価としての性格
を有していることの外，ⅱ）支給時に支給対象の時間外労働の時間数と残業
手当の額が労働者に明示され，ⅲ）定額残業代によってまかなわれる残業時
間数を超えて残業が行われた場合には別途精算する旨の合意が存在するか，
少なくともそうした取扱いが確立していることが必要であると判示する下級

審判決も現れた（アクティリンク事件・東京地判平成 24・8・28 労判 1058 号 5 頁，イーライフ事件・東京地判平成 25・2・28 労判 1074 号 47 頁）。

　日本ケミカル事件の高裁判決（東京高判平成 29・2・1 労判 1186 号 11 頁）の判示内容（定額残業代として認められるためには，定額残業代を上回る金額の時間外手当が法律上発生した場合に，その事実を労働者が認識して，直ちに支払を請求することができる仕組みが備わっており，これらの仕組みが雇用主により誠実に実行されていること等が必要）も，これと同様の考え方に立つものであるが，最高裁は，このような事情は，「必須のものとしているとは解されない」とした。この点，最高裁は，「必須のものとしているとは解されない」としているだけであって，固定残業代の有効性判断のための考慮要素となり得ることまで否定したものではない（対価性の要件の判断において，考慮されることがあり得るだろう）。

(5)　固定残業代がカバーする労働時間が長すぎる場合

i　裁判例の流れ

　固定残業代が想定する時間外労働の時間があまりに長すぎる（例えば，95 時間分の時間外労働に相当する）場合，長時間労働を助長しかねない（95 時間に至るまで，別途割増賃金を支払わないで済むので長時間労働の抑制のインセンティブが働かない）ことから，そのような合意は公序良俗に反するなどとして，そのような手当を時間外労働に対する手当として扱うべきでないとする裁判例がいくつか出され，その流れは定着するものと思われた。

　ところが，最近になって，労基法の形式的な解釈（下記の ii〔291 頁〕で論じるとおり，労基法 36 条 2 項に基づく大臣告示は強行的な基準を設定したものではないとの解釈）から，80 時間の時間外労働に相当する固定残業代を有効とする裁判例も現れている。

> **CASE**　固定残業代としての有効性を否定したもの
>
> ＊ザ・ウィンザー・ホテルズインターナショナル事件・札幌高判平成 24・10・19 労判 1064 号 37 頁（95 時間分の時間外労働に相当する職務手当〔割増賃金〕15 万 4400 円につき，労基法 36 条の上限として周知されている月 45 時間分の通常残業の対価として合意され，支払われたと認めるのが相当と限定解釈し，月 45 時間を超えてされた時間外労働等に対しては，別途，就業規則や法令の定めに従った時間外賃金がを支払われなければならないとした）
>
> ＊トレーダー愛事件・京都地判平成 24・10・16 労判 1060 号 83 頁（給与規程で，

役割業務手当，成果給，成績手当等がいずれも「時間外手当に相当」とされていた事案で，この給与体系は，基本給がほぼ最低賃金に合わせて設定され，それ以外は全て時間外手当として，よほどの長時間労働〔月100時間以上の時間外労働〕が生じない限り時間外手当が発生しない仕組みで，時間外手当を支払わない便法といえ，成果給には基本給に相当する部分も含まれているなどとして，いずれの手当も割増賃金として認められないとした）

＊マーケティングインフォメーションコミュニティ事件・東京高判平成26・11・26労判1110号46頁（概ね100時間の時間外労働に相当する営業手当〔約18万円〕を割増賃金と認めなかった。なお，判別可能性についても言及している）

＊穂波事件・岐阜地判平成27・10・22労判1127号29頁（83時間の時間外労働に相当する管理職手当〔10万円〕につき，これを割増賃金とする旨が合意されたということはできないとした）

＊ビーエムホールディングスほか1社事件・東京地判平成29・5・31労判1167号64頁（概ね82.36時間ないし86.77時間の時間外労働に相当するサービス手当，ライフデザイン手当につき，時間外手当として合意されたとはいえないし，仮に合意したとしても公序良俗に違反して無効であるとした）

＊マンボー事件・東京地判平成29・10・11労経速2332号30頁（固定残業代について同意はなかったが，仮にこれがあったとしても，本件労働契約〔所定労働時間12時間（うち1時間は休憩時間），週6日勤務〕においては当初から，月100時間以上の時間外労働が恒常的に義務付けられており，36協定の有効性に拘わらず，公序良俗に反し無効であると解するのが相当とした）

＊イクヌーザ事件・東京高判平成30・10・4労判1190号5頁（「基本給23万円。ただし，基本給のうち8万8000円は月間80時間の時間外勤務に対する割増賃金とする」などとされていた事案。80時間を超えた場合には，別途時間外，深夜割増賃金を支払っていたが，公序良俗に反するとして固定残業代の定め全体を無効とした）

CASE 固定残業代として有効性を肯定したもの

＊コロワイドMD（旧コロワイド東日本）事件・東京高判平成28・1・27労判1171号76頁（「業務手当は，時間外勤務手当，深夜勤務手当，休日勤務手当，休日深夜勤務手当の代わりとして支払うものとする。但し，不足がある場合は，別途これを支給する」と記載され，実際に差額計算がされていた事案。業務手当は，70時間分の時間外労働，100時間分の深夜労働の対価であったが，固定残業代として有効と判断した。最決平成28・7・12労経速2296号9頁で，上告棄却，上告受理申立不受理）

＊イクヌーザ事件・東京地判平成29・10・16労判1190号16頁（上記高裁判決の原審）

＊結婚式場運営会社A事件・東京高判平成31・3・28労判1204号31頁（職能手当が約87時間の時間外労働等の対価相当額になるとしつつ，労働省告示154号〔下記ii を参照〕は，雇用契約に対して強行的補充的効力を有するものでなく，職能手当を時間外等の割増賃金とする雇用契約，給与規程の定めは，約87時間分の法定時

間外労働を義務付けるものでない等として，職能手当を固定残業代として認めた。なお，一審判決〔水戸地土浦支判平成 29・4・13 労判 1204 号 51 頁〕は，職能手当が約 109 時間分に相当するとし，残業代の支払義務を回避し，労働時間管理の責任を放棄するための方便であり，公平の見地から許されないとして，職務手当の固定残業代性を否定していた）

ii 労基法改正

このように，この点についての判断は流動化しつつあるが，働き方改革法（平成 30 年法律 71 号）による労基法の改正で，改正前労基法 36 条 2 項に基づく大臣告示（平成 10・12・28 労働省告示 154 号「労働基準法第 36 条第 1 項の協定で定める労働時間の延長の限度等に関する基準」）の仕組み（同条 3 項で，36 協定を締結するに際して，「前項の基準に適合したものとなるようにしなければならない」とされていたが，強行的な基準を設定するものとは解されていなかった）は廃止され，時間外労働の上限時間が法定された（改正労基法 36 条。2019 年 4 月施行。ただし，中小企業については，2020 年 4 月施行）。

これによれば，36 協定を締結することで法定労働時間（1 週 40 時間，1 日 8 時間）を延長することができる時間外労働の上限の原則は，月 45 時間，年 360 時間であり（同条 3 項，4 項），通常予見することのできない業務量の大幅な増加等に伴う臨時的な場合でも，年 720 時間，単月 100 時間未満（休日労働を含む），複数月平均 80 時間（休日労働を含む）が上限とされた（同条 5 項，6 項）。

上限の原則が月 45 時間とされたことから，これを超える時間外労働に対する固定残業代の有効性は否定される可能性が強まると予測される（ただし，固定残業代制そのものを無効とするか，上限時間を超える部分のみを無効とするかの問題は残る）。

| 実践知！ | 労基法改正により，固定残業代制が想定する時間外労働の時間があまりに長すぎる場合，固定残業代としての効力を否定される可能性が強まると考えられる。 |

iii 36 協定が締結されていない場合

以上は，あくまで 36 協定が締結された場合の話であり，36 協定が締結さ

れていない場合には，法定労働時間（1週40時間，1日8時間）を延長して労働させることはできない（労基法32条）。したがって，36協定が締結されていない場合には，固定残業代の合意をしても（もしくは就業規則の定めを置いても），そのような合意，定めは無効とされることがある。

例えば，無洲事件（東京地判平成28・5・30労判1149号72頁）では，「本件で36協定が存在しない以上，少なくとも本件契約のうち1日8時間以上の労働時間を定めた契約部分は無効であるところ，いわゆる固定残業代の定めは，契約上，時間外労働させることができることを前提とする定めであるから，当該前提を欠くときは，その効力は認められないはずである」と判示している。

(6) 合意の認定

i 労働契約，就業規則等の定め

日本ケミカル事件の最高裁判決は，労基法37条等に定められた方法により算定された額を下回らない額の割増賃金を支払わなければならないとしたが，支払の方法については，「雇用契約に基づき，時間外労働等に対する対価として定額の手当を支払うこと」を許容した。そして，「雇用契約においてある手当が時間外労働等に対する対価として支払われるものとされているか否か」の判断の考慮要素として，①雇用契約に係る契約書等の記載内容のほか，具体的事案に応じ，②使用者の労働者に対する当該手当や割増賃金に関する説明の内容，③労働者の実際の労働時間等の勤務状況などの事情を掲げている（③について，前述の(3)〔285頁〕を参照のこと）。

したがって，固定残業代が有効であるためには，時間外労働に対する対価として固定残業代が払われることが，雇用契約の内容となっている必要がある（なお，就業規則〔労契法7条〕や，労働協約〔労組法16条〕の定めも，労働契約の内容を決定する規範となり得る）。

日本ケミカル事件の最高裁判決が考慮要素とした上記3つの事情のうち，①，②は，労働契約の内容を確定するための考慮要素である（同判決は，②の事情を固定残業代制を認める方向で用いているが，逆の場合，すなわち，契約書に固定残業代制である旨の記載があったとしても，労働者に対する説明が不十分であったり，契約書の記載と齟齬しているような場合には，固定残業代制が否定されることもあり得ることを明らかにしているといえよう）。

ii 合意の時期，方法

労働契約の内容が決まるのは，原則として，労働契約の成立時である。また，求人票記載の労働条件は，労働契約締結に際し，これと異なる合意をするなど特段の事情がない限り，労働契約の内容になると考えてよいであろう。

> **CASE** 求人票の記載が労働条件になるとされたもの
>
> ＊千代田工業事件・大阪高判平成 2・3・8 労判 575 号 59 頁（期間の定めの有無に関して）
> ＊丸一商店事件・大阪地判平成 10・10・30 労判 750 号 29 頁（退職金に関して）
> ＊美研事件・東京地判平成 20・11・11 労判 982 号 81 頁（基本給に関して）
> ＊シン・コーポレーション事件・大阪地判平成 21・6・12 労判 988 号 28 頁（基本給，店長手当，歩合給に関して）
> ＊福祉事業者 A 苑事件・京都地判平成 29・3・30 労判 1164 号 44 頁（期間の定め，定年の記載がないことに関して）
> ＊東京港運送事件・東京地判平成 29・5・19 労判 1184 号 37 頁（賃金額に関して）

さらに，厚生労働省の告示（平成 11 年労働省告示 141 号，最終改正：平成29 年厚労省告示 210 号）は，労働者募集時の労働条件の明示に関する職安法5 条の 3（労働条件の明示），42 条（募集内容の的確な表示等）の解釈につき，固定残業代制を採用する場合には，固定残業代に係る計算方法（固定残業代の算定の基礎として設定する労働時間数〔固定残業時間〕および金額を明らかにするもの），固定残業代を除外した基本給の額，固定残業時間を超える時間外，休日，深夜の各労働分についての割増賃金を追加で支払うこと等を明示することを求めている（同告示「第三，一（三）ハ）3)」）。

これらによれば，固定残業代制についての記載が求人広告になく，労働契約成立時点でも，これについての合意がされておらず，就業規則にもその旨の記載がない場合には，固定残業代制の主張は退けられることになろう。

また，使用者は労働契約締結に際して，労働者に対し，賃金・労働時間その他の労働条件を明示する義務があり（労基法 15 条 1 項。違反に対しては同法 120 条 1 号で，30 万円以下の罰金が法定されている），労働時間に関する事項（始業・終業の時刻，所定労働時間を超える労働の有無，休憩時間，休日，休暇，就業時転換に関する事項），賃金に関する事項（退職金・臨時に支払われる賃金を除く賃金について，その決定，計算・支払の方法，締切り・支払の時期に関する事項）については，書面により明示することを義務付けている（労基法施行規則 5 条 1 項 2 号，3 号）。したがって，固定残業代制の合意も，原則とし

て，書面によらなければならないというべきであろう。

> **実践知！**
>
> 固定残業代制が有効であるためには，労働契約成立時に，判別可能であり，対価性を有している固定残業代制についての合意が成立していることが必要とされるので，契約成立の前後の様々な事情を把握しておくべきである。

CASE

＊鳥伸事件・大阪高判平成 29・3・3 労判 1155 号 5 頁（本採用後に交付された給与明細に「基本給 18 万 8000 円，残業手当 6 万 2000 円」と記載されていたものの，賃金規程では，時間外割増賃金等として「毎月一定額を支給する」とされ，求人広告でも給与 25 万円とのみ記載され，雇用契約書でも「月給 250,000−円残業含む」と総額が記載されているのみであって，そのうちいくらが基本給であり，幾らが時間外・休日労働手当の代替なのかは明らかにされていないとして，固定残業代制を否定した）

＊マンボー事件・東京地判平成 29・10・11 労経速 2332 号 30 頁（採用時の説明では，判別要件に欠けており，その後給与明細に区別して記載しても同意があったとはいえないとした）

＊PMK メディカルラボほか 1 社事件・東京地判平成 30・4・18 労判 1190 号 39 頁（会社説明会，入社説明会等で，固定残業代について説明をしたとする被告主張を認めず，就業規則についても周知されていないとして，固定残業代を否定した）

＊ワークフロンティア事件・東京地判平成 24・9・4 労判 1063 号 65 頁（基本給額とその中に含まれる固定割増賃金の額とが明記された労働条件通知書が示され，各原告らが署名したうえでこれを被告に提出することによって，当該労働条件に同意した事実を認めることができるとした）

⑺ 固定残業代制導入による不利益変更

従前，通常の労働時間に対する賃金とされていたものを，固定残業代に振り替える事案もみられる。それが就業規則の変更のかたちで行われた場合には，労契法 10 条の審査を通じて，個別合意のかたちで行われた場合には，自由な意思に基づく同意の観点から，変更の有効性が判断されることになる（なお，就業規則上，通常の労働時間に対する賃金であることが明瞭である手当を，個別同意によって固定残業代に振り替えても，就業規則の変更を経ない限り，就業規則の最低基準効〔労契法 12 条〕によって，個別同意は当然に無効とされる）。

しかし，通常の労働時間に対する賃金を固定残業代に振り替えることは，労働者に極めて大きな不利益をもたらす。また，労基法によって支払が義務付けられている残業代の支払を免れるような労働条件の変更には，合理性が認め難い。したがって，極めて高度の経営危機で賃金減額自体がやむを得ないとされるような場合を除き，就業規則変更や，変更の個別同意の効力は否定されるのが通常であろう。

| 実践知！ | 通常の労働時間に対する賃金の一部を固定残業代に振り替えるような労働条件の変更は無効と考えてよい（就業規則の変更によるときは，変更の合理性を否定され，個別合意によるときは，「自由な意思」に基づかないものとされる）。 |

CASE

* 山本デザイン事務所事件・東京地判平成19・6・15労判944号42頁（給与明細で，基本給55万円とされていたのを，基本給41万円，業務手当11万6500円，深夜手当2万3300円，調整手当200円に分けたことは，給与の減額に当たるが，労働者の同意がない以上，55万円に割増賃金が含まれているとはいえないとした）
* プロポライフ事件・東京地判平成27・3・13労判1146号85頁（基本給を減じて，固定残業代等にしたことにつき，その目的に合理性がなく，その目的を明確に説明しておらず，形式的に原告が同意した旨の書証があるとしても，その同意が自由な意思に基づくものとは認められないとした）
* ジャパンレンタカー事件・名古屋高判平成29・5・18労判1160号5頁（基本給を減じ，その減額分を労基法の除外賃金とし，または割増賃金とする労働条件の変更は，残業代計算の基礎となる賃金の額を減ずることに主たる目的があったとし，形式的に労働者が同意した旨の雇用契約書が作成されていても，自由な意思に基づくものであると認められないとして，変更の効力を否定した）
* サンフリード事件・長崎地判平成29・9・14労判1173号51頁（給与規程を変更して，それまで支給されていた物価手当，現場手当等にかえて，固定残業手当として，「1か月の所定労働時間を超えて勤務した従業員に支給する割増賃金のうち，一定金額を固定残業手当として支給する」という定めを置いたが，労基署への届出に際しての労働者代表の意見書は，労基則6条の2第1項所定の手続によって選出された者ではない者が署名押印したもので，これをもって，原告らが労働条件変更に同意したといえず，また，支給する金額や対応する時間外労働の時間数が明示されておらず，給与規定変更による労働条件の変更は無効であるとした）

＊ビーダッシュ事件・東京地判平成 30・5・30 労経速 2360 号 21 頁（それまで基本給として支給されていた額の一部を固定時間外手当等に振り分ける旨の雇用契約書に押印したことが自由な意思に基づくものではないとし，固定残業代を否定した）

＊ビーエムホールディングスほか 1 社事件・東京地判平成 29・5・31 労判 1167 号 64 頁（新賃金規程で，42 時間分の時間外労働の対価として固定残業代 6 万 2600 円を支給する旨の定めを置いても，労働者がそれに同意したことはなく，変更の合理性もないとして，固定残業代として認められないとした）

4. 事業場外労働のみなし労働時間制

(1) 事業場外労働のみなし労働時間制とは

労基法 38 条の 2 は，労働者が労働時間の全部または一部について事業場外で業務に従事した場合で，労働時間を算定し難いときは，所定労働時間労働したものとみなす（1 項本文）。ただし，当該業務を遂行するためには通常所定労働時間を超えて労働することが必要になる場合は，当該業務の遂行に通常必要とされる時間を労働したものとみなす（1 項但書）。また，この場合には労働者代表との労使協定によって，通常必要とされる時間を定めることができる（2 項），と定めている。

この規定は，事業場外で労働する（外勤）の場合，使用者による労働時間の把握が物理的に困難であることを理由に設けられたものである。労基法自体がみなし時間を認めていることから，就業規則などの定めがなくとも適用可能であると解されている。また，恒常的に事業場外で労働する営業マンなどに限らず，ある日に出張で事業場外で労働した場合にも適用可能であると解されている。

(2) 労働時間を算定し難いとき

ただし，事業場外労働のみなし制度が適用できるのは，「労働時間を算定し難いとき」に限られる。したがって，事業場の外での労働であっても，労働時間を算定できる場合，この制度を適用することはできない。

この点について，阪急トラベルサポート（派遣添乗員・第 2）事件（最判平成 26・1・24 労判 1088 号 5 頁）は，阪急交通社（本件会社）が実施している海外旅行ツアーの添乗員として，阪急トラベルサポートから派遣されている労働者の海外旅行ツアー中の労働時間について，本件会社は，①添乗員との間で，予め定められた旅行日程に沿った旅程の管理等の業務を行うべきこと

を具体的に指示したうえで，②予定された旅行日程に途中で相応の変更を要する事態が生じた場合には，その時点で個別の指示をするものとされ，③旅行日程の終了後は，内容の正確性を確認し得る添乗日報によって，業務の遂行の状況等につき詳細な報告を受けるものとされているとし，「以上のような業務の性質，内容やその遂行の態様，状況等，本件会社と添乗員との間の業務に関する指示及び報告の方法，内容やその実施の態様，状況等に鑑みると，本件添乗業務については，これに従事する添乗員の勤務の状況を具体的に把握することが困難であったとは認め難」いとしている。

　従前より，裁判で争われたケースでは，「労働時間を算定し難いとき」に当たらないとして事業場外のみなし制の適用が否定される例が多かったが，上記最高裁判決により，事業場外での業務内容が具体的に定められ，かつまた，事後的な報告によって労働時間が明らかになる場合には，事業場外のみなし制度が適用される余地は，ますます狭くなったと言えよう。

CASE　事業場外みなし制度の適用を否定し，残業代を認容したもの

* 阪急トラベルサポート（派遣添乗員・第 1）事件・東京高判平成 23・9・14 労判 1036 号 14 頁（国内添乗員），同（第 3）事件・東京高判平成 24・3・7 労判 1048 号 26 頁（国内および海外添乗員）。いずれも，同（第 2）事件・最判の判決日と同じ日に上告不受理となっている。
* 株式会社ほるぷ事件・東京地判平成 9・8・1 労判 722 号 62 頁
* 千里山生活協同組合事件・東京地判平成 11・5・31 労判 772 号 60 頁
* 光和商事事件・大阪地判平成 14・7・19 労判 833 号 22 頁
* サンマーク事件・大阪地判平成 14・3・29 労判 828 号 86 頁
* レイズ事件・東京地判平成 22・10・27 労判 1021 号 39 頁
* ワールドビジョン事件・東京地判平成 24・10・30 労判 1090 号 87 頁

CASE　事業場外みなし制度の適用を肯定したもの

* ヒロセ電機事件・東京地判平成 25・5・22 労判 1095 号 63 頁
* ロア・アドバタイジング事件・東京地判平成 24・7・27 労判 1059 号 26 頁（①所定労働時間より前に出社し，その後，事業場外で労働に従事した場合や，②出張から帰社して本社で勤務した場合，帰社後の勤務時間が事業場外労働に付随するものである場合には，事業場内・外をあわせて，「所定労働時間」労働したものとしているが，疑問である。とりわけ，②については，「労働時間を算定し難い」か否かを，業務の性質によって決めるものであり，制度趣旨に反した判断といえる）

> | 実践
知！ | 「労働時間を算定し難いとき」は，相当に狭く解されているので，事業場外みなし制度が適法に適用される例は，極めて少ない。 |

5. 裁量労働制のみなし労働時間制，変形労働時間制

(1) 裁量労働制

i 裁量労働制とは

労基法は，裁量労働制を定めている（専門業務型〔38条の3〕と，企画業務型〔38条の4〕の2つのタイプがある）。

これは，実労働時間に拘わらず，一定の時間（みなし時間）を労働したものとみなす制度である。例えば，みなし時間を1日8時間とした場合，実際に12時間働こうが，3時間しか働かなかろうが，8時間働いたものとみなすものである。したがって，当該企業における所定労働時間が1日8時間である場合には，8時間を超えて労働しても残業代は請求できないことになる（その逆に，例えば，みなし時間を9時間としたような場合，所定労働時間〔例えば，7時間〕や法定労働時間〔8時間〕を上回る9時間を労働したものとみなされるから，労働に従事した日ごとに，常に法内残業〔7時間から8時間までの1時間〕，法外残業〔8時間から9時間までの1時間〕をしたことになり，これらに対する残業代の請求が可能となる。この旨を判示したものとして，幻冬舎コミックス事件・東京地判平成29・11・30労経速2337号16頁がある）。

実際には，残業代を「節約する」ために，長時間労働が蔓延している職場で導入されることが多く，例えば，実残業時間が50時間程度ある職種について，30時間相当分の「裁量手当」等の手当を支払うといった形がとられている。

ii 手続面での導入要件

裁量労働制を導入するには，過半数組合（過半数代表）との協定（専門業務型），労使委員会の5分の4以上の多数による決議（企画業務型）で，対象業務，みなし時間，健康福祉措置，苦情処理措置等を定め，これを労基署に届け出る必要がある。企画業務型の場合には，制度の適用について労働者の同意を要することも定めなければならず（実体要件としても，労働者の同意を

298　　PART 2　紛争類型ごとの対応策

得る必要がある），労基署への届出は効力発生要件とされる。

このような手続要件を欠く裁量労働制の導入は無効となる。実務上，従業員の過半数代表を適法に選出することなく，労使協定を締結したかたちをとり，これを労基署に届け出るケースがみられるが，このようにして導入された裁量労働制は無効であり，裁量労働制の適用対象とされた労働者は，実時間に基づく残業代の請求が可能である（乙山彩色工房事件・京都地判平成29・4・27労判1168号80頁）。

iii　対象業務

専門業務型の対象となる業務は，労基則24条の2の2第2項1号ないし5号で，研究開発，システムエンジニア，記者・編集者など5つが定められるとともに，同項6号に基づき，コピーライター，システムコンサルタント，ゲーム用ソフトウェアの開発，証券アナリスト，公認会計士，弁護士，税理士，大学の研究職などが定められている（平成9・2・14基発93号，平成11・3・31基発168号，平成14・2・13基発0213002号，平成15・10・22基発1022004号）。税理士となる資格を有せず，税理士名簿への登録も受けていない者が行っていた者が「税理士の業務」に該当しないとしたものとして，レガシィほか1社事件（東京高判平成26・2・27労判1086号5頁）がある。

企画業務型の対象業務は，事業の運営に関する事項についての企画，立案，調査および分析の業務であるが，これが本社・本店以外の事業場で行われる場合，「当該事業場の属する企業等に係る事業の運営に大きな影響を及ぼす決定が行われる事業場」などに限定される。また，対象業務を適切に遂行するための知識・経験等を有する者に限定されることになる。

iv　実体面での導入要件

上記の業務に従事しているだけで裁量労働制が適用できるわけではなく，専門業務型，企画業務型のいずれの場合も，当該業務の遂行の手段および時間配分の決定等に関し使用者が具体的な指示をしないことが必要である。

システムエンジニアについて，「業務遂行の裁量性はかなりなくなっていたこと」や，「専門業務型裁量労働制に含まれないプログラミング業務につき未達が生じるほどのノルマを課していたこと」等の理由から，労基則24条の2の2第2項2号にいう「情報処理システム…の分析又は設計の業務」に該当しないとした例（エーディーディー事件・京都地判平成23・10・31労判1041号49頁）がある。

(2) 変形労働時間制

i 変形労働時間制とは

変形労働時間制とは，ある一定の期間（変形期間）につき，「週の法定時間（40 時間）×変形期間の暦日数÷7 日」の範囲内で，1 日 8 時間，1 週 40 時間以内という労基法の原則的な時間規制を超える所定労働時間を設定することを許容する制度である（現行法では，1 ヶ月単位〔労基法 32 条の 2〕，1 年単位〔同 32 条の 4〕，1 週間単位〔同 32 条の 5〕，フレックスタイム制〔同 32 条の 3〕がある）。

例えば，1 ヶ月単位の変形労働時間制では，30 日の月の場合，総所定労働時間が 40 時間×30 日÷7 日≒171 時間 25 分の範囲内に収まっている必要があるが，その範囲に収まっていれば，ある日の所定労働時間を 10 時間とすることも許容されることになる。この日に 10 時間労働しても，所定労働時間を労働しただけであるので，法内残業にならないことはもちろんのこと，法外残業にもならない（通常であれば，8～10 時間の 2 時間は法外残業となる）ため，残業代の請求はできないことになる（10 時間を超えて労働すれば，その部分は，法外残業となり，残業代の請求が可能である）。

恒常的に 1 日 8 時間を超えて労働することが予定されている業種（タクシー運転などの運輸業）や，シフト制を採用している場合（例えば，1 日 7 時間労働で，シフトにより 6 日出勤がある週は，週の総労働時間が 42 時間になり，2 時間分の割増賃金を支払わなければならないが，5 日出勤の週〔総労働時間 35 時間〕との組合せを行うことによって，1 ヶ月の総労働時間を 171 時間 25 分〔30 日の月の場合〕に収めれば，1 ヶ月単位の変形時間制を採用することで，2 時間分の割増賃金の支払をしないで済む）などで，採用されている。

ii 導入要件

しかし，変形時間制を採用するには，法の定める要件を満たしている必要がある。

例えば，1 年単位の変形制の場合，過半数組合（もしくは過半数代表）との協定により，対象労働者，対象期間と起算日，労働日と所定労働日等について定めなければならない（労基署に 1 年単位の変形労働時間に関する協定書を提出しているものの，選出目的を明らかにした投票，挙手等の方法による手続は行われておらず，労基則 6 条の 2 第 1 項所定の手続によって選出された者ではない者が，被告の「労働者の過半数を代表する者」として署名押印していることから，労基法 32 条の 4 第 1 項所定の協定が成立したとの事実を推認できないとして，

1年単位の変形時間制の適用を認めなかった例として，サンフリード事件・長崎地判平成29・9・14労判1173号51頁がある）。

　また，1ヶ月単位の変形制の場合，労使協定によることなく，就業規則によって導入することも可能であるが，1ヶ月以内の変形期間とその起算日，期間中の全日につき，労働日（休日），所定労働時間を特定することが必要となる（大星ビル管理事件・最判平成14・2・28労判822号5頁）。すなわち，労基法32条の2第1項は，「その定めにより」，「特定された週」または「特定された日」に法定労働時間（週40時間または1日8時間）を超えて労働させることができると定めているから，法定時間を超えた所定労働時間を定める週と日を特定しなければならない。また，総所定労働時間は法定時間内（1ヶ月単位で30日の月であれば，171時間25分）に収まっていなければならないが，他の週や日の所定労働時間が定まっていなければ，その計算ができないことになるため，結局のところ，変形期間内の全ての労働日と所定労働時間を特定することが必要となる。なお，この労働日や所定労働時間の特定は，シフト表や勤務カレンダーを配布して行われることが多いが，勤務カレンダーによる特定が有効であるとしたものに，ヒロセ電機（残業代請求）事件（東京地判平成25・5・22労判1095号63頁）がある。

CASE　特定の要件を充足しないとして変形時間制を無効とした例

＊岩手第一事件・仙台高判平成13・8・29労判810号11頁（就業規則に「季節または業務の都合」により，使用者に一方的に労働時間を変更することを容認する規定がある事案）

＊学校法人関西学園事件・岡山地判平成23・1・21労判1025号47頁（「寮監の勤務時間については変形労働時間制とし，個別に定める」とあるだけの事案）

＊日本レストランシステム（割増賃金等）事件・東京地判平成22・4・7労判1002号85頁（1ヶ月単位の変形制で，半月ごとのシフト表しか作成されていなかった事案）

＊日本総業事件・東京地判平成28・9・16労判1168号99頁（シフト表にある日勤や夜勤の始終業時刻を就業規則で定めていない事案）

＊ジャパンレンタカー事件・名古屋高判平成29・5・18労判1160号5頁（就業規則で，別に定めるシフトパターン表を組み合わせることにより行うとされていたが，シフトパターン表が証拠として提出されなかった事案）

> **実践知！**
>
> 　1ヶ月単位の変形労働制では，変形期間の全日について労働日（休日），労働時間の特定が必要であり，この要件を満たさない場合には，変形時間制が無効であることを前提とした残業代請求が可能となる。

CHAPTER

05 労働条件の切下げ

Ⅰ. 初動──何を根拠に切り下げたかの見極め

1. 法的根拠により対応は異なる

賃金，退職金の切下げのような労働条件の不利益変更についての相談を受けた際，まずもって確認しなければならないのは，使用者がどのような法的根拠に基づき，労働条件の不利益変更を行ったかである（Pt. 1, Chap. 1, Ⅰ 1〔2 頁〕を参照のこと）。

労働条件は，労働者と使用者の合意によって決定され（労契法 3 条 1 項），いったん決められた労働条件を変更する場合にも，当事者の合意によるのが原則である（同法 8 条）。

しかし，労働契約関係においては，労働条件を規律する規範として労働契約のほか，就業規則や労働協約があり，これらに基づき不利益変更がされることもある。不利益変更がどのような法的根拠に基づき行われたのかによって，対処法は異なるので，この点を確認することが出発点となる。その点の確認は，相談者からの聞き取りや，相談者が所持する資料の検討によって行われるが，これらによっても，不利益変更の法的根拠が判然としない場合には，使用者に対して，問い合わせる必要が出てくる。

2. 切下げの法的根拠

労働条件切下げの法的根拠とされるものには，以下のものが考えられる。
①不利益変更についての労働者との個別同意
②就業規則の不利益変更
③新たな労働協約の締結による不利益変更
④労働契約や就業規則で使用者に委ねられた労働条件の決定・変更権限の行使によるもの

このうち④は，労働条件の決定・変更をする権限を使用者に委ねることが予め合意されており，その権限を行使することで労働条件を不利益に変更するものである。このような類型の不利益変更には，⑦「降格」に伴い降給

CHAPTER 5 労働条件の切下げ **303**

（賃金減額）されるもの，②職務内容の変更を伴う配転等に伴って行われるもの，③個別的な査定等に基づき賃金を引き下げるものなどが考えられる。

労働者の同意を得ることなく，それ以外の法的根拠もないところで，使用者が一方的に労働条件を切り下げることがあるが，そのような切下げは，当然に無効であり（その旨を判示した最近の例として，住吉神社ほか事件・福岡地判平成 27・11・11 労判 1152 号 69 頁），それ以上の検討を要しないことになる。

Ⅱ．規範の効力の序列
（個別契約，就業規則，労働協約等の優先関係）

1．労働条件を決定する規範

労働条件を決定する規範としては，①使用者と労働者の合意である労働契約，②使用者が作成する就業規則，③労働組合と使用者が締結する労働協約，④労基法等の法律の規定（強行法規），の 4 つがある。

下記のとおり，就業規則や労働協約には，法律によって特別な効力が与えられている。このため，例えば，個々の労働者と労働条件を切り下げる合意をしても，就業規則や労働協約の効力によって，そのような合意が無効とされることがある（このような場合，合意の有効性について，錯誤や自由な意思に基づくものであるかの観点から検討する必要はないことになる）。

労働条件の不利益変更を検討するに際しては，強行法規を含めた規範の効力の序列（優先関係）を正しく理解しておくことが不可欠である。そこで，以下，この点について論じておく。

2．労働契約による労働条件の決定

(1) 労働契約

労働条件（労働契約の内容）が，労働者と使用者の合意によって決定されることは，他の契約と同様である。また，いったん決められた労働条件を変更する場合にも，当事者の合意によるのが原則である（労契法 3 条 1 項，8 条）。

(2) 労働条件明示義務

なお，使用者は，労働契約締結に際し，労働者に対して，賃金・労働時間

その他の労働条件を明示する義務があり（労基法15条，労基法施行規則5条），5つの事項（①労働契約の期間，②就業の場所・従事する業務の内容，③労働時間，④賃金，⑤退職に関する事項）については書面による明示が義務付けられている（同条違反に対しては，120条1号で，30万円以下の罰金刑が法定されている）。

しかし，この明示義務が果たされていないことも少なくない。成立した労働契約の内容に争いが生じたケースで，この明示義務が果たされていない場合，この点を強調すべきであろう。

3. 就業規則と労働契約（個別合意）との関係

労働法に特有の規範として就業規則がある。就業規則とは，全ての労働者（もしくは一定の類型の労働者）に統一的に適用されることを前提とした労働条件，職場規律等を定めた規則のことである（賃金規程や，退職金規程など，就業規則という名称でないものでも，法律的には就業規則の一種である）。

就業規則の効力については，労契法7条と12条が定めている。これを整理すると，①まず，使用者と労働者が個別的な合意をしていない場合，就業規則の定めが労働契約の内容になる（7条本文。この効力のことを就業規則の「補充効」という。ただし，就業規則の内容が合理的であり，かつまた，就業規則が労働者に周知されていることが必要である），②しかし，使用者と労働者が就業規則と異なる内容の合意をしている場合，その合意が優先する（7条但書）。③もっとも，使用者と労働者の個別合意が就業規則で定める基準よりも低い場合には，就業規則の方が優先する（12条。この効力のことを，就業規則の「最低基準効」という）。

要するに，労働契約の方が就業規則よりも労働者にとって有利な場合は，労働契約が優先し，就業規則の方が労働契約よりも有利な場合には，就業規則の方が優先することになる。労働法の基本原則のひとつであるが，これを理解しない主張が時としてみられるので，確実にこの原則を押さえておく必要がある。

実践知！　就業規則の基準と個別合意の関係は，労働法の基本原理であるので，正しく理解する必要がある。

4. 労働協約と労働契約，就業規則との関係

(1) 労働協約と規範的効力

労働協約は，労働組合と使用者との間の労働条件その他に関する書面による取決めで，両当事者が署名または記名押印したものを意味する（労組法14条）。

労組法16条は，労働協約の規範的効力を定めている。すなわち，労働協約で「労働条件その他の労働者の待遇に関する基準」についての取決めをした場合，そこで定められた基準が個々の組合員の労働条件になり，労働協約の定めは，個別労働契約に優先して適用されることになる。

なお，後述のⅤ1（315頁）で論じるとおり，労働協約の規範的効力は，労働条件を不利に変更する効力も有すると解されている（この点は，労働者にとって有利な方向にしか労働条件を規律しない就業規則の場合と異なるので，注意を要する）。

(2) 労働協約と就業規則の優劣関係

労基法92条1項は，「就業規則は，法令又は当該事業場について適用される労働協約に反してはならない」と定めている。また，労契法13条は，「就業規則が…労働協約に反する場合には，当該反する部分については」，就業規則が適用されない旨を定めている。したがって，労働協約と就業規則とでは，労働協約の定めの方が優先する。

5. 労基法等の強行法規と他の規範との関係

労基法1条2項は，「この法律で定める労働条件の基準は最低のものである」とし，同法13条は，「この法律で定める基準に達しない労働条件を定める労働契約は，その部分については無効とする。この場合において，無効となつた部分は，この法律で定める基準による」と定めている。

就業規則との関係についても，労基法92条1項は，「就業規則は，法令…に反してはならない」とし，労契法13条は，「就業規則が法令…に反する場合には，当該反する部分については」，就業規則が適用されないとし，労基法等の法令の定めが優先すると定めている。

強行法規と労働協約との関係を定めた条文は存在しないが，労働協約が強行法規に反してはならないことには異論がない。

6. まとめ（規範の優劣関係）

以上のような労働条件を決定する規範の効力の序列を整理すると，以下のようになる。

①労基法等の強行法規

強行法規が定める基準を下回る労働契約，労働協約，就業規則の定めはいずれも無効であり，強行法規の定めが適用される。

②労働協約

労働条件に関する労働協約がある場合，労働協約の定めが労働契約，就業規則の定めに優先して適用される（なお，労働協約の効力は組合員にしか及ばないのが原則だが，後述のとおり，非組合員にも適用される場合がある）。

③労働契約と就業規則

労働契約の定める労働条件が就業規則の定めよりも有利な場合には，労働契約が優先し，就業規則の定めの方が労働契約よりも有利な場合には，就業規則が優先する。

Ⅲ. 個別同意に基づく不利益変更

1. 個別同意と法令，就業規則等との関係

前述のとおり，労基法，労働協約，就業規則が定める基準を下回る労働契約は無効とされるから，仮に労働者が不利益変更に同意したとしても，それが労基法や就業規則等が定める基準を下回るものである場合には，労働条件変更は無効である。したがって，当該不利益変更にかかる労働条件について，法令や就業規則等の定めがある場合には，それらを精査する必要がある。

2. 意思表示の瑕疵

労働条件変更に対する同意は，労働契約の内容（労働条件）を変更する意思表示であるから，これについても，民法の意思表示に関する規定（詐欺，強迫，錯誤）が当然に適用される。したがって，これらの規定に基づき，意思表示の取消し，無効が主張できる場合には，その主張をすべきことになる（この点につき，Chap. 3, Ⅲ 3〔236 頁〕を参照のこと）。

3. 自由な意思に基づく同意

しかし，民法の規定に基づく意思表示の無効のハードルは，それなりに高い。その一方，労働条件を不利益変更に対する労働者の同意（意思表示）に関しては，それが自由な意思に基づく同意であることが求められる。Pt. 1, Chap. 3, Ⅲ 7（50 頁）で論じたとおり，就業規則による退職金の不利益変更に対する労働者の書面での同意が問題となった山梨県民信用組合事件（最判平成 28・2・19 労判 1136 号 6 頁）において，最高裁は，労働者の同意が存在したといえるためには，「労働者の自由な意思に基づいてされたものと認めるに足る合理的な理由が客観的に存在する」ことが必要であることを明らかにした。この法理は，労働条件の不利益変更全般に妥当すると考えてよい（筆者の考えでは，退職の意思表示の有効性が問題となる場面でも妥当する。下記の判例も参照のこと）。

したがって，労働条件の不利益変更の有効性の根拠が労働者の同意である場合には，①当該変更により労働者にもたらされる不利益の内容および程度，②労働者により当該行為がされるに至った経緯およびその態様，③当該行為に先立つ労働者への情報提供または説明の内容等についての検討が不可欠になる。

CASE　山梨県民信用組合事件判決を援用して労働者の同意の効力を否定した例

* ユニデンホールディングス事件・東京地判平成 28・7・20 労判 1156 号 82 頁（賃金減額について）
* TRUST 事件・東京地立川支判平成 29・1・31 労判 1156 号 11 頁（退職合意について）
* 福祉事業者 A 苑事件・京都地判平成 29・3・30 労判 1164 号 44 頁（期間の定め，定年の定めについて）
* Chubb 損害保険事件・東京地判平成 29・5・31 労判 1166 号 42 頁（降格について。後述の 4 参照）
* 社会福祉法人佳徳会事件・熊本地判平成 30・2・20 労判 1193 号 52 頁（無期契約から有期契約への変更について）
* ニチネン事件・東京地判平成 30・2・28 労経速 2348 号 12 頁（賃金減額について）

---

4. 黙示の同意について

賃金減額について明示的に同意をしていなくても，特段の異議を留めるこ

となく，長期間にわたり減額された賃金を受領し続けていると，黙示の同意があったと主張されることがある。そして，裁判所も，黙示の同意があったとして賃金減額を有効としてしまうことがある（例えば，S 工業事件・東京地判平成 22・2・16 労判 1007 号 54 頁）。しかし，近時の裁判例の多くは，黙示の同意による賃金減額の有効性を否定するものが多い（下記の NEXX 事件では，3 年もの間，減額された賃金を受領し続けていたが，黙示の同意を否定している）。

CASE　黙示の同意を否定した例

＊日本構造技術事件・東京地判平成 20・1・25 労判 961 号 56 頁
＊ゲートウェイ 21 事件・東京地判平成 20・9・30 労判 977 号 74 頁
＊技術翻訳事件・東京地判平成 23・5・17 労判 1033 号 42 頁
＊NEXX 事件・東京地判平成 24・2・27 労判 1048 号 72 頁
＊ザ・ウィンザー・ホテルズインターナショナル事件・札幌高判平成 24・10・19 労判 1064 号 37 頁
＊コアズ事件・東京地判平成 24・7・17 労判 1057 号 38 頁

　上記の各判例は，いずれも，山梨県民信用金庫事件の最高裁判決が出される以前のものである。同最高裁判決は，「労働者の同意の有無については，当該変更を受け入れる旨の労働者の行為の有無だけでなく」と説示している。また，この判決に先立つテックジャパン事件（最判平成 24・3・8 労判 1060 号 5 頁。時間外労働の割増賃金請求権を放棄する旨の意思表示の有無が争点のひとつとなった。Chap. 4, IV 3 (2) ii〔279 頁〕参照）では，「その旨の意思表示があり，それが当該労働者の自由な意思に基づくものであることが明確でなければならないものと解すべきである」と説示しているところである。

　これらの最高裁判決によれば，同意に基づく不利益変更が正当化されるのは，少なくとも労働者による明示の同意がなければならず，黙示の同意によって不利益変更を正当化することはできなくなるのではないかと考えられる（ただし，使用者からの時効の主張は妨げられない）。事実，職務等級制度の下，平成 19 年 12 月の異動に伴うグレードの引下げ，およびグレード手当の減額の有効性が争点のひとつとされた Chubb 損害保険事件（東京地判平成 29・5・31 労判 1166 号 42 頁。前述の 3 参照）は，山梨県民信用組合事件の最高裁判例等を参照したうえで，平成 19 年 12 月の異動・降格以降 7 年以上にわたり降格に対して明示的に異議を述べていないこと等の事情があったとしても，自由な意思に基づく同意があったとは認められないとし，平成 27 年 2

月以降に異議を述べるに至ったことが信義に反するともいえないと判示している。

> **実践知！** 山梨県民信用組合事件の最高裁判決が出された現在，黙示の合意により労働条件の不利益変更が認められる余地は，ますます少なくなっていくと考えられる。

IV. 就業規則の不利益変更

1. 就業規則による労働条件の決定と作成手続等

(1) 労働条件の決定

前述のとおり，就業規則には，労働契約の補充効や，最低基準効がある。

(2) 就業規則の作成・変更手続，作成・届出義務

i 作成，届出義務

常時10人以上の労働者を使用する使用者は，就業規則を作成し，これを行政官庁（労働基準監督署）に届け出なければならない（労基法89条）。

ii 作成権者

就業規則を作成，変更できるのは，使用者である。この点は，労働組合との合意によって締結される労働協約との大きな違いである。

iii 意見聴取義務，届出義務

使用者は，就業規則の作成または変更について，労働者代表（過半数組合もしくは過半数代表者）からの意見聴取を行い（労基法90条1項），就業規則を労働基準監督署に届け出るに際して，労働者代表の意見書を添付しなければならない（同条2項）。

ただし，意見聴取義務は，あくまで意見を聴かなければならないとするもので，労働者代表が就業規則の変更に「反対」の意見を述べても，使用者はこれに拘束されない。

iv 手続違反の就業規則の効力

そこで，これらの手続（意見聴取義務，労基署への届出義務）に違反した就業規則が効力を有するかが問題となるが，手続に違反した就業規則は無効で

あると解する見解と，無効にはならないとする見解がある（なお，後者の考え方によっても，就業規則の不利益変更の場合には，手続に違反したことが不利益変更の有効性を否定する方向の一要素として考慮されることになる）。

v　周知されていない就業規則の効力

上記ivについて，いずれの考え方によっても，労働者への周知がされていない就業規則には，効力が認められない（労契法7条本文）。

なお，労契法の施行（平成20年3月1日）前の裁判例だが，実質的な周知がされていないとして就業規則変更の効力を否定したものもある（中部カラー事件・東京高判平成19・10・30労判964号72頁。退職金を大幅に切り下げる就業規則〔退職金規程〕の変更につき，変更により退職者に不利益が生じることの説明がなく，就業規則の定めからだけでは，具体的な退職金額の計算ができないことから，休憩室の壁に就業規則がかけてあっても，変更後の就業規則が実質的に周知されていたとはいえないとして，就業規則の変更は無効であるとした）。

2. 不利益変更法理（労契法10条）

(1) 不利益変更法理

就業規則の不利益変更は，就業規則を変更し，それまで就業規則で定められていた労働条件を切り下げるものである。上述のとおり，就業規則の定めを上回る労働条件を個別に合意している場合，その労働条件は就業規則による規律を受けないから，このような労働条件を就業規則の変更により切り下げることはできないことになる（労契法10条但書）。

就業規則の不利益変更については，秋北バス事件以来，多くの最高裁判決が出されており，その有効要件が定式化されてきたが，それが労契法10条に規定されるに至っている（なお，労契法9条は，就業規則の変更により労働条件を不利益に変更することはできないとし，同法10条による不利益変更は，その例外であることを定めている）。労契法10条は，就業規則の変更が，以下の①〜⑤の要素に照らして合理的なものであるときは，労働契約の内容である労働条件は，当該変更後の就業規則に定めるところによるものとする，と定めている。

①労働者の受ける不利益の程度
②労働条件の変更の必要性
③変更後の就業規則の内容の相当性
④労働組合等との交渉の状況

⑤その他の就業規則の変更に係る事情

　以上のような労契法10条の定めは，従来の判例法理を成文化したものと解されている。したがって，賃金・退職金など重要な労働条件に関する不利益変更の場合，②「労働条件の変更の必要性」は，判例法理でいう「高度の必要性」を意味することになる。

　また，判例法理でいわれていた「代償措置その他関連する他の労働条件の改善状況」，「同種事項に関する我が国社会における一般的状況」，「他の労働組合又は他の従業員の対応」といった要素は，上記③や④の中で考慮されることになる。前述した就業規則の変更手続（過半数組合等からの意見聴取と労基署への届出）を履践したか否かは，⑤の中で考慮されることになる。

(2)　不利益変更への対応（留意点）

ⅰ　経営状況の分析の必要性

　以上の考慮要素の中で最も基本（重要）なものは，①労働者の受ける不利益の程度と，②労働条件の変更の必要性である。一般論としていえば，これらの要素は，不利益の程度が大きい場合には，変更の必要性は相当に高度なものでなければならないという意味での相関関係にあるといえよう。

　不利益の程度についていえば，10％を上回るような賃金減額は，相当に大きな不利益であると考えられる。

　一方，変更の必要性の判断に際しては，財務諸表などに基づく，経営分析が不可欠になる（整理解雇における「人員削減の必要性」において論じたのと同様である）。不利益変更を実施するのは，使用者の側であるので，変更の必要性についての主張立証は，まずは使用者が行うことになる。もっとも，使用者は自らにとって有利な証拠しか出さないこともあるから，使用者側の主張を十分に分析したうえで，提出されていない資料が想定される場合には，求釈明（証拠提出要求）をするなどして，これを開示させることが必要となる。

ⅱ　一部の労働者に大幅な不利益をもたらすケース

　一部の労働者（高齢者であることが多い）に対して，大幅な不利益をもたらす就業規則の変更が行われることがある。このようなケースでは，大幅な不利益を受ける労働者に対して激変緩和などの経過措置による救済を併せ図るべきであり，それがないままに一部労働者に大きな不利益を受忍させることは，合理性がないと判断される（みちのく銀行事件・最判平成12・9・7労判

787 号 6 頁）。

iii 直ちに不利益をもたらさない賃金体系の変更

就業規則の変更によって，直ちに労働条件（賃金）が引き下げられるわけではないが，将来的に不利益が生じる可能性がある場合もある。年功型の賃金体系を成果主義的な賃金体系に変更するような場合である。このようなケースで，使用者は，企業活力や競争力を高めるために，賃金体系を変更する必要があり，新制度のもとでも，労働者が能力を発揮すれば，従前よりも高い賃金を得られ，常に賃金が低下するわけではないと主張するのが通常である。

しかし，新旧の就業規則（賃金規程）の内容を比較検討すると，それまで高い賃金を得ていた高年齢層で利益を享受できる者はごくわずかで，多くの高年齢層には，不利益が生じる設計になっていることが多い。そこで，不利益が生じる蓋然性が高いことをリアルに描き出すことが必要となる。また，新賃金制度のもとでは，賃金原資の総額が抑制されることになっているケースが少なくない（そもそも成果主義型賃金制度の導入は，賃金原資の総額を抑制の目的としていることが少なくない）。したがって，このような点についての分析も必要となる。最近では，成果主義型賃金体系の導入を当然とする風潮が強く，裁判所もこれを是認する傾向にあるが，成果主義的賃金体系への変更を無効とした裁判例も存在するので，上記のような観点を踏まえた主張立証をすることが必要となる。

CASE 成果主義的賃金体系への変更を肯定した例

＊ハクスイテック事件・大阪高判平成 13・8・30 労判 816 号 23 頁
＊ノイズ研究所事件・東京高判平成 18・6・22 労判 920 号 5 頁（一審横浜地川崎支判平成 16・2・26 労判 875 号 65 頁は，合理性を否定していた）
＊東京商工会議所（給与規程変更）事件・東京地判平成 29・5・8 労判 1187 号 70 頁
＊ファイザー事件・東京高判平成 28・11・16 労経速 2298 号 22 頁（降格規定の新設の事案）

CASE 成果主義的賃金体系への変更を否定した例

＊アーク証券（本訴）事件・東京地判平成 12・1・31 労判 785 号 45 頁（降格・減給を可能にする制度〔「変動賃金制」〕を新設した事案）
＊キョーイクソフト事件・東京高判平成 15・4・24 労判 851 号 48 頁（年功序列的な賃金体系を職務給・職能給の体系に変える目的のもとに行われた就業規則変更の

事案）

＊クリスタル観光バス（賃金減額）事件・大阪高判平成 19・1・19 労判 937 号 135 頁（買収後の新賃金体系導入による賃金減額の事案）

＊学校法人実務学園ほか事件・千葉地判平成 20・5・21 労判 967 号 19 頁（具体的基準なく使用者が一方的に年俸額を決定することを可能とする規定を導入した事案）

＊社会福祉法人賛育会事件・東京高判平成 22・10・19 労判 1014 号 5 頁（年功型の賃金体系を人事考課に基づく職能資格制度に変更した事案）

iv 既発生の権利の剥奪，不利益変更

なお，仮に就業規則の変更が合理的なものであったとしても，変更された就業規則を遡及適用することで，すでに具体的に発生していた権利を剥奪したり，不利益に変更することは許されない（香港上海銀行事件・最判平成元・9・7 労判 546 号 6 頁，朝日火災海上保険〔高田〕事件・最判平成 8・3・26 労判 691 号 16 頁）。

不利益変更の合理性判断の難しさ

就業規則の不利益変更に関しては，多くの最高裁判例が存在するが，以下に見るように，地裁，高裁レベルでも判断が分かれているものが多い（以下の表で，○は不利益変更の合理性を認めなかったものを，× は認めたものを意味する）。

	地 裁	高 裁	最高裁
①秋北バス事件	○	×	×
②御國ハイヤー事件	○	○	○
③タケダシステム事件	×	○	×
④大曲市農協事件	×	○	×
⑤第 1 小型ハイヤー事件	○	○	×
⑥第四銀行事件	○	×	×
⑦羽後銀行（北都銀行）事件	×	○	×
⑧函館信用金庫事件	×	○	×
⑨みちのく銀行事件	○	×	○

①秋北バス事件・最大判昭和 43・12・25 労判 71 号 14 頁（一般職の従業員に適用される 50 歳定年制が定められ，主任以上の地位にある従業員には定年制が適用されていなかったところ，主任以上の地位にある従業員について 55 歳定年制を新設した事案）

②御國ハイヤー事件・最判昭和58・7・15労判425号75頁（単純な退職金切下げの事案）

③タケダシステム事件・最判昭和58・11・25労判418号21頁（生理休暇に対する給与保障額を減額した事案）

④大曲市農協事件・最判昭和63・2・16労判512号7頁（7つの農協組織の合併の後，1農協の退職金支給倍率を引き下げて他の6農協のそれへ統一した事案）

⑤第1小型ハイヤー事件・最判平成4・7・13労判630号6頁（運賃改定に伴い歩合給の計算方式を変更した事案）

⑥第四銀行事件・最判平成9・2・28労判710号12頁（定年延長に際しての旧定年年齢以降の給与・賞与の削減の事案）

⑦羽後銀行（北都銀行）事件・最判平成12・9・12労判788号23頁（完全週休二日制導入に伴う平日の勤務時間延長の事案）

⑧函館信用金庫事件・最判平成12・9・22労判788号17頁（完全週休二日制導入に伴う平日の勤務時間延長の事案）

⑨みちのく銀行事件・最判平成12・9・7労判787号6頁（60歳定年制を実施していた銀行が，経営コストの削減を理由に，昭和61年と昭和63年の2度にわたり就業規則変更を行い，専任職という職制を創設，改定し，55歳以上の従業員を専任職に移行させるとともに，その賃金を大幅に減額した事案）

V. 労働協約締結による不利益変更

1. 労働協約による不利益変更

　労働協約は，使用者と労働組合の合意によって成立する。労働組合は，組合員の労働条件の維持向上を目的とする団体なので，通常は，組合員の不利になるような労働協約を結ぶことはない。しかし，労働協約の締結は，使用者との間の「ギブ・アンド・テイク」としての側面をもつことから，一方で有利な条件を確保する反面，他方で不利な条件を受け入れるという選択をすることもあり得る。また，労働条件全般について労働協約が締結されており，労働条件の変更に際しても，まずは労働協約を締結しているような企業では，労働組合が一定の層（高年齢者であることが多い）の組合員の利益に対して十分な配慮をすることなく，一定の層に不利益をもたらす労働協約を締結してしまうこともある。

　労働条件に関する労働協約には，規範的効力が生じる（労組法16条）が，労働協約については，就業規則に関する労契法7条但書，10条但書のような定めが置かれていないので，労働協約の規範的効力によって，個別の労働契約が不利に変更されることが起こり得る（労働協約よりも有利な労働条件で

勤務していた労働者が，新たに労働組合に加入した場合）。また，労働条件を不利に変更する労働協約が新たに締結された場合にも，規範的効力が及ぶことになる（朝日火災海上保険〔石堂・本訴〕事件・最判平成9・3・27労判713号27頁）。もっとも，労働協約の趣旨が労働条件の最低基準を定めるものである場合には，労働協約よりも有利な内容の労働契約は，労働協約の定める基準の影響を受けないとする考え方がある。

なお，労働協約の規範的効力は，当該協約を締結した労働組合の組合員に対してのみ及ぶのが原則だが，後述3のとおり，非組合員にも及ぶ場合がある。

2. 労働協約による不利益変更の限界

(1) 組合規約に定める手続等の不履践

上述した朝日火災海上保険（石堂・本訴）事件の最高裁判決は，協約が特定のまたは一部の組合員をことさら不利益に取り扱うことを目的として締結されたなど労働組合の目的を逸脱して締結されたような場合には，規範的効力が否定されることがあり得る旨を述べていた（当該事案では，規範的効力を肯定）。

その後，組合規約上の手続等を履践しておらず，協約締結権限に瑕疵があることや協約内容の不合理性を理由として，労働協約の効力を否定した下級審判決が出されていたが，山梨県民信用組合事件で，最高裁は手続的な瑕疵を理由として，労働協約の効力を否定した。

CASE **労働協約の効力を否定したもの**

＊中根製作所事件・東京高判平成12・7・26労判789号6頁

＊鞆鉄道事件・広島高判平成16・4・15労判879号82頁

＊鞆鉄道（第2）事件・広島高判平成20・11・28労判994号69頁
（いずれも高年齢者の賃金を大幅に減額する内容の労働協約が締結された事案で，組合大会の決議を経ない等の手続的瑕疵および協約内容の不合理性を理由として労働協約の効力を否定した）

＊朝日自動車事件・東京地判平成23・11・11労判1061号94頁（給与規程所定の手当を廃止ないし減額する内容の労働協約を締結した事案で，組合大会による協定締結の追認があるまでの減額分の請求を認容した）

＊山梨県民信用組合事件・最判平成28・2・19労判1136号6頁（職員組合の規約では，執行委員長には，組合を代表しその業務を統括する権限を有する旨が定められているにすぎず，上記規約をもって執行委員長に退職金の大幅減額を内容とする

本件労働協約を締結する権限を付与したものと解することはできず，本件労働協約の締結には，大会または執行委員会により協約締結権限が付与されていたことが必要であるとして，事件を高裁に差し戻した）。

(2) 既発生の権利の剝奪，不利益変更

　組合員がすでに取得している賃金債権を処分する労働協約の締結には，個々の組合員の授権が必要であり，授権がなく締結された協約の効力は否定される（香港上海銀行事件・最判平成元・9・7労判546号6頁）。

(3) 強行法規，公序良俗違反の協約

　強行法規や公序良俗に反する労働協約の効力は，否定される。そのような例として，日本シェーリング事件（最判平成元・12・14労判553号16頁）がある（賃上げの際の稼働率算定に当たり，労基法，労組法上の権利行使に基づく不就労を欠勤扱いとする条項を，公序良俗違反とした）。

3. 労働協約の一般的拘束力（労働協約の拡張適用）

(1) 労働組合法17条の意味

　前述のとおり，労働協約の効力は，その協約を締結した組合や組合員にしか及ばないのが原則である。しかし，規範的効力については，例外的に非組合員にも拡張適用されることがある。それを定めたのが労組法17条の「一般的拘束力」である。

　要するに，4分の3以上の労働者を組織する労働組合が締結した労働協約は，非組合員にも適用されるとするものである。その趣旨は，「当該事業場の労働条件を統一し，労働組合の団結権の維持強化と当該事業場における公正妥当な労働条件の実現を図ることにある」とされている（後述の朝日火災海上保険〔髙田〕事件）。

　なお，労組法17条については，同じ事業所に他の労働組合（少数組合）がある場合，少数組合員にも拡張適用されるかが問題となるが，少数組合の団結権を重視する拡張否定説も有力である（この点について判断した裁判例はないようである）。

(2) 労働条件を切り下げる労働協約も拡張適用されるか

　ところで，労組法17条については，4分の3以上を組織する組合が労働

条件を切り下げる内容の労働協約を締結した場合，その労働協約が非組合員にも拡張適用されるのかも問題になる。

　この点について，朝日火災海上保険（高田）事件・最判平成8・3・26労判691号16頁（定年年齢を引き下げ，退職金乗率を引き下げる労働協約の効力が争われた事案）は，労働条件を不利益に変更する労働協約も原則として拡張適用されるとしたが，「労働協約によって特定の未組織労働者にもたらされる不利益の程度・内容，労働協約が締結されるに至った経緯，当該労働者が労働組合の組合員資格を認められているかどうか等に照らし，当該労働協約を特定の未組織労働者に適用することが著しく不合理であると認められる特段の事情があるとき」には，協約の拡張適用が否定されるとしている。そして，この事案では，不利益の程度が著しく，訴訟を提起した労働者には組合員資格が与えられていなかったことなどの事情を考慮し，労働協約の拡張適用が否定されている。

(3)　拡張適用を積極的に活用すべき場合

　なお，労組法17条の拡張適用については，不利益変更の場合とは別に，これを積極的に活用すべき場面がある。例えば，労働協約で労災について企業独自の補償規定が定められているが，就業規則にはその定めがなく，当該被災労働者が非組合員であるようなケースでは，労組法17条を根拠に，当該補償規定が適用されることを主張すべきである。

VI.　降格，配転を理由とする不利益変更

1.　初動──降格の内容と根拠の確認

(1)　降格の種類

　降格には，以下のものがある。

　①企業組織における指揮命令系統（ライン）上の役職や職位を引き下げるもの（部長職を解き，課長職や平社員にするなど）。

　②就業規則，賃金規程等の定めに基づき，個々の労働者に付与された資格・等級（グレード）等を引き下げるもの。資格・等級制度の典型例は，「職能資格制度」（労働者の職務遂行能力に着目し，資格・等級等を定め，これに応じて賃金額を定めるもの）と，「職務等級制度」（労働者が担当している職務に着目し，職務を職務価値に応じて分類し，各等級ごとに賃金の幅〔上限，下限，

中間値〕を定めるもの）であるが，これらの典型例に当てはまらないものもある。

　以上のような降格は，降給（賃金額の減少）を伴う。①の降格がされると，役職手当（部長手当等）が不支給となるし，②の制度においては，その資格・等級に応じて，基本給や基本給の一部を構成する職能給・職務給等が決められているから，資格・等級の引下げは，これらの給与の減額をもたらすことになる。

　なお，①の降格（役職・職位の引下げ）に連動して，②の降格（資格・等級の引下げ）が行われて，降給となる場合もある。また，就業規則等で職務等級制度が採用されていない場合にも，配置転換により担当職務が変更したことを理由に降給がされることもある。

⑵　降格・降給の根拠（懲戒処分と人事権行使，個別同意）

　降格は，懲戒処分（企業秩序違反行為に対する制裁罰）として行われる場合と，人事権の行使として行われる場合とがある。後述のとおり，そのいずれであるかによって，有効要件が異なる。

　当該降格が懲戒処分なのか，人事権行使によるものなのかが争点になることがある（労働者側が，当該降格は懲戒処分であるにも拘わらず，就業規則には，懲戒の種類として降格の定めがないとして，降格の無効を主張するなど）。しかし，裁判所は，使用者が懲戒処分であることを明示しない限り，懲戒処分とは認めず，人事権の行使によるものと認定するのが通例であるので注意を要する。

　なお，降格・降給を，使用者と労働者の合意（労契法8条）に基づき実施することも，もちろん可能である。ただし，この場合，労働者の意思表示が自由な意思に基づくものと認められることが必要と考えられる（山梨県民信用組合事件・最判平成28・2・19労判1136号6頁を参照のこと）。

⑶　具体的な内容を把握することの必要性

　以上のように，降格には，いくつか種類があり，その根拠が何であるかによって，対処法も異なる。したがって，相談に対しては，降格の内容やその根拠がどのようなものであるのかを見極める必要がある。

　資格・等級制度（職能資格制度，職務等級制度）では，制度そのものが複雑で，就業規則や賃金規程を見ただけでは理解できない場合もある。その場合，労働者に配布された説明資料などで制度内容を把握するとともに，どのよう

な場合に，どの程度の降格・降給が許容されているかを確認する必要がある（降格要件に合致していないとして降格の無効を主張することもあれば，説明資料は労働条件を規律する規範である就業規則に該当しないと主張することもあるであろう。この点につき，Pt. 1, Chap. 3, Ⅲ 1 (3) i〔34 頁〕および後述 4 (1)〔322 頁〕の Chubb 損害保険事件を参照のこと）。また，配置転換（職務内容の変更）に伴い降給がされる場合，配転そのものについて就業規則上の根拠があっても，それに伴う降給については，何の定めもされていないこともあるので，就業規則等を綿密に検討する必要がある。

> **実践知！** 降格には，様々な種類のものがあるので，どのような制度のもとで，どのような根拠に基づき行われたものであるかを，各企業の制度内容に即して検討，分析する必要がある。

2. 懲戒処分としての降格・降給

懲戒処分として降格・降給を行うには，周知された就業規則等で，懲戒の種類として降格（具体的な内容が定められている必要がある）が，その原因となる事由とともに定められている必要があり（労基法 89 条 9 号，労契法 7 条），かつその事由に該当する事実がなければならない。また，懲戒権の濫用にならない必要がある（労契法 15 条）し，弁明手続も必要であると解されている。以上について，懲戒解雇についての Chap. 1, Ⅲ 6 (2)（176 頁）を参照のこと。

なお，懲戒処分としての減給については，減給額についての規制がある（労基法 91 条）。しかし，懲戒処分として減給ではなく降格がされ，降格の結果，減給になる場合には，この規制は及ばない。

3. 役職・職位の引下げによる降格・降給

(1) 就業規則等の根拠規定の必要性

労働契約上，使用者は，企業組織における労働者（とりわけ管理職制）の配置を決定，変更する権限（人事権）を有していると解されている。その結果，役職・職位の変更（引下げ）は，就業規則等で降格の根拠規定が定められていなくても，人事権に基づく使用者の裁量によって行い得ると解されている（就業規則上の根拠が不要であることを明示する判例として，アメリカン・

PART 2　紛争類型ごとの対応策

スクール事件・東京地判平成 13・8・31 労判 820 号 62 頁，ブランドダイアログ事件・東京地判平成 24・8・28 労判 1060 号 63 頁等があるが，この点を明示しない判例も，このことを当然の前提としている）。

(2) 人事権の濫用による制限

しかし，降格やそれに伴う降給（役職手当の剝奪）が人事権（裁量権）の濫用となる場合には，降格・降給が無効とされる。人事権濫用になるか否かの判断に際しては，①使用者側における業務上・組織上の必要性の有無およびその程度，②能力・適性の欠如等の労働者側における帰責性の有無およびその程度，③労働者の受ける不利益の性質およびその程度の諸事情が総合考慮される（バンク・オブ・アメリカ・イリノイ事件・東京地判平成 7・12・4 労判 685 号 17 頁，上州屋事件・東京地判平成 11・10・29 労判 774 号 12 頁，秋本製作所事件・千葉地松戸支判平成 25・3・29 労判 1078 号 48 頁等）。以上に加え，④当該企業体における昇進・降格の運用状況という要素を掲げる例もみられる（医療法人財団東京厚生会事件・東京地判平成 9・11・18 労判 728 号 36 頁，日本ガイダント仙台営業所事件・仙台地決平成 14・11・14 労判 842 号 56 頁）。

また，降格に伴い役職手当が剝奪されることにより，労働者は賃金上の不利益を被るが，この点は，降格の有効性を判断する際の判断要素とされることがある（上記③の判断要素）。降格・降給の根拠事由の内容からして，役職手当 5 万円の減額という大きな不利益を伴う降格・降給処分の合理性を基礎付けることはできないとするもの（ブランドダイアログ事件・東京地判平成 24・8・28 労判 1060 号 63 頁）もあれば，減給額（職務手当と職能給の合計額）が 22 万 2000 円に上るというだけで裁量を逸脱したとはいえないとする例もある（ブーランジェリーエリックカイザージャポン事件・東京地判平成 26・1・14 労判 1096 号 91 頁）。

また，退職勧奨を拒否したことに対する制裁や，退職に誘導するための措置として行われるなど，不当な動機目的に基づき降格がされた場合にも，人事権の濫用とされるのが通常である（前掲のバンク・オブ・アメリカ・イリノイ事件，明治ドレスナー・アセットマネジメント事件・東京地判平成 18・9・29 労判 930 号 56 頁等）。

4. 資格・等級の引下げによる降格・降給

(1) 就業規則等による根拠規定の必要性

　職能資格制度や職務等級制度においては，その資格・等級により基本給や基本給の一部を構成する職能給・職務給が決定される。基本給等の引下げは，労働契約の最も重要な要素を変更するものであるから，基本給等の降給を伴う資格・等級の降格を使用者の裁量に委ねることはできない。すなわち，資格・等級の降格を行うに際しては，労働者の個別的な同意を得るか，労働契約上の明確な根拠（通常は，就業規則や賃金規程上の定め）が必要とされ，根拠なき資格・等級の降格や基本給等の降給は無効と解されている。

　また，社内の説明資料は，就業規則とはいえないとする例もみられる。

> ### CASE　降格・降給を無効としたもの
>
> *アーク証券（本訴）事件・東京地判平成 12・1・31 労判 785 号 45 頁，学校法人聖望学園ほか事件・東京地判平成 21・4・27 労判 986 号 28 頁（いずれも，就業規則，給与規程等に職能給の号俸の降格の根拠規定が存在しないケース）
>
> *マルマン事件・大阪地判平成 12・5・8 労判 787 号 18 頁（降格通知書を見ても，その根拠規定は明らかでなく，降格処分の根拠およびその合理性については，未だ立証が尽くされているとは認められないとした）
>
> *スリムビューティーハウス事件・東京地判平成 20・2・29 労判 968 号 124 頁（被告から賃金体系の全体が明らかにされていないケース）
>
> *コナミデジタルエンタテイメント事件・東京高判平成 23・12・27 労判 1042 号 15 頁（職務給型の賃金体系のもとでの降給について，就業規則上の根拠がないとされた。後述の 5 (2)〔325 頁〕を参照のこと）
>
> *Chubb 損害保険事件・東京地判平成 29・5・31 労判 1166 号 42 頁（職務等級制度を定めた賃金規程が存在せず，社内での説明に用いる説明資料があるのみであった事案で，当該説明資料は，就業規則とはおよそ異なる体裁がとられ「労働条件の準則を一義的に定めたものとは認め難いこと，その内容も，……制度の概要をまとめた説明用文書にすぎず，就業規則の一部に当たると認めることはできない」とした）

(2) 根拠規定の具体性

　資格・等級の降格が最も重要な労働条件である賃金の減額につながるものである以上，単に，「降格，降給があり得る」旨を定めるだけでなく，具体的な降格事由，降格の幅（限界），降給に伴う賃金減額の幅などが就業規則等によって，予め明らかにされている必要があるというべきだろう（判例は，

根拠規定がある場合に，降格について企業の裁量権を認めたうえで，人事権（裁量権）濫用によって降格の有効性に絞りをかけているが，賃金という最も重要な労働条件の不利益変更をもたらす降格については，予め一定の歯止めをかけておくことが必要というべきである）。現時点では，そのような観点から降格の無効を導いた判例はほとんどみられないが，実際の訴訟等では，この点は，大いに強調すべきである。

　また，就業規則等で，降格の要件が定められている場合に，使用者がこれに拘束されるのは当然のことである。

CASE

＊CFJ 合同会社事件・大阪地判平成 25・2・1 労判 1080 号 87 頁（各役職毎に基本給額の幅があり，各役職の中でも 3 段階に分かれているが，具体的な金額や選定基準については，人事部の内規として存在するだけで従業員に周知されていない事案で，「給与規程によって『基本給（部長職以上は，月例給）は，Job Grade 別に月額で定める。』と定めるだけでは足りず，具体的な金額やその幅，適用基準を明らかにすべきである」と説示した）

＊マッキャンエリクソン事件・東京高判平成 19・2・22 労判 937 号 175 頁（給与規程に「評価の結果，本人の顕在能力と業績が，属する資格（＝給与等級）に期待されるものと比べて著しく劣っていると判断した際には，資格（＝給与等級）と，それに応じて処遇を下げることもあり得ます」という定めがあり，「降級はあくまで例外的なケースに備えての制度と考えています。著しい能力の低下・減退のような場合への適用のための制度です」という注釈がつけられている事案で，上記定めの観点から降格の有効性を判断し，降格を無効とした）

⑶　人事権濫用（降格要件該当性）

　根拠規定があったとしても，人事権濫用とされることがあり得ることは，役職・職位の降格の場合と同様である。しかし，資格・等級の降格が基本給等の減額に直結することからすれば，その判断は，役職・職位からの降格に比べて厳格に行われるべきである。

　このような観点から，減給の有効性判断について，評価の適正や適正な手続（説明や交渉のプロセス）や代償措置の観点も取り入れた判断基準を示すものもあり，参考にすべきである（下記の日本ドナルドソン青梅工場事件）。

　また，就業規則等で降格，降給の手続が定められている場合に，使用者がこれを履践すべきは当然のことである。就業規則等の定めがない場合でも，不利益を科す以上，労働者を納得させるための手続等も当然に履践されるべきである。現時点では，手続的な観点について言及した判例はほとんどみら

れないが，この点も強調すべきであろう。

CASE

＊日本ドナルドソン青梅工場事件・東京地八王子支判平成 15・10・30 労判 866 号
20 頁（異動に伴い，「例外として必要によっては給与の変更を伴うこともある」旨
の定めに基づく減給について，使用者の全くの自由裁量で給与の減額を行うことが
許容されたものとはとうてい解されないとし，「これらの規定を根拠として使用者が
一方的に労働者の給与の減額をする場合は，そのような不利益を労働者に受忍させ
ることが許容できるだけの高度な必要性に基づいた合理的な事情が認められなけれ
ば無効であると解すべき」とし，「当該給与の減額によって労働者の受ける不利益性
の程度（当該給与の減額に伴ってなされた配転による労働の軽減の程度を含む），労
働者の能力や勤務状況等の労働者側における帰責性の程度，それに対する使用者側
の適切な評価の有無，被告の経営状況等業務上の必要性の有無，代償措置の有無，
従業員側との交渉の経緯等を総合考慮して，判断されるべきものと解される」とし
た）

＊フジシール事件・大阪地判平成 12・8・28 労判 793 号 13 頁（就業規則に定めら
れた手続規定〔1 年間の挽回の機会や審査会への具申〕を履践していないことを降格
無効の根拠とした）

＊兵庫県商工会連合会事件・神戸地姫路支判平成 24・10・29 労判 1066 号 28 頁
（給料を 5 級 62 号から 5 級 33 号の額に減額する格下げにつき，人事一元化を進める
に当たって減額が必要であること自体は認められるが，事前に，必要性，内容につ
いて十分な説明を行うことが手続的要件として不可欠であるところ，それをしてい
ないとして無効とした）

5. 職務内容の変更（配置転換）に伴う賃金減額

(1) 職務内容と資格等級の関連性が希薄である場合（「従来型」の裁判例）

　役職・職位や，資格・等級の引下げ（降格）によるのでなく，単なる職務
内容の変更（配転）に伴い降給（賃金の切下げ）がされることもあるが，降
給についての労働契約上の根拠（個別同意や就業規則の定め等）がなければ，
このような降給は無効である。わが国では，現実に行っている職務内容と職
能ないしは職務等級上の資格・等級との関連性は希薄（もしくは皆無）であ
る場合が多かった。そこで，判例は，職務内容の変更（配置転換）の有効性
と，賃金減額の有効性とを区別して判断してきたといえる。

> **実践知！** 配転により職務内容が変更になったというだけの理由で賃金を切り下げることは，許されない。

CASE 賃金減額を無効とした例

* デイエフアイ西友（ウェルセーブ）事件・東京地決平成 9・1・24 労判 719 号 87 頁（勤務成績不良を理由に異なる職種〔商品部の「バイヤー」から「バイヤーのアシスタント」〕への配転を命じ，配転後の職種に従事する他の従業員と同等の賃金額に減額したと主張された事案。「配転と賃金とは別個の問題であり，法的には相互に関連しておらず」，使用者は「より低額な賃金が相当であるような職種への配転を命じた場合であっても，特段の事情のない限り，賃金については従前のままとすべき契約上の義務を負っている」とした。同様の説示をするものとして，渡島信用金庫〔懲戒解雇〕事件・函館地判平成 13・2・15 労判 812 号 58 頁がある）

* 東京アメリカンクラブ事件・東京地判平成 11・11・26 労判 778 号 40 頁（等級と号俸に基づいて基本給テーブルを作成して基本給が決定される賃金制度のもとで，電話交換手として稼働していた労働者が，電話交換業務の廃止に伴い，洗い場に配転され，賃金を減額された事案。同クラブでは，厳密には全職名と等級号俸とが関連付けられておらず，職務の変更に伴い当然に変更された等級号俸を適用しているということはできないとして，賃金減額を無効とした）

* 石油産業新聞社事件・東京地判平成 23・10・11 労経速 2129 号 14 頁（中部支局長専任から本社編集局記者兼中部支部局長に配転され，それに伴って役付手当，営業手当が減額された事案。「職務の変更と賃金の変更との間に客観的，合理的な対応関係を見いだすことはできない」ので，本件人事異動に伴う賃金の減額には，雇用契約上の根拠がなく，無効であるとされた）

⑵ 職務内容と資格・等級との関連性が明確であるケースにおける判断手法

その一方で，職務内容と賃金の関連性が比較的明確な賃金体系（職務給）下での降格・降給が争われるケースがみられるようになってきた。そこでは，職務内容に応じたランク付け（資格や等級）がなされ，各ランクに応じて賃金（の幅）が決められるので，職務内容の変更は，賃金額の増減に直結することになる。この場合の賃金減額の有効性については，配置転換そのものの有効性判断の中で考慮するものと，配転そのものの有効性と賃金減額の有効性を区別して判断するものに分かれている。

このようなケースでは，職務内容の変更（配置転換）そのものの有効性を争うことが考えられるが，配転（職種変更）そのものはやむを得ない（配転

CHAPTER 5 労働条件の切下げ

に業務上の必要性が認められ，不当な動機目的もない）と判断されることもあろう。そこで，仮に配置転換が無効であるといえないとしても，配置転換の有効性と賃金減額の有効性は，別次元の話であると主張する必要がある。とりわけ，特定のポストが廃止されたケースのように，労働者に帰責事由がないにも拘わらず，企業側の事情で配転がされた場合に，配転によって賃金減額をもたらすことの不合理性は著しい（使用者の裁量によって賃金減額をするのと異ならない）。したがって，企業側の事情による配転の場合には，この観点を強調する必要がある。

CASE

* L産業（職務等級降給）事件・東京地判平成27・10・30労判1132号20頁（職務給制度のもとで，所属部署が廃止された結果，職務内容の変更〔配転〕が行われ，これに伴い降給が行われた事案。判決は，降給の有効性につき，東亜ペイント最高裁判決が示した配転命令の有効要件に即して配転命令の有効性を判断し，配転命令が有効であれば，それに伴う降格，降給は当然に有効とする手法をとった。賃金減額は，配転命令の有効性の判断要素のひとつである労働者の被る不利益の中で考慮している。結論として降格を有効とした）
* 一般財団法人あんしん財団事件・東京地判平成30・2・26労判1177号29頁（グレード級が役職と連動し，降格処分は，本件配転命令によって必然的に生ずるので，当該降格は本件配転命令が違法なものであるかどうかを検討する際のひとつの要素として考慮するのが相当とした）
* コナミデジタルエンタテイメント事件・東京高判平成23・12・27労判1042号15頁（社内の職務を職務価値に応じて，等級〔役割クラス〕と等級内の段階〔役割グレード〕に分類し，これに応じて役割報酬額が自動的に決まる仕組みのもとで，産休・育休からの復帰後に，産休取得前の海外ライセンス業務から国内ライセンス業務へ担務変更され，それに伴い役割グレードが引き下げられ，役割報酬が減額されたケース。判決は，役割報酬の減額を許容する労働契約上の根拠がないこと〔就業規則や年俸規程には，役割グレードと報酬グレードおよび役割報酬額とを連動させる明示的な定めがないこと等〕を理由に，役割報酬の減額を無効としたが，担務変更そのものは，頻繁な担当者の交替を防止するという業務上の観点から有効と判断した）

Ⅶ. 個別査定による賃金減額

1. 査定に基づく賃金額の決定

多くの企業で，個々の労働者の業績や成果を評価・査定し，査定結果を賃金額に反映する仕組みが採用されている。査定結果の反映のしかたとしては，

昇格（降格）の判断基準とするもの，賞与額に反映させるものが多いと思われるが，査定に基づき基本的な賃金額を決定することもある（いわゆる年俸制が採用されている場合に，各年度の年俸額を決定するものなど）。

　査定に基づく決定の結果，賃金や賞与額の増額になることもあれば，減額になることもある。使用者には，賃金を増額させなければならない義務はないので，査定の結果に基づき，賃金や賞与額の増額を裁判手続等を通じて実現するのは困難である（ただし，査定の結果に基づき自動的に賃金や賞与の額〔もしくは，その幅〕が決定される仕組みが採用されている場合には，査定の結果が賃金等の増額要件に該当することを明らかにすれば，これを実現できる可能性がある）。

　その一方，査定に基づく決定の結果，賃金が減額となった場合には，これを争うことが可能である。労働者は，従前と「同程度の労働を提供することによって同程度の基本的な賃金は確保できるものと期待するのは当然のことであり，そのような期待を不合理なものであるということはできない」（前掲Ⅵ5(2)コナミデジタルエンタテイメント事件・東京高判の説示）のであって，そのことは，個別査定による賃金決定が制度化されている（個別労働契約や就業規則等で決められている）場合でも同様だからである。ただし，賞与については，使用者による裁量が働くと考えられているので，単に前年実績を下回っているというだけでは，争うことは困難である（前述のとおり，査定の結果に基づき自動的に賞与の額〔もしくは，その幅〕が決定される仕組みが採用されている場合は別である）。

2. 個別査定に基づく賃金減額の有効要件

(1) 労働契約上の根拠

　個別的な査定に基づく賃金減額が有効とされるためには，そのような仕組みを採用することについて労働契約上の根拠（個別の労働契約での合意や，就業規則，労働協約で定められること）が必要である。これに加え，下記の(2)(3)の要件が必要というべきであろう。

(2) 制度内容の合理性

　賃金という重要な労働条件に関するものであることから，個別査定に基づく賃金減額を予定した賃金制度の内容は，合理的なものでなければならない（労契法7条も就業規則の有効要件として，「合理的な労働条件が定められている」

ことを掲げている)。

合理性の判断基準については，判例上確立されているとはいい難いが，少なくとも次のような要件が必要と考えるべきであろう。

i 合理性，客観性のある評価基準と賃金の変動幅

①明確な評価基準

どのような評価項目につき，どのような評価基準に照らして評価されるかが予め定められ，かつ周知されている必要がある。また，決定された賃金の支給期間も予め定められている必要がある（支給期間の途中で，賃金を減額することは原則として許されないと考えるべきであろう）。

CASE

＊新聞輸送事件・東京地判平成 22・10・29 労判 1018 号 18 頁（いったん決定した年俸額を，年度途中に行った降格に伴って対象者の同意なく一方的に減額することはできないとした）

＊シーエーアイ事件・東京地判平成 12・2・8 労判 787 号 58 頁（期間 1 年の契約期間途中に，賃金規則の変更を理由として，年俸契約で決められた賃金月額と賞与を一方的に引き下げることは，改定内容の合理性の有無に拘わらず許されないとした）

②賃金の変動幅

どのような評価の場合に，どの程度の賃金減額（増額）がされるかが予め定められ，かつ周知されている必要がある。また，減額できる賃金の幅についても，一定の制約があると考えるべきである。あまりにも大きな幅の減額は労働者の生計に壊滅的な打撃を与えるし，制約のない大幅な減額は，退職強要などの不当な動機目的のために用いられることもあるからである。この観点からは，1 回の査定によって減額できる幅だけでなく，業績いかんに拘わらず支払が保障されるべき適正な最低の賃金額を設定することも必要であろう。

ii 合理性，客観性のある評価のための査定方法等の定め

適正な評価，査定が適正な評価を担保するために，以下のような査定方法等が定められている必要があろう。

①労働者の意向を反映させるための仕組み

評価者の恣意的な査定を防止するためには，評価される労働者の意向を反映させるための仕組みが必要である。具体的には，目標管理制度における目標設定段階や，評価の決定に先立つ段階で面談を行い，労働者の意見聴取の

機会を設けることが考えられる。

②評価を公正とするための仕組み

評価・決定を客観的に正しく行うためには，評価者の訓練が必要であるが，特定の者による恣意的・専断的な評価・決定を防ぐために，2人以上の者による評価・決定が行われる仕組みにすることが必要である。

③評価についての説明と異議申立制度

評価の公正性・公平性を確保するため，決定の根拠・理由について評価基準に照らして十分説明することが必要である。

また，評価について企業側と労働者の間に相違が生ずることがあり得るが，その場合，労働者が自己の評価について苦情申立て（異議申立て）ができることを制度化すべきである。

(3) 実際の査定の合理性

いくら制度内容が合理的であっても，実際の査定が不合理なものであれば，適正な賃金決定ができないことはいうまでもない。

前記(2)で述べたような仕組み等，制度上予定されている手続に違反した場合，手続違反のみをもって，賃金減額は無効と解すべきであろう。

また，目標設定に基づく査定制度において設定される目標が妥当かつ公平でなかった場合，査定に際して考慮すべき要素を適正に評価していない場合，本来考慮すべきでない要素を考慮している場合（組合活動や思想信条等を考慮している場合など），査定結果との均衡を欠く減額がされた場合などは，使用者の権限の濫用として，賃金減額は無効とされるべきである。

個別査定に基づく賃金切下げは，合理性のある制度のもと，適正な査定がされた場合にのみ有効となると考えるべきである。

(4) 裁判例

この問題については，十分な判例の集積があるとはいい難いが，参考となる判例として以下のものがある。この問題の相談を受けたときは，これらの判例も引用しつつ，上述の(2)(3)で論じた点を強調すべきであろう。

CASE

* 日本システム開発研究所事件・東京高判平成 20・4・9 労判 959 号 6 頁（個別的な交渉に基づき金額が決定される年俸制において，合意が成立しなかったケースで，「年俸額決定のための成果・業績評価基準，年俸額決定手続，減額の限界の有無，不服申立手続等が制度化されて就業規則等に明示され，かつ，その内容が公正な場合に限り，使用者に評価決定権がある」とし，そのような就業規則の定めがない本件では，使用者には一方的な年俸決定権はなく，前年度の年俸額をもって，次年度の年俸額とせざるを得ないとした）

* エーシーニールセン・コーポレーション事件・東京地判平成 16・3・31 労判 873 号 33 頁（上司との面談に基づく「目標管理」を軸に業績評価とコンピタンシー評価からなる成果主義人事考課制度のもとで，基本給の減額（降給）の相当性が争われた事案で，降給が許容されるのは，①就業規則等による労働契約に降給が規定されていること，②降給の決定過程に合理性があること，③その過程が従業員に告知されてその言い分を聞くなどの公正な手続が存することが必要であり，④降給の仕組み自体に合理性と公正さが認められ，その仕組みに沿った降級の措置がとられた場合は，個々の従業員の評価の過程に特に不合理ないし不公正な事情が認められない限り，当該降給の措置は当該仕組みに沿って行われたものとして許容されると判断した）

* 国際観光振興機構事件・東京地判平成 19・5・17 労判 949 号 66 頁（人事制度の仕組み自体は合理性を欠くとはいえないが，評価基準が一義的に明確なものとはいえないので，本件評定が人事制度に則って適正に実施されたかどうか慎重な検討が必要だとして，上司のした評定につき詳細な事実認定を行い，結果として，本件人事制度が定めるルールに合致したものとはいえず，適切でないので，合理性を欠く人事権の行使だったとして，評定に基づく降格・賃金の減額を無効とした）

* ユニデンホールディングス事件・東京地判平成 28・7・20 労判 1156 号 82 頁（「賃金減額規程が，減額事由，減額方法，減額幅等の点において，基準としての一定の明確性を有するものでなければ，そもそも個別の賃金減額の根拠たり得ないものと解するのが相当」とし，「担当職務の見直しに合わせ，給与の見直しを行う場合がある。見直し幅は，都度決定する」という賃金規程の定めは，減額の根拠とならないとした）

CHAPTER

06 人事異動（配転，出向，転籍）

Ⅰ．配転，出向命令に対する対処の基本

1．配転における初動（配転の内示，発令段階）

(1) 内示の段階

　配転（配置転換）に先立ち，内示がされることが多い。転居を伴う遠隔地配転の場合，労働者やその家族の生活に大きな影響を及ぼすのが通常である。そこで，配転に応じられない事情があるときには，その旨を企業側に伝え，再考を求めることが考えられる。育児・介護負担がある場合には，後述のⅡ4(4)ⅱ（342頁）で論じる育児介護休業法による配慮義務を援用することが重要である。

(2) 異議を唱えつつ配転に応じる場合

　単なる打診ではなく，配転命令が出された場合，それに応じるかどうかについては，慎重に検討する必要がある。

　配転命令に応じない場合，業務命令違反として懲戒解雇されるのが通常である。もちろん，懲戒解雇の有効性を争い（そこでの争点は，配転命令の有効性になる），配転命令が無効であると判断されれば，事後的な救済（地位確認と懲戒解雇後の賃金の支払）を得られるが，当面の生活に窮する可能性がある。配転命令が明らかに無効であれば，懲戒解雇に対する地位保全，賃金仮払い仮処分を申し立てるという方針をとることもできるが，配転命令の有効性判断は，微妙であることが少なくない。そこで，懲戒解雇という結果を回避すべく，配転命令に対して異議を唱えつつ，とりあえず配転命令に従うという選択肢が出てくることになる。この場合，配転命令に応じつつ，配転命令の無効確認の本訴や労働審判を起こすことになる（配転命令の効力禁止の仮処分の申立てをすることも考えられるが，実際に配転命令に従ってしまっている以上，保全の必要性の立証には困難を伴うだろう）。

CHAPTER 6　人事異動（配転，出向，転籍）　　331

(3) 配転を拒否する場合

しかし，転居を伴わざるを得ない遠隔地配転の場合には，介護すべき親族がいたり，共働きの夫婦で，どちらか一方のみで子どもを養育するのが困難であるなど，家庭の事情で，配転命令に応じることが不可能である場合もある。このようなケースでは，懲戒解雇になるリスクを覚悟しつつも，配転命令を拒否せざるを得ないであろう。

このような場合，懲戒解雇される前の段階で，配転命令に応じる義務がないことを仮に定める仮処分の申立てをすることが考えられる（なお，管轄につき，カワカミ〔移送申立て〕事件・東京高決平成14・9・11労判838号24頁参照）。また，労働審判の申立てをすると同時に，労働審判法29条が定める審判前の措置を求めることも検討に値する（Pt. 1, Chap. 4, Ⅲ 4(5)〔110頁〕を参照のこと）。

なお，労働者が労働組合に加入している場合には，懲戒解雇を回避するために，当該労働者を対象にして指名ストを行い，赴任を拒否して配転命令を争う方法もある。この場合の指名ストは，正当な争議行為と解されている（新興サービス事件・東京地判昭和62・5・26労判498号13頁）。

2. 出向の場合

以上のような対処法は，在籍出向の場合にも妥当する（出向命令の有効性は，配転命令の場合と，ほぼ同様の枠組みで判断される。労務の提供先が変わる出向の場合，同一企業内で行われる配転に比べ，その有効要件が厳しくなるが，初動の段階では，それほど大きな違いがないと考えた方が無難であろう）。

なお，出向の場合，勤務地や職務内容が変更されるだけでなく，賃金や労働時間などの基本的な労働条件も変更されることがある。したがって，出向先での労働条件を事前に確認しておくことは極めて重要である。出向後に，出向先での労働条件が従前に比べて低下していることが判明する場合があるが，このような事態を回避するために，必ず事前の確認をしておくべきである（なお，出向先での労働条件の提示は，後日の紛争を回避する意味で，書面の交付，電子メールの送受信などの方法で行うべきである）。

また，労働条件が大幅に低下する場合は，そのことを理由に出向を拒否するという対処法もある。仮に企業に出向（別企業での労務提供）を命じる権限があるとしても，労働条件を一方的に切り下げる権限はないというのが労働法の基本である。したがって，大幅な労働条件の切下げを伴う出向は，そ

のことを理由に無効とされる可能性が高いことになる。

3. 転籍の場合

転籍は，それまで勤務していた企業を退職して，別の企業に移籍するものであるから，労働者との合意に基づくことなく，企業の一方的な意思で，これを行うことはできない。したがって，転籍に応じる意思がない場合には，そのことをキッパリと企業に伝えるようアドバイスすることが重要である。

また，転籍を拒否したことを理由に解雇されたとしても，労働者には転籍に応じる義務はないから，これを訴訟等で争えば，解雇無効の判断がされるのが通常である。

ただし，後述のとおり，判例の中には，グループ企業内での転籍については，労働者との同意なくしてこれを実施することができるとするものもある。したがって，グループ企業内での転籍の場合は，就業規則の定めのほか，グループ内転籍の実情等についての情報を確保することが必要となろう。

4. 無効確認がされた場合の法律関係

配転や出向命令が無効と判断された場合の判決等の主文は，「配転先で就労すべき義務を負わないことを確認する」となる。配転命令が無効であることが確認された以上，配転命令前の勤務場所や業務内容で勤務するのが当然だとも考えられる。しかし，就労請求権の場合（Chap. 1, Ⅵ 3 (1)〔214 頁〕参照）と同様，裁判所は，労働者には勤務場所や従事すべき業務を決める権利はない（これらは，企業が決定するものである）という理屈により，配転命令前の勤務場所や業務内容での地位確認を認めようとしない。ただし，労働契約上，職務内容等が限定される旨の合意があれば，限定された職種等で勤務する権利の地位確認が認められる余地がある（その旨を説示するものとして，学校法人須磨学園ほか事件・神戸地判平成 28・5・26 労判 1142 号 22 頁〔ただし，当該事案では限定はないと判断〕がある）。

配転命令の無効確認の判決（もしくは配転命令の無効を理由に懲戒解雇を無効とし，労働契約上の権利を有する地位を確認する判決）が出された場合，企業が配転命令前の勤務場所や業務に服させたり，労働者が希望する勤務場所等に配属させれば，配転命令をめぐる紛争は終局的に解決する。

しかし，それ以外の場所等に配属（再配転）した場合には，紛争が終局的な解決に至らないことになる。とりわけ，配転命令が不当な動機目的（例え

ば，退職に追い込もうとする目的）に基づくような場合，使用者は配転命令無効の判決を受けた後も，労働者がとうてい受け入れられないような再配転を敢えて行うことがある（そのような例として，フジシール事件・大阪地判平成12・8・28労判793号13頁）。

この場合，再度，配転命令の無効確認の訴訟等を起こさざるを得なくなり，いわば「いたちごっこ」の状態になるが，不当な動機目的によるものである場合には，仮処分の申立てをすれば，配転命令に従う義務のないことを仮に定める仮処分決定が出される可能性が強く，本訴においても，配転命令の無効確認とともに損害賠償が認容される可能性が強いであろう。

Ⅱ．配転（配置転換）

1．配転命令とその有効性についての概要

配転とは，従業員の配置の変更で，職務内容または勤務地が相当の長期間にわたって変更されるものをいう（なお，勤務地の変更を伴うものは，転勤と呼ばれる）。

配転は，使用者と労働者の合意に基づき行われることもあるが，使用者が労働者に対して一方的に配転を命じることもある（配転命令）。配転命令に対して，労働者が不服を申し立てた場合，その有効性は，以下の観点から判断されている。

①労働契約上，配転命令権の根拠があること
②法令違反等がないこと
③権利濫用でないこと

後述のとおり，②の法令は，不当な動機目的に基づく配転を規制するものなので，②に違反するものは，③にも違反することになる。

2．労働契約上の根拠

(1) 労働契約上の根拠が必要

かつては，配転は，使用者の人事権（配転命令権）に基づき，使用者が自由に行い得るという見解もあったが，現在では，労働契約上の根拠が必要であるとする考え方が主流である。

なお，以下に論じる労働契約上の根拠がない場合にも，労働者の同意が得られれば，配転は可能である。

CASE

　仲田コーティング事件（京都地判平成 23・9・5 労判 1044 号 89 頁）は，就業規則に明文がないことをもって直ちに配転命令権がないとはいえないが，合意原則（労契法 1 条，3 条 1 項参照）にかんがみると，労働契約を締結したことから当然に配転命令権があるとはいえず，諸事情に照らしてその有無・内容を決すべきであるとし，特に住居の移転を伴う配転については，仕事と家庭の調和（同法 3 条 3 項）への影響の大きさから，その存否は慎重に判断すべしとした。また，この判決は，整理解雇における解雇回避努力の要請の名のもとに，安易に配転命令権を認めるのは相当ではないとも判示し，解雇撤回後に発令された京都から横浜への配転命令を無効としている。

(2)　何が根拠となるのか

　労働契約上の根拠としては，他の労働条件の場合と同様，①個別の労働契約，②就業規則（労契法 7 条），③労働協約（労働組合法 16 条）が考えられる。

　大半の企業の就業規則では，配転について，「業務上の必要がある場合，配置転換を命じることがある（従業員はこれを拒むことはできない）」などという，極めて概括的な条項が設けられている。労働者側からすれば，どのような業務上の事由・必要性がある場合に配転を命じることができるのか，配転を命じるまでの手続等についても定められていることが望ましいが，これらのことを就業規則で定めている例は，ほとんどみられない（ただし，下記のとおり，労働協約では一定の歯止めがかけられている場合がある）。

　そして，裁判所は，上記のような概括的な規定でも，配転命令権の根拠になるとしている。なお，就業規則等で，配転命令について一定の限定が定められている場合（例えば，総合職社員には全国転勤があるが，一般職には一定の地域内での転勤しか予定しないような場合）には，その限定の範囲（一定の地域内）でしか，配転を命じることはできない。

　労働協約では，解雇や配転等について，労働組合との協議や同意を得るべきことが定められていることがあり，この場合には，労働組合との協議等を経ないで実施された配転命令は，無効とされることがある（なお，同意条項については，使用者が誠実に協議したにも拘わらず，同意が得られない場合には，配転命令を出すこともできると解釈されることになろう。解雇の同意条項の場合と同様である（Chap. 1, I 2 (2)〔141 頁〕を参照のこと）。

⑶ 配転命令権の限定（職種，勤務地限定契約）

就業規則等で配転命令権が定められている場合でも，個別の労働契約で，職種や勤務地が限定されていると解される場合がある。そのような場合，配転命令を出せるのは，その限定された職種・勤務地の範囲内ということになる。

この点，就業の場所や，従事する業務の内容は，労働契約締結時やそれに先立つ採用面接や求人票等で明らかにされるのが通常である（労基法15条1項，労基則5条により，書面による明示が義務付けられている）。

しかし，これらは，入社当初の勤務場所や業務内容を明らかにするものにすぎず，求人票等の記載のみをもって，職種・勤務地限定契約であると認定されることはまずない。職種限定契約と認定されるには，労働契約締結に至るまでの経過（職種を限定する旨が明確に述べられていたことが立証できれば，限定契約とされよう）や，当該職種の内容（例えば，医師のように，国家資格に基づく高度の専門性を有する職種の場合，特段の事情がない限り，職種限定であると認定されるのが通常である）を検討することになる（臨床外科医につき，臨床に従事するという意味での黙示的な合意を認定した例として，地方独立行政法人岡山市立総合医療センター〔抗告〕事件・広島高岡山支決平成31・1・10労判1201号5頁がある）。勤務地限定についても，労働契約締結に至るまでの経緯や，当該勤務場所の特性（地方の工場で，大半の従業員が現地に居住する者である場合には，勤務地限定であると認定されるのが通常であろう）などを検討することになる。

> **実践知！**　求人票の記載は，入社直後の職種，勤務場所にすぎないと判断されることが多いので，職種や勤務地限定の主張をする場合には，契約成立に至る経緯等を詳細に確認しておく必要がある。

CASE　職種限定に関するもの

＊職種限定の合意を否定したものとして，東京サレジオ学園事件・東京高判平成15・9・24労判864号42頁（児童福祉施設の児童指導員），大阪医科大学事件・大阪地判平成17・9・1労判906号70頁（電話交換手），藤田観光（ホテル従業員配転）事件・東京地判平成16・11・15労判886号30頁（バーテンダー）など

がある。

*アナウンサーについて，職種限定を認めなかった例もある（九州朝日放送事件・最判平成10・9・10労判757号20頁）一方，これを認めた例もある（日本テレビ放送網事件・東京地決昭和51・7・23労判257号23頁）

*ヤマトセキュリティ事件・大阪地決平成9・6・10労判720号55頁（警備会社社長のスポーツ団体事務局長就任を契機に語学堪能との条件のもとに採用された47歳女性につき，事務職に職種が限定されているとして，警備職への配転命令を無効とした）

*東武スポーツ事件・宇都宮地決平成18・12・28労判932号14頁（キャディとして採用され，一般職とは異なる就業規則および給与規定の適用を受け，研修を継続して受けながら長期間勤務してきた労働者につき，同社では，キャディ職従業員が他の職種へ配置転換されるのは例外的であったこと等を理由としてキャディに職種が限定されているとした）

*ジブラルタ生命（旧エジソン生命）事件・名古屋高判平成29・3・9労判1159号16頁（合併に伴い採用時の職種〔管理職〕が廃止された例で，少なくとも採用時に固定給が保障された2年間は職種が限定されているとし，管理職から一般社員への配転を，懲罰的な人事とも解されるとして無効とした）

CASE　勤務地限定に関するもの

*新日本製鉄事件・福岡地小倉支決昭和45・10・26判時618号88頁（現地採用で慣行上転勤がなかった工員に対する新設の他工場への転勤命令を無効とした）

*蔵田金属工業事件・松江地決昭和51・3・16労判259号59頁（半農半工の労働者や主婦のパートタイマーなど生活の本拠が固定しており，それを前提に労働契約が締結されたことから，勤務地限定を認めた）

*ブックローン事件・神戸地決昭和54・7・12労判325号20頁（現地採用の事務補助職としての女子従業員に対する転勤命令を無効とした）

*新日本通信事件・大阪地判平成9・3・24労判715号42頁（採用面接時でのやり取り，採用担当者が本社に採用の稟議をあげる際，本社が何の留保も付さずに採用許可を出している等の事情から，勤務地限定の合意を認めた）

*日本レストランシステム事件・大阪高判平成17・1・25労判890号27頁（採用の経緯から関西地区のレストラン調理担当者として現地採用されたといえること，採用の際，他の地区での勤務に難色を示し，使用者もこれを了承していたこと，同じマネージャー職では他の地区に異動させられることが稀であったことから，勤務地限定の合意を認めた）

　なお，職種限定が認定できない場合でも，職務の内容や当該企業における配転の実績等から，異職種配転が無効とされる場合もある。

CASE

*直源会相模原南病院事件・東京高判平成 10・12・10 労判 761 号 118 頁。最決平成 11・6・11 労判 773 号 20 頁で是認（病院の事務職員に対する看護助手〔労務職〕への配転命令につき、「業務の系統を異にする職種への異動、特に事務職系の職種から労務職系の職種への異動については、業務上の特段の必要性および当該従業員を異動させるべき特段の合理性があり、かつこれらの点についての十分な説明がなされた場合か、あるいは本人が特に同意した場合を除き」一方的に異動を命ずることはできないとし、配転命令を無効とした）

*エルメスジャポン事件・東京地判平成 22・2・8 労判 1003 号 84 頁（業務上の必要性が高くないにも拘わらず、情報システム専門職としてのキャリアを形成していくという原告の期待に配慮せず、その理解を求める等の実質的な手続を履践することもないまま、その技術や経験をおよそ活かすことのできない部署へ配転したことは、配転命令権を濫用するものと解すべき特段の事情に当たるとした）

3. 法令違反でないこと

強行法規に違反する配転命令は無効である。

その典型は、不当労働行為の場合（組合活動の妨害を目的として、組合の中心メンバーを遠隔地に配転するような場合）である（労組法 7 条）。不当労働行為を理由として配転命令を無効とした裁判例は、数多く存在する。

また、男女差別、妊娠・出産・産前産後休業の請求・取得を理由とする不利益取扱い等に該当する配転命令も無効である（Chap. 7, IV 1〔375 頁〕参照）。

4. 権利濫用に該当しないこと

⑴ 権利濫用の判断基準（東亜ペイント最高裁判決）

配転命令の有効性については、東亜ペイント事件（最判昭和 61・7・14 労判 477 号 6 頁。全国に支店、営業所を展開する企業〔定期異動が行われる〕に大卒一括採用で入社した労働者が、同居中の母親や保母をしている妻、2 歳の娘を残して単身赴任を強いられる遠隔地配転を命じられた）がリーディングケースとされ、同判決の判示内容（下記の①～③）が、現在でも、権利濫用の判断基準として用いられている。

①転勤命令につき、業務上の必要性が存しないとき

②転勤命令が他の不当な動機・目的をもってなされたものであるとき

③労働者に対し通常甘受すべき程度を著しく超える不利益を負わせるものであるとき

なお，①と②は，互いに相関関係があるといえる（業務上の必要性がない
ところで配転が行われるのは，何らかの不当な動機・目的に基づくことが多い。
ただし，外形的には，業務上の必要性があるとみられる場合にも，真の動機が不
当な動機・目的に基づくこともあるので，両者は完全に表裏の関係に立つとまで
はいえない）。

(2)　業務上の必要性

　東亜ペイント判決は，①業務上の必要性について，「当該転勤先への異動
が余人をもっては容易に替え難いといった高度の必要性に限定することは相
当でなく，労働力の適正配置，業務の能率増進，労働者の能力開発，勤務意
欲の高揚，業務運営の円滑化など企業の合理的運営に寄与する点が認められ
る限りは，業務上の必要性の存在を肯定すべき」として，これを広く解して
おり，その後の下級審判決も同様の説示をしている。業務上の必要性は，使
用者側が主張立証すべきものであるが，「労働力の適正配置」はどうにでも
理屈付けできるので，労働者側でこれを覆すのは，容易ではない。

　もっとも，当該企業にとって全く意味のない雑用（草むしり等）をさせた
り，当該労働者のそれまでのキャリア（知識，経験，技能）と全く無関係な
業務に従事させたり，遠隔地配転が行われた実績がない企業で，企業組織，
運営についての変化がない中，突如として遠隔地配転をするような場合には，
業務上の必要性が否定できることがある（これらのことが行われるのは，不当
な動機目的に基づくことが多い）。

　また，①業務上の必要性と，③労働者の被る不利益を関連付ける考え方も
成り立つ。例えば，名古屋セクハラ（K 設計・本訴）事件（名古屋地判平成
16・4・27 労判 873 号 18 頁）は，配転命令をするには，労働者が被る不利益
の内容，程度を勘案し，この受忍を相当とするだけの業務上の必要性，合理
性が必要であるとしている。

　さらに，業務上の必要性に関連して，別途，人選の合理性という基準を掲
げるものもみられる（明治図書出版事件・東京地決平成 14・12・27 労判 861 号
69 頁，塚腰運送〔人事異動〕事件・京都地判平成 16・7・8 労判 884 号 79 頁，JR
北海道〔転勤命令〕事件・札幌地判平成 17・11・30 労判 909 号 14 頁など）。ち
なみに，出向に関する労契法 14 条は，「対象労働者の選定に係る事情」を
出向命令の有効性判断の事情とすべきことを明記している。

CASE

* フットワーク・エクスプレス（大津）事件・大津地判平成 10・11・17 労判 756 号 44 頁（大津から和歌山市内への転勤につき，転勤先での業務が誰にでもできること，転勤後に大津で新人を補充していること等から当該労働者を転勤させる必要性を欠くとして無効とした）
* 公営社事件・東京地判平成 11・11・5 労判 779 号 52 頁（会社の組織改正に反対していた営業部次長に対する新設の営業管理部次長への配転命令につき，後に組織改正に反対する言動をしなくなったこと，業務上の必要性がなかったこと等から無効とした）
* C 株式会社事件・大阪地判平成 23・12・16 労判 1043 号 15 頁（解雇無効を前提とする賃金仮払仮処分決定を受けて，解雇を撤回したものの，原職〔大阪営業所における営業職〕ではなく，名古屋営業所の輸出案件に特化したカスタマーサービススタッフに配転したことにつき，名古屋営業所における輸出案件の取扱量がさほど多くない状況下においては，あえて配転する必要性および合理性があったとまでは認め難いとして，配転命令権の濫用とした）
* えどがわ環境財団事件・東京地判平成 26・11・26 労判 1115 号 68 頁（動物園の動物飼育職 2 名に対する事務職および別施設の動物飼育職への配転命令につき，業務上の必要性を否定して無効とした。なお，高裁判決について(3)を参照）
* 北港観光バス（出勤停止処分等）事件・大阪地判平成 25・1・18 労判 1079 号 165 頁（出勤停止後に運転手を集計作業に従事させる配転命令を業務上の必要性がないとして無効とした）
* 学校法人原田学園事件・広島高岡山支判平成 30・3・29 労判 1185 号 27 頁（視覚障害のある教員に対する A 学科事務のみを担当させる職務変更命令等について，補佐員による視覚補助により解決可能として，業務上の必要性がなく，通常甘受すべき程度を著しく超える精神的苦痛を負わせるものとして無効とした）

(3) 不当な動機目的

　不当な動機目的の例としては，不当労働行為や，退職に追い込むためのもの（遠隔地に配転したり，やり甲斐のない仕事をさせることで，労働者自らが退職するよう仕向けるもの）がある。

CASE

* 朝日火災海上保険事件・東京地決平成 4・6・23 労判 613 号 31 頁（木更津営業所から米子営業所への配転命令について，組合の内外で会社に強く抵抗する姿勢をとり続けてきた労働者を嫌悪し，これに対し不利益な取扱いをするという不当な動機・目的をもってなされたもので，権利濫用に当たり無効であるとした）
* フジシール事件・大阪地判平成 12・8・28 労判 793 号 13 頁（大阪の出向先で技術開発部に属していた労働者に対する筑波の印刷工場でのインク担当〔肉体労働〕

業務への配転命令を，退職勧奨拒否に対する嫌がらせとして無効とした）

＊プロクター・アンド・ギャンブル・ファー・イースト・インク事件・神戸地決平成 15・3・12 労判 853 号 57 頁（企業組織再編のための降格的配転につき，退職を促すことを目的とし，人選の合理性が乏しいとして無効とした）

＊オリンパス事件・東京高判平成 23・8・31 労判 1035 号 42 頁（正当な内部通報等の行為を問題視し，業務上の必要性とは無関係に，主として個人的な感情に基づき，いわば制裁的にしたものとして動機が不当であること，また，内部通報をしたことをその動機のひとつとしている点において，通報による不利益取扱いを禁止した運用規定にも反するものとして，配転命令を人事権の濫用と判断した）

＊えどがわ環境財団事件・東京高判平成 27・3・25 労判 1130 号 78 頁（動物園の動物飼育職 2 名に対する事務職および別施設の動物飼育職への配転命令につき，原告らが結成した労働組合の組織力を損ない，その活動を妨げることをも動機・目的としたものと認定し，権利の濫用と判断した。地裁判決につき，⑵を参照）

＊新和産業事件・大阪高判平成 25・4・25 労判 1076 号 19 頁（大阪本社営業部から大阪倉庫への配転および課長の職を解く旨の降格処分がされた事案で，配転命令について，業務上の必要性が乏しいなか，不当な動機・目的に基づき行われたものであり，かつ，通常甘受すべき程度を著しく超える不利益〔賃金を 2 分の 1 へと減額〕を負わせるものであるとし，権利の濫用として無効とした）

＊アールエフ事件・長野地判平成 24・12・21 労判 1071 号 26 頁（2 名の原告に対する大阪支店から長野本社への配転命令につき，退職に追い込むための不当な動機・目的に基づくものであるとして無効とした）

⑷　労働者の被る不利益

ⅰ　東亜ペイント判決の判断

　東亜ペイント最高裁判決は，母親，妻，子と別居を余儀なくされることは，転勤に伴い通常甘受すべき程度のものというべきとした。このため，同判決以降，しばらくの間，労働者の被る不利益の観点から，配転命令を無効とする裁判例はほとんどみられなくなったといわれている。

　東亜ペイントの最高裁判決が出された昭和 61 年という時代は，女性の社会進出も未だ不十分で，「男性は外で働き，女性は家庭を守る」という社会認識が当然のものとされ，男性社員は会社への強度（過度）の忠誠が求められる時代であった。しかし，その後の社会情勢の変化により，女性も男性と同様に職業生活を継続する（かつては，結婚や出産を契機に退職するのが当然のこととされていた）とともに，ワークライフバランス（「仕事と生活の調和」。労契法 3 条 3 項参照）の考えが広まってきている。このような社会情勢の変化を踏まえると，単身赴任は当然であるとか，職をもっている妻は仕事をや

めて，夫とともに転居すればよいという考え方は，当然のものとはいえない（このような観点から，単身赴任を余儀なくされる遠隔地配転を無効としたのが，平成 14 年の明治図書出版事件である）。

しかし，配転に関する訴訟では，裁判官は，東亜ペイント判決を常に意識する（大半の事案の判決文で，引用されている）し，そこでの当てはめについても無視はできないであろう（東亜ペイント判決は「通常甘受すべき程度を著しく超える不利益」としている）。そのように考えると，現時点でも，権利濫用と判断される労働者の不利益の程度は，相当に高度なものを求められると考えておいた方がよいだろう。

ii　育児介護休業法の定め

2002 年 4 月 1 日施行の改正育児介護休業法 26 条は，就業場所の変更を伴う配転を行おうとする場合について，「当該労働者の子の養育又は家族の介護の状況」への使用者の配慮義務を定めている。これを受けて「育介指針」（平成 16 年厚労省告示 460 号「子の養育又は家族の介護を行い，又は行うこととなる労働者の職業生活と家庭生活との両立が図られるようにするために事業主が講ずべき措置に関する指針」。平成 21 年厚労省告示 509 号で全部改正）が定められている。その指針の第 2，14 は，使用者が配慮すべき事項として，「配慮することの内容としては，例えば，当該労働者の子の養育又は家族の介護の状況を把握すること，労働者本人の意向をしんしゃく［斟酌］すること，配置の変更で就業の場所の変更を伴うものをした場合の子の養育又は家族の介護の代替手段の有無の確認を行うこと等があること」と定めている。

明治図書出版事件（東京地決平成 14・12・27 労判 861 号 69 頁）は，改正育休法 26 条が規定する事業者の義務は，配慮しなければならない義務であって，配転を行ってはならない義務を定めてはいないと解すべきであるが，改正法の制定経緯に照らすと，「少なくとも当該労働者が配置転換を拒む態度を示しているときは，真摯に対応することを求めているものであり，既に配転命令を所与のものとして労働者に押しつけるような態度を一貫してとるような場合は，同条の趣旨に反し，その配転命令が権利の濫用として無効になることがあると解するのが相当である」と判示している。また，ネスレ日本（配転本訴）事件（大阪高判平成 18・4・14 労判 915 号 60 頁。原審：ネスレジャパンホールディングス事件・神戸地姫路支判平成 17・5・9 労判 895 号 5 頁）は，育児介護休業法 26 条の配慮の関係では，不利益を軽減するために「採り得る代替策の検討として，工場内配転の可能性を探るのは当然のことである」

としている。

CASE

ア　家庭の状況等から配転命令を無効としたもの

＊北海道コカ・コーラボトリング事件・札幌地決平成 9・7・23 労判 723 号 62
頁（妻，長女〔躁鬱病の疑い〕，長男，二女〔脳炎の後遺症によって精神運動発達
遅延〕と同居し，隣接地に居住する体調の悪い両親の面倒をみている労働者に対
する帯広から札幌への配転）

＊日本ヘキスト・マリオン・ルセル（配置転換）事件・大阪地決平成 9・10・14
労判 741 号 90 頁（高齢で病気の母親〔骨粗鬆症・両変形性膝関節症に罹患し，
平成 8 年には大腸ガンの手術を受けた〕と同居している労働者に対する大阪から
福島への配転）

＊明治図書出版事件・東京地決平成 14・12・27 労判 861 号 69 頁（妻，長男〔3
歳〕，長女〔6 ヶ月〕と同居し，妻と共働きである労働者の東京本社から大阪支社
への配転。子どもが重症のアトピー性皮膚炎で育児負担が重いことも踏まえ，「妻
が仕事を持っていることの不利益を債権者又はその妻の一方が自らの仕事を辞め
ることでしか回避できない不利益を『通常の不利益』と断定することはもはやで
きないといわざるを得ない」としている）

＊ネスレ日本（配転本訴）事件・大阪高判平成 18・4・14 労判 915 号 60 頁（①
精神病の妻，実母〔78 歳〕，高校 3 年生，中学 3 年生の子どもと同居，②実母
〔79 歳，パーキンソン病による痴呆が進行し，徘徊傾向が顕著〕，妻と同居する 2
名の労働者に対する姫路工場から霞ヶ浦工場への配転）

＊日本レストランシステム事件・大阪高判平成 17・1・25 労判 890 号 27 頁（特
定疾患に罹患した娘を抱える労働者の関西地区から東京への配転につき，娘の定
期的な観察，治療が不可欠で，経過観察の結果手術が必要となる可能性もあり，
主治医を変更することが困難であるとして，不利益が「通常甘受すべき程度を著
しく超える」とした。業務上の必要性も否定）

＊ナカヤマ事件・福井地判平成 28・1・15 労判 1132 号 5 頁（50 年近く福井市内
で暮らし，妻子と同居している労働者に対する長野への配転。配転の内示もなく，
生活上著しい不利益をもたらすとした）

イ　労働者本人の事情から配転命令を無効としたもの

＊損害保険リサーチ事件・旭川地決平成 6・5・10 労判 675 号 72 頁（神経症によ
り 1 年間休職していた労働者が復職を申し出た際に出された旭川から東京への配
転命令につき，信頼ある医師による治療機会の喪失等を理由に無効とした）

＊ミロク情報サービス事件・京都地判平成 12・4・18 労判 790 号 39 頁（メニエ
ール病に罹患している労働者に対する京都から大阪への配転命令につき，病気の
ために仕事に支障が生じるかも知れないことは会社，同僚に周知されており，1 時
間 40 分以上を要する通勤に耐えられるかは疑問である等として無効とした）

＊ピジョン事件・東京地判平成 27・7・15 労判 1145 号 136 頁（精神疾患を有す

る者に対する転勤命令は，健常者の異動と比較して高い業務上の必要性が求められるとし，片道2時間半程度を要する場所への転勤命令を無効とした。業務上の必要性も否定）

ウ　職務の変更それ自体を不利益として配転命令を無効としたもの

＊北海道厚生農協連合会（帯広病院）事件・釧路地帯広支判平成9・3・24労判731号75頁（副総婦長に対する病院中央材料室の副看護部長待遇への配転命令につき，同人の経歴，能力，従前の地位等に照らし，看護婦の能力発揮も，能力開発の可能性の大部分も奪われるとして配転命令を無効とした）

(5)　適正手続（説明，誠実な対応）等

以上のような東亜ペイント最高裁判決が判示した要件に加え，最近では，配転理由の説明や，配転に伴う利害得失を判断するために必要な情報の提供など適正な手続をとることを求め，これが履践されていない場合には，配転命令を無効とする裁判例も出てきている。

CASE

＊メレスグリオ事件・東京高判平成12・11・29労判799号17頁（配転命令自体は権利濫用とはいえないが，配転に伴う利害得失を労働者が判断するのに必要な情報を提供せずになされた本件配転命令は，労働者が受ける影響等に対する配慮を著しく欠くもので，これに基づく懲戒解雇は権利の濫用として無効となると判示〔同旨の判例として，山宗事件・静岡地沼津支判平成13・12・26労判836号132頁〕）

＊直源会相模原南病院事件・東京高判平成10・12・10労判761号118頁（前掲2(3)），濱田重工事件・熊本地決平成11・12・28労判781号55頁，日経団総合コンサルティング事件・東京地判平成12・4・11労判797号89頁なども配転に伴う手続的観点から（も）配転命令を無効としている。

5.　慰謝料請求

違法な配転命令については，慰謝料が認容されることもある（ただし，解雇が無効と判断された場合と同様，常に認められるとは限らない）。

CASE

＊C株式会社事件・大阪地判平成23・12・16労判1043号15頁（前掲4(2)。50万円を認容）

＊新和産業事件・大阪高判平成25・4・25労判1076号19頁（前掲4(3)。50万円を認容）

＊アールエフ事件・長野地判平成24・12・21労判1071号26頁（前掲4(3)。2名

の原告につき，各 200 万円を認容）

* 北港観光バス（出勤停止処分等）事件・大阪地判平成 25・1・18 労判 1079 号 165 頁（前掲 4 ⑵。33 万円を認容）
* 学校法人追手門学院（追手門学院大学）事件・大阪地判平成 27・11・18 労判 1134 号 33 頁（教授を教育研究所に配転したことにつき，教授会を通じて意見表明する機会，制度利用を妨げられ，学生に対する指導，研究を発展させる機会を奪われたこと等に対して，50 万円を認容）
* ピジョン事件・東京地判平成 27・7・15 労判 1145 号 136 頁（転勤を命ずるに際して，労働者の心身の健康を損なうことがないように注意すべきであるとして，30 万円を認容）
* ホンダ開発事件・東京高判平成 29・4・26 労判 1170 号 53 頁（配転命令が無効であるとはいえないが，「X さんがやっている事は仕事ではなく，考えなくとも出来る作業だ」等々の言動および本件異動は，「労働者として通常甘受すべき程度を著しく越える不利益を課すものと評価すべきであり」，全体として X に対する不法行為を構成するとして，慰謝料 100 万円を認容）
* 学校法人原田学園事件・広島高岡山支判平成 30・3・29 労判 1185 号 27 頁（前掲 4 ⑵。110 万円を認容）
* NTT 西日本（大阪・名古屋配転）事件・大阪高判平成 21・1・15 労判 977 号 5 頁（51 歳以上の労働者 17 名が，大阪から名古屋への転勤を命じられた事案について，長距離通勤や単身赴任によって肉体的・精神的なストレスを受けたことは，その年齢とも相まって，軽視できないものがあるとして，配転命令権濫用の不法行為に基づき，17 名の原告に 40 万円ないし 120 万円の慰藉料請求を認容）

Ⅲ．出向

1．出向命令とその有効性についての概要

　「出向」とは，雇用先企業の従業員としての地位を保持したまま，相当長期間にわたり，他企業の事業所において労務に従事させる人事異動のことをいう。出向先は，子会社ないし関連会社である場合が多い。

　出向においては，労働条件の変更を伴うことが多い。そこで，前述のとおり，出向に先立ち，具体的な労働条件を明らかにさせておくことが重要である。

　出向命令の有効性の判断においては，配転命令の場合と同様の判断枠組みが用いられている。すなわち，労働契約上，出向命令権の根拠があることを前提として，法令違反，権利濫用がないことが必要とされる。

2. 出向についての留意点

(1) 出向命令権の労働契約上の根拠

出向では，労務提供の相手先が変わるので，かつては，民法625条等を根拠に，出向を命じる時点で，労働者の個別合意を必要とするという見解があった。しかし，現在では，配転の場合と同様，労働契約や就業規則で，出向を命じ得る旨が定められていれば，それを根拠に出向を命じることができると考えられている（なお，出向については，労契法14条による規律がある〔一方，労契法は，配転については，何の定めも置いていない〕。しかし，同条は，「使用者が労働者に出向を命ずることができる場合において」としており，どのような場合に出向を命じることができるかの定めを置いておらず，この点については，従前からの判例法理によることになる）。

ただし，出向の場合には，配転と異なり，労務を提供する（指揮命令を受ける）相手先が変わり，労働条件の（不利益）変更を伴うことが多い。そこで，単に就業規則で，「出向を命じることがある」といった抽象的な定めがあるだけでは足りず，出向先での基本的労働条件等が明瞭になっていることが必要であると解されている。

CASE

＊新日鐵事件・最判平成15・4・18労判847号14頁（事業の一部を協力会社に業務委託することに伴い，委託される業務に従事していた労働者を協力会社に出向させた事例。労働協約である社外勤務協定において，社外勤務の定義，出向期間，出向中の社員の地位，賃金，退職金，各種の出向手当，昇格・昇給等の査定その他処遇等に関して出向労働者の利益に配慮した詳細な規定が設けられていることなどの事情のもとでは，労働者の個別同意なく，出向を命じることができるとした）

＊日本レストランシステム事件・大阪高判平成17・1・25労判890号27頁（就業規則において単に「業務の都合により必要がある場合には出向を命ずることがある」旨を定めるだけで，出向先の労働条件・処遇，出向期間，復帰条件等を定めていない場合には，出向命令の法的根拠を欠き無効であるとした）

(2) 権利濫用について

労契法14条は，「使用者が労働者に出向を命ずることができる場合において，当該出向の命令が，その必要性，対象労働者の選定に係る事情その他の事情に照らして，その権利を濫用したものと認められる場合には，当該命令は，無効とする」と定めているが，この点についての判断は，配転命令に

おける判断基準（業務上の必要性〔対象労働者の人選の合理性〕，不当な動機目的の有無，労働者の被る不利益の程度，適正手続）と同様に考えてよいであろう。ただし，出向の場合，労働条件の引下げを伴うことが少なくなく，この場合，労働者が被る不利益については，不利益となる労働条件の性質やその程度の検討も含めて判断されることになる。また，出向の場合，労務の提供先の企業が変わることから，，適正手続（説明，誠実な対応等）については，配転の場合よりも，より慎重な配慮が求められることになろう。

CASE

* 日本ステンレス・日ス梱包事件・新潟地高田支判昭和 61・10・31 労判 485 号 43 頁（出向命令が当該労働者の家庭の事情〔老母の病気〕からして権利濫用とされた）
* JR 東海事件・大阪地決昭和 62・11・30 労判 507 号 22 頁（出向先での職務が従前の職務とは著しく異なり，そのような出向につき申請人らを人選したことの合理的理由も示されていないとして権利濫用とした）
* ゴールド・マリタイム事件・最判平成 4・1・24 労判 604 号 14 頁，大阪高判平成 2・7・26 労判 572 号 114 頁（懲戒解雇が裁判で無効とされ，労働者が職場復帰したが，会社が，社内に配置すべきポストがないとして，下請会社への出向を命じた事案で，業務上の必要性，人選の合理性ともに認められず，権利の濫用に当たるとした）
* 東海旅客鉄道事件・大阪地決平成 6・8・10 労判 658 号 56 頁（出向先の作業は腰痛などの持病をもつ者にとっては，退職に追い込まれる余地のあるものであり，腰痛の持病をもちコルセットを常用せざるを得ない者と，入院を余儀なくされた腰痛の病歴があって完治していない者とに対する出向命令を，人事権の濫用として無効とした）
* リコー子会社出向事件・東京地判平成 25・11・12 労判 1085 号 19 頁（グループ全体で約 1 万人の人員削減計画が行われる中，希望退職者の募集および退職勧奨が行われた後になされた出向命令について，本件出向命令は退職勧奨を拒否した原告らが翻意して自主退職に踏み切ることを期待して行われたものであって，人選の合理性を認めることもできず，人事権の濫用として無効とした）
* 大王製紙事件・東京地判平成 28・1・14 労判 1140 号 68 頁（懲戒処分〔降格〕と同時にされた遠隔地の営業所への出向について，経験，適性等を踏まえた選定作業を行わず，実質的に懲戒する趣旨で，不当な動機目的に当たるとして無効とした）

3. 慰謝料請求権

出向の場合にも，慰謝料が認められることがあるのは，配転の場合と同様である。

CASE 違法な出向に慰謝料を認めたもの

* 日本レストランシステム事件・大阪高判平成 17・1・25 労判 890 号 27 頁（前掲 2 (1)。配転命令と出向命令が人事権濫用として，100 万円を認容）
* 日本レストランシステム（人事考課）事件・大阪地判平成 21・10・8 労判 999 号 69 頁（前訴で出向が不法行為であるとされたにも拘わらず，出向先で就労させ続けたことに対する慰謝料として 200 万円を認容）
* 兵庫県商工会連合会事件・神戸地姫路支判平成 24・10・29 労判 1066 号 28 頁（その他の不法行為と合わせて 100 万円を認容）

Ⅳ. 転籍

1. 転籍と同意の必要性

「転籍」とは，現在の企業との労働契約関係を終了させて，新たに，他企業との間に労働契約関係を成立させる人事異動のことをいう。

合意解約と新契約締結という方法と，使用者の地位（債権債務）の譲渡（民法 625 条 1 項）という方法がある。

転籍は，現在の企業との労働契約を終了させる（＝退職する）ことになるので，労働者の同意を得ることなく，就業規則の転籍条項等を根拠に，これを命じることはできないと解されている（ミロク製作所事件・高知地判昭和 53・4・20 労判 306 号 48 頁，三和機材事件・東京地判平成 7・12・25 労判 689 号 31 頁，国立研究開発法人国立循環器病研究センター事件・大阪地判平成 30・3・7 労判 1177 号 5 頁等）。

もっとも，親会社から子会社への転籍につき，親会社の入社案内に当該子会社が勤務地のひとつとして明記されていたこと，採用面接の際には転籍があり得る旨の説明があり労働者が異議ない旨応答していること，当該子会社は実質上親会社の一部門として扱われ転籍も社内配転と同様の運用がなされてきたこと等から包括的同意を認定し，これに基づき転籍命令を有効とした判例もある（日立精機事件・千葉地判昭和 56・5・25 労判 372 号 49 頁）。

なお，仮に転籍に応じる場合でも，転籍先における労働条件がどのようなものになるのかについて確認し，これを書面化することが不可欠である。現在勤務する企業（転籍前の企業）との労働契約関係は終了してしまうので，このような書面による確認は，転籍前企業，転籍後企業の両者を交えるかたちで行うのが望ましい。

CASE

＊生協イーコープ下馬生協事件・東京高判平成 6・3・16 労判 656 号 63 頁（転籍元への退職の意思表示が，転籍先と雇用関係が成立することを条件としていたケースで，転籍元と転籍先との間で転籍の合意が成立し，転籍元が退職扱いをしたとしても，その後転籍先が受け入れを拒否し，転籍先との雇用契約が不成立になった場合には，転籍元との雇用関係が存続するとした）

＊京都信金事件・大阪高判平成 14・10・30 労判 847 号 69 頁（移籍出向後に，出向期間満了により移籍元に復帰するとの合意がなされていたとして，移籍出向期間の満了時に移籍元企業へ復帰したものとされた）

2. 転籍についての留意点

(1) 同意の有効性等

前述のとおり，転籍には，労働者の個別同意が必要であるが，仮に同意していても，それが自由な意思に基づくものであるかが問題とされる（Chap. 5, Ⅲ 3〔308 頁〕および Pt. 1, Chap. 3, Ⅲ 7〔50 頁〕で論じた山梨県民信用組合事件を参照のこと）。

なお，労働者が転籍について個別に同意したと認定された場合でも，転籍命令が違法・不当な動機・目的をもってなされた場合や，労働者が被る不利益の程度が著しいときには，転籍命令は権利の濫用に当たり，不法行為責任を認められる場合がある（兵庫県商工会連合会事件・神戸地姫路支判平成 24・10・29 労判 1066 号 28 頁）。

(2) 転籍拒否と解雇

特定部門を別会社化したうえで，転籍することを求め，これに同意しない労働者を解雇することがある（なお，会社分割については，後述の(3)を参照のこと）。これについては，以下のような裁判例が参考になる。

CASE

＊千代田化工建設（本案）事件・東京高判平成 5・3・31 労判 629 号 19 頁（特定部門の子会社化と当該部門の従業員の転籍が行われた際に，転籍を拒否した 1 人を解雇したケースに関し，整理解雇の要件を検討し，子会社化および転籍という施策自体には経営上の合理性があるとしても，大半の従業員が転籍に応じた以上会社はすでに経営規模の縮小を達成しており，残る 1 人を解雇するまでの必要性がないとした。また，会社の「転籍に応じた労働者との関係で，転籍に応じない労働者を解雇しなければ不公平」という主張を排斥した）

＊アメリカン・エキスプレス・インターナショナル事件・那覇地判昭和 60・3・20
労判 455 号 71 頁（営業所を閉鎖して当該営業所の業務を別会社にゆだねることと
し，全員解雇を行って転籍を求めた事案について，解雇回避努力義務違反があり，
人選の合理性もなく，組合との協議義務にも違反しているとして，解雇を無効とし
た）
＊三和機材事件・東京地判平成 7・12・25 労判 689 号 31 頁（倒産した会社〔和議
条件履行中〕が営業部門を独立させたケースで，そこへの転籍命令を拒否した労働
者の解雇を無効とした。整理解雇の要件も満たしていないとして整理解雇としても
無効とした）

(3) 会社分割と転籍

会社分割（会社法 757 条～766 条）の場合，分割の効果により，労働者は，
その意思に拘わらず，承継会社・新設会社に移籍されることになる。

この点につき，会社分割に伴う労働契約の承継等に関する法律（労働契約
承継法）によって，一定の要件を満たす場合に，労働者が分割会社に残留す
る権利（同法 5 条 3 項：承継事業に主として従事しない労働者の異議申出権）や，
承継会社・新設会社に移籍する権利（同法 4 条 4 項：承継事業に主として従事
する労働者からの異議申出権）が認められた。

上記要件を満たさない労働者（承継事業に主として従事する労働者）による
残留請求は認められない（日本アイ・ビー・エム〔会社分割〕事件・最判平成
22・7・12 労判 1010 号 5 頁）。ただし，同判決は，「商法等の一部を改正する
法律」（平成 12 年法律 90 号。平成 17 年法律 87 号による改正前のもの）附則 5
条の協議が全く行われなかった場合や，同条の協議を定めた趣旨に反するこ
とが明らかな場合には，労働契約承継法 3 条の定める労働契約承継の効力
を争う余地を認めた。そして，エイボン・プロダクツ事件（東京地判平成
29・3・28 労判 1164 号 71 頁）では，この観点から，分割会社に対する地位確
認を認めている。

労働契約承継法が，承継事業に主として従事する労働者の労働契約は，当
該労働者が希望する限り，会社分割によって承継会社等に承継されるものと
している趣旨に鑑みると，転籍同意方式による契約は，労働契約承継法を潜
脱するものであり，これにより，従前の労働契約とは異なる別個独立の労働
契約が締結されたとみることはできないとした例がある（阪神バス〔勤務配
慮・保全抗告〕事件・大阪高決平成 25・5・23 労判 1078 号 5 頁，同〔本訴〕事
件・神戸地尼崎支判平成 26・4・22 労判 1096 号 44 頁）。

CHAPTER

07　　　　　　　　　　ハラスメント

I．初動──事実の確定と違法性評価

1．事実行為と不利益処分

　ハラスメント事案のうち，パワハラ（パワーハラスメント），セクハラ（セクシュアルハラスメント）の場合には，問題とされる行為が事実行為であることが大半である（ただし，セクハラの場合には，セクハラの申告をした被害者が，それに対する報復として配転や解雇といった不利益を受けることがある）。

　一方，マタハラ（マタニティハラスメント）の場合には，解雇，雇止めや雇用身分の変更（正社員をパートにする）などの不利益処分がなされることがあるとともに，妊娠したことを知った後に退職勧奨をしたり，短時間勤務の取得等を妨げるような言動（事実行為）がなされることもある。

　不利益処分型（解雇，配転，降格等）の場合には，当該処分の有効性の問題として対処することになる。この場合，使用者側は，妊娠等を理由とする処分ではないとして，別の処分理由を主張してくるのが通常であり，当該処分理由の合理性や相当性が争点となる。その一方，労働者側としては，それが妊娠等を理由とするものであることについても主張立証することになる（Chap. 1, I 3 (2)〔143 頁〕，Pt. 1, Chap. 3, III 1 (3) ii〔36 頁〕も参照のこと）。

2．事実関係を立証する証拠の検討

(1)　事実を裏付ける証拠の重要性

　問題とされる行為が事実行為である場合，その事実を立証できるだけの証拠があるかが重要となる。案件によっては，相談段階で，すでにハラスメントの事実自体には争いがないと考えられるものもある（ハラスメントを認定する社内調査結果があったり，加害者が自認して謝罪しているような場合）。このような場合には，被害者の要求が実現できるかの検討をすればよいことになる（III 1〔359 頁〕を参照）。

　しかし，そのようなケースはむしろ稀で，多くの事案では，問題とされているハラスメント行為があったこと自体が争われる（被害労働者が主張する

CHAPTER 7　ハラスメント　　　**351**

事実は全くなかったと主張されることもあれば，一定の事実関係は認めるものの，被害労働者の主張は誇張であるなどと主張してくることもある）。そこで，被害労働者が主張する事実を裏付けるだけの証拠があるかの吟味が不可欠となる。

　不利益処分型の場合も，それが妊娠等を理由とするものであることを立証するために，妊娠の報告，その後の使用者側の対応などを明らかにする必要がある。したがって，不利益処分型であっても，できる限り，信用性のある証拠を確保することが重要となる。

(2)　何が証拠となり得るか

　当然のことながら，証拠は，客観性が高いほど証拠としての価値が高い。実務的には，録音や電子メールなどがこれに当たる（筆者の経験では，ハラスメントがあったときに，逐一，知人にメール送信をしていたところ，これを根拠にハラスメントの事実を認定する一方，原告本人の供述しかないハラスメントについては認定しなかったものがある。弁護士法人レアール法律事務所事件・東京地判平成 27・1・13・労判 1119 号 84 頁）。なお，録音に関しては，被害労働者が主張するような発言内容や，態様（大声で怒鳴りつけた）が録音されていなかったり，録音状況が悪く，聞き取れないこともあるので，事件を受任する前に，主要な部分については，再生して聴いておくのが望ましい。

　また，証人の証言も証拠としての価値は高いが，労働組合が支援しているようなケースを除き，協力を得られない場合が多いことや，被害労働者がつけていたメモや日記などは，客観性に欠けるが，その一部でも客観性のある証拠（メール等）と整合していると信用性は高まることにつき，Pt. 1, Chap. 1, Ⅰ 2（3 頁）を参照のこと。

　また，被害労働者がハラスメントの結果，疾病に罹患し，医師の診療を受けていた場合，カルテ（診療録）に受診に至る経緯（ハラスメントを受けたこと）が記載されていれば，これも有力な証拠となり得る（医師はハラスメントの現場を見ておらず，患者の申告に基づきカルテを作成するにすぎないが，特段の事情がない限り，何の症状もないのに医師の診察を受けたり，医師に対して虚偽の事実を申告をすることはないであろうとの経験則が働く）。また，ハラスメントについて記載されていないカルテや，単に傷病名が記載されているだけの診断書であっても，受診の時期や症状が，被害労働者が主張するストーリーと整合的であれば，証拠としての価値がある。

⑶ 証拠が乏しい場合

客観性のある証拠がない場合には，訴訟手続をとっても敗訴するリスクが伴うことを意識しなければならない（原告主張のハラスメントが不法行為を構成するとまでは認められず，あるいはハラスメントの事実自体が認められないとして，損害賠償請求が棄却された最近の例として，ビーピー・カストロールほか事件・大阪地判平成 30・3・29 労判 1189 号 118 頁がある）。

ただし，ホテル内で行われるセクハラのように，そもそも客観性のある証拠の存在が期待できないとともに，被害が重大である（被害救済の必要性が高い）場合もある。このようなケースでは，被害労働者の供述によらざるを得ないが，訴訟等において，それが信用され得るものかを，慎重に検証する必要がある（その際，二次被害が生じないように，配慮する必要がある。セクハラの被害者は女性である場合が圧倒的であるが，男性弁護士が相談を受けた場合，被害者の要望も聞きつつ，女性弁護士とともに相談や受任をしたり，男性弁護士は退き，女性弁護士に事件処理を委ねるといったことも考えられる）。

> **実践知！** ハラスメント事案では，ハラスメントの実態を明らかにする証拠の有無，その証拠の内容・証拠価値を検討することが必要不可欠である。

3. 違法性評価

セクハラの場合，それが業務上の必要性に基づき行われることはあり得ないから，原則として違法との評価がされることになろう。マタハラの場合も，妊娠したことに対して不利益を及ぼすような言動（例えば，「仕事を辞めて，家庭に守ったらどうか」などの発言）が正当化されることはないので，同様に考えられよう。

一方，パワハラの場合，業務上の指導などの過程で行われることがあり，それが常に違法と評価されるとは限らない。この点は，労働者の人格（権）の尊重という観点を踏まえつつ，社会通念に従って判断することになる（後述のⅣ 2〔366 頁〕を参照）。当事者の被害感情は，第三者的な判断と常に一致するわけではないので，注意が必要である。

なお，ハラスメントの類型を問わず，違法と評価される場合でも，違法性には，軽微なものから重大なものまである。軽微なものの場合には，損害賠償請求をしても，認容される額が微々たる額にとどまったり，損害賠償を基礎付けるほどの違法性がないとして，請求が棄却されることもある。したがって，違法性が軽微と判断され，被害も重大でないと考えられるケースで，裁判手続までするかについては，慎重に検討する必要があろう（このことは，弁護士費用の観点からもいえることである）。

　以上のような作業（証拠の吟味），検討（違法性の有無，程度）を踏まえ，受任に適すると考えた場合には，どのような手段を選択するかを検討することになる。

Ⅱ．ハラスメントに対する立法上の規制と使用者の法的責任

1．立法に基づく事業主の措置義務

(1)　ハラスメントについての措置義務

i　措置義務と指針

　雇用機会均等法（令和元年法律 24 号による改正後のもの）11 条 1 項，11 条の 3 第 1 項は，職場における性的言動や妊娠・出産等に関する言動により，労働者が不利益を受けたり，就業環境が害されることがないよう，事業主は「雇用管理上必要な措置を講じなければならない」と定め，11 条 4 項，11 条の 3 第 3 項は，厚生労働大臣がこれについての指針を定めるものとしている。これを受けて「セクハラ指針」（「事業主が職場における性的な言動に起因する問題に関して雇用管理上講ずべき措置についての指針」。平成 18 年厚労省告示 615 号。最終改正：平成 28 年厚労省告示 314 号），「マタハラ指針」（「事業主が職場における妊娠，出産等に関する言動に起因する問題に関して雇用管理上講ずべき措置についての指針」。平成 28 年厚労省告示 312 号）が定められている。

　また，パワハラについても，労働施策総合推進法（「労働施策の総合的な推進並びに労働者の雇用の安定及び職業生活の充実等に関する法律」。旧雇用対策法）の 30 条の 2 第 1 項は，「職場において行われる優越的な関係を背景とした言動であつて，業務上必要かつ相当な範囲を超えたもの」によって，就業環境が害されることがないよう，事業主は「雇用管理上必要な措置を講じなければならない」と定め，同条 3 項は，これについての指針を定めるものとしている。これを受けて「職場におけるパワーハラスメントに関して雇用

管理上講ずべき措置等に関する指針」の策定作業が進められている（2019年10月現在。なお，これと同時にセクハラ指針，マタハラ指針も改定される見込みである）。

ii　指針が定める内容

セクハラ指針が事業主に求める「雇用管理上講ずべき措置の内容」の概要は，以下のとおりである（マタハラ指針も，ほぼ同内容である。パワハラについてもほぼ同様となる見込みである）。

①事業主の方針の明確化およびその周知・啓発（指針「3(1)」）

その例として，セクハラの内容およびセクハラがあってはならないこと等を就業規則等に定め，パンフレット，研修，講義等の実施により，従業員へ周知・徹底すること等が定められている（なお，改正法〔令和元年法律24号〕では，研修の実施その他の必要な配慮等の努力義務が，法律の条文として規定された〔11条の2第2項〕）。

②相談（苦情を含む）に応じ，適切に対応するために必要な体制の整備（指針「3(2)」）

ここでは，相談窓口を設置することが求めており，セクハラは，マタハラなどと複合的に生じることが想定されることから，一元的に相談に応じることができる体制を整備することが望ましいとされている。

③職場におけるセクシュアル・ハラスメントに係る事後の迅速かつ適切な対応（指針「3(3)」）

具体的には，事実関係の迅速かつ正確な確認（相談者〔被害者〕，行為者〔加害者〕や第三者からの聞き取り），セクハラが確認できた場合の被害者に対する配慮のための措置（被害者，行為者の関係改善に向けての援助，両者の引き離しのための配転，行為者の謝罪，被害者の労働条件上の不利益の回復等），行為者に対する措置（行為者に対する懲戒等）等が挙げられている。

④上記3つの措置とあわせて講ずべき措置（指針「③(4)」）

相談者・行為者等のプライバシーの保護，相談者に対する不利益取扱いの禁止と，その周知。

(2)　実効性確保のための仕組み

雇用機会均等法は，セクハラ，マタハラを含む規定の実効性を確保するために，以下のような定めを置いている。

①労働者が相談をしたことや，相談への対応に協力した際に事実を述べた

ことを理由とする解雇等の不利益取扱いの禁止（11条2項，11条の3第
2項）

②男女雇用機会均等推進者選任の努力義務（13条の2）

③厚生労働大臣による報告の徴収，助言，指導，勧告（29条。虚偽報告等
に対する20万円以下の過料の制裁〔33条〕がある）。勧告に従わない事業
主の企業名公表の制裁（30条）

④都道府県労働局長による紛争解決援助（助言，指導，勧告）

⑤機会均等調停会議による調停

④，⑤については，後述のⅢ2(3)（363頁）を参照のこと。また，①につ
いては，パワハラに関する労働施策総合推進法30条の2第2項で同様の定
めが置かれている。③についても，同法36条1項，33条で同様の定めが置
かれている。

(3) 留意点

前記各指針は，事業主に公法上の義務を課すもので，措置を講ずべきこと
を請求する私法上の権利を労働者に与えたものとは解されていない。

雇用管理上の措置の実施を求める請求

「セクハラ指針」では，雇用管理上講ずべき措置として，例えば，セクハラがあ
ってはならない旨の方針を労働者に対して周知・啓発するための研修，講習等を実
施することを定めている（前記(1)ⅱ①）。しかし，このような措置を講ずべきことは，
公法上の義務と解されており，措置を講ずべきことを請求する私法上の権利を労働
者に与えたものとは解されていない（研修，講習等の具体的内容も，一義的に決まら
ず，使用者の裁量に委ねられる）。したがって，このような措置の実施を求める請求
は，通常訴訟では却下されることになると思われる（ただし，労働審判では，その
ような内容の審判が出される可能性がある。後述のⅢ2(1)〔361頁〕を参照のこと）。

しかし，下記で述べるとおり，指針に定められた内容は，債務不履行に基
づく損害賠償訴訟において，使用者の債務として受け入れられていると考え
てよいであろう。

また，指針に定められた内容は，それなりに詳細であるので，これを活用
して，被害労働者本人が企業に申入れをするといった対応も考えられるし，
訴訟手続に訴える前の代理人交渉や，調停等でも活用が可能である。

| 実践知！ | 行政上の指針が事業主に求める「雇用管理上講ずべき措置の内容」は，損害賠償訴訟においても，使用者が講ずべき債務の内容として取り入れられている。 |

2. 使用者に対する責任追及の法的根拠

(1) 不法行為上の使用者責任

　ハラスメント行為が事実型の場合，加害者は，不法行為責任（民法709条）を負う。案件によっては，被害者が行為者（加害者）に対する責任のみを追及し，企業への責任追及を望んでいないという場合もあるが，損害賠償請求の場合，請求が認容されても，行為者の資力の観点から，賠償金の回収に不安がつきまとうことが多い。そこで，行為者とともに，使用者に対しても，請求をするのが通常である（なお，労働審判では，個人事業主が行為者である場合を除き，行為者を相手方とすることはできないことにつき，Pt. 1, Chap. 4, Ⅲ 4 (4) [110 頁] を参照）。

　使用者に対する請求のやり方としては，民法715条の使用者責任を問うことが考えられる。会社等の法人の代表者が行為者の場合には，その根拠条文は，会社法350条や，一般社団法人及び一般財団法人に関する法律78条（同条は，多くの法律で準用されている）等になる。

　なお，使用者に対しては，下記(2)で論じる債務不履行責任を問うやり方があるが，これは，使用者責任と両立する関係にあるので，使用者責任と債務不履行責任の双方を主張することは何ら妨げられない（使用者責任を否定しつつ，債務不履行責任を認める裁判例もある）。

(2) 債務不履行責任（就業〔職場〕環境配慮義務）

i 就業環境整備義務

　使用者は，労働者が労働するに当たり「その生命，身体等の安全の確保」をするよう配慮すべき義務があり（労契法5条），その具体的内容のひとつとして，労務遂行に関連して労働者の人格的尊厳を侵し，その労務提供に重大な支障を来す事由が発生することを防ぎ，またはこれに適切に対処して，職場が労働者にとって働きやすい環境を保つよう配慮する注意義務があると

解される（福岡セクシャル・ハラスメント事件・福岡地判平成 4・4・16 労判 607号 6 頁。ただし，当該判決は，債務不履行責任ではなく，使用者責任を認めている。その後の京都セクシュアル・ハラスメント〔呉服販売会社〕事件・京都地判平成 9・4・17 労判 716 号 49 頁では債務不履行責任が認められた）。

ii 職場いじめ・パワハラ防止義務

最近の裁判例では，「職場いじめ防止義務」「パワーハラスメント防止義務」に言及するものもみられるようになった。

例えば，誠昇会北本共済病院事件（さいたま地判平成 16・9・24 労判 883 号38 頁）では，使用者は，「職場の上司及び同僚からのいじめ行為を防止して，労働者の生命及び身体を危険から保護する安全配慮義務を負担していた」としている。また，日本土建事件（津地判平成 21・2・19 労判 982 号 66 頁）は，「職場内の人権侵害が生じないように配慮する義務としてのパワーハラスメント防止義務に違反した」としている。これらの判示は，前記 i で論じた就業環境整備義務の一内容として「いじめ防止義務」があることを明確にしたものと評価できる。

iii 具体的な措置内容

使用者がとるべき職場いじめ防止義務の具体的措置内容としては，①いじめの事実の有無・内容についての迅速かつ積極的な調査，②いじめの制止などの防止策，③被害者への謝罪，④労働者の異動など加害者関係者に対する適切な措置，などが考えられる（川崎市水道局〔いじめ自殺〕事件・横浜地川崎支判平成 14・6・27 労判 833 号 61 頁，東京高判平成 15・3・25 労判 849 号 87頁参照）。このような措置内容は，前述した「セクハラ防止指針」等とほぼ同様のものであり，ハラスメント全般（パワハラ，セクハラ，マタハラ）に妥当する。

使用者の義務のうち，最も核心的なものは，個々のハラスメント行為を防止する義務である（例えば，鹿児島セクハラ〔社団法人〕事件・鹿児島地判平成13・11・27 労判 836 号 151 頁では，組織的なセクハラ防止措置をとっていなかったことが職場環境維持・調整義務違反になるとしている）。最近では，ハラスメント行為がされた後の対応に関して損害賠償を認める例もみられるようになっている。

以上のような義務に違反した場合，使用者は債務不履行に基づき，損害賠償義務を負う（また，このような義務は，ハラスメント行為をやめさせるための根拠ともなり得る。後述の仮処分の項（Ⅲ 2 (2)〔362 頁〕）を参照のこと）。

CASE

コンプライアンス窓口制度を設けていた親会社の対応義務に言及した例

＊イビデン事件・最判平成 30・2・15 労判 1181 号 5 頁（子会社〔勤務先会社〕の
契約社員が，別の子会社の社員 A からセクハラを受けて退職を余儀なくされた事案。
法令遵守体制の一環として，親会社が，グループ会社の事業場内で就労する者から
法令等の遵守に関する相談を受けるコンプライアンス相談窓口制度を設けていたこ
とにつき，「申出の具体的状況いかんによっては，当該申出をした者に対し，当該申
出を受け，体制として整備された仕組みの内容，当該申出に係る相談の内容等に応
じて適切に対応すべき信義則上の義務を負う場合があると解される」とした。ただ
し，当該事案においては，義務違反はないとした）

ハラスメント調査委員会の不十分な調査を違法とした例

＊学校法人 M 学園ほか（大学講師）事件・千葉地松戸支判平成 28・11・29 労判
1174 号 79 頁（男子学生が授業中に男性講師の臀部を触った事案で，ハラスメント
調査委員会が，学生が講師の臀部を触ったことは否定できないとの印象をもちつつ，
講師から事情聴取せず，ハラスメントに該当する事実は認められないとしたことが，
労働契約上の義務に違反するとして，慰謝料 80 万円と 8 万円の弁護士費用を認容し
た）

Ⅲ．救済手段の選択

1．被害内容と被害者の要求

(1) 典型的な対処法

　不利益処分型のハラスメントの場合（マタハラで解雇されたような場合），
不利益処分の無効を前提とした処理（解雇であれば，地位確認，賃金支払）と
ともに，損害賠償（慰謝料）請求をするのがオーソドックスな対処法である
が，解雇の場合には，労働者が復職を望まないこともあろう。その場合には，
それに応じた対処をする（地位確認・賃金支払にかえて，損害賠償〔逸失利益〕
を請求する）ことになる（なお，セクハラ事案における逸失利益等の請求につい
て，Chap. 1，Ⅴ 4(1)〔207 頁〕を参照のこと）。

　また，事実行為によるハラスメントの場合，損害賠償（慰謝料のほか，通
院のために要した費用，休業損害など）をするのが通常であろう。事実行為に
よるハラスメントが継続している場合には，差止めの仮処分の申立てをする
ことも考えられる。

　なお，最近では，パワハラによって精神疾患に罹患した労働者が自死する
ケースも増えている。このようなケースでは，死亡についての損害賠償請求

（葬儀費用，逸失利益，慰謝料等の請求）や労災申請（遺族補償給付，葬祭料等）をすることが考えられる（なお，損害賠償と労災との関係については，Chap. 11, Ⅲ 3〔432 頁〕を参照のこと）。

(2) ハラスメントにより就労不能となった場合

ハラスメントによって，被害労働者が精神疾患などに罹患して就労不能になることがある。この場合には，当面の生計を支えるために，労災申請をしたり，健康保険の傷病手当金の申請をすることが考えられる（後述のⅦ 2〔383 頁〕を参照のこと）。また，労災給付や傷病手当金では賄われない賃金の差額分について，別途，損害賠償もしくは賃金請求をすることも考えられる（損害賠償請求と賃金請求の場合の違いについては，Chap. 1, Ⅲ 4(4)〔173 頁〕を参照のこと）。さらに，後遺症が残存した場合には，後遺症に伴う損害賠償（逸失利益，後遺症慰謝料）の請求をすることも考えられる。

ハラスメントによって就労不能となれば，それは業務上の傷病に当たるので，解雇制限がかかる（労基法 19 条 1 項）が，労災認定がされていない段階では，私傷病扱いとする企業が多い（労災認定がされても，業務上の傷病であることを否定する企業もみられる）。そして，就労不能状態が続くと，私傷病による休職とされ，休職期間満了時点で，解雇されたり，自動退職扱いされることもあるが，この点については，Chap. 1, Ⅲ 4(3)（172 頁）を参照されたい。

(3) 謝罪等の要求

以上のような対処のほかに，被害労働者は，①加害者や企業からの謝罪，②加害者に対する制裁等（懲戒処分や配置転換），③今後のハラスメントの根絶（のための施策の実施）を求めることもある（被害が比較的軽微である場合には，金銭的な賠償は求めず，上記①〜③のようなものだけを求めたいとすることもある）。

これらについては，通常訴訟の判決で実現することが不可能なものである（下記各指針の内容の履行を求めることが私法上の権利と解されていないことについて，前述のⅡ 1(3)〔356 頁〕を参照のこと。ただし，謝罪については，労働者の名誉を毀損するようなハラスメントの場合，謝罪広告を求めることができる。民法 723 条）。そこで，これらの要求については，交渉，調停等や訴訟における和解において実現を図ることになる。前述した「セクハラ指針」や「マ

タハラ指針」は，事業主が「雇用管理上講ずべき措置」として，セクハラ等の根絶に向けた取組みはもちろんのこと，「事後の迅速かつ適切な対応」として，被害者に対する配慮のための措置（被害者，行為者〔加害者〕の引き離しのための配転，行為者の謝罪）や，行為者に対する措置（懲戒等）について定めているので，これを活用して，交渉等をすることが考えられる。

　加害者や企業がハラスメントの事実を認めている場合には，これらの要求が比較的スムーズに実現されることがある（ただし，②については，企業の人事権にかかわるものなので，被害者の望むような結果が得られる保障はないと考えるべきであろう。ハラスメントがあったことは事実であるが，制裁を課すほど悪質なものではないとされたり，けん責など最も軽い処分で済まされることもある）。その一方，ハラスメントの事実に争いがある場合には，これらを実現することは不可能に近いので，相談段階から，そのことを被害労働者に理解してもらう必要がある（ただし，③は，企業として当然に取り組むべきことなので，解決に際して，その旨が一般論として表明されることはあり得る）。

2. 各手段の検討

⑴ 通常訴訟，労働審判

　前述の 1 ⑴（359 頁）で論じた典型的な対処法は，通常訴訟，労働審判を通して実現可能である。

　しかし，労働審判は原則として，3 回しか期日がもたれず，主張のやり取りも申立書と答弁書で尽くすのが原則であるから，ハラスメントとして数多くの事実が主張されるような事案では，審理が十分に尽くされない可能性がある（労働審判での迅速な解決をめざす場合には，ハラスメントとして酷いもののいくつかに焦点を絞るという工夫が必要であろう）。また，録音やメールなどの客観性がある証拠が乏しい場合，ハラスメントの事実が争われると，審判委員会が十分な心証がとれないということも考えられる。

　その一方，労働審判は非公開手続なので，被害者がセクハラに関する情報が外部に漏れることを懸念しているようなケースでは，労働審判を選択することがある（もっとも，労働審判には上記のような問題もある。その意味で，労働審判が最も適しているのは，ハラスメントの事実自体に争いがないようなケースということになる）。

　なお，労働審判の相手方は，「事業主」（使用者）であるので，加害労働者（上司，同僚）を相手方とすることはできない（法人格を有さない個人事業主が

ハラスメントをしたような場合には，当該個人事業主が相手方となる）。したがって，労働審判の中で，加害労働者との紛争も一挙に解決したいと考える場合には，利害関係人として，手続に参加させる必要がある（Pt. 1, Chap. 4, Ⅲ 4 (4)〔110 頁〕を参照）。

雇用管理上の措置の実施を求める請求

前述のとおり，「セクハラ指針」等が定める雇用管理上の措置は，これを請求する私法上の権利を労働者に与えたものとは解されていない。しかし，労働審判制では，調停が試みられ，調停がまとまらない場合にも，労働審判で「紛争の解決をするために相当と認める事項を定めることができる」（労働審判法 20 条 2 項）とされている。したがって，損害賠償請求などとともに，上記のような措置の実施を請求する労働審判の申立てをすることも考えられる。実例としても，相手方は，従業員に対して暴言，暴行，その他精神的圧迫を与える言動により申立人らの就業環境が害されることのないよう雇用管理上必要な配慮を行うことを内容とする労働審判が出された例がある。

(2) 仮処分

ハラスメントの事実行為が継続されている場合には，ハラスメント禁止の仮処分を申し立てることも考えられる。

もっとも，労働者の人格を損なう重大なハラスメントが行われている場合，被害者の代理人弁護士や労働組合による申入れや，通常訴訟の提起，労働審判の申立てなどによって，企業もそのような事態を認識することになるので，過去のハラスメント行為の存在やそれについての責任を認めるかどうかは別にして，以降のハラスメント行為はやむのが通常であろう（本訴の案件であるが，エターナルキャストほか事件・東京地判平成 29・3・13 労判 1189 号 129 頁は，損害賠償が認められることで退職強要行為が繰り返されることは抑制されることも理由のひとつとして，退職強要行為の差止請求を棄却している）。したがって，ハラスメントが継続されるのは，労働組合つぶしなど，企業自らの意図に基づきハラスメントが行われているような場合に限られよう。

仮処分における被保全権利は，加害者との関係では，労働者の人格権（生命身体の安全や，性的自由等），使用者との関係では，労働契約上の就業環境整備義務（いじめ防止義務）の履行請求権とすることが考えられる。また，保全の必要性との関係で，被害の重大性や，侵害行為の継続性の主張立証が求められる。仮処分の認容例としては，エール・フランス事件（千葉地決昭和 60・5・9 労判 457 号 92 頁）がある（希望退職募集に関して退職届の提出を拒

否したところ，支店長，部長代理らから暴行を受けた事案で，暴行・脅迫・名誉
毀損等にわたる一切の行為を差し止めた）。一方，仮処分が却下された例とし
て，バイエル薬品（仮処分）事件（宮崎地決平成 28・8・18 労判 1154 号 89 頁。
上司から指導があったことは認定されたが，債権者主張の罵声等については疎明
なしとして申立てが却下された）がある。

(3) 労働局長の助言・指導，機会均等会議による調停等

　ハラスメントが継続されているケースでは，代理人による申入れや，労働
局長による助言・指導や機会均等調停会議による調停等の制度を活用するこ
とが考えられる。損害賠償を求めることよりも，以降の就業環境の整備（ハ
ラスメントの根絶）を求める場合には，これらの手段は有効であろう。また，
損害賠償を請求したいと考えている場合でも，客観性の高い証拠が確保され
ていないようなケースでは，まずは代理人交渉で相手方の認識を確認したり，
機会均等調停会議による調停でハラスメントについての事実関係を確認する
ことが考えられる。

　雇用機会均等法 16 条は，差別禁止（同法 5 条～7 条），妊娠等を理由とす
る不利益取扱い（9 条），セクハラ（11 条 1 項）およびマタハラ（11 条の 3 第
1 項）の雇用管理上の措置，相談をしたこと等に対する不利益取扱い（11 条
2 項等），妊娠中および出産後の健康管理に関する措置（12 条，13 条 1 項）に
関する労使間の紛争については，個別労働紛争解決促進法の規定（4 条，5
条，12 条～19 条）を適用せず，均等法 17 条～27 条の定めによるとし，以下
の定めを置いている。

　①労働局長による助言・指導・勧告（17 条）
　②機会均等調停会議による調停（18 条～23 条）

　調停では，関係当事者と同一の事業場に雇用される労働者その他の参考人
の出頭を求めることができる（20 条。旧 20 条 2 項では，セクハラ，パワハラ
紛争については，当事者双方の同意がある場合には，行為者〔加害者〕の出頭を
求めることができるものとされていたが，上記のとおり改正された）。また，作
成した調停案について，関係当事者に受諾を勧告することができる（22 条）。
民事上の紛争について訴訟が係属している場合，受訴裁判所は，4 ヶ月の期
間の範囲内で，訴訟手続を中止する旨の決定をすることができる（25 条）。
調停による解決の見込みがないと認めるときは調停は打ち切られる（23 条）
が，その場合，打切りの通知を受けた日から 30 日以内に訴えを提起した時

は，時効の中断（完成猶予）に関しては，調停の申請の時に，訴えの提起が
あったものとみなされる（24条）。

　なお，パワハラについて定めた労働施策総合推進法も，上記と同様の定め
をしている（30条の4～30条の8）。

(4) 労働組合による交渉

　就業環境の整備（ハラスメントの根絶）については，一朝一夕に実現され
るものではないので，労働組合による継続的な交渉が有効であることもある
（企業側は，過去のハラスメントの事実を否定しても，ハラスメントのない就業環
境の整備について，その必要性を否定することができないので，組合による要求
は無視できないことになる）。

　ただし，企業内組合では，ハラスメントを行っている加害者が組合員であ
る場合もあり，組合が積極的に動かないことも考えられなくはない。そのよ
うな場合や，企業内に労働組合がない場合には，個人加盟組合への加入を勧
めることも考えられる。

Ⅳ. パワハラ（パワーハラスメント）

1. パワハラと保護法益

(1) パワハラとは

　厚生労働省の「職場のいじめ・嫌がらせ問題に関する円卓会議ワーキン
グ・グループ」報告（平成24・1・30）は，職場のパワーハラスメントを，
「同じ職場で働く者に対して，職務上の地位や人間関係などの職場内の優位
性［上司から部下に行われるものだけでなく，先輩・後輩間や同僚間，さらには
部下から上司に対して様々な優位性を背景に行われるものも含まれる］を背景に，
業務の適正な範囲を超えて，精神的・身体的苦痛を与える又は職場環境を悪
化させる行為をいう」と定義している（なお，パワハラに関する事業主の措置
義務を定めた労働施策総合推進法の定めについては前述のⅡ1(1) i ［354頁］を
参照のこと）。

　典型例としては，①直接ないし間接の暴行（暴力），②言葉やメールによ
る人格の否定・名誉棄損・侮辱，③隔離・仕事外し，仲間外し，無視（人間
関係からの切り離し），④本来業務と関連性のない無意味な作業や，遂行不能
の過度の業務の強要，⑤見せしめや報復としての降格・配転，⑥ミスに対す

364　　　PART 2　紛争類型ごとの対応策

る過度の制裁，⑦私的なことに過度に立ち入ること（個の侵害）などが挙げられている。

また，この報告を踏まえつつ，さらなる検討を加えたものとして，「職場のパワーハラスメント防止対策についての検討会」報告書（平成30・3・30）が出されている。

⑵　保護されるべき権利，利益

パワハラは，労働者の権利・利益を侵害するものとして，違法との評価を受けるが，保護されるべき権利・利益を整理すると，以下のようになろう。

i　人格権（人格的・職業的な利益）

パワーハラスメントを含むハラスメントの本質は，人間としての尊厳もしくは職業人としての尊厳（労働は，対価としての賃金を得るのみならず，労働を通じて，職業人もしくは人間としての知識・経験・能力を向上させるとともに，社会に貢献するという意味での自己実現の契機を有している）を損ねる行為であるといえる。上記①〜⑦も，このような尊厳を損なう行為であると評価できる。

ii　生命・身体の安全（労契法5条）

上記①（暴行）は，これを侵害するものである。

iii　名誉・プライバシー権

上記②（人格の否定・名誉毀損・侮辱）は名誉権を侵害するもので，上記⑦（個の侵害）はプライバシー権を侵害するものといえよう。

iv　職場における自由な人間関係を形成する権利

最高裁は，関西電力事件で，労働者には「職場における自由な人間関係を形成する自由」があることを明らかにしている。上記③（仲間外し，無視〔人間関係からの切り離し〕）は，この権利を侵害するものである。

▌CASE

＊関西電力事件・最判平成7・9・5労判680号28頁（会社が職制等を通じて，職場の内外で労働者を継続的に監視する態勢をとった上，他の従業員に接触，交際をしないように働きかけ，種々の方法を用いて職場で孤立させ，さらに退社後労働者を尾行したり，ロッカーを無断で開けて私物の手帳を写真撮影したという事案。最高裁は，これらの行為が名誉，プライバシーを侵害するとともに，「職場における自由な人間関係を形成する自由を不当に侵害する」ものとし，違法とした）

v 知識，経験，能力と適性に相応しい処遇を受ける権利

当該労働者の知識，経験，能力と適性に相応しい処遇を受けることも，労働者人格権の一内容として保護されるべき利益といえよう。判例の中にもこのような趣旨を説示をするものがある。上記③（隔離・仕事外し），④（本来業務と関連性のない無意味な作業），⑤（見せしめや報復としての降格・配転）は，このような利益の侵害であると評価できよう。

CASE

＊バンク・オブ・アメリカ・イリノイ事件・東京地判平成 7・12・4 労判 685 号 17 頁（元課長職の受付業務〔総務課〕への配転につき，「元管理職をことさらにその経験・知識にふさわしくない職務に就かせ，働きがいを失わせるとともに，行内外の人々の衆目にさらし，違和感を抱かせ，やがては職場にいたたまれなくさせ，自ら退職の決意をさせる意図の下にとられた措置ではないかと推知される」とし，裁量権の範囲を逸脱した違法なものであるとした）

＊エール・フランス事件・千葉地判平成 6・1・26 労判 647 号 11 頁，東京高判平成 8・3・27 労判 706 号 69 頁（会社の経営合理化に伴う希望退職者募集に応じない労働者に対して上司ら 4 人が暴行を加えて退職届を提出するように強要し，その後さらに口頭弁論終結時までの 11 年間，業務上必要のない単純な統計作業に従事させた事案。単純統計作業への職務変更につき，「労務指揮に名を借りて，原告が仕事を通じて自己の精神的・肉体的能力を発展させ，ひいては人格を発展させる重要な可能性を奪うものであり，かつ，原告にことさら屈辱感を与え，原告の仕事に対する誇りと名誉等の人格権を侵害した違法な行為」としている）

＊国・広島中央労基署長（中国新聞システム開発）事件・広島高判平成 27・10・22 労判 1131 号 5 頁（労災の不支給決定に対する行政訴訟事案であるが，「使用者が具体的な業務を担当させず，あるいは，その地位・能力と比べて著しく軽易な業務にしか従事させないという状態を継続させることは，当該労働者に対し，自分が使用者から必要とされていないという無力感を与え，他の労働者との関係において劣等感や屈辱感を与えるなどの危険性が高いことから，……，平均的な労働者を基準としても，精神障害を発症する原因となる強い精神的負荷を与え得るものであるといえる」とした）

2. 違法性判断における留意点

パワハラにおける困難な問題は，それが業務上の指導などの過程で行われることがあることである（上記 1(1)〔364 頁〕の例でいえば，⑥〔ミスに対する過度の制裁〕について「過度」といえるかどうかの問題である）。ミスをした部下に注意や叱責をすることは，職務の円滑な遂行上，一定程度許容されると解されるので，それが適正な業務指導の範囲内である限り，違法と評価する

ことはできない。この点は，労働者の人格（権）の尊重という観点を踏まえつつ，社会通念に従って，違法性が判断されることになる（前述した「職場のパワーハラスメント防止対策についての検討会」報告書では，「業務の適正な範囲を超えて行われること」に当てはまる例として，①業務上明らかに必要性のない行為，②業務の目的を大きく逸脱した行為，③業務を遂行するための手段として不適当な行為，④当該行為の回数，行為者の数等，その態様や手段が社会通念に照らして許容される範囲を超える行為を掲げている）。

　例えば，「バカ」，「死ね」などと，いたずらに労働者の人格，自尊心を損ねる内容の発言や，労働者を畏怖させるだけの大声での怒鳴りつけは，適正な業務遂行を実現するための注意・指導としては不適切であるから，原則として違法との評価を受けよう。その一方，重大なミスが行われたり，同様のミスが繰り返されたときに，多少厳しい口調での注意がされたとしても，それが不必要に労働者の人格を損ねるものでなければ，違法との評価を下すことは困難であろう。また，労働者が上司に対して，常に反抗的な態度をとっているような場合には，上司が苛立った発言をするのはやむを得ないと評価されることもあるだろう。

　違法性判断に際しては，問題となる発言内容そのもののみならず，そこに至るまでの事実経過等，具体的な諸事情を考慮して，判断すべきことになる。

| 実践知！ | いたずらに相手方の人格を損ねる発言は，原則として違法評価を受けるが，業務上の必要性に基づく叱責等については，違法性判断が微妙となることがあるので，慎重に検討する必要がある。 |

CASE

ア　慰謝料を認めた例
* 東芝府中工場事件・東京地八王子支判平成2・2・1労判558号68頁（軽微な過誤に対し上司が執拗に始末書を求めるなどした事案。慰謝料15万円と休業期間中の賃金を認容した）
* 松蔭学園事件・東京地判平成4・6・11労判612号6頁，東京高判平成5・11・12判タ849号206頁（高校教諭を授業，校務分掌の一切から外したうえ，隔離し，その後自宅待機を命じ続けた事案。慰謝料600万円を認容した）

＊神奈川中央交通事件・横浜地判平成 11・9・21 労判 771 号 32 頁（接触事故を起こしたバス運転手に除草作業を行わせた事案。慰謝料 60 万円を認容した）

＊渡島信金事件・函館地判平成 14・9・26 労判 841 号 58 頁（慰謝料 20 万円を認容した）

＊国際信販事件・東京地判平成 14・7・9 労判 836 号 104 頁（慰謝料 150 万円と欠勤期間中の休業損害を認容）

（いずれも，退職追い込みを狙ったものに関する事案）

＊JR 西日本吹田工場事件・大阪高判平成 15・3・27 労判 858 号 154 頁（炎天下，踏切横断者の指差確認状況を監視する作業に従事させた事案。2 名の原告に慰謝料各 20 万円，弁護士費用 2 万円のほか，1 名の原告に治療費額を認容した）

＊A 保険会社上司事件・東京高判平成 17・4・20 労判 914 号 82 頁（上司が「意欲がない，やる気がないなら，会社をやめるべきだと思います」，「あなたの給料で業務職が何人雇えると思いますか」などと記載された電子メールを送信した事案。慰謝料 5 万円を認容した）

＊ヴィナリウス事件・東京地判平成 21・1・16 労判 988 号 91 頁（部長が他の従業員の前で「ばかやろう」などと罵った事案。慰謝料 80 万円を認容した）

＊日本土建事件・津地判平成 21・2・19 労判 982 号 66 頁（上司が理不尽な言葉を投げつけたり，物を投げつける等した事案。慰謝料 150 万円を認容した）

＊富国生命保険ほか事件・鳥取地米子支判平成 21・10・21 労判 996 号 28 頁（他の従業員の面前でのミスについての質問，班の分離，マネージャー失格などの言動によりストレス性うつ病になった事案。慰謝料 300 万，弁護士費用 30 万を認容した）

＊東京都ほか（警視庁海技職員）事件・東京高判平成 22・1・21 労判 1001 号 5 頁（腰痛治療による休職からの復帰後，顔写真の上に「欠格者」と書かれたポスターを職場に提示されたり，更衣室のロッカーにシンナーをまかれたりして退職勧奨を受けた事案。慰謝料 150 万円と弁護士費用 15 万円を認容した）

＊日本ファンド（パワハラ）事件・東京地判平成 22・7・27 労判 1016 号 35 頁（扇風機を嫌がらせの目的で長期間にわたり執拗に当て続け身体に著しい不快感を与え続けたり，労働者およびその配偶者に多大な屈辱感を与えるなどした事案。原告 3 名に対して，各 60 万円，40 万円，10 万円の慰謝料と，原告 1 名に対して休業損害と治療費額を認容した）

＊U 銀行（パワハラ）事件・岡山地判平成 24・4・19 労判 1051 号 28 頁（脊髄空洞症での療養からの復帰直後から「やめてしまえ」などの暴言が吐かれた事案。慰謝料 100 万円と弁護士費用 10 万円を認容した）

＊K 化粧品販売事件・大分地判平成 25・2・20 労経速 2181 号 3 頁（勤務時間中にとどまらず，研修会開催日の終日にわたって全身パーティーコスチュームの着用を指示し，研修会に参加させた事案。慰謝料 20 万円，弁護士費用 2 万円を認容した）

＊ザ・ウインザー・ホテルズインターナショナル事件・東京高判平成 25・2・27 労判 1072 号 5 頁（部下に対して，飲酒強要，「ぶっ殺すぞ」と留守電に吹き込む

368　　　PART 2　紛争類型ごとの対応策

などした事案。慰謝料 150 万円を認容した。逸失利益は否定）

* 大和証券ほか 1 社事件・大阪地判平成 27・4・24 労判 1123 号 133 頁（他の従業員と隔離し，新規顧客開拓業務のみに従事させたことにつき，慰謝料 150 万円を認容した）
* 住吉神社ほか事件・福岡地判平成 27・11・11 労判 1152 号 69 頁（暴行，繰返しの暴言で，慰謝料 100 万円を認容した）
* コンビニエースほか事件・東京地判平成 28・12・20 労判 1156 号 28 頁（暴行，金銭の拠出の強要等の事案で，総合考慮の慰謝料 400 万円と，個別行為毎の慰謝料合計 170 万円を認容した）
* ホンダ開発事件・東京高判平成 29・4・26 労判 1170 号 53 頁（新卒入社社員を従業員の大半が契約社員であるランドリー班に配転したり，新入社員の実習終了後の送別会の二次会で，上司が「多くの人がお前をばかにしている」と発言したこと等が不法行為に当たるとし，慰謝料 100 万円を認容した）
* いなげやほか事件・東京地判平成 29・11・30 労判 1192 号 67 頁（知的障害のある労働者に対して，「幼稚園児以下だ，馬鹿でもできるでしょ」と発言したことに対し，20 万円の慰謝料と弁護士費用 2 万円を認容した。逸失利益は否定）

イ　逸失利益，休業損害，会社都合退職金を認めた例（死亡でない事案）

* ファーストリテイリングほか（ユニクロ店舗）事件・名古屋高判平成 20・1・29 労判 967 号 62 頁（頭部を板壁などに打ち付ける等の暴行，労災手続に関して，「ぶち殺そうかお前。調子に乗るなよ，お前」等の暴言を吐いた事案で，9 年分の休業損害を認定した。ただし，6 割の素因減額）
* 美研事件・東京地判平成 20・11・11 労判 982 号 81 頁（いじめ，退職強要の事案で，1 年分の給与額を認容した）
* 大裕事件・大阪地判平成 26・4・11 労旬 1818 号 59 頁（パワハラによる傷病のために欠勤していたところ，休職期間満了により自然退職扱いされた事案。退職扱いされるまでの休業損害と，地位確認，退職扱い後の賃金を認容）
* エム・シー・アンド・ピー事件・京都地判平成 26・2・27 労判 1092 号 6 頁（休職期間満了で退職扱いされた事案。退職勧奨によりうつ病を発症したとして，業務起因性を認め，地位確認と退職扱い後の賃金を認容）
* A 社長野販売ほか事件・東京高判平成 29・10・18 労判 1179 号 47 頁（新たに代表取締役に就任した者が，常勤の女性従業員 4 名〔48〜58 歳〕に対して，女性蔑視や年齢差別的な発言を繰り返した結果，4 名全員が退職した事案で，パワハラによる慰謝料のほか，会社都合退職金〔支給済みの自己都合退職金との差額〕等の支払を命じた。直接退職勧奨を受けていない 2 名の労働者についても，他の 2 名に対する言動からすれば，今後自分たちにも同じような対応があると受け止めることは当然として，間接に退職を強要するものであると認めた）

ウ　自殺事案で損害賠償を認めた例

* 川崎市水道局（いじめ自殺）事件・横浜地川崎支判平成 14・6・27 労判 833 号 61 頁，東京高判平成 15・3・25 労判 849 号 87 頁（暴言の事案。過失相殺 7 割）

＊誠昇会北本共済病院事件・さいたま地判平成 16・9・24 労判 883 号 38 頁（残業・休日労働，私用の使い走りの強要，「死ねよ」「殺す」などのメールを送信するなどした事案）

＊海上自衛隊自殺事件・福岡高判平成 20・8・25 判時 2032 号 52 頁（上司が「バカかお前は。三曹失格だ」などの侮辱的言動を繰り返した事案）

＊メイコウアドヴァンス事件・名古屋地判平成 26・1・15 労判 1096 号 76 頁（暴言・暴行，退職願を書くことを強要した事案）

＊国（護衛艦たちかぜ〔海上自衛隊員暴行・恐喝〕）事件・東京高判平成 26・4・23 労判 1096 号 19 頁（上官による暴行，恐喝の事案）

＊岡山県貨物運送事件・仙台高判平成 26・6・27 労判 1100 号 26 頁（長時間労働に加え，叱責を加え続けた事案）

＊サン・チャレンジほか事件・東京地判平成 26・11・4 労判 1109 号 34 頁（長時間労働に加え，上司による恒常的な暴言，暴行，嫌がらせ，プライベートに対する干渉等がなされた事案。会社法 429 条 1 項による責任も認めている）

＊暁産業ほか事件・福井地判平成 26・11・28 判判 1110 号 34 頁（被害者のノートに基づき，「死んでしまえばいい」などの暴言を認定した）

＊公立八鹿病院組合ほか事件・広島高松江支判平成 27・3・18 労判 1118 号 25 頁（長時間労働に加え，「田舎の病院だと思ってなめとるのか」などの暴言，暴行をした事案。一審判決は，2 割の過失相殺をしたが，高裁は過失相殺をしなかった）

＊さいたま市（環境局職員）事件・東京高判平成 29・10・26 労判 1172 号 26 頁（環境局の指導係から暴言，暴行を受けた事案。被災者の素因および両親〔原告〕の過失として 7 割の相殺。地公災基金に対して公務災害の申請をしたが，自殺は公務外とされていた）

＊クレイン農協ほか事件・甲府地判平成 27・1・13 労判 1129 号 67 頁（ノルマ不達成の叱責，暴行〔顔を 3 回殴り，腹を 10 回蹴る〕，笑いながら「自殺するなよ，給料を返してもらわなければならない」などと言った事案。3 割の過失相殺）

＊A 庵経営者事件・福岡地判平成 28・4・28 労判 1148 号 58 頁（長時間労働に加え，激しい叱責や顔面を殴るなどの暴行があった当日に自殺した事案）

＊乙山青果ほか事件・名古屋高判平成 29・11・30 労判 1175 号 26 頁（「てめえ」，「あんた，同じミスばかりして」，「何度言ったらわかるの」などと強い口調で，同じ注意・叱責を何回も繰り返し，相応に長い時間にわたることもあった事案で，死亡を前提とする損害賠償を認めた。一審判決は死亡に対する予見可能性がないとして，死亡を前提とする損害を認めなかった）

V. セクハラ（セクシャルハラスメント）

1. セクハラと違法性判断

(1) セクハラとは

　セクハラ（セクシャルハラスメント）とは，性的な言動により，相手方やその他の者に対して，精神的，肉体的な不快感，苦痛をもたらす行為のことをいう（相手方の意に反する言動により，相手方に不快感，苦痛を与えるものであることが多いが，例えば，職場内で他にも聞こえるようなかたちで猥談をする場合のように，会話の相手方でない他の従業員に不快感を抱かせることも，セクハラの一類型と考えられている）。

　雇用機会均等法11条2項に基づき制定された「セクハラ指針」（前述のⅡ1〔354頁〕を参照）は，「性的な言動」として，「性的な内容の発言」（性的な事実関係を尋ねること，性的な内容の情報を意図的に流布すること等が含まれる），「性的な行動」（性的な関係を強要すること，必要なく身体に触ること，わいせつな図画を配布すること等が含まれる）といった例示をしたうえで，セクハラを以下の2つのものに分類している。

- 対価型：性的な言動に対する労働者の対応（例えば，性的な関係の要求を拒否したこと）により，当該労働者がその労働条件につき，解雇，降格，減給等の不利益を受けるもの
- 環境型：当該性的な言動により労働者の就業環境が害されるもの（例えば，上司が労働者の腰，胸等を触り，労働者が苦痛に感じて就業意欲が低下したり，事業所内にヌードポスターを掲示したため，労働者が苦痛に感じて業務に専念できないなど）

　上記の対価型で，現実に処分がされた場合には，処分の有効性が争われることになる。

　なお，セクハラは，性別を問わず，成立する（男性が加害者で女性が被害者であるケースが圧倒的だが，その逆である場合や，同性間で行われることもあり，これらもセクハラとの評価を受ける）。

(2) 違法性の判断基準

　性的な言動は，通常，業務遂行とは無関係である（特殊な事情がある場合を除き，胸や腰を触るといったことや性的な会話をすることが業務に関連するこ

とはあり得ない）ので，性的な言動をすることで，相手方や第三者に，精神的・肉体的な不快感，苦痛を与えれば，原則として違法との評価を受けると考えてよいだろう。

ただし，従業員間で，性的な会話をすることが一切禁じられるわけではないし，恋愛関係等にある者同士が肉体関係をもつことも禁じられるものでもない。したがって，性的な言動が相手方等の意に反するものでない場合には，違法とは評価できないことになる。

「意に反する」言動

雇用機会均等法上のセクハラは，労働者の「意に反する」性的言動が対象であると考えられる（下記の人事院規則参照）ので，不法行為上の違法性があるとまではいえなくても，被害者は，その主観に基づき必要な措置をとるよう要求できる。

人事院規則 10-10「セクシュアル・ハラスメントをなくすために職員が認識すべき事項についての指針」は，性に関する言動に対する受け止め方には個人間や男女間で差があり，セクシュアル・ハラスメントに当たるか否かについては，相手の判断が重要であると明示している。

職場内で胸や腰を触るといった行為は，それ自体が常軌を逸する（社会的相当性を逸脱する）行為であるので，仮に「相手方は嫌がっていなかった」などと主張しても，それが通ることはなかろう。しかし，相手方の意に反するものであるかが大きな争点となることもある（例えば，肉体関係の強要型の事案では，相手方から「合意の抗弁」が出されることがある。この点については，後述の 2 ⑴を参照のこと）。

そこで，「職場において，男性の上司が部下の女性に対し，その地位を利用して，女性の意に反する性的言動に出た場合，これがすべて違法と評価されるものではなく，その行為の態様，行為者である男性の職務上の地位，年齢，被害女性の年齢，婚姻歴の有無，両者のそれまでの関係，当該言動の行われた場所，その言動の反復・継続性，被害女性の対応等を総合的にみて，それが社会的見地から不相当とされる程度のものである場合には，性的自由ないし性的自己決定権等の人格権を侵害するものとして，違法となるというべきである」と判示する裁判例もある（金沢セクハラ事件・名古屋高金沢支判平成 8・10・30 労判 707 号 37 頁）。

なお，前述の I 3（353 頁）で論じたとおり，仮にある行為が違法との判断を受けても，その違法性が軽微であると，損害賠償請求をしても，認容額がわずかであったり，請求が棄却されることもあり得る（そのような例とし

て，独立行政法人L事件・横浜地判平成17・7・8労判916号56頁，東京高判平成18・3・20労判916号53頁)。そのような場合には，むしろ，再発防止の措置を講ずべきことを使用者に求めることが考えられる。

2. セクハラ訴訟における留意点

(1) 立証上の留意点

　セクハラのなかで，強制わいせつなど身体的接触を伴うものは，ホテルなどの密室内で行われることが多い。このようなケースでは，被害者の主張を支える証拠が被害者の供述しかないことも珍しくない。

　また，セクハラは，優越的地位を背景として行われるため，上記のようなケースで，被害者が助けを求めなかったり，抵抗をしないことも珍しくなく，加害者との性的行為が継続的に行われているケースもある。このようなケースでは，加害者から「合意があった」旨の主張がされるのが通常である。被害者とされる者が，「恋愛（男女）関係のもつれ」から，事後的にセクハラであると主張するケースもないわけではなく，セクハラと評価できるかについて困難が伴うことになる。

　このようなケースでは，加害者と被害者の関係（地位・役職・権限等），行為に至る経緯，行為の状況，行為後の態度，当事者の日頃の言動等を丁寧に聞き取り，当該行為があったといえるか，違法なセクハラがあったと評価できるかを慎重に吟味すべきことになる。その際，セクハラの本質的構造や，被害者の心理状況を踏まえることが重要である（下記の熊本バドミントン協会セクハラ事件，横浜セクシュアル・ハラスメント事件参照）。

| 実践知！ | 合意による抗弁が予測されるような案件では，セクハラ被害者の置かれた心理状況に関する研究結果等の観点も踏まえた主張立証が求められる。 |

CASE

＊熊本バドミントン協会セクハラ事件・熊本地判平成9・6・25判時1638号135頁（強姦被害者の心理的な特質についての考察を踏まえたうえで，被害の日にちを特定できないのは，強姦の被害者としては通例で，特異なものではないなどとし，

原告の言動には格別不自然，不合理な点はなく，むしろ性的な被害者の言動として十分了解が可能であり，自然なものであるとして，強姦の事実を認定した）

* 横浜セクシュアル・ハラスメント事件・東京高判平成 9・11・20 労判 728 号 12 頁（アメリカでの実証的研究〔強制わいせつ等の被害にあった場合に，直接的な身体的抵抗をとる者は一部であり，身体的または心理的麻痺状態に陥る者，どうすれば安全に逃げられるか等の対応方法に考えをめぐらすことにとどまる者，その状況から免れるために加害者との会話を続ける者などが大半である〕を踏まえ，セクハラの事実を認定した）

* 日本郵政公社（近畿郵政局）事件・大阪高判平成 17・6・7 労判 908 号 72 頁（証拠が当事者の供述のみである場合，供述の内容や，当事者作成の書面等との比較対照，前後の事情との整合性，その他を慎重に検討して，これを採用するに足りる信用性があるかどうかを吟味することが重要であるとした）

* P 大学（セクハラ）事件・大阪高判平成 24・2・28 労判 1048 号 63 頁（被害者が，飲酒の誘いに応じたこと，途中で席を立っていないこと，別れ際に握手を求めたこと，感謝といたわりのメールを送信していることについては，加害者との関係を考慮し，機嫌を損ねて自己に不利益等が生じないようにと思ってしたことであり，セクハラ行為がなかったことを推認させるものとはいえないとした）

* 航空自衛隊自衛官（セクハラ）事件・東京高判平成 29・4・12 労判 1162 号 9 頁（①職場外で抱きしめられ接吻され，②ホテルにて性交を強要され，③その後も継続的な情交関係などを強要された事案で，地裁判決〔静岡地判平成 28・6・1 労判 1162 号 21 頁〕は，①につき，セクハラと認定した〔慰謝料額 30 万円を認容〕が，例えば，③につき，「〔原告の〕長女と動物園に行く際，強姦犯と同行することは，仮に強姦犯が人事上の影響力を有していると思っていたとしても考えにくい」などとして，②，③についてはセクハラであることを否定したが，高裁判決は，②，③についても，「上官としての地位を利用し」，「当時母子家庭で雇用や収入の確保に敏感になっている第 1 審原告の弱みにつけ込んで性的関係を強要し，これを継続したことは，違法行為である」として，慰謝料 800 万円と弁護士費用 80 万円を認容した）

* イビケン（旧イビデン建装）元従業員ほか事件・名古屋高判平成 28・7・20 労判 1157 号 63 頁（セクハラについての原告供述につき，「例えば心理的監禁状態での慢性ストレス状況下における無意識の防衛反応としての意識狭窄であるとか，嫌なことは忘れ去りたいという抑圧に基づく記憶の欠落」であるなどと説明することもできるとし，信用できるとした。なお，同事件の最高裁判決につき，Ⅱ 2⑵ⅲ〔358 頁〕を参照のこと）

* 独立行政法人 L 事件・東京高判平成 18・3・20 労判 916 号 53 頁（被害者の供述が一貫性を欠き，合理性にも乏しいこと，加害者と食事をしたり，自ら声をかけたり，以後の関係を考慮する必要がない退職時にハンカチを贈ったりするのは，セクハラ被害にあった者の行動として考え難いとし，セクハラを認めなかった）

⑵ プライバシー保護等のための措置

通常訴訟は，公開の手続で行われるが，それにより，被害者のプライバシーが曝露されたり，本人尋問において強い精神的な打撃を受けることがある。そこで，以下のような方策をとることを検討すべきである。

①訴状等における被害者の住所の不記載（平成17・11・8最高裁事務連絡）

裁判所は，被害者の実際の居住地の記載を厳格に求めない運用をしている。

②訴訟記録の閲覧制限（民訴法92条1項）

民事訴訟記録の閲覧請求は誰もが可能である（民訴法91条1項）が，訴訟記録の閲覧制限を申し立てることが可能である（同92条）。また，開廷表の当事者欄に実名を記載しないよう申し出ることもできる。

③遮蔽措置等

民事訴訟においても刑事裁判と同様，付添い（民訴法203条の2），遮蔽措置（203条の3），ビデオリンク方式による尋問（204条）が認められている。

Ⅵ．マタハラ（マタニティ・ハラスメント）

1．マタハラに対する法令上の禁止規定

⑴ マタハラ（パタハラ）とは

マタハラとは，職場における，女性労働者に対する妊娠・出産・育児休業取得等に関するハラスメントを意味するが，そこには，2つの類型がある。

①妊娠・出産，育休取得を理由として解雇・雇止め等の不利益取扱いをすること

これらについては，雇用機会均等法や育児介護休業法において，様々な禁止規定が置かれている。

②女性労働者の就業環境を害する言動（事実行為）

これについて，前述（Ⅱ1⑴ⅰ〔354頁〕）で論じた「マタハラ指針」では，「制度等の利用への嫌がらせ型」（産前休業，軽易な業務への転換，育児時間等の制度を利用することを阻害したり〔解雇その他不利益な取扱いを示唆したり，請求しないように伝えたり，請求を取り下げるよう伝える〕，制度を利用した後に，嫌がらせ的な言動をするもの）と，「状態への嫌がらせ型」（妊娠，出産したこと等について，解雇等を示唆したり，嫌がらせ等をすること）とに分類している。

なお，妊娠・出産等については，女性労働者のみが対象となるが，育児休業については，男性労働者も対象となり，これは，「パタハラ（パタニティ・

ハラスメント)」と呼ばれている。以下の記述においては，パタハラを含めた意味で「マタハラ」という言葉を使うことにする。

(2) 解雇等の不利益取扱いの禁止

雇用機会均等法9条3項は，女性労働者が妊娠・出産，労基法65条の産前産後休業を請求・取得したこと，その他厚生労働省令で定める事由を理由に，解雇その他不利益な取扱いをしてはならない旨を定めている。これについては，同法施行規則2条の2や，「均等法指針」（「労働者に対する性別を理由とする差別の禁止等に関する規定に定める事項に関し，事業主が適切に対処するための指針」。平成18年厚労省告示614号。最終改正：平成27年厚労省告示458号）の「第四，3」で具体例が示されている。

また，育児介護休業法10条等も，同様な不利益取扱いの禁止を定めており，これについては，「育介指針」（「子の養育又は家族の介護を行い，又は行うこととなる労働者の職業生活と家族生活との両立が図られるようにするために事業主が講ずべき措置に関する指針」。平成21年厚労省告示509号）が定められている。これらを具体的に見れば，下記のようになる。

ただし，雇用機会均等法や育児介護休業法は，妊娠・出産したこと等を「理由として」，解雇等の不利益な取扱いをしてはならないと定めており，「理由として」というのが不利益取扱い禁止規定を適用するうえで，高いハードルとなっていた。この点については，後述の2（378頁）で論じる。

不利益取扱いの理由となる事由

(1) 女性労働者の妊娠，出産等に関する事由（均等法施行規則2条の2）
・妊娠したこと（1号）
・出産したこと（2号）
・母性健康管理措置を求め，当該措置を受けたこと（3号）
・坑内業務，危険有害業務の就業制限関係（4号：労基法64条の2，64条の3）
・産前産後休業を請求，取得したこと（5号：労基法65条1項，2項）
・軽易な業務への転換を請求し，転換したこと（6号：労基法65条3項）
・変形労働時間制の場合の法定労働時間を超える労働（労基法66条1項），時間外・休日労働（同66条2項），深夜業（同66条3項）についての免除請求をしたり，これらの労働をしなかったこと（7号）
・育児時間の請求をし，育児時間を取得したこと（8号：労基法67条）
・妊娠または出産に起因する症状（つわり，妊娠悪阻，切迫流産，出産後の回復不全等）により労務の提供ができないこともしくはできなかったことまたは労働能率

が低下したこと（9号）

⑵　子を養育する親に関するもの（育児介護休業法関係）

・育児休業取得の申出，取得（法 10 条）

・子の看護休暇取得の申出，取得（法 16 条の 4）

・所定外労働の制限（法 16 条の 10），時間外労働の制限（法 18 条の 2），深夜業の制限（法 20 条の 2），所定労働時間の短縮措置（法 23 条の 2）

＊なお，介護休業等についても，同様の定めがされている（法 16 条，16 条の 7 等）

禁止される不利益取扱いの例（均等法指針「第四，3⑵」のイ〜ル）

・解雇すること（イ）

・期間を定めて雇用される者について，契約の更新をしないこと（ロ）

・予め契約の更新回数の上限が明示されている場合に，当該回数を引き下げること（ハ）

・退職または正社員をパートタイム労働者等の非正規社員とするような労働契約内容の変更の強要を行うこと（ニ）

・降格させること（ホ）

・就業環境を害すること（ヘ。業務に従事させない，専ら雑用に従事させる等の行為も含まれる）

・不利益な自宅待機を命ずること（ト）

・減給をし，または賞与等において不利益な算定を行うこと（チ）

・昇進・昇格の人事考課において不利益な評価を行うこと（リ）

・不利益な配置の変更を行うこと（ヌ）

・派遣労働者として就業する者について，派遣先が当該派遣労働者に係る労働者派遣の役務の提供を拒むこと（ル）

　　なお，均等法指針の「第四，3⑶」では，上記「イからヘまでに掲げる取扱いを行うことは，直ちに不利益な取扱いに該当すると判断されるものである」とされ，これらに該当するか否かの判断指針や，これ以外の取扱いが上記トからルまでに掲げる不利益な取扱いに該当するか否かについての判断指針を示している。

　　また，育介休法指針の「第二，十一」においても，上記イ〜ヌと同様の事由が定められている（ただし，上記ルはなく，労働者が希望する期間を超えて，その意に反して所定外労働の制限等の短縮措置等を適用することという事由が加えられている）。

⑶　**解雇についての特別な定め（立証責任の転換）**

　雇用機会均等法 9 条 4 項は，「妊娠中の女性労働者及び出産後 1 年を経過しない女性労働者に対してなされた解雇は，無効とする。ただし，事業主が前項に規定する事由［注：均等法施行規則 2 条の 2 が定める女性労働者の妊娠，出産等に関する事由］を理由とする解雇でないことを証明したときは，この限りでない」と定めている。

この点，使用者は，妊娠中等の女性労働者に対する解雇の効力が争われた場合，勤務成績不良等，妊娠・出産とは無関係な解雇理由を主張してくるのが通常である。このような場合，単に使用者が主張する解雇理由が解雇権濫用（労契法16条）に該当するか否かの検討を行い，解雇の有効性を判断するのでは，上記条文は完全に空文化してしまう（通常の解雇と同様，解雇権濫用についての判断がされるだけでは，妊娠中等の女性労働者に対する解雇を無効と定めた意味が全くなくなってしまう）。このように，解雇権濫用の観点のみから結論（解雇無効）を導き出した例として，ネギシ事件・東京地判平成28・3・22労判1145号130頁がある。同事件の控訴審（東京高判平成28・11・24労判1158号140頁）は，被控訴人（労働者）の協調性の欠如等が就業規則の解雇事由に該当するとし，本件解雇は，就業規則に定める解雇事由に該当するためにされたものであり，控訴人は，妊娠したことを理由としてされたものではないことを証明したものといえるなどとして，解雇を有効としている。

　均等法が，使用者が妊娠・出産を理由とするものでないことを立証しない限り，解雇を無効としているのは，妊娠中等の女性労働者に対する解雇は，妊娠・出産を理由とするものであることを推認するものと解することができる。したがって，使用者による立証は，相当高度のものであることが要求されるべきである（解雇権濫用〔労契法16条〕に当たらないことを立証するだけでは足りず，やむを得ない事由〔労契法17条1項〕に該当するような事由が立証されなければ，均等法9条4項違反とされるべきであろう）。なお，均等法9条4項ではなく，同法9条3項，育介休法10条違反が問題とされた事案であるが，後述2(2)（380頁）のシュプリンガー・ジャパン事件を参照のこと。

2. マタハラに関する裁判例

(1) 広島中央保健生協（C生協病院）事件

　均等法9条3項の不利益取扱いについては，これまで，妊娠・出産等を「理由とする」ことの立証が労働者側に求められ，この点が救済を阻む高いハードルとなっていた。この点，理学療法士の女性が妊娠後，軽易業務への転換に伴って降格され，育休から復帰後も元の地位に戻されなかった事案で，最高裁（最判平成26・10・23労判1100号5頁）は，「契機として」なされた降格を，原則違法・無効とし，立証責任を事業主側に転換するに至った。違法とはならない例外的な場合についても，下記のとおり極めて厳格なものを求めている（なお，差戻審である広島高判平成27・11・17労判1127号5頁は，

上告審判決を前提に，不法行為または債務不履行に基づく損害賠償を認容している）。

最高裁判決は，まず，均等法9条3項の規定について，「これに反する事業主による措置を禁止する強行法規として設けられたものと解するのが相当」とし，同項違反は「違法であり，無効」とした。

そのうえで，軽易業務への転換を「契機として」降格させる事業主の措置は，原則として9条3項の不利益取扱いに当たるとした。

ただし，以下の①，②の場合には，均等法9条3項によって禁止される不利益取扱いに当たらないとする。

①労働者が軽易業務への転換および当該措置により受ける有利な影響ならびに当該措置により受ける不利な影響の内容や程度，当該措置に係る事業主による説明の内容その他の経緯や当該労働者の意向等に照らして，当該労働者につき自由な意思に基づいて降格を承諾したものと認めるに足りる合理的な理由が客観的に存在するとき

②事業主において当該労働者につき降格の措置をとることなく軽易業務への転換をさせることに円滑な業務運営や人員の適正配置の確保などの業務上の必要性から支障がある場合であって，その業務上の必要性の内容や程度および労働者が受ける有利または不利な影響の内容や程度に照らして，当該措置につき9条3項の趣旨および目的に実質的に反しないものと認められる特段の事情が存在するとき

解釈通達等について

上記最高裁判決を受け，均等法とともに育介休法の解釈通達も同時改正され，上記最高裁の規範がほぼそのまま，均等法9条3項および育介休法10条等に関する不利益取扱いの解釈基準として取り入れられた（平成27・1・23雇児発0123第1号）。

そこでは，「契機として」とは，基本的に当該事由（妊娠・出産など）が発生している期間と時間的に近接して当該不利益取扱いが行われたか否かをもって判断する，とされている。また，平成27年3月に厚生労働省が公表した「妊娠・出産・育児休業等を契機とする不利益取扱いに係るQ&A」においては，「契機として」は，原則として妊娠・出産などの事由の終了から1年以内に不利益取扱いがなされた場合，としている（ちなみに，前述1(3)〔377頁〕のとおり，均等法9条4項は，出産後，1年を経過しない女性に対してなされた解雇は，無効とするとしている）。

ただし，これはあくまで行政通達であり，「1年以内」という司法判断がされているわけではない。

> **実践知！** 均等法の「……理由として」とは，「契機として」の意味であり，これに当たる場合，使用者が均等法違反とならないことについての主張立証をしない限り，当該措置は無効とされる。

(2) その他の裁判例

　従前，マタハラに関する裁判例はそれほど多く見られなかったが，マタハラに対する社会的な関心の高まりとともに，多くの訴訟が提起されるようになった。今後もこのような傾向は続くと思われる。

CASE

ア 不利益取扱いに関する判例

＊代々木ゼミナール（学校法人東朋学園・高宮学園）事件・最判平成15・12・4 労判862号14頁（ベースアップや賞与の支給要件とされる出勤率の算定に当たり，産前産後休業等を欠勤日数に算入する措置を公序良俗に反し無効とした〔均等法9条3項の制定前の判決であり，現時点では，端的に均等法違反とされると考えられる〕。なお，判決は，当該90％条項を無効としつつ，賞与額計算において，産前産後休業の日数および勤務時間短縮措置による短縮時間分を減額対象とすることは労使双方の意思に反するものとはいえないとし，90％条項を無効として賞与全額の支払を命じた高裁判決を破棄し，事件を高裁に差し戻している〔同事件差戻審・東京高判平成18・4・19労判917号40頁〕）。

＊日本航空インターナショナル事件・東京地判平成19・3・26労判937号54頁（会社の深夜業免除制度は，育児介護休業法に基づくものであり，同法19条1項〔小学校就学の始期に達するまでの子を養育する労働者の請求による深夜業の制限〕は「深夜時間帯が所定労働時間内であるか否かにかかわらず，深夜時間帯における労働者の労務提供義務が消滅することを明らかにしたと解する」として，「深夜業免除者である原告らには深夜時間帯における労務提供義務はないのであるから，客室乗務員の労務が深夜勤務を中核とするものであったとしても，原告らのした労務の提供が債務の本旨に従った労務の提供として欠けるところはなかった」のであり，「会社の受領拒絶による原告らの債務の履行不能は会社の責に帰すべき事由に基づくものである」と判断して，賃金請求の一部を認容した）

＊コナミデジタルエンタテインメント事件・東京高判平成23・12・27労判1042号15頁（年俸制のもとでの「成果報酬」を，査定対象期間に育児休業により勤務していないことを理由に減額した〔前年度90万円を育休復帰後に0円とした〕ことにつき，「本件成果報酬ゼロ査定は，育休取得後，業務に復帰した後も，育休等を取得して休業したことを理由に成果報酬を支払わないとすることであり，その

ようなことは,『育介指針』において,『休日の日数を超えて働かなかったものとして取り扱うことは,給与の不利益な算定に該当する』とされている趣旨に照らしても,育休等を取得して休業したことを理由に不利益な取扱いをすることに帰着する」から,均等法や,育児介護休業法の趣旨にも反する結果になるものとした)

* 医療法人稲門会(いわくら病院)事件・大阪高判平成26・7・18労判1104号71頁(看護師として勤務していた男性につき,3ヶ月以上の育児休業をした者の翌年度の職能給を昇給させない旨の就業規則に基づき,職能給が昇給しなかったこと等が,育児介護休業法10条により禁止される不利益取扱いに該当するなどとして,不法行為に基づき,昇給,昇格していれば得られたはずの給与,賞与等の額と実際の支給額との差額,慰謝料の支払を命じた)

* 社会福祉法人全国重症心身障害児(者)を守る会事件・東京地判平成27・10・2労判1138号57頁(育児短時間勤務制度を利用したことを理由に,他の職員の4分の3の昇給しかされなかったことにつき,労働時間が短いことによる基本給の減額〔ノーワーク・ノーペイの原則の適用〕を超える不利益取扱いをするものとして,均等法23条の2に違反するとした)

* シュプリンガー・ジャパン事件・東京地判平成29・7・3労判1178号70頁(育児休業を取得していた女性労働者が,職場復帰の時期等についての調整を申し入れたが,復職が認められず,解雇〔解雇理由は,協調性の欠如等〕された事案。判決は,解雇に際し,「形式上,妊娠等以外の理由を示しさえすれば,均等法及び育休法の保護が及ばないとしたのでは,当該規定の実質的な意義は大きく削がれることになる」等としたうえで,「外形上,妊娠等以外の解雇事由を主張しているが,それが客観的に合理的な理由を欠き,社会通念上相当であると認められないことを認識しており,あるいは,これを当然に認識すべき場合において,妊娠等と近接して解雇が行われたときは,均等法9条3項及び育休法10条と実質的に同一の規範に違反したものとみることができる」とし,地位確認・賃金支払のほか,50万円の慰謝料と5万円の弁護士費用を認容した)

* 医療法人社団充友会事件・東京地判平成29・12・22労判1188号56頁(育児休業中に,労働者に無断で退職手続〔事実上の解雇〕をしたことに対して,地位確認・賃金請求を認めるとともに慰謝料200万円を,賞与を不支給としたことにつき慰謝料22万5000円(以上の慰謝料についての弁護士費用22万2500円)を,雇用保険の育児休業給付金が得られなくなったことに対して約179万円の損害賠償〔内1割は弁護士費用〕を認めた)

* フーズシステムほか事件・東京地判平成30・7・5労判1200号48頁(第一子出産後の復職前に時短勤務を希望したところ,パート社員になるしかないと言われ,有期雇用のパート契約書に署名捺印させられ,第二子出産後の復職後に雇止めされた事案。判決は,パート契約への転換の有効性につき,原告の自由な意思に基づいてされたものと認めるに足りる合理的な理由は存在せず,強行規定たる育児介護休業法23条の2に違反するものとして無効とし,原告は,雇止め通告時も,無期契約社員であるとした。その上で,雇止めの通知は,解雇の意思表示に

当たるが，解雇権濫用で無効である〔均等法9条3項にも違反する〕とし，地位確認，解雇後の賃金のほか，慰謝料50万円等を認容した）
* 学校法人近畿大学（講師・昇給等）事件・大阪地判平成31・4・24労判1202号39頁（育児介護休業法は，育児休業期間を出勤と取り扱うべきことまでも義務付けるわけではないが，①被告の旧育休規程は，昇給基準日前の1年間のうち一部でも育児休業をした職員に対し，残りの期間の就労状況如何に拘わらず当該年度に係る昇給の機会を一切与えないというものであり，②増担手当につき，年度の一部の期間について育児休業をした場合に，その期間の担当授業時間を0時間とすることは，いずれも育介休法10条の「不利益な取扱い」に当たるとして，不法行為の成立を認め，①あるべき賃金額との差額を認容し，②既受領の増担手当の返還義務はないと判断した）

イ　事実型のマタハラに関する判例
* 出水商事事件・東京地判平成27・3・13労判1128号84頁（産休中の原告を退職扱いとして退職通知を送付した行為は，労基法19条1項および育介休法10条に反する行為であると評価し得るとして，原告が出社できなかった期間の賃金と慰謝料15万円を認容した）
* 医療法人社団恵和会ほか事件・札幌地判平成27・4・17労判1134号82頁（原告が使用者に妊娠を報告した際，被告の責任者らが，想像妊娠だとか中絶を示唆するような言動をしたこと等は，原告の人格的利益を侵害する違法な嫌がらせであるとして，職場環境配慮義務の不履行により，慰謝料70万円と弁護士費用7万円の支払を命じた）
* ツクイほか事件・福岡地判平成28・4・19労判1140号39頁（妊娠した原告との業務軽減に向けた面談において，営業所長が「妊婦として扱うつもりないんですよ」，「万が一何かあっても自分は働きますちゅう覚悟があるのか，最悪ね」等と述べたことが，妊産婦労働者の人格権を害し，面談から1ヶ月経っても業務軽減措置についての対応をしていなかったことが，職場環境整備義務に違反するとして，35万円の慰謝料を認容した）
* TRUST事件・東京地立川支判平成29・1・31労判1156号11頁（妊娠した労働者が退職の合意をしたかどうかが問題になった事案で，自由意思に基づき合意したと認めるに足りる合理的理由が客観的に存在するかを「慎重に」判断すべき旨を述べたうえで，退職合意の存在を否定した）

Ⅶ．ハラスメントによる休業と労災保険等

1．企業による賃金保障制度

　ハラスメントの結果，被害労働者が精神疾患等に罹患した場合には，業務上の災害として労災保険給付を受けることができる（療養補償給付により治療費は無料となるし，休業補償については，平均賃金の6割の労災保険給付ほか

に，2割の特別支給金を受けることができる）。

　多くの企業の就業規則や賃金規程では，労災による欠勤の場合については，「労働者災害補償保険法の定めるところにより補償を受けるものとする」などとし，労災保険給付で対応するとしている。しかし，災害性の労災と異なり，精神疾患等の場合には，支給決定がされるまでに，一定の期間を要する（Chap. 11，Ⅰ2(2)〔421頁〕を参照のこと）。また，不支給決定となることもある。そこで，当面の生計を支えるための手当を考えることが必要となる。

　まず，考えられるのは企業による賃金保障制度の利用である。多くの企業では私傷病休職制度が設けられており（ただし，法律上，休職制度を設けることは義務付けられていないので，中小企業では休職制度がないこともある），中には，休職中にも一定の賃金保障をしている場合もある。また，企業によっては（大企業の場合が多い），一定期間（例えば，3ヶ月内）の欠勤に対しては，給与保障をしたうえでの欠勤を認め，さらに欠勤が続く場合に，休職扱いにするという制度をとっていることもある。

　これらについては，就業規則や賃金規程で定められているので，これらの規程類を精査することが必要となる（このような制度については，企業自らが労働者に説明すべきであるが，そのような説明をしてこないこともある。また，説明をしてきても，説明内容に誤りがあることもあるので，必ず規程類を確認すべきである）。

> **実践知！** 企業が設けている欠勤に対する賃金保障制度については，就業規則や賃金規程などで，その内容を確認すべきである。

2. 傷病手当金

　上記のような賃金保障制度がない場合，健康保険の傷病手当金の請求をすることが考えられる（標準報酬月額の3分の2の額が，最大で1年6ヶ月間支給される）。傷病手当金は，就労不能の医師の診断を得るとともに，使用者に一定の事項（給与額や欠勤の事実等）の証明をしてもらい，健康保険組合もしくは全国健康保険協会（協会けんぽ）に請求すれば，早期に支給される。

　傷病手当金は，私傷病（業務外の傷病〔労災〕以外の傷病）を対象に支給されるものだが，上記のように，労災保険の支給がされるまでには，一定の期

間を要するので，緊急避難的に傷病手当金を受給するものである（なお，私傷病休職制度がある企業でも，その全期間もしくは一部の期間〔休職中に一定の賃金保障がある場合〕は，傷病手当金を受給することを推奨するのが通常である）。

傷病手当金の受給を開始した後に，労災（休業補償給付）の支給決定がされた場合には，傷病手当金は健康保険組合等に返還することになる（療養補償給付がなされた場合には，医療機関に対して支払った治療費の自己負担分〔3割分〕について，健康保険組合等からの還付を受けることができる）。

> **実践知！** ハラスメント事案で休業した場合，労災保険給付が得られることがあるが，その認定には時間を要するので，当面，健康保険の傷病手当金を受給することを検討する。

3. 労災保険

(1) 労災保険による補償

パワハラ・セクハラ等によって精神疾患に罹患して，通院したり，休業した場合には，労災保険で療養補償給付や休業補償給付を受けられる。また，一定期間後に症状が固定した（治療を継続しても，それ以上，症状が軽快しない状態に至った）場合には，障害補償の給付（一時金もしくは年金）を，被災者が死亡した場合には，遺族補償給付を受けられる。

(2) 精神障害，自殺の場合の認定基準

i 認定基準

精神障害やそれによる自殺の場合，「人の生命にかかわる事故への遭遇その他心理的に過度の負担を与える事象を伴う業務による精神及び行動の障害又はこれに付随する疾病」（労基則別表1の2の9号）として労災保険法が適用される。この労基則別表に該当する疾病であるか否かの判断は，「心理的負荷による精神障害の認定基準」（平成23・12・26基発1226第1号）によることとされている。

この認定基準は，①その別表1に基づく「業務による心理的負荷の評価」が「強」に該当し，かつ，②「業務以外の心理的負荷の評価」（別表2に基づく「強度Ⅲに該当する出来事」の有無）や，個体的要因（精神障害の既往症や

384　　　　　PART 2　紛争類型ごとの対応策

アルコール依存状況など）の有無を検討し，疾病がこれらの要因に基づくものでない場合に，労災認定をするものとしている。上記①の判断に際しては，

ⅰ）別表1の「特別な出来事」に該当する出来事があった場合には，心理的負荷の総合評価を「強」とし，

ⅱ）これに該当しない場合には，別表1の「具体的出来事」（平均的な心理的な負荷の強度が，「Ⅲ」，「Ⅱ」，「Ⅰ」として付されている）欄の具体例の内容に，事実関係が合致する場合には，その強度（「弱・中・強」）を判断し，事実関係が具体例に合致しない場合には，「心理的負荷の総合評価の視点」欄に記載された事項を考慮し，個々の事案ごとに評価する，

ⅲ）関連しない複数の出来事があり，「中」の出来事が複数ある場合には，総合評価によって「強」もしくは「中」と判断する，ものとされている。

評価は概ね発症前6ヶ月の間に行われたものについて行われるが，パワハラやセクハラのように，出来事が繰り返されるものについては，発病の6ヶ月よりも前にそれが始まり，発病まで継続していたときは，それが始まった時点からの心理的負荷を評価するものとされている。

ⅱ　自殺の場合

なお，業務による心理的負荷によって発病した人が自殺を図った場合には，「精神障害によって，正常な認識，行為選択能力が著しく阻害され，又は自殺を思いとどまる精神的な抑制力が著しく阻害されている状態」に陥ったもの（故意の欠如）と推定し，原則として，労災認定するものとされている（労災保険の支給対象とならない「故意」〔労災保険法12条の2の2第1項〕には該当しないとしている）。

ⅲ　パワハラの場合

パワハラについては，具体的な出来事として，「（ひどい）嫌がらせ，いじめ，又は暴行を受けた」（平均的な心理的な負荷の強度は，最も重い「Ⅲ」）が掲げられ，以下のような例が記載されている。

「強」になる例

　　「部下に対する上司の言動が，業務指導の範囲を逸脱しており，その中に人格や人間性を否定するような言動が含まれ，かつ，これが執拗に行われた」，「同僚等による多人数が結託しての人格や人間性を否定するような言動が執拗に行われた」，「治療を要する程度の暴行を受けた」

「中」になる例

　　「上司の叱責の過程で業務指導の範囲を逸脱した発言があったが，こ

れが継続していない」,「同僚等が結託して嫌がらせを行ったが,これが
継続していない」

iv　セクハラの場合

セクハラについては,「強姦や本人の意思を抑圧して行われたわいせつ行
為などのセクシュアルハラスメントを受けた」ことが,「特別な出来事」と
して掲げられている。また,「特別な出来事」以外としては,具体的な出来
事として,「セクシュアルハラスメントを受けた」(平均的な心理的な負荷の
強度は「Ⅱ」とされている)が掲げられ,以下のような例が記載されている。

「強」になる例

　　「胸や腰等への身体接触を含むセクシュアルハラスメントであって,
継続して行われた場合」,「胸や腰等への身体接触を含むセクシュアルハ
ラスメントであって,行為は継続していないが,会社に相談しても適切
な対応がなく,改善されなかった又は会社への相談等の後に職場の人間
関係が悪化した場合」,「身体接触のない性的な発言のみのセクシュアル
ハラスメントであって,発言の中に人格を否定するようなものを含み,
かつ継続してなされた場合」,「身体接触のない性的な発言のみのセクシ
ュアルハラスメントであって,性的な発言が継続してなされ,かつ会社
がセクシュアルハラスメントがあると把握していても適切な対応がなく,
改善がなされなかった場合」

「中」になる例

　　「胸や腰等への身体接触を含むセクシュアルハラスメントであっても,
行為が継続しておらず,会社が適切かつ迅速に対応し発病前に解決した
場合」,「身体接触のない性的な発言のみのセクシュアルハラスメントで
あって,発言が継続していない場合」,「身体接触のない性的な発言のみ
のセクシュアルハラスメントであって,複数回行われたものの,会社が
適切かつ迅速に対応し発病前にそれが終了した場合」

v　長時間労働の場合

なお,精神障害発症の大きな原因のひとつとして,長時間労働がある。認
定基準では,長時間労働がある場合の評価方法について,以下のように定め
ている。

長時間労働がある場合の評価方法

①「特別な出来事」に当たる「極度の長時間労働」

　　発症直前の1ヶ月に概ね160時間以上,もしくは,発症直前の3週

間に概ね 120 時間以上の時間外労働を行った場合（ただし，休憩時間は少ないが，手待時間が多い場合等，労働密度が特に低い場合は除く）。
②「出来事」としての長時間労働（「強」になる例）
　　発病直前の連続した 2 ヶ月間に 1 月当たり概ね 120 時間以上，もしくは，発病直前の連続した 3 ヶ月間に 1 月当たり概ね 100 時間以上の時間外労働を行い，その業務内容が通常その程度の労働時間を要するものであった場合。
③他の出来事と関連した長時間労働
　　出来事が発生した前や後に恒常的な長時間労働（月 100 時間程度の時間外労働）があった場合，心理的負荷の強度を修正する要素として評価する。

⑶　**行政訴訟における不支給処分の取消例**
　労基署による不支給決定が行政訴訟で争われ，その結果，不支給決定が取り消されるものが数多くみられる。なお，裁判所は，上記認定基準は，裁判所を拘束するものでないとしつつも，その合理性を認め，その当てはめを通じて，不支給決定を取り消すものが多い。

> **CASE　不支給決定を取り消したもの**
>
> ＊国・京都下労基署長（富士通）事件・大阪地判平成 22・6・23 労判 1019 号 75 頁（同僚女性らによる常軌を逸した悪質な集団いじめによる心理的負荷が，客観的にみて，精神障害を発症させる程度に過重であったとして，いじめと精神障害の相当因果関係を認め，療養補償の不支給処分を取り消した）
>
> ＊国・大分労基署長（NTT 西日本・うつ病）事件・大分地判平成 27・10・29 労判 1138 号 44 頁（定年前の処遇について，全国配転となる 60 歳満了型を希望したところ，退職・再雇用型を選択させようと強要された事案で，療養補償の不支給決定を取り消した）
>
> ＊亀戸労基署長事件・東京高判平成 20・11・12 労経速 2022 号 13 頁（起立させられたまま「質問にはすぐに答えろ」などと 2 時間以上も叱るなどされ，不整脈による脳梗塞を発症した事案で，休業補償の不支給処分を取り消した）
>
> ＊国・鳥取労基署長（富国生命・いじめ）事件・鳥取地判平成 24・7・6 労判 1058 号 39 頁（他の従業員の面前でのミスについての質問，班の分離，マネージャー失格などの言動がされた事案で，休業補償の不支給処分を取り消した）
>
> ＊国・京都下労基署長（セルバック）事件・京都地判平成 27・9・18 労判 1131 号 29 頁（しばしば，大声で，ヤクザ口調で，ときには理不尽な叱責を受けた事案で，療養補償の不支給決定を取り消した）

* 国・広島中央労基署長（中国新聞システム開発）事件・広島高判平成 27・10・22 労判 1131 号 5 頁（前掲 IV 1 ⑵ V〔366 頁〕を参照のこと。休業補償の不支給決定を取り消した）
* 国・半田労基署長（医療法人 B 会 D 病院）事件・名古屋高判平成 29・3・16 労判 1162 号 28 頁（退職強要行為による心理的負荷が「強」であることを認め，休業補償給付の不支給決定を取り消した）
* 国・さいたま労基署長（ビジュアルビジョン）事件・東京地判平成 30・5・25 労判 1190 号 23 頁（いったん申し出た退職を撤回した後，上司から，辞めたくないのであれば土下座をするような気持ちで謝るように助言されるなどした事案で，休業補償の不支給決定を取り消した）
* 国・静岡労基署長（日研化学）事件・東京地判平成 19・10・15 労判 950 号 5 頁（上司の「存在が目障りだ，居るだけでみんなが迷惑している」等の暴言を認定したうえで，心理的負担が強度であったとし，パワーハラスメントを原因とした自殺を労災と認定した）
* 国・神戸西労基署長（阪神高速パトロール）事件・大阪高判平成 29・9・29 労判 1174 号 43 頁（パトロールでペアを組む同僚による「何もするな」「殺すぞ」などの発言を含めた夜勤時の発言全体が強い心理的負荷を与えるものとして，自殺を労災と認定した）
* 地公災基金名古屋市支部長（市営バス）事件・名古屋高判平成 28・4・21 労判 1140 号 5 頁（別の運転手による乗客の転倒事故について，自認に追い込まれ，警察官の取調べも受ける等した後の自殺を労災と認定した）

⑷ 損害賠償請求と労災保険給付との関係

これについては，Chap. 11, III（428 頁）を参照のこと。

CHAPTER

08 高齢者の雇用をめぐる問題

Ⅰ．高年法をめぐる問題

1．継続雇用拒否をめぐる紛争

(1) 高年法の定め

　高年法（高年齢者等の雇用の安定等に関する法律）は，事業主（使用者）は，60歳を下回る定年制を設けることができず（8条），65歳までの雇用確保措置を講じなければならない（9条）としている。事業主が講ずべき雇用確保措置は，①定年年齢の引上げ，②継続雇用制度（高年齢者が希望するときは定年後引き続いて雇用する制度）の導入，③定年制廃止のいずれかである（9条1項）。上記①〜③のうち，多くの企業が②を採用している（ただし，最近の労働力不足を背景に，①をとる企業もみられる）。

　なお，このような雇用確保措置を講じることが義務付けられたのは，厚生年金の報酬比例部分の支給開始時期が，65歳まで漸次繰り下げられることを受けてのことである。

(2) 継続雇用制度をめぐる紛争

ⅰ 継続雇用制度

　継続雇用制度については，労使協定により「対象となる高年齢者に係る基準」（継続雇用基準）を定めることができるとされていた（2012年改正前の9条2項）。このため，継続雇用基準に該当しないとして継続雇用を拒否された労働者が地位確認等を求める訴訟が数多くみられた。

　しかし，この規定は，2012年の改正法によって削除されたので，新たに継続雇用基準を定めて，継続雇用対象者を限定することはできなくなった。これにより，希望者全員が定年後も継続雇用されることになる。ただし，老齢厚生年金の報酬比例部分の支給開始年齢（2019年4月1日〜2022年3月31日は63歳，2022年4月1日〜2025年3月31日は64歳）を上回る労働者に対しては，改正法施行日（2013年4月1日）時点で効力を有していた継続雇用基準が引き続き効力を有する（2025年3月31日まで。2012年改正法附則3

CHAPTER 8　高齢者の雇用をめぐる問題　　389

項）ので注意を要する（厚労省の「高年齢者雇用安定法 Q & A」を参照のこと）。

なお，継続雇用基準を満たしているにも拘わらず，継続雇用を拒否された労働者による地位確認等訴訟において，最高裁（津田電気計器事件・最判平成24・11・29 労判 1064 号 3 頁）は，労働者において嘱託雇用契約の終了後も雇用が継続されるものと期待することには合理的な理由があると認められる一方，会社において，再雇用をすることなく嘱託雇用契約の終期の到来により労働者の雇用が終了したものとすることは，客観的に合理的な理由を欠き，社会通念上相当であると認められないとして，労働者の定年後の地位確認，賃金請求を認めている。

ii 雇用確保措置が講じられていない場合

使用者が高年法の上記(1)①〜③のいずれの措置も講じていない場合，労働者は，高年法に基づき，定年（60 歳）後の地位確認を求めることができるか，という問題もある。裁判例は，一般論として，高年法 9 条の私法的効力を認めていない（NTT 西日本〔高齢者雇用・第 1〕事件・大阪高判平成 21・11・27 労判 1004 号 112 頁，NTT 西日本〔継続雇用制度・徳島〕事件・高松高判平成 22・3・12 労判 1007 号 39 頁，愛知ミタカ運輸事件・大阪高判平成 22・9・14 労判 1144 号 74 頁，NTT 東日本事件・東京高判平成 22・12・22 労経速 2095 号 3 頁等）。このような解釈の妥当性については疑問が残るが，この解釈を前提とすると，地位確認請求は認められないことになろう（ただし，定年制および継続雇用基準を定める就業規則の規定が 2004 年改正高年法附則 5 条 1 項の要件を具備していないため無効であると判断したうえで，地位確認請求を認容した例もみられる〔京濱交通事件・横浜地川崎支判平成 22・2・25 労判 1002 号 5 頁〕）。

これに対して，損害賠償の請求は認められると考えられる（高年法の定めからして，定年後も，継続して雇用されることに合理的な期待を有しているとして，損害賠償請求を認容した例として，日本ニューホランド〔再雇用拒否〕事件・札幌高判平成 22・9・30 労判 1013 号 160 頁がある）。

iii 継続雇用後の雇止め

また，いったんは継続雇用されたものの，例えばそれが 1 年契約のような場合，65 歳に達する以前に雇止めされることもある。

使用者には，65 歳までの雇用が義務付けられているので，雇用継続に対する合理的期待は原則として認められる。したがって，雇止めに合理性，相当性があるか否かの観点から，雇止めの有効性が判断されることになる。

CASE 労使協定に基づく継続雇用制度下で，継続雇用後になされた雇止めを無効とした例

＊エフプロダクト事件・京都地判平成 22・11・26 労判 1022 号 35 頁（経営上の理由に基づくもの）
＊トーホーサッシ事件・福岡地決平成 23・7・13 労判 1031 号 5 頁
＊ブーランジェリーエリックカイザージャポン事件・東京地判平成 26・1・14 労判 1096 号 91 頁
＊社会福祉法人新島はまゆう会事件・東京地判平成 25・4・30 労判 1075 号 90 頁
＊シンワ運輸東京事件・東京地判平成 28・2・19 労判 1136 号 58 頁

実践知！ | **定年後の雇用が有期雇用であった場合，65 歳に達するまでは，雇用継続に対する合理的な期待があると考えてよい。**

2. 継続雇用後の労働条件をめぐる紛争

(1) 継続雇用後（定年後）の労働条件

高年法は，継続雇用後の労働条件についての定めを置いていない。したがって，継続雇用後の労働条件は，当該企業における就業規則上の制度や慣行等によることになる。ただし，就業規則の定めが「諸事情を考慮して個別に決定する」などとされていることもある。

そのいずれにせよ，賃金を極端に低く設定されたり，時給制をとりつつ労働時間を極端に短くされる（それにより得られる賃金も減少する）こともある。

(2) 裁判例の傾向

定年後の賃金が定年前よりも少なくなること自体は，やむを得ないものとされている（労契法 20 条が問題となった長澤運輸事件最高裁判決。後述の Chap. 9, II 1 iii〔401 頁〕を参照）。問題は，その程度である。「提示した労働条件が，無年金・無収入の期間の発生を防ぐという趣旨に照らして到底容認できないような低額の給与水準」または「社会通念に照らし当該労働者にとって到底受け入れ難いような職務内容を提示するなど実質的に継続雇用の機会を与えたとは認められない場合」（下記のトヨタ自動車ほか事件の判示）には，違法との評価を受けることがあり得る。

CHAPTER 8　高齢者の雇用をめぐる問題　　391

CASE

＊愛知ミタカ運輸事件・大阪高判平成 22・9・14 労判 1144 号 74 頁（「時給 1000 円で賞与なし」で，定年後の賃金を定年前と比較すると 54・6％ と試算されるケースで，高年法の趣旨を無にし，あるいは潜脱する程度に達していない等とした）

＊学究社（定年後再雇用）事件・東京地立川支判平成 30・1・29 労判 1176 号 5 頁（定年前の約 3 割の賃金額について，定年前後における業務の内容および当該業務に伴う責任の程度に一定の差があること等から，労契法 20 条違反を認めなかった）

＊トヨタ自動車ほか事件・名古屋高判平成 28・9・28 労判 1146 号 22 頁（労使協定に基づく選定基準を満たさないとして，原則 1 日 4 時間労働，清掃業務，時給 1000 円（年収ベースでの見込み額は約 127 万円）を提示され，これに応募せず継続雇用されなかったケースで，給与水準は到底是認できないような低額ではないとしつつ，それまで事務職であった控訴人を単純労務職とすることは高年法の趣旨に反する違法なものであるとして，不法行為の成立を認め，慰謝料 127 万円余〔1 年間雇用された場合の給与見込額〕を認容した）

＊九州惣菜事件・福岡高判平成 29・9・7 労判 1167 号 49 頁（時給 900 円，月間 16 日，8 時 30 分から 15 時 30 分の勤務を提示され〔賃金は定年前の 33 万 5500 円から，その約 25％ である 8 万 6400 円となる〕，再雇用には応じなかったケースで，賃金額を月額換算で定年前の約 25％ とするものであり，定年前の労働条件との継続性・連続性を一定程度確保するものとはいえず，また，そのような大幅な賃金の減少を正当化する合理的な理由も存しないから，継続雇用制度の導入の趣旨に反し，裁量権を逸脱または濫用したものであり，不法行為に該当するとして，慰謝料 100 万円を認容した。逸失利益は否定）

(3) 実際の対処法

提示された条件があまりに低い場合の対応としては，①これを受け入れ勤務を継続して，あるべき賃金額との差額を，a）賃金請求もしくは，b）損害賠償のかたちで請求する，②低すぎる条件提示を拒否し（そうすると継続雇用はされなくなる），a）労働契約上の地位確認およびあるべき賃金額の請求もしくは，b）損害賠償（あるべき賃金額相当の逸失利益）の請求をする，という 2 つの方法が考えられる。

就業規則の定めに反するなどして，他の継続雇用労働者よりも低い賃金を設定されていれば，他の継続雇用労働者の賃金水準をあるべき賃金額とすることができるが，そのような事情がなく，継続雇用における賃金が制度上低く設定されていたり，賃金水準についての基準がないような場合には，あるべき賃金額の確定が困難となる。また，前記② a）の請求について，裁判所は，合意が成立していないとして地位確認を認めない傾向にある（上記トヨ

タ自動車ほか事件や，九州惣菜事件では，そのような理由で地位確認請求が棄却されている）。

したがって，差額相当額の請求をする場合には，必ず損害賠償での請求をすべきであろう（上記トヨタ自動車ほか事件や九州惣菜事件がそうであるように，裁判所は，損害額については，当事者の主張に拘束されることなく，妥当と考える額を認容している）。

なお，前記②のやり方の場合，実際に勤務しておらず，裁判所も地位確認を認めないため，労契法 20 条（今後，新パート有期労働法 8 条となることにつき，Chap. 9, Ⅲ 1 (3)〔405 頁〕を参照のこと）に基づく主張は困難だと思われる（したがって，損害賠償請求の根拠は，高年法の趣旨違反による不法行為ということになる）。一方，前記①のやり方をとる場合には，労契法 20 条を根拠に損害賠償請求をすることも考えられる。

実践知！　定年後の労働条件（賃金）があまりにも低い場合には，損害賠償が認められることがある。低い条件での継続雇用を拒否して請求するやり方と，継続雇用を受け入れつつ請求するやり方がある。

Ⅱ. 65 歳以降の雇用継続

65 歳を超える高年齢者の雇用継続（以下，便宜上「65 歳後の再雇用」という）については，これを義務付ける法律はない。しかし，就業規則に 65 歳後の再雇用の定めがあったり，65 歳以降の再雇用の労使慣行（実情）がある場合には，65 歳後の再雇用の拒否や，その後の雇止めの有効性が問題となり得る。

就業規則で 65 歳後の再雇用に関する定めをしていても，再雇用するか否かを使用者の裁量に委ねるものがほとんどだと思われる。この場合，当該企業における 65 歳後の再雇用の実態がどのようなものであるかが大きなポイントとなる。特段の事情がない限り，希望する全て（もしくは大半）の者が再雇用されている場合には，再雇用が認められる可能性が高くなる（なお，後記の学校法人尚美学園事件では，2 つの地裁判決と高裁判決とで，過去の実態に

CHAPTER 8　高齢者の雇用をめぐる問題　393

ついての評価が分かれている）。

　また，業務内容に専門性や裁量性があるか否かも，ポイントとなろう（後記の学校法人尚美学園（大学専任教員A・再雇用拒否）事件の高裁判決は，大学教員の職務内容は，複雑かつ高度なものであり，大学教員の雇用には，一般に流動性のあることが想定されていることから，再雇用の適否をその都度の判断に委ねることには，相応の合理性が認められるとしている）。

職場の雇用慣行の実態などから，65歳以上の雇用が認められるケースもある。

　いったん，65歳後の再雇用がされた後の雇止めについては，労契法19条がストレートに適用されるので，一定の年齢（下記の国際自動車ほか事件では，慣行から75歳までとしている）に達する以前の雇止めは，その効力が否定されやすい。

　その一方，65歳に達した直後の再雇用については，労契法19条がストレートに適用されず，「新たな雇用」となることから，再雇用拒否に対する救済のハードルは，高くなる。65歳後の再雇用を認める法的根拠としては，労契法19条の類推適用，権利濫用，信義則違反等が考えられるが，下記の国際自動車ほか事件高裁判決は，再雇用を拒否することが権利濫用になるとしつつ，再雇用後の労働条件が確定できないとして，再雇用を認めなかった（ただし，再雇用を拒否されたことについての慰謝料を認めている）。当該事案では，別件の残業代請求訴訟を提起したことが再雇用拒否（や雇止め）の理由であると認定されており，かつまた，再雇用締結や勤務形態（フルタイムか短時間勤務か）等に関する希望について，会社が拒否した事情（実例）はうかがえないとしつつ，従業員が希望すれば希望したとおりの勤務形態で再雇用契約が締結されることが確立した慣行となっていたとまで認めるに足りないとして再雇用を認めなかった。あまりにも形式的な議論であり，「社会常識に反している」と思われるが，定年直後の再雇用については，このような「形式論」で請求（再雇用を前提とする地位確認等）が棄却される可能性があることを念頭に置く必要がある。

CASE

* 学校法人同志社（大学院教授・定年延長拒否）事件・大阪高判平成 26・9・11 労判 1107 号 23 頁（65 歳定年の「大学院教授については 1 年度ごとに定年を延長することができるものとし，満 70 才の年度末を限度とする」という就業規則の定めがある中，延長の 1 年後に雇止めにされた事案で，70 歳までの再雇用の雇用慣行があったとはいえないとして，地位確認請求を棄却した）

* 学校法人尚美学園（大学特別選任教員・雇止め）事件・東京地判平成 28・11・30 労判 1154 号 81 頁（就業規則において 65 歳定年が定められる一方，「理事会が必要と認めたときは，定年に達した専任教員に，満 70 歳を限度として勤務を委嘱することができる」と定められた大学〔以下の学校法人尚美学園事件も同種事案〕で，定年後に 1 年契約で特別専任教員とされた者が 2 回目の更新時に非常勤教員とされた事案で，その人数は 3 名であったものの，70 歳まで契約を更新しなかった例はなかったこと等から，契約更新の合理的期待を認め，特別選任教員としての地位確認等を容認した）

* 学校法人尚美学園（大学専任教員 B・再雇用拒否）事件・東京地判平成 28・11・30 労判 1152 号 13 頁（労使慣行として法的効力が認められるまでには至らないとはいえ，70 歳まで雇用が継続されるという一定の方向性をもった慣例が存在し，希望した者の雇用は継続されるという点では例外はなかった等の事情から，再雇用による雇用継続に期待することには合理性が認められるとし，原告との間で再雇用契約を締結しないことは権限濫用に当たり，違法無効であり，原告と被告との間の法律関係は，再雇用契約が締結されたのと同様になるものと解するのが妥当とし，地位確認等を認容した）

* 学校法人尚美学園（大学専任教員 A・再雇用拒否）事件・東京高判平成 29・3・9 労判 1180 号 89 頁（信義則上，定年後の再雇用の申込みを承諾すべき義務があるか否かを判断するに当たり，労契法 19 条の趣旨を考慮することは許されるとしつつ，本件就業規則の定めからは，満 70 歳までの継続雇用を期待することはできないとして，原判決〔東京地判平成 28・5・10 労判 1152 号 51 頁〕を覆し，請求を棄却した。なお，判決は，65 歳未満で採用されて定年に達し，引き続き勤務を委嘱されて満 70 歳以上で退職した者は 6 名にすぎず，定年後の再雇用の実績はわずかな例があるにすぎないと評価している）

* 北港観光バス（雇止め）事件・大阪地判平成 25・1・18 労判 1078 号 88 頁（継続雇用後の 65 歳以降の雇用継続について，「個別に決定する」とされている中，従業員の 16% が 65 歳以上であることなどから，雇用継続に対する合理的期待があるとして，70 歳までの雇用継続を認めた）

* 国際自動車ほか（再雇用更新拒絶・本訴）事件・東京高判平成 31・2・13 労判 1199 号 25 頁（65 歳定年後に有期雇用で再雇用されていたタクシードライバーに対する雇止めを無効とした〔ただし，雇用の上限期間は 75 歳までとした〕一方，65 歳定年直後の再雇用拒否について，再雇用することが就業規則で明定されていたり，確立した慣行となっており，かつ，その場合の契約内容が特定されている場合には，

再雇用拒否に合理的理由と，社会通念上の相当性がなければ，再雇用拒否は権利の濫用に該当するとしつつ，定年後の再雇用には，定年前から存在するフルタイム〔月11乗務〕のほかに定年前には存在しなかった短時間勤務〔月8乗務〕があり，当該事案では，そのいずれであるかが特定されていないとして，再雇用されたことを前提とする地位確認等を認めず，再雇用拒否を不法行為として，慰謝料請求のみを認容した。

　なお，これに先立つ仮処分第4事件・東京地決平成29・3・30，仮処分第5事件・東京地決平成29・6・1〔いずれも判例集未登載〕では，定年直後の再雇用拒否について，労契法19条の類推適用によって，再雇用がされたものとして，賃金の仮払いを認容している。また，再雇用後の雇止めについて，国際自動車〔再雇用更新拒絶・仮処分第1〕事件・東京地決平成28・8・9労判1149号5頁，国際自動車〔再雇用更新拒絶・仮処分第2〕事件・東京地決平成30・5・11労判1192号60頁を参照のこと）

CHAPTER 09 非正規労働者の労働条件（均等・均衡）をめぐる問題

I．均等・均衡問題についての視点

1．問題状況

　現行の労契法 20 条は，有期雇用労働者の労働条件が無期雇用労働者と相違する場合において，当該労働条件の相違は，不合理なものであってはならないと定めている。また，現行パート法は，短時間労働者について，労契法 20 条と同様の不合理の禁止（8 条）を定めるとともに，「通常の労働者と同視すべき短時間労働者」について，賃金の決定等の労働条件の差別的取扱いを禁止している（9 条）。

　労契法 20 条は，2013 年 4 月 1 日に施行されたが，この間，同条をめぐる判決が全国各地で出されている（一方，パート法に基づく訴訟はそれ程多く提起されていないようである）。そして，2018 年 6 月には，労契法 20 条に関する 2 つの最高裁判決（後述のハマキョウレックス事件，長澤運輸事件）が出された。

　その一方，働き方改革法（平成 30 年法律 71 号）で，労契法 20 条は削除され，パートタイム労働法に組み込まれるかたちで，一本化されることになった（同法の名称も「短時間労働者及び有期雇用労働者の雇用管理の改善等に関する法律」と変更された。以下，「新パート有期労働法」もしくは「新法」という）。同法の施行日は，2020 年 4 月 1 日（中小企業については 2021 年 4 月）であり，これ以降の待遇格差は，新法に基づく判断がされることになる。また，新パート有期労働法等に関するガイドラインが出されており，これも実務上の参考となる（なお，働き方改革法では，労働者派遣法も改正され，派遣労働者の賃金決定等についても新たな規制がされることになった）。

2．対処についての留意点

i　集団的な対処

　職場内にある程度の数の非正規労働者（有期雇用労働者や短時間労働者）がいる場合，不合理な労働条件の改善（均等，均衡待遇の実現）は，全ての非

正規労働者に共通する問題となる。したがって，この問題については，労働組合を結成するなどして集団的に対処することを検討すべきである。

ii　正社員（無期，フルタイム労働者）の労働条件の把握

また，均等，均衡待遇は，無期，フルタイム労働者（正社員）の労働条件との比較によるものなので，正規労働者の労働条件を把握することが問題解決の出発点となる。しかし，非正規労働者には，正規労働者の労働条件が知らされていないのが通常である。

この点については，新法の14条2項（短時間・有期雇用労働者から求めがあったときは，待遇の相違の内容および理由等を説明しなければならないとしている）が活用できることになったが，新法の施行前にも，労働組合による団体交渉によって，正規労働者の労働条件についての情報を開示させることが有効である（新法の14条2項が制定された以上，その施行前であっても，団体交渉で，資料の開示を求められたにも拘わらず，これを開示しないことは，不誠実団交に当たると考えられよう）。

なお，訴訟になった場合にも，さらに不明点を解明しなければならなくった場合には，新法の14条2項（後述Ⅲ2(3)ii〔408頁〕を参照）を根拠にしつつ，求釈明をするなどして，実態を明らかにさせるべきであろう。

iii　比較対象となる無期，フルタイム労働者（正社員）の絞り込み

わが国では，正社員は様々な業務に従事しているのが一般的であるから，業務内容が限定されている有期・パート労働者との労働条件の相違の不合理性を主張する際，正社員全体との比較をしたのでは，職務の内容等の違いから，不合理性が否定されやすくなる。そこで，同種の業務に従事している正社員（もしくは無期，フルタイム労働者）との比較をすることが重要となる。

このような観点からの比較を行ったのが日本郵便事件（日本郵便〔時給制契約社員ら〕事件・東京高判平成30・12・13労判1198号45頁，日本郵便〔非正規格差〕事件・大阪高判平成31・1・24労判1197号5頁等），後述Ⅱ2（402頁）の学校法人産業医科大学事件およびメトロコマース事件の高裁判決である。メトロコマース事件の一審判決（東京地判平成29・3・23労判1154号5頁）は，全ての正社員と原告ら契約社員B（売店業務にのみ従事する）の比較をしたが，高裁判決は，「労働契約法20条が比較対象とする無期契約労働者を具体的にどの範囲の者とするかについては，……不合理と認められると主張する無期契約〔引用者注：「有期」の誤りと思われる〕労働者において特定して主張すべきものであり，裁判所はその主張に沿って当該労働条件の相違が不

合理と認められるか否かを判断すれば足りるものと解するのが相当である」
としている（ただし，後述Ⅱ2〔402頁〕の学校法人大阪医科薬科大学（旧大阪医科
大学）事件は，正職員の労働条件が単一の就業規則で定められていることなどか
ら，同一職務に従事する正職員と比較すべきとした労働者側の主張を退けている）。
なお，定年後の労働条件の不合理性が問題となった事案で，比較対象とすべ
き正社員がいないため，定年前後の原告の職務内容を比較した例として，日
本ビューホテル事件（東京地判平成30・11・21労判1197号55頁）がある。

　したがって，前述ⅱで論じた正社員の労働条件の把握に際しては，同種の
業務に従事している正社員（無期，フルタイム労働者）がいるかどうか，その
者の労働条件がどのようになっているか等についても，可能な限りの情報を
入手することが重要となる。同種の業務に従事している正社員（無期，フル
タイム労働者）との比較が可能となれば，労働条件の相違の不合理性は，あ
る程度，鮮明になるであろう。

Ⅱ．現行労契法20条に関する裁判例

1．2つの最高裁判決

　労契法20条をめぐっては，同じ日に，ハマキョウレックス（差戻審）事
件・最判平成30・6・1労判1179号20頁，長澤運輸事件・最判平成30・
6・1労判1179号34頁が出されている。これらは，いずれもドライバーに
関する事案であり，職務の内容は，同一である（長澤運輸事件は，配置の変更
の範囲も同一であるが，定年後の再雇用者（嘱託乗務員）に関する事案である。
一方，ハマキョウレックス事件では，契約社員については就業場所の変更が予定
されていないのに対し，正社員については，転居を伴う配転が予定されていると
認定されている）。

　両判決の判示内容を整理すると，以下のようになる。

ⅰ　労契法20条の解釈

①同条の効力

　同条は私法上の効力を有し，同条に違反する労働条件の相違を設ける部分
は無効となるが，比較の対象である無期契約労働者の労働条件と同一のもの
となるものではない（いわゆる契約の補充効の否定。なお，本各件については，
正社員就業規則，給与規程の定めが契約社員〔嘱託社員〕に適用されると解する
ことは，就業規則の合理的な解釈としても困難であると判断されている）。したが

って，正社員と同一の権利を有する地位の確認や，これを前提とする差額賃金請求は認められず，不法行為に基づく損害賠償として処理される。

②「期間の定めのあることにより……相違」の解釈

有期契約労働者と無期契約労働者との労働条件の相違が「期間の定めの有無に関連して生じたもの」を意味する。期間の定めがあることと労働条件が相違していることとの「関連性の程度」は，労働条件の相違の不合理性の判断に当たって考慮すれば足りる（本各件では，契約社員〔嘱託社員〕と正社員とで異なる就業規則が適用されることにより労働条件の相違が生じているので，当該相違は期間の定めの有無に関連して生じたものと判断されている）。

③「不合理と認められるものではあってはならない」の解釈（職務の内容等が異なる場合の均衡処遇）

労契法 20 条は，職務の内容等が異なる場合であっても，その違いを考慮して両者の労働条件が均衡のとれたものであることを求める規定であるところ，両者の労働条件が均衡のとれたものであるか否かの判断に当たっては，労使間の交渉や使用者の経営判断を尊重すべき面があることも否定し難い。したがって，同条にいう「不合理と認められるもの」とは，有期契約労働者と無期契約労働者との労働条件の相違が不合理であると評価することができるものであることをいう。

④主張立証責任

「不合理である」との評価を基礎付ける事実については，同条違反を主張する者（労働者）が，不合理であるとの評価を妨げる事実については，同条の違反を争う者（使用者）が，それぞれ主張立証責任を負う。

⑤「不合理性」の判断手法

個々の賃金項目に係る労働条件の相違の不合理性判断に当たっては，賃金の総額を比較することのみによるのではなく，当該賃金項目の趣旨を個別に考慮すべきである。なお，ある賃金項目の有無および内容が，他の賃金項目の有無および内容を踏まえて決定される場合もあり得るところ，そのような事情も，不合理性判断に当たり考慮される。

⑥不合理性判断について考慮すべき事情

同条は，「その他の事情」を挙げており，不合理性判断に際して，考慮されるべき事情は，労働者の職務内容および変更範囲並びにこれらに関連する事情に限定されない（有期契約労働者が定年退職後に再雇用された者であることは，「その他の事情」として考慮される事情に当たる）。

ii 当てはめ（不合理と判断されたもの）

ハマキョウレックス判決では，①皆勤手当，②無事故手当，③作業手当，④給食手当について，本件では契約社員と正社員の職務の内容は異ならないため，各手当の趣旨，目的は，職務の内容によって差異が生ぜず，また，将来転勤や出向をする可能性や，上告人（会社）の中核を担う人材として登用される可能性の有無といった事情により異なるとはいえず，手当に相違を設けることが不合理であるとの評価を妨げるその他の事情もうかがわれないとして，不合理であると判断した。また，⑤通勤手当についても，労働契約に期間の定めがあるか否かによって通勤に要する費用が異なるものではないとして，不合理だとした。

長澤運輸判決では，精勤手当について，本件では嘱託乗務員と正社員の職務の内容が同一である以上，両者の間で，その皆勤を奨励する必要性に相違はないとして，不合理であると判断した。

iii 当てはめ（不合理と判断されなかったもの）

ハマキョウレックス判決では，住宅手当につき，契約社員については就業場所の変更が予定されていないのに対し，正社員については，転居を伴う配転が予定されているところ，契約社員と比較して住宅に要する費用が多額となり得るため，契約社員に住宅手当が支給されないことは不合理ではないとされた。

長澤運輸事件では，嘱託社員は定年退職後に再雇用された者であり，一定の要件を満たせば老齢厚生年金の支給を受けることができ，会社が老齢厚生年金の報酬比例部分の支給が開始されるまでの間，2万円の調整給を支給することとしている等の事情を掲げつつ，嘱託乗務員に対して，①能率給および職務給が支給されないことにつき，基本賃金の額を定年退職時の基本給の水準以上とすることによって収入の安定に配慮する等の措置が講じられていること等から，②住宅手当および家族手当が支給されないことにつき，正社員には，嘱託乗務員と異なり，幅広い世代の労働者が存在し得るところ，そのような正社員について住宅費および家族を扶養するための生活費を補助することには相応の理由があること等から，③賞与が支給されないことにつき，嘱託乗務員の賃金（年収）は定年退職前の79％程度となることが想定されるもので，嘱託乗務員の収入の安定に配慮しながら，労務の成果が賃金に反映されやすくなるように工夫した内容になっていること等から，いずれも不合理ではないと判断された。

iv 不合理性判断についての留意点

以上のように，両判決は，手当についての不合理性判断に際しては，各手当の趣旨，目的を検討したうえで，有期雇用者に対して支払わないことが不合理と判断できるかを問題としており，この判断手法は，新パート有期労働法にとり入れられている（後述のⅢⅠ(3)〔405頁〕）。もっとも，手当の趣旨目的は，各企業の賃金体系の中での位置付けによって異なる（住宅手当につき，ハマキョウレックス事件では，転居を伴う配転の有無という観点から検討されているのに対して，長澤運輸事件では，幅広い世代の労働者に対する生活費の補助という観点から検討されている）ので，これを一般化するのは困難である。

その一方，基本給や賞与などの基本的な賃金部分については，特段の判断はされない（長澤運輸事件では，賞与の支給がされていないことは不合理でないと判断されているが，これは，定年後の処遇としてのものであり，一般化できるものではない）。下記の下級審判例にみられるように，賞与や基本給についても，不合理とするものもみられており，今後の裁判例の集積によることになろう。

その際，後述Ⅲ1(4)（406頁）のガイドラインの内容が考慮される可能性が強いが，このガイドラインやハマキョウレックス判決が「均等・均衡」説（前提となる事情が同じ場合には同一の待遇〔均等待遇〕が，前提事情が異なる場合には違いに応じた待遇〔均衡待遇〕が求められるとする説）に立つものだとする見解として，水町勇一郎『詳解労働法』（2019年，東京大学出版会）359頁以下がある。

2. 下級審判決

労契法20条をめぐっては，各地で裁判が起こされているが，以下においては，基本給，賞与，退職金について労契法20条違反を認めた高裁判決を紹介する。

CASE

*学校法人産業医科大学事件・福岡高判平成30・11・29労判1198号63頁（臨時職員として30年以上，被告大学で勤務してきた原告労働者の基本給につき，5名の比較対照職員のうち3名が，いずれも主任昇格前である採用から6年ないし10年間は，原告と類似した業務に携わっていたこと，原告を30年以上も雇用し続けてきたにも拘わらず，比較対照職員が6年ないし10年の間に昇給した額にも満たない賃金で雇用されていることを挙げ，同学歴の正規職員の主任昇格前の賃金水準（約21万

6000 円）を下回る月 3 万円の限度において不合理であると認めた）

＊学校法人大阪医科薬科大学（旧大阪医科大学）事件・大阪高判平成 31・2・15 労判 1199 号 5 頁（時給制のアルバイト職員である原告の賞与〔アルバイト職員には全く仕給されていない〕につき，賞与〔正職員には，通年で概ね基本給の 4.6 ヶ月分が支払われている〕は，基本給にのみ連動し，従業員の年齢や成績，大学の業績にも連動しないもので，賞与算定期間に在籍すること自体に対する対価としての性質を有するとし，契約職員〔有期，月給〕に対しては，正社員の約 80％ の賞与が支給されていたことから，フルタイムのアルバイト職員に対し 60％ を下回る支給をしない限度で不合理な相違であるとした。また，夏期特別有給休暇や傷病欠勤時の賃金保障についての相違も不合理とした）

＊メトロコマース事件・東京高判平成 31・2・20 労判 1198 号 5 頁（売店業務にのみ従事する契約社員 B である原告らの労働条件に関し，売店業務に従事している正社員との比較に基づき，契約社員 B には支給されない退職金について，正社員と同一の基準に基づいて算定した退職金の額の少なくとも 4 分の 1 を下回るのは不合理であるとした。また，住宅手当〔売店業務に従事し，配置転換が想定されていない正社員にも支給される〕，褒賞〔勤続 10 年に達した正社員には一律で支給されていた〕，早出残業手当の相違も不合理とした）

Ⅲ．新パート有期労働法について

1．処遇改善のためのルール（不合理の禁止，差別的取扱いの禁止等）

⑴　概説

ⅰ　3 つの分類

　新パート有期労働法は，短時間労働者（1 週間の所定労働時間が同一の事業主に雇用される通常の労働者の 1 週間の所定労働時間に比し短い労働者。2 条 1 項）および有期雇用労働者を，以下の 3 つに区分けして，その処遇改善のための定めを置いている。

　①「職務内容同一短時間・有期雇用労働者」

　　職務の内容（＝業務の内容，業務に伴う責任の程度）が通常の労働者と同一の者。

　②「通常の労働者と同視すべき短時間・有期雇用労働者」

　　雇用関係が終了するまでの全期間において，職務の内容および配置の変更の範囲が通常の労働者と同一の者。なお，「全期間において」というのは，通常の労働者と同一となった時点から将来に向かって判断するものである（施行通達〔下記のⅱを参照〕の「第 3，4 (7)」）。

　③上記①，②以外の者

なお，「職務の内容」，「職務の内容及び配置の変更の範囲」等の定義，判断手順については，施行通達「第1，4(2)」を参照のこと。

ii　通達の改正

新パート有期労働法に合わせて，法施行規則も改正されている（平成30年厚生労働省令153号）。また，法15条に基づく指針についても，①従前から存在する指針が改正される（平成30年厚労省告示429号により「事業主が講ずべき短時間労働者及び有期雇用労働者の雇用管理の改善等に関する措置等についての指針」となった。以下，「指針」という）ほか，②新たな指針として，「短時間・有期雇用労働者及び派遣労働者に対する不合理な待遇の禁止等に関する指針」（平成30年厚労省告示430号。以下，「ガイドライン」という）が定められた。さらに，「短時間労働者及び有期雇用労働者の雇用管理の改善等に関する法律の施行について」（平成31・1・30基発0130第1号等。以下，「施行通達」という）が発出されている。

新法の解釈に際しては，これらの施行規則，指針等も参照する必要がある。

(2)　差別的取扱いの禁止（9条）

対象となるのは，「通常の労働者と同視すべき短時間・有期雇用労働者」（前記(1)i②）である。

これに対しては，「短時間・有期雇用労働者であることを理由として，基本給，賞与その他の待遇のそれぞれについて，差別的取扱いをしてはならない」とされる。禁止の対象となる処遇は，全ての賃金，教育訓練，福利厚生施設，休憩，休日，休暇，安全衛生，災害補償，解雇等の全てのものである（施行通達の「第3，4(9)」）。なお，定年後の再雇用であっても，通常の労働者と同視すべき短時間・有期雇用労働者の要件に該当すれば，本条の適用を受けることになる（施行通達の「第3，8」）。

いわゆる差別禁止の条項だが，待遇に差異があってもそれが合理的なものである場合には，差異が許容されると考えられる。ただし，差別でないこと（差異が合理的であること）の立証責任は，使用者側が負う。

差別的取扱いの禁止については，労基法4条や雇用機会均等法6条等に基づき，男女間の賃金等の差別が数多く争われてきたが，裁判所は，地位確認（男性と同等の賃金額を請求する地位にあることの確認）を認めず（その唯一の例外は，芝信用金庫事件・東京高判平成12・12・22労判796号7頁），損害賠償の問題として処理してきた。したがって，新パート有期労働法においても，

同様の判断がなされると思われる。ただし，前述のハマキョウレックス事件
等の最高裁判例では，就業規則の合理的な解釈によって正社員就業規則等の
定めが契約社員に適用される余地がある得ることを示唆しているので，その
ような解釈によって，地位確認が認められることもあり得よう。

> ### CASE　旧パート法での判断
>
> *ニヤクコーポレーション事件・大分地判平成 25・12・10 労判 1090 号 44 頁（期
>   間社員ないし準社員として期間の定めのある労働契約を反復更新してきた労働者
>   がパートタイム労働法 8 条 1 項〔現行 9 条〕の「通常の労働者と同視すべき短時
>   間労働者」に該当するとして，①賞与額の差，②休日が少ないこと，③退職金が
>   ないことが同項に違反する差別的取扱いであるとした。ただし，同項は，差別的
>   取扱いの禁止を定めるだけであるとして，正社員と同一の地位にあることの確認
>   請求は棄却し，損害賠償として，①の差額，②正社員と比べ少ない休日分の時間
>   外割増賃金相当額を認容した〔③については，退職していないので損害はないとし
>   た〕）
> *京都市立浴場運営財団ほか事件・京都地判平成 29・9・20 労判 1167 号 34 頁
>   （嘱託職員が「通常の労働者と同視すべき短時間労働者」に該当するとして，被告財
>   団が嘱託職員の退職金規程を定めていなかったことが，パート法 8 条 1 項〔現行 9
>   条〕に違反する賃金の決定に関する差別的取扱いであるとし，退職金請求権は否定
>   したが，退職金相当額の損害賠償請求を認容した）

(3)　不合理な待遇の禁止（8 条）

　2015 年 4 月 1 日施行のパート法改正で，労契法 20 条と同様の趣旨で新設
された条文であり，新パート有期労働法では，短時間労働者と有期雇用労働
者が対象となる（前述のとおり，労契法 20 条は，新パート有期労働法施行と同
時に削除される）。

　労契法 20 条と同趣旨であるので，新パート有期労働法 8 条の解釈に当た
っては，前述した最高裁判決の判旨が妥当すると考えられるが，新法では，
「基本給，賞与その他の待遇のそれぞれについて」，「当該待遇の性質及び当
該待遇を行う目的に照らして適切と認められるものを考慮して」，不合理と
認められる相違を設けてはならないとされ，個々の待遇（賃金）の趣旨を個
別に考慮すべきことが明らかにされた（前述Ⅱ 1〔399 頁〕の最高裁判決の i
⑤）。また，労契法 20 条にあった「期間の定めがあることにより」という文
言は削除されたが，待遇の「相違」は，「労働時間の長短や期間の定めの有
無に関連して生じたもの」を意味することは，労契法 20 条の解釈と同様で

ある。また，不合理な禁止の対象となるのが全ての待遇であることは，(2)の場合と同様である（施行通達の「第3,3(6)」）。

なお，施行通達では，「その他の事情」に労使交渉の経過が含まれるとし，十分な説明をしなかった場合には，不合理性を基礎付ける事情として考慮され得ると考えられるとしている（「第3,3(5)」）。

(4) ガイドライン

前述のとおり，法15条1項に基づく指針のひとつとして，ガイドラインが定められた（前述の(1)ⅱ〔404頁〕を参照のこと）。これは，通常の労働者と短時間・有期雇用労働者および派遣労働者との間の待遇の相違につき，どのようなものが不合理と認められる（認められない）のかにつき，原則となる考え方およびその具体例を示したものである。具体的には，基本給，賞与，手当，福利厚生，その他（教育訓練等）について記載されている（退職手当，住宅手当，家族手当等については記載されていない）。

紛争が裁判所に持ち込まれた場合，今後は，このガイドラインに沿った解釈が展開される可能性が強い。したがって，新パート有期労働法の施行の前後を問わず，非正規雇用労働者の処遇改善問題に対処する場合，ガイドラインを参酌することは不可欠である。

| 実践知！ | ガイドラインは，裁判上も違法性判断の指針として受け入れられる可能性があるので，必ず参照すべきである。 |

(5) 待遇改善に向けたその他の条文（10条～12条）

現行パート法にある以下の条文が短時間労働者のみならず，有期雇用労働者にも適用されることになる（なお，前述(2)〔404頁〕のとおり，通常の労働者と同視すべき短時間・有期雇用労働者については，9条の差別禁止規定が適用される）。

ⅰ 賃金決定についての努力義務（10条）

賃金について，通常の労働者との均衡を考慮しつつ，職務の内容，職務の成果，意欲，能力，経験その他の就業の実態に関する事項を勘案し，決定するよう努めるものとする。

ii　教育訓練の義務・努力義務（11 条）

職務内容同一短時間・有期雇用労働者に対して，通常の労働者が従事する職務の遂行に必要な能力を付与するための教育訓練を実施しなければならない（11 条 1 項）。それ以外の教育訓練の実施については，努力義務が課されている（11 条 2 項）。また職務内容同一労働者以外の短時間労働者に対する教育訓練は，すべて，努力義務とされている（11 条 2 項）。

iii　福利厚生施設の利用に関する義務（12 条）

給食施設，休憩室，更衣室（施行規則 5 条）については，短時間・有期雇用労働者に対しても，利用の機会を与えなければならない（現行パート法では，配慮義務であったものが義務化された）。

iv　通常の労働者への転換措置の義務（13 条）

事業主は，転換推進措置として，通常の労働者の募集の際に，当該募集に係る事項を当該事業所の短時間・有期雇用労働者に周知すること等の措置を講じなければならない。

2.　説明義務等（6 条，7 条，14 条）

現行パート法にある以下の条文が短時間労働者のみならず，有期雇用労働者にも適用されることになる。

(1)　雇用の際の労働条件明示義務（6 条）

事業主は，短時間・有期雇用労働者を雇い入れたときは，労基法 15 条 1 項に定める 5 つの事項に加え，速やかに，昇給・退職手当・賞与の有無，相談窓口（施行規則 2 条 1 項）を文書の交付等により明示しなければならない（6 条 1 項。これに反した場合，10 万円以下の過料が科される。31 条）。上記以外の労働条件についても，文書の交付等により明示すべき努力義務がある（6 条 2 項）。

(2)　就業規則作成・変更に関する手続（7 条）

事業主は，短時間労働者（もしくは有期雇用労働者）に係る事項に関する就業規則の作成・変更の際には，当該事業所において雇用する短時間労働者（もしくは有期雇用労働者）の過半数を代表すると認められる者の意見を聴く努力をしなければならない（7 条 1 項，2 項）。

(3) 事業主が講ずる措置の内容等に関する説明義務
i 雇入れ時の雇用管理改善措置の説明義務（14条1項）

　事業主は，短時間・有期雇用労働者を雇い入れたときは，速やかに，8条から13条に関して講ずることとしている措置の内容について，短時間・有期雇用労働者に説明しなければならない。

ii 説明要求時の処遇の決定についての説明義務（14条2項）

　事業主は，短時間・有期雇用労働者から求めがあったときは，当該短時間・有期雇用労働者と通常の労働者との間の待遇の相違の内容および理由と，6条〜13条により措置を講ずべきこととされている事項に関する決定をするに当たって考慮した事項について，当該短時間・有期雇用労働者に説明しなければならない。また，これを求めたことを理由とする不利益取扱いも許されない（14条3項）。

　待遇の相違の内容および理由に関する説明をする際に比較の対象となる通常の労働者は，職務の内容，職務の内容および配置の変更の範囲等が，短時間・有期雇用労働者のそれと最も近いと事業主が判断した者であるとされており（指針第3，2(1)），その具体的な判断のしかたについて，施行通達に記載されている（第3，10(6)）。また，待遇に関する基準を説明する場合，例えば，賃金であれば，賃金規程や等級表等の支給基準の説明をすることが求められる（施行通達第3，10(7)）。さらに，説明は，短時間・有期雇用労働者がその内容を理解することができるよう，資料（例えば，就業規則，賃金規程）を活用し，口頭により行うことが基本であるとされている（指針第3，2(4)。施行通達第3，10(9)）。

　なお，この説明義務に関する紛争も，均衡待遇調停会議（下記の3参照）による調停の対象となる。

> 正規雇用労働者との待遇の相違については，新パート有期労働法の規定を活用して明らかにさせるべきである。

3. 実効確保のための仕組み

　新法は，実効確保のために，以下の仕組みを定めている。これらは，雇用

機会均等法が定めるものとほぼ同様である（Chap. 7, II 1 (2)〔355 頁〕, III 2 (3)〔363 頁〕を参照のこと）。

①相談対応体制の整備義務（16 条）

　雇入れの際に明示すべきものとされている（施行規則 2 条）。

②短時間雇用管理者選任の努力義務（17 条）

③厚生労働大臣による報告の徴収，助言，指導，勧告（18 条 1 項）。勧告に従わない事業主の企業名公表の制裁（18 条 2 項），虚偽報告等に対する 20 万円以下の過料の制裁（30 条）

④事業所内での苦情の自主的解決の努力義務（22 条）

⑤都道府県労働局長による紛争解決援助（助言，指導，勧告）（24 条）

⑥均衡待遇調停会議による調停（25 条）

　④〜⑥の対象となるのは，6 条 1 項，8 条，9 条，11 条 1 項，12 条〜14 条が定める事項についての紛争である。

　また，⑤，⑥については，個別労働紛争解決促進法の規定（4 条，5 条，12 条〜19 条）を適用せず，法 24 条〜27 条の定めによると規定し（23 条），均衡待遇調停会議による調停については，均等法の条文を準用している（26 条）。なお，同調停の調停委員会は，関係当事者のほか，「関係当事者と同一の事業所に雇用される労働者その他の参考人」の出頭を求め，意見を聴くことができるとしている（26 条）。「その他の参考人」というのは，短時間・有期雇用労働者が雇用されている事業所に過去に雇用されていた者，異なる事業所に雇用されている労働者などを指す。これは，比較対象となる通常の労働者の就労の実態について明らかにすることが必要であるとともに，調停案の内容によっては，他の短時間・有期雇用労働者等にも影響を及ぼし得るためである（施行通達の「第 4，5 (8)」）。

CHAPTER

10 　経営危機（倒産）と労働債権の回収

I. 初動──資産調査ととるべき手段の選択

1. 経営危機と労働債権

　企業の経営状況が悪化した場合，賃金・退職金などの労働債権の回収が危ぶまれることになる。賃金・退職金の不払いは，労基法 24 条違反であり，これに対しては 30 万円以下の罰金が法定されている（同法 120 条 1 号）。また，雇用関係から生じた債権について先取特権が付与される（民法 308 条）など，労働債権には一定の優先性が与えられている。しかし，労働者自らが率先して行動を起こさなければ，労働債権が確保・回収できずに終わることも珍しくない。したがって，取引先に対する債務の支払の遅滞等，経営危機の徴候が現れたときには，速やかに，労働債権確保のための行動をとらなければならない。

　なお，破産等の法的倒産手続がとられた場合には，管財人等によって労働債権の支払がなされる（労働債権には一定の優先性が与えられている）が，そこにおいても，できるだけ多くの労働債権を確保するための工夫をする必要がある。

2. 資産調査と労働債権確保のための手段

(1) 資産の調査

　労働債権確保のために，まずもって行うことは，労働債権の引当てになる企業の資産の状況を調査，把握することである。具体的には，所有不動産（担保の有無），債権（預金，取引先に対する売掛債権），所有動産等の調査をすることになる。これらの調査においては，経理や営業の担当者などの協力を得ることが有益である。また，経営危機は全ての労働者に共通する問題なので，労働組合として対処することが望ましい（組合がない場合には，新たに組合を結成することも検討する）。

　なお，集団的に（労働組合として）対処する場合には，その後の手続をスムーズに進めるために，各人毎の未払い労働債権の一覧表（月例賃金，賞与，

410　　　　　　　　　PART 2　紛争類型ごとの対応策

退職金等の種類とその額）を作成しておくとよい。ベストなのは，使用者との間で，未払いの労働債権について，公正証書を作成することである。公正証書にできない場合にも，一覧表に使用者の代表者印を押印してもらい，印鑑登録証明書ももらっておくと，その後の法的手段がスムーズに進むことになる。

> **実践知！** 労働債権確保のための第一歩は，その引当てとなる企業の資産状況を調査，把握することである。

(2) 債権確保のための手段

労働債権確保のための手段としては，企業からの任意の資産譲渡と法的手段（仮差押え，先取特権に基づく差押え）があるが，資産譲渡には企業との合意を必要とするので，それが得られる見込みがない場合には，法的手段をとることになる。

法的手段を講じると，それが引き金となって倒産に至ることがある。倒産に至れば，労働者は当面の雇用を失うことになるので，どの時点で法的手段に踏み切るかについては検討を要するところである。しかし，賃金の遅配が続いたり，欠配が生じたような場合には，早晩倒産に至ることが多いので，その時点で速やかに法的手段を講じるべきであろう。

ただし，個々の労働者（1人であることもあれば複数人であることもある）から労働債権（とりわけ額が高額である退職金債権）の取立てを依頼された場合には，上記のような配慮は不要であろう。なお，ある労働者から依頼を受けて，すでに労働債権確保のための手段を講じている場合，その後に他の労働者からの依頼を受けると，利益相反の問題が生じる（限られた企業資産を「食い合う」関係になる）ことがある。この場合，後続の依頼は断わらなければならない。

Ⅱ．任意の回収（資産譲渡）

(1) 任意の資産譲渡

労働債権確保の手段として，使用者から売掛金等の債権や動産の譲渡を受けるというやり方がある。事業が継続している間には，使用者がこれに応じ

ることは考え難いが，事実上の倒産に至っている場合には応じることがあるので，その交渉をすべきである。

(2) 対抗要件

資産譲渡を受けるに際しては，対抗要件を備えることが必要である。債権譲渡の場合であれば，使用者から債務者（売掛先等）に対して，債権譲渡通知書を内容証明郵便で郵送してもらうのが通常である（なお，使用者から委任を受けて，使用者の代理人名で通知するというやり方もある）。

なお，対抗要件については，「動産・債権譲渡特例法」（動産及び債権の譲渡の対抗要件に関する民法の特例等に関する法律）で，法人の a）所有動産（個別動産，集合動産のいずれも含む），b）債権（債務者不特定の将来債権を含む）の譲渡については，動産譲渡登記ファイルもしくは債権譲渡登記ファイルへの登記によって，引渡し (a)，確定日付ある証書による通知があった (b) ものとみなすものとされている。これにつき，譲渡人の使用人（労働者）は，法務局の登記官に対し「登記事項証明書」の交付を請求できるので，これら譲渡登記がなされていないかを早急に確認しておく必要がある。なお，このような譲渡登記が詐害行為である場合もあるので，その場合には，詐害行為取消訴訟の提起も検討することになる。

(3) 抵当権の設定

なお，使用者との交渉によって，所有不動産に抵当権を設定してもらうという手もある。経営危機に陥るような企業においては，不動産には目一杯の抵当権が設定されているのが通常であり，抵当権が実行された場合には，後順位の抵当権者には配当がなされないので無意味のようにも思われる。しかし，抵当権の実行ではなく，任意売却によって不動産が換価されることもあり，その場合には，抵当権抹消の対価として売却代金から一定の金額の回収ができることがある。

Ⅲ．法的手段（仮差押えと先取特権に基づく差押え）

1. 仮差押え

(1) 仮差押えとは

仮差押えは，本案判決を得るまでの間に，債務者財産が散逸してしまい，

本案判決に基づく執行をしても，執行が功を奏しない恐れがある場合に，債務者の資産を凍結し，後の執行の実効性を確保するための制度である。仮差押えが功を奏した場合でも，あらためて本執行をしなければならない。本執行をするためには，債務名義を得るための裁判手続等をとらなければならない（後述のとおり，労働債権については，債務名義を得ることなく，先取特権に基づく差押えができることがあるし，債務名義を取得した場合も，それを証明文書として先取特権に基づく差押えをするべきである）。

(2) 仮差押えの申立て

仮差押えについては，労働事件であることの特殊性はない。

仮差押えの申立書には，被保全権利と保全の必要性を記載する。被保全権利は，金銭債権（賃金，退職金）となるから，これらの権利が存在することを明らかにして，それを基礎付ける疎明資料を提出することになる（なお，疎明資料については，後述2(2)の先取特権の場合と同様のものを提出すればよい）。

仮差押えにおける保全の必要性は，「企業の経営状況が悪化しており，その資産を保全しなければ，本案判決を得て執行しても，執行が功を奏しない可能性が高いこと」である。したがって，これを基礎付ける疎明資料は，企業の経営状況の悪化を裏付けるもの（1回目の手形不渡りを出したとか，取引先や金融機関に対する支払が遅滞したり，支払猶予を求めている等）となる。

申立てに際しては，仮差押えの対象となる資産の目録（仮差押債権目録）も提出する。仮差押えの対象としては，預金や売掛金などの債権，不動産，動産が考えられる。

(3) 仮差押えの審理と発令

仮処分の場合と異なり，相手方を呼び出したうえでの審尋は行われず，債権者に対する審尋のみが行われる。債務者に，仮差押えの申立てがされていることが知られれば，債務者は，資産隠しなどをする可能性があるからである（保全処分の密行性）。

裁判官が，被保全権利，保全の必要性の疎明ができていると判断すれば，保証金の額が決められる。労働事件の場合には，保証金は請求債権額の5〜10%程度の低額とされるのが通常であるが，この点は，裁判官との交渉になる。保証金の額が決まれば，これを納付したことを証明する書類を裁判所に提出することで，仮差押命令が発令されることになる。また，被保全権利

等の疎明が不十分であると判断されたときには，追完を求められることになる。

⑷ 不動産に対する仮差押え

経営危機に陥る企業では，所有不動産には目一杯の抵当権が設定されているのが通常であり，これに対して仮差押えをしても，抵当権が実行されれば，仮差押えは無意味に終わる。しかし，任意売却の場合には，仮差押えの抹消と引換えに，一定の金員が得られることがあるので，他に仮差押えの対象となる資産が見つからない場合には，不動産に対して仮差押えをすることも検討すべきである。

2. 先取特権に基づく差押え

⑴ 労働債権に関する先取特権

雇用主（使用者）に対して，「雇用関係に基づいて生じた債権」を有する使用人（労働者）は，雇用主の総財産の上に先取特権を有する（民法306条2号，308条）。先取特権は，担保物権の一種であり，債務名義を得ることなく，担保権の実行として企業の資産（不動産，債権，動産）に対する差押えをすることができる。

なお，「使用人との間の雇用関係に基づいて生じた債権」は，労働契約の本質的要素である賃金や退職金の請求権に限られず，使用者の安全配慮義務違反に基づく損害賠償請求や，解雇事案における解決金なども含まれる。

⑵ 先取特権に基づく差押えの申立てと証明文書

先取特権に基づく差押えの申立手続は，通常の差押えの場合と同様であり，差押えの申立書を裁判所（執行部）に提出することで行われ，審尋をすることは予定されていない。また，仮差押えと異なり，本執行であるため，保証金を積むことも求められない。

通常の差押えにおいては，申立書に請求債権を記載するとともに，その裏付けとなる債務名義を提出するが，先取特権に基づく差押えの場合には，「担保権の存在を証する文書」（以下，「先取特権の証明文書」という）を提出することになる（民事執行法181条1項4号，190条2項，193条）。すでに債務名義がある場合（この場合には，債務名義を先取特権の証明文書とすればよい）や，先取特権の存在がストレートに証明できる証明文書（例えば，債務

者企業の実印が押され，印鑑証明書が添付された未払い賃金一覧表など）が存在する場合は，それらを先取特権の証明文書とすればよい（ただし，債務名義が欠席判決である場合など，労働者と使用者の「通謀」が疑われる場合には，下記に記載する証明文書を求められる運用もされているようである。相澤眞木ほか『民事執行の実務〔第4版〕債権執行編（上）』〔金融財政事情研究会，2018年〕282頁以下の「Q31」）。

しかし，そうでない場合には，様々な先取特権の証明文書を提出しつつ，先取特権の存在を明らかにする必要がある（申立書本体に記載するのでも，別紙のかたちでの解説文を付けるのでもよいであろう）。例えば，退職金債権の場合，労働契約書，退職金規程（退職金に関する労働協約），退職証明書（解雇通知書），離職票（離職日のほか，退職直前の賃金額〔退職金計算の基礎額とされることが多い〕が記載されている），健康保険・厚生年金被保険者資格喪失確認通知書，給与明細などが考えられる。

先取特権の存在が一義的かつ明瞭に証明できる債務名義を先取特権の証明文書として提出したような場合には，申立てから発令までには，さして時間はかからないが，そうでない場合には，先取特権の存在について検討することになるので，一定の時間がかかる（早くても，3〜4日はかかるだろうし，それ以上かかることも珍しくない）。

3. 先取特権のメリットと留意点

(1) 先取特権のメリット

先取特権の実行としての差押えは，①判決，仮処分決定，支払命令，和解調書・調停調書といった債務名義を得なくてもできる点，②仮差押えや賃金仮払仮処分のような保全手続と異なり，終局的な回収である点，③仮執行宣言付の債務名義による場合のような敗訴の際の返還の危険性がない点（ただし，被担保債権〔労働債権〕の不存在を理由に，会社から請求異議訴訟や，不当利得返還請求訴訟を提起される可能性は残る），④仮差押えのように保証金を要しない点などにおいて，極めて大きなメリットがある。

(2) 仮差押えとの併用

前述のとおり，先取特権に基づく差押命令が発令されるには，一定の時間を要する。その一方，仮差押えの場合は，最も早ければ，申立ての当日やその翌日に発令されることが期待できる。

したがって，資産が散逸する可能性が高い場合（例えば，差し押さえるべき資産が売掛債権であり，その支払期日が迫っているような場合）には，先取特権に基づく差押えに先立ち，もしくはそれと同時に，仮差押えの申立てをすべきであろう。

(3) 債務名義がある場合

債務名義がある場合に，それを先取特権の証明文書として，先取特権に基づく差押えができることは，前述のとおりである。債務名義に基づき通常の強制執行をすると，一般債権者による差押えと競合した場合，優先権を主張することができなくなる（東京高判平成12・3・16判タ1103号207頁）。債務名義がある場合には，一般の強制執行によるのではなく，債務名義を担保権を証明する文書として，先取特権に基づく差押えをすべきである。

| 実践知！ | 債務名義がある場合，一般の強制執行によるのでなく，これを証明文書として先取特権に基づく差押えをすべきである。 |

Ⅳ. 法的な倒産手続が行われた場合

1. 破産，会社更生

破産は精算型の，会社更生は再建型の倒産処理手続であるが，いずれの場合も管財人を通じて，労働債権の支払がなされる。労働債権については，以下のとおり，一定の優先権が与えられている。

なお，残業代が未払いになっているケースでは，それを計算して，労働債権として届け出たり，管財人と交渉する必要がある。

労働債権の優先性

破産の場合，①破産手続開始決定前の未払い賃金債権で，最後の3ヶ月間に生じた賃金（破産法149条1項），②破産手続開始決定後，労働契約終了までに生じた労働債権（148条1項4号，8号），③破産手続の終了前に退職した場合の退職金債権のうち，最後の3ヶ月分の給料総額に相当する額（149条2項）は，財団債権となり，随時弁済を受けられる。④それ以外のものは，優先的破産債権となり（民法306条2号，308条，破産法98条），配当手続に基づき配当を受ける。

| 会社更生の場合にも，労働債権は，一般の債権に比べ手厚い保護がされる。

2. 民事再生

　民事再生の場合，再生手続の開始決定によっても従来の経営者は退陣せず，再生債務者は，業務遂行権および財産の管理・処分権を維持したまま，再生手続が進められる。

　労働債権は，一般優先債権（民事再生法 122 条）として保護され，再生手続によらないで随時弁済される（同条 2 項）。再生手続開始決定後の労働債権は，共益債権（同法 119 条）であり，これも再生手続によらずに随時弁済される（121 条 1 項・2 項）。

　再生計画に関係なく，弁済期が来ればいつでも任意に弁済を受けることができるので，再生債務者が任意に履行しないときは，先取特権に基づく差押えや仮差押えをしたり，訴訟を提起することも可能である。

　民事再生の場合，従来の経営者による会社経営が続くため，単なる延命のために再生申立てが行われ，再生手続が続いているのをよいことに，経営者が会社資産を私的に流用するといったこともなくはない。このようなことが疑われ，再生計画が認可される見通しがない場合には，速やかに前述した法的手段を講じるべきであろう。

V. 未払い賃金の立替払制度，中退共等

1. 立替払制度

　企業が「倒産」したために，賃金，退職金の支払が受けられない労働者に対し，その未払い賃金，退職金の一定範囲について，独立行政法人労働者健康福祉機構が事業主に代わって支払う制度がある（賃金の支払の確保等に関する法律 7 条，同法施行令 2 条〜4 条）。この制度の説明書や請求手続用紙は，同機構のホームページに掲載されているが，以下，概要を記載しておく。

　ここにいう「倒産」とは，法律上の倒産（破産，民事再生，会社更生の開始決定がされたとき）と「中小企業における事実上の倒産」（①事業活動が停止し，②再開する見込みがなく，かつ，③賃金支払能力がないこと）が労基署長によって認定されたことである（賃確法施行規則 8 条）。

　立替払を受けられるのは，破産等の申立日（法律上の倒産の場合），または労働基準監督署長に対する倒産の事実についての認定申請日（事実上の倒産

の場合）の 6 ヶ月前の日から 2 年以内に退職した労働者である。

立替払がされる額（賃確法施行令 4 条 1 項）は，未払い賃金総額の 80% であるが，退職時の年齢に応じて 110 万円ないし 370 万円の上限がある。なお，「立替払」とされているが，これを受給した労働者が後に返還を求められることはない。

請求手続としては，法律上の倒産の場合は，管財人等の証明者または裁判所から「証明書」の交付を受け，事実上の倒産の場合は，労基署長による認定・確認を受けてから，労働者健康福祉機構に立替払の請求をする。

2. 中退共等

退職金の支払を確保するため，企業が中退共（中小企業退職金共済）などの特定退職金共済制度などに加入している場合，この退職金請求権は，被共済者である労働者に帰属する。

特定退職金共済団体が退職金を事業主に支払った後，事業主が倒産して，退職金を労働者に交付しなかった事案で，同団体に労働者に対する支払義務を認めた判決がある（甲府商工会議所〔株式会社カネコ〕事件・甲府地判平成 10・11・4 労判 755 号 20 頁）。

VI. 取締役の責任追及

取締役としての善管注意義務には，労働法規を含む各法令を遵守する義務も含まれ，賃金・退職金（労基法 24 条）や残業代（同法 37 条）の支払も，当然にこれに含まれる。したがって，賃金・退職金の支払をしなかった（支払を不可能にした）ことにつき，取締役に故意・重過失がある場合，取締役個人は，労働債権相当額の損害賠償責任を負う（会社法 429 条 1 項）。また，偽装解散事案などでは，賃金等の不払いが不法行為（民法 709 条）に該当すると判断されることもある。

労働契約の当事者である企業に資産がない場合でも，社長や取締役に個人資産がある場合は，上記のような法的構成に基づき，労働債権の回収ができないかを検討すべきことになる。

| 実践知！ | 使用者（企業）に労働債権を賄うだけの資産がない場合には，取締役の責任を追及することで，労働債権を回収することも検討すべきである。 |

CASE

ア　解散事案で，取締役の個人責任を認めたもの
* JT 乳業事件・名古屋高金沢支判平成 17・5・18 労判 905 号 52 頁
* 三郡福祉会（虹ヶ丘学園・損害賠償）事件・福岡地飯塚支判平成 25・3・27 労判 1074 号 18 頁
* 日本言語研究所ほか事件・東京高判平成 23・10・26 労判 1049 号 71 頁（偽装解散の事案）
* ベストマンほか事件・名古屋地一宮支判平成 26・4・11 労判 1101 号 85 頁（一部偽装解散の事案）
* メルファインほか事件・京都地判平成 28・4・15 労判 1143 号 52 頁（偽装解散の事案）
* サカキ運輸ほか（法人格濫用）事件・福岡高判平成 28・2・9 労判 1143 号 67 頁（偽装解散の事案）

イ　解散事案以外で，取締役の個人責任を認めたもの
* 昭和観光（代表取締役ら・割増賃金支払義務）事件・大阪地判平成 21・1・15 労判 979 号 16 頁（割増賃金について責任を認めた）
* オオシマニットほか事件・和歌山地田辺支判平成 21・7・17 労判 991 号 29 頁（違法な解雇を行った代表者について，709 条に基づき賃金相当額の支払を命じた）
* 甲総合研究所取締役事件・東京地判平成 27・2・27 労経速 2240 号 13 頁（違法解雇に伴う賃金相当額，未払い残業代につき，取締役とともに，登記されていない実質的な経営者につき事実上の取締役として責任を認めた）
* ブライダル関連会社元経営者ら事件・鳥取地判平成 28・2・19 労判 1147 号 83 頁（賃金，解雇予告手当について，代表取締役の責任を認めた。事実上の廃業の事案）

CHAPTER

11 労災保険と損害賠償

Ⅰ. 初動──労災保険についての留意点

1. 適用対象とされる事業所，労働者

　労働者を1人でも使用する事業では，5人未満を雇用する農林水産業（これは暫定任意適用事業とされている）を除き，事業開始の日に自動的に保険関係が成立する（労働保険の保険料の徴収等に関する法律3条）。したがって，使用者が労災保険の加入手続を行い，保険料を支払っていることは，保険給付を受けるための要件ではない（国は，保険料支払義務者である使用者から遡及して保険料を徴収する）。

　労災保険法上の「労働者」は，労基法上の「労働者」と一致するものと解されている（下記の横浜南労基署長〔旭紙業〕事件）。したがって，就労ビザを持たずに不法就労している外国人であっても，適用事業所で使用されている労働者であれば，労災保険の給付を受けられる。労働契約とは別の法形式（例えば，請負，委託）のもとで労務を提供していても，その実質において，労基法上の労働者と判断された場合も同様である。また，取締役の場合でも，労働者性が強い兼務役員の場合には，労災保険給付を受けられることがある。

実践
知！

使用者が労災保険の加入手続を怠り，保険料を支払っていなくても，労災保険の支給を受けられる。労働契約以外の法形式で使用されている場合でも，労災保険の支給を受けられることがある。

CASE

ア　労働者性を認めた例
＊新宿労基署長（映画撮影技師）事件・東京高判平成14・7・11労判832号13頁（映画撮影技師）
＊大阪中央労基署（おかざき）事件・大阪地判平成15・10・29労判866号58

頁（取締役）

＊国・船橋労基署長（マルカキカイ）事件・東京地判平成 23・5・19 労判 1034
号 62 頁（執行役員）

＊国・千葉労基署長事件・東京地判平成 20・2・28 労判 962 号 24 頁（パンフレ
ットを配布する生協普及員）

＊国・西脇労基署長（加西市シルバーセンター）事件・神戸地判平成 22・9・17
労判 1015 号 34 頁（シルバー人材センター登録・労務従事者）

イ　労働者性を否定した例

＊横浜南労基署長（旭紙業）事件・最判平成 8・11・28 労判 714 号 14 頁（傭車
運転手）

＊藤沢労基署長（大工負傷）事件・最判平成 19・6・28 労判 940 号 11 頁（マン
ション内装大工）

2.　請求手続等

(1)　請求権者と請求手続

　労災の請求ができるのは，被災労働者またはその遺族である（労災保険法
12 条の 8 第 2 項）。実務上，使用者が手続を行うことが少なくないが，手続
を代行しているにすぎない。使用者が手続をしようとしない場合には，被災
労働者等が自ら請求手続を行うべきである（労基署に直接足を運べば，請求書
の書き方などを教えてもらえる。なお，労災保険給付の請求書は，厚生労働省の
ホームページにも掲載されている）。過労死や精神疾患ではない災害性の労災
の場合には，弁護士が代理することなく，被災労働者自身で手続をすれば，
支給決定が得られるのが通常であろう。

　なお，療養補償給付（治療費）は，労災病院および労災保険指定病院で治
療を受ける場合は，病院での現物給付となる。この場合，請求書は，病院の
窓口を経由して労基署に提出される。それ以外の場合の請求書は，労基署に
提出する。

　請求書には事業主証明欄（被災事実や賃金関係の証明をするもの）がある。
事業主が証明を拒否した場合には，証明を拒否された旨の上申書を添付すれ
ば，手続は進められる。

(2)　被災事故の調査等と代理人としての活動

　被災事故の内容については，労基署が調査を行う。災害性の場合，その調
査に長期間を要することはなく，労災保険給付がされるのにも，さほど時間

はかからない。

一方，過労死や精神疾患の場合は，労働時間の調査や，「特別な出来事」の有無，「具体的出来事」の内容やそれについての心理的負荷の評価をするために，事業主等から労働時間の裏付けとなる資料の提示を求めたり，その従業員，関係取引先等からの聞き取り等の調査をするので，一定の時間を要するのが通常である（過労死の認定基準につき，後述のⅡ3〔426頁〕を参照。精神障害の認定基準については，Chap. 7, Ⅶ3〔384頁〕を参照）。また，労基署は，医学的な所見について，主治医，産業医から聞き取りをしたり，意見書の提出を求めることがあり，案件によっては，労働局の専門医の意見を求める。

過労死や精神疾患のケースでは，弁護士が代理人となって労災申請をすることが考えられる。代理人としての活動は，証拠資料を収集，提出しつつ，労災認定がされるべきである（認定基準に合致する）ことを明らかにする意見書を作成・提出することである。証拠としては，被災者や遺族の手元にある資料を活用するほか，同僚，上司等の関係者から聞き取りをしたり，主治医に意見書を作成してもらい，これを労基署に提出することが考えられる。なお，手元に証拠資料が残されていない場合でも，会社保管のどのような資料を見たり，誰から事情聴取すれば，労働時間（長時間労働），労働実態やハラスメント等の事実が明らかにできるかの情報を提供すれば，労基署による調査の手助けとなる。

被災者やその遺族の代理人が関係者に対する協力を求めても，拒否されることがあるが，労基署からの聞き取りには応じるのが一般的であろう。そこで，労基署の調査によって得られた資料を損害賠償請求の証拠として活用することも考えられる（この点については，後述のⅢ2(2)〔431頁〕を参照のこと）。

(3) **時効**

労災保険給付の時効は，障害補償給付，遺族補償給付が5年で，それ以外のもの（療養補償給付，休業補償給付，葬祭料，介護補償給付等）は，2年である（労災保険法42条）。

Ⅱ. 保険給付の内容と認定基準

1. 保険給付の内容

⑴ 主な給付内容

労災保険給付（業務災害）の主な内容は，以下のとおりである（通勤災害についても，給付内容は同様であるが，名称から「補償」の語がなくなる。例えば，業務災害の場合の「療養補償給付」は，通勤災害では「療養給付」となる）。

i 療養補償給付

治療費の補償で，原則は現物支給である（要するに無料で診療を受けることができる）。健康保険を使用した場合には，3割の自己負担分があるが，労災保険では自己負担分がなく，労働者保護に手厚い。

ii 休業補償給付

給付基礎日額（原則として平均賃金）の6割が支給される（ただし，3日の待機期間があり，支給されるのは，休業4日目以降の分である）。なお，これとは別に社会復帰促進等事業として，2割の休業特別支給金も支払われる（後述の⑵を参照）。

iii 障害補償給付

後遺障害が残存した場合に，認定された障害等級に応じて支給額が決定される。障害等級1～7級の場合には障害補償年金（給付基礎日額の313日～131日分）のほかに，障害特別年金（平均賃金の算定に際して除外される賞与に対応するもの）と，障害特別支給金（342万～159万円の一時金）が支給される。

8～14級の場合には，障害補償一時金（給付基礎日額の503日～56日分）のほかに，障害特別一時金（賞与に対応するもの），障害特別支給金（65万～8万円）が支給される。

iv 遺族補償給付，葬祭料

生計維持関係のある配偶者（内縁も含む），子，父母，孫，祖父母，兄弟姉妹がいて（上記の順で，受給権者となるものが決められる），法定の受給資格を有する場合（妻以外については，障害がある場合を除き一定の年齢制限がある），遺族補償年金（遺族数に応じて，給付基礎日額の245日～153日分）のほか，遺族特別年金（賞与に対応するもので，算定基礎日額の245日～153日分），遺族特別支給金（一律300万円）が支給される。なお，被災者の死亡当時，生計

維持関係のある遺族補償年金の受給資格者がいない場合には，遺族補償一時金（給付基礎日額の 1000 日分），遺族特別一時金（算定基礎日額の 1000 日分），遺族特別支給金（300 万円）が支払われる（なお，いわゆる共稼ぎの場合にも，生計維持関係は肯定される）。

また，葬祭料（葬儀費用）として，給付基礎日額の 60 日分（もしくは，給付基礎日額の 30 日分に 31 万 5000 円を加算した額）が支払われる。

v　その他

以上のほかにも，傷病補償年金（療養開始後 1 年半以上経過し，なお療養の継続が必要で，治癒しても労働能力 100％ 喪失が確実で，傷病等級 1～3 級に該当する場合に支払われる），介護補償給付，労災就労保育援護費，労災就学援護費（社会復帰促進等事業）などの給付制度がある。

(2)　特別支給金

上記のうち，休業特別支給金，障害特別年金等，冒頭に「特別」という語が付くもの（以下，「特別支給金」という）は，保険給付ではなく，社会復帰促進等事業（一種のお見舞い金）として支給されるものである。

これらの特別支給金は，加害者（使用者もしくは，使用者以外の第三者〔交通事故の場合が典型である〕）に対する損害賠償請求において，損害の補填とはみなされない（後述のⅢ 3 (2) i〔433 頁〕を参照のこと）。

また，特別支給金の請求のみをすることも可能である（交通事故で，被災労働者に過失がなく，加害者〔加入の保険会社〕から十分な賠償を得た場合には，特別支給金の請求のみをすることが考えられる）。

(3)　給付基礎日額と不払い残業代

なお，休業補償給付等における給付基礎日額は，原則として平均賃金（労基法 12 条：過去 3 ヶ月間に支払われた賃金総額をその期間の総日数で除した金額）となるが，不払い残業代などがある場合には，それが本来支払われるべきものであることが明らかになれば，不払い残業代を加えた額に基づき，給付基礎日額が決定されることになる（平成 22・2・25 基労発 0225 第 1 号。判例としては，公務災害の事案であるが，地公災基金奈良県支部長〔県立三室病院〕事件・大阪高判平成 23・2・18 労判 1085 号 9 頁〔最決平成 25・4・17 労判 1085 号 5 頁で上告棄却，不受理で確定〕がある）。したがって，労災申請の段階で不払い残業代があることが明らかになっている場合には，その旨を意見書等

で労基署に伝えるべきである（証拠があれば，それに基づく具体的な額の主張をすべきだし，証拠がない場合にも，その点を十分調査するよう労基署に伝えるべきである）。

残業代の未払いがある場合，その額も含めて給付基礎日額が決められるので，その旨を意見書等で労基署に伝えるべきである。

2. 労災，通勤災害の判断基準

(1) 業務災害

労働者が被災した事由が「業務上」（労災保険法7条1項1号）であるか否かの判断は，「業務遂行性」（労働者が労働契約に基づき使用者の支配下にあること），「業務起因性」（使用者の支配下にあることに伴う危険が現実化したものと経験法則上認められること）の観点から行われる。例えば，取引先に向かう途中に，事業所外で災害（自動車事故）に遭った場合，そこには業務遂行性が認められるし，業務起因性も認められる。

なお，労災認定においては，使用者に過失（安全配慮義務違反）があることは要件とされていない。また，労働者に過失（注意義務違反）があっても，上記2つの要件を満たせば労災とされる（ただし，労働者に重過失がある場合には，30％の支給制限がされることがある。労災保険法12条の2の2第2項）。この点は，使用者に対する損害賠償請求の場合と異なっている。

(2) 通勤災害

労災保険法で保護される「通勤」（労災保険法7条1項2号）については，同条2項が定めており，住居と就業の場所との間を往復すること（同項1号），2ヶ所の事業場で働く労働者が1つ目の就業場所での勤務を終えて2つ目の就業場所へ移動すること（同項2号），単身赴任者が単身赴任先住居と帰省先住居を移動すること（同項3号）で，その往復が合理的な経路および方法（一般に労働者が用いるものと認められる経路および手段等）によるものである。

ただし，往復の経路を逸脱または中断した場合，その間およびその後の移

動は除くものとされている（同条 3 項）。例えば，帰宅途中に飲み屋等において長時間にわたって腰を落ち着けて飲酒した場合は，経路の逸脱・中断となる。ただし，往復の経路の逸脱・中断であっても，日常生活に必要な最小限度の行為をする場合は，その逸脱・中断の間を除き，その後の行為は「通勤」となる（同条 3 項但書）。例えば，日用品の購入（総菜等を購入する場合，独身者が食堂に立ち寄る場合）等がこれに当たる。

3. 過労死，精神疾患の認定基準

(1) 労災保険法の適用

　労働者が過労が原因で脳・心臓疾患を発症したり，死亡した場合（いわゆる過労死）や，過労が原因で精神障害を罹患して自殺した場合（過労自殺）についても，それが「業務上」の事由による疾病または死亡に該当すれば，労災認定がされる。

(2) 過労死（脳・心臓疾患）の認定基準

　過労死は，「長期間にわたる長時間の業務その他血管病変等を著しく増悪させる業務による脳出血，くも膜下出血，脳梗塞，高血圧性脳症，心筋梗塞，狭心症，心停止（心臓性突然死を含む。）若しくは解離性大動脈瘤又はこれらの疾病に付随する疾病」（労基法 75 条 2 項，労基則 35 条，別表第 1 の 2 第 8 号）として，労災保険法が適用される。

　労基則別表に該当する疾病であるか否かの判断は，「脳血管疾患及び虚血性心疾患等（負傷に起因するものを除く。）の認定基準」（平成 13・12・12 基発 1063 号）によることとされている。

> **認定基準の具体的内容**
>
> 　業務起因性の要件は，①発症直前から前日までの間に異常な出来事に遭遇したこと，②発症前 1 週間に特に過重な業務に就労したこと，③発症前の長期間（6 ヶ月）にわたって，著しい疲労の蓄積をもたらす特に過重な業務に就労したこと，のいずれかに該当することである。③の業務による過重負荷の有無は，労働時間，不規則勤務，拘束時間の長短，出張の多寡，交替制勤務・深夜勤務，作業環境（温度・騒音・時差），業務による精神的緊張から判断される。時間外労働（週 40 時間を超える労働）については，発症前 1 ヶ月間に 100 時間，または発症前 2～6 ヶ月間にわたって 1 ヶ月当たり 80 時間を超える場合は，業務と発症との関連性が強いとされる。

⑶ 精神障害，自殺の認定基準

　この点についての認定基準は，ハラスメントに関する Chap. 7, Ⅶ 3 ⑵
（384 頁）を参照のこと。

4. 不服申立手続と資料の開示

⑴　行政不服審査

ⅰ　審査請求（労働保険審査官）

　労基署長の処分に不服がある場合（保険給付をしないという「不支給処分」
や，支給決定はされても，本来あるべき等級より低い後遺障害等級に基づく支給
処分の場合等）は，その処分の通知のあったことを知った日の翌日から 3 ヶ
月以内に，各都道府県労働局の労災保険審査官に審査請求ができる（労災保
険法 38 条 1 項，「労働保険審査官及び労働保険審査会法」〔以下「労審法」とい
う〕8 条 1 項）。なお，裁判手続と異なり，審査請求・再審査請求書を郵便で
提出した場合には，郵送に要した日数は請求期間に算入されない（労審法 8
条 2 項，38 条 2 項）。

ⅱ　再審査請求（労働保険審査会）

　審査請求後 3 ヶ月を経過しても決定がないとき（労災保険法 38 条 2 項）や，
労災保険審査官の決定に不服がある場合は，決定書の謄本が送付された日の
翌日から 2 ヶ月以内に，労働保険審査会に再審査請求をすることができる
（同法 38 条 1 項，労審法 38 条 1 項）。

▌資料の開示

　ア　審査請求の段階では，原処分庁（労基署）や審査官が，原処分庁の保有する
資料を自ら開示することはない。そこで，審査請求をするのに先立って，労基署の
担当者から業務外決定がされた理由や，それがどのような資料に基づくものである
かを聴取する必要がある。また，原処分庁が保有する情報については，個人情報保
護法に基づく保有個人情報開示請求によって，入手することができる（請求は，都
道府県の労働局長〔労働局総務部企画室〕に対して行う）。これにより，災害調査復
命書（労基署の判断の根拠が記載されている）等を入手することができる。ただし，
請求人以外の個人情報（事情聴取の内容等）は黒塗りされる。なお，労災（業務上）
認定がされた場合に，使用者に対する損害賠償請求のために，労基署が保有する情
報を利用しようとするときにも，この開示請求を行うことになる。
　イ　審査請求に対する決定は，決定書で行われるが，そこには，労基署が入手し
た証拠の標目が掲げられるので，これによって，労基署がどのような証拠を保有し
ているのかが分かる。

また，労災保険審査会においては，口頭審理が行われる（現状では，再審査請求がされてから6ヶ月ないし8ヶ月後頃に行われる）。口頭審理期日は，実施日の6週間前に再審査申立人に通知されるが，その際，審査のための一件記録が送付されてくる。これにより，労基署の保有記録が全て開示されることになる。

(2)　行政訴訟

　審査請求または再審査請求をして3ヶ月を経過しても決定または裁決がないとき（労災保険法40条，38条2項，行政事件訴訟法8条1項但書，2項1号）や，労災保険審査官の決定または労働保険審査会の裁決に不服がある場合は，決定または裁決の通知を受けた日の翌日から6ヶ月以内に，労基署長の「不支給処分」等の取消しを求める行政訴訟を提起することができる（行政事件訴訟法3条2項，14条1項）。

　被告は国であり，①被告の所在地を管轄する東京地裁，②「不支給処分」をした労基署の所在地を管轄する地裁（行政事件訴訟法12条1項），③原告の所在地を管轄する高裁所在地を管轄する地裁（特定管轄裁判所）に提訴することができる（同条4項）。

資料の開示

　行政訴訟では，原処分庁（労基署）が収集した資料に基づき下された判断（処分）の違法性が問われるので，原処分庁が調査，収集し，判断の基礎とした資料・証拠については，原則として全て開示される。

Ⅲ.　労災保険給付と損害賠償請求との関係

1.　損害賠償請求

(1)　債務不履行と不法行為

　業務災害について，事業者（使用者）に安全配慮義務違反があれば，債務不履行を理由とする損害賠償請求ができる。安全配慮義務違反は，不法行為における過失と同様なので，不法行為に基づく損害賠償請求をすることも可能である（両者は，請求権競合の関係に立つ）。なお，このような民事上の損害賠償請求は，行政上の労災認定と区別する意味で，「労災民事」などと呼ばれることがある。

債務不履行と不法行為の実際上の違い

①従前，債務不履行と不法行為とでは，消滅時効の期間が異なるとされていた（前者は 10 年で，後者は 3 年）。しかし，改正民法（2020 年 4 月 1 日施行）では，a）債権の時効は，権利を行使できることを知った時から 5 年，権利を行使できるときから 10 年とされ（改正民法 166 条 1 項），b）不法行為の時効は，損害および加害者を知った時から 3 年（改正民法 724 条 1 号）だが，生命身体への不法行為の場合は 5 年（改正民法 724 条の 2）となった。これにより，債務不履行，不法行為とも原則は 5 年となり，違いがなくなる。

②ただし，債務不履行の遅延損害金は，請求の翌日から発生するのに対して，不法行為の場合は，行為の時から遅滞に陥る（最判昭和 37・9・4 民集 16 巻 9 号 1834頁）ので，この点では，不法行為による方が有利となる。

③なお，事業主が営利企業（商人）の場合，債務不履行構成をとると，遅延損害金の利率は，商事法定利率（年 6 分）になるとの考え方も成り立ち得た（ただし，この場合も年 5 分とすべきとする判例として東芝〔うつ病・解雇・差戻審〕事件・東京高判平成 28・8・31 労判 1147 号 62 頁があった）が，改正民法では，商事法定利率は廃止されたので，この点でも相違はないことになる。

(2) 安全配慮義務の主張

安全配慮義務違反の主張は，安全配慮義務の内容を具体的に特定して行う必要がある（「……をすべき義務があるのに，これを怠った」）。災害性の労災の場合，安全配慮義務の内容を特定するのに，労働安全衛生法，労働安全衛生規則や，厚労省の通達やガイドライン（業態や作業内容等に応じた様々なものがある）が参考になる。

また，過労死の場合には，長時間労働をさせないことが，精神障害については，長時間労働をさせないことのほか，前述（Chap. 7, II 2 (2)〔357 頁〕）の就業環境整備義務（いじめを防止すべき義務）などが安全配慮義務の内容となる。

なお，加害行為（安全配慮義務違反の行為）を行った従業員を被告とし，企業に対して，使用者責任を問うことも可能である。また，会社法 429 条 1 項もしくは民法 709 条に基づき，取締役の責任を追及することも可能である。

CASE

会社法 429 条 1 項に基づく責任を認めた例

＊おかざき事件・大阪高判平成 19・1・18，平成 19・1・23（変更判決）労判 940 号 58 頁（長時間労働等による過労死事案）

* 大庄ほか事件・大阪高判平成 23・5・25 労判 1033 号 24 頁（長時間労働による過労死事案）
* 種広商店事件・福岡地判平成 25・11・13 労判 1090 号 84 頁（機械操作中の事故）
* サン・チャレンジほか事件・東京地判平成 26・11・4 労判 1109 号 34 頁（長時間労働およびいじめによる自殺）
* 竹屋ほか事件・津地判平成 29・1・30 労判 1160 号 72 頁（長時間労働等による過労死事案）

民法 709 条に基づく責任を認めたもの
* ネットワークインフォメーションセンターほか事件・東京地判平成 28・3・16 労判 1141 号 37 頁（長時間労働による自殺。出向事案で，出向元，出向先の各代表者の責任を認めた）
* 社会福祉法人和歌山ひまわり会ほか事件・和歌山地判平成 27・8・10 労判 1136 号 109 頁（長時間労働による過労死事案で，施設長および理事長の責任を認めた）

(3) 請求できる損害の内容

　請求できる損害は，一般の損害賠償の場合と同様であり，①積極損害（治療費，通院交通費，入院雑費等の実費や，死亡した場合の葬儀費用等），②消極損害（休業損害，後遺障害が残りもしくは死亡した場合の逸失利益），③慰謝料（傷害〔入通院〕慰謝料，後遺障害が残りもしくは死亡した場合の後遺障害慰謝料，死亡慰謝料）である。

　労災保険では，慰謝料や，一部の積極的損害（入院雑費等）に相当するものは支給されないから，慰謝料等を請求する場合は，損害賠償請求をすることとなる。また，労災保険給付は，各損害項目の一部しか塡補しない（例えば，休業補償給付は平均賃金の 6 割でしかない）から，その差額を得るためには，損害賠償請求をすることになる。

　なお，損害賠償請求においては，労働者に過失や素因があれば，過失相殺や素因減額（民法 722 条 2 項やその類推適用）がされることになる。

　また，業務災害や通勤災害は，事業主以外の第三者が加害者になって発生することもある（「第三者加害」などと呼ばれる。その典型例は，交通事故の場合である。通勤災害の場合は，第三者が加害者であることが多い）。この場合に請求できる損害費目は，上記と同様であり，下記の 2，3 で述べることも，基本的に当てはまる。

2. 労災申請と損害賠償訴訟のどちらを先行させるか

(1) 迅速な救済

　業務災害や通勤災害の場合に，労災申請と損害賠償請求のいずれを先に行うかは，当事者の判断に委ねられる。しかし，一般論としていえば，災害性の労災の場合，認定までそれほど多くの時間を要しない（満額でないにせよ，休業補償が得られる）。また，給付の内容（額）についても，治療費（療養補償給付）には，健康保険にある自己負担分がないので，労災保険の申請を先行させることになろう。

(2) 労災認定等の活用

　また，労災認定（業務上認定）がされていれば，労災認定がない場合に比べて，当事者間の交渉がスムーズに進む可能性が高くなる（企業側は，安全配慮義務違反について争うことはあっても，災害の業務起因性は，争わないことが多くなるであろう）。また，訴訟になった場合にも，裁判官の心証が，労災認定と同様の判断に傾くという事実上の効果が期待できることになる。もっとも，労災の認定は，裁判所を拘束するものではないので，労災で業務上認定がされていても，損害賠償請求では，業務起因性が否定されることもある（そのような最近の例として，ヤマダ電機事件・前橋地高崎支判平成28・5・19労判1141号5頁〔うつ病自殺の事案〕，ケー・アイ・エスほか事件・東京高判平成28・11・30労判1189号148頁〔腰痛の事案。ただし，同事件の原審である東京地判平成28・6・15労判1189号156頁は，業務起因性を認めていた〕などがある）。その逆に，労災において不支給決定（業務外認定）がされていても，損害賠償請求が認容されることもある。

　さらに，十分な証拠がない事案では，労災申請を先行させれば，労基署が収集した資料を，損害賠償請求における証拠として活用できることがある。

労災資料の入手

　前述Ⅱ4(1)ⅱ（427頁）のとおり，不支給（業務外）決定に対して，再審査請求をしたり，行政訴訟を提起すれば，労基署が収集した資料が入手できる。

　また，支給（業務上）決定がされた場合にも，保有個人情報開示請求によって，災害調査復命書等を入手することが可能である。さらに損害賠償請求訴訟において，文書送付嘱託（労災申請人以外の部分は，事業主等の同意があれば開示される）や文書提出命令（事業主等の同意は不要であるが，災害調査復命書の判断部分は，マスキ

ングされる。国〔金沢労基署長〕災害調査復命書提出命令事件・最決平成 17・10・14 労判 903 号 5 頁参照）によって，労基署から労災保険関係の保有情報を得ることができる。

なお，労災保険給付関係ではなく，監督行政の観点から，事業主には，労災等で労働者が死亡，休業した場合に，労働者死傷病報告書（死亡，4 日以上の休業の場合には，災害発生状況および原因も記載する）を労基署長に提出すべき義務を負う（労安衛規則 97 条）し，使用者に対して是正勧告書が出されることもある。これらについては，保有個人情報開示請求や，行政文書の開示請求をしたり（ただし，マスキングされる部分がある），訴訟の中で，求釈明を行い，会社に提出させたり，文書送付嘱託や文書提出命令の申立てをすることも考えられる。

(3) 被災労働者に過失がある場合等

なお，①被災労働者に過失がある場合，労災給付を受けたうえで損害賠償請求をした方が，損害賠償一本でいくよりも被災労働者が得られる額は大きくなるし，②過失がなく，損害賠償請求で満足のいく賠償額が得られた場合でも，労災保険では，損害の補塡とみなされない特別支給金が支払われる（前述の II 1 (2)〔424 頁〕），③労災保険から年金が支給される場合（死亡もしくは，1～7 級の後遺障害が残った場合）も，年金を受給する方が結果的に得られる額は大きくなるのが通常である（労災に先んじて損害賠償を受領していると，一定期間の支給停止がされるが，それは最大でも 9 年までである）ので，損害賠償請求をする場合でも，労災申請をするのが定石である。

3. 労災保険給付と損害賠償請求の関係等

(1) 損害の補塡と支給停止

i 損害の補塡

損害賠償請求に先立ち，労災保険の給付を受けている場合，労災保険の給付は，損害の補塡とみなされるから，その給付額は損害額から控除される（労基法 84 条 2 項）。

ii 支給停止

その一方，使用者から損害賠償金を受領すると，労災保険給付は，支給されないが，年金給付の場合の前払一時金の部分については支給される（労災保険法附則 64 条 2 項）。また，年金が支給停止されるのは，最長で 9 年間（第三者加害の場合は，最大で 7 年間）である。

また，損害賠償請求を和解により解決する場合，「労災保険法に基づく過

去分および将来分の給付を除き，和解金として〇万円の支払義務がある」旨の和解をすれば，労災保険金は支給停止されない。なお，厚生年金保険法や国民年金法に基づく年金給付（下記(2)iiを参照）が得られる場合にも，和解条項に同様の記載を入れるべきであろう。

(2) 損害の補塡のやり方

上記(1)iのとおり，労災保険の給付額は，損害賠償請求における賠償額から控除されるが，その際，以下の点に留意する必要がある。

損害賠償請求において，労災保険給付の充当のしかたを誤ると認容額が減ってしまうので，十分注意する必要がある。

i 特別支給金は控除されない

社会復帰促進等事業として支給された特別支給金等は，損害塡補の性質を有しないから，損害賠償請求額から控除されない（コック食品事件・最判平成8・2・23労判695号13頁）。

例えば，休業補償については，労災保険本体から休業補償給付として，給付基礎日額（平均賃金）の6割が支払われるほか，社会復帰促進等事業としての休業特別支給金が2割支給される（両者をあわせると8割相当額が支給される）が，この2割の特別支給金は損害の塡補とみなされないから，民事損害賠償においては，休業損害の不足分として，（2割でなく）4割部分が請求できることになる。損害賠償請求において，特別支給金を損害の補塡として請求額から控除することは，明らかな誤りであり，注意する必要がある。

ii 控除されるのは，口頭弁論終結時までに支給が確定しているものだけ

また，控除されるのは，口頭弁論終結時までに支給が確定しているものに限られる（最判平成5・3・24判時1499号49頁）。例えば，死亡事案で，逸失利益から控除される遺族補償給付（年金）は，すでに受給済みもしくは支給決定がされているものに限られ，それ以降に受給する（であろう）遺族年金が損害額から控除されることはない。

なお，国民年金法による障害基礎年金や遺族基礎年金，厚生年金保険法による障害厚生年金や遺族厚生年金，健康保険法による傷病手当金なども，上

記と同じ限度で損害額から控除される（最判平成 11・10・22 判時 1692 号 50 頁，最判平成 16・12・20 判時 1886 号 46 頁など）。

iii 遺族年金等を控除できるのは，遺族年金等を受給した者からのみ

死亡事案で，被災労働者に複数の相続人がいる場合，遺族年金等を控除できるのは，これを受給した相続人の賠償額からだけであり，他の相続人の賠償額からは控除できない（最判昭和 50・10・24 判時 798 号 16 頁，最判平成 16・12・20 判時 1886 号 46 頁）。

iv 労災保険給付は損害の元本に充当される

フォーカスシステムズ事件・最大判平成 27・3・4 労判 1114 号 6 頁は，特段の事由がない限り，労災保険給付は，損害賠償債務の元本に充当されると判示した。自動車事故における自賠責保険金について，まずは損害賠償債務の遅延損害金に充当し（民法 491 条 1 項，改正民法 489 条 1 項），充当後の残額を損害賠償債務の元本に充当する扱いが認められてきており，最判平成 16・12・20 判時 1886 号 46 頁は，労災保険給付についても，遅延損害金から充当することを許容するかのように判断していたが，上記フォーカスシステムズ事件は，この平成 16・12・20 判決を判例変更したものである。

なお，労災保険給付について，特段の事由があることを理由に，遅延損害金からの充当を認めた例として，東芝（うつ病・解雇・差戻審）事件（東京高判平成 28・8・31 労判 1147 号 62 頁）がある（支給期間から約 5 年ないし約 1 年が経過して支給決定された事案で，制度の予定するところと異なってその支給が著しく遅滞したことを理由とする）。

v 過失相殺後の損害からの控除と費目間流用の禁止

労災保険給付は，過失相殺後の損害額から控除する（髙田建設事件・最判平成元・4・11 労判 546 号 16 頁）。なお，社会保険（健康保険，国民年金，厚生年金）の場合には，損害額から保険給付額を控除した後に，過失相殺をすることになっており（このやり方の方が被害者には有利である），労災保険と扱いが異なっている。

また，損害額からの控除は，消極損害，積極損害，慰謝料などの同一費目内でのみ許される（青木鉛鉄事件・最判昭和 62・7・10 労判 507 号 6 頁）。例えば，被災労働者に生じた損害額が，治療費，休業損害，慰謝料のいずれも 100 万円であり，労働者に 30% の過失があったとすると，過失相殺後の賠償額は，治療費，休業損害，慰謝料のいずれも 70 万円（合計で 210 万円）となる。このケースで，すでに労災保険から療養補償給付（治療費等の全額の

100 万円），休業補償給付（平均賃金の 60% の 60 万円）を受けているとすると，休業損害の残額は 10 万円（70 万円－60 万円）となり，治療費については，30 万円（70 万円－100 万円）の「過払い」が生じていることになる（慰謝料については，労災保険から支払われないので，70 万円のまま）。

この場合に，治療費の「過払い」30 万円を他の費目（休業損害の残額 10 万円や慰謝料 70 万円）から控除することは許されない。したがって，このケースでの認容額は，治療費 0 円，休業損害 10 万円，慰謝料 70 万円となり，総額で 80 万円となる。過失相殺後の損害総額（210 万円）から，単純に労災の給付総額（療養補償の 100 万円＋休業補償の 60 万円＝160 万円）を控除して計算する（210 万円－160 万円＝50 万円）のは明らかな誤りなので，注意を要する。

なお，積極損害（治療費等），消極損害（休業損害，逸失利益），慰謝料という大費目間での流用が許されないことには争いがないが，これらの費目内での流用がどの程度許されるのか（例えば，療養補償給付額を，治療費以外の入院雑費や入院付添費に充当できるか）については，定説はなく，判例も事案毎に異なっているのが実情である（日弁連交通事故相談センター「民事交通事故訴訟 損害賠償額算定基準」〔いわゆる「赤い本」〕上巻の「損益相殺・損害の補塡等」〔例えば，2019 年版では 362 頁以下〕に判例が紹介されている）。

vi　前払一時金の抗弁

遺族補償年金，障害補償年金など，年金で保険給付がされる場合には，前払一時金の制度がある（労災保険法附則 59 条，60 条等）が，使用者は，前払一時金の限度で，その塡補する損害項目についての賠償金支払の猶予や免除を求めることができる（労災保険法附則 64 条 1 項。この抗弁を認めた最近の裁判例として，竹屋ほか事件・津地判平成 29・1・30 労判 1160 号 72 頁）。

CHAPTER

12 不当労働行為についての特別な救済

Ⅰ. 労働委員会による不当労働行為の救済制度

1. 不当労働行為とは

　不当労働行為とは，使用者が，①労働組合を結成し，組合に加入したり，組合員であることや，労働組合活動をしたこと等を理由に，解雇，賃金差別等の不利益取扱いをすること，②労働組合の組織，運営に支配介入すること，③団体交渉を拒否し，不誠実な団体交渉しかしないこと等を意味する（労組法7条）。

　このような不当労働行為に対しては，労働委員会の救済命令を受けることができる。不当労働行為については，司法上の救済を得ることもできるが，労働委員会命令では，司法救済（裁判所の判決）とは異なる救済方法を命じることができるとされている（後述のⅡ〔440頁〕を参照のこと）。

2. 労働委員会における審理手続

　労働委員会には，初審を担当する都道府県労働委員会（「○○県〔都，府，道〕労委」と呼ばれる）と，初審命令に対する再審査等を行う中央労働委員会（東京都に置かれ，「中労委」と呼ばれる）がある。

　労働委員会における審理は，裁判（通常訴訟）の場合とほぼ同様である（労組法第4章第2節〔27条〜27条の18〕）。

①まず，申立人（多くの場合，労働組合であるが，組合員個人で申立てをすることもできる）が，不当労働行為の救済申立書（訴訟における「訴状」）を都道府県労働委員会に提出する。

②これを受けて調査期日（訴訟における「弁論」「弁論準備」期日）が指定され，被申立人には答弁書を提出することが求められる。

③調査期日が行われ，その場で，当事者双方から争点についての見解等を聴取する。なお，調査期日では，労使双方が立ち会う場で聞き取りが行われることもあれば，別々に聴取されることもある。また，労使関係健全化の観点から，救済申立ての対象となっていない労使関係の状況等に

436　　　　　　　PART 2　紛争類型ごとの対応策

ついての聴取が行われることもある。調査期日は，争点についての労使双方の言い分が尽くされるまで何回か行われ，その間，準備書面を提出しあうのが通常である。

④その後，審問（訴訟における「証人尋問」）が行われる。なお，現在の訴訟では，証人（本人）の数や尋問時間に絞りをかけて，1日ないし2日程度で，集中証拠調べが行われることが多いが，労働委員会では，強い絞りはかけられず，当事者が申請する証人の数が多い場合には，審問期日を繰り返すことが多い。

⑤審問が終わった後，再度，調査期日が開かれ，最終陳述書（訴訟における「最終準備書面」）を提出する。

⑥その一定期間後，命令書（訴訟における「判決書」）が当事者双方に交付される。なお，調査期日（審問が行われる前であることもあれば，審問後であることもある）において，和解が試みられ，和解によって紛争が解決することがあることも，訴訟の場合と同様である（金銭等の給付を目的とする和解調書は，債務名義となる。労組法27条の14第5項）。

中労委の再審査での手続も，以上と同様である（労組法27条の17）。ただし，中労委では，当事者の便宜を考慮して（初審が東京都から遠隔の道府県労委である場合もある），調査や証拠調べは集中的に行われる。また，中労委では，和解に多くの時間がかけられるのが一般的である。

以上のような審理は，公益委員に，労使の参与委員を加えた3名によって行われるが，命令の内容を決定するのは，労働委員会（公益委員会議）であり，労使の参与委員は，それぞれの立場から意見を述べられるにすぎない。

3. 命令に対する不服申立て

(1) 都道府県労働委員会の命令に対する不服申立て

都道府県労働委員会の命令には，不当労働行為を認め使用者に一定の措置を命じる「救済命令」と，労働組合側の申立てを退ける「棄却命令」があるが，これらに対する不服申立ては，以下のようになる。

①中労委への再審査申立て（命令書交付から15日以内。労組法27条の15第1項，2項）

②再審査申立てをせず，地方裁判所（都道府県労働委員会の所在地を管轄する地裁）に命令の取消しを求める行政訴訟の提起（救済命令に対しては，命令書交付から30日以内に〔労組法27条の19第1項〕，棄却命令に対して

CHAPTER 12　不当労働行為についての特別な救済　**437**

は，6ヶ月以内に〔行政事件訴訟法 14 条 1 項〕，提訴する必要がある）。

(2) 中労委命令に対する不服申立て

中労委命令には，初審命令を正当とする場合の再審査申立ての棄却命令と，不服申立てに理由があると判断した場合の初審命令を変更する命令（不服申立てにかかる部分について全部救済，一部救済，救済申立ての棄却の命令）がある。

これに対する不服申立てとしては，行政訴訟（管轄は東京地裁）を提起することができる。なお，中労委の救済命令（都道府県労働委員会命令に対する使用者の再審査申立てが棄却もしくは却下された場合も同じ）に対しては，命令書交付から 30 日以内に（労組法 27 条の 19 第 1 項），救済申立ての棄却命令（都道府県労働委員会命令に対する労働者側の再審査申立てが棄却もしくは却下された場合も同じ）に対しては，命令交付から 6 ヶ月以内に（行政事件訴訟法 14 条 1 項），提訴する必要がある。

(3) 行政訴訟と補助参加

行政訴訟は，労働委員会の命令の取消しを求めるものであるから，行政訴訟の被告は常に労働委員会となる。そこで，労働委員会命令に不服申立てをしていない一方当事者は，補助参加（民訴法 42 条）というかたちで訴訟に参加することになるのが一般的である（行政事件訴訟法 22 条が定める訴訟参加をすることもあり得る）。補助参加の場合であっても，訴訟当事者と同様の訴訟活動が許されることになる。

なお，行政訴訟が 3 審制であることは，通常の訴訟と同様である（このため，都道府県労働委員会→中労委→行政訴訟〔地裁→高裁→最高裁〕と進んだ事件では，「事実上の 5 審制」となり〔最高裁が高裁に差し戻した場合には，さらに審理が重ねられる〕，団交拒否事件でも，その解決に至るまで 10 年程度を要する例もみられる）。

4. 救済命令の履行確保措置

(1) 中労委による初審命令の履行勧告

使用者は，初審命令（都道府県労委の命令）を尊重し，遅滞なくその命令を履行しなければならない（労働委員会規則 45 条）。再審査申立てをしても救済命令の効力は停止されない（労組法 27 条の 15）。そこで，中労委段階で

も命令を守らない使用者に対して，労働者側は中労委に要請し，初審命令を履行するよう勧告を求めることができる（労働委員会規則51条の2）。しかし，この履行勧告には強制力がないため，使用者がこの勧告に従うことは稀である。

(2) 裁判所による緊急命令

行政訴訟を起こされた場合，制度上は最高裁まで争えることになるので，労働委員会が救済命令を発しても，救済命令は確定しない。そこで，使用者から行政訴訟が提起された場合，労働委員会の申立てによって，裁判所は，使用者に対して行政訴訟の判決が確定するまで労働委員会の命令に従うよう命ずることができる（労組法27条の20）。これを緊急命令という。

使用者が，裁判所の緊急命令に従わない場合，「支配介入してはならない」といった不作為の命令の違反に対しては50万円以下の過料が課される。原職復帰，バックペイの支払，団交命令など作為を命ずる救済命令の違反に対しては，命令の日の翌日から起算して不履行の日数が5日を超える場合には，その超える日数1日につき10万円を50万円に加算した金額の過料が課される（労組法32条）。なお，この緊急命令の申立権は労働委員会にしかないので，労働組合側は，労働委員会にこの申立てをするよう要請する必要がある。

(3) 命令が確定した場合の裁判所への通知，過料

救済命令に対して，労使のいずれからも，再審査の申立て，行政訴訟の提起がなかった場合（労組法27条の13第1項），もしくは，行政訴訟で，救済命令の取消請求を棄却した判決が確定した場合，救済命令は確定する。

労働委員会命令が行政訴訟で争われずに確定した場合，これに違反した使用者には，緊急命令に反した場合と同様の過料が課される（労組法32条）。

労働委員会命令が確定したにも拘わらず，使用者が履行しない場合，労働委員会は，使用者の住所地の裁判所にその旨を通知する義務があり，この通知は労働者もすることができる（労組法27条の13第2項）。

また，行政訴訟で争われ，救済命令の取消請求を棄却する判決が確定し，使用者が救済命令に従わない場合，1年以下の禁錮もしくは100万円以下の罰金またはこれらが併科される（労組法28条）。

Ⅱ. 労働委員会命令の特殊性（司法救済との違い）

1. 原状回復

　労働委員会が不当労働行為の成立を認めた場合に，どのような救済命令を出すかについては，法律上具体的に定められておらず，問題となっている不当労働行為を排除して原状回復する（不当労働行為がなかった状態に戻す）など，最も適切と考える救済命令を発することができると解されている（第二鳩タクシー事件・最大判昭和52・2・23労判269号14頁参照）。司法上の救済と比べると，例えば，以下のような違いがある。

ⅰ　解雇等における復職命令等

　Chap. 1, Ⅵ3（214頁）で論じたとおり，現在の裁判所は，就労請求権を認めないために，就労を命じる判決を出すことはなく（労働者側がこれを求めること自体がなくなっている），地位確認の判決しか出さない。しかし，労働委員会命令では，「被申立人（会社）は，組合員Aに対する2019年12月25日付解雇をなかったものとして扱い，同人を原職に復帰させなければならない」といった原職への復帰命令を出すのが通常である。配転命令が不当労働行為と判断された場合も同様である。

ⅱ　団体交渉についての命令

　労働委員会命令では，団体交渉拒否（不誠実団交）に対して，「被申立人（会社）は，経営状況を明らかにする資料を開示したうえで，2020年の賃上げを議題とする団体交渉を誠実に行わなければならない」という命令を出すことができる。現在の裁判所は，団体交渉を求め得る地位にあることの確認は認めるが，団交に応じることを命じる判決は出さない（その理由としては，使用者の給付の内容が労働者側の態度等により左右される相対的流動的なものであり，団体交渉の履行を強制することはできず，仮に間接強制が可能であるとしても，不履行があったか否かの判断が極めて困難であることなどが挙げられている。ただし，使用者が労働組合としての正当性を否認をしており，団体交渉に一切応じないケースでは，地位確認によって問題解決が図られることがある）。

> **実践知！** ｜ 労働委員会命令では，裁判では出せないと解されている復職命令等を出すことができる。

2. 陳謝文（ポストノーティス）

労働委員会命令では，陳謝文（ポストノーティス）の掲示，交付などを命じることができ，実際に多くのケースで，これが命じられている（陳謝文の内容は，例えば，「当社が行った下記の行為は，貴組合の団結破壊ないし弱体化を企図した支配介入であると東京都労働委員会において認定されました。当社はこれらの行為について深く陳謝し，命令に従って是正を行うとともに，今後，このような行為を一切行わないことを誓約します」といったものである）。裁判で，謝罪広告を命じることができるのは，名誉毀損の場合（民法723条）だけであるから，不当労働行為に対して陳謝文を命じられるのは，労働委員会命令の大きな特徴である。

3. 損害賠償

労働委員会による救済命令は，労使関係を不当労働行為がなかった状態に戻すこと（原状回復）を目的とするので，損害賠償を命じることはできないと解されている。

その一方，不当労働行為が不法行為の要件を満たせば，裁判所は，慰謝料等の損害賠償を命じることができ，最近でも，団体交渉拒否等のケースで，損害賠償請求を認める裁判例が多くみられる。

〈最高裁判所〉

最判昭和 35・3・11 民集 14 巻 3 号 403 頁（細谷服装事件）……………………147

最判昭和 37・9・4 民集 16 巻 9 号 1834 頁 …………………………………………429

最大判昭和 43・12・25 労判 71 号 14 頁（秋北バス事件）………………………314

最判昭和 47・4・6 労判 153 号 9 頁（静岡県教職員事件）………………………278

最判昭和 48・1・19 判時 695 号 107 頁（シンガー・ソーイングメシーン事件）…………51

最大判昭和 48・12・12 労判 189 号 16 頁（三菱樹脂本採用拒否事件）…………195

最判昭和 49・7・22 労判 206 号 27 頁（東芝柳町工場事件）……………………216

最判昭和 50・4・25 労判 227 号 32 頁（日本食塩製造事件）……………………157

最判昭和 50・7・17 労判 234 号 17 頁（江東ダイハツ自動車事件）……………255

最判昭和 50・10・24 判時 798 号 16 頁 ……………………………………………434

最判昭和 52・1・31 労判 268 号 17 頁（高知放送事件）…………………………157

最大判昭和 52・2・23 労判 269 号 14 頁（第二鳩タクシー事件）………………440

最判昭和 54・7・20 労判 323 号 19 頁（大日本印刷事件）……………………197, 198

最判昭和 55・5・30 労判 342 号 16 頁（電電公社近畿電通局事件）……………197

最判昭和 55・7・10 労判 345 号 20 頁（下関商業高校事件）……………………231

最判昭和 58・7・15 労判 425 号 75 頁（御國ハイヤー事件）……………………315

最判昭和 58・10・2 労判 427 号 63 頁（あさひ保育園事件）……………………187

最判昭和 58・11・25 労判 418 号 21 頁（タケダシステム事件）………………315

最判昭和 61・7・14 労判 477 号 6 頁（東亜ペイント事件）……………………338

最判昭和 61・12・4 労判 486 号 6 頁（日立メディコ柏工場事件）…………191, 216

最判昭和 62・4・2 労判 506 号 20 頁（あけぼのタクシー〔民事・解雇〕事件）………151

最判昭和 62・7・10 労判 507 号 6 頁（青木鉛鉄事件）…………………………434

最判昭和 62・9・18 労判 504 号 6 頁（大隈鉄工所事件）………………………234

最判昭和 63・2・16 労判 512 号 7 頁（大曲市農協事件）………………………315

最判昭和 63・7・14 労判 523 号 6 頁（小里機材事件）…………………………288

最判平成元・4・11 労判 546 号 16 頁（髙田建設事件）…………………………434

最判平成元・9・7 労判 546 号 6 頁（香港上海銀行事件）…………………314, 317

最判平成元・12・14 労判 553 号 16 頁（日本シェーリング事件）………………317

最判平成 2・6・5 労判 564 号 7 頁（神戸弘陵学園事件）………………………227

最判平成 2・11・26 労判 584 号 6 頁（日新製鋼事件）……………………………51

最判平成 4・1・24 労判 604 号 14 頁（ゴールド・マリタイム事件）……………347

最判平成 4・7・13 労判 630 号 6 頁（第 1 小型ハイヤー事件）…………………315

最判平成 5・3・24 判時 1499 号 49 頁 ……………………………………………433

最判平成 6・6・13 労判 653 号 12 頁（高知県観光事件）……………………269, 279

最判平成 7・9・5 労判 680 号 28 頁（関西電力事件）……………………………365

最判平成 8・2・23 労判 695 号 13 頁（コック食品事件）………………………433

最判平成 8・3・26 労判 691 号 16 頁（朝日火災海上保険〔髙田〕事件）……314, 318

最判平成 8・9・26 労判 708 号 31 頁（山口観光事件）…………………………177

最判平成 8・11・28 労判 714 号 14 頁（横浜南労基署長〔旭紙業〕事件）··············421

最判平成 9・2・28 労判 710 号 12 頁（第四銀行事件）·······························315

最判平成 9・3・27 労判 713 号 27 頁（朝日火災海上保険〔石堂・本訴〕事件）····316

最判平成 10・4・9 労判 736 号 15 頁（片山組事件）·······························168

最判平成 10・9・10 労判 757 号 20 頁（九州朝日放送事件）······················337

最決平成 11・6・11 労判 773 号 20 頁（直源会相模原南病院事件）················338

最判平成 11・10・22 判時 1692 号 50 頁 ··434

最判平成 12・3・9 労判 778 号 11 頁（三菱重工業長崎造船所〔一次訴訟・会社側上告〕

　事件）··258, 260

最判平成 12・9・7 労判 787 号 6 頁（みちのく銀行事件）···················312, 315

最判平成 12・9・12 労判 788 号 23 頁（羽後銀行〔北都銀行〕事件）·············315

最判平成 12・9・22 労判 788 号 17 頁（函館信用金庫事件）······················315

最判平成 14・2・28 労判 822 号 5 頁（大星ビル管理事件）···········258, 262, 301

最判平成 15・4・18 労判 847 号 14 頁（新日鐵事件）···························346

最判平成 15・10・10 労判 861 号 5 頁（フジ興産事件）························177

最判平成 15・12・4 労判 862 号 14 頁（代々木ゼミナール〔学校法人東朋学園・高宮学

　園〕事件）··380

最判平成 16・12・20 判時 1886 号 46 頁 ·······································434

最決平成 17・10・14 労判 903 号 5 頁（国〔金沢労基署長〕災害調査復命書提出命令事

　件）··432

最判平成 18・3・28 労判 933 号 12 頁（いずみ福祉会事件）······················151

最判平成 18・10・6 労判 925 号 11 頁（ネスレ日本〔懲戒解雇〕事件）············181

最判平成 19・6・28 労判 940 号 11 頁（藤沢労基署長〔大工負傷〕事件）··········421

最判平成 19・10・19 労判 946 号 31 頁（大林ファシリティーズ〔オークビルサービス〕

　事件）··258

最判平成 21・12・18 労判 1000 号 5 頁（ことぶき事件）··················250, 275

最判平成 22・7・12 労判 1010 号 5 頁（日本アイ・ビー・エム〔会社分割〕事件）······350

最判平成 24・3・8 労判 1060 号 5 頁（テックジャパン事件）·······279, 280, 288, 309

最判平成 24・11・29 労判 1064 号 3 頁（津田電気計器事件）······················390

最決平成 25・4・17 労判 1085 号 5 頁（地公災基金奈良県支部長〔県立三室病院〕事

　件）··424

最判平成 26・1・24 労判 1088 号 5 頁（阪急トラベルサポート〔派遣添乗員・第 2〕事

　件）··296

最判平成 26・3・6 労判 1119 号 5 頁（甲野堂薬局事件）························256

最判平成 26・10・23 労判 1100 号 5 頁（広島中央保健生協〔C 生協病院〕事件）

　　···51, 144, 378

最大判平成 27・3・4 労判 1114 号 6 頁（フォーカスシステムズ事件）·············434

最判平成 27・3・5 判時 2265 号 120 頁（クレディ・スイス証券事件）··············27

最決平成 27・5・19 判時 2270 号 128 頁 ··255

最判平成 27・6・8 労判 1118 号 18 頁（学校法人専修大学事件）················172

最判平成 28・2・19 労判 1136 号 6 頁（山梨県民信用組合事件）······51, 225, 308, 316, 319

最決平成 28・7・12 判例集未登載（コロワイド MD〔旧コロワイド東日本〕事件）···290

最判平成 28・12・1 労判 1156 号 5 頁（福原学園〔九州女子短期大学〕事件）··········219

最判平成 29・2・28 労判 1152 号 5 頁（国際自動車事件）····························279

最判平成 29・7・7 労判 1168 号 49 頁（医療法人康心会事件）··············277, 278, 280

最判平成 30・2・15 労判 1181 号 5 頁（イビデン事件）···························359

最判平成 30・6・1 労判 1179 号 20 頁（ハマキョウレックス〔差戻審〕事件）········399

最判平成 30・6・1 労判 1179 号 34 頁（長澤運輸事件）·······················391, 399

最判平成 30・7・19 労判 1186 号 5 頁（日本ケミカル事件）·····277, 278, 285, 287, 292

〈高等裁判所〉

広島高判昭和 52・1・24 労判 345 号 22 頁（下関商業高校事件）····················231

東京高判昭和 54・8・29 労判 326 号 26 頁（理研精機事件）·······················182

福岡高判昭和 54・10・24 労判 427 号 64 頁（あさひ保育園事件）··················187

東京高判昭和 54・10・29 労判 330 号 71 頁（東洋酸素事件）··············184, 186, 193

名古屋高判昭和 56・11・30 判時 1045 号 30 頁（大隈鉄工所事件）·················234

東京高判昭和 58・12・14 労判 421 号 9 頁（EC 委員会〔駐日代表部〕事件）·········163

東京高判昭和 59・3・30 労判 437 号 41 頁（フォード自動車事件）·················163

東京高判昭和 62・11・30 労判 523 号 14 頁（小里機材事件）·····················288

大阪高判昭和 63・9・29 労判 546 号 61 頁（郡山交通事件）······················264

大阪高判平成 2・3・8 労判 575 号 59 頁（千代田工業事件）······················293

大阪高判平成 2・7・26 労判 572 号 114 頁（ゴールド・マリタイム事件）···········347

大阪高判平成 3・1・16 労判 581 号 36 頁（龍神タクシー事件）···················219

東京高判平成 5・3・31 労判 629 号 19 頁（千代田化工建設〔本案〕事件）·······186, 349

東京高判平成 5・11・12 労タ 849 号 206 頁（松蔭学園事件）·····················367

東京高判平成 6・3・16 労判 656 号 63 頁（生協イーコープ下馬生協事件）··········349

東京高判平成 8・3・27 労判 706 号 69 頁（エール・フランス事件）················366

名古屋高金沢支判平成 8・10・30 労判 707 号 37 頁（金沢セクハラ事件）··········372

東京高判平成 9・11・20 労判 728 号 12 頁（横浜セクシュアル・ハラスメント事件）

···374

東京高判平成 10・12・10 労判 761 号 118 頁（直源会相模原南病院事件）··········338, 344

札幌高判平成 11・7・9 労判 764 号 17 頁（北海道龍谷学園事件）··················170

東京高判平成 12・3・16 判タ 1103 号 207 頁 ····························416

大阪高判平成 12・6・30 労判 792 号 103 頁（日本コンベンションサービス事件）

···269, 286

東京高判平成 12・7・26 労判 789 号 6 頁（中根製作所事件）·····················316

東京高判平成 12・11・29 労判 799 号 17 頁（メレスグリオ事件）··················344

東京高判平成 12・12・22 労判 796 号 7 頁（芝信用金庫事件）····················404

大阪高判平成 13・3・6 労判 818 号 73 頁（わいわいランド〔解雇〕事件）…………209
大阪高判平成 13・3・14 労判 809 号 61 頁（全日本空輸〔退職強要〕事件）………167, 231
東京高判平成 13・6・27 労判 810 号 21 頁（カンタス航空事件）……………………227
大阪高判平成 13・6・28 労判 811 号 5 頁（京都銀行事件）…………………………260, 267
仙台高判平成 13・8・29 労判 810 号 11 頁（岩手第一事件）…………………………301
大阪高判平成 13・8・30 労判 816 号 23 頁（ハクスイテック事件）…………………313
東京高判平成 13・9・12 労判 816 号 11 頁（富士見交通事件）………………………178
東京高判平成 13・9・12 労判 817 号 46 頁（ネスレ日本〔合意退職・本訴〕事件）……234
札幌高判平成 13・11・21 労判 823 号 31 頁（渡島信用金庫〔懲戒解雇〕事件）………180
東京高判平成 14・7・11 労判 832 号 13 頁（新宿労基署長〔映画撮影技師〕事件）……420
東京高決平成 14・9・11 労判 838 号 24 頁（カワカミ〔移送申立て〕事件）…………332
大阪高判平成 14・10・30 労判 847 号 69 頁（京都信金事件）…………………………349
大阪高判平成 14・11・26 労判 849 号 157 頁（創栄コンサルタント事件）…………280
東京高判平成 15・2・25 労判 849 号 99 頁（日本工業新聞社事件）…………………142
東京高判平成 15・3・25 労判 849 号 87 頁（川崎市水道局〔いじめ自殺〕事件）
　　　………………………………………………………………………………358, 369
大阪高判平成 15・3・27 労判 858 号 154 頁（JR 西日本吹田工場事件）………………368
東京高判平成 15・4・24 労判 851 号 48 頁（キョーイクソフト事件）………………313
東京高判平成 15・9・24 労判 864 号 42 頁（東京サレジオ学園事件）………………336
東京高判平成 15・12・11 労判 867 号 5 頁（小田急電鉄〔退職金請求〕事件）…………183
大阪高決平成 16・3・30 労判 872 号 24 頁（ピー・アンド・ジー明石工場事件）………235
広島高判平成 16・4・15 労判 879 号 82 頁（鞆鉄道事件）……………………………316
東京高判平成 16・6・16 労判 886 号 93 頁（千代田学園〔懲戒解雇〕事件）…………142
東京高判平成 17・1・19 労判 890 号 58 頁（横浜市学校保健会〔歯科衛生士解雇〕事
　　件）………………………………………………………………………………170
大阪高判平成 17・1・25 労判 890 号 27 頁（日本レストランシステム事件）
　　　……………………………………………………………337, 343, 346, 348
名古屋高判平成 17・2・23 労判 909 号 67 頁（O 法律事務所〔事務員解雇〕事件）
　　　………………………………………………………………………………150, 209
東京高判平成 17・3・30 労判 905 号 72 頁（神代学園ミューズ音楽学院事件）……260, 274
東京高判平成 17・4・20 労判 914 号 82 頁（A 保険会社上司事件）…………………368
名古屋高金沢支判平成 17・5・18 労判 905 号 52 頁（JT 乳業事件）…………………210, 419
東京高判平成 17・5・31 労判 898 号 16 頁（勝英自動車学校〔大船自動車興業〕事件）
　　　…………………………………………………………………………………26
大阪高判平成 17・6・7 労判 908 号 72 頁（日本郵政公社〔近畿郵政局〕事件）………374
東京高判平成 17・7・20 労判 899 号 13 頁（ビル代行〔宿直勤務〕事件）…………260, 262
札幌高判平成 17・11・30 労判 904 号 93 頁（恵和会宮の森病院〔雇止め・本訴〕事件）
　　　………………………………………………………………………………205
大阪高判平成 17・12・1 労判 933 号 69 頁（ゴムノイナキ事件）……………………270

名古屋高判平成 18・1・17 労判 909 号 5 頁（山田紡績事件）・・・・・・・・・・・・・・・・・・193

東京高判平成 18・1・26 労判 912 号 32 頁（大成学園〔大成高校〕事件）・・・・・・・・・・・・・・26

東京高判平成 18・3・20 労判 916 号 53 頁（独立行政法人 L 事件）・・・・・・・・・373, 374

大阪高判平成 18・4・14 労判 915 号 60 頁（ネスレ日本〔配転本訴〕事件）・・・・・・・342, 343

東京高判平成 18・4・19 労判 917 号 40 頁（代々木ゼミナール〔学校法人東朋学園・高
　宮学園〕事件）・・・380

札幌高判平成 18・5・11 労判 938 号 68 頁（サン石油〔視力障害者解雇〕事件）・・・28, 149

名古屋高金沢支判平成 18・5・31 労判 920 号 33 頁（ホクエツ福井事件）・・・・・・・・・・・188

東京高判平成 18・6・22 労判 920 号 5 頁（ノイズ研究所事件）・・・・・・・・・・・・・・・・・・313

大阪高判平成 19・1・18 労判 940 号 58 頁（おかざき事件）・・・・・・・・・・・・・・・・・・・・・429

大阪高判平成 19・1・19 労判 937 号 135 頁（クリスタル観光バス〔賃金減額〕事件）
　・・・314

大阪高判平成 19・1・23 労判 940 号 60 頁（おかざき事件）・・・・・・・・・・・・・・・・・・・・・429

東京高判平成 19・2・21 労判 937 号 178 頁（アイレックス事件）・・・・・・・・・・・・・・・・・188

東京高判平成 19・2・22 労判 937 号 175 頁（マッキャンエリクソン事件）・・・・・・・・・323

大阪高判平成 19・5・17 労判 943 号 5 頁（関西金属工業事件）・・・・・・・・・・・・・・・・・・186

東京高判平成 19・10・30 労判 964 号 72 頁（中部カラー事件）・・・・・・・・・・・・・・・・・・311

名古屋高判平成 20・1・29 労判 967 号 62 頁（ファーストリテイリングほか〔ユニクロ
　店舗〕事件）・・369

東京高判平成 20・4・9 労判 959 号 6 頁（日本システム開発研究所事件）・・・・・・・・・・・330

福岡高判平成 20・8・25 判時 2032 号 52 頁（海上自衛隊自殺事件）・・・・・・・・・・・・・・・370

東京高判平成 20・11・12 労経速 2022 号 13 頁（亀戸労基署長事件）・・・・・・・・・・・・・・387

広島高判平成 20・11・28 労判 994 号 69 頁（鞆鉄道〔第 2〕事件）・・・・・・・・・・・・・・・316

大阪高判平成 21・1・15 労判 977 号 5 頁（NTT 西日本〔大阪・名古屋配転〕事件）
　・・・345

東京高判平成 21・9・15 労判 991 号 153 頁（ニュース証券事件）・・・・・・・・・・・151, 196, 283

大阪高判平成 21・11・27 労判 1004 号 112 頁（NTT 西日本〔高齢者雇用・第 1〕事件）
　・・・390

東京高決平成 21・12・21 労判 1000 号 24 頁（アンフィニ〔仮処分〕事件）・・・・・・・・・・・200

東京高判平成 22・1・21 労経速 2065 号 32 頁（T 社事件）・・・・・・・・・・・・・・・・・・・・140

東京高判平成 22・1・21 労判 1001 号 5 頁（東京都ほか〔警視庁海技職員〕事件）
　・・・232, 368

大阪高判平成 22・2・12 労判 1062 号 71 頁（報徳学園〔雇止め〕事件）・・・・・・・・・・・226

高松高判平成 22・3・12 労判 1007 号 39 頁（NTT 西日本〔継続雇用制度・徳島〕事
　件）・・・390

大阪高判平成 22・9・14 労判 1144 号 74 頁（愛知ミタカ運輸事件）・・・・・・・・・390, 392

札幌高判平成 22・9・30 労判 1013 号 160 頁（日本ニューホランド〔再雇用拒否〕事
　件）・・・390

東京高判平成 22・10・19 労判 1014 号 5 頁（社会福祉法人賛育会事件）・・・・・・・・・・・314

447

東京高判平成 22・12・15 労判 1019 号 5 頁（ジョブアクセスほか事件）·················25
東京高判平成 22・12・22 労経速 2095 号 3 頁（NTT 東日本事件）·················390
東京高判平成 23・2・15 判時 2119 号 135 頁（JAL メンテナンスサービス事件）········225
大阪高判平成 23・2・18 労判 1085 号 9 頁（地公災基金奈良県支部長〔県立三室病院〕
　事件）··270, 424
東京高判平成 23・2・23 労判 1022 号 5 頁（東芝〔うつ病・解雇〕事件）·············173
福岡高判平成 23・3・10 労判 1020 号 82 頁（コーセーアールイー〔第 2〕事件）······199
大阪高判平成 23・5・25 労判 1033 号 24 頁（大庄ほか事件）·······················430
東京高判平成 23・8・31 労判 1035 号 42 頁（オリンパス事件）·····················341
東京高判平成 23・9・14 労判 1036 号 14 頁（阪急トラベルサポート〔派遣添乗員・第
　1〕事件）··297
東京高判平成 23・10・26 労判 1049 号 71 頁（日本言語研究所ほか事件）············419
大阪高判平成 23・12・6 判例集未登載（マガジンプラニング事件）··················243
東京高判平成 23・12・27 労判 1042 号 15 頁（コナミデジタルエンタテイメント事件）
　··24, 322, 326, 380
仙台高秋田支判平成 24・1・25 労判 1046 号 22 頁（学校法人東奥義塾事件）·········200
大阪高判平成 24・2・28 労判 1048 号 63 頁（P 大学〔セクハラ〕事件）············374
東京高判平成 24・3・7 労判 1048 号 6 頁（阪急トラベルサポート〔派遣添乗員・第 2〕
　事件）··261, 267, 283
東京高判平成 24・3・7 労判 1048 号 26 頁（阪急トラベルサポート〔派遣添乗員・第
　3〕事件）··297
東京高判平成 24・9・20 労経速 2162 号 3 頁（本田技研工業事件）·················225
東京高判平成 24・9・28 労判 1063 号 20 頁（NTT 東日本〔退職金請求〕事件）········183
東京高判平成 24・10・18 労判 1065 号 24 頁（慶應義塾〔シックハウス〕事件）·······237
札幌高判平成 24・10・19 労判 1064 号 37 頁（ザ・ウィンザー・ホテルズインターナシ
　ョナル事件）··289, 309
東京高判平成 24・10・31 労経速 2172 号 3 頁（日本アイ・ビー・エム事件）···········232
東京高判平成 24・11・29 労判 1074 号 88 頁（日本航空〔雇止め〕事件）·············232
大阪高判平成 24・12・13 労判 1072 号 55 頁（アイフル〔旧ライフ〕事件）···········173
東京高判平成 25・2・27 労判 1072 号 5 頁（ザ・ウィンザー・ホテルズインターナショ
　ナル事件）··368
東京高判平成 25・4・24 労判 1074 号 75 頁（ブルームバーグ・エル・ピー事件）
　··158, 162
大阪高判平成 25・4・25 労判 1076 号 19 頁（新和産業事件）··············29, 341, 344
大阪高決平成 25・5・23 労判 1078 号 5 頁（阪神バス〔勤務配慮・保全抗告〕事件）
　··350
大阪高判平成 25・6・21 労判 1089 号 56 頁（医療法人清恵会事件）·················219
東京高判平成 25・7・18 判時 2196 号 129 頁（日本郵便株式会社事件）··············183
東京高判平成 25・11・21 労判 1086 号 52 頁（オリエンタルモーター〔割増賃金〕事

件）　………………………………………………………………………264

東京高判平成 26・2・27 労判 1086 号 5 頁（レガシィほか 1 社事件）……………299

東京高判平成 26・4・23 労判 1096 号 19 頁（国〔護衛艦たちかぜ（海上自衛隊員暴
行・恐喝）〕事件）　………………………………………………370

東京高判平成 26・6・5 労経速 2223 号 3 頁（日本航空〔航空乗務員整理解雇等〕事件）
　………………………………………………………………………190

仙台高判平成 26・6・27 労判 1100 号 26 頁（岡山県貨物運送事件）………………370

名古屋高判平成 26・7・4 労判 1101 号 65 頁（学校法人越原学園〔名古屋女子大学〕事
件）　…………………………………………………………………28

東京高判平成 26・7・10 労判 1101 号 51 頁（A 住宅福祉協会事件）　………………179

大阪高判平成 26・7・18 労判 1104 号 71 頁（医療法人稲門会〔いわくら病院〕事件）
　………………………………………………………………………381

大阪高判平成 26・9・11 労判 1107 号 35 頁（学校法人同志社〔大学院教授・定年延長
拒否〕事件）　………………………………………………………395

東京高判平成 26・11・26 労判 1110 号 46 頁（マーケティングインフォメーションコミ
ュニティ事件）　…………………………………………256, 290

福岡高判平成 26・12・12 労判 1122 号 75 頁（福原学園〔九州女子短期大学〕事件）
　………………………………………………………………………219

広島高松江支判平成 27・3・18 労判 1118 号 25 頁（公立八鹿病院組合ほか事件）……370

東京高判平成 27・3・25 労判 1130 号 78 頁（えどがわ環境財団事件）……………341

広島高松江支判平成 27・5・27 労判 1130 号 33 頁（学校法人矢谷学園ほか事件）……232

東京高判平成 27・10・7 労判 1168 号 55 頁（医療法人康心会事件）　………………280

広島高判平成 27・10・22 労判 1131 号 5 頁（国・広島中央労基署長〔中国新聞システ
ム開発〕事件）　…………………………………………366, 388

広島高判平成 27・11・17 労判 1127 号 5 頁（広島中央保健生協〔C 生協病院〕事件）
　…………………………………………………………………24, 378

東京高判平成 28・1・27 労判 1171 号 76 頁（コロワイド MD〔旧コロワイド東日本〕
事件）　……………………………………………………282, 290

福岡高判平成 28・2・9 労判 1143 号 67 頁（サカキ運輸ほか〔法人格濫用〕事件）……419

大阪高判平成 28・4・15 労判 1145 号 82 頁（今井建設ほか事件）　………………260

名古屋高判平成 28・4・21 労判 1140 号 5 頁（地公災基金名古屋市支部長〔市営バス〕
事件）　………………………………………………………………388

名古屋高判平成 28・7・20 労判 1157 号 63 頁（イビケン〔旧イビデン建装〕元従業員
ほか事件）　…………………………………………………………374

東京高判平成 28・8・31 労判 1147 号 62 頁（東芝〔うつ病・解雇・差戻審〕事件）
　…………………………………………………………………429, 434

名古屋高判平成 28・9・28 労判 1146 号 22 頁（トヨタ自動車ほか事件）……………392

福岡高判平成 28・10・14 労判 1155 号 37 頁（広告代理店 A 社元従業員事件）…242, 265

東京高判平成 28・11・16 労経速 2298 号 22 頁（ファイザー事件）………………313

東京高判平成 28・11・24 労判 1158 号 140 頁（ネギシ事件）……………………378
東京高判平成 28・11・30 労判 1189 号 148 頁（ケー・アイ・エスほか事件）………23, 431
名古屋高決平成 29・1・11 労判 1156 号 18 頁（ゴールドルチル〔抗告〕事件）………129
東京高判平成 29・2・1 労判 1186 号 11 頁（日本ケミカル事件）……………………289
大阪高判平成 29・3・3 労判 1155 号 5 頁（鳥伸事件）…………249, 266, 283, 294
名古屋高判平成 29・3・9 労判 1159 号 16 頁（ジブラルタ生命〔旧エジソン生命〕事件）……………………………………………………………………206, 337
東京高判平成 29・3・9 労判 1180 号 89 頁（学校法人尚美学園〔大学専任教員 A・再雇用拒否〕事件）………………………………………………………394, 395
名古屋高判平成 29・3・16 労判 1162 号 28 頁（国・半田労基署長〔医療法人 B 会 D 病院〕事件）……………………………………………………………388
東京高判平成 29・4・12 労判 1162 号 9 頁（航空自衛隊自衛官〔セクハラ〕事件）……374
東京高判平成 29・4・26 労判 1170 号 53 頁（ホンダ開発事件）…………………345, 369
東京高判平成 29・5・17 労判 1181 号 54 頁（学校法人武相学園〔高校〕事件）……14, 173
名古屋高判平成 29・5・18 労判 1160 号 5 頁（ジャパンレンタカー事件）……249, 295, 301
広島高判平成 29・7・14 労判 1170 号 5 頁（A 不動産事件）……………………181, 182
宮崎高宮崎支判平成 29・8・23 労判 1172 号 43 頁（国・宮崎労基署長〔宮交ショップ＆レストラン〕事件）…………………………………………………265
福岡高判平成 29・9・7 労判 1167 号 49 頁（九州惣菜事件）……………………392
大阪高判平成 29・9・29 労判 1174 号 43 頁（国・神戸西労基署長〔阪神高速パトロール〕事件）………………………………………………………388
東京高判平成 29・10・18 労判 1176 号 18 頁（学校法人 D 学園事件）……………267
東京高判平成 29・10・18 労判 1179 号 47 頁（A 社長野販売ほか事件）……………369
東京高判平成 29・10・26 労判 1172 号 26 頁（さいたま市〔環境局職員〕事件）………370
名古屋高判平成 29・11・30 労判 1175 号 26 頁（乙山青果ほか事件）………………370
東京高判平成 30・2・22 労判 1181 号 11 頁（医療法人康心会事件）………………280
広島高岡山支判平成 30・3・29 労判 1185 号 27 頁（学校法人原田学園事件）……340, 345
名古屋高判平成 30・4・18 労判 1186 号 20 頁（ケンタープライズ事件）…………267, 285
東京高判平成 30・4・25 労判 1193 号 5 頁（協和海運ほか事件）…………………26
東京高判平成 30・5・9 労判 1191 号 52 頁（シンワ運輸東京〔運行時間外手当・第 1〕事件）……………………………………………………………281
名古屋高判平成 30・6・26 労判 1189 号 51 頁（NHK〔名古屋放送局〕事件）……………………………………………………………167, 169, 170
東京高判平成 30・10・4 労判 1190 号 5 頁（イクヌーザ事件）…………………290
福岡高判平成 30・11・29 労判 1198 号 63 頁（学校法人産業医科大学事件）………402
東京高判平成 30・12・13 労判 1198 号 45 頁（日本郵便〔時給制契約社員ら〕事件）……………………………………………………………398
広島高岡山支判平成 31・1・10 労判 1201 号 5 頁（地方独立行政法人岡山市立総合医療センター〔抗告〕事件）………………………………………………336

大阪高判平成 31・1・24 労判 1197 号 5 頁（日本郵便〔非正規格差〕事件）……………398

東京高判平成 31・2・13 労判 1199 号 25 頁（国際自動車ほか〔再雇用更新拒絶・本訴〕
　　事件）………………………………………………………………………144, 394, 395

大阪高判平成 31・2・15 労判 1199 号 5 頁（学校法人大阪医科薬科大学〔旧大阪医科大
　　学〕事件）……………………………………………………………………………403

東京高判平成 31・2・20 労判 1198 号 5 頁（メトロコマース事件）…………………403

東京高判平成 31・3・28 労判 1204 号 31 頁（結婚式場運営会社 A 事件）……………290

〈地方裁判所〉

大阪地判昭和 40・5・22 労民集 16 巻 3 号 371 頁（橘屋事件）………………………274

東京地判昭和 42・12・20 判時 509 号 22 頁（旭光学事件）……………………………237

東京地決昭和 44・11・11 労判 91 号 35 頁（東邦大学事件）……………………………234

東京地判昭和 45・6・23 労判 105 号 39 頁（日本経済新聞社事件）…………………182

福岡地小倉支決昭和 45・10・26 判時 618 号 88 頁（新日本製鉄事件）………………337

神戸地決昭和 47・8・21 判時 694 号 113 頁（平和産業事件）…………………………171

長野地諏訪支判昭和 48・5・31 労判 181 号 53 頁（上原製作所事件）………………195

長崎地大村支判昭和 50・12・24 労判 242 号 14 頁（大村野上事件）…………………186

松江地決昭和 51・3・16 労判 259 号 59 頁（蔵田金属工業事件）……………………337

東京地決昭和 51・7・23 労判 257 号 23 頁（日本テレビ放送網事件）………………337

東京地判昭和 51・10・29 労判 264 号 35 頁（高野メリヤス事件）……………………242

静岡地判昭和 53・3・28 労判 297 号 39 頁（静岡銀行事件）…………………………274

高知地判昭和 53・4・20 労判 306 号 48 頁（ミロク製作所事件）……………………348

神戸地決昭和 54・7・12 労判 325 号 20 頁（ブックローン事件）……………………337

岡山地決昭和 54・7・31 労判 326 号 44 頁（住友重機玉島製造所事件）……………186

盛岡地判昭和 54・10・25 労判 333 号 55 頁（北斗音響事件）…………………………192

千葉地判昭和 56・5・25 労判 372 号 49 頁（日立精機事件）…………………………348

奈良地判昭和 56・6・26 労判 372 号 41 頁（壺坂観光事件）…………………………253

神戸地姫路支判昭和 57・2・15 労判 392 号 58 頁（姫路赤十字病院事件）…………171

東京地判昭和 57・5・31 判時 388 号 42 頁（EC 委員会〔駐日代表部〕事件）………163

大阪地決昭和 57・8・25 労経速 1134 号 12 頁（泉州学園事件）………………………234

前橋地判昭和 57・12・16 労判 407 号 61 頁（北群馬信用金庫事件）…………………179

東京地判昭和 59・1・27 労判 423 号 23 頁（エール・フランス事件）………………171

名古屋地判昭和 59・3・23 労判 439 号 64 頁（ブラザー工業事件）…………………194

那覇地判昭和 60・3・20 労判 455 号 71 頁（アメリカン・エキスプレス・インターナシ
　　ョナル事件）…………………………………………………………………………350

広島地判昭和 60・4・25 労判 487 号 81 頁（全自交広島タクシー支部事件）………233

千葉地決昭和 60・5・9 労判 457 号 92 頁（エール・フランス事件）…………231, 362

東京地決昭和 60・9・30 労判 464 号 38 頁（リマークチョーギン事件）……………162

東京地判昭和 60・11・20 労判 464 号 17 頁（雅叙園観光事件）………………………195

大阪地決昭和 61・10・17 労判 486 号 83 頁（ニシムラ事件）……………………237
新潟地高田支判昭和 61・10・31 労判 485 号 43 頁（日本ステンレス・日ス梱包事件）
　　　　…………………………………………………………………………………347
鳥取地判昭和 61・12・4 労判 486 号 53 頁（鳥取県教員事件）…………………229
東京地判昭和 62・1・30 労判 523 号 10 頁（小里機材事件）………………279, 288
大阪地判昭和 62・3・31 労判 497 号 65 頁（徳州会事件）………………………274
東京地判昭和 62・5・26 労判 498 号 13 頁（新興サービス事件）………………332
甲府地決昭和 62・5・29 労判 502 号 88 頁（朝日石綿工業事件）………………190
東京地決昭和 62・8・24 労判 503 号 32 頁（持田製薬事件）……………………163
大阪地決昭和 62・11・30 労判 507 号 22 頁（JR 東海事件）……………………347
東京地判昭和 63・5・27 労判 519 号 59 頁（三好屋商店事件）…………………284
大阪地決平成元・3・27 労判 536 号 16 頁（澤井商店事件）……………………237
大阪地判平成元・4・20 労判 539 号 44 頁（北陽電機事件）……………………264
東京地八王子支判平成 2・2・1 労判 558 号 68 頁（東芝府中工場事件）………367
東京地判平成 2・7・27 労判 568 号 61 頁（三菱重工業〔相模原製作所〕事件）………181
大阪地決平成 2・8・31 労判 570 号 52 頁（大阪築港運輸事件）………………172
大阪地決平成 3・10・22 労判 595 号 28 頁（三洋電機事件）……………………191
岡山地判平成 3・11・19 労判 613 号 70 頁（岡山電気軌道事件）………………234
福岡地判平成 4・4・16 労判 607 号 6 頁（福岡セクシャル・ハラスメント事件）………358
東京地判平成 4・6・11 労判 612 号 6 頁（松蔭学園事件）………………………367
東京地決平成 4・6・23 労判 613 号 31 頁（朝日火災海上保険事件）……………340
東京地判平成 4・9・30 労判 616 号 10 頁（ケイズインターナショナル事件）………242
福岡地判平成 4・11・25 労判 621 号 33 頁（三井石炭鉱業事件）………………190
東京地判平成 4・12・21 労判 623 号 36 頁（昭和女子大学事件）………………238
千葉地判平成 6・1・26 労判 647 号 11 頁（エール・フランス事件）……………366
東京地判平成 6・3・7 労判 655 号 59 頁（黒田病院事件）………………………231
旭川地決平成 6・5・10 労判 675 号 72 頁（損害保険リサーチ事件）………237, 343
東京地判平成 6・6・21 労判 660 号 55 頁（アイ・ケイ・ビー事件）……………184
大阪地判平成 6・7・1 労判 657 号 55 頁（あその建設事件）……………………261
大阪地決平成 6・8・10 労判 658 号 56 頁（東海旅客鉄道事件）………………347
東京地決平成 6・11・10 労経速 1550 号 23 頁（三井リース事業事件）…………142
大阪地判平成 7・1・27 労判 680 号 86 頁（全国資格研修センター事件）………139
大阪地決平成 7・7・27 労経速 1588 号 13 頁（日証事件）………………………192
大阪地決平成 7・9・12 労判 688 号 53 頁（阪神観光事件）……………………147
大阪地決平成 7・10・20 労判 685 号 49 頁（社会福祉法人大阪暁明館事件）………186
横浜地決平成 7・11・8 労判 701 号 70 頁（学校法人徳心学園事件）……………237
東京地判平成 7・12・4 労判 685 号 17 頁（バンク・オブ・アメリカ・イリノイ事件）
　　　　………………………………………………………………………321, 366
東京地判平成 7・12・25 労判 689 号 31 頁（三和機材事件）………………348, 350

京都地判平成 8・2・27 労判 713 号 86 頁（株式会社よしとよ事件）……………188, 192

東京地判平成 8・3・28 労判 692 号 13 頁（電通事件）………………………………266

東京地判平成 8・4・26 労判 697 号 57 頁（東京ゼネラル事件）…………………184

神戸地決平成 8・6・11 労判 697 号 33 頁（三州海陸運輸事件）…………………142

東京地決平成 8・7・31 労判 712 号 85 頁（ロイヤル・インシュアランス・パブリッ
　ク・リミテッド・カンパニー事件）………………………………………………142

東京地決平成 9・1・24 労判 719 号 87 頁（デイエフアイ西友〔ウェルセーブ〕事件）
　……………………………………………………………………………………………325

大阪地判平成 9・3・24 労判 715 号 42 頁（新日本通信事件）…………………337

釧路地帯広支判平成 9・3・24 労判 731 号 75 頁（北海道厚生農協連合会〔帯広病院〕
　事件）……………………………………………………………………………………344

京都地判平成 9・4・17 労判 716 号 49 頁（京都セクシュアル・ハラスメント〔呉服販
　売会社〕事件）……………………………………………………………………207, 358

大阪地決平成 9・6・10 労判 720 号 55 頁（ヤマトセキュリティ事件）…………337

熊本地判平成 9・6・25 判時 1638 号 135 頁（熊本バドミントン協会セクハラ事件）…373

仙台地判平成 9・7・15 労判 724 号 34 頁（学校法人栴檀学園〔東北福祉大学〕事件）
　……………………………………………………………………………………………179

札幌地決平成 9・7・23 労判 723 号 62 頁（北海道コカ・コーラボトリング事件）……343

東京地判平成 9・8・1 労判 722 号 62 頁（株式会社ほるぷ事件）………………297

東京地判平成 9・8・26 労判 734 号 75 頁（ペンション経営研究所事件）…………148

大阪地判平成 9・8・29 労判 725 号 40 頁（学校法人白頭学院事件）…………237

大阪地決平成 9・10・14 労判 741 号 90 頁（日本ヘキスト・マリオン・ルセル〔配置転
　換〕事件）………………………………………………………………………………343

東京地決平成 9・10・31 労判 726 号 37 頁（インフォミックス〔採用内定取消し〕事
　件）………………………………………………………………………………………198

東京地判平成 9・11・18 労判 728 号 36 頁（医療法人財団東京厚生会事件）…………321

東京地決平成 10・1・7 労判 736 号 78 頁（ナショナル・ウエストミンスター銀行〔第 1
　次仮処分〕事件）……………………………………………………………………27, 194

東京地決平成 10・2・6 労判 735 号 47 頁（平和自動車交通事件）…………………179

東京地決平成 10・3・16 労判 736 号 73 頁（東洋リース事件）…………………220

札幌地小樽支判平成 10・3・24 労判 738 号 26 頁（小樽双葉女子学園事件）………170

高松地判平成 10・6・2 労判 751 号 63 頁（高松重機事件）………………………191

大阪地決平成 10・6・4 労判 747 号 87 頁（宗田ゴム事件）………………………186

東京地判平成 10・6・5 労判 748 号 117 頁（ユニフレックス事件）………………151

大阪地判平成 10・7・17 労判 750 号 79 頁（株式会社大通事件）………………233

大阪地判平成 10・10・30 労判 750 号 29 頁（丸一商店事件）……………138, 293

甲府地判平成 10・11・4 労判 755 号 20 頁（甲府商工会議所〔株式会社カネコ〕事件）
　……………………………………………………………………………………………418

大津地判平成 10・11・17 労判 756 号 44 頁（フットワーク・エクスプレス〔大津〕事

453

件）‥‥‥‥‥‥‥‥‥‥‥‥‥‥‥‥‥‥‥‥‥‥‥‥‥‥‥‥340

福岡地久留米支決平成 10・12・24 労判 758 号 11 頁（北原ウェルテック事件）‥‥‥‥192

大阪地判平成 11・1・29 労判 760 号 61 頁（大器事件）‥‥‥‥‥‥‥‥‥‥‥‥‥‥‥184

東京地判平成 11・3・12 労判 760 号 23 頁（東京セクハラ〔M 商事〕事件）‥‥‥‥‥207

大阪地決平成 11・5・26 労判 772 号 82 頁（ヤマハリビングテック事件）‥‥‥‥‥‥237

東京地判平成 11・5・31 労判 772 号 60 頁（千里山生活協同組合事件）‥‥‥‥‥‥‥297

水戸地下妻支判平成 11・6・15 労判 763 号 7 頁（エフピコ事件）‥‥‥‥‥‥‥‥208, 231

札幌地判平成 11・9・21 労判 769 号 20 頁（北産機工事件）‥‥‥‥‥‥‥‥‥‥‥‥167

横浜地判平成 11・9・21 労判 771 号 32 頁（神奈川中央交通事件）‥‥‥‥‥‥‥‥‥368

大阪地判平成 11・10・4 労判 771 号 25 頁（東海旅客鉄道事件）‥‥‥‥‥‥‥‥‥‥169

東京地決平成 11・10・15 労判 770 号 34 頁（セガ・エンタープライゼス事件）‥‥‥160

東京地判平成 11・10・29 労判 774 号 12 頁（上州屋事件）‥‥‥‥‥‥‥‥‥‥‥‥321

東京地判平成 11・11・5 労判 779 号 52 頁（公営社事件）‥‥‥‥‥‥‥‥‥‥‥‥‥340

東京地判平成 11・11・26 労判 778 号 40 頁（東京アメリカンクラブ事件）‥‥‥‥‥325

熊本地決平成 11・12・28 労判 781 号 55 頁（濱田重工事件）‥‥‥‥‥‥‥‥‥‥‥344

東京地決平成 12・1・21 労判 782 号 23 頁（ナショナル・ウエストミンスター銀行〔第
　3 次仮処分〕事件）‥‥‥‥‥‥‥‥‥‥‥‥‥‥‥‥‥‥‥‥‥‥‥‥‥‥187, 193

東京地判平成 12・1・31 労判 785 号 45 頁（アーク証券〔本訴〕事件）‥‥‥‥‥313, 322

東京地判平成 12・2・8 労判 787 号 58 頁（シーエーアイ事件）‥‥‥‥‥‥‥‥‥‥328

東京地判平成 12・2・28 労経速 1733 号 9 頁（メディカルサポート事件）‥‥‥‥‥‥178

東京地判平成 12・4・11 労判 797 号 89 頁（日経団総合コンサルティング事件）‥‥‥344

京都地判平成 12・4・18 労判 790 号 39 頁（ミロク情報サービス事件）‥‥‥‥‥‥‥343

大阪地判平成 12・4・28 労判 787 号 30 頁（キャスコ事件）‥‥‥‥‥‥‥‥‥‥‥‥286

前橋地判平成 12・4・28 労判 794 号 64 頁（群英学園事件）‥‥‥‥‥‥‥‥‥‥‥‥140

大阪地判平成 12・5・8 労判 787 号 18 頁（マルマン事件）‥‥‥‥‥‥‥186, 189, 322

大阪地判平成 12・6・23 労判 786 号 16 頁（シンガポール・デベロップメント銀行〔本
　訴〕事件）‥‥‥‥‥‥‥‥‥‥‥‥‥‥‥‥‥‥‥‥‥‥‥‥‥‥‥‥‥‥‥193

大阪地判平成 12・6・30 労判 793 号 49 頁（わいわいランド事件）‥‥‥‥‥‥‥‥‥208

大阪地判平成 12・8・28 労判 793 号 13 頁（フジシール事件）‥‥‥‥‥‥324, 334, 340

東京地判平成 12・11・24 労判 802 号 45 頁（エスエイロジテム事件）‥‥‥‥‥‥‥254

東京地判平成 12・12・18 労判 803 号 74 頁（アイビ・プロテック事件）‥‥‥‥‥‥184

金沢地判平成 13・1・15 労判 805 号 82 頁（鳥屋町職員事件）‥‥‥‥‥‥‥‥‥‥‥231

盛岡地判平成 13・2・2 労判 803 号 26 頁（龍澤学館事件）‥‥‥‥‥‥‥‥‥‥‥‥227

函館地判平成 13・2・15 労判 812 号 58 頁（渡島信用金庫〔懲戒解雇〕事件）‥‥‥‥325

岡山地判平成 13・5・16 労判 821 号 54 頁（チボリジャパン事件）‥‥‥‥‥‥‥‥219

東京地決平成 13・5・17 労判 814 号 132 頁（労働大学〔第 2 次〕事件）‥‥‥‥‥‥189

岡山地倉敷支決平成 13・5・22 労経速 1781 号 3 頁（ミニット・ジャパン事件）‥‥‥187

大阪地判平成 13・7・19 労判 812 号 13 頁（光安建設事件）‥‥‥‥‥‥‥‥‥‥‥265

東京地決平成 13・8・10 労判 820 号 74 頁（エース損害保険事件）‥‥‥‥‥‥‥‥‥161

東京地判平成 13・8・31 労判 820 号 62 頁（アメリカン・スクール事件）……………320

鹿児島地判平成 13・11・27 労判 836 号 151 頁（鹿児島セクハラ〔社団法人〕事件）

………………………………………………………………………………………………358

東京地判平成 13・12・19 労判 817 号 5 頁（ヴァリグ日本支社事件）………………190

静岡地沼津支判平成 13・12・26 労判 836 号 132 頁（山宗事件）……………28, 344

東京地判平成 14・2・28 労判 824 号 5 頁（東京急行電鉄事件）………………………260

大阪地堺支判平成 14・3・13 労判 828 号 59 頁（今川学園事件）………………………232

東京地判平成 14・3・28 労判 827 号 74 頁（東建ジオテック事件）……………………284

大阪地判平成 14・3・29 労判 828 号 86 頁（サンマーク事件）………………286, 297

東京地判平成 14・4・24 労判 828 号 22 頁（岡田運送事件）…………………164, 182

岡山地判平成 14・5・15 労判 832 号 54 頁（岡山セクハラ〔労働者派遣会社〕事件）

………………………………………………………………………………………………207

東京地判平成 14・5・31 労判 834 号 34 頁（日本工業新聞社事件）……………………142

横浜地川崎支判平成 14・6・27 労判 833 号 61 頁（川崎市水道局〔いじめ自殺〕事件）

………………………………………………………………………………………358, 369

東京地判平成 14・7・9 労判 836 号 104 頁（国際信販事件）……………………………368

大阪地判平成 14・7・19 労判 833 号 22 頁（光和商事事件）……………………………297

東京地判平成 14・8・9 労判 836 号 94 頁（オープンタイドジャパン事件）………162, 196

仙台地決平成 14・8・26 労判 837 号 51 頁（鐘淵化学工業事件）………………………193

函館地判平成 14・9・26 労判 841 号 58 頁（渡島信金事件）……………………………368

東京地判平成 14・10・22 労判 838 号 15 頁（ヒロセ電機事件）………………………163

大阪地判平成 14・10・25 労判 844 号 79 頁（システムワークス事件）………………252

岡山地判平成 14・11・6 労判 845 号 73 頁（岡山セクハラ〔リサイクルショップ A 社〕

事件）……………………………………………………………………………………207

東京地判平成 14・11・11 労判 843 号 27 頁（ジャパンネットワークサービス事件）…266

仙台地決平成 14・11・14 労判 842 号 56 頁（日本ガイダント仙台営業所事件）………321

東京地判平成 14・11・15 労判 844 号 38 頁（小田急電鉄〔退職金請求〕事件）………183

神戸地判平成 14・12・18 裁判所ウェブサイト（デニーズジャパン退職金請求事件）…183

東京地決平成 14・12・27 労判 861 号 69 頁（明治図書出版事件）………339, 342, 343

名古屋地判平成 15・2・18 労判 848 号 15 頁（桜花学園名古屋短大事件）………………219

大阪地判平成 15・3・12 労判 851 号 74 頁（上野製薬事件）……………………………184

神戸地決平成 15・3・12 労判 853 号 57 頁（プロクター・アンド・ギャンブル・ファ

ー・イースト・インク事件）…………………………………………………………341

大阪地決平成 15・4・16 労判 849 号 35 頁（大建工業事件）……………………………166

大阪地判平成 15・4・25 労判 850 号 27 頁（愛徳姉妹会〔本採用拒否〕事件）………227

東京地判平成 15・5・6 労判 857 号 64 頁（東京貨物社〔解雇・退職金〕事件）………183

東京地判平成 15・5・28 労判 852 号 11 頁（東京都〔警察学校・警察病院 HIV 検査〕

事件）……………………………………………………………………………………232

水戸地下妻支決平成 15・6・16 労判 855 号 70 頁（東京金属ほか 1 社〔解雇仮処分〕事

件）･･･142

大阪地堺支判平成 15・6・18 労判 855 号 22 頁（大阪いずみ市民生協〔内部告発〕事件）･･････････････････206

東京地判平成 15・6・30 労判 851 号 90 頁（プロトコーポレーション事件）･･････････199

京都地判平成 15・6・30 労判 857 号 26 頁（京都エステート事件）･････････････193

さいたま地川越支判平成 15・6・30 労判 859 号 21 頁（所沢中央自動車教習所事件）
･･････････････････153, 182

東京地判平成 15・7・7 労判 862 号 78 頁（カテリーナビルディング〔日本ハウズイング〕事件）･･････････27, 204

東京地決平成 15・7・10 労判 862 号 66 頁（ジャパンエナジー事件）･････････････190

東京地判平成 15・7・15 労判 865 号 57 頁（東京女子醫科大学事件）････････････232

大阪地判平成 15・10・29 労判 866 号 58 頁（大阪中央労基署〔おかざき〕事件）･････420

東京地八王子支判平成 15・10・30 労判 866 号 20 頁（日本ドナルドソン青梅工場事件）
･･････････････････324

東京地判平成 15・12・22 労判 871 号 91 頁（日水コン事件）･･････････････163

名古屋地豊橋支判平成 16・1・23 労判 886 号 46 頁（ジップベイツ事件）･･････････182

横浜地川崎支判平成 16・2・26 労判 875 号 65 頁（ノイズ研究所事件）･････････313

東京地判平成 16・3・1 労判 885 号 75 頁（トーコロ〔賃金請求〕事件）････････29

東京地判平成 16・3・9 労判 876 号 67 頁（千代田学園〔整理解雇〕事件）････････189

東京地判平成 16・3・26 労判 876 号 56 頁（独立行政法人 N 事件）･･････････169

東京地判平成 16・3・31 労判 873 号 33 頁（エーシーニールセン・コーポレーション事件）･･････････330

熊本地判平成 16・4・15 労判 878 号 74 頁（九州日誠電氣〔本訴〕事件）･･････････28

名古屋地判平成 16・4・27 労判 873 号 18 頁（名古屋セクハラ〔K 設計・本訴〕事件）
･･････････････････339

福岡地小倉支判平成 16・5・11 労判 879 号 71 頁（安川電機八幡工場〔パート解雇・本訴〕事件）･･････････190

横浜地川崎支判平成 16・5・28 労判 878 号 40 頁（昭和電線電纜事件）････････237

大阪地判平成 16・6・9 労判 878 号 20 頁（パソナ〔ヨドバシカメラ〕事件）･･････････198

名古屋地判平成 16・6・15 労判 909 号 72 頁（O 法律事務所〔事務員解雇〕事件）･･････150

東京地判平成 16・6・23 労判 877 号 13 頁（オプトエレクトロニクス事件）････････199

東京地判平成 16・6・25 労経速 1882 号 3 頁（ユニコン・エンジニアリング事件）･･････274

京都地判平成 16・7・8 労判 884 号 79 頁（塚腰運送〔人事異動〕事件）･････････339

東京地判平成 16・8・6 労判 881 号 62 頁（ユタカサービス事件）･････････････220

東京地判平成 16・9・10 労判 886 号 89 頁（日本システムワープ事件）･････････150

さいたま地判平成 16・9・24 労判 883 号 38 頁（誠昇会北本共済病院事件）･･････358, 370

大阪地判平成 16・10・22 労経速 1896 号 3 頁（かんでんエンジニアリング事件）
･･････････････････259, 266

東京地判平成 16・11・15 労判 886 号 30 頁（藤田観光〔ホテル従業員配転〕事件）

··336

前橋地判平成 16・11・26 労判 887 号 84 頁（群馬町〔辞職強要〕事件）·········232

大阪地判平成 16・12・17 労判 890 号 73 頁（箕面自動車教習所事件）···········26

青森地判平成 16・12・24 労判 889 号 19 頁（青森セクハラ〔バス運送業〕事件）······207

大阪地判平成 17・1・13 労判 893 号 150 頁（近畿コカコーラ・ボトリング事件）······225

静岡地判平成 17・1・18 労判 893 号 135 頁（静岡第一テレビ〔損害賠償〕事件）······204

東京地判平成 17・1・25 労判 890 号 42 頁（S 社〔派遣添乗員〕事件）···········209

鹿児島地判平成 17・1・25 労判 891 号 62 頁（宝林福祉会〔調理員解雇〕事件）······28

東京地判平成 17・2・18 労判 892 号 80 頁（K 社事件）·····················166

名古屋地判平成 17・2・23 労判 892 号 42 頁（山田紡績事件）···············193

大阪地判平成 17・3・25 労経速 1907 号 28 頁（リゾートトラスト事件）·········259

東京地判平成 17・3・29 労判 897 号 81 頁（ジャパンタイムズ事件）···········201

大阪地判平成 17・3・30 労判 892 号 5 頁（ネスレコンフェクショナリー関西支店事件）

··26, 201

東京地判平成 17・4・15 労判 895 号 42 頁（モルガン・スタンレー・ジャパン・リミテ

ッド〔本訴〕事件）···181

神戸地姫路支判平成 17・5・9 労判 895 号 5 頁（ネスレジャパンホールディングス事

件）··342

熊本地決平成 17・5・25 労判 894 号 88 頁（アイスター事件）···············189

さいたま地川越支判平成 17・6・30 労判 901 号 50 頁（菅原学園事件）·········27

横浜地判平成 17・7・8 労判 916 号 56 頁（独立行政法人 L 事件）···········373

東京地決平成 17・7・29 労経速 1914 号 43 頁（ノヴァ事件）···············220

名古屋地判平成 17・8・5 労判 902 号 72 頁（オンテック・サカイ創建事件）·······286

大阪地判平成 17・9・1 労判 906 号 70 頁（大阪医科大学事件）···············336

東京地八王子支判平成 17・9・21 労判 912 号 36 頁（大成学園〔大成高校〕事件）······26

東京地判平成 17・9・30 労経速 1916 号 11 頁（コミネコミュニケーションズ事件）···286

東京地判平成 17・9・30 労判 907 号 25 頁（印南製作所事件）···············139

大阪地判平成 17・10・6 労判 907 号 5 頁（ピーエムコンサルタント事件）·····264, 280

札幌地判平成 17・11・30 労判 909 号 14 頁（JR 北海道〔転勤命令〕事件）·······339

東京地判平成 18・1・27 労判 911 号 88 頁（富士科学器械事件）···········25, 29

東京地判平成 18・1・31 労判 912 号 5 頁（りそな銀行事件）···············176

東京地判平成 18・2・6 労判 911 号 5 頁（農林漁業金融公庫事件）···········164

大阪地判平成 18・6・15 労判 924 号 72 頁（大虎運輸事件）·············281, 285

東京地判平成 18・7・26 労判 923 号 25 頁（千代田ビル管財事件）···········285

大阪地判平成 18・7・27 労判 924 号 59 頁（東光パッケージ〔退職勧奨〕事件）·······29

大阪地判平成 18・9・15 労判 924 号 169 頁（アイホーム事件）···············205

横浜地判平成 18・9・26 労判 930 号 68 頁（アイレックス事件）···············188

東京地判平成 18・9・29 労判 930 号 56 頁（明治ドレスナー・アセットマネジメント事

件）··26, 321

457

大阪地判平成 18・10・6 労判 930 号 43 頁（昭和観光事件）‥‥‥‥‥‥‥‥‥‥259

大阪地判平成 18・10・26 労判 932 号 39 頁（ジョナサンほか 1 社事件）‥‥‥205, 238

東京地判平成 18・11・10 労判 931 号 65 頁（PE & HR 事件）‥‥‥‥‥‥‥‥‥265

東京地判平成 18・11・29 労判 935 号 35 頁（東京自転車健康保険組合事件）‥‥‥184, 205

宇都宮地決平成 18・12・28 労判 932 号 14 頁（東武スポーツ事件）‥‥‥‥‥‥‥337

福岡地判平成 19・2・28 労判 938 号 27 頁（社会福祉法人仁風会事件）‥‥‥‥‥193, 204

東京地判平成 19・2・28 労判 948 号 90 頁（フリービット事件）‥‥‥‥‥‥‥‥209

東京地判平成 19・3・22 労判 938 号 85 頁（センチュリー・オート事件）‥‥‥‥274

東京地判平成 19・3・26 労判 937 号 54 頁（日本航空インターナショナル事件）‥‥‥380

岡山地判平成 19・3・27 労判 941 号 23 頁（セントラル・パーク事件）‥‥‥‥‥264, 274

大阪地判平成 19・4・26 労判 944 号 61 頁（テレマート事件）‥‥‥‥‥‥‥‥‥150

福岡地判平成 19・4・26 労判 948 号 41 頁（姪浜タクシー事件）‥‥‥‥‥‥‥‥275

東京地判平成 19・5・17 労判 949 号 66 頁（国際観光振興機構事件）‥‥‥‥‥‥330

東京地判平成 19・6・15 労判 944 号 42 頁（山本デザイン事務所事件）‥‥‥261, 280, 295

さいたま地川越支判平成 19・6・28 労判 944 号 5 頁（協同商事〔懲戒解雇〕事件）‥‥153

東京地判平成 19・8・24 労判 944 号 87 頁（三英冷熱工業事件）‥‥‥‥‥‥‥‥266

東京地判平成 19・8・27 労経速 1985 号 3 頁（ヤマト運輸事件）‥‥‥‥‥‥‥‥183

東京地判平成 19・10・15 労判 950 号 5 頁（国・静岡労基署長〔日研化学〕事件）‥‥‥388

大阪地判平成 19・11・29 労判 956 号 16 頁（オフィステン事件）‥‥‥‥‥‥‥270

東京地判平成 19・11・29 労判 957 号 41 頁（インフォーマテック事件）‥‥‥‥‥209

大阪地判平成 20・1・25 労判 960 号 49 頁（キャノンソフト情報システム事件）

‥‥‥‥‥‥‥‥‥‥‥‥‥‥‥‥‥‥‥‥‥‥‥‥‥‥‥‥‥29, 166, 169

東京地判平成 20・1・25 労判 961 号 56 頁（日本構造技術事件）‥‥‥‥‥‥‥‥309

東京地判平成 20・1・28 労判 953 号 10 頁（日本マクドナルド事件）‥‥‥‥‥‥274

神戸地姫路支判平成 20・2・8 労判 958 号 12 頁（播州信用金庫事件）‥‥‥‥‥‥274

大阪地判平成 20・2・8 労判 959 号 168 頁（日本ファースト証券事件）‥‥‥‥‥‥275

東京地判平成 20・2・22 労判 966 号 51 頁（総設事件）‥‥‥‥‥‥‥‥‥‥‥‥261

東京地判平成 20・2・28 労判 962 号 24 頁（国・千葉労基署長事件）‥‥‥‥‥‥421

東京地判平成 20・2・29 労判 960 号 35 頁（熊坂ノ庄スッポン堂商事事件）‥‥‥‥178

東京地判平成 20・2・29 労判 968 号 124 頁（スリムビューティーハウス事件）‥‥‥322

東京地判平成 20・4・22 労判 965 号 5 頁（東芝〔うつ病・解雇〕事件）‥‥‥‥‥173

千葉地判平成 20・5・21 労判 967 号 19 頁（学校法人実務学園ほか事件）‥‥‥‥‥314

東京地判平成 20・5・27 労判 962 号 86 頁（フォーシーズンズプレス事件）‥‥‥‥270

東京地判平成 20・7・29 労判 971 号 90 頁（JWT ジャパン事件）‥‥‥‥‥‥‥‥232

東京地判平成 20・9・30 労判 977 号 74 頁（ゲートウェイ 21 事件）‥‥‥266, 274, 309

神戸地尼崎支判平成 20・10・14 労判 974 号 25 頁（報徳学園〔雇止め〕事件）‥‥‥226

東京地判平成 20・11・11 労判 982 号 81 頁（美研事件）‥‥‥‥‥‥‥‥‥293, 369

東京地判平成 20・12・25 労判 981 号 63 頁（立教女学院事件）‥‥‥‥‥‥‥‥‥226

大阪地判平成 21・1・15 労判 979 号 16 頁（昭和観光〔代表取締役ら・割増賃金支払義

務〕事件）……………………………………………………419
東京地判平成 21・1・16 労判 988 号 91 頁（ヴィナリウス事件）……………………368
東京地判平成 21・1・30 労判 980 号 18 頁（ニュース証券事件）…………………283
津地判平成 21・2・19 労判 982 号 66 頁（日本土建事件）…………………………358, 368
東京地判平成 21・3・9 労判 981 号 21 頁（東和システム事件）…………………………274
大阪地判平成 21・3・30 労判 987 号 60 頁（ピアス事件）…………………………184
東京地判平成 21・4・16 労判 985 号 42 頁（トムの庭事件）………………………267
東京地判平成 21・4・27 労判 986 号 28 頁（学校法人聖望学園ほか事件）…………322
大阪地判平成 21・6・12 労判 988 号 28 頁（シン・コーポレーション事件）…………293
東京地判平成 21・6・12 労判 991 号 64 頁（骨髄移植推進財団事件）…………………206
東京地判平成 21・6・16 労判 991 号 55 頁（旭東広告社事件）………………………206
福岡地判平成 21・6・18 労判 996 号 68 頁（学校法人純真学園事件）……………28, 206
和歌山地田辺支判平成 21・7・17 労判 991 号 29 頁（オオシマニットほか事件）
　　　　　　　　　　　　　　　　　　　　　　……………………………209, 266, 419
東京地立川支判平成 21・8・26 労判 993 号 57 頁（飛鳥管理〔仮処分〕事件）…………188
京都地判平成 21・9・17 労判 994 号 89 頁（ディバイスリレーションズ事件）…………264
東京地判平成 21・9・30 労判 994 号 85 頁（高嶺清掃事件）………………………193
大阪地判平成 21・10・8 労判 999 号 69 頁（日本レストランシステム〔人事考課〕事
　件）……………………………………………………………………348
東京地判平成 21・10・15 労判 999 号 54 頁（医療法人財団健和会事件）……………196
鳥取地米子支判平成 21・10・21 労判 996 号 28 頁（富国生命保険ほか事件）…………368
大阪地堺支判平成 21・12・18 労判 1006 号 73 頁（泉州学園事件）…………………190
東京地判平成 22・2・2 労判 1005 号 60 頁（東京シーエスピー事件）………………265
東京地判平成 22・2・8 労判 1003 号 84 頁（エルメスジャポン事件）………………338
鹿児島地判平成 22・2・16 労判 1004 号 77 頁（康正産業事件）………………………266
東京地判平成 22・2・16 労判 1007 号 54 頁（S 工業事件）…………………………309
横浜地川崎支判平成 22・2・25 労判 1002 号 5 頁（京濱交通事件）…………………390
東京地判平成 22・2・26 労判 1006 号 91 頁（宝城建設ほか事件）…………………138
東京地判平成 22・3・15 労判 1009 号 78 頁（日本フィスバ事件）…………………184
東京地判平成 22・3・18 労判 1011 号 73 頁（西濃シェンカー事件）………………170
東京地判平成 22・3・24 労判 1008 号 35 頁（J 学園〔うつ病・解雇〕事件）…………166
東京地判平成 22・4・7 労判 1002 号 85 頁（日本レストランシステム〔割増賃金等〕事
　件）……………………………………………………………………301
大阪地判平成 22・5・14 労判 1015 号 70 頁（Y 学園事件）…………………………28
京都地判平成 22・5・18 労判 1004 号 160 頁（京都新聞 COM 事件）………………226
大阪地判平成 22・6・18 労判 1011 号 88 頁（乙山産業事件）………………………142
大阪地判平成 22・6・23 労判 1019 号 75 頁（国・京都下労基署長〔富士通〕事件）…387
東京地判平成 22・6・29 労判 1012 号 13 頁（通販新聞社事件）……………………206
福島地判平成 22・6・29 労判 1013 号 54 頁（福島県福祉事業協会事件）……………28, 206

大阪地判平成 22・7・15 労判 1014 号 35 頁（医療法人大生会事件）‥‥‥‥‥‥269
東京地判平成 22・7・27 労判 1016 号 35 頁（日本ファンド〔パワハラ〕事件）‥‥‥‥368
東京地決平成 22・7・30 労判 1014 号 83 頁（明石書店事件）‥‥‥‥‥‥‥‥‥‥225
奈良地判平成 22・8・26 労判 1085 号 11 頁（公災基金奈良県支部長〔県立三室病院〕
　事件）‥‥‥‥‥‥‥‥‥‥‥‥‥‥‥‥‥‥‥‥‥‥‥‥‥‥‥‥‥‥‥270
東京地判平成 22・9・7 労判 1020 号 66 頁（デンタルリサーチ社事件）‥‥‥‥‥‥253
東京地判平成 22・9・8 労判 1025 号 64 頁（日鯨商事事件）‥‥‥‥‥‥‥‥‥‥209
東京地判平成 22・9・10 労判 1018 号 64 頁（学校法人 B〔教員解雇〕事件）‥‥‥‥181
神戸地判平成 22・9・17 労判 1015 号 34 頁（国・西脇労基署長〔加西市シルバーセン
　ター〕事件）‥‥‥‥‥‥‥‥‥‥‥‥‥‥‥‥‥‥‥‥‥‥‥‥‥‥‥421
大阪地判平成 22・9・24 労判 1018 号 87 頁（石原産業〔ごみ収集車乗務員・解雇〕事
　件）‥‥‥‥‥‥‥‥‥‥‥‥‥‥‥‥‥‥‥‥‥‥‥‥‥‥‥‥‥‥148
東京地判平成 22・10・27 労判 1021 号 39 頁（レイズ事件）‥‥‥‥‥‥‥‥‥‥297
東京地判平成 22・10・29 労判 1018 号 18 頁（新聞輸送事件）‥‥‥‥‥‥‥‥‥328
津地判平成 22・11・5 労判 1016 号 5 頁（アウトソーシング事件）‥‥‥‥‥‥‥200
京都地判平成 22・11・26 労判 1022 号 35 頁（エフプロダクト事件）‥‥‥‥‥‥391
京都地判平成 22・12・15 労判 1020 号 35 頁（京阪バス事件）‥‥‥‥‥‥28, 206
東京地決平成 23・1・21 労判 1023 号 22 頁（セイビ事件）‥‥‥‥‥‥‥‥‥‥180
岡山地判平成 23・1・21 労判 1025 号 47 頁（学校法人関西学園事件）‥‥‥28, 205, 301
東京地判平成 23・2・9 労判 1052 号 89 頁（国〔在日米軍従業員・解雇〕事件）‥‥‥171
東京地決平成 23・2・21 労判 1030 号 72 頁（セネック事件）‥‥‥‥‥‥‥‥‥178
東京地判平成 23・3・9 労判 1030 号 27 頁（エス・エー・ディー情報システムズ事件）
　‥‥‥‥‥‥‥‥‥‥‥‥‥‥‥‥‥‥‥‥‥‥‥‥‥‥‥‥‥‥‥265
東京地判平成 23・3・18 労判 1031 号 48 頁（クレディ・スイス事件）‥‥‥‥‥‥193
東京地判平成 23・3・23 労判 1029 号 18 頁（ココロプロジェクト事件）‥‥‥‥‥265
東京地判平成 23・3・30 労判 1028 号 5 頁（富士ゼロックス事件）‥‥‥‥‥‥‥237
福島地郡山支判平成 23・4・4 労判 1036 号 86 頁（学校法人福寿会事件）‥‥‥‥‥27
東京地判平成 23・5・17 労判 1033 号 42 頁（技術翻訳事件）‥‥‥‥‥‥253, 309
青森地弘前支判平成 23・5・18 労判 1046 号 29 頁（学校法人東奥義塾事件）‥‥‥‥200
東京地判平成 23・5・19 労判 1034 号 62 頁（国・船橋労基署長〔マルカキカイ〕事件）
　‥‥‥‥‥‥‥‥‥‥‥‥‥‥‥‥‥‥‥‥‥‥‥‥‥‥‥‥‥‥‥421
京都地判平成 23・7・4 労旬 1752 号 83 頁（マガジンプラニング事件）‥‥‥‥‥243
福岡地決平成 23・7・13 労判 1031 号 5 頁（トーホーサッシ事件）‥‥‥‥‥‥‥391
京都地判平成 23・9・5 労判 1044 号 89 頁（仲田コーティング事件）‥‥‥‥‥‥335
東京地判平成 23・9・9 労判 1038 号 53 頁（十象舎事件）‥‥‥‥‥‥‥‥‥‥265
東京地判平成 23・9・21 労判 1038 号 39 頁（ジェイ・ウォルター・トンプソン・ジャ
　パン事件）‥‥‥‥‥‥‥‥‥‥‥‥‥‥‥‥‥‥‥‥‥‥‥‥‥163, 205
東京地判平成 23・10・11 労経速 2129 号 14 頁（石油産業新聞社事件）‥‥‥‥‥‥325
東京地判平成 23・10・25 労判 1041 号 62 頁（スタジオツインク事件）

··253, 270, 272, 273, 287

京都地判平成 23・10・31 労判 1041 号 49 頁（エーディーディー事件）······242, 270, 299

東京地判平成 23・11・11 労判 1061 号 94 頁（朝日自動車事件）································316

神戸地決平成 23・11・14 労判 1042 号 29 頁（東亜外業事件）·······························193

東京地判平成 23・11・18 労判 1044 号 55 頁（テイケイ事件）·······························209

東京地判平成 23・11・25 労判 1045 号 39 頁（三枝商事事件）························149, 209

大分地判平成 23・11・30 労判 1043 号 54 頁（中央タクシー〔未払賃金〕事件）········261

札幌地判平成 23・12・14 労判 1046 号 85 頁（北海道宅地建物取引業協会事件）········219

大阪地判平成 23・12・16 労判 1043 号 15 頁（C 株式会社事件）····················340, 344

東京地判平成 23・12・27 労判 1044 号 5 頁（HSBC サービシーズ・ジャパン・リミテ
ッド〔賃金等請求〕事件）····························250, 266, 273, 275, 280

東京地判平成 24・1・23 労判 1047 号 74 頁（クレディ・スイス証券〔休職命令〕事件）
···158, 163, 205

東京地判平成 24・2・27 労判 1048 号 72 頁（NEXX 事件）·······························309

東京地判平成 24・2・29 労判 1048 号 45 頁（日本通信事件）·······························185

大阪地判平成 24・3・9 労判 1052 号 70 頁（日本機電事件）····························267, 274

東京地判平成 24・3・13 労判 1050 号 48 頁（ヒューマントラスト〔懲戒解雇〕事件）
···178, 181

さいたま地熊谷支判平成 24・3・26 労判 1050 号 21 頁（クノールブレムゼ商用車シス
テムジャパン事件）··28

東京地判平成 24・3・27 労判 1053 号 64 頁（霞アカウンティング事件）················256

東京地判平成 24・3・27 労判 1055 号 85 頁（クラブメッド事件）·······················27

横浜地判平成 24・3・29 労判 1056 号 81 頁（シーテック事件）··························194

東京地判平成 24・3・30 労判 1063 号 27 頁（NTT 東日本〔退職金請求〕事件）·······183

大阪地判平成 24・3・30 労判 1093 号 82 頁（富士通関西システムズ事件）··············225

京都地判平成 24・4・17 労判 1058 号 69 頁（セントラル・スポーツ事件）··············275

岡山地判平成 24・4・19 労判 1051 号 28 頁（U 銀行〔パワハラ〕事件）···············368

東京地判平成 24・5・16 労判 1057 号 96 頁（ピュアルネッサンス事件）··············275

鳥取地判平成 24・7・6 労判 1058 号 39 頁（国・鳥取労基署長〔富国生命・いじめ〕事
件）··387

東京地判平成 24・7・17 労判 1057 号 38 頁（コアズ事件）·····························309

東京地判平成 24・7・25 労判 1060 号 87 頁（学校法人村上学園〔視能訓練士科教員・
解雇〕事件）···209

東京地判平成 24・7・27 労判 1059 号 26 頁（ロア・アドバタイジング事件）······274, 297

東京地判平成 24・7・30 労判 1057 号 160 頁（World LSK 事件）······················199

東京地判平成 24・8・23 労判 1061 号 28 頁（ライトスタッフ事件）··················151

東京地判平成 24・8・28 労判 1058 号 5 頁（アクティリンク事件）······253, 265, 287, 289

東京地判平成 24・8・28 労判 1060 号 63 頁（ブランドダイアログ事件）··············321

東京地判平成 24・8・30 労判 1059 号 91 頁（VESTA 事件）··························274

東京地判平成 24・9・4 労判 1063 号 65 頁（ワークフロンティア事件）·················294

大阪地判平成 24・9・21 労判 1062 号 89 頁（浪速フード〔旧えびのやグループ〕事件）
·················266

甲府地判平成 24・10・2 労判 1064 号 52 頁（日本赤十字社〔山梨赤十字病院〕事件）
·················263

東京地判平成 24・10・5 労判 1067 号 76 頁（ブルームバーグ・エル・ピー事件）······230

東京地判平成 24・10・11 労判 1067 号 63 頁（ニューロング事件）·················178

秋田地判平成 24・10・12 労判 1066 号 48 頁（ノースアジア大学〔本訴〕事件）········205

京都地判平成 24・10・16 労判 1060 号 83 頁（トレーダー愛事件）·················289

神戸地姫路支判平成 24・10・29 労判 1066 号 28 頁（兵庫県商工会連合会事件）
·················232, 324, 348, 349

東京地判平成 24・10・30 労判 1090 号 87 頁（ワールドビジョン事件）············265, 297

東京地判平成 24・11・14 労判 1069 号 85 頁（ダイクレ電業事件）·················209

大阪地判平成 24・11・16 労判 1068 号 56 頁（医療法人清恵会事件）·················219

東京地判平成 24・11・29 労判 1065 号 93 頁（エイジェック事件）·················244

東京地判平成 24・11・30 労判 1069 号 36 頁（日本通信〔懲戒解雇〕事件）······180, 182

東京地判平成 24・12・13 労判 1071 号 86 頁（Principle One 事件）·················187

長野地判平成 24・12・21 労判 1071 号 26 頁（アールエフ事件）···205, 232, 259, 341, 344

東京地判平成 24・12・25 労判 1068 号 5 頁（第一興商〔本訴〕事件）············168, 171

東京地判平成 24・12・27 労判 1069 号 21 頁（プロッズ事件）·················265

東京地判平成 24・12・28 労判 1121 号 81 頁（アイガー事件）·················242

大阪地判平成 25・1・18 労判 1077 号 84 頁（北港観光バス〔休職期間満了〕事件）···164

大阪地判平成 25・1・18 労判 1078 号 88 頁（北港観光バス〔雇止め〕事件）·······395

大阪地判平成 25・1・18 労判 1079 号 165 頁（北港観光バス〔出勤停止処分等〕事件）
·················340, 345

東京地判平成 25・1・25 労判 1070 号 72 頁（全国建設厚生年金基金事件）·················28

東京地判平成 25・1・29 労判 1071 号 5 頁（学校法人昭和薬科大学事件）·················206

東京地判平成 25・1・31 労判 1083 号 83 頁（伊藤忠商事事件）·················171

大阪地判平成 25・2・1 労判 1080 号 87 頁（CFJ 合同会社事件）·················323

大分地判平成 25・2・20 労経速 2181 号 3 頁（K 化粧品販売事件）·················368

東京地判平成 25・2・22 労判 1080 号 83 頁（エヌエスイー事件）·················200

東京地判平成 25・2・28 労判 1074 号 47 頁（イーライフ事件）······255, 270, 286, 287, 289

福岡地飯塚支判平成 25・3・27 労判 1074 号 18 頁（三郡福祉会〔虹ヶ丘学園・損害賠
償〕事件）·················210, 419

千葉地松戸支判平成 25・3・29 労判 1078 号 48 頁（秋本製作所事件）·················321

東京地判平成 25・4・24 労判 1084 号 84 頁（イーハート事件）·················206

横浜地判平成 25・4・25 労判 1075 号 14 頁（東芝ライテック事件）·················225

東京地判平成 25・4・30 労判 1075 号 90 頁（社会福祉法人新島はまゆう会事件）······391

東京地判平成 25・5・22 労判 1095 号 63 頁（ヒロセ電機〔残業代請求〕事件）

……………………………………259, 263, 297, 301

大阪地判平成 25・6・20 労判 1085 号 87 頁（大阪運輸振興〔嘱託自動車運転手・解雇〕
　事件）…………………………………………………………………………200, 201

大阪地判平成 25・6・21 労判 1081 号 19 頁（乙山商会事件）……………………182, 204

東京地判平成 25・7・17 労判 1081 号 5 頁（キュリオステーション事件）…………274

東京地判平成 25・7・23 労判 1080 号 5 頁（ファニメディック事件）………………265

東京地判平成 25・9・11 労判 1085 号 60 頁（医療法人衣明会事件）………………151

東京地判平成 25・10・1 労判 1087 号 56 頁（東名運送事件）………………………253

東京地判平成 25・10・4 労判 1085 号 50 頁（カール・ハンセン＆サンジャパン事件）
　………………………………………………………………………………………266

奈良地判平成 25・10・17 労判 1084 号 24 頁（医療法人光優会事件）…………138, 205

大阪地判平成 25・10・17 労判 1088 号 79 頁（金本運送〔割増賃金〕事件）……261, 266

東京地判平成 25・11・12 労判 1085 号 19 頁（リコー子会社出向事件）……………347

福岡地判平成 25・11・13 労判 1090 号 84 頁（種広商店事件）………………………430

札幌地判平成 25・12・2 労判 1100 号 70 頁（学校法人専修大学〔専大北海道短大〕事
　件）…………………………………………………………………………………193

大阪地判平成 25・12・10 労判 1089 号 82 頁（ホンダカーズ A 株式会社事件）……264

大分地判平成 25・12・10 労判 1090 号 44 頁（ニヤクコーポレーション事件）……405

東京地判平成 25・12・17 労判 1091 号 93 頁（トラベルイン事件）…………………202

東京地判平成 26・1・14 労判 1096 号 91 頁（ブーランジェリーエリックカイザージャ
　ポン事件）……………………………………………………………………321, 391

名古屋地判平成 26・1・15 労判 1096 号 76 頁（メイコウアドヴァンス事件）………370

東京地判平成 26・1・17 労判 1092 号 98 頁（ベスト FAM 事件）…………………200

京都地判平成 26・2・27 労判 1092 号 6 頁（エム・シー・アンド・ピー事件）
　………………………………………………………………………173, 232, 369

東京地判平成 26・4・4 労判 1094 号 5 頁（DIPS〔旧アクティリンク〕事件）……253, 279

大阪地判平成 26・4・11 労旬 1818 号 59 頁（大裕事件）…………………………164, 369

名古屋地一宮支判平成 26・4・11 労判 1101 号 85 頁（ベストマンほか事件）………419

神戸地尼崎支判平成 26・4・22 労判 1096 号 44 頁（阪神バス〔勤務配慮・本訴〕事件）
　………………………………………………………………………………………350

さいたま地判平成 26・4・22 労判 1109 号 83 頁（学校法人大乗淑徳学園事件）………202

横浜地相模原支判平成 26・4・24 労判 1178 号 86 頁（田口運送事件）………………261

福井地判平成 26・5・2 労判 1105 号 91 頁（カワサ事件）…………………………199

神戸地判平成 26・6・5 労判 1098 号 5 頁（NHK 神戸放送局〔地域スタッフ〕事件）
　………………………………………………………………………………………202

東京地判平成 26・7・4 労判 1109 号 66 頁（ザ・トーカイ〔本訴・懲戒解雇〕事件）
　………………………………………………………………………………178, 182

静岡地判平成 26・7・9 労判 1105 号 57 頁（社会福祉法人県民厚生会ほか事件）………173

大阪地判平成 26・7・18 労判 1189 号 166 頁（帝人ファーマ事件）……………169, 170

大阪地決平成 26・8・20 労判 1105 号 75 頁（なみはや交通〔仮処分〕事件）…………178
東京地判平成 26・8・20 労判 1111 号 84 頁（ワークスアプリケーションズ事件）……169
金沢地判平成 26・9・30 労判 1107 号 79 頁（スロー・ライフ事件）………………266
大阪地判平成 26・10・10 労判 1111 号 17 頁（WILLER EXPRESS 西日本事件）………179
東京地判平成 26・11・4 労判 1109 号 34 頁（サン・チャレンジほか事件）………370, 430
東京地判平成 26・11・12 労判 1115 号 72 頁（東京エムケイ〔損害賠償請求〕事件）
　　……………………………………………………………………………………151
東京地判平成 26・11・26 労判 1112 号 47 頁（アメックス〔休職期間満了〕事件）
　　………………………………………………………………………………164, 166, 171
東京地判平成 26・11・26 労判 1115 号 68 頁（えどがわ環境財団事件）　………340
福井地判平成 26・11・28 労判 1110 号 34 頁（暁産業ほか事件）　………………370
東京地判平成 27・1・13 労判 1119 号 84 頁（弁護士法人レアール法律事務所事件）
　　…………………………………………………………………………27, 151, 352
甲府地判平成 27・1・13 労判 1129 号 67 頁（クレイン農協ほか事件）……………370
横浜地決平成 27・1・14 労判 1120 号 94 頁（コンチネンタル・オートモーティブ〔仮
　　処分〕事件）………………………………………………………………………167
東京地判平成 27・2・27 労経速 2240 号 13 頁（甲総合研究所取締役事件）…………419
静岡地沼津支判平成 27・3・13 労判 1119 号 24 頁（I 社事件）　………………166
東京地判平成 27・3・13 労判 1128 号 84 頁（出水商事事件）………………………382
東京地判平成 27・3・13 労判 1146 号 85 頁（プロポライフ事件）……………253, 295
札幌地判平成 27・4・17 労判 1134 号 82 頁（医療法人社団恵和会ほか事件）………382
大阪地判平成 27・4・24 労判 1123 号 133 頁（大和証券ほか 1 社事件）　………369
福岡地判平成 27・5・20 労判 1124 号 23 頁（北九州市・市交通局〔市営バス運転手〕
　　事件）………………………………………………………………………………261
東京地判平成 27・5・28 労判 1121 号 38 頁（ブルームバーグ・エル・ピー〔強制執行
　　不許等〕事件）……………………………………………………………………25
東京地判平成 27・7・15 労判 1145 号 136 頁（ピジョン事件）　………………151, 343, 345
東京地判平成 27・7・29 労判 1124 号 5 頁（日本電気事件）………………………169
東京地判平成 27・7・31 労判 1121 号 5 頁（シャノアール事件）…………………220
和歌山地判平成 27・8・10 労判 1136 号 109 頁（社会福祉法人和歌山ひまわり会ほか事
　　件）…………………………………………………………………………………430
京都地判平成 27・9・18 労判 1131 号 29 頁（国・京都下労基署長〔セルバック〕事件）
　　……………………………………………………………………………………387
東京地判平成 27・10・2 労判 1138 号 57 頁（社会福祉法人全国重症心身障害児〔者〕
　　を守る会事件）……………………………………………………………………381
岐阜地判平成 27・10・22 労判 1127 号 29 頁（穂波事件）…………………………290
大分地判平成 27・10・29 労判 1138 号 44 頁（国・大分労基署長〔NTT 西日本・うつ
　　病〕事件）…………………………………………………………………………387
東京地判平成 27・10・30 労判 1132 号 20 頁（L 産業〔職務等級降給〕事件）…………326

福岡地判平成 27・11・11 労判 1152 号 69 頁（住吉神社ほか事件） ·················304, 369

大阪地判平成 27・11・18 労判 1134 号 33 頁（学校法人追手門学院〔追手門学院大学〕
事件） ···345

東京地判平成 28・1・14 労判 1140 号 68 頁（大王製紙事件） ·················151, 347

福井地判平成 28・1・15 労判 1132 号 5 頁（ナカヤマ事件）·················253, 343

京都地判平成 28・2・12 労判 1151 号 77 頁（石長事件） ·······························164

東京地判平成 28・2・19 労判 1136 号 58 頁（シンワ運輸東京事件） ·········281, 391

鳥取地判平成 28・2・19 労判 1147 号 83 頁（ブライダル関連会社元経営者ら事件） ···419

津地決平成 28・3・14 労判 1152 号 33 頁（ジーエル〔仮処分〕事件） ········130, 186, 201

東京地判平成 28・3・16 労判 1141 号 37 頁（ネットワークインフォメーションセンタ
ーほか事件） ···430

東京地判平成 28・3・22 労判 1145 号 130 頁（ネギシ事件）···························378

東京地判平成 28・3・28 労判 1142 号 40 頁（日本アイ・ビー・エム〔解雇・第 1 次〕
事件） ···28

東京地判平成 28・3・28 労経速 2287 号 3 頁（日本アイ・ビー・エム〔解雇・第 2 次〕
事件） ···28

京都地判平成 28・3・29 労判 1146 号 65 頁（O 公立大学法人〔O 大学・准教授〕事件）
···158

京都地判平成 28・4・12 労判 1139 号 5 頁（仁和寺事件） ·······················27, 274

京都地判平成 28・4・15 労判 1143 号 52 頁（メルファインほか事件） ·············419

福岡地判平成 28・4・19 労判 1140 号 39 頁（ツクイほか事件） ·····················382

福岡地判平成 28・4・28 労判 1148 号 58 頁（A 庵経営者事件） ····················370

東京地判平成 28・5・10 労判 1152 号 51 頁（学校法人尚美学園〔大学専任教員 A・再
雇用拒否〕事件） ···395

前橋地高崎支判平成 28・5・19 労判 1141 号 5 頁（ヤマダ電機事件）···············431

神戸地判平成 28・5・26 労判 1142 号 22 頁（学校法人須磨学園ほか事件） ········232, 333

東京地判平成 28・5・30 労判 1149 号 72 頁（無洲事件）·······················282, 292

静岡地判平成 28・6・1 労判 1162 号 21 頁（航空自衛隊自衛官〔セクハラ〕事件）······374

東京地判平成 28・6・15 労判 1189 号 156 頁（ケー・アイ・エスほか事件）·········431

東京地判平成 28・7・1 労判 1149 号 35 頁（Agape 事件） ···························144

東京地判平成 28・7・7 労判 1148 号 69 頁（元アイドルほか〔グループ B〕事件）······243

東京地判平成 28・7・20 労判 1156 号 82 頁（ユニデンホールディングス事件）···308, 330

津地決平成 28・7・25 労判 1152 号 26 頁（ジーエル〔保全異議〕事件）···········187

東京地決平成 28・8・9 労判 1149 号 5 頁（国際自動車〔再雇用更新拒絶・仮処分第 1〕
事件） ···396

宮崎地決平成 28・8・18 労判 1154 号 89 頁（バイエル薬品〔仮処分〕事件） ··········363

東京地判平成 28・9・16 労判 1168 号 99 頁（日本総業事件） ·············249, 261, 301

東京地判平成 28・9・28 労判 1189 号 84 頁（綜企画設計事件） ·············167, 170, 171

千葉地松戸支判平成 28・11・29 労判 1174 号 79 頁（学校法人 M 学園ほか〔大学講師〕

事件）……………………………………………………………………359

東京地判平成 28・11・30 労判 1152 号 13 頁（学校法人尚美学園〔大学専任教員 B・再

雇用拒否〕事件）………………………………………………………………395

東京地判平成 28・11・30 労判 1154 号 81 頁（学校法人尚美学園〔大学特別選任教員・

雇止め〕事件）…………………………………………………………………395

大阪地判平成 28・12・9 労判 1162 号 84 頁（医療法人貴医会事件）………………183

東京地判平成 28・12・20 労判 1156 号 28 頁（コンビニエースほか事件）……………369

東京地判平成 28・12・28 労判 1161 号 66 頁（ドリームエクスチェンジ事件）………272

津地判平成 29・1・30 労判 1160 号 72 頁（竹屋ほか事件）……………263, 430, 435

東京地立川支判平成 29・1・31 労判 1156 号 11 頁（TRUST 事件）…………240, 308, 382

長崎地判平成 29・2・21 労判 1165 号 65 頁（NPO 法人 B 会ほか事件）…………265

東京地判平成 29・2・23 労判 1180 号 99 頁（国立研究開発法人国立 A 医療研究センタ

ー〔病院〕事件）…………………………………………………27, 175, 200

東京地判平成 29・3・13 労判 1189 号 129 頁（エターナルキャストほか事件）

……………………………………………………173, 232, 259, 266, 362

東京地判平成 29・3・23 労判 1154 号 5 頁（メトロコマース事件）…………………398

東京地判平成 29・3・28 労判 1164 号 71 頁（エイボン・プロダクツ事件）……………350

東京地決平成 29・3・30 判例集未登載（国際自動車〔仮処分第 4〕事件）…………396

横浜地判平成 29・3・30 労判 1159 号 5 頁（プロシード元従業員事件）……………242

京都地判平成 29・3・30 労判 1164 号 44 頁（福祉事業者 A 苑事件）……………293, 308

水戸地土浦支判平成 29・4・13 労判 1204 号 51 頁（結婚式場運営会社 A 事件）………291

東京地判平成 29・4・21 労判 1172 号 70 頁（学校法人東京純心女子学園〔東京純心大

学〕事件）………………………………………………………………………199

京都地判平成 29・4・27 労判 1168 号 80 頁（乙山彩色工房事件）……………………299

東京地判平成 29・5・8 労判 1187 号 70 頁（東京商工会議所〔給与規程変更〕事件）

……………………………………………………………………………313

東京地判平成 29・5・19 労判 1184 号 37 頁（東京港運送事件）……………………293

東京地判平成 29・5・31 労判 1166 号 42 頁（Chubb 損害保険事件）…………308, 309, 322

東京地判平成 29・5・31 労判 1167 号 64 頁（ビーエムホールディングスほか 1 社事件）

……………………………………………………………………290, 296

東京地決平成 29・6・1 判例集未登載（国際自動車〔仮処分第 5〕事件）……………396

東京地判平成 29・6・30 労判 1166 号 23 頁（医療法人社団 E 会〔産科医・時間外労働〕

事件）……………………………………………………………………………261

東京地判平成 29・7・3 労判 1178 号 70 頁（シュプリンガー・ジャパン事件）…………381

神戸地明石支判平成 29・8・25 判タ 1447 号 139 頁……………………………………284

東京地判平成 29・8・25 労経速 2333 号 3 頁（グレースウィット事件）……………282, 287

東京地判平成 29・9・11 労判 1180 号 56 頁（日本郵便〔新東京局・雇止め〕事件）…169

長崎地判平成 29・9・14 労判 1173 号 51 頁（サンフリード事件）……………295, 301

東京地判平成 29・9・14 労判 1183 号 54 頁（日本アイ・ビー・エム〔解雇・第 5 次〕

事件）…………………………………………………………………………28

京都地判平成 29・9・20 労判 1167 号 34 頁（京都市立浴場運営財団ほか事件）………405

東京地判平成 29・9・26 労経速 2333 号 23 頁（泉レストラン事件）……………………282

前橋地判平成 29・10・4 労判 1175 号 71 頁（国立大学法人群馬大学事件）……………178

東京地判平成 29・10・11 労経速 2332 号 30 頁（マンボー事件）………………290, 294

東京地判平成 29・10・16 労判 1190 号 16 頁（イクヌーザ事件）……………………290

横浜地判平成 29・11・28 労判 1184 号 21 頁（公益財団法人東京横浜独逸学園事件）

……………………………………………………………………………………26, 27

東京地判平成 29・11・30 労経速 2337 号 16 頁（幻冬舎コミックス事件）………………298

東京地判平成 29・11・30 労判 1189 号 67 頁（東京電力パワーグリッド事件）……167, 169

東京地判平成 29・11・30 労判 1192 号 67 頁（いなげやほか事件）……………………369

東京地判平成 29・12・22 労判 1188 号 56 頁（医療法人社団充友会事件）…………148, 381

岐阜地判平成 29・12・25 労判 1185 号 38 頁（エヌ・ティ・ティマーケティングアクト

事件）……………………………………………………………………………186

東京地立川支判平成 30・1・29 労判 1176 号 5 頁（学究社〔定年後再雇用〕事件）……392

名古屋地判平成 30・1・31 労判 1182 号 38 頁（名港陸運事件）………………………206

熊本地判平成 30・2・20 労判 1193 号 52 頁（社会福祉法人佳徳会事件）……………308

東京地判平成 30・2・26 労判 1177 号 29 頁（一般財団法人あんしん財団事件）………326

東京地判平成 30・2・28 労経速 2348 号 12 頁（ニチネン事件）………………………308

大阪地判平成 30・3・7 労判 1177 号 5 頁（国立研究開発法人国立循環器病研究センタ

ー事件）……………………………………………………………………29, 348

名古屋地判岡崎支判平成 30・3・13 労判 1191 号 64 頁（学校法人名古屋カトリック学

園事件）……………………………………………………………………………226

東京地判平成 30・3・29 労判 1184 号 5 頁（A 住宅福祉協会理事らほか事件）…………232

大阪地判平成 30・3・29 労判 1189 号 118 頁（ビーピー・カストロールほか事件）

……………………………………………………………………………170, 353

東京地判平成 30・4・18 労判 1190 号 39 頁（PMK メディカルラボほか 1 社事件）……294

横浜地判平成 30・5・10 労判 1187 号 39 頁（神奈川 SR 経営労務センター事件）……166

東京地決平成 30・5・11 労判 1192 号 60 頁（国際自動車〔再雇用更新拒絶・仮処分第

2〕事件）…………………………………………………………………………396

大阪地判平成 30・5・24 労判 1189 号 106 頁（三洋電機ほか 1 社事件）…………165, 169

東京地判平成 30・5・25 労判 1190 号 23 頁（国・さいたま労基署長〔ビジュアルビジ

ョン〕事件）………………………………………………………………………388

東京地判平成 30・5・30 労経速 2360 号 21 頁（ビーダッシュ事件）……………………296

東京地判平成 30・5・30 労判 1192 号 40 頁（KDDI 事件）……………………………183

東京地判平成 30・7・5 労判 1200 号 48 頁（フーズシステムほか事件）…………………381

神戸地判平成 30・7・20 労経速 2359 号 16 頁（F 社事件）………………………………195

東京地判平成 30・11・21 労判 1187 号 55 頁（日本ビューホテル事件）…………………399

福岡地判平成 30・11・30 労判 1196 号 5 頁（フルカワほか事件）………………………253

大阪地判平成 31・4・24 労判 1202 号 39 頁（学校法人近畿大学〔講師・昇給等〕事件）
....382

著者紹介

君和田 伸仁
KIMIWADA NOBUHITO

1986 年中央大学法学部卒業，
1992 年 4 月弁護士登録。同月
東京法律事務所に入所し，現在
に至る。1992 年から日本労働
弁護団に所属（現在，全国常任
幹事）。

東京労働局紛争調整委員
(2005 年〜2010 年)，東京大学
法科大学院 (2010 年〜2013
年)，専修大学法科大学院
(2013 年〜2018 年) の各客員
教授等を歴任。

著書に，『労働法実務解説 5 解
雇・退職』(2016 年・旬報社)，
『労働組合の結成・運営〔第 2
版〕』(2015 年・中央経済社)，
『労働審判制度──その仕組み
と活用の実際〔改訂版〕』(共著,
2011 年・日本法令)，『スピー
ド解説 手軽に使える労働審判
制度』(2007 年・東洋経済新報
社) などがある。

LAWYERS' KNOWLEDGE

労働法実務
労働者側の実践知

2019 年 12 月 30 日　初版第 1 刷発行

著　者　君和田伸仁
発行者　江草貞治
発行所　株式会社 有斐閣
郵便番号　101-0051
　　　　東京都千代田区
　　　　神田神保町 2-17
電　話　03-3264-1314 （編集）
　　　　03-3265-6811 （営業）
http://www.yuhikaku.co.jp/

デザイン　キタダデザイン
印刷　　　株式会社理想社
製本　　　牧製本印刷株式会社

© 2019, Nobuhito Kimiwada. Printed in Japan

落丁・乱丁本はお取替えいたします。
定価はカバーに表示してあります。
ISBN 978-4-641-24328-6

JCOPY　本書の無断複写（コピー）は，著作権法上で
の例外を除き，禁じられています。複写され
る場合は，そのつど事前に，（一社）出版者著作権管理機構
（電話 03-5244-5088, FAX03-5244-5089, email:info@jcopy.
or.jp）の許諾を得てください。

本書のコピー，スキャン，デジタル化等の無断複製は著作権法上での例外を除き禁じられています。本書を代行業者等の第三者に依頼してスキャンやデジタル化することは，たとえ個人や家庭内での利用でも著作権法違反です。